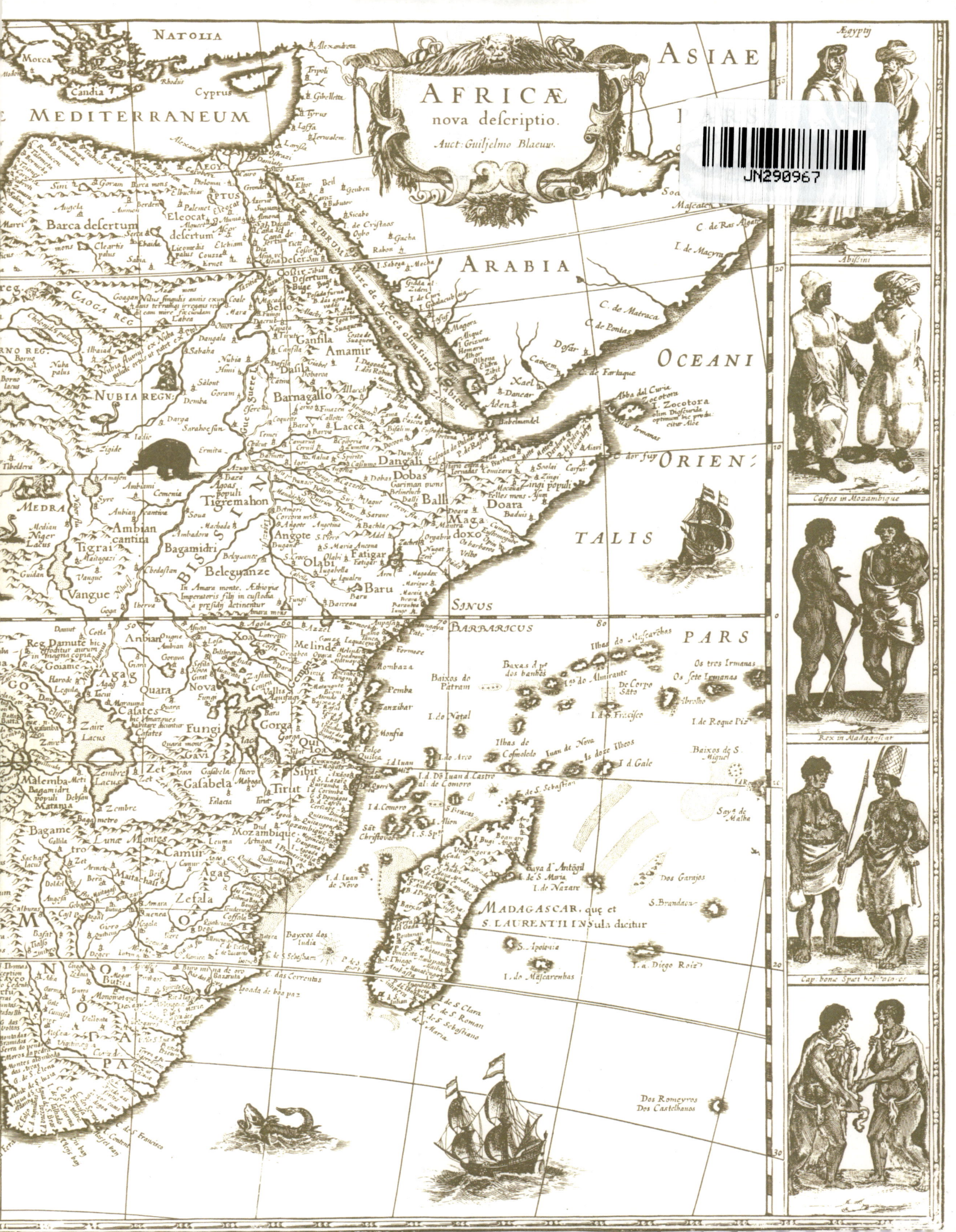

図説 世界文化地理大百科
アフリカ

Jocelyn Murray
Editor Graham Speake
Art editor Andrew Lawson
Map editor Liz Orrock
Text editor Jennifer Drake-Brockman
Design Adrian Hodgkins
Production Clive Sparling
Index Barbara James

 AN EQUINOX BOOK

Published by Phaidon Press Ltd,
Littlegate House, St Ebbe's Street,
Oxford, England, OX1 1SQ

Planned and produced by
Elsevier Oxford Ltd, Mayfield
House, 256 Banbury Road,
Oxford, England, OX2 7DH

© 1981 Elsevier International
Projects, Amsterdam

All rights reserved. No part of
this publication may be
reproduced, stored in a retrieval
system, or transmitted, in any
form or by any means, electronic,
mechanical, photocopying,
recording or otherwise, without
the prior permission of the
Publishers.

口絵　アフリカの仮面　左から右へ：ビオンボ（ザイール），ベドゥ（ガーナ），ンジ（ザイール），チョクウェ（ザイール），ントモ（マリ），次ページ；左から右へ：コタの聖骨箱の飾り（ガボン），ダン（リベリア），ブワニ（ザイール），ベンデ（コンゴ）.

図説世界文化地理大百科

アフリカ

Cultural Atlas of AFRICA

ジョスリン・マーレイ 編

日野舜也 監訳

朝倉書店

目　次

8　序

第1部　アフリカの自然
10　アフリカの地理

第2部　アフリカの文化
24　言語と民族
31　宗　教
42　アフリカの先史人
48　王国と帝国
56　アフリカにおけるヨーロッパ
68　アフリカン・ディアスポラ
73　都市の発展
78　アフリカの建築
82　アフリカの美術
90　音楽とダンス
98　教育と識字力

第3部　アフリカの国々

110　北アフリカ
117　エジプト
119　リビア
120　アルジェリア
121　チュニジア
123　モロッコ
124　カナリー諸島
124　西サハラ

126　西アフリカ
130　カーボヴェルデ
130　モーリタニア
132　セネガル
133　ガンビア
135　ギニア・ビサウ
135　ギニア
137　シエラレオネ
137　リベリア
139　コートジヴォワール
141　ガーナ
143　ブルキナ・ファソ
　　　（オートヴォルタ）
143　トーゴ
145　ベニン
147　ナイジェリア
149　カメルーン
151　ニジェル
153　マ　リ

154　西部中央アフリカ
157　チャド
157　中央アフリカ共和国
159　ガボン
161　赤道ギニア
163　サン・トメ・エ・プリンシペ
163　コンゴ
165　ザイール
167　アンゴラ

170　北東アフリカ
174　スーダン
176　エチオピア
177　ジブチ
178　ソマリア

180　東アフリカ
184　ケニア
187　ウガンダ
187　ルワンダ
189　ブルンディ
189　タンザニア

192　南東中央アフリカ
194　ザンビア
196　ジンバブウェ
198　モザンビーク
201　マラウィ

202　南部アフリカ
206　南アフリカ
209　ナミビア
210　ボツワナ
210　レソト
212　スワジランド

214　インド洋上のアフリカ
216　マダガスカル
217　モーリシャスと
　　　レユニオン
218　コモロ諸島
219　セイシェル諸島

222　世界の中のアフリカ

224　執筆者
225　図版リスト
227　引用文献
230　監訳者あとがき
231　地名索引
240　索　引

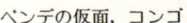

ペンデの仮面，コンゴ

トピックス

- 38 ヨルバ族の伝統的宗教
- 40 エチオピア教会
- 50 大ジンバブウェ
- 54 アサンテの儀礼的表章
- 62 ナイルの源流論争
- 64 地図に見るアフリカ
- 66 アフリカの鉄道交通
- 80 伝統的な家の諸形態
- 86 ナイジェリアのブロンズ像
- 88 木彫りの傑作
- 94 楽器
- 96 仮面とダンス
- 103 健康と医療
- 104 ゲーム・パークと動物保護
- 106 銅産業
- 220 国旗―国のシンボル

地図リスト

- 11 アフリカの政治区分と自然地理
- 17 地質と地溝帯・火山
- 18 気候分類（ケッペンによる）
- 18 降水量
- 19 気温
- 20 年間降水日数
- 20 雷雨発生回数
- 20 国立公園とツェツェバエ
- 21 土壌
- 22 人口と人口増加率
- 25 今日の語族（グリーンバーグによる）
- 26 A.D. 1000年ごろの語族（グリーンバーグによる）
- 26 B.C. 2500年ごろの語族（グリーンバーグによる）
- 32 アフリカの宗教
- 43 旧石器時代の遺跡
- 43 中・新石器時代文化
- 43 アフリカの農耕の発達（ショー，ハーラン他に従う）
- 43 鉄器の伝播
- 48 アフリカの諸王国
- 58 1415―1800年のアフリカにおけるポルトガル
- 58 1850年以前のヨーロッパ人のアフリカ探検
- 58 1850年ごろのアフリカにおけるヨーロッパ人とイスラム教徒の位置
- 58 1850―80年のアフリカ内陸部へのヨーロッパ人の探検
- 58 1876―84年の私的な争奪戦
- 59 1885, 1895, 1914, 1924年におけるアフリカの列強支配（フェージによる）
- 69 新大陸における「アフリカン・ディアスポラ」
- 74 アフリカの人口の都市化の度合
- 99 成人識字率
- 109 索引図
- 110 北アフリカの地勢
- 116 エジプト
- 118 アルジェリア，リビア
- 121 チュニジア
- 122 モロッコ
- 124 カナリー諸島
- 125 西サハラ
- 126 西アフリカの地勢
- 130 ケープ・ヴェルデ諸島
- 131 モーリタニア
- 132 セネガル，ガンビア，ギニア・ビサウ
- 134 ギニア
- 136 シエラレオネ，リベリア
- 138 コートジヴォワール
- 140 ガーナ
- 142 ブルキナ・ファソ（オートヴォルタ）
- 144 トーゴ，ベニン
- 146 ナイジェリア
- 148 カメルーン
- 150 ニジェール
- 152 マリ
- 154 西部中央アフリカの地勢
- 156 チャド
- 158 中央アフリカ共和国
- 160 ガボン
- 162 赤道ギニア，サン・トメ・エ・プリンシペ
- 164 コンゴ
- 166 ザイール
- 168 アンゴラ
- 170 北東アフリカの地勢
- 174 スーダンとエチオピア
- 177 ジブチ
- 179 ソマリア
- 180 東アフリカの地勢
- 185 ケニア
- 186 ウガンダ
- 188 ルワンダとブルンディ
- 190 タンザニア
- 192 南東中央アフリカの地勢
- 195 ザンビア
- 197 ジンバブウェ
- 199 モザンビーク
- 200 マラウィ
- 202 南部アフリカの地勢
- 207 南アフリカ
- 208 ナミビア
- 211 ボツワナ
- 212 レソトとスワジランド
- 215 インド洋上のアフリカ
- 216 マダガスカル
- 217 レユニオン
- 217 モーリシャス
- 218 コモロ諸島
- 219 セイシェル諸島
- 222 世界の中のアフリカ

序

　アフリカ大陸は広大で，地域によっていろいろなコントラストが大きいので，人が一生旅をつづけても，その多様性の表面をちょっとかすめるぐらいのことしかできない．何百年ものあいだ，暗黒大陸という言葉にまつわる奇想天外な物語がヨーロッパ人の空想をかきたててきた．古代エジプトが香料の交易をしていたというプントの土地やアフリカの内陸深くを支配するというプレスター・ジョンの大キリスト教帝国は，本当にどこにあるのだろうか．さらにナイルの源流はいったいどこにあって，毎年おこる氾濫の秘密は何なのだろうか．歓迎されざる者として，沿岸部に沿ってアフリカを探検した初期のポルトガルの航海者たちは，これらの疑問にこたえるには，あまりにも周辺をかすめただけであったし，重要な頼みとされた地図作りの人びとも，沿岸の輪郭を描くことができただけで，未知の内陸部については空想の怪人や怪獣の絵で満たすことしかできなかった．こうしてアフリカは，事実よりも伝説を通じて知られるようになり，そして，新しい伝説が古い伝説にとってかわって生きつづけた．たとえば，19世紀の〝アフリカのジャングル〟のイメージにかわって，現代には虚偽に満ちた〝アフリカは広大なサファリパーク〟というイメージが現われた．

　自然地理にかかわる伝説は，結局，アフリカ人とその〝原始性〟についての伝説ほどのダメージではなかったが，いろいろのレベルでくいちがっており，時にはアフリカの内部においてさえ主張されている誤った考えを正そうにも，ある地域では，他の地域についての基本的な地理的，歴史的事実についての知識が全く欠けていることもあった．無知は，異なる植民地体制の存在，異なるヨーロッパ語での知識，言語的な理由による情報交換の必然的な制約などによって，いっそう複雑化した．さらに，アフリカにおける人間の歴史は，数百万年前までさかのぼるし，東アフリカの長身のマーサイ遊牧民とか，中央部の森林に住むビグミーとか，異なる環境と生活様式に適応する，人間の身体的能力がここにはっきりと示される．アフリカは，前3000年のエジプトにおいて，芸術と科学のおどろくべき開花をみた人類最初の文明の1つが生み出されたところであり，かつ，人間の文化経験の段階の他の一端として，カラハリの狩猟採集民が，今も石器時代の人類の祖先を想起させるような生活を続けているのである．19世紀のズールー王国のシャカ王は，その軍隊を世界史上最も効率的な軍事機構に組織した．ベニンの青銅の頭部像のおだやかな芸術作法は，いろいろの霊的次元の存在を示唆している．このようなコントラストに直面して，われわれは，ネグリチュード，ザイールのオーセンティシティ（真正さ），タンザニアのウジャマーなど，異なる国と文化に大きく切り離された人びとを結ぶ，アフリカ的なものを見出すことができるのだろうかと思わざるを得ない．もしアフリカが持っている多様性だけを強調するならば，われわれは，アフリカの統合性を追求せず，また見出せないという危険をもつことになる．

　アフリカ人自身は，60, 70, まれには80年以上の植民地支配から生じたアイデンティティの問題と，いまだに闘いつづけている．広大な大陸は，ヨーロッパのオフィスで地図上で定められた境界によって分割され，王国，クラン，家族は引き裂かれてしまった．勝手に組み合わされた教育制度，外来のことば，新しい宗教，それら全部のいろいろな翻案などが現代のアフリカ諸国にもたらされ，その国のはっきりした特徴は，その多くが，あるいはそのほとんどが，民族的，文化的諸因に先在するものとして，境界が示された植民地体制に組みこまれている．

　今日のアフリカにおけるできごとや，その経過と意義を理解するためには，真実が神話にとって代らなければならない．アフリカの内外に対して，アフリカ大陸全体について紹介する本が必要である．この"Cultural Atlas of AFRICA"はテキスト，図版，地図を組みあわせて，この目的を果たそうとするものである．おそらく，地図はこの中で最も重要な役割を果たすであろう．アフリカについて何を語るにも，大陸の現実の自然がまず基礎にならなければならない．この本は，まず基本的に地図帳である．しかし，地図は歴史的文脈のなかに位置づけなければならない．地図は大陸の統一性を示す方法を模索しつつ，かつ大陸の多様性を正しくとらえることに力を注いでいる，多くの分野のエキスパートたちの知識を描いたものである．

　アフリカの大平原は調査され，山は登られ，川は水力発電のために活性化され，鉱山は探査され，人びとは20世紀の文明の主流のなかに引きこまれた．しかし，未来はアフリカ人自身のみならず，人類全体へのおそるべき挑戦の可能性を示している．この地図は，この挑戦の実態と，それに対する反応の暫定的なレポートである．

謝辞

　私はまず，この本を準備する上で大きな助けとなった，多くの人びとの助言と惜しみない支持に謝意を表したい．多くの実際の，そして潜在的執筆者との接触はたやすいことではなかった．ロスアンジェルスの，ケント・ナンシー・ラスミュッセン夫妻には，初期の段階でたいへんお世話になった．アバディーンのロイ・ブリッジスと，ジェフリー・ストーンは，つねによき批判者であり，友人であった．多くの他の人びとも名を記さねばならないが，なかんづく，ジェニファー夫人とともにお世話下さったグラハム・スピーク氏の継続的な仕事と知恵が，すべてのことごとの根底にあることを記しておきたい．

　　　　　　　　　　　　　　　　　　　　　　　　　J. M.

第1部　アフリカの自然

THE PHYSICAL BACKGROUND

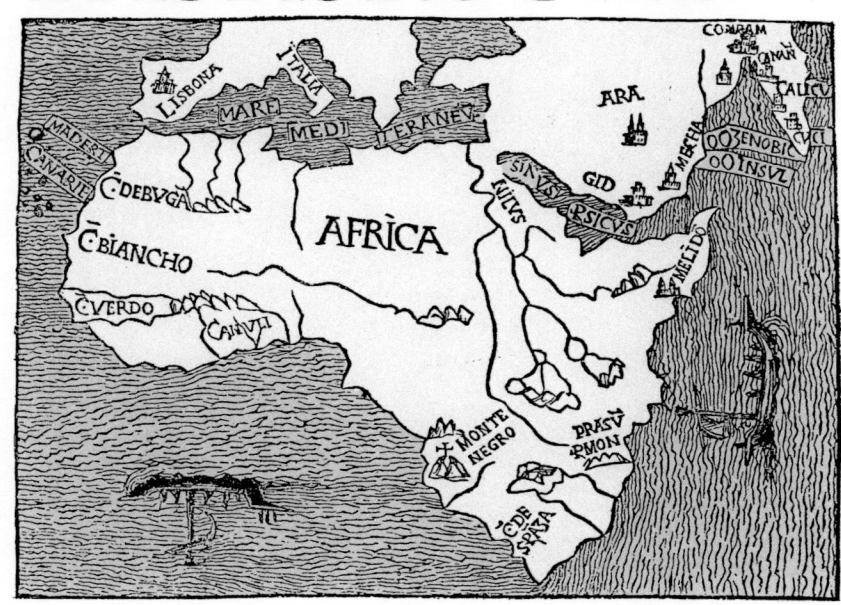

アフリカの地理

アフリカ大陸は，アジア以外のどの大陸よりも広い．その面積，3,042万km²は，ヨーロッパの3倍，アメリカ合衆国の4倍に相当する．さらに，この大陸は非常にまとまりのよい形をしている．島嶼部の面積はあわせて62万4千km²しかなく，しかも，その95％は世界で4番目に大きい島，マダガスカルである．大陸本土の輪郭は大きな湾や深い入江がなく滑らかであり，海岸線の総延長は，他のどの大陸よりも短い．

アフリカは赤道をまたいで南北に横たわり，4分の3は熱帯に属している．南北の長さは，緯度にして61度を上まわり，赤道でほぼ二等分されるが，面積では3分の2が北半球に属している．東西の幅は，セネガルとソマリアを結ぶ線が，経度にして69度で最大となるが，赤道上ではその半分となり，南下するにしたがって狭くなる．アフリカは1つの島といってよいくらい，他の大陸と切り離されている．アフリカとアジアの境界は，スエズ湾北方地峡の西北部ではなく，アカバ湾と地中海の間の240kmにおかれている．

アフリカの地質と地形

アフリカ大陸の現在の形は，地質時代を通じて起った変動の結果でき上った．約1億8千万年前，原始アフリカ大陸は，地殻からできた，いくつかの移動性をもつ大プレートが構成する超大陸の中心に位置していた．白亜紀にこれらのプレートは分裂・移動を開始し，アフリカ・プレートは，マダガスカルのような，沖合に残された大陸岩塊のわずかな残片だけを伴って孤立していった．時間がたつにつれ，北西部ではユーラシア・プレートとの衝突が大規模な地殻変動と造山運動をもたらしたが，アフリカ・プレートはますます孤立した．他の部分では，孤立した結果アフリカ・プレート独自の応力場が形成された．地溝帯は，ゴンドワナ超大陸の分裂開始当時までさかのぼる起源をもち，アフリカ大陸が孤立した後も活動を続けた．広大な盆地は，地層のゆるやかな曲隆の結果発生した．これとは別に，超大陸の地表をかたちづくっていた風と水による侵食作用は，アフリカという孤立した断片の上でもひきつづき物質を移動させ，堆積の場では付加された堆積物の加重，侵食の場では加重からの解放，といった要因により新たな地殻応力を発生させた．また，海面の高さもたえず変動してきた．このような，互いに関連した一連の作用が，アフリカの代表的な景観である広大な台地を形成する原動力となった．高原は，所によっては高度にもとづいて区分できる場合もあるが，一般には境い目がなくゆるやかに連なっている．しかし，全体としては南と東で高く，北と西で低いという傾向がみられる．

アフリカの大部分では，長い距離にわたるゆるやかな高度の変化が特徴となっている．地表面を変形させた沈降や隆起は比較的新しい時代に起こり，大きくて浅い大盆地は，大陸的な規模でみられる．これら大盆地は，必ずしも地形的に完全に閉じられてはいないし，地図上に明確な境界を引くこともできない．その縁辺は，相接する台地上へごくわずかずつゆるやかに連なっていく．しかし，等高線や水系図を用いれば，容易にその輪郭を定めることができる．チャド湖とオカヴァンゴ沼沢地は，それぞれアフリカの大部分を占める広大な浅い凹地の中に内陸流域を形成している．

地殻変動は，地表の起伏に，いっそう大きなコントラストをつけ加えた．垂直であれ，水平であれ，地殻の運動が地層の強度を上まわる応力をおよぼした時，断層が発生する．それは一本だけの場合もあれば，対をなす場合，断層群をなす場合もある．これらは，周囲の平坦な高原の一部にきわだって傾斜の急な斜面をつくり，こうした斜面は，独立した一連の急崖として，またはいろいろな幅の地溝や隆起地塊の両側に現れる．地上最大の地溝帯は，紅海からエチオピア高原を経て，東アフリカを通って二分した後，再びアフリカ南部で明瞭となる．この大地溝帯は，東アフリカにおいてとくに顕著であるが，それは湖水群の連なりによって地溝の存在が強く印象づけられるためである．また，ザンビアのルワンガ峡谷やアジス・アベバ東方のエチオピア高原上でも，同様に顕著である．

断層運動だけが急斜面をつくったのではない．まったく別の地質時代に，アフリカ・プレートの移動に伴う大陸外縁部での激しい地殻変動の結果，ケープ地域とアトラス山脈の地層は褶曲を受け，隆起した．ひきつづく侵食が山稜を鋭くしていった．アフリカ大陸の安定性は，ユーラシアやアメリカで造山運動が活発であったどの時期にも，大陸内部まで作用する持続的な力が存在しなかったという事実から明らかにされている．河食崖地形をもつベヌエ地溝は，内陸部での著しい高度の一定性を破る数少ない例の一つである．

水と風とがつくった独特な侵食地形は，ところどころにしか現れないが，その特殊な外観のため目につきやすく，どこ

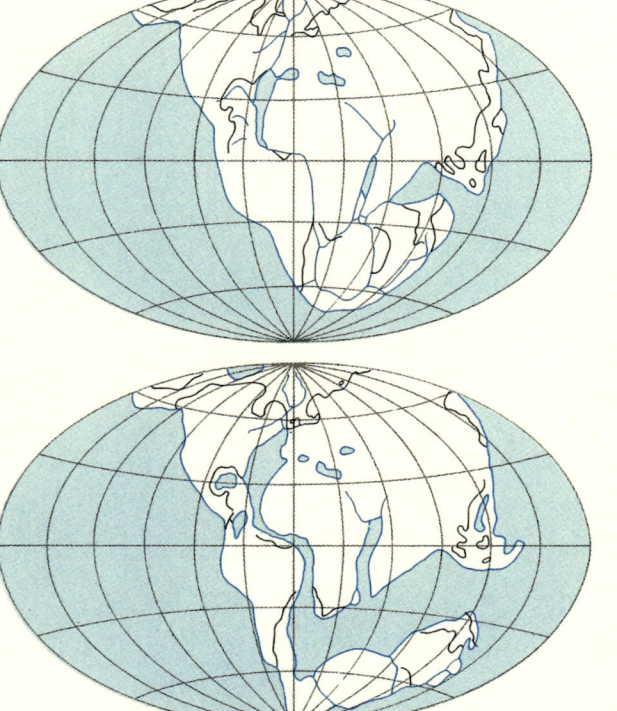

右　アフリカの政治区分と自然地理
広大な台地はアフリカ大陸上に最も広い面積を占める地形であり，南部と東部では比較的高い高度に，北部と西部では低い高度に発達している．高度の変換は，非常に急激な場合と，ごくゆるやかな場合の両方がある．ほとんど気がつかないくらいの傾斜をもった5つの大盆地が，主要な水系を分けあっている．

**左　中生代初期（上），アフリカ・プレートは，パーンゲアー（「すべての大地」の意味）の中央に位置していた．白亜紀（下）に，アフリカと南アメリカは分裂して移動しはじめ，アフリカとアジアの陸塊の間にはインド洋が開いた．化石は，かつて南半球の諸大陸が結合していたことを示す証拠のひとつである．たとえば，化石植物のグロソプテリスは，南アメリカ・南アフリカ・マダガスカル・インド・オーストラリアの古生界上部から産出する．

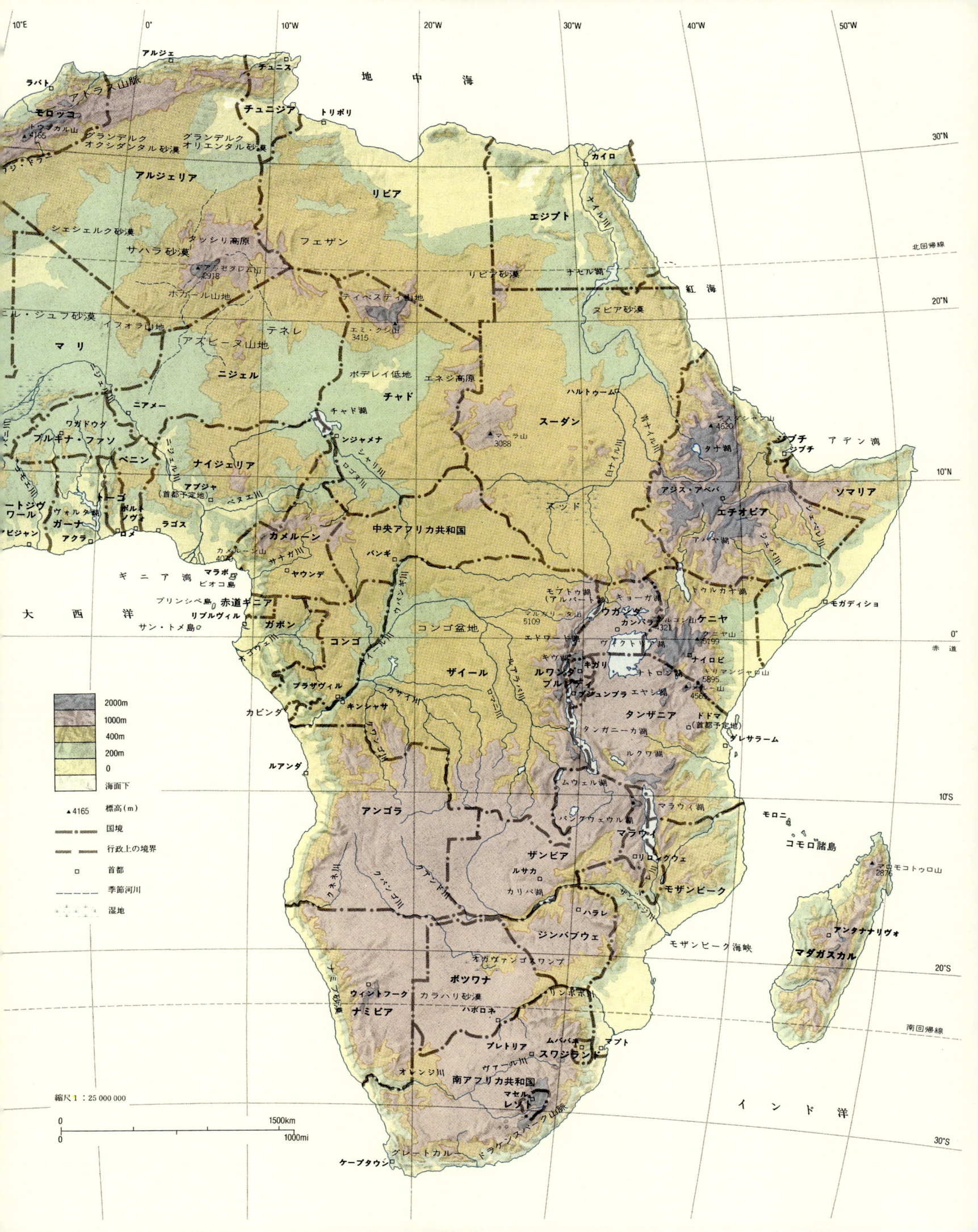

までも平坦な地表の単調さを破るものとなっている．こうした地形の一つに，ケープタウン近傍やアフリカ南部に点在する，固結した堆積物や溶岩を載せたテーブル・マウンテン（卓状の山）がある．さらに，アフリカ全域に広く分布するドーム型をしたインゼルベルク（島状丘）や，ジンバブウェに多い，とくに抵抗性の高い岩脈が形成するきりたった山稜，あるいは，さまざまな形状の砂丘や砂漠の風食凹地などもこの侵食地形に属している．溶岩やドレライト（粗粒玄武岩）岩脈も，非常に急な斜面に囲まれた平坦地形形成の一因となっている．この例としては，ナイジェリアやリビア，ヴィクトリア滝とその下流の峡谷を構成する赤道以南のものなどがあげられる．単一の侵食地形としてもっとも顕著な例は，おそらく，アフリカ南部を限ってジンバブウェからアンゴラまで，ほとんどとぎれることなく続く急崖であろう．この急崖は，侵食に対し強弱さまざまな性質の岩石を断ち切って，一部では2000mもの比高をもち，人びとの移動にとって大きな障壁となっている．

堆積作用も侵食作用に劣らず重要な現象である．サハラ砂漠の基盤をなし，アフリカ南部にも広く分布する古期の砂岩があると思えば，ザンベジ川流域のバロツエ平原，カウフェ平原，カラハリ砂漠などには，現在も生成されつつある未固結の堆積物もあり，堆積物の様相は変化に富んでいる．堆積物のつくる地形は，すでに広域的な削平作用を受け，侵食によってほぼ水平になった地表面に連なって，それを拡張しているようにみえる．

これらに加えて，火山活動が，アフリカでもとくに有名な景観のいくつかをつくり出す源となっている．キリマンジャロ山やカメルーン山のような火山円錐体は，火山地形のうちでもとくに広く知られている．火山活動が，地溝帯にはたらく張力や圧縮力によってひき起こされる場合も多く，地殻を貫いて上昇したマグマは，時として地表に達し，溶岩や火山灰を噴出させる．ザイールやカメルーン，ケニアでは，現在もこうした火山活動が行われている．過去の爆発的な噴出は，タンザニアのンゴロンゴロのような，急崖に囲まれた凹地，すなわちカルデラや，ウガンダ南西部にみられる，小規模な火口湖の群などを残している．大陸の平坦な地表のところどころに変化を与えている，こうした火山地形の修飾の一部として，岩脈の残片，シル（平面的な貫入岩体），古い火山岩頸などがある．

アフリカの主要な水系では，大河川が極端に迂回しながら海に注ぎこんでいくことに注目したい．ニジェル川は，はじめサハラの中央部に向けて流れ下った後，ギニア湾へと方向をかえる．また，ザンベジ川上流も，東方のインド洋へ向きを転ずるまでは，南方のカラハリ砂漠へと流れていく．曲降盆地の大地形が，こうした水系の形を支配しており，地表水は，盆地の斜面から中央部へ集まったのち，はじめて盆地からの流出口を求めて流下するのである．内陸台地を取り巻く急崖のために，河川の下流域は，滝と急流で特色づけられている．アフリカの大きな湖水は，他の自然現象の多くと同様に，たいへん偏った分布をしており，東部の地溝帯と盆地以外には，ほとんど存在しない．

アフリカの海岸線は，歴史的に人間の侵入を許さないものと考えられてきた．その海岸も，実際にはさまざまな表情をもっている．全般に，港湾の立地に適している，経済的価値をもった海岸線の出入りは乏しい．西アフリカの海岸の大部分は，海岸に沿う物質の移動によって生成される砂州のマングローブの密生によって占められており，東アフリカでは，サンゴ礁が砂州にとってかわる．大洋の果てしない広がりに面する海岸では，大きなうねりが絶えず岸を洗っている．河口に入江が残ることはまれで，おおむね大規模なデルタによって埋めつくされている．小石が海岸を埋めることは，普通熱帯では起らない．砂浜は，地中海岸からアフリカ南部まで広く分布し，その規模は，観光地として知られるどんな砂浜よりも，けたちがいに大きい．

気　候

水が得られるか得られないか，これはアフリカでの人間活動を支配する決定的な要因であり，降雨の研究がアフリカ気候学の主流をなしてきた．平均降水量の概念は，温帯ではなじみ深いものであるが，アフリカにおける年平均降水量の分布図は，統計的な抽象化であって降雨量の季節による変化という重大な事実を隠してしまう．たしかに，年平均降水量図は，大砂漠や，とくに降雨量の多い特定の地域を指示するし，サハラ南縁部で北から南に増加する降雨量をはっきりと表しもする．しかし，他の地域にも存在する降水量の南北変化はこの図に現れてこない．

アフリカの降水様式の本当に重要な特徴は，月ごとの天気図を連続的に比較検討することで見出される．そして，はじめて次のような事実が明らかになる．北半球の真冬には，赤道以北のアフリカは地中海沿岸を除き全般に乾燥している．6か月後この状況は南と北で逆転しているが，二つの両極端の間に，東西にのびる降雨域が赤道をまたいで移動したかのように見える．しかし，この見かけの移動は，次のように説明される．すなわちモザンビークからアンゴラにいたる地域で，1月に1年のうちで最大の雨量をもたらす南半球の気流系がもつ一つの状況が消滅すると，それとは無関係に，エチオピアからガンビアにかけての北半球で，7月の降雨をもたらすような状況が生ずるのである．そして，中間の時期には，内陸深くまで雲列を発生させる，つまり降雨の可能性をもった状況が，赤道付近で不規則に出現する．これは東部において，とくに不確定に出現し，4月と10月に低緯度地方で起こる降雨に特有な，年ごとの変動の原因となっている．

アフリカの大砂漠は，アフリカだけに固有な気候条件がつくりだしたものではなく，地球全体を支配する大気循環の結果できたものである．ソマリアの乾燥地域とともに，サハラは，モロッコからバルティスタンまでひろがる広大な砂漠地帯の一部分をなしている．雲の発生を妨げる，亜熱帯下降気流が砂漠を生み出しており，この気流は大気大循環の主要な現象のひとつである．赤道をはさんで鏡の像のように対をなすのがナミブ砂漠（ふつうカラハリ砂漠とよばれる）であり，ここでは冷たい沿岸流が乾燥を助長している．アフリカ東南部の乾燥が恒常的でなく季節的であるという事実は，その場所が，常時気圧の高い亜熱帯の海水面に対して十分に大きな標高を有していれば，一年のうちでどのような状況にせよ，気圧が下がる時期には降雨が期待できることを示している．北半球のエチオピア高原が，緯度からみれば乾燥地帯に属しているにもかかわらず，実際には比較的湿潤であることは，これを裏づけている．

アフリカでの降雨は，通常いくつかのタイプに分類される，激しい大気の擾乱によってもたらされる，雷雨はその一つであるが，数多くの独立した雷雲の集りが，衛星写真の解析によって，大気大循環の主要な成分のあらわれとして現在認められているような雲の群の中に含まれる場合もある．アフリカ中南部の夏の雨は，せきを切ったような数日間の豪雨には

上　トランスヴァール東部では，水平に堆積した地層が，2000mを超す高さまで降起し，侵食を受けた結果，けわしいドラケンスバーク山脈北部の地形がうまれた．オリファンツ川の支流，ブライド川は，深さ1000mの峡谷をきざみ込んで，ほぼ水平に西へひろがる広大な台地面と鋭く対照的な風景をつくりだした．

下　アフリカの大部分の砂漠は，礫と砂の平らな単調なひろがりである．しかし，アンゴラ南西部とナミビア西部にまたがるナミブ砂漠では，砂丘が広範囲に発達している．砂丘は，風向・風力と砂の供給に応じて，常にその形を変えつづけている．

じまって，途中にいく分天気の良い休止期がはさまれる．また，南東部では，熱帯低気圧が時おりまとまった雨を運んでくる．他の地域では，雨をもたらす気圧配置が，雨期を通じて不規則に出現するため，いわゆる「雨期」の間でも，短い時間に激しい集中的降雨をみることが，アフリカの雨の重要な特性となっている．大陸の大部分で，比較的降水日数が少なく，雷雨の発生が多いことからも，この特性は明らかである．

アフリカの気温は比較的地域差が小さい．アフリカのようにまとまった形をもつ大陸では，気温の地域差を理解するうえで，高度は緯度と同じくらい重要な要素である．月最高気温の平均が32℃を越える場所は大陸全域に見出され，この値は海から離れるにつれ大きくなる傾向をもつ．最高気温の年変化はあまり大きなものではなく，同様に，最低気温も，さらに年間の気温変化もごく小さな幅でしかない．これと対照的に，大陸の大部分で昼夜の温度差は15℃を上回り，季節ごとの温度差よりも明瞭である．

観測地点が少ないため，気温と雨量以外の資料は局地的な，小数地点での気象観測データしか入手できない．しかし，植生の分布状況をもとに，日射量や風速といった要素を推測することは可能である．植物は，さまざまな気象条件によってもたらされた産物であり，人工的に抽出された個々の気象要素以上に，あるがままの気候を表現するものだからである．植生による気候分類で，とくに有名なものはケッペンのそれである．アフリカに適用されたこの方法は，せまい地域に対しては役に立たないこともあるが，大陸スケールでの有効な概観を与えてくれる．分類には，ある植物群落の出現の限界を決定する，気温と雨量の値が用いられている．指標となる植物群落は，それ自体，気候を構成するあらゆる要素をある意味で反映している．こうして分類された気候形の分布は，アフリカの気候において季節変化の大きさが第一の要素となっていることを示す．乾燥・半乾燥（B気候）地域以外の大部分では明瞭な乾季が存在する（細分類のw：冬雨季と，s：夏雨季）．通年降水のある地域は（細分類のf），大陸東南端のごく一部と，低地アフリカ（ギニア湾岸）の赤道付近の限られた地域だけである．季節的な乾湿変化のさまざまな様式がアフリカを支配しており，経済活動にも重大な影響を与える環境要因となっている．

1970年代にサヘルを襲った大旱ばつは，アフリカが気候変動という，未知の，大きな流れの中に漂っていることを教えている．旱ばつによる被害は，環境に対する人間の誤った対応に，全面的に原因が帰せられてきた．その根拠は，旱ばつで雨の少なかった年でも，雨量は過去のサハラ周辺における雨量総計をもとに，予想しうる範囲内にあったとするものである．この真偽はさておき，年ごとに，または数年ごとにという短い周期で降水量にはっきりした変動が起こるのは，砂漠縁辺に共通した気候の特色である．しかし，長い周期をもつ気候変動の徴候は，最近のサヘルの旱ばつにおいても，アフリカ東部や南部においても見出されなかった．この旱ばつの経験から，砂漠縁辺部では，長期間のデータからの平均雨量がほとんど意味をもっていないという事実が明らかになった．これよりもはるかに重要な値は平均値との差であり，平均降雨量自体が多くの農業生産にとって限界に近いくらい少ない場所では，とくに重大な意味をもっている．

土 壌

アフリカの土壌は，4つの要因の相互作用の産物である．第1の要因である地形は，ある場所で未固結物質が増加するか減少するか，あるいは増減なしに移動だけが起きるかを決定する．減少がさかんな場所には，生産されて間もない未固結物質と未発達な土壌をもった急斜面が存在する．土壌の蓄積は，谷底や大盆地の中央部，海岸近くで起こる．これらの中間では，物質の蓄積と流出とのかねあい，すなわち場所ごとの物質移動の様式によって土壌の性格はある程度決定される．

気候は，土壌の発達に影響する第2の要因である．温度の上昇に伴う，生物学的反応の活発化には一定の限界があるが，非生物学的反応は温度の上昇につれ，加速度的に進行するようになる．アフリカでは，こうした高温に土壌形成作用と激しい物質交代作用を促進するための適度の降雨が加わると，その地域の土壌化は例外的な深さにまで達するのである．

土壌分布と植生との密接な関連が，第3の要因としてあげられる．植物による被覆が土壌生成に重要な意味をもつからである．植物は，未固結物質の供給と流出を調整し，土壌中に有機物を送り込む．また無機物の移動も促進され，その結果土壌中には層状構造がつくられる．植物が生産する酸などの化合物は，堅固な物質の破壊を助けもする．植生と土壌の間の複雑な相互作用の存在は，たとえば，雨林とサヴァンナのように異質な植生のもとでは，大きく異なる土壌形成の過程が進行していることを示している．

第4の要因は母材の性質である．侵食による物質の減少がさかんな地域では，基盤にたとえば玄武岩があれば，その鉱物組成は必ずしも均一ではないにせよ，片岩や花崗岩がある場合とくらべて，土壌の鉱物組成はまったく異なったものとなるであろう．移動と堆積が起こっている場では，複数の供給源に由来する物質がまじりあって一見似かよった組成を見せるため，土壌と母材の関係は非常に複雑になる．こうした場所で土壌は，過去から現在におよぶ長期間の風化と溶脱を受けた，いわば残りかすと化しており，人間にとっての利用価値は著しく減少している．火山灰地や沖積地のごく特別な例を除くと，アフリカの土壌は農業に必要な無機養分に乏しいといえる．

一種類の土壌として最も広く分布するのは，砂漠の無機質土壌であり，ここでの生物活動は最小である．この土壌は大陸の28％をおおっている．別の20％では，水分の不足や物質移動の不活発さ，すみやかな堆積あるいは流失のため土壌化に要する時間が与えられないことなどの原因から，土壌化はわずかしか進行していない．こうした薄い土壌はアフリカ南部，北部，東部の広い面積をおおっている．これとほぼ等しい広さに，激しい溶脱を受けた富鉄アルミナ土が分布する．この種の粘色酸性土は湿潤地域に広く分布し，特定の酸化物からなる風化殻を成長させる性質をもち，これが最も発達した状態は，ラテライトの名で知られている．富鉄アルミナ土と砂漠の無機質土との間には，富鉄土と砂漠縁辺部の赤褐色土が帯状に分布し，あわせて大陸の20％ほどの面積を占める．この二つの土壌は，乾期と雨期とが交替するアフリカの気候を反映した土壌である．短いながら急激な溶脱が起こる期間に，無機質は物質ごとの固有な性質に従って別々に移動して，特有な断面をもった，概ねやせた土壌が形成される．砂漠縁辺部での土壌水分の欠乏は，反作用として植物根系の地下深くへの発達を促す一因となっているが，その結果，土壌断面の全体へ有機物が供給される．

大陸全体を概観すると，植生と気候，とくに降雨の季節変化と総量との間には明らかな相関が存在する．湿潤地域から

はじめて、順に植生の変化を要約してみると、まず年降水量が最も多く、乾期のごく短い地域には背の高い熱帯降雨林が存在する。この降雨林は、背の高さによって区分できる非常に多種の植物から構成されるが、一般に想像されるほど個体の密度は高くない。熱帯降雨林はいくつかのサブタイプに分類されている。

降雨林の外縁部に向って乾期が長くなるにつれ、林地と草地がモザイク状に混在する景観が降雨林にとってかわる。降雨林の常緑樹にかわって落葉樹が林を作るようになり、樹冠は目にみえて、低くすきまの多いものとなる。川辺林、すなわち水流に沿って繁茂するとくに密度の高い樹木が景観に変化を与えているが、湿潤樹木サヴァンナとしては、東アフリカのミオンボ樹林を典型とする形態のものが広く分布している。樹木サバンナの外縁では、房状の塊をつくって生息する草本がだんだんに優勢となり、川辺林も、分布の限界近くではまばらになる。さらに乾期が長くなると、背の低い草本が主となった草原に、アカシアのような長い乾期を耐えぬくことのできる樹木が、ごくまばらに点在する状態になる。砂漠の近くにくると、サヴァンナは深い根系をもった多汁性の植物がまばらに生えるステップに漸次移行する。完全な砂漠地域の植生は所により異なっており、サハラ砂漠の広い範囲では、土質に適応した、灌木や草本がごくわずかに生育しているだけであるのに対して、ナミブ砂漠西部ではそこに数多く生育する多汁性植物にとって、露が有効な水分となっている。大陸の南北両端、砂漠の外側に位置する温帯地域では、それぞれに特有な植物群落がみられ、これらと同じ状況は熱帯アフリカの山腹斜面上部にも存在している。たとえば、ケニア山の植生は、耕作限界以上で、高山帯の樹林から、竹、ヒース、高山植物、山頂部の蘚苔類へと高度に応じて変化していく。またルウェンゾリ山上部の木性シダとオオノボログクは特有の壮観をつくっている。

以上のような一般化は、大陸のスケールでみて、おそらく当を得ているだろう。しかし、こうした帯状の分布は、今や根底から破壊されており、急速に現実を離れた概念と化しつつある。アフリカの季節的に乾湿が交替する地域の植物景観の形成過程に、人間が意図的に行なった野焼きの効果について長い間議論が行われてきた。野焼きは、家畜のための牧草の新たな生育を促すためや、耕作の準備のために行われた。人間は、おそらくアフリカの植生に対して長い年月にわたり、主要な影響を与え続けてきたであろう。しかし、習慣的な1種類の家畜だけの飼育や、耕作に用いられる土地の実質的な増加は、現在、アフリカの植生の大部分がヨーロッパと同様な、人工的植生になりつつあることを示している。植生を記載することは基本的に、土地利用を記載することと変わりない。人口密度の高い地域では、もはや極相的植物群落を見出すことはできない。ナイジェリア南部を例にとれば、島状に点在する二次林のみが、かつての広大な熱帯降雨林をしのばせるほとんど唯一のかたみとなっている。

このようにアフリカの植生は、人間活動、とくに農業システムの産物となりつつある。すべての農業システムは、休閑地を設けるか、設けないかという基準から二つに大別できる。休閑地を設けるシステムは、移動式焼畑農業と定着式焼畑農業とに分けられる。前者は長い休閑期をおく形態であり、耕作者が一度自分が耕作を行った土地を再び使用することはない。これに対して定着式焼畑農業では、有限な土地のなかで、順ぐりに耕地を変える形態をとり、住居の移動が起こらない場合もある。一方、休閑地を設けない方式の定着式農業は、規模の大小によって細分される。小規模のものには、都市近郊の専門化した園芸農業、常時耕作に用いられる農地の地力を維持するために家畜を用いる混合農業、商業的樹木農業、そして、独特な作物の組み合わせによる輪作と雑草の利用とを組み合わせて、休閑期のない耕地の地力を維持する定着焼畑農業と、無休閑耕作の中間的な形態をもつ農業およびコーヒー、カカオなどの商業的樹木農業などがある。休閑地を設けない農業の大規模なものとしては、長期的なプランテーション農業が代表的である。これは、もともと欧米から導入された専門的な高度の技術と経営手法を用いて、広い面積から大量の収穫をあげるシステムである。これと似たシステムは、急速に増加する都市生活者の食糧需要を満たす必要に迫られた多くのアフリカの国々で、国家の指導の下に導入されるようになってきた。さらに大規模農業の第3の形態として、共同管理体制と集中的な決定機能とを一定の水準でそなえている共同農場をあげることができる。

アフリカの農業を制約する主たる要素のひとつに、トリパノソーマ感染症がある。これは血液や、時として他の体組織に寄生するトリパノソーマが、人間をも含めた、アフリカの脊椎動物の多くにもたらす病疫であり、これによって発現する疾病は、人間に起こる睡眠病や家畜に起こるナガナ病など、さまざまな種類がある。この病気の流行による家畜の減少は、これらの家畜が役獣として使えないという点で実行可能な農業のタイプを大きく制約する。トリパノソーマの生態は極端に複雑なものである。宿主としては、ある種の鳥や爬虫類をも含む、50種以上の野性動物が知られている。また、動物間の媒介は、ツエツエバエ属の34にのぼる種、亜種によって行われる。病疫発生との間に、明白な因果関係をもつ現象は、これら媒介主の分布だけである。

動物公園と漁業

トリパノソーマ感染症の流行する地方では、野性動物でさえも時として罹病し死にいたることがあり、ここではおそらく、天然の免疫をもつ動物だけが生き残っているのであろう。また、こうした風土病のある地域において、野性動物がその個体数を維持できた理由には、人間との生存競争がなかったということも考えられる。人間が農地として利用することを考えなかったこのような地域で、銃猟の対象となる動物を保存する企画が、自然公園の設置という形で最初に実施された。これらの自然公園のもつ明らかな特徴は、それが主として季節的な乾燥と湿潤とが交代する気候のもとに分布する点にある。広く開けたサヴァンナは、見ばえのする動物相を生息させる舞台となっている。アフリカのほとんどの国で、1か所ないし複数の国立公園が設けられており、アフリカの土地利用の中に大きな割合を占めている。しかし、保守的な自然保護はもはや主要な目的ではなく、国立公園は徐々に特殊な形での、土地の有効利用に転じつつある。それは、観光客や観光施設を招来するばかりではなく、安定した供給が保証された獣肉の生産地ともなっている。また、造材や造林などが計画的に実施されるほかに、余暇に田園生活や釣りを楽しんだりする場ともなっている。

一部の動物保護区では、保護された動物の個体数が、保護区内で生息できる限度を越えて、異常に増加することがある。一方、肉や皮、象牙をねらう密猟のために、大きな動物群が、極端に縮小してしまう場合もある。

アフリカの漁業について、領海や資源に対する国際的な関心の高まりから、西アフリカのナミビア・アンゴラ、南アフ

上 ナイジェリア北東部アルグングの漁撈祭。河川や湖沼にはどこでも、蛋白質に乏しい食卓に魚肉を供給する可能性が残されている。一定の水域での漁業権を伝統的に保有する人々が、共同して行う、漁網その他の漁具を用いての漁撈はアフリカに広く見られる。いくつかの大きな湖水や大河川では、都市の市場を対象とした、かなり規模の大きい商業的漁業も行われている。しかし、乾季と雨季の差が大きい熱帯地方では、一年中漁を行うことはできない。とくに水位の高い期間は、漁を中断する場合が多い。

下　季節的な氾濫に浸されるザンベジ川上流域のほぼ水平な大地は，アフリカ南部の大部分を占めるひとつの典型的景観である．しかし，ヴィクトリア滝を境に，ザンベジ川は性格を一変する．水は，水平な玄武岩層をその割れ目から侵食してバトカ峡谷へと奔入していくが，そこにはザンビアとジンバブウェを結ぶ，鉄道・道路併用橋がかけられている．ここからザンベジ川は，狭い峡谷に閉じこめられたまま 100 km を流れ下って，断層に由来するザンベジ峡谷へと注ぐ．現在この峡谷には，人造のカリバ湖が水をたたえている．ヴィクトリア滝は，アフリカ南部に広い面積を占める内陸の大曲降盆地からの，ザンベジ川の唯一の脱出口となっている．ザンベジ川上流のボツワナ北東部にあるオカヴァンゴ沼沢地は，アンゴラ南部の広い面積から水を集めて常に潤されている．

リカなどの海面漁業が注目されているが，アフリカの大多数の人々にとって，貴重なたんぱく源となっているのは，むしろ，内水面漁業の方である．カリバ湖のような人造湖を含めアフリカの大湖水や沼沢地では，たいてい漁業が営まれており，これに携わるのは無数の零細な漁民たちと，個人所有の小船や自動車で魚を都市の市場へ運ぶ多数の人々とである．鮮魚や干魚を能率よく都市の市場に送り込める大河川では，商業的な漁業も行われている．しかし，こうした大きな水面でなくとも，アフリカの小川や池のほとんどすべてが，澱粉を主体とするアフリカ人の食生活の栄養を補う可能性をもっている．

人口

アフリカの人口分布は，時に人間を招き，時に拒むさまざまな自然環境の制約の中で，現在と同様に過去からも作用し続けた，経済的・政治的・社会的諸要因が複合して与える影響のもとで形成されてきた．サハラ，ナミブ＝カラハリなどの大砂漠や，これらほどに極端ではないにせよ，〝アフリカの角〟地域などでの，人口密度の著しい低さは，気候条件によって明らかに説明される．また，ドラケンスバーグ山脈，ルウェンゾリ山，アトラス山脈などの山地でも，人口密度は低い．同じ山地でも，キリマンジャロ山やカメルーン山の山すそは，高い人口密度を生み出すような好条件をもっている．その他の地域において，人口密度に極端な変動が起きることがある．ナイジェリアやケニアの一部で現に起こったような，高密度から低密度への突然の変動が，どんな自然環境の変化によっても説明できないほどの早さで行われることがある．こうした現象を考察するうえで，過去は，おそらく現在を解く鍵となるであろう．

国勢調査資料の精度は国によって大きな違いがある．調査費用の不足，未熟な調査官，識字率の低さ，調査の忌避，住民の移動などが，アフリカの人口調査に対する障害となっている．したがって，その結果を国際的に比較することは容易でない．しかし，国によって総人口と人口密度が甚だしく異なっていることは事実である．島嶼を除くアフリカ本土で，人口密度の値は 1 km²あたり，1 人から 150 人以上までの広い幅をもっており，1 国の総人口は，最低 5 万人以下から，最大 6000 万人以上までさまざまであるが，その大部分は 1000 万人以下である．人口と人口密度について，典型的なアフリカ国家，といったものは存在しない．人口密度が低いからといって必ずしも経済・社会に対する人口の圧力の不在を意味するわけではなく，また同様に，人口密度の高さがすなわち資源・食物の逼迫を意味するということも言えないのである．

地下資源とエネルギー

アフリカにおける地下資源の多種多様さと，その偏った分布は，アフリカの地質史の所産である．大陸のほぼ全域の基盤をなし，およそ半分の地域で地表に露出している岩石は，5 億年より古い岩石からなる基盤岩類である．これらの先カンブリア紀の岩石には，非常に多くの種類があるが，中でも，その上部に属する変成岩類には，銅・クロム・金など数多くの有用鉱物が含まれている．基盤岩類の上には，四つのグループ，古いほうから古生界・中生界・第三系・第四系の堆積岩が分布している．古生代の岩石は，北アフリカとケープ地方に広くみられるが，鉱床の形成はあまり進んでいない．石炭紀とそれ以降の時代に起源をもつカルー系は，大きな変形を受けずに，アフリカ南部に広く分布しているが，この地層には莫大な量の石炭が埋蔵されている．中生代には，現在の北アフリカ一帯に，陸成と海成の堆積物が厚く堆積した．この地層は，貴重な鉱物と石油を含むだけでなく，地下水の帯水層ともなっている．第三系と第四系の堆積岩は，内陸の大盆地や，海岸に沿う地域に発達しており，西アフリカでは石油を包含する例もみられる．

北アメリカの地下資源は，アフリカ以上に豊富であるが，アフリカは，北アメリカに産出しない資源を供給することができる．アフリカの卑金属資源は，一部の金属に偏っており，銅の埋蔵量は，鉛，すず，亜鉛のそれをはるかに上回っている．軽金属では，高品位のボーキサイトが，マグネシウムやチタンよりはるかに多い．戦略的に重要な資源の場合，確認された埋蔵量のデータは，一般に公表されることを嫌う性質のものだが，ウラン・リチウム・コロンブ石・タンタルムが豊富であることはわかっている．貴金属のデータも，普通は入手できない．しかし，装身具および工業用の宝石と同様，金や白金の埋蔵量が多いことはつとに有名である．各種の準宝石や工業用ダイアモンドについても相当量の存在が知られている．水銀，硫黄，アンチモニー，砒素などの工業用資源の産出は少ないが，農業用のリン，カリウム，岩塩などは，たいへん豊富なことがわかっている．セメント工業の原材料や，石綿，石膏，ヴァミキュライト（ヒル石）などの建築資材も多量に産出されている．アフリカ大陸は，全体としては豊かな地下資源に恵まれているものの，個々の国家単位でみると，多種多量の資源をもつ国からほとんど何ももたない国まで，資源面での基礎には大きな開きがある．鉄鉱石埋蔵量の確実な値は最近になって新たに増大したが，鉄鋼の生産は，エネルギーの入手しやすい場所では徐々により広い範囲へと拡大しつつある．今後の製鋼業の発展は，鉄鋼生産に不可欠なクローム，マンガン，コバルト，バナジウムなどの金属が，世界的に見ても，非常に豊富な点から強く期待されている．

アフリカには，石炭を含む地層が数多く広がっている．鉱脈はヨーロッパのものにくらべると一般に厚く，攪乱されてはいないが，品位は劣っている．過去には大きな鉱脈があっても，容易にその場所へ往来する手段が得られず，採算の見通しがたたないまま放置されてきた．しかし，現代の加速度的な発展と，国内資源の有効利用への動向のなかで，採掘を開始される鉱山が増加してきた．石炭の埋蔵は，ほぼアフリカ南部だけに限られて，非常に偏った分布をしている．これは，アフリカ西部と北部だけに限られている石油，天然ガスの分布と好対照をなしている．発展途上国にとって，石油は，石炭よりいっそう重要な資源であり，1956 年以降の主要な油田の発見は，独立への動きとあわせて非常に時宜を得たものであった．いったん油田が操業を開始すると，産油国にとって石油精製施設をつくることが，たとえ国内の小さな市場だけを対象とするものであっても，国際収支の改善のための魅力的な目標となる．さらに，原油を産出しない国々さえも，高価な最終製品を輸入する支出を削減するために，原油を輸入して精製する施設を建設してきた．その結果，おのおのの施設では，精製装置が最大の生産効率を上げる水準以下でしか，生産が行われていない．

アフリカの大河川は，広大な台地の中の浅く広い盆地に水系を発達させており，広い集水域から流出する大量の水は一つの大河に集まり，滝や急流の連なる短い水路を通って海に注いでいる．このような河川は，水力の利用に非常に大きな可能性を残している．この可能性を実現するための第一歩として，カリバ，アスワン，カインジ，アコソンボ，カボラ・

バッサ，オレンジ川などで，壮大な開発計画の一部がすでに実施されている．世界人口の約1割が居住するアフリカ大陸には，世界の未開発な電力資源の3分の1以上が集中しているといわれている．人口に対するエネルギー資源埋蔵量を大陸ごとに比較してみると，アフリカの石油と石炭は，他よりわずかだけ多く，天然ガスはかなり多い．しかし，年間1人あたりの消費量は，他にくらべて相当に少ない．したがって，今後の発展の余地は非常に大きいと考えられる．エネルギー消費量は国ごとに非常に大きな較差がある．その中で南アフリカは，ずばぬけて大きい最大の消費者である．その他では，リビア，ガボン，ザンビア，ジンバブウェのような，生産業のさかんな国で，エネルギーの消費が多い傾向がある．

交通と国際交流

アフリカの交通網は，他のどの大陸よりも未発達で断片的である．効果的な交通体系の整備は，たとえそれが発展のための即効薬にはなり得ないとしても，経済的発展のために，まず必要とされており，交通網の発達は他の大陸にくらべてすみやかに進行している．とりわけ，鉄道網の拡充は著しい．しかし鉄道の軌幅は，特別に狭い数種類が廃止された現在でも，なお5種類が用いられており，別々であった鉄道が結合されても，貨客の一時的な滞留という問題が残されることになる．現存する鉄道も，すでに閉山された鉱山に通じる場合のように，もはや存在理由を失っていることがあり，必要度の低い場所に偏って存在するという矛盾も起こっている．将来の新しい鉄道建設の伸び率は，今後の工業の発達によって，重く，体積の大きい原材料の長距離輸送が減少していく程度に見合ったものとなるであろう．

内陸水路がアフリカの交通に寄与する割合は小さい．運河を建設するとすれば，その長さは実現性の乏しいものとなるであろうし，河川は，急流や河口の浅瀬の存在，水量の大きな季節的変動などの理由で船舶の航行に適さず，ごく限られた地域で交通の幹線として用いられているにすぎない．こうした一部の河川とともに，東アフリカの大きな湖水でも，定期的な船便が長い距離を結んでいる．大河川は，自動車交通にとってはむしろ重大な障害となっており，そこでは，川幅が広いために莫大な費用がかかり，さらに交通量が少ないために投資効率が低く，高価な橋梁のかわりに，時間がかかって能率の悪いフェリーボートの使用が強いられている．

経済活動が，互いに遠く離れて点在する都市に集中しているアフリカでは，航空交通に大きな発展の可能性が期待されている．しかし，アフリカの産物は大体体積の大きいものであり，利用者となるべき住民も，時間より費用の節約を必要とする程度の所得しか得ていない．こうした悪条件にもかかわらず，各国の内国航空網の整備の結果，アフリカ大陸内の航空路は拡充され，国際空港の規格に適合する空港の数も激増した．大陸内の国際航空路線には，おおむね小型旅客機が用いられ，国営航空の飛行機が大陸間に就航する割合は，通常ごく小さい．大陸間路線の運航は，西欧の航空請負協定にもとづいて維持されている．

国際航空網の発達も，アフリカの主要港湾を通じて行われてきた伝統的な海上輸送による貿易に対し，今のところほとんど脅威を与えてはいない．輸出，輸入いずれの場合でも，荷役の遅れは余分な経費となって価格を高いものにするため，たとえ経済的発展がごく初歩の段階にとどまっている国でさえ，近代的な港湾施設の必要性は，最優先のものと考えられている．海上で一たん別の小船に積みかえる形式の，はしけによる荷役では，もはやとうてい処理できるものではない．現代のアフリカの港湾には，一部でコンテナー化されている，一般積取り貨物をすばやくさばけるような，十分に深い水深をもった埠頭が必須のものとなっている．さらに材木，鉄鉱石，燐鉱石，石油などの特殊な品目に対応できる専用の埠頭も必要とされている．時として，こうした資材は，ベルトコンベアーやパイプラインを通じて陸揚げや船積みが行われる場合もあり，これらの手段は，運輸体系の中の新しい要素となっている．

自動車交通は，高い機動性のために，交通体系の中に占める比重は大きい．自動車は，サービスと一体となって，局地的な需要にも容易に対応することを可能とし，他の交通手段では不可能な場所へも到達することができる．しかし，道路の建設と維持には多くの費用が必要であり，距離の長さや交通量の少なさが原因となって，架橋や路面のかさ上げ，排水設備の位置や舗装など，道路の改良はとくに雨の多い地方で，高価でしかも投資効率の低いものとなっている．舗装は，国内的な必要から，首都と地方中心都市とを結ぶ幹線道路を中心に断片的に行われているが，他国との間の道路はしばしば国内道路よりも低い水準にある．国際道路整備の国際的な計画は，サハラ横断道，大陸横断道などで現在進行中である．

自動車保有状況の国際的比較は，各国の経済的活力と国民個人の富裕さを反映する．自動車というものは，経済的，社会的な財産であり，自動車輸送もまた欠くべからざる重要性をもっている．国営の輸送会社は各国で設立されてきている．この比較を見ると，北アフリカ諸国と南アフリカが高い水準にある．この観点においてもまた，他の多くの要素と同様に，アフリカ大陸での富の配分は非常に偏っているといえる．

(J.C.S.)

地質と地溝帯・火山（左下）

先カンブリア時代の，非常に強い抵抗性をもつ基盤岩石が，大陸の地下の大部分にひろがり，地表にも広く露出している．基盤岩石は第三紀層とそれ以後の堆積物によって，広い範囲で被覆されているが，南アフリカには先第三系のカルー系が発達し，北アフリカにも独立の先第三系堆積岩が存在する．不整合として観察される地質時代の一部分の欠如は，アフリカのような古い大陸地塊でしばしば起こった．

東アフリカ地溝帯は，世界最大の地溝帯である．これは，数百万年にわたって発達を続けた結果，単一の断層に沿うもの，階段断層によるもの，副次的な断層によるものなど，さまざまな形態をもつ地溝を形成した．地溝の一部分は，広大な溶岩台地の下に埋没しているが，東アフリカの火山の多くは，地溝帯の発達にともなって形成されてきたものである．火山と地溝にくらべて，大盆地の地形が地上にいる人間によってはほとんど気づかれないが，それらの巨大なひろがりは，大地形として大きな意味をもっている．

アフリカの地理

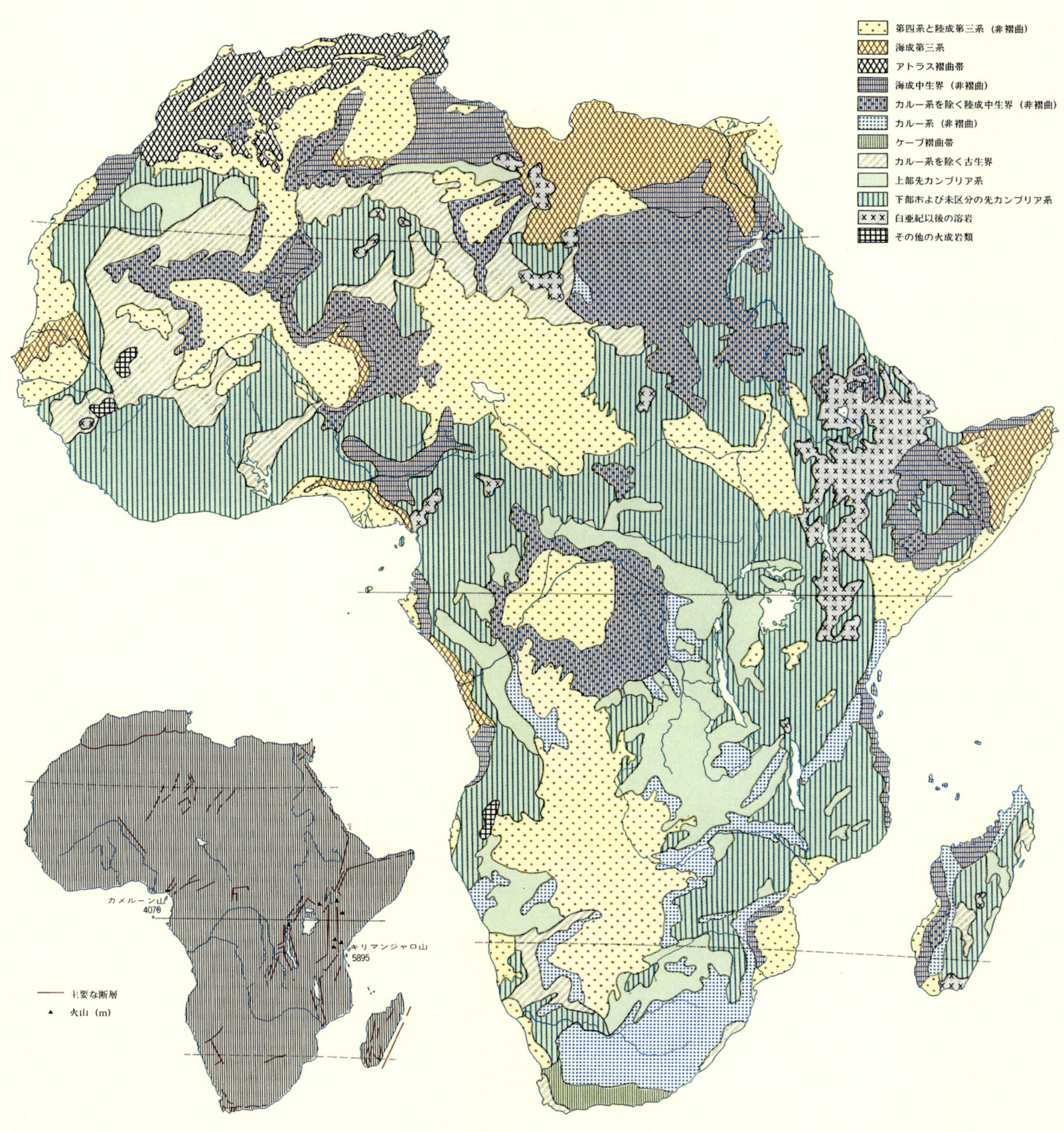

凡例:
- 第四系と陸成第三系（非褶曲）
- 海成第三系
- アトラス褶曲帯
- 海成中生界（非褶曲）
- カルー系を除く陸成中生界（非褶曲）
- カルー系（非褶曲）
- ケープ褶曲帯
- カルー系を除く古生界
- 上部先カンブリア系
- 下部および未区分の先カンブリア系
- 白亜紀以後の溶岩
- その他の火成岩類

カメルーン山 4070
キリマンジャロ山 5895

— 主要な断層
▲ 火山（m）

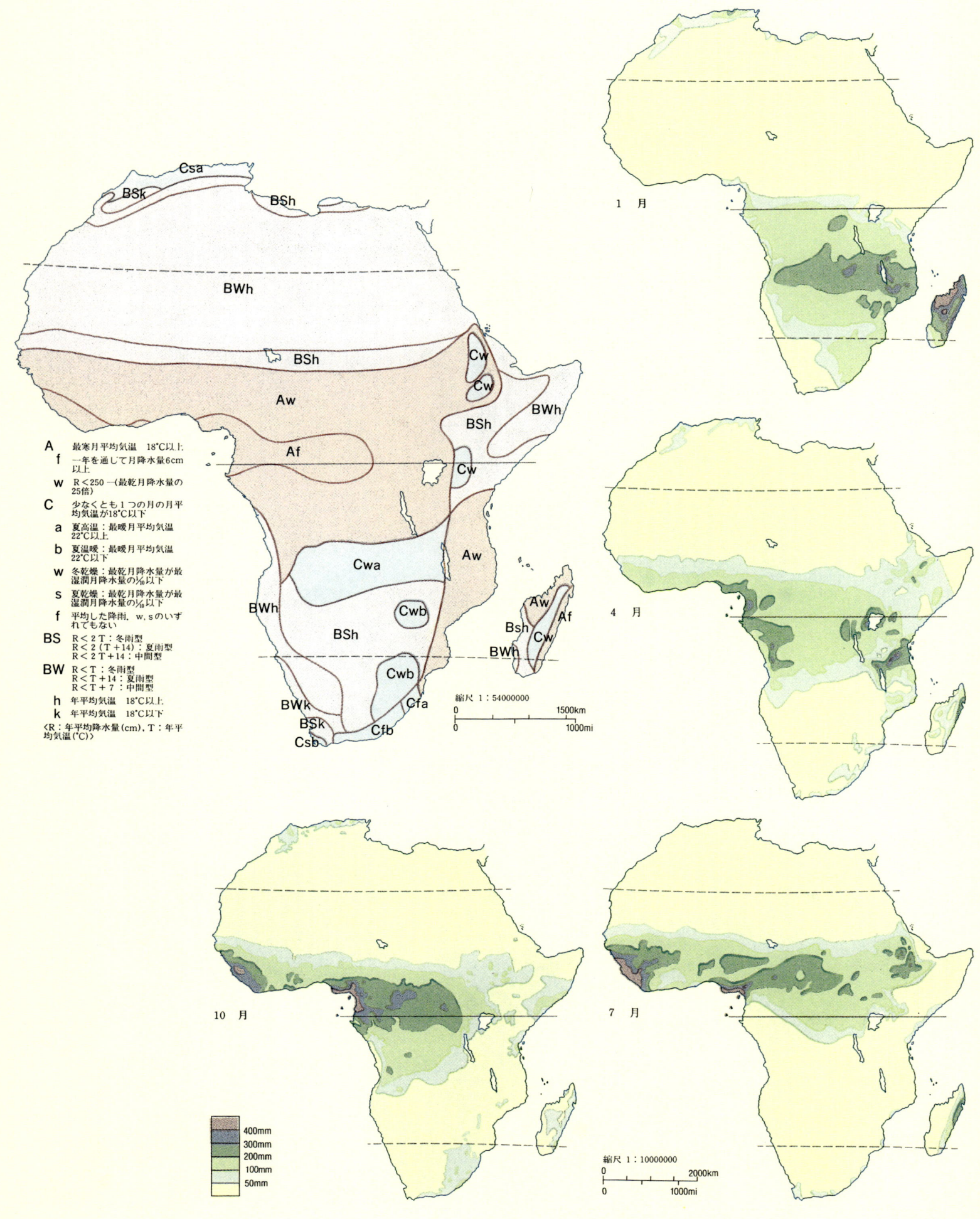

アフリカの地理

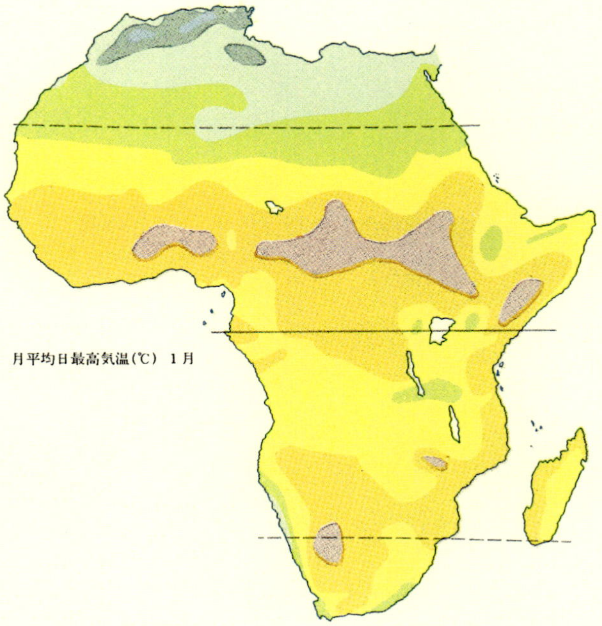

月平均日最高気温(℃) 1月

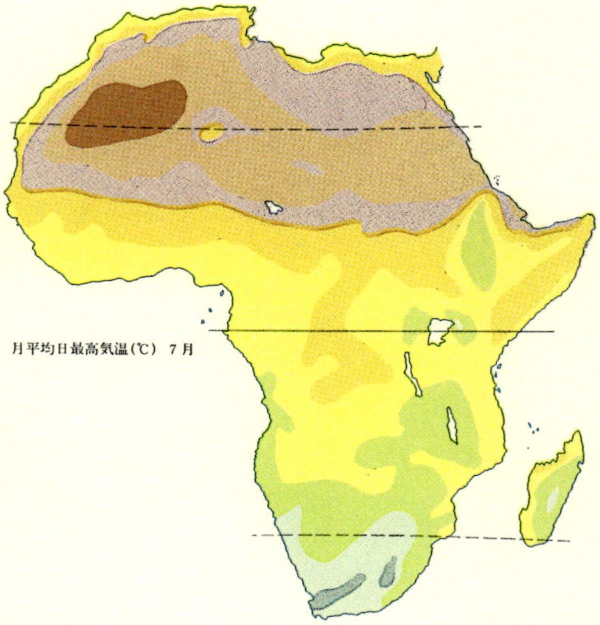

月平均日最高気温(℃) 7月

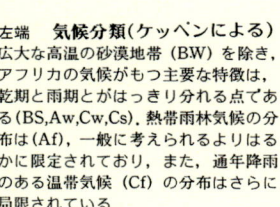

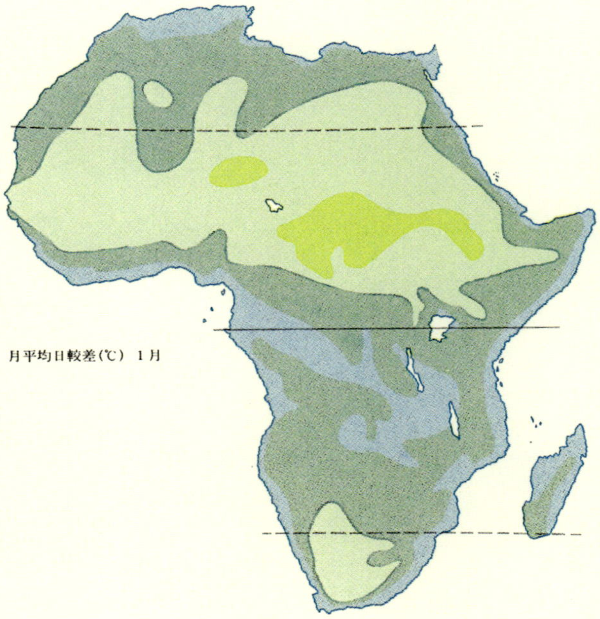

左端　気候分類（ケッペンによる）
広大な高温の砂漠地帯 (BW) を除き，アフリカの気候がもつ主要な特徴は，乾期と雨期とがはっきり分かれる点である (BS, Aw, Cw, Cs)．熱帯雨林気候の分布は (Af), 一般に考えられるよりはるかに限定されており，また，通年降雨のある温帯気候 (Cf) の分布はさらに局限されている．

左　降水量：1月，4月，7月，10月の月平均
1月の，地中海沿岸を除く赤道以北のほぼ全域での乾燥を，7月の，ケープ地域を除く赤道以南での無降水状態と比較すれば，アフリカに特有な降水量の季節変化が明瞭になる．中間の4月と10月は，降水の出現と，降水量がまったく不確定な時期である．

右　気温，上　日最高平均（1月と7月），中　日較差平均（1月と7月），下　年平均日較差
アフリカの気温がもつ主要な特徴は日較差が非常に大きいことであり，そのために日平均気温（一般に日最高と日最低を平均した値である）は，たいした意味をもたない．ごく低緯度の地方を除くと，最高気温は大陸全域で，半年ごとに，ゆるやかな上昇と下降を見せている．したがって，アフリカの大部分において，冬は存在するのである．また日較差の平均も，冬期により大きな値を示す．一方で，大陸のまとまりのよい外形が気温に与える影響の大きさと，海洋が気温に与える影響の小ささを，内陸に向って急速に増大する年平均日較差の値が，明らかに示してくれる．

月平均日較差(℃) 1月

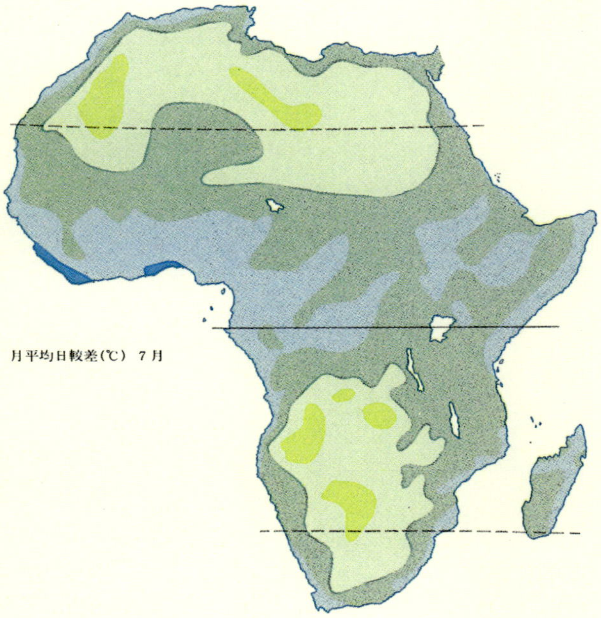

月平均日較差(℃) 7月

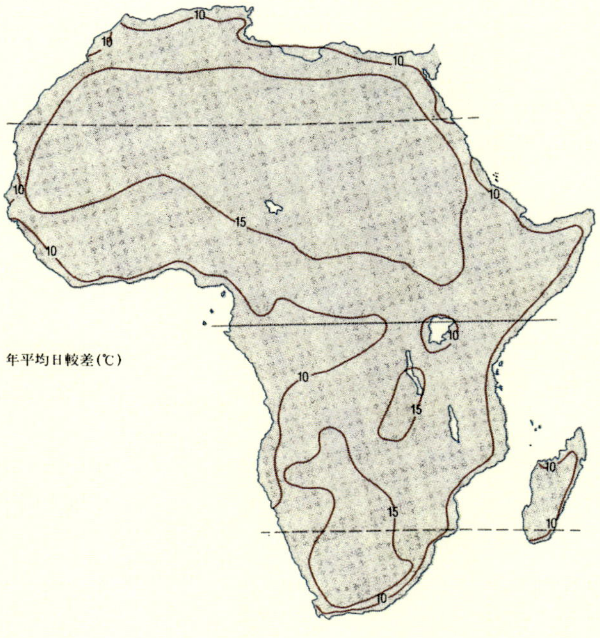

年平均日較差(℃)

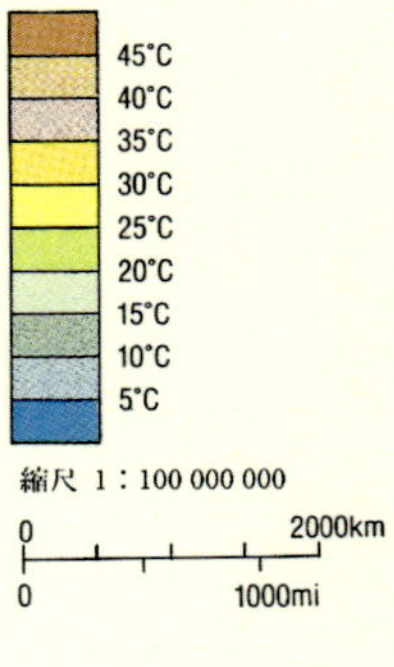

45°C
40°C
35°C
30°C
25°C
20°C
15°C
10°C
5°C

縮尺 1：100 000 000

0　　　　2000km
0　　1000mi

アフリカの地理

年平均降水日数

縮尺 1:100 000 000

年平均雷雨発生回数

上　年間降水日数
乾燥地域として有名な場所の降水日数を合計してみれば，まったく雨の降らない場所はサハラ東北部だけしかないことがわかる．また大陸の大部分で，1年のうち雨の降らない日数が圧倒的に多いこともわかる．

上右　雷雨発生回数
雨期に数多くの雷雨が発生する地域では，それが降水量の不確定をもたらす原因になっている．こうした雷雨の中には，時として非常に局地面に雨を降らせるものもあり，そのため，ごく近接した地点の間でも，年間の降水量が著しく異なることがある．これは，季節的な乾燥と湿潤の差がとくに大きい地方に多い現象である．

右　国立公園とツェツェバエ
国立公園は，主として密集した多種多様な動物群が壮観をつくりあげている．乾季と雨季の差が明瞭な地域に広く設けられているが，それはアフリカの土地利用に大きな割合を占めている．いくつかの国では，国土の約3分の1までがなんらかの形で自然保護区に指定されているが，法的な保護措置の本質と目的はところによって大きく異なり，徐々に効力を失う傾向にある．
　ツェツェバエの生息には非常に厳しい環境的制約があり，分布範囲の中でも部分的に生息しない場所もある．しかし，動物や人間が分布範囲の外へツェツェバエを運び出すこともあり，化学薬品などによる防疫が高価なせいもあって，環境がツェツェバエを許容する地域では，常にツェツェバエの侵入におびやかされている．

主要なツェツェバエ生息地（Glossina fusca と Glossina morsitans）

Glossina palpalis（睡眠病の原因となる Trypanosoma bruceiの媒介主）の生息限界

主要な国立公園

縮尺 1:40 500 000

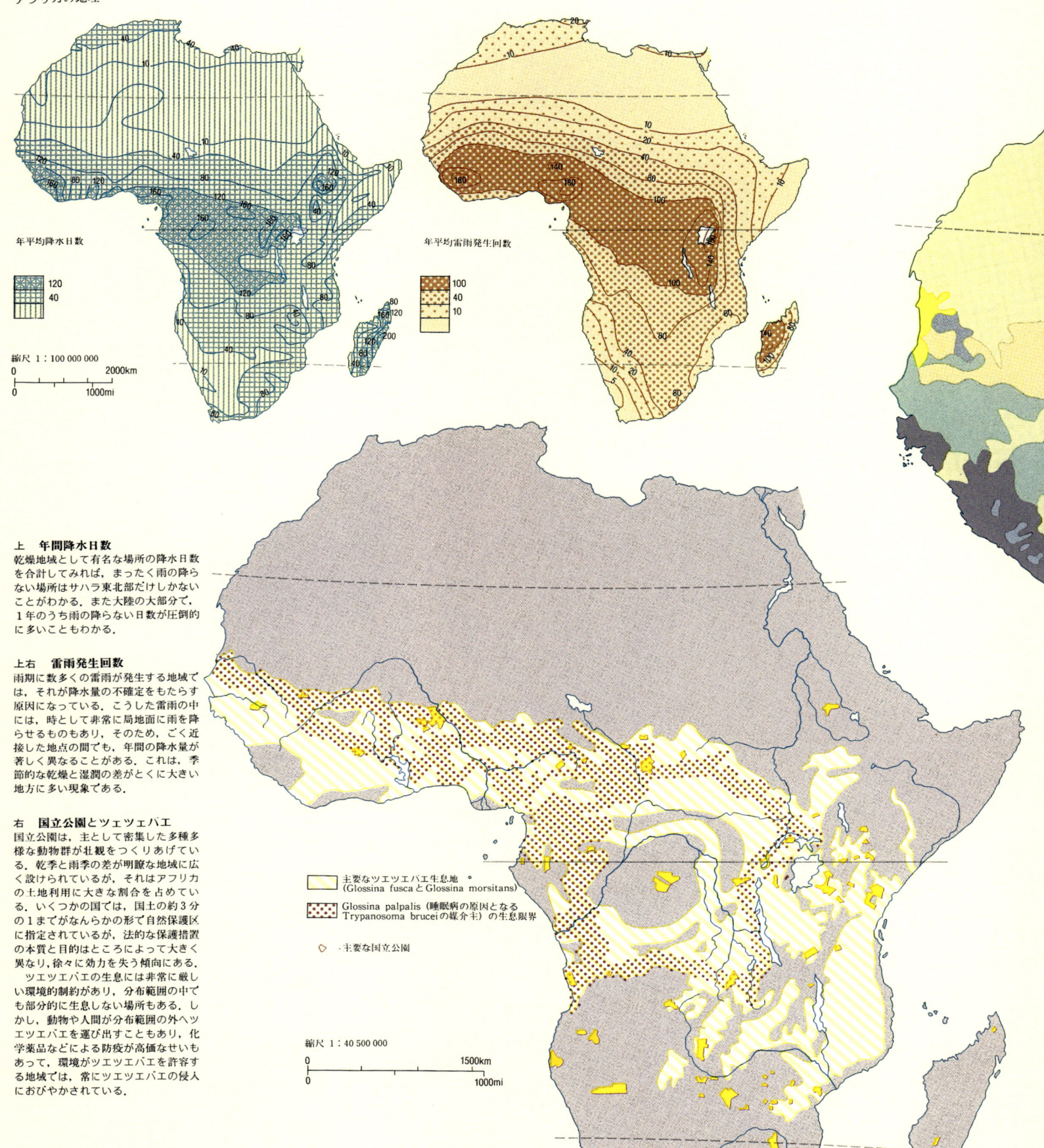

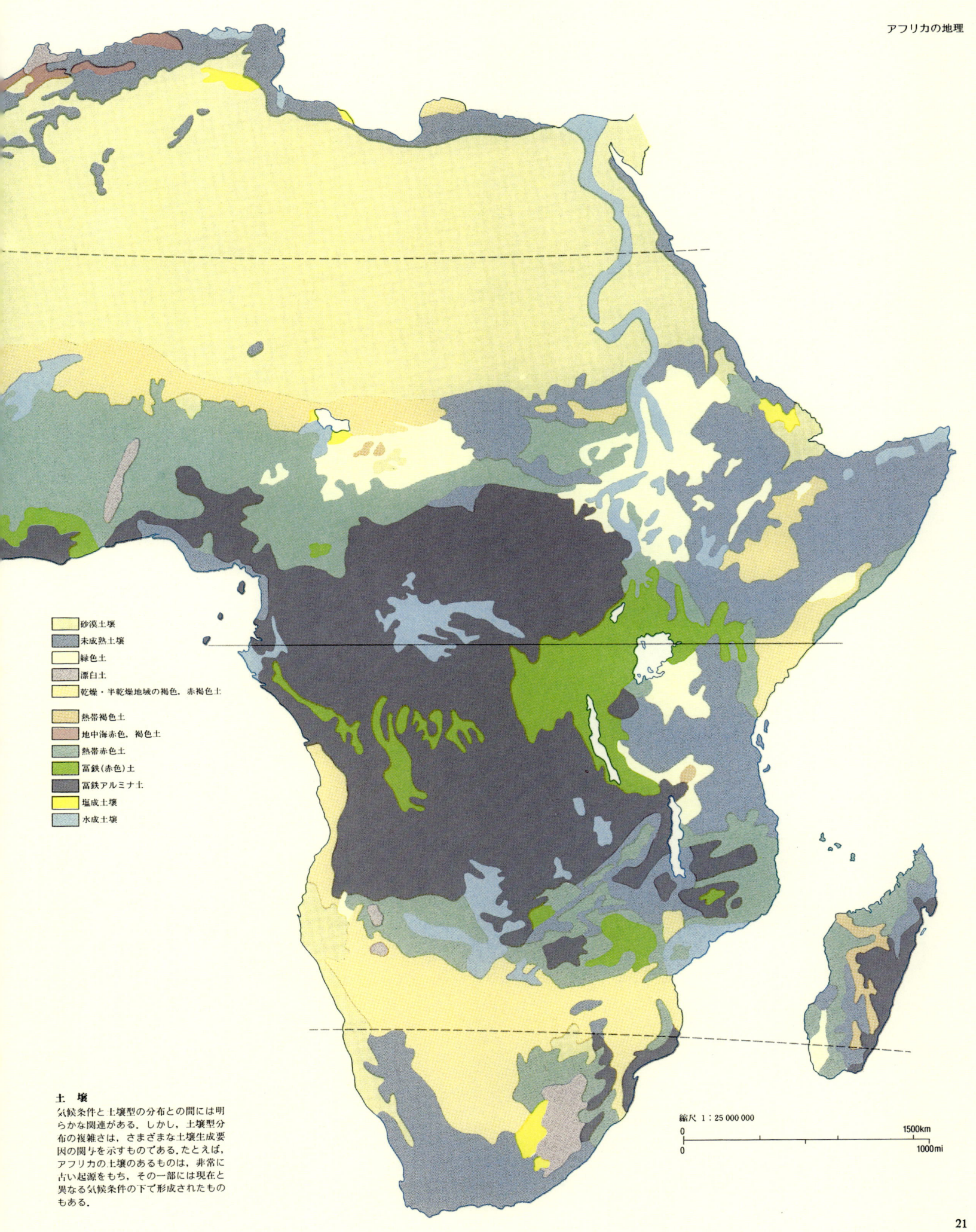

アフリカの地理

土 壌

気候条件と土壌型の分布との間には明らかな関連がある。しかし、土壌型分布の複雑さは、さまざまな土壌生成要因の関与を示すものである。たとえば、アフリカの土壌のあるものは、非常に古い起源をもち、その一部には現在と異なる気候条件の下で形成されたものもある。

凡例:
- 砂漠土壌
- 未成熟土壌
- 緑色土
- 漂白土
- 乾燥・半乾燥地域の褐色、赤褐色土
- 熱帯褐色土
- 地中海赤色、褐色土
- 熱帯赤色土
- 富鉄（赤色）土
- 富鉄アルミナ土
- 塩成土壌
- 水成土壌

縮尺 1:25 000 000

アフリカの地理

人口と人口増加率（左下）
サハラ以南のアフリカでは，農村部の人口密度には極端な高低がある．この分布は，たんに現在の自然環境と経済的な条件を反映しているだけでなく，明らかに歴史的な民族移動の影響をも示している．大都市とその周辺への激しい人口集中は最近の移動の結果であるが，都市から遠くはなれた農村部に見られる人口の集中は，かなりの例が植民地時代以前の状況によって引き起こされたものである．

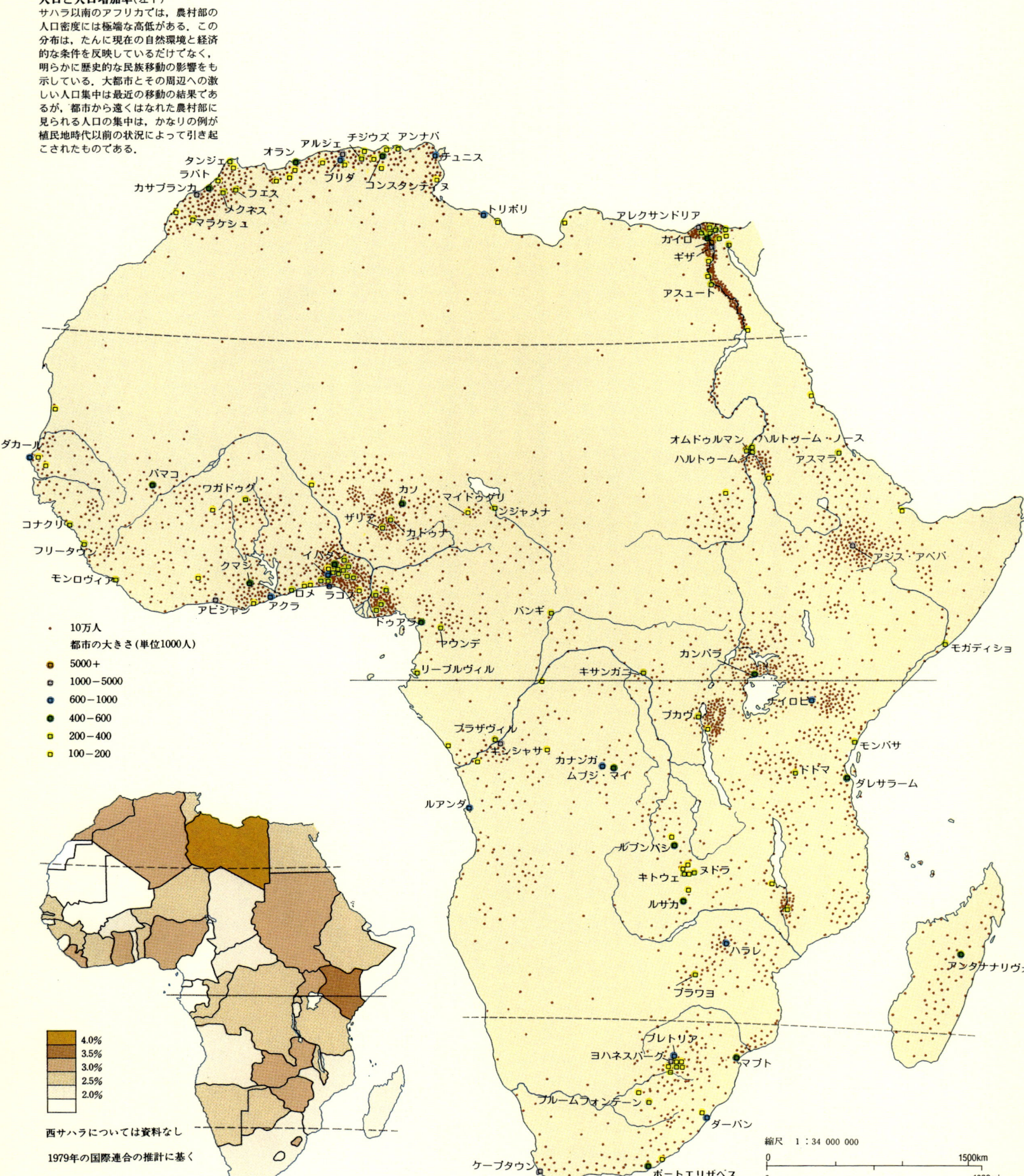

第 2 部　アフリカの文化

THE CULTURAL BACKGROUND

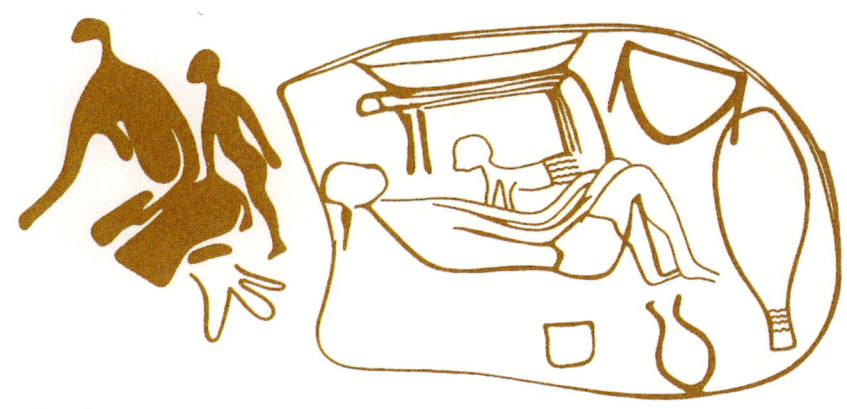

言語と民族

　植民地化以前，アフリカの住民はさまざまな規模の何百もの異なった国家と民族集団に分かれており，その文化，価値観の違いは非常に大きいものであった．たとえば19世紀後半のエチオピア，あるいは14世紀のマリ帝国のような多民族国家においては，多くの民族が一つの中央権力のもとに統治されていた．それに対して，19世紀の南部アフリカのズールー王国のように，民族そのものが政治的単位であったところもある．さらにもう一方の典型として，キリマンジャロ山麓のチャガ族のように，一つの民族集団が独立した非常に小さな政治的単位に分かれており，そのうちのいくつかは村サイズの大きさしかなかったというところもあったのである．ヨーロッパ人による征服は，多様な人々を新たに20世紀初めの植民地の中にいっしょにつめ込むことになった．そして現在，アフリカの独立国は植民地時代の国境線の制約の中で多様な人々を融合し単一の国民を形成しようとしている．しかし，かつての民族的なつながりは，なおアフリカ人の生活において，いぜんとしてその影響力を保っていると言えるだろう．

　ヨーロッパ人は通常，アフリカの民族集団を〝部族〟とよんできたが，このような定義の不完全な，そして多くのばあい偏見に満ちた用語を用いつづける必要はない．19世紀のズールー国民＝国家はひとりの王によって統治されており，それはヘンリー8世のもとのイギリスと同様〝部族〟というものではなかった．ナイジェリアのイボ族は1700万強の人口を有するにもかかわらず，部族とよばれている．一方，ヨーロッパではそれよりもずっと小さい多くの民族集団が〝国家〟とよばれてきた．そして〝部族〟という用語はアフリカのわずか数百人から成る小さな村落共同体にも同じように用いられることがあるのである．

　アフリカの諸社会を分類する一貫して有効な方法は，言語によるものである．アフリカの人たちは世界の他の人たち同様，自分たちの帰属を母語に求める傾向がある（そしてこの帰属が実際，ヨーロッパ人が〝部族〟と考えたものと大体一致しているようである）．アフリカでは1000以上の言語が話されている．その中には西アフリカのマンディンケ語，イボ語，ヨルバ語，ハウサ語，東アフリカのスワヒリ語，〝アフリカの角〟の地域のアムハラ語，オロモ語（誤ってガッラ語とよばれている），南部アフリカのズールー語，ソト語，そして北アフリカのアラビア語のように数百万の話し手を有する言語もある．大部分の言語の話し手は数百人から１００万人の間であるが，中には数は少ないが，タンザニアのクワッザ語のようにごくわずかの老人のみによって話されており，消滅寸前の言語もある．

　比較的最近話されるようになったいくつかの言語を別にすれば，アフリカのもともとの言語はすべて4つの語族にまとめられる．最近導入された言語には，リベリアと南部アフリカで入植者の子孫によって，またとくにシエラレオネにおいてクリオとよばれるクレオール形で話されている英語；オランダ語の一種で，ヨーロッパ人の入植者の子孫によって南部アフリカで話されているアフリカーンス語；カナリア諸島のスペイン語；カーボ・ヴェルデのポルトガル語；また，東および南アフリカに定着したインド人社会で話されているいくつかの言語，とりわけウルドゥー語，ヒンディー語，グジャラティー語；さらにマダガスカルの言語であるマラガシ語などがある．マラガシ語はマラヨ・ポリネシア語族に属するが，その他はインド・ヨーロッパ系である．5つのインド・ヨーロッパ系の言語（英語，フランス語，ポルトガル語，スペイン語，イタリア語）がアフリカのさまざまな国で第2言語として用いられているが，それらのうちでは最初の3つの言語がとりわけ重要である．

　以上述べた以外のアフリカ大陸の言語が属する4つの現在認められている語族とは，ニジェル＝コルドファン語族，コイサン語族，アフロアジア語族（ハム＝セム語族）とナイル＝サハラ語族である．学問的には，個々の語族内部における分類の細かい点についての議論や，また若干の言語に関してどの語族に属するかについての疑問も残っている．さらに，この言語分類は1950年代になってやっと確立されたものであるが，学者によってはその分類そのものを認めない人もいる．しかし，つづく約20年間に集められた新しい証拠によって，全体としては（必ずしも特定の問題についてではないが）その正当性は疑いの余地のないものになってきている．

　ニジェル＝コルドファン語族は，まず2つに分けられる．ひとつはコルドファン・サブグループで約20の言語から成るが，それらはスーダン共和国のヌバ山地の比較的小さないくつかの社会で話されている．それに対して，ニジェル＝コンゴサブグループには数百の言語があり，アフリカの半分の地域にわたって1億5000万，あるいはそれ以上の人々によって話されている．ニジェル＝コンゴ・サブグループの発祥地は西アフリカで，そこでは今日ニジェル＝コンゴ系のきわめて多様な言語が話されている．その最も西側の大西洋岸には，セネガルのウォロフ語やシエラ・レオネのテムネ語などのニジェル＝コンゴ系の西アトランティック語派の言語を話す人たちが住んでいる．西アフリカのサーヘル地帯の牧畜民フラニ族の話しているのも西アトランティック系の言語である．ニジェル川流域の広大な内陸部一帯には，マンデ系という別の語派の諸言語の話し手が住んでいるが，かれらの言語のうち最もよく知られているのはマンディンケ語あるいはマンディンゴ語とよばれる言語である．ニジェル川の大湾曲部の南，とくにオートヴォルタにはニジェル＝コンゴ・サブグループのグル語派の諸言語が存在するが，これらの言語はあまりよく知られていない．南部ガーナ，トーゴ，ベニンそして南部ナイジェリアにはクワ系の言語が見出される．18，19世紀のアサンテ帝国の言語，ナイジェリアのヨルバ，イボ民族の言語はすべてこのクワ語派に属する．さらに東に行くと，東部ナイジェリアのいくつかの地方，カメルーン，南部チャドそして中央アフリカ共和国にはアダマワ・イースタン語派の諸言語がある．この語派の最も重要な言語であるザンデ語は，中央アフリカ共和国，ザイールから東はスーダン共和国の最南端部まで数百キロにわたって話されている．

　ニジェル＝コンゴ・サブグループの中で最も広まり，かつ最もよく知られているのはバントゥ諸語である．これらの言

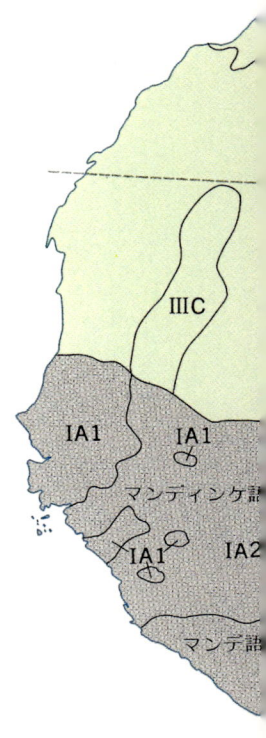

今日の語族（グリーンバークによる）

アフリカは言語的にきわめて多様なので，地図を書くばあいにはほかでは見られないような困難が生じる．ごく少数の例外を除けば（たとえば北アフリカにおいて非アラブ人が共通語としてアラビア語を話すばあい）言語と民族的帰属は一致している．教育のある人たちはたいてい2言語使用者で，これは植民者の何らかの言語——通常，英語あるいはフランス語——が今でも公用語としての地位を保っている地域ではとくにそうである．分布が地理的に切れ切れになっている語族があるが，これは過去に変動，移住があったことを示している．これらの要因が初期の言語分布（次のページの地図参照）を複雑にしたのである．

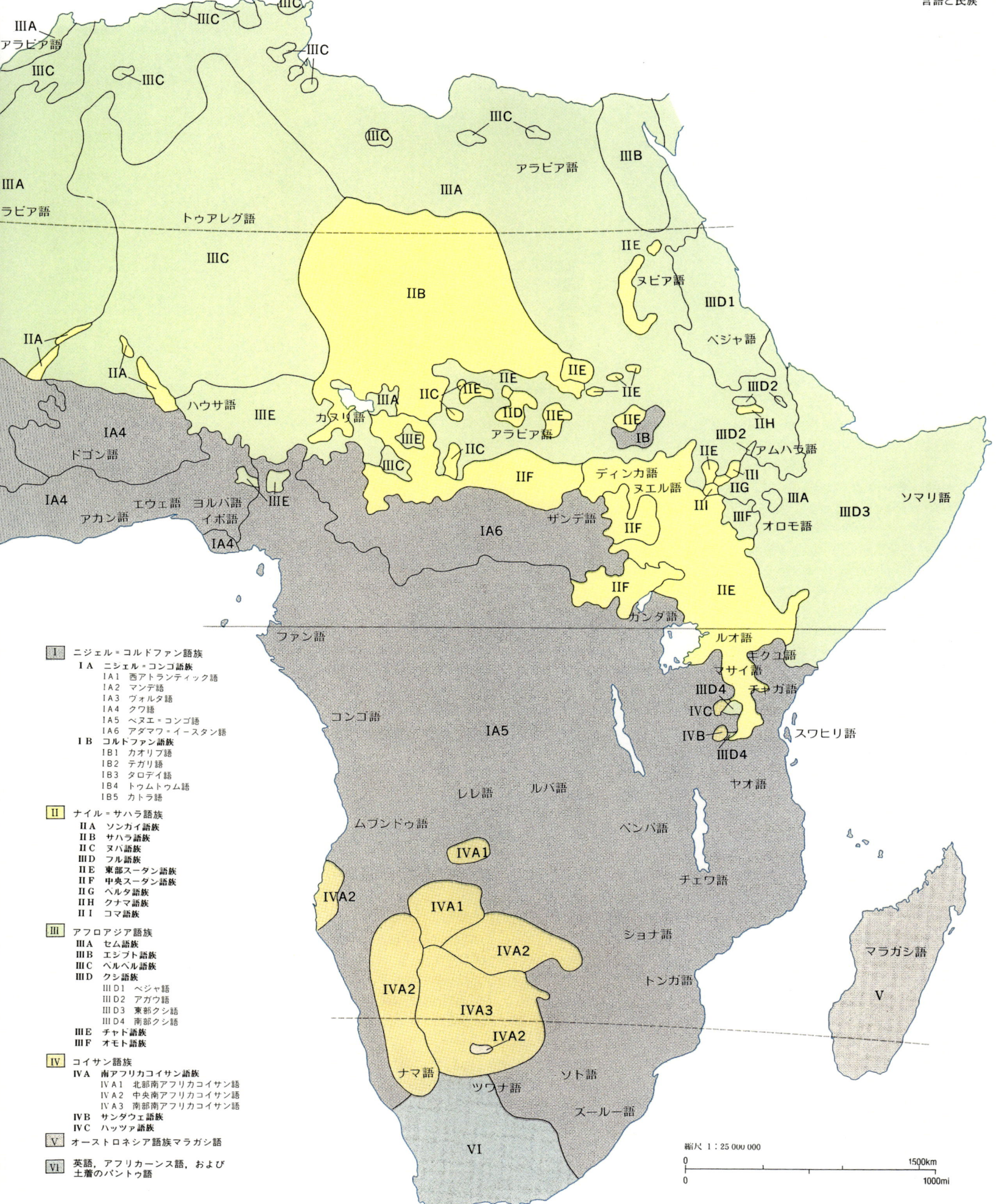

言語と民族

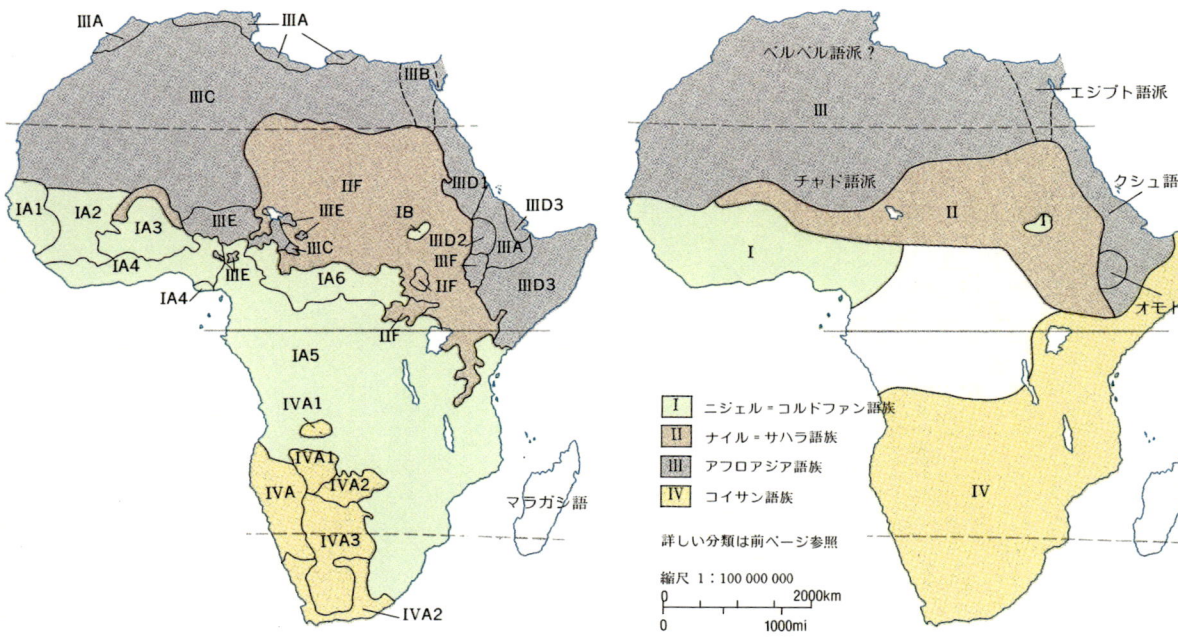

左　A.D. 1000年ごろの語族（グリーンバーグによる）
北部での主要なちがいは，ナイル＝サハラ語族がよりひろまっていたことである．アフロアジア語族は東部の紅海沿岸とアフリカの角の地域に限定されており，まだ内陸の奥深くへは浸透していなかった．南部ではコイサン系の言語の話し手がより広範囲に分布していた．

右　B.C. 2500年ごろの語族（グリーンバーグによる）
これらの位置づけは概略的なものにすぎない．ニジェル＝コンゴ諸語が比較的狭い範囲に限られている点が注目される．コイサン系の話し手は大陸の南部と東部の3分の1全体にひろまっていたことがわかる．かれらはその後，流入してくるニジェル＝コンゴ語族のバントゥ系の言語を話す人たちによって追いやられてしまうことになる．

右ページ　ヌバ族はスーダンのハルトゥームの南西部に位置するコルドファン丘に住む．かれらは東部スーダン系の言語を話していたが，今日ではアラビア語に変わりつつある．男性はレスラーとして有名である．

語は広大なアフリカの南三分の一のほとんどをカバーしており，ガボン，南カメルーンの熱帯雨林地帯からケニアの高原まで，また中央アフリカ共和国のウバンギ川からほとんど南アフリカの喜望峰まで広まっている．スワヒリ語はバントゥ系の言語であるが，もともとは9世紀から18世紀にわたってアフリカのインド洋岸の都市国家に住んでいた人たちによって話されていたものである．19世紀になってスワヒリ商人たちは東アフリカ内陸部への通商路を開き，かれらの言語を東海岸から西は東部ザイールにいたる地域の交易言語として確立した．スワヒリ語は今日では数十万の人たちの第1言語であるばかりか，さらに第2言語として数百万人に話されており，いくつかの東アフリカの国々の国語となっている．それ以外によく知られたバントゥ系の言語としては，ズールー語，15—16世紀の強大なコンゴ王国の言語であったコンゴ語，現代ザイールの共通語のリンガラ語，ジンバブウェの大部分の人たちによって話されているショナ語，ザンビアで数百万人の人たちによって話されているベンバ語，植民地化以前のウガンダ王国の言語であったガンダ語——現代のウガンダという国名はこの王国名に由来する——，東ケニア高原のギクユ語（キクユ語）などがある．亡くなったケニアの大統領のジョモ・ケニヤッタの母語はこのギクユ語である．

バントゥ諸語は，今日のその広大なひろがりにもかかわらず，ニジェル＝コンゴ・サブグループのベヌエ＝コンゴ語派の言語のそのまたひとつのサブグループに属するにすぎない．同じグループのその他の言語はナイジェリアの中部，南東部のいくつかの地方にかたまっている．それらの言語は過去約4000年の間に，今日占めている領域にひろまったにすぎないのである．当時バントゥ諸語の祖先——それをわれわれはプロトバントゥ語とよぶのであるが——はおそらく東部ナイジェリアのどこか，すなわち他のニジェル＝コンゴ系の言語同様西アフリカで話されていた．そして理由はまだよくわかっていないが，初期のバントゥ共同体は新たな領域へと，まず赤道降雨林地帯とその周辺地域を通って，次に大体前500年から後300年の間に東，南へと進み，東部そして南部アフリカへと拡張していった．バントゥ語以前に，赤道森林地帯と隣接するサヴァンナ地帯でどのような言語が話されていたかはわからない．しかしそれらの言語は東部と南部アフリカでは多くの場合コイサン系の言語であったし，そして東アフリカのいくつかの地方ではさらにアフロアジア語族とナイル＝サハラ語族に属していた．

何千年も昔，コイサン諸語はソマリアとケニアから喜望峰近くまでの，おそらくすべての地域にわたって支配的であったと思われる．しかし今日ではかつての分布の痕跡がわずかに残っているにすぎない．ナミビアで5万人あまりの人たちによって話されているコイコイ系のナマ語は，現存するコイサン人口のおそらく40％をしめている．17世紀には，南アフリカのケープとトランスケイの間に，親縁関係を有するケープ・コイコイ諸方言の話し手（いわゆるホッテントット人）がまだ20万人住んでいたと思われるが，ヨーロッパ人入植者がもち込んだ病気と，牧草地としての土地の取り上げによってコイコイ族の経済的基盤がこわされ，それにともなってかれらの言語と民族的統合意識も失われてしまった．ひとつひとつの言語の話し手は通常数百人であるが，数多くのコイサン言語が南部アフリカのカラハリ地域一帯に分布している．これらの言語の話し手はブッシュマン，すなわちサン族であり，かれらはアフリカに残る少数の狩猟・採集民の一部である．東アフリカにも2つのコイサン諸語が生き残っている．2万5千人以上の話し手を有するサンダウェ語と数百人の話し手のハッツァ語である．ハッツァは，サンと同じ狩猟採集民であり，サンダウェは，家畜をもった農耕民である．そして，コイコイはヒツジとウシの放牧を行なっている．

アフロアジア語族は，かっては ハム＝セム語族という名前でよばれたが，昔からひとつの言語的統一体を構成していると考えられきた．その最もよく知られた語派はセム語派で，たとえばヘブライ語，アラビア語，アラム語（キリストの言語），古代アッカド語がこれに属する．これらはすべてアジアの言語であるが，アラビア語は7世紀と8世紀のイスラム・アラブ人の征服によって北アフリカ一帯にひろまり，そして過去1000年の間にはスーダン・ベルトの東部と中央のさまざまな地方にも伝播したし，また現在もひろがっている．セム語派のひとつのサブグループをなすエチオピア諸語はすべてアフリカで話されている．しかしそれらはBCの最後の1000年紀に南アラビアからの移住者によってエチオピアとアフリカの角の地帯にもたらされたものである．エチオピアの国語であるアムハラ語はエチオピア・サブグループに属する．アフロアジア語族として認められている他の5つの語派は，そ

れらの分布上すべて純粋にアフリカ的である．実際いまではアフリカ研究者たちによって，アフロアジア語族の遠い起源はアフリカ，それもおそらく1万5000年ぐらい前のエチオピアかそれに近いところにあったと一般に認められている．

アフロアジア語族のチャド語派は約100の言語からなり，ニジェル，北部ナイジェリア，カメルーンとチャドで話されている．これらのうちずばぬけて重要なのはハウサ語で，この言語は2300万人以上の話し手をもち，世界の最も重要な言語のひとつとなっている．

ベルベル語派はチャド語派より地理的には大きなひろがりを見せているが，話し手の数も言語の数もずっと少ない．ベルベル諸語は約2000年前には北アフリカ一帯とサハラの大部分にひろまっていたが，現在では，今やアラビア語が話されるようになった北アフリカと中央サハラで飛び地的に存続しているにすぎない．ベルベル系諸族の中では，数は多くないがラクダを所有し砂漠に住むトゥアレグ族が最も有名である．カナリア諸島のグアンチェ語は死語となったが，ベルベル語とおそらくきわめて近い関係にあった．

アフロアジア語族のエジプト語派には古代エジプト語とその後裔形としてのコプト語があったが，7世紀から18世紀の間に徐々にアラビア語にとってかわられ，現在では死語となっている．それに対して，クシュ語派とオモト語派はいずれも現存する数多くの言語からなり，実際そのうちのいくつかは非常に重要である．クシュ諸語は，北はスーダン共和国の紅海丘陵部に沿った地域で話されているベジャ語から，南は南部クシュ諸語が話されるタンザニアの中北部まで1500kmにわたって伸びている．南部クシュ系で最も有名なのはイラク語である．クシュ系の言語で今日最も重要なのは，ソマリアの国語であるソマリ語とエチオピアのオロモ語（ガラ語）で，それぞれ数百万の話し手を有する．いずれもクシュ語派の東部サブグループに属する言語である．エチオピアのアガウ諸語（中央クシュ系）は，ちょうど南部クシュ諸語がかつてはケニアとタンザニアにひろがっていたが，バントゥ諸語の拡張の前に引き下がったように，アムハラ語などエチオピアの教育言語によってかなり侵食されている．しかし東部クシュ系の諸民族は依然数が多く，エチオピアとアフリカの角の地域での紛争で目立つ存在となっている．オモト諸語はエチオピアの南西部一帯で優勢だが，おそらく何千年もかけてそうなったのであろう．オモト系で最も有名なのはカファ語で，14世紀から19世紀の間栄えた王国の言語である．

4つ目のアフリカの語族であるナイル＝サハラ語族は，西はニジェル川の湾曲部のソンガイ語から東は西部エチオピアの山麓丘陵のコマ諸語，そして東アフリカのナイロート諸語まで東西方向に6000kmにわたってちらばっている．ソンガイ語は，15世紀後期と16世紀の初期の広大なソンガイ帝国の言語であったが，他方カヌリ語は9世紀から19世紀の間チャド湖周辺のカネム王国とボルヌ王国の支配言語であった．東部スーダンにおける重要なナイル＝サハラ系の言語にナイル・ヌビア語があった．この言語はノバティア，アルワという中世のキリスト教王国の話しことばであると同時に書きことばであったし，おそらく古代メロエの死滅した言語でもあっただろう．今日，スーダン共和国とチャドではさまざまなナイル＝サハラ系の言語が話されている．それらのうち最も知られているのはディンカ語，シルック語，ヌエル語であり，これらはすべてナイル＝サハラ語族の東部スーダン語派のナイロート・サブグループに属する．ナイロート系語族の中にはウガンダ，ケニア，タンザニアに住んでいるものもいる．

そのうち最も有名なのはマーサイ族である．これらの民族の先祖たちは今の地域に過去2000年の間に拡張したものである．スーダン共和国の南縁から東北ザイールのいくつかの地方，そして西はチャドの中西部までの地帯には，たとえばザイールのマングベツ族，チャドのバギルミ族など，ナイル＝サハラ語族の中央スーダン語派の諸言語を話す民族が見られる．ナイル＝サハラ語族のその他の主要な語派には，東部チャドのヌバ諸語によって構成されるもの，スーダン共和国東部のダルフルのフル語によるものなどがある．

ナイル＝サハラ諸語はかつては明らかにアフリカのスーダン・ベルトのほとんど全域にひろがっていた．西部では，ニジェル川流域のソンガイ語の話される地域と，チャド湖の間のかつての連続したナイル＝サハラ地域は，数千年前のチャド系諸民族の侵入によって分断された．東部と中央スーダンでは，過去1000年の間にベドウィン・アラブ人がかつてのナイル＝サハラ語地域に深く侵入したのである．

アフリカは文化に関しても同様に多様である．典型的・普遍的にアフリカ的なものは何もない．アフリカには父系制社会も母系制社会もあり，その両方をたどる両系制社会もある．植民地化以前の政治組織には，帝国や神聖王制から年齢階梯による秩序を基盤とした共和制，あるいは村落民主制まですべての種類のものがあったし，社会組織も，高度に階層化された奴隷を有する社会から，まったく階級のない共同体までさまざまであった．しかしながら，大陸全体にわたってしばしば見られる，おたがいに関連した文化特性のいくつかの組合せがあり，興味深いのはそれらの特性の多くが特定の言語集団に特徴的に現われる傾向があるということである．

主として太鼓の伴奏を伴ったポリリズムの音楽と踊りは，典型的にアフリカ的なものとしばしば考えられている．実際は，それはとりわけニジェル＝コンゴ系の諸民族に関連した文化特徴であるようだ．それが広い地域にひろまったのは，ニジェル＝コンゴ系の社会，とくにバントゥ系民族が大陸の非常に広い地域を占めるようになったからである．またそれは現代ヨーロッパのポピュラーミュージックや踊りに大きな影響を与えることになったが，その理由はヨーロッパ人によって連れ去られたアフリカの奴隷の相当数がニジェル＝コンゴ系の出身だったということによる．アフリカの，ニジェル＝コンゴ系以外の言語が話されている地域では，しばしば弦楽器を用いた別の音楽のスタイルが行われており，踊りの様式もまったく異なっている．

もうひとつ広くいきわたった文化特徴に，祖先崇拝を基礎とした宗教がある．この信仰体系が見られるのもまたニジェル＝コンゴ系言語の話し手と，その影響を受けた民族においてなのである．そこではナイジェリアのヨルバ族のように，過去の王あるいは英雄に特別高い地位を与え，基本的には祖先崇拝である宗教に，一種の多神教的な次元をつけ加えているばあいもある．それに対して，東部スーダンのナイロート系のヌエル族やマーサイ族などは，祖先に対して何ら特別な役割を付与しないかわりに，その宗教的慣行は，空と雨に象徴的に現れている．神あるいは神性を中心として行われるこの宗教は，ごく初期の時代に隣接するエチオピアの諸地域にひろまったようである．というのは，カファ族のようなオモト系民族やオロモ族のようなクシュ系民族にも見られるからである．さらにもうひとつ別の信仰形態が南部エチオピアのいくつかのオモト系とクシュ系民族にある．そこでは共同体の中心的な儀礼が特定の共同体の神に向けられていた．アフリカの宗教の4番目のタイプはコイサン系諸民族に見られ

人種のタイプ

アフリカの諸民族はどのような顔つき，体つきをしているのだろうか．基本的には3つの異なったタイプの人種がアフリカでは数千年にわたって住んできた．最北部では，かっ色の皮膚をした人たちだが，かれらは地中海周辺のその他の人々と似たような系統の人たちであった．西アフリカと中央アフリカにはネグロイドとよばれるタイプ，すなわち黒かっ色から黒い皮膚をし，髪の毛がきつくちぢれた人たちがいた．その他のアフリカの大部分の地域には，長い間ブッシュマンという名で知られてきた狩猟・採集民がいた．かれらは背は西アフリカの黒人より低く，黄色がかった皮膚をしていたが，髪の毛はちぢれたタイプであった．

何世紀にもわたって，これらの異なった系統の人々は移動をし，そして混血がくりかえされてきた．一定の地域に典型的に見られる人種的タイプとでもいえるようなものもないわけではないが，ひとつの民族を他の民族とはっきり区別する基準は何もない．一般的にいって，明るい皮膚の色をした人はアフリカの最北部と最南端部に見られ，黒い色をした人は熱い赤道地域に住んでいる．アフリカには世界で最も（平均）身長の高い民族——南部スーダンのディンカ族——もいれば，最も低い民族——ザイールのピグミー族——もいるのである．またアフリカ本来の諸民族に加えて，その祖先が何世代にもわたってアフリカに住んできたアラブ人；南アフリカなどのヨーロッパ人；また旧ポルトガルの植民地や南アフリカでは，人種的混血によって形成された植民族も住んでいる．以下に，アフリカの諸民族の肖像をいくつか選んでぶしてみよう．

カビールの男性，アルジェリア

コプトの少女，エジプト

言語と民族

ボドの老人, ブルキナ・ファソ

オムドゥルマンの女性, スーダン

トゥツィの男性, ルワンダ

シルックの男性, スーダン

トゥルカナの男性, ケニア　　　カラモジャの女性, ウガンダ

マーサイの少女, タンザニア

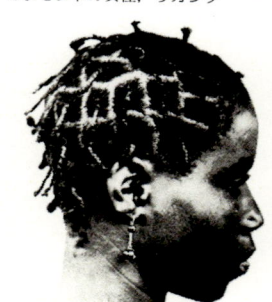
バウレの女性, 象牙海岸

ムブティ・ピグミー, ザイール

サン（ブッシュマン）の少女, ボツワナ

シャンガーンの男性, モザンビーク

スワジの男性, スワジランド

言語と民族

アリス・ンドゥンダさん。ケニアのナイロビの東部にあるマチャコス地区出身のカンバ族の女性で，自宅の台所で娘と一緒に座っている.

る．かれらは，人生の浮沈は超自然界における善神と悪神，あるいは善神と害をおよぼすさまざまな霊との二元性を反映していると考えていた．

かろうじて全アフリカ的な文化特徴がひとつあるとすれば，それは，とくに成人への移行の印として行なわれる若者の割礼である．割礼は決してどこでても行われているというわけではないが，何らかの形でアフリカの半分あるいはそれ以上の社会で見られるし，また，たとえば南アフリカのバントゥ系のコサ族，西アフリカのイボ族，タンザニアのクシュ系のイラク族のように遠く離れたさまざまな文化に現れるのである．それはニジェル＝コンゴ系の諸文化では非常にひろまっているし，アフロアジア系の諸民族ではほとんど普遍的である．割礼の習慣が模範的な慣行としてユダヤ教とイスラム教にとり入れられたのは，おそらく古くはそれがアフロアジア的起源をもつものであったからであろう．割礼はナイル＝サハラ系の人びとの間では，イスラム化したところを別にすればよりまれであるし，コイサン系文化は一般に存在しない．

アフリカの諸民族はまた，しばしば身体的特性，すなわちあやふやな人種的タイプによって分類されてきた．それは今日でも遠くの諸民族について語る場合には普通の方法になっている．その理由は2つあるが，ひとつは20世紀の人間は"人種"というものにこだわってきたからであり，もうひとつは——これはより正当な理由であるが——われわれはすべて，興味の対象がほんとうはどのようなものかはっきりと目に見える形で示してみたいと思っているからである．実際たとえば，アフリカには世界で最も背の高い人たちと最も低い人たちがいるというおもしろい事実がある．赤道降雨林地帯のピグミー族は身長が150cmにさえ達することはまずないが，かれらの特性は身長以外にもまだあるようであるし，それに全体として見れば，その身長でさえアフリカ人の身体的ヴァリエーションの幅広い範囲におさまってしまうのである．

またかれらは今日では隣接するバントゥ系あるいは中央スーダン系の人々の言語しか話していない．他方，スーダン共和国南部のナイロート系のヌエル族とディンカ族においては，成人男性の平均身長は180cm近くになる．これはアメリカ人，北欧のヨーロッパ人，またポリネシア人より高い．それ以外の外見上の特徴でも，アフリカ人は大陸全体を見渡せば相当な変異がある．

しかしながら，人間をその身体上の見かけで分類することには重大な問題がある．アフリカについての古い教科書では，皮膚の黒さ，鼻の広さなどの諸特性によって，この大陸の諸民族をネグロイド，ブッシュマノイド（"旧黄色"あるいは"黄かっ色"），ハミティック（"かっ色"あるいは"アフロ地中海"）人種に分けていたし，また現行の書物でも依然としてこのような用語を用いているものもある．しかし現代の自然人類学は，このような意味での"人種"という概念は科学的に支持できないものであることを示した．たしかにアフリカ人の見かけはさまざまである．しかし，はっきりとヨーロッパ人入植者であることがわかる人たちを別にすれば，身体的特徴はゆるやかに変異をみせる．すなわち大陸を徐々に移動していけば，人間の見かけは，ひとつの特徴の現れる度合が多くなれば，別の特徴がしだいに減少するのである．

たとえば，皮膚が明るい傾向を帯びてくるという割合は直射日光のきつい地域から北あるいは南へ進むにつれて高くなる．たしかに南部アフリカのいくつかの地方では，バントゥ系諸民族が赤道地帯から拡張してきたために，黒い皮膚の出現率が高くなったということはある．しかしこれは決してアフリカに関する多くの書物が書いているように，ひとつの"人種"が別のものにとって変ったということではない．

もうひとつ例をあげると，広い鼻の頻度はアフリカの南と南西部へ行くにしたがって高くなる．しかしこれもまた徐々に出現率が変化するという問題であって，初期の人たちが書いていたように，狭い鼻の存在は，かつて一種の擬ヨーロッパ的，あるいはアラブ的な人びとがどこかに定着していたということを意味すると仮定する根拠は何もない．われわれが知らなければならないのは，アフリカの個々の民族についての一般的な身体的特徴であって，記述は明確にすべきであり，人受けはよいがあまりにも単純化された人種ということばに頼るべきではない．

(C.E.)

宗　　教

　今日のアフリカにおける，さまざまな形態の宗教の存在は，一連の歴史的発展の結果である．アフリカ，スーダンベルトの北側の地域の住民は，エジプトの少数派キリスト教であるコプト派を除いて，ほとんどすべて，イスラム教徒である．同様に，北は「アフリカの角」の地方から，東アフリカ沿岸，南は北部モザンビークまでがイスラム教圏である．一方，エチオピア中央部にも，エジプトのコプト教派と強く結びついたキリスト教の一派である，「古代教派」がある．それらの地域の南と東は，イスラム教が，大半か，大多数か，あるいは有力な少数派を成している地帯である．西のナイジェリアとタンザニアでは，広く農村までイスラム化されており，また，大陸のほとんど全域の都市や大きな町で，イスラム教徒は多数派ないし，重要な少数派を占めている．

　イスラム圏の地域の外側のアフリカ人は，さまざまなサイズのキリスト教少数派をかかえつつ，なお伝統的な民族宗教的慣習をもち続けている．統計は，手に入れにくくまた正確ではないが，キリスト教信者は，たしかにナイジェリア東部，ウガンダ，レソトそして南アフリカの一部など，いくつかの地方で多数派である．

　いくらかのキリスト教徒は，第1世代の改宗者ではあるが，それ以外は，幾世代もクリスチャンだった家族の中から出た人々である．それは，ときには19世紀のはじめにまでさかのぼることができる．

　しかし，宗教事情は依然として流動的である．西ナイジェリア西部やスーダン南部について言えば，一家の兄弟の中に伝統的な信仰，イスラム教，キリスト教に従う人々がいるというようなこともある．多くの場合，親たちはまだ伝統的な信仰に従い，子供達はキリスト教，イスラム教を信仰する．さらに男も女も，人生の危機が，ある信仰あるいは他の信仰で救われると思われたときは，容易にひとつの宗教から他の宗教へ改宗したり，またもとへもどったりする．アフリカ人の宗教に対する態度には，きわめて実用主義的である．

　多くの例外もあるが，一般論としてアフリカにおいては，キリスト教やイスラム教は都会の宗教である．やはり，男も女も，その土地や，聖堂や，地域社会で結びついている伝統的信仰を，そこから遠く離れた場所で維持することはむずかしい．二つの世界宗教の能力の一つは，違った文化的背景をもつ人々を結びつけることができる方法があるということである．一方，幾世代かの中で，キリスト教やイスラム教が村落地域の民俗宗教の中にとりこまれてしまった地域もある．

　アフリカにおいても他の世界の各地と同様に，自分を，不可知論者とか無神論者とよび，宗教的解答をまったく拒否する男女がふえている．西欧化された若者が増すにつれ，このような人々もふえる．しかし，アフリカ人は基本的に宗教人であり，無神論者は想像するよりもはるかに少ない．

　キリスト教もイスラム教も，すでに多くのアフリカ人にとって"伝統的宗教"であるといえるが，アフリカの諸部族における宗教的信仰や慣習に対して，他に便利な用語がないため，ついついこの用語をあてはめてしまうことになる．しばしば，アフリカの言語には，"宗教"と訳せる単語がない．それでいて宗教的信仰は大変重要なのである．宗教は，人生のあらゆる部分に結びつけられており，西洋のように分離されてはいない．そして人生の個人的，社会的なあらゆる出来事は，超自然的な根拠によって起こるとされる．人は，自分の宗教を一つの生得権として獲得する．西洋の用語が意味するような「改宗」は存在せず，ただ社会において，自分の宗教的役割と関連づけられた人生の諸場面としてのいろいろな儀礼がある．しかしながら人々が，社会的あるいは政治的忠節を，戦争の災禍や，買収や，結婚によって変えた場合には彼らはまた，自分達の宗教をも変えてしまうにちがいない．

　アフリカの宗教を歴史的に語ることはむずかしい．それらが，まったく静的であったのか，一つの集団の信仰は他のグループの信仰の影響を受けたのか，あるいは逆にそれを変容させたのかは簡単には結論づけることができない．ある場合では，このようなことが起きたという証拠があり，それ以上に発生しているにちがいない．しかし，文字で書かれた記録もなく，長もちする材料で建てられた聖堂や寺院もほとんどないところで長い時代の変化を記録することはむずかしい．多くの場合，われわれにできることは比較的新しい過去に書かれた報告のみから伝統宗教を議論することである．

　それぞれの社会は，信仰や慣習のこまかい部分がちがうため，研究者達は，個々のアフリカ宗教についてよりはアフリカの宗教全体について語ることができる統一的な概念を探し求めている．19世紀の多くの欧州人にとって支配的な概念は，アニミズム，つまり，物質世界に無数の精霊が住むと考える信仰であった．祖先崇拝は，もうひとつの統一的共通概念である．今日の研究者達は，どちらの用語も好んでは使わないが，2つともアフリカの信仰の姿の理解の表現である．黒魔術，ジュジュ，呪物（フェティシュ）信仰などの用語は，かれらがもっている真の意味を理解させないどころか，かえって誤らせるものである．

　最近のアフリカ宗教の研究者は，生命界と物質界を結ぶ「生命力」について書いている．このことばはすでに使われなくなった用語である"アニミズム"と同じように，物質的なものが生霊や精霊を所有したり，それと結びついているような世界についての強い信仰を表現するものである．このことばは，さらに最近死んだ祖先の霊，自然霊，あるいはすでに神になってしまった，遠いむかしに死んだ祖先，などを連想させる．これらはすべて，生きている物に良くも悪くも重要な影響を与える力をもっている．

　この広くアフリカをおおっている信仰は，祖先崇拝とよばれるものを連想させるが，"生きている死者"への崇敬という用語を用いた方がよい．氏族の死んだ祖先は，いまも身近におり，2，3世代の人々によってその名前を記憶される．供物は，遺骨をおさめた家の中の聖所にささげられる．共同飲酒の時には，少量のビールがそなえられ，クランに起ったいろいろの出来事が報告される．病気や不幸が発生した時，宗教的司祭は"生きている死者"が儀礼を怠っていることを怒っているかどうかを見つけてもらうための相談を受ける．

　家族や氏族の長は，ふつう，犠牲が行われるときは聖職者

宗 教

アフリカの宗教

イスラム教は西アフリカ諸国の北の方も含む北部の宗教である．そしてまた東北地方，とりわけソマリアやスーダンの北側の方の宗教でもある．このイスラム教の領域においてはキリスト教も伝統宗教も追いつかない．その他のアフリカ一帯にはさまざまな宗派のキリスト教信者が，伝統的宗教の信者と並んで多かれ少なかれ存在する．ローマ・カトリック教があらゆるところで多く見られる．とくに，もとベルギーの領土であったザイール，ルワンダ，ブルンディに多い．英国国教徒は，もとのイギリス領土のみに完全に限られている．オランダ教会派はボーア人の伝統の一部として南アフリカに，そして改革派長老教会は，マラウィ，ケニア，ガーナに勢力をもっている．ルーテル教会は，旧ドイツ領に強く根をはっている．メソジスト教会，バプティスト教会，会衆派教会，エホバの証人達，セブンス・デイ・アドベンティスト教会等，それぞれの西欧宣教師から教えられた伝統を守る各宗派の信徒達も散在する．その他各派のいわゆる独立教会はガーナ，ナイジェリア，ザイール，ケニア，ジンバブウェ，そして南アフリカにおいて最も強い．下層のザイールにおいてコンゴの人々から得た権利は，常に知られているツメの物神として姿を現わしている．ツメと一片の布は，個々からの悪い影響をゆがめるためによみがえる必要があるとして像の中におかれてある．

右　下ザイールのコンゴの人びとから得られたこの像は，俗にツメのフェティシュ（呪物）として知られている．他人の邪悪な影響をそらせる必要が生ずると，ツメと布切れがこの像につけられる．同じような目的のための"くすり"は，この像の中に仕込まれた容器の中におかれている．

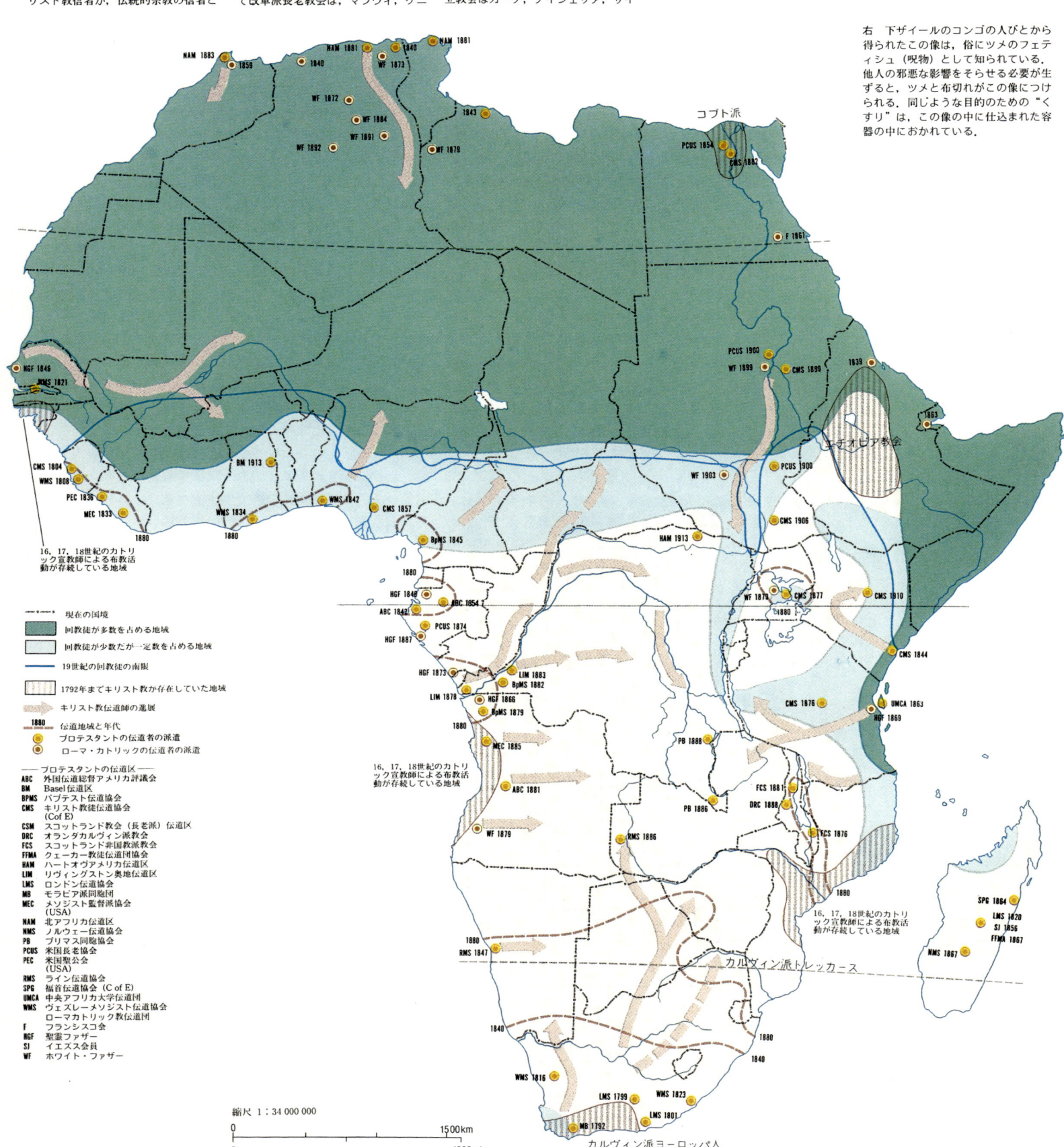

宗教

上　南ガーナのアサンテの聖職者。このような名士はふつう地方社会に影響力と威信をもつ。

中　先祖の像がしばしば埋葬地を示している。ここには供物が死んだ先祖のために置かれる。この記念塔は，南部アンゴラにおいて若い少年の霊を鎮めるためにたてられた。

下　南部ガーナの犠牲の儀式。生きている動物の犠牲は，"生ける死者"を鎮めるため，あるいは至上神への敬意や尊敬を表すためになされる。祭司は氏族の長か，一般的な崇拝の儀式では，聖堂を守る職業的祭司がなる。

の役割を果たすが，より大きな結社と結びついた聖所では，職業的な聖職者が生れる。しかし，ほとんどの社会では，呪医とよばれる宗教的専門家がいる。呪医の役割は，呪術をかけることではなく，悪の原因を発見し，それをいかにとり除くか助言をすることである。呪医は，薬草つかいであり，治療者でもある。不幸は，ないがしろにされた祖先や，他人の不幸を喜ぶ精霊や，魔術から生れる。呪術者は，ふつうその社会のメンバーであり，その能力を遺伝によってうけついだり，あるいは嫉妬心，憎しみ，貪欲などによって，思わぬうちになってしまうこともある。呪術者をとりのぞくことは大切である。何故なら呪術者は，自分自身が他の人に呪術をかけてしまう事を自分では気づかないためである。アフリカの精神的伝統の中では，魔術や呪術を宗教からはっきり切り離すことはできない。魔力は，西アフリカの各地では，フェティシュとかジュジュとかよばれたが，悪い霊から自分を守るために使われる。このような名前は，聖堂にいる神や精霊を表現している。しかし，その宗教をフェティシュ崇拝やジュジュ崇拝とよぶのはまちがいである。アフリカ人は，ローマカトリック信者が聖者の像を信仰する以上に精霊の表示を信仰しているわけではない。

至上神や宇宙の創造主への信仰は，アフリカではほとんど一般的である。しかし，多くの伝統的宗教ではこのような神は祈られることはなく，もはや，人間の恐れとかけ離れた遠い存在と見なされている。そして，精霊は重要な超自然的現象である。ある宗教では中間的な精霊は見られず犠牲は一人の至上神になされる。アフリカ人は一神教信者なのだろうか。この問いに答えるのはむずかしい。どうして，精霊は神なのだろうか。しかし，特定の名前がもつ多くの神々が，一つの神殿にまつられている，西欧的な意味で，多神教とよび得るような社会は多くはない。そのひとつの例は，ナイジェリア西部のヨルバである。ここでは，稲妻とかみなりの神シャンゴをはじめ，多くの神々をもっている。

アフリカの宗教は，生命を肯定的にとらえ，ほとんど禁欲主義的なところがない。その最大の価値は，家族やクラン内における"生ける死者"や精霊との調和と統一におかれる。本質的には，個人的ではなく共同体的であり，キリスト教やイスラム教に改宗するアフリカ人は，この新しい信仰の中にも，自分たちの価値体系をもちこむ。

ユダヤ教にその起源をもつキリスト教の本質的な意味は，ナザレのイエスは救世主であり，キリストは神の子であったというところにある。この信奉者は，キリストの昇天と復活，そして福音を信ずる者たちの罪のゆるしとを説く。この考えはギリシア-ローマ世界において普遍的である。そしてそれは地中海文化複合体の一部としてのエジプトや北部アフリカを含んでいる。アフリカにはキリストの死後間もないころから，すでにキリスト教信者がいた。キリスト教のアフリカへの浸透には，大きくいって三つの局面があった。第1段階は，北アフリカと北東アフリカに限られており，イスラムの勃興によって終わった。第2段階は15世紀の終わりに形成され，ヨーロッパ人航海者がアフリカ沿岸に到達しはじめたときにはじまる。新しい段階は，18世紀末から現在までつづく。

エジプトにおけるキリスト教の起源は伝説の中に消えているが，紀元2世紀までには強力な教会が存在していた。キリスト教はまた，北アフリカを通ってひろがっていき，アレクサンドリアとカルタゴ（現在のチュニスの付近）とは，キリスト教学の中心地となった。教会は，学者と殉教者を生んだ。さらにキリスト教はナイル川に沿って南下し，エチオピアの

宗　教

高地に到達した．キリスト教教会は，ヌビア王国において全盛をきわめ，12世紀まで続いた．エジプトでは，7世紀にアラブ人のイスラム教の侵入があったため，キリスト教徒の数は減ったが，コプト人の教会は現在まで残っている．北アフリカの他の地域においては，古くからの教会は完全に姿を消した．教会はエチオピアにも残り，エジプトやシリアの教会とつながりを保ち続けていた．

エチオピア教会には，芸術・建築の明確な様式と，踊りやドラムを伴うユニークな礼拝式が存在する．そこではアフリカ文化への適応の明らかな徴候が発展している．エチオピア教会のもうひとつの特徴は，修道院制度の根強い伝統である．その司祭は，これらの修道僧の中から選ばれるのである．

第2段階は，ヨーロッパ人がアフリカ大陸の周辺を航海するようになる15世紀末からはじまった．一番乗りはポルトガル人であった．かれらは宣教師を連れて来たのであり，布教活動が若干の地帯で行われはじめた．最もすばらしい成功をおさめたのはコンゴ王国（現在のザイール）で，その王と多数の重臣が洗礼を受けた．王の子息はポルトガルで学び，司祭に任じられた．にもかかわらず，この教会は社会に深く根をおろすまでには至らなかった．ポルトガルの経済的・領土的野望がそのひとつの障害となったのである．16世紀，17世紀には，キリスト教はほとんど残っていなかった．

しかし，このころからヨーロッパ人用の，沿岸沿いの居留地が多くなってきた．それはもともとは船への補給のために建設されたものであったが，後には貿易の拠点となり，とりでとなり，そして，不幸にも奴隷貿易のためのデポへと発展していった．喜望峰においては相当な数のオランダの守備隊が永久的な移住者となり，かれらが栄えるにつれて，そのカルヴィニズム信仰もさかんになった．ほとんどすべてのとりでにヨーロッパ人の従軍司祭が居り，移住者の子供や混血児のために学校教育を行った．少数の現地のアフリカ人の子供たちもその学校に出席し，キリスト教の教えを受けた．だが，アフリカ人のキリスト教信者は，18世紀末までは，沿岸居留地を離れては，見いだせなかったのである．

このころ，福音伝道の新しい精神がヨーロッパと北アメリカで高まり，奴隷交易反対の動きと一致した．かつて奴隷だった者が新しい居住の基礎を固めるために，アフリカへ戻された．その居住地としては，シエラレオネ，リベリア，リーブルヴィル（セネガル），そしてさらに限定した範囲では，モンバサがあげられる．そしてかれらは，キリスト教信者としてもどってきたのである．このような黒人のキリスト教信者は，帰ってきた元奴隷であっても，昔の沿岸居留地時代からの改宗者であっても，一様に，未踏の地を布教していく19世紀の白人宣教師の助力者となった．しかし，実際には19世紀末の西欧列強によるアフリカ分割が行われてからはじめて，ほとんどのキリスト教伝道団が本当に内陸部において確立することができたのだ．いまやかれらは植民地政府の保護のもとにあり，新しい道路や鉄道を利用することができた．

アフリカのキリスト教の第1段階が，東方にひろがったキリスト教と関連がある教会を残したのに対して，第2段階，第3段階は，西方教会に結びついた．第2段階はローマカトリックからはじまり，後にプロテスタントが到来した．第3段階はプロテスタントのイニシアティヴではじまるが，ローマカトリックもすぐにこれを追い，今ではプロテスタントより数が多い．さらに今日では，ブラックアフリカにおける独自の第3の教団結成が見られる．それは，地方の教会と結びついている場合をのぞいて，ローマカトリックともプロテスタントとも結びつかず，しばしば独立，または分離教会と称される．いくつかは，キリスト教ミッションが建てた教会から分裂したものであり，特定の，あるいはいくつかのキリスト教派の影響を受けていた指導者によって設立されたものもある．かれらは西欧的キリスト教の影響をそれほど直接的には受けなかったために，このような教会は，キリスト教が最もアフリカナイズされた形を示しており，そこからわれわれは貴重な洞察を得ることができる．そこではアフリカの楽器，ダンス，ドラムなどを用いて，精力的で生気に満ちあふれた礼拝を行う．旗をもった行列がしばしば見られ，多くは成員のための制服がある――たいていは白く，象徴的なバッジや頭飾りをつける．多くの教会で，聖霊は特別に高い位置を与えられており，そのようなところからこれらはペンテコスタル教会ともよばれるが，西欧のペンテコスタリズム，すなわち聖霊降臨主義とは直接的関係はない．西アフリカのこの種の教会のひとつの大きなグループは，アラドゥラ教会とよばれる．この語は，祈る人を意味し，肉体的，精神的治療のための祈りをとくに強調していることを示している．アフリカのその他の地域でも同様の強調が見られる．いくつかの教会では，西洋の薬も，伝統的な薬もすべて禁止されている．いずれにせよ，これらの教会では個人と教会の仲間たちとの協調と統合に高い価値を置くのである．

イスラム教は，キリスト教同様に成立の後すぐにアフリカに入ってきた．キリスト教のように，イスラム教もヘブライ人の古くからの宗教に負うところが大きい．イエスは，預言者モーゼの血を引く預言者として認められるが，最終的な，最も偉大な預言者は，唯一神アラーへの服従を説いたムハンマド（しばしば"マホメット"と誤称される）である．ムハンマドの死の8年後の紀元640年という早い時期に，すでに，アラビア人の弟子たちが，エジプトを征服しはじめた．これらの初期のイスラム教徒は，宣教師としてではなく，兵士として，あるいは入植者としてやってきた．そしてしばしば，ビザンチンの圧政からの救い主として歓迎された．かれらは，しばしば信じられているようにはイスラム教を現地の人に強制しなかった．そしてとくに偶像崇拝者でない，「聖典の民」であるユダヤ人やキリスト教徒に対して寛容であった．しかし，年を重ねると混血によって，あるいは課税から逃れるために，多くのキリスト教徒はイスラム教徒になっていった．イスラム教に背信することは，死をもって罰せられた．

イスラム教の中心的教義は，唯一神への信奉である．この信奉の告白は「イスラムの信仰の5つの柱」のうちの最初のひとつである．他の柱とは，毎日の礼拝，喜捨，可能ならばメッカへ巡礼すること，そしてイスラム教暦第9月にあたる（ラマダン）の断食を行うことである．アラーによってムハンマドに授けられた教えは，聖典コーランに書きしるされている．キリスト教徒がすべての信者に読めるように聖書をその地方の言葉に翻訳する必要を強調してきたのに対して，イスラム教徒はコーランが原典のまま解読できるようにアラビア語を学ぶ必要性を強調する．その翻訳は，ほとんどの正統的なイスラム教徒によって是認されていない．であるからイスラム教がひろがるに従って，アラビア語の読み書き能力のある人々の範囲もひろがっていく．

アラブのエジプト征服とともに，イスラム教は北アフリカの沿岸部と内陸部の人々の間に，ゆっくりとひろまっていった．最後には，エジプトにコプト人が残っている以外は，北アフリカはイスラム教が国教となり宗教的・文化的・法律的に，イスラム教化が徹底的に進み，現在に至っている．

上　カメルーンの村のローマ・カトリックの教会．このような小さい教会はアフリカ全土にわたって見られる．しばしばその土地の材料だけで簡単につくられ，十字架によってのみ何であるかがわかる．礼拝は，司祭や聖職者が非常に少ないため，よく伝道士や平信徒の朗読者によって行われる．またその結果，聖餐式も特別でまれな機会に限られる．

下　ドザイールにおけるキリスト教の伝統は，15世紀のポルトガル人探検家と宣教師の到来にまでさかのぼる．このアフリカ人のキリストのついている十字架は，何世紀ものあいだに起こったキリスト教の地方化を物語っている．

宗教

上 ケニアのナイロビの諸聖徒大聖堂で、アフリカ人とヨーロッパ人のキリスト教徒が一緒にひざまずき、アフリカ人とヨーロッパ人の祭司が聖体を拝領している。長年の間、この教会はヨーロッパ人のみが参列していた。今ではすべての者に対する教区教会である。

下 行進と野外祝典は、すべての伝統的キリスト教教会の特徴である。式典が特別な建物に限定されないという古い慣習を反映している。ここにおける行列は、カメルーンのローマ・カトリックの婦人団体のもの。

次ページ マリのモプティにおける金曜日のモスク。イスラム教徒の見られるところにはどこでもモスクが建てられている。信仰にあついものはどこでも祈禱できるのだが、それができる場所では、そしてとくに聖なる日、金曜日には人々と一緒に祈るように義務づけられている。モスクには尖塔があり、そこから祈る人の声が聞こえてくる。そしてここでは、その地方でとれる材料が使われ、その地方の伝統が結果として真のアフリカのモスクをうみ出している。

第2段階ではイスラム教はサハラ砂漠を渡って西アフリカにひろがり、そしてナイル川をさかのぼってスーダンに到達した。この段階のイスラム教の仲介者は、商人と聖職者であった。かれらはしばしば西アフリカの都市の郊外に住み、自分自身のモスクと学校を建て、現地の住民からいく分離れて暮していた。支配階級は新しい宗教をとり入れる傾向があったが、地方の住民はそれから完全に離れたところにいた。13世紀までには、マリの王とカネムの王がイスラム教徒となった。そして、マリの偉大なるマンサ・ムサは14世紀にメッカへ巡礼した時、その富と力でエジプトのイスラム教徒を驚かせた。イスラム教はまた、アラブ人の航海者の手によってアフリカ東岸を下っていった。かれらのある者は移住して沿岸の諸都市を築いた。ここでもまた、いくらかの都市化した地元の人々がイスラム教徒となった。だがこのころ、東西両アフリカにおいて、イスラム教は伝統的な信仰にとって替わったというよりはむしろ並行して存在していたのである。

18世紀中頃から、新しい段階がはじまった。そのひとつの発展は今日まで続いている。それはタリーカ信仰の拡大である。この教団あるいは同盟団は、カリスマ的な宗教改革者によって確立された。タリーカの成員は、定められた礼拝を行うことに加えて、独自の形態の修行を行うことになっている。最も影響力の強い2つの最大のタリーカは、ティジャニーヤとカディリーヤである。もうひとつの発展は、最初のものと無関係ではないのだが、新しい排他主義と攻撃主義である。アフリカの伝統と習慣はもはや容認されなくなった。その指導者というのは多くの場合イスラムの聖職者であり、勉強をかさね、イスラム世界を広く旅してきた者であった。かれらは、おなじイスラム教徒である人びとの信仰を清浄にし純粋なものにしようとし、必要とあればジハド（聖戦）の観念を用いて、武力をもって人々を信仰に引き入れた。このような人びとは、宗教改革者としてはじまるが、しばしば大きな国家の支配者として終わった。ソコト（北ナイジェリア）のウスマン・ダン・フォディオやトゥクルール（西スーダン）のウマル・イビン・サイド・タールなどがそういった人々である。このような運動が起こった地帯では、社会構造は徹底的にイスラム化した。大多数の民衆は信仰と無関係だったにもかかわらずイスラム教が国教となっていったのである。

第4段階は、西洋の影響の拡大と、新しい植民地体制の押しつけとともにはじまる。アフリカ中の都市や町でのイスラム教の信奉は、都市の超部族的コミュニティに移住してきた者のひとつの適応の方法となっていった。キリスト教と違って、イスラム教にはミッションスクールを通じて改宗させるという利益はなかったが、他方、同時に征服者とともにあるキリスト教のような不利益もなかった。いくつかの村落コミュニティも、19世紀末期にはイスラム教を取り入れていた。しかしながらこの第4段階において、イスラム教のひろまった地帯では、たいていはキリスト教や村落部においては伝統的宗教との、または近代的な世俗的社会との葛藤があったが、それは厳密には宗教そのものというよりも全体の生活様式にかかわるものであった。

イスラム教は一見、部外者にとっては完全に同質なもののように見えるが、それ自体には内部でのちがいがある。その主たるものは、ムハンマドの継承者の抗争にたちもどり、スンニー派とシーア派の二派の対立に帰着するものである。事実上、アフリカのイスラム教徒はすべてスンニー派である。唯一のシーア派イスラム教徒は、東アフリカへのアジア人移民である。また、たくさんの地方で見られるのは、正統派から異端とされているアハマディーヤ派（本部はパキスタンにある）の伝道師である。信者の数にくらべ、その影響力は巨大である。かれらはキリスト教徒とさかんに論争してきたのであり、また率先してコーランをアフリカの地方語に翻訳した。

イスラム教もキリスト教も、どちらも今日のアフリカにおいては、活力のある成長する宗教である。両宗教の世界的規模の集会において、アフリカ人の代表者はしだいに重要な位置を占めつつある。

同時に、伝統的儀礼の慣習はおそらく減りつつある。若い大学卒の人々は、宗教的側面も含めた伝統文化への慎重な回帰を支持しているのにもかかわらず、アフリカの一般大衆がこのことについて真剣に考えようとするかどうかは疑わしい。国家の首脳部がこういった回帰策（たとえば、ザイールにおける"オータンティシテ"の呼びかけ）を検討したところでさえ、成功したことはない。アフリカの伝統的価値はたしかに生き続けるだろう。しかしそれは、近代工業社会である西欧の多くの局面と結びついた形においてである。

イスラム教やキリスト教への改宗の動機を政治的および社会学的理由に求めるのは簡単である。しかし、同時にこれらが宗教である以上、そこには深い宗教的理由も存在している。たぶん、この二大宗教のもつ絶大なる魅力とは神の力を強調していることにあるのだろう。伝統的信仰のうちには、災いを起こす力をもち、恣意的にその力を行使するように見える精霊や祖霊に対する大きな恐れがある。この恐れは、個人の行動をたえず観察しつづけて、思わずやってしまうような他人への攻撃も規制する役割に果たす。

至上神は非常に遠くに、人間の手のとどく範囲を超え、善として、あるいは悪として存在した。しかし、キリスト教やイスラム教においては、創造神は強力で人間に関係深いと説かれる。「アラーはあわれみ深い」、「神は愛である」。両方の宗教（悲しい失敗にもかかわらず）は、その信者たちをまさに超民族的仲間として統合する。このような超民族的統合は内部分割によって引き裂かれた国々に対して、よりよい未来を提示するように思われる。

(J.M.)

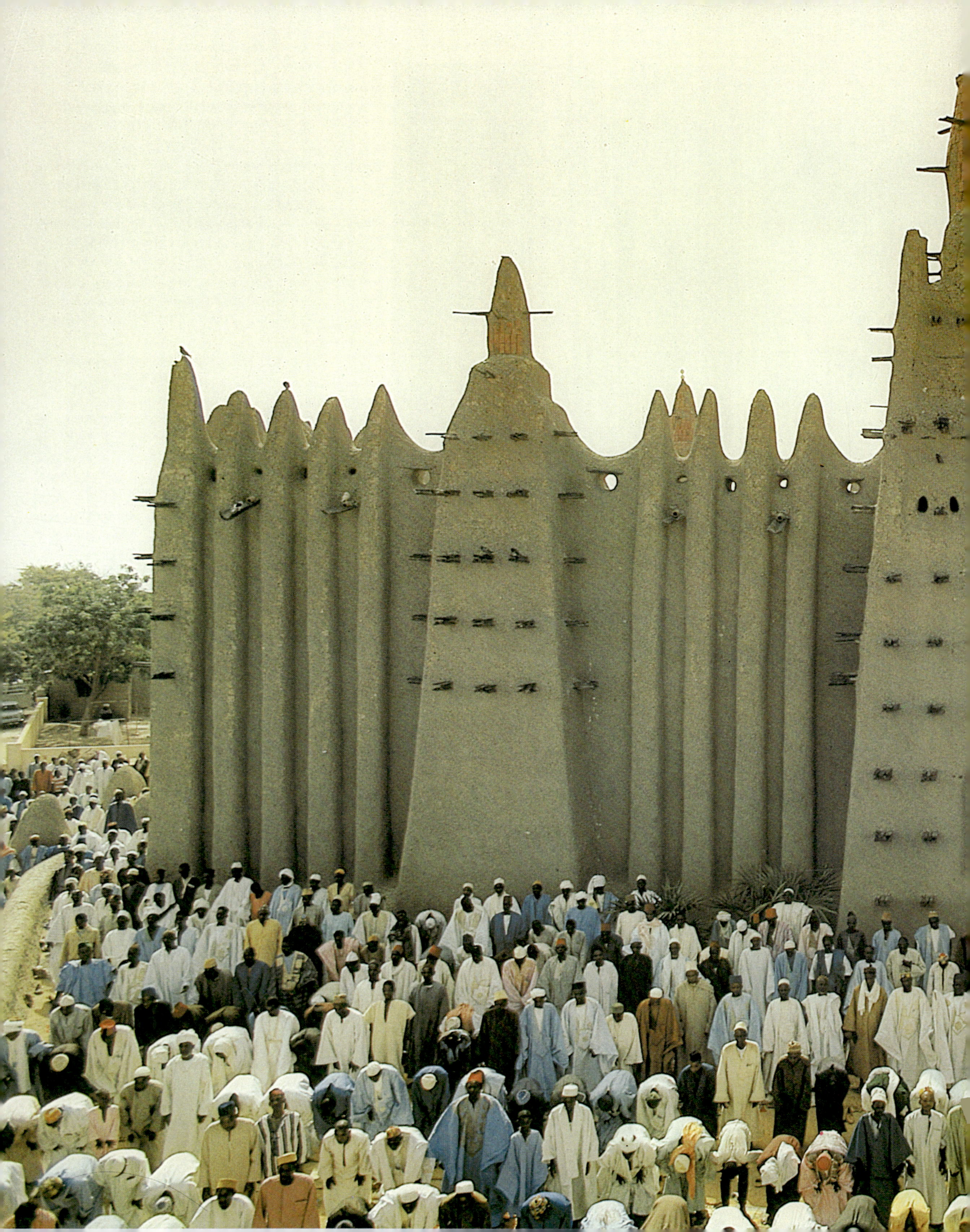

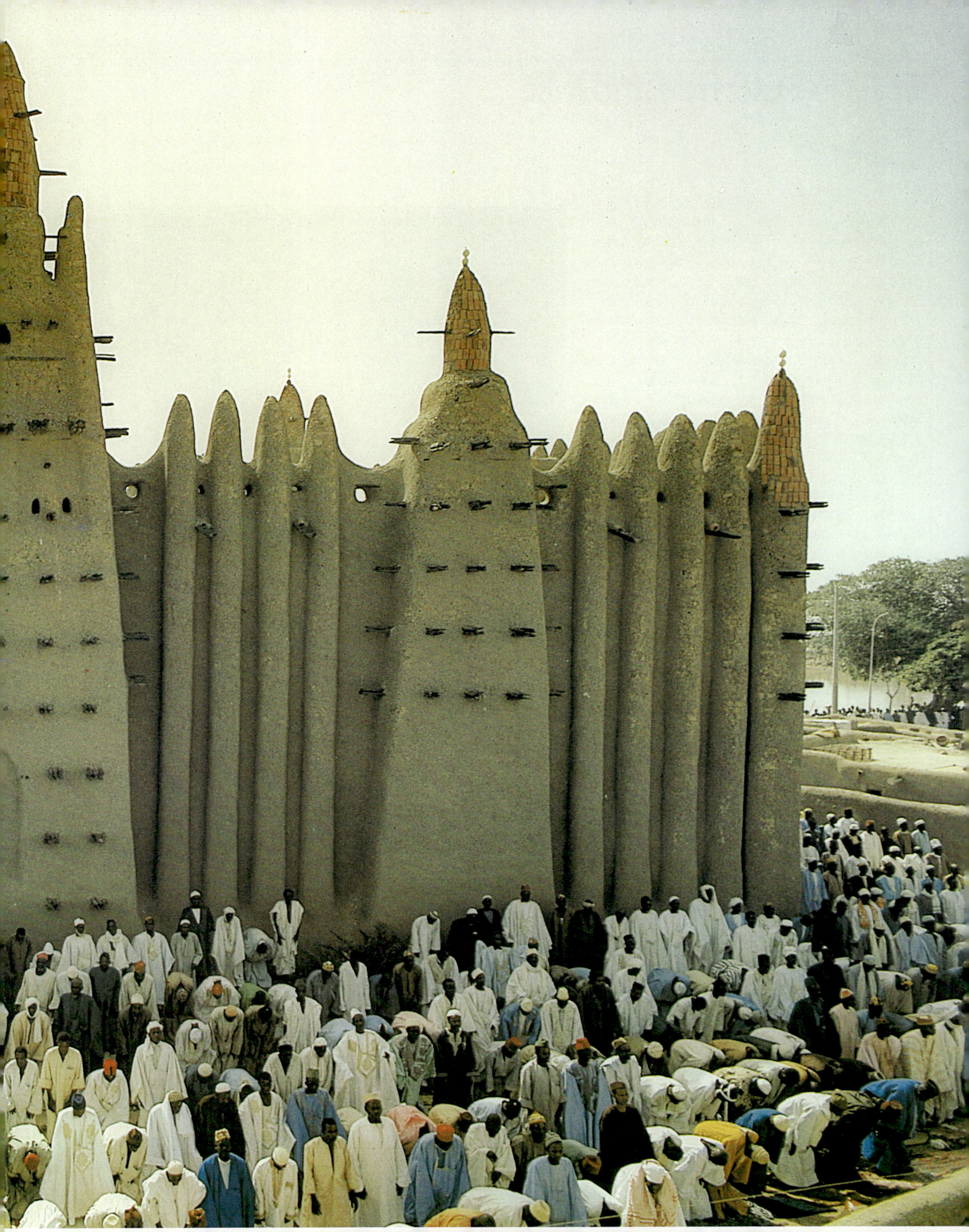

ヨルバ族の伝統的宗教

　ナイジェリアとベニン（旧ダホメー）にすむヨルバ族の人びとの大半は，キリスト教徒か，イスラム教徒だが，ヨルバの伝統的宗教もなくなったわけではない．さらに，それは，西アフリカの1300万のヨルバのなかの少数派を占めているだけでなく，大西洋横断の奴隷交易の時代に移植された西インド諸島やブラジルで，非常に純粋な形態で残っている．
　ヨルバ族の伝統的宗教は，霊的，あるいはそれに準ずる存在の4層のシステムをもっている．至上神であるオロドゥマレは，また，オロルン（天国の持主）として知られ，その最高位を占める．かれの代理人たち，すなわち従属神（オリシャ）たちは第2の層に属し，ある種のヒエラルキィ的秩序を形づくっている．オバタラは，これら下位神のなかでは最も重要なものである．この従属神につぐのは，つまり第3層には，シャンゴのような神聖化された祖先たちがいる．そしてそこには，大地（イレ），川，山，木などの自然現象と結びついたさまざまの精霊がいる．
　至上神，オロドゥマレは不死で唯一のものであり，全智全能であり，かれの裁きは完全に公平である．ヨルバ族は，この神をたたえる寺院や神殿を建てることはないが，オロドゥマレに祈り，願いごとをし，崇拝をささげる．これと対照的に，従属神や他の霊的存在は，自分の聖職者，寺院，聖所，神殿をもつ．
　加えて，オロドゥマレになされる礼拝のより個人的，私的な形態，下位神に対する公的な儀礼，祖先に対する崇拝と尊敬，そして占いは，ヨルバ族の伝統的宗教の統合の諸部分を構成している．イファの神託は，最も広く知られた占いのシステムである．ヨルバランド全域に，死者と生者への崇敬，コミュニティ全体の健康や安寧などと結びついたダンスと仮装が見られる．オロとエグングンの仮面ダンスは，コミュニティの死者と生者を結ぶ2つの最も広く行われている儀式である．

(P. C.)

左　オバタラの神殿．オバタラは，ヨルバ族において最も重要な下位神であると広く認められている．多くのヨルバの創世神話において，世界創造の主要な役割を果たした．オバタラは至上神オロドゥマレに，どのような形に人間をかたどるかを教えられたあとで，男と女を形づくりはじめた．そこで，人は至上神によって生命の源をふきこまれた．

右　トリックスター神エシュ．善と悪の両方を具有するエシュは，天国と大地の主要な仲介者である．エシュは，従属神や人間の諸活動をオロドゥマレに伝える．伝統的屋敷のどこにでもいて，だれもかれをなだめすかすことはできない．

下　ヨルバランドには多種の聖職者や聖者がいる．たとえば寺院づきで，怒りの宥和，願いごと，感謝，呪力からの防護など，いろいろの種類の犠牲をつかさどるものもいる．また，個々の神々や聖化された祖先は，それぞれ固有の聖職者をもっている．シャンガ神の聖職者はマグバ，オルンミラ神のそれはババラオとよばれる．長くきびしい修行のすえ，聖職者は神聖化され，犠牲を供する力をさずけられる．聖職者に加えて聖者がいる．かれは霊媒であり，さらに占い師がいる．聖職者のあるものは占い師である．しかし占い師は供犠をしない．

下　あるヨルバの神々は，多かれ少なかれ特定の地方レベルで尊敬を集めている．しかし他の，たとえばオグンはヨルバランド全域で崇拝されている．オグンは，伝承によれば神々が無人の地球にはじめてやってきたときに，刀でその通り路を切り開いたという．そして，その特技と強さの故に，かれは狩人，かじや，肉屋，床屋，兵隊，そして今はトラックやタクシー運転手などの神のような存在として崇められるにいたった．これらの仕事はすべて鉄鋼とかかわりがある．
オグンはまた，契約や協定の立会人でもある．ヨルバの伝統的宗教の信者が裁判の法廷に出席するときには，コーランやバイブルにではなく，オグンをシンボライズしているとみられる鉄の小片にちかいをたてる．

上　大英雄や，非常に才能があった人は，ヨルバ族においては神格化される．オロドゥマレの怒りである雷雨の力であるシャンゴは，伝承によればオヨの王であった．かれは独裁者であり，かれを暗殺しようというこころみが発見されるとオヨをのがれ，かつての家臣たちの家や村を，雷雨を使って破壊することによって罰した．シャンゴが自殺し，かれらの不幸に責任がもてないと信ずるオヨの住民たちは，シャンゴが実は，かれらの災厄の張本人であるという託宣を考えついた．
神の宥和と和解の過程がはじまるとシャンゴの神聖さは消える．今日，シャンゴの神殿はヨルバランドのいたるところで見られ，南北アフリカや，西インド諸島でも広く知られている．シャンゴの聖職者であるマバだけが，雷雨で殺された人びとの埋葬を手配することが許されている．

左上　大地，川，山，木といった自然現象と結びついたある神々は，ある者は男で，ある者は女で，またある者は善神で，ある者は邪神である．善き女の神であるイェモジャは，一般に川，流れ，湖，水の恩恵であり，すべての水は彼女の体内から流れ出る．男の神であるオロクンは海に住み，怒りをコントロールし恩恵をふりまく．ニジェル川の善神オヤは，疾風と強風の張本人であり，オシュンはオショボの町の守護神であって，同じ名前の川の産物とかかわりがある．オシュンは多産の善神であり，彼女の薬水によって不妊の女たちに誕生の喜びを与える．

左　ヨルバはいくつかの異なる占いのシステムをもっている．イファのシステムでのもっとも重要な対象は，とくに選ばれたヤシの実，正方形か円型，あるいは楕円形の盆，象牙か木製のスズなどである．そして，ふつうは託宣の霊に祈り，動物の歯（子安貝），こわれた土器の破片などを用いる．
イファの聖職者（ババラウォ）は，ヨルバのすべての聖職者の中で，最も高度なトレーニングをうけたもので，16の詩篇（オドゥス）群を用いる．このオドゥスは，人間が経験することができるすべての経験をその中に含んでいる．
最も重要な従属神の1つであるオルンミラは，託宣のうしろにかくれた力である．かれはオロドゥマレの知恵をふきこまれ，人びとがさがし求めているものを好む．

上左　エグングンの仮面はかつてもそうであったし，今でもある人々にとっては大変重要な社会的，宗教的機能を果たしている．エグングン自身は，かれの"子供"を訪ねるために精霊の世界からもどってくると信じられている死者の霊の化身とみなされている．エグングンの身体のいかなる部分も見る人の目にさらされていない．人がその中に祀られている精霊に視線を投げると，そこに魔力が通じて死んでしまう．したがってエグングンは頭のてっぺんから足の先まで布でおおわれ，パイソン，ヒョウ，あるいはヨーロッパ人や，他の外来者を形どったマスクをつけている．町や村が聖なる水と呪薬できよめられたあと，仮面をつけた人が現われ，おどり，アクロバットがはじまる．

エチオピア教会

　キリスト単性論の教義をもつエチオピア教会の歴史は，少なくとも4世紀までさかのぼることができる．エチオピア教会は，かつてはナイル川渓谷沿いに連続していたキリスト教会のうち最も南方に位置する教会であった．しかしキリスト教王国ヌビアが，しだいに北方からのイスラム教勢力に圧倒されるようになり，15世紀までにはキリスト教信仰は完全に消えうせてしまった．

　エチオピア教会は生き残った．教会の司教は，アレクサンドリアの司教によって任命されたエジプト人である．ヌビア王国の首都アクスムでは，祈禱書に用いる文字をもったゲーズ語が発達した．エジプトとのつながりの他にも，ユダヤの宗教とも関連をもっていた．シェバ女王の子どもメネリク，つまりユダのライオンの父親はソロモン王であると信じられ，その子がソロモン王朝の創立者となった．

　エチオピア教会の遺物のうち，最も目をひくのは，アジス・アベバの北方の辺鄙な山村ラリベラにあるが，そこはかつてエチオピアの首都であり，一枚岩でつくられた教会がいくつかある．ラリベラ王が新王朝の創立者で12世紀の初頭にソロモン王朝に代って権力を握った．王は巨大な教会建設計画のために富を使い果たしたが，それは彼の支配を正当化し，首都の威力を高めるための努力であったと思われる．しかし，エジプトの伝説によれば，この事業は王それ自身に聖徒としての地位を与え，その後王は完全に王位から退いて隠遁生活を送ったということである．

(J. M.)

　エチオピア教会は他の東方教会の特色を多くとどめている．それは村の司祭と修道僧という，二重の聖職者構造を兼備し，前者は結婚しなければならず，後者からのみ司教が選ばれるのである．また，古代のユダヤの風習をも保存している——割礼，サバト（土曜）の安息日の順守である（日曜も安息日）．しかしもとは借用してきた形の礼拝式や各儀式の模様も今では独自の発達をとげ，はっきりと異なった特有の性格を呈している．

下　ラリベラのクリスマス
白い僧服をまとった修道僧たちは，ひとつの堀の上に列をなして並び，トランペットを吹く．一方司祭たちは，堀の下で，踊りながらキリストの誕生を祝う儀式に参加する．

上　聖職者の教育．ゲーズの講読を含む教育は，伝統的に修道院の学校で行われてきている．ここでは，チグリのアクスムの修道院で助祭が年長の聖職者から習っているところ．

左　上空から見たラリベラの聖ジョージ教会．石で造られた巨大な十字架の形をしている．天然の石の中に，四角い溝が掘られ，十字形の教会は内部をくりぬいて空洞にされている．
入口は，教会の左側に見える坂になった溝を通るようになっている．教会の屋根は水平で，周囲の地表とまったく同じ高さである．

上　聖ジョージ教会は，土台からの高さは12mで，そこから十字形の壁面がそびえ立っている．これはラリベラにあるいくつかの同様の教会のひとつにすぎず，他にも聖メアリ，聖マスカル，聖マクリオ教会などがある．

下　エチオピアの教会と修道院の特色のひとつに壁画があるが，それには聖書の中の場面や聖者たちの生涯の挿話が描かれている．この壁画はラリベラの西にあるタナ湖の教会にあるもので，聖ジョージがドラゴンを殺害している場面である．帯状彫刻装飾とともに，典型的なエチオピアのケルブ（天使）たちが描かれている．

アフリカの先史人

　19世紀に書かれた進化論の中で，ダーウィンは，人類の発生はアフリカにおいてであることを示唆している．現在も生存しているもののうちで，最もわれわれに近い親戚にあたるゴリラやチンパンジーが純アフリカ産であることがその根拠であった．このダーウィンの直観は，その後自然科学，環境科学，そして社会科学のさまざまな研究によって正当であることが証明されている．タンザニア北部のオルドヴァイ峡谷や，その他ケニア，エチオピア，南アフリカなどの遺跡において化石の収集がなされているが，これらの化石から重要な進化の過程が明らかになりつつある．それは，人類以前のものから，猿人の段階，そしてヒトへと続く進化の過程である．いくつもの問題点が，熱心に討論され続けており，いくつか残されていた不明点がすべて明らかにされたわけではないが，十分に豊かな，有効な化石の証拠が5万年から1万年前の間にアフリカ，それもたぶん東アフリカで人類が生まれたことを物語っている．

　この進化というものは，生物学的なものであると同時に文化的なものであった．人類は，猿類と関係はあるがその子孫ではない．子孫というより，親戚といった方がよいであろう．数百万年前，アフリカの樹林サヴァンナに，私たちと猿類の共通の祖先の一団が住んでいたことを想像してみよう．その一団（猿類の祖先）の中の半分が，4本の足で木にのぼったり，森で生活することに精通し，もう半分が二足歩行（2本の足）の発達する選択肢をもったのである．二足歩行は，もったり，運んだり，投げたり，使ったりするために自由になる手というものをあたえた．メリー・リーキー博士は，北タンザニアの石化した泥の中の，2本足の足跡化石を，少なくとも4百万年前のものであると認めている．

　人類とよぶことのできる，最も早い2本足の動物は，一般に，アウストラロピテクスとして知られているものである．

オルドヴァイ峡谷は，タンザニア，セレンゲティ平野の中央を横切っている．深さ100m，長さ数kmのこの谷の侵食された側面は，重なった地層の中に人類の進化の200万年を見せているのである．1930年代からのここの発掘では，今までにジンジャントロプスとホモ・ハビリスをふくむ，数多くの特色ある化石や石器が発見されている．

アフリカの先史人

上左　旧石器時代の遺跡
旧石器時代の分布で最も早い礫器に関係のあるホモ・ハビリスの化石は、オルドヴァイ峡谷と、トゥルカナ湖で発見されている．アシュレアン（握斧）文化に関係の深いホモ・エレクタスは100万年～10万年前の大陸のいたるところに居住していた．

上右　中・新石器時代文化
およそ10万年前のホモ・サピエンスの出現と一致して、中石器時代は人類文化の地域的特殊化のはじまりであった．地図は考古学の記録から判断することのできる主な3つの文化形態を示している．

下左　アフリカの農耕の発達（ショー、ハーラン他に従う）
アフリカの農耕は前5000年ごろはじまった．あるところでは固有に発達し、またあるところでは、中東から穀物（コムギ、オオムギ）と家畜が伝播された．アフリカの穀物（キビ、モロコシ）は、新石器時代に熱帯性の生活形態と結びついた地域で耕作されるようになった．古代ギニアの穀物（ギニアヤム、アブラヤシ、オクラ）は森林地帯の植物で、少し時代が下がる農産物である．東南アジアの穀類（バナナ、ココヤシなど）は、後500年ごろ伝わった．

下右　鉄器の伝播
鉄製技術は、前1000年の中ごろ発見された．北から南へと伝わったものであるという一般の考えは、製鉄技術は中東から伝播したものであると考える学者たちによって支持されている．

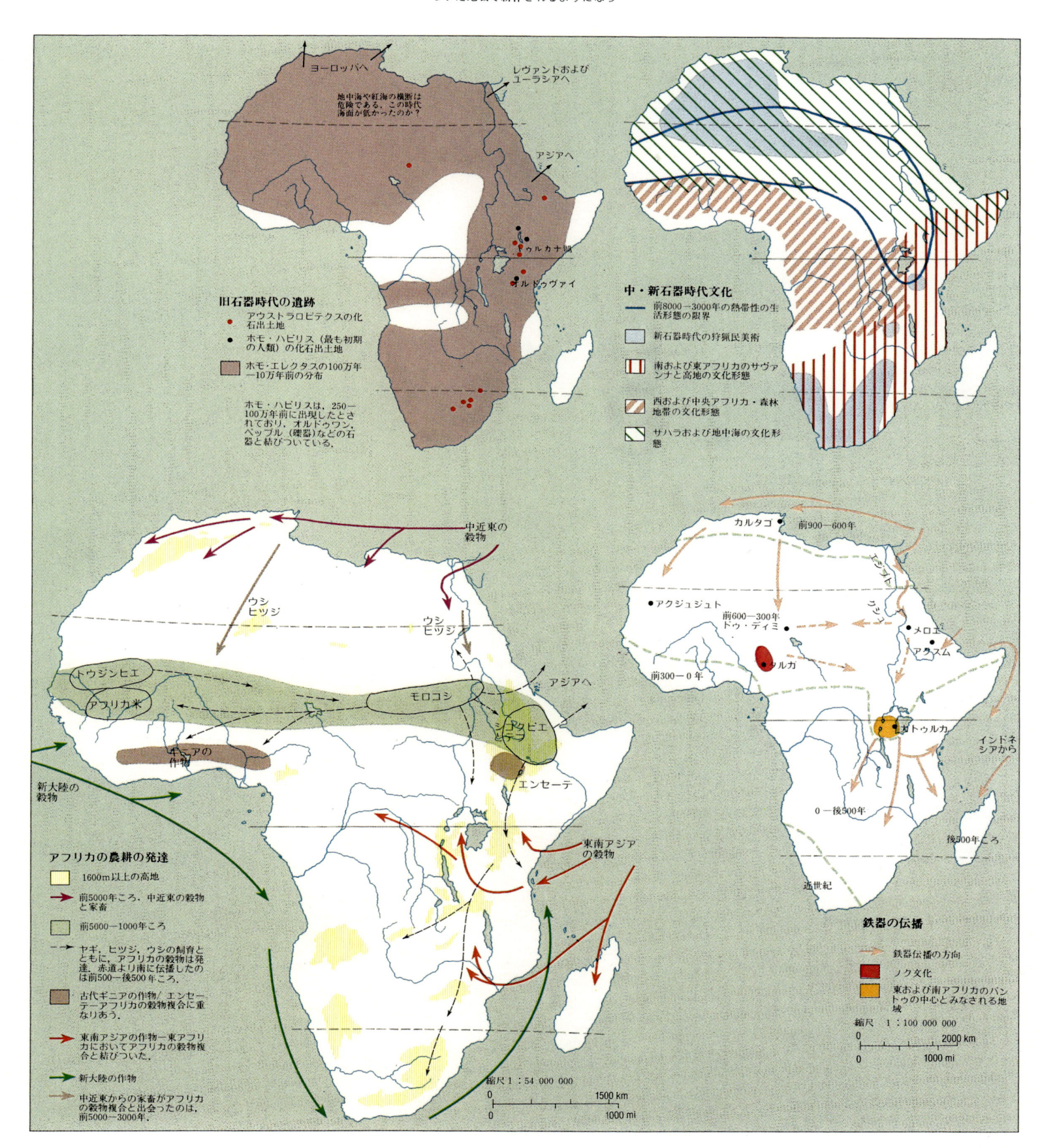

旧石器時代の遺跡
- アウストラロピテクスの化石出土地
- ホモ・ハビリス（最も初期の人類）の化石出土地
- ホモ・エレクタスの100万年―10万年前の分布

ホモ・ハビリスは、250―100万年前に出現したとされており、オルドワン、ペッブル（礫器）などの石器と結びついている．

中・新石器時代文化
- 前8000―3000年の熱帯性の生活形態の限界
- 新石器時代の狩猟民美術
- 南および東アフリカのサヴァンナと高地の文化形態
- 西および中央アフリカ・森林地帯の文化形態
- サハラおよび地中海の文化形態

アフリカの農耕の発達
- 1600m以上の高地
- 前5000年ころ、中近東の穀物と家畜
- 前5000―1000年ころ
- ヤギ、ヒツジ、ウシの飼育とともに、アフリカの穀物は発達、赤道より南に伝播したのは前500―後500年ころ
- 古代ギニアの作物／エンセーテアフリカの穀物複合に重なりあう
- 東南アジアの作物―東アフリカにおいてバントゥの穀物複合と結びついた
- 新大陸の作物
- 中近東からの家畜がアフリカの穀物複合と出会ったのは、前5000―3000年．

縮尺 1：54 000 000
0　　　1500 km
0　　1000 mi

鉄器の伝播
- 鉄器伝播の方向
- ノク文化
- 東および南アフリカのバントゥの中心とみなされる地域

縮尺 1：100 000 000
0　　　2000 km
0　　1000 mi

アフリカの先史人

アウストラロピテクスは，小柄で身長約1m25cm，事実上，前頭部はなかった．それというのも，彼の脳(500 cm³前後)は，現代人の容量の3分の1ほどしかなかったからである．アウストラロピテクスは，少なくとも，時を経るとともに2つのタイプに分かれてゆく．ひとつは，強いあごと力強い臼歯をもち，より野蛮であった．ヒトは，おそらくこれとは別の一方から生まれたのであろう．このタイプは，明らかに小さめのあごといくらか進歩した足と，器用に物をあやつることのできる手をもっていた．意識的に石をみがいて刃にした最も初期の道具は，250万年前のもので，トゥルカナ湖(旧ルドルフ湖)から出土したものである．肉や食物を切るための道具の獲得とともに，日常の食物は多様化していった．こうして，アウストラロピテクス種から，いわゆる，ホモ・ハビリスが出現したのである．

ホモ・ハビリスの多くの実例から，かれらはアウストラロピテクスの平均より脳は多少大きいことがわかる．脳を大きくすることになった刺激は明白である．それは道具作りである．それは生物学的なものではなく文化的なものであり，遺伝されるものではなく，表現や経験から学ばなければならないものであった．言語の発達にもまたおそらく影響があったであろう．重要な点は，脳の成長の方が後からなされた，ということである．脳が成長するのは(以前言われていたように)，人間の進化の原因ではなく，むしろ結果なのである．その根本的な原因は，二足歩行の早期達成であった．

アウストラロピテクスとホモ・ハビリスの地理的なひろがりは，まだ不完全にしかわかっていない．地図の上で，化石の発見された場所をたどっていくと，ただそれらの場所は化石化しやすい地域や，また，科学的な探検によって発見されたにはちがいないが，侵蝕によって運よく骨が表面化しているような地域の分布となるのである．先史人の分布研究のもう一方の方法は，骨よりもう少し保存条件がよい石器によってなされる方法である．その最古のものは，いつもというわけではないが，よくいくつも石片がたたきつけられ天然の刃のようになった川の礫石を使用したことから，一般に"礫石"とよばれているものである．ホモ・ハビリスの存在やその時代(250万年—100万年前)と関連するこうした道具は，北部タンザニア，ウガンダ，ケニア，エチオピアで見られる．南アフリカや大陸の西端および北西端などの他の地域には，いくつもの代表的なものが見られる．しかし，それらがすべて本当にホモ・ハビリスのものであるのか，それとも初期のホモ・エレクタスのものともいえる新しい道具の，ちがったものの一部であるのかははっきりしていない．

ホモ・エレクタスは，約100万年前に姿を現わし，ハビリスより大型である．脳の大きさも大きめで，現代人の約3分の2(およそ1000 cm³)であった．ハビリスからエレクタスが出現したのは，簡単にいってしまえば最も有名ないわゆる握斧に代表される，アシュレアンとして知られる，それまでのものより，より高度化した特徴的な石器と大きく関連している．

アシュレアン石器は，アフリカのほとんどの国で発見されてきている．ヒトは，ギニア湾岸やザイール盆地の森林部はさけ，サヴァンナで狩猟採集の生活を続けていたと考えられる．数多くのサハラの遺跡は，砂漠の不変性をうち消しており，湿った気候であったある時期にはサハラの草原がひろがり，獲物の狩猟が行われたことを示している．アシュレアン石器はより洗練されていき，そしてこの技術の伝統は100万年前にはじまり10万年前に終ったのである．最後のアシュレ

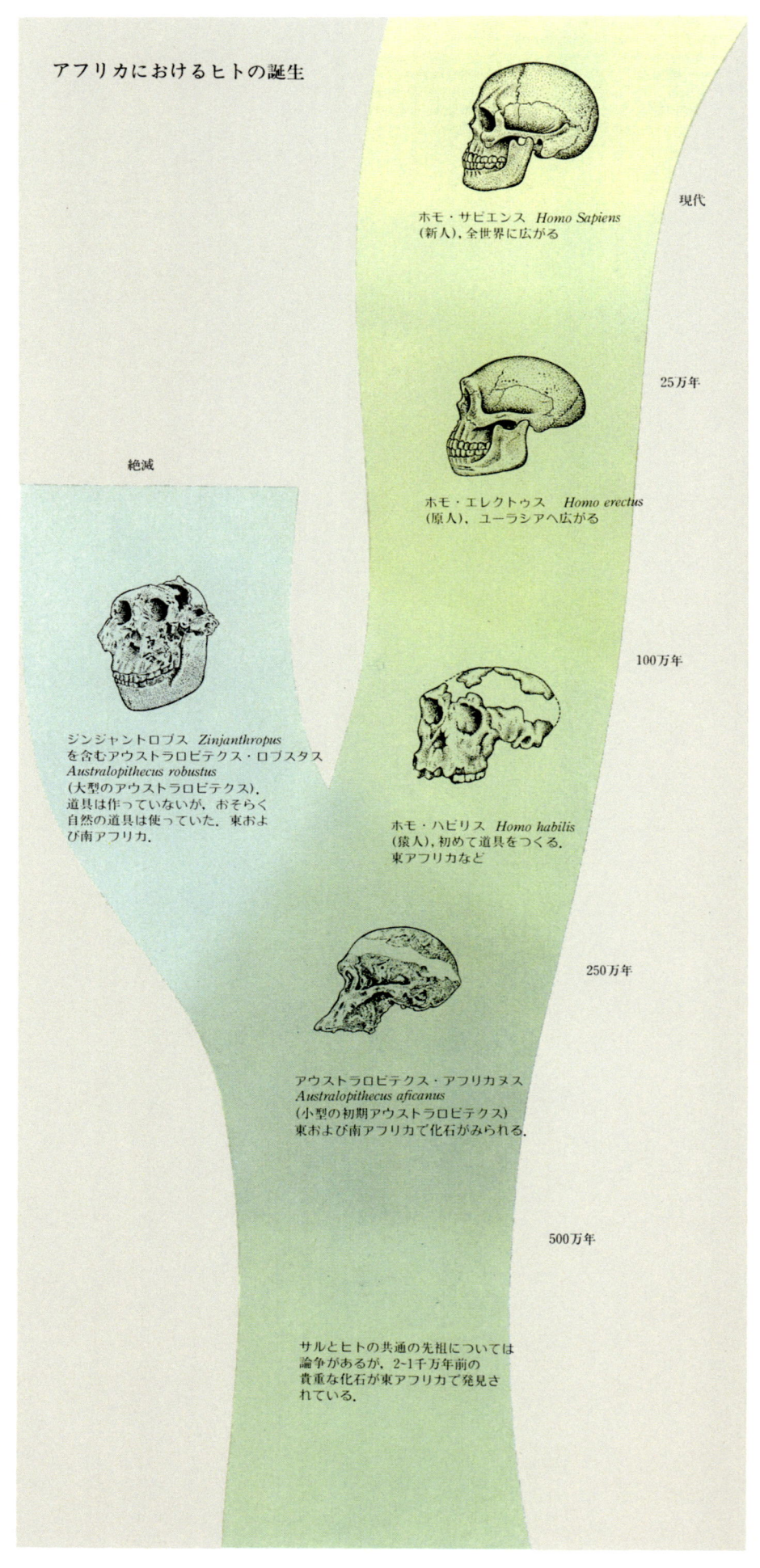

アフリカにおけるヒトの誕生

ホモ・サピエンス Homo Sapiens
(新人)，全世界に広がる

現代

25万年

絶滅

ホモ・エレクトゥス Homo erectus
(原人)，ユーラシアへ広がる

100万年

ジンジャントロプス Zinjanthropus
を含むアウストラロピテクス・ロブスタス
Australopithecus robustus
(大型のアウストラロピテクス)．
道具は作っていないが，おそらく
自然の道具は使っていた．東および南アフリカ．

ホモ・ハビリス Homo habilis
(猿人)，初めて道具をつくる．
東アフリカなど

250万年

アウストラロピテクス・アフリカヌス
Australopithecus aficanus
(小型の初期アウストラロピテクス)
東および南アフリカで化石がみられる．

500万年

サルとヒトの共通の先祖については
論争があるが，2-1千万年前の
貴重な化石が東アフリカで発見されている．

考古学的にみたアフリカの流れ

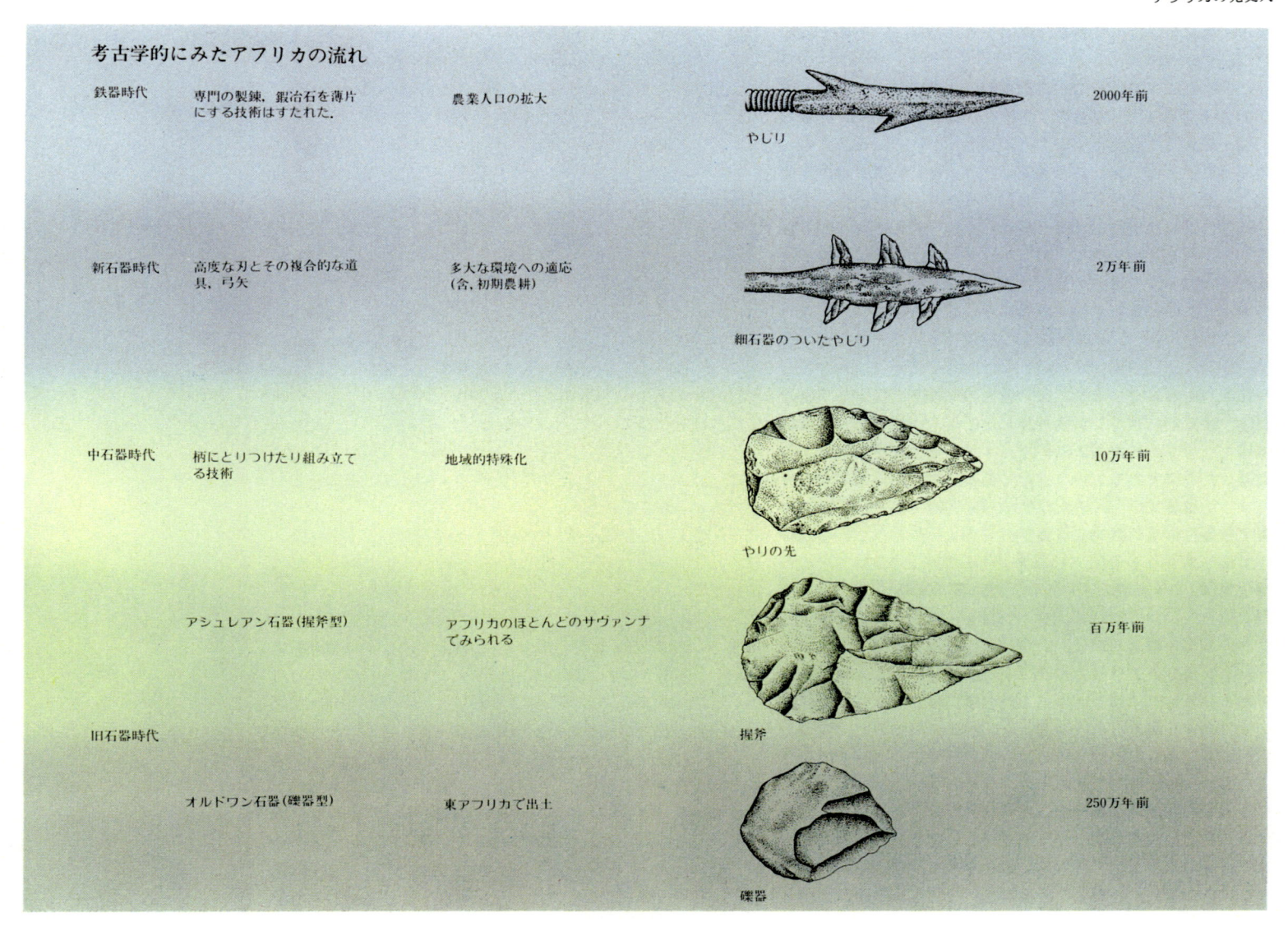

時代	技術	特徴		年代
鉄器時代	専門の製錬, 鍛冶石を薄片にする技術はすたれた.	農業人口の拡大	やじり	2000年前
新石器時代	高度な刃とその複合的な道具, 弓矢	多大な環境への適応 (含,初期農耕)	細石器のついたやじり	2万年前
中石器時代	柄にとりつけたり組み立てる技術	地域的特殊化	やりの先	10万年前
	アシュレアン石器(握斧型)	アフリカのほとんどのサヴァンナでみられる	握斧	百万年前
旧石器時代	オルドワン石器(礫器型)	東アフリカで出土	礫器	250万年前

上:考古学的に見たアフリカの流れ

三段階の時代区分(石器,青銅器,鉄器)は,エジプト以外のアフリカにおいては存在しない.アフリカの文化には青銅器時代というものがなかった.石器・鉄器時代という2つの異なる時代の年代はきわめて接近していて,大陸全体をまとめて語ることはできない.たとえば新石器時代文化は,カラハリ砂漠のブッシュマンの間では20世紀になっても残っていたのである.

左:アフリカにおける人の誕生

猿類(ショウジョウ科)へと続く系統と,人類(ヒト科)へと続く革命的系統との分岐はアフリカにおいてであることはたしかである.アウストラロピテクス・アフリカヌスは,西ウガンダのタウングと,スタークフォンテインで発見された頭骨化石に代表される.オルドヴァイで1959年にルイス,リーキー博士に発見された「クルミワリ人間」(ジンジャントロプス)の頭骨化石は,これより大型のアウストラロピテクス・ロブスタスに関連するものである.この系統は絶滅したと思われる.

アン石器をつくったヒトたちは,もはやホモ・エレクタスではなく,ホモ・サピエンスの初期,移行期にあたるもので実質的には現代人であった.

およそ10万年前,——新人段階のヒトの出現とほぼ同じ時期——に,ヒトの生態と行動に真の変化が生じはじめた.握斧など,旧石器時代の重い道具はしだいになくなっていった.そのかわりに,石を加工する上での革命的な諸技術の結果,より正確で効果的な道具がつくられるようになる.こうした発達は,森林地帯への生活領域の拡大をも含めて,生態学的特殊化の先ぶれとなった.魚をとるための精巧な槍先は森林地帯の中の川にそって発見されている.東部,南部の草原地帯では,おそらくはサヴァンナの獲物を捕るためのやりとして使われたと思われる,美しい葉の型をした尖石が見られる.サハラ地方と北アフリカでは,柄に石のポイントをつけてささえるためのなかごがついていることがある.この3者の相違は,おそらく中石器時代,そして二万年前にはじまる新石器時代へと続いている代表的な3つの大陸のヒトの生態的地域に,そのまま反映しているといえるであろう.

新石器時代への移行はより一層の技術的革新をもってなされた.小さな質のよい刃がともに使用され,あるものは木製の柄やがらにつけられた細長いくぼみにとりつけられて,ナイフ,のこぎり,やり,鉤状やじりに加工された.このころの弓矢の発明は,狩猟技術に重要な発展をとげさせた.

新石器時代は近代まで続くが,放射性炭素の助けを借りて得られた考古学的資料によれば,地域的多様性とともに,あるものは明らかに,環境的変化に対する反応である文化的発達をも表している.こうした伝統や相違点といったものは,(いつもそうだったと簡単にはいえないにしても)近代,現代の文化や人口のパターンと深くかかわっている.

新石器時代の初期は熱帯地方の乾燥期にあたる.しかし,前9000年ころには代表的な湿潤期の傾向がはじまり,いくらかの振幅はあるものの,これは前3000年まで続いた.湿潤期は,サヴァンナの草原(と,サヴァンナの動物)をサハラ南部と,中央台地までひろげることになった.また,より長い恒久的な河川や湖沼の拡大や形成をも促した.さまざまな種類の魚が,こうして敏感に自分たちの領域をひろげることができるようになり,カバやワニが,サハラ中央部へと移っていった.

ヒトも,こうした新しい状況に適応し,自分たちの数と生活範囲をひろげていった.前7000年ころから,かれらはサハラ西部から,ナイル領域や上流の東アフリカの地溝帯へと,水と親しんだ生活様式をもって,大陸を横断してちらばったのである.これらの集団は,水生の動物や魚を漁り,網や,後にはかぎや糸がつけ加えられるが,骨器のポイントのついた槍やもりで魚をとったりしていた.安定した十分な食糧供給(本格的な農耕は行われていなかったとみられるが)によって,一部の集団は,定住の傾向を示し,新しい技術を発展させた.舟は,そのうちの注目すべきものの一つである.し

かし，他にもマットやかご，何よりも興味深いことに土器などの証拠が残されている．

この水辺の生活体系は，湿潤期のピークの通りすぎた，前5000年をすぎると，地域的には崩れはじめる．前2000年までには，縮小してしまった湖や河川の近くなどで局地的に残っているだけになった．この後退は，およそ，牧畜と農耕の発達と一致している．たぶん，水辺の人々の一部は，少しずつこの新しい食糧生産集団へと同化していったのであろう．野性からの長い過程を経て，アフリカ・サヴァンナの栄養のある野性の樹木や草は，こういった安定した技術をもった水辺の人々によって開拓されてきたのかもしれない．

この最後の点は，不確かなものを残しているにしても，今明らかなことは，アフリカの農業は独自に発達し，他からもちこまれたものではない，ということである．特記すべきことは，歴史的に重要な穀物のほとんどは，西アフリカの森林地帯かサヴァンナ地帯において，アフリカの野性の植物から発達したものであるということである．サハラ地方の南のサヴァンナ地帯では，何種かの草が，前5000年間のうちに，重要で生産性の高い穀物に改良されていった．こうした穀物の中で最も重要なものは，モロコシ（ギニアコーン）で，この発生地は，チャド湖とナイル川上流の間の地域である．「キビ類」のうち，シコクビエ（フィンガー・ミレット）は東アフリカの高地が原産であり，トウジンビエ（ブルラッシュ・ミレット）は，西アフリカのサヴァンナとサーヘル地域が原産である．そして，ニジェル川上流の湖沼地帯のまわりでは，土着のコメが開発され，発達した．穀物はもともと，湿った森林地帯に適しているものではないが，そこでは，その代わりにアブラヤシが用いられたという考古学的証拠があり，これはおそらく適当な根茎植物とあわせて使われていたと思われる．昔から現在も変らず，ナイジェリアとガーナの主要作物であるヤムイモは，種のない穀物なので，考古学的に残ることはないため，今だにその起源ははっきりしない．

いくつかの作物は，サハラ周辺アフリカへは，遅れて紹介された．東や赤道アフリカの雨の多い地域にとくに重要なのはバナナである．バナナは後1000年ころ，インド洋周辺地域にひろまった．バナナはいったんアフリカに適応してしまうや，土壌や気候や目的や嗜好の多様性にあわせて，さまざまの変種をつくり出していった．最近の何世紀かの間にも新たに新大陸起源の作物が加わった．言うまでもなく，トウモロコシとキャッサヴァである．中近東の温帯性の穀物，コムギとオオムギは，北アフリカではもちろん主要な食料ものとなっており，エジプトでは前5000年ころから栽培されていた．それ以上南にいくことは，コムギ，オオムギの適応の限界であった．

ウシ，ヤギ，ヒツジは，北アフリカから伝播し，アフリカ・サヴァンナの重要な家畜となった（森林を開拓した農耕民もまたヤギを飼っていた）．これらの動物たちは，前5000年ごろから，早くも北アフリカで飼われており，気候が適しやすくなると，ナイル川や中央サハラの高地（そこでは，ウシが岩壁画に描かれている）へと領域をひろげていった．こうしたことは，牧畜民の，初期の定着した水辺の人々との接触を物語っている．乾燥した気候は，双方の経済組織に影響をおよぼした．かれらはおそくとも，前3000年には，サハラのウシを追って南下していった．前1000年には，ウシとヤギは西アフリカの森林地帯の境界や，東アフリカの高地で多く飼われていた．そのころ分布していたであろうウシやヤギの骨が，時代測定が行われた多くの遺跡でその考古学的証拠として確認されている．

こうして，前7000年ごろからずっと，漁撈牧畜などさまざまな型の農耕を基礎とする生産経済が，文化や人口の拡大にともなって開拓されてきた．こうした個々の発達というものは，いまだにある特定の民族や言語の集団にあてはめて考えられてはいないが，しかし，言語学者，人類学者，考古学者の共同の努力は，この研究に，いくらかの進歩を見出しつつある．明らかなことは，こうしたさまざまな経済的，文化的発達は，サハラ以南のアフリカにおける近代ネグロイド人種において形成されたということである．

それよりも古くから，おそらく中石器時代には，一般にアフリカの人々の間で，サハラの南と北アフリカを含めた地中海のコーカソイド人種とのちがいが顕著になっていた．もっと乾燥していた時代にはサハラ地方は，少なくとも相対的な意味あいにおいて，ひとつの障壁となっていた．アフリカというひとつのまとまりの中で，自然にまた分化がなされていった．ピグミー・サブタイプは，ザイール盆地の深い森の中で専門化された狩猟採集の生活に適応していったし，南アフリカとタンザニア北部までの東アフリカでは，ブッシュマノイドとして知られるサブタイプが，同様に狩猟採集の生活に適応していった．

サヴァンナの南の地域では，農耕と牧畜が浸透してゆくのは遅く，鉄器時代になってからであった．そこでは狩猟採集の生活が主で，それは数知れないキャンプ跡からうかがわれる．これらの多くは自然の洞窟であり，その洞窟には，よく狩りをする者たちが好んだ動物の絵が描かれている．エランド，シマウマ，ゾウなどで，写実的に美しく仕上げられている．数えきれないほどのこうした絵が南アフリカに見られ，中央タンザニアにもおそらくこれと関係のあるであろう一群の壁画がある（しかし，サハラ地方の狩猟民の岩壁美術は一般にそこのウシの絵より古く，おそらくは南のものとは無関係であろうと思われる）．こうした伝統は明らかに何千年も前からのものである．いわゆるブッシュマンは，今ではカラハリの半砂漠地帯に追いやられてはいるが，かつては東や南アフリカ一帯にひろがっていた狩猟民族の子孫である．現存のブッシュマンの共同体やかれらの言語であるコイサン語を研究することは，したがって新石器時代の生活様式や壁画美術の背後にある信仰の理解の重要な手がかりとなるであろう．しかし，こうした比較は完全ではない．現在のブッシュマンは半砂漠地帯に隔離され，最良の土地であるサヴァンナを，南へとひろがってきた鉄を使うバントゥ民に2000年以上もの間あけわたしているのだから．

紀元後5世紀間のアフリカの南部3分の1への初期バントゥ語族の拡大は，農耕経済と製鉄の技術をも，ともにそれまで知られていなかった土地へと広めることとなった．考古学的にいえば，この東部サヴァンナと南アフリカを結ぶ初期鉄器時代の移動は，特徴ある土器の形式とともに農耕的性格の住民の数多くの遺跡によって実証されている．反対に，赤道の北側の地域の大部分は，農耕と牧畜が比較してより古い．それは，鉄がはじめて現れた時に，こういった人の大きな移動をひき起こさなかったためである．このことは，農耕の効率をひきあげることとなった．それ以上に，すでにとても複雑な状況の中で——サハラ地方と赤道の間の地域の言語地図からもわかるように——すべての意味で，調整がうまくできなかったのである．

近年の考古学的調査によって，前600年くらいから300年には，鉄はヴィクトリア湖などの南でも，サヴァンナと樹林

一番上　南アルジェリアのタシリ・ン・アジェルのセファーにある洞窟の先史時代の壁画の前でトゥアレグがくつろいでいる．3.25mもある巨大な人物が，すがりつくような女性たちの中央に描かれている．サハラ地方の岩壁画にはいくつかの特徴的なスタイルが見られるが，いつのものなのかを判別することはむずかしい．

上　南アフリカ東部，ナタールのドラケンスバーグ山脈のカムバーグ洞窟には，仮面をした猟人が大カモシカを仕止めている場面が描かれている．大カモシカはよく精密に描かれる．ブッシュマン絵画のお気に入りの題材である．

地帯に大きくひろがっていた多くの集団によって，採掘され，製錬され，加工されていたことがわかってきた．中央ナイジェリア，大湖地方（とくにタンザニア北西部）と，ナイル川中流，この3つが代表的な地域である．前1000年の中ごろに，サハラ地方と赤道の間（また，いくらかそれを越えて）に，鉄に関する知識の急速な伝達があったことは，今では，明らかだとされている．

鉄の使用は，外からの刺激とはかかわりなくサハラ地方の南ではじまった，と主張する学者もいる．しかし新しい発見で，アフリカのものも地中海での鉄の起源と同時代までさかのぼれることがわかり，それによると2つの地域の発達はとくに技術の基本的類似という点で関連している可能性が大きくなってきた．中央サハラにおいては，北西アフリカのものとナイジェリアの初期の製錬炉とが似ているように見える．しかし，はじめからサハラ地方の南の製鉄技術と，生活，農耕，武器の目的の道具づくりは地中海のものとは個別に発達してきた．

このころには，現在も続いているような，いくつかのより広い民族的，言語的，文化的なアフリカ人の集団——たとえば，バントゥなど——を識別することが可能となっている．しかし，近世紀の個々の種族や近年のアフリカにおける有名な王国もまだ出現していない．この鉄器時代初期について，いくつかの例をあげるとすれば，とくに代表的なものでは前1世紀と後1世紀の間栄えたナイル川中流のクシュ王朝がある．

鉄器時代初期には，サハラを横断したり紅海，インド洋を航海して広く世界と接触していたにもかかわらず，ここ1000年あまりそれ以上の商業的，文化的接触の進展は起こらなかった．しかし，そうかといって，通商がアフリカにおいて以前から知られていなかったということにはならない．必需品の地域内での交易の起源は，十分に古いものであった．（また，それは貴重品の長距離交通の発達の前提条件として欠くことのできないものであった．）穀物や他の農産物，家畜や皮製品はアフリカ内や近隣の諸地域，とくに，異なる生態地域との境界で交易されてきた．工芸品は専門化し，通商の対象であった．中でも陶器や，とくに鉄製品は，それにあう土地に集中する傾向にあった．天然塩や精製塩の資源はアフリカ内陸部ではほとんどなく，そのため，値段が高い上に市場の場所によっては値段のちがいが大きく，一般的にいって交易のよい対象になった．

(J.E.G.S)

右 タンザニア西部のウヴィンザの鍛冶屋．木製の口のついた皮のふいごを使っている．ふいごは，鉄が加工できる温度にあげる炭火に上のパイプでつながっている．鉄の製錬はアフリカ中で行われている．

王国と帝国

　世界の他のあらゆる地域と同じように，アフリカでも人々は何千年もの昔から多かれ少なかれ自給自足的な政治共同体を組織してきた．およそ前4000年ころから彼らは王への忠誠を核とする中央集権的な政治単位を形成しはじめた．19世紀中ごろまで，大多数のアフリカ人は何らかの君主制の統治下にあった．しかし，王による行政体の確立を不可避の進歩，あるいは内部の目的論的必然とみなすことは注意を要する．多くの研究者はこの見方に反対している．20世紀にはいって，かなりたった後も現代のナイジェリアのイボ族やティブ族を含んだ何百万人もの人々が，王も継続的な行政もないままにゆるやかに組織された政治組織内にいることを選んだままだった．

　もし人々が新しい行政体を政治的に再組織するならば，そこにはまず最初に組織化への刺激がなければならない．最も古いアフリカの王国エジプトは，ナイル川デルタの支配を通じて成長した．年ごとの洪水を予測し統御するには，一人の支配者の統制下におかれた土地と住民の厳密な組織化が必要とされる．前4000年代の終りごろから前332年のギリシアによる征服まで，エジプトは空位期間を含みながら一連の王たちの支配下に統一され，君主制の栄光を伝えるすばらしい建造物，壁画，彫刻等の遺産を子孫たちに残した．

　ナイル川のはるか上流ではクシュ王国が興った．時代によってはエジプトの一地方でもあったが，それ自身固有の文化をもったものとして発展した．前8世紀にクシュの王たちはエジプトを征服し80年間にわたって支配した．これは，最終的にはメロエを首都として熱帯の産物と鉄資源の開発により富んだ別の王国として生きながらえた．様式としてはエジプトに由来するが，顕著なメロエ様式でできた寺院，埋葬のためのピラミッド，宮殿が建てられた．メロエ文字はエジプト象形文字とはまったく異なったものとして発達した．後4世紀にこれは滅びる．おそらくコンスタンティノープルからの伝道でキリスト教に改宗し，いくつかの独自の王国を近隣につくったヌビア人によって滅ぼされたものであろう．

　他の地中海アフリカでの王制の組織化の刺激は外部からのものである．フェニキア人はカルタゴ共和国をつくり近隣のアフリカ人を刺激し，対抗する内陸の王国ヌミディア（およそ現在のアルジェリア）とモーリタニア（およそ現在のモロッコ）をつくらせた．ヌミディアはカルタゴを壊滅させるためローマ人と同盟を結んだ．最終的には両王国ともローマ帝国に併合される．またローマは海岸部のトリポリタニアやキレナイカ（ギリシアの植民地）などを併合したが，現在では砂漠となっている後背地のアフリカ人王国ガラマは独立を維持した．

　7世紀に地中海アフリカ全域はイスラム教徒のアラブ人によって征服された．アラブ人と同様に，リネージ（ある種の親族集団）に基礎をおいた砂漠の民ベルベル人は，アラブ支配下でイスラム教を取り入れながらもアラブの統治に反抗した．9世紀にはベルベルのファーティマ家が政治的独立を強化し，エジプトを越えシリア，アラビアにひろがる征服王国をつくった．このアフリカ人の帝国の時代にはファーティマ王朝の首都カイロには，970年頃に建立された高度なイスラム学の中心，アル・アズハルを含め多くの美しい宮殿やモスクが建てられた．12世紀にトルコ人支配者がファーティマ家をエジプトから追放した．それ以降，(1453年以後はコンスタンティノープルを中心として)トルコの行政府が20世紀に至るまでエジプトに対して主権を保ち続けた．

　マグレブではベルベル人の支配が続いた．2つの成功したイスラム教改革運動（ヨーロッパ人にはアルモラヴィドとアルモハッドとして知られている）が北はスペインにまでひろがった．しかし13世紀までにその帝国は崩壊し，たがいに争い合う小国に解体された．16世紀にはほとんどの地中海沿岸はトルコ帝国の一部となっていた．けれどもモロッコは独自のイスラム教徒の支配下に独立を保った．

　交易が時として君主政体の創立に刺激を与えることがある．エチオピア高原の北東端にあったアクスム王国は，隣接する紅海の港アドゥリスの支配によってインド洋諸国との交易を行ない，その富でアラビア半島南部の住民に権勢をふるった．その王たちは地下の王墓から突き抜けて30メートルにも達する石柱に，彼らの栄光をとどめている．4世紀中頃，王エザナはキリスト教に改宗した．しかし，イスラム教の勃興にともないアクスムはイスラム支配者たちによって海岸部の支配を失った．アクスムは高原北西部のアムハラを中心と

アフリカの諸王国
ゆるやかな構造の政治組織にとどまっていた人々が常にいたにもかかわらず，一方ではいつの時代にも王国と帝国はアフリカの広範囲をおおっていた．そのほとんどはアフリカ起源のものであった．ただ地中海沿岸に沿っては，ローマ人やアラブ人が侵入し，東アフリカの都市国家では外部の政治的影響が大きかった．それ以外の地では原住民による政治体系が発展し，その体系はそれぞれ異なった民族の社会・経済組織を反映している．とくに19世紀初頭は，強力な支配者が大陸全域で民族国家をつくる広範な国家建設の時代で，この過程はその世紀最後の10年間に，ヨーロッパによる征服によって挫折した．

縮尺 1 : 54 000 000

0　　1500km
0　1000mi

王国と帝国

紀元1世紀のはじめごろまでエチオピア王国の祖であるアクスムは強大な交易国家であった．その王たちは，ときに30メートル以上になるような高く，側面が平らな石碑を建てた．かつては100本以上がアクスムにあったが，現在ではただ1本だけがのこっている．

し，山岳王国エチオピアとして内陸で発展した．エチオピア教会はアレクサンドリアのコプト教会のキリスト単性説の信仰に従うが，固有の典礼語ゲエズと独自の祭儀をもっていた．とりわけ13世紀のソロモン王朝の継承後は，王制と密接に結びつき統治手段として利用された．王たちは教会に荘地を与え，教会や僧院が急増した．

交易は西アフリカでは組織化の刺激となり，王国は市場から育ったのである．サハラを横断する交易は後3世紀頃ラクダが導入されて大いにさかんになった．ニジェル川，セネガル川，ヴォルタ川の源流周辺の森林地方で採取された金は，砂漠の縁の草原地帯（サーヘル地方）のマーケットセンターまで運ばれ，そこからラクダにより北アフリカへ運ばれた．そのほとんどは最終的にヨーロッパへ運ばれた．ヨーロッパはアメリカの資源を利用できるようになるまで西アフリカの金に頼っていたのである．都市のマーケットセンターを支配した者は，商人，仲買人から関税やその他もろもろの税を徴収することができ，リネージに組織された周辺の農民や牧畜民からは余剰生産物を取得することが可能となり，自らを王へと転化させていった．

サーヘルの王国のあるものは交易都市を支配するために南下したベルベル人や他の砂漠の民族によって築かれ，またいくつかの王国は武力や教化により勢力を得た土着の個人や集団によって築かれた．スーダン西部の初期の王国中，最大のガーナはすでに8世紀には繁栄していた．そのソニンケ王と彼の豊かな宮廷は金，銅，塩の国外交易と支配下の農業人口によって支えられていた．

北アフリカの商人はイスラム教を西スーダンにもたらした．商人のほとんどはイスラムに改宗したが，住民の大部分は固有の宗教を保持していた．実際20世紀までイスラム教徒は西アフリカでは少数派であった．そのためイスラム教に改宗したどんな王も住民の忠誠を維持するため土着の儀礼をとり行わねばならなかった．はるかに西方のトゥクルールの王が，最も早く11世紀にイスラム教に改宗したと信じられている．13世紀に西スーダンの最も有力な王国としてガーナを継いだマリ王国でも，王たちはイスラム教徒になった．何人かはメッカへの巡礼を行い，その中でマンサ・ムサなどは，行く先々で金の贈り物を目を見はらせる気前のよさで惜しみなく与え，エジプトの金価格を暴落させた．15世紀後期に，マリの支配権はソンガイ王国にとってかわられ，1591年にモロッコの侵入で倒されるまで続いた．

スーダン中央部からの交易は，はるか北東のトリポリ，エジプトまでひろがっていた．チャド湖南のカネム王国（後のボルヌ）はサイファワ王朝によって8，9世紀頃に築かれ1846年まで続いた．その東ではケイラ王朝がダルフル王国を

大ジンバブウェ

ザンベジ川周辺の金の埋蔵地帯に，後7世紀ごろから王国が出現したことが王墓の遺跡の発見によって明らかとなった．その東部地域（現在のジンバブウェ）とモザンビークでは，諸王のために石造りの壁，すなわちジンバブウェが建設された．今日数百の遺跡が現存するが，最も壮観な遺跡は，ショナの人びとが建設した大ジンバブウェとして知られている王宮である．この建設工事は，約400年以上にわたって行われ，11世紀初頭にはじまり，15世紀初頭に頂点に達した．そののち，王はこの地を立ち去った．なぜこの遺跡が放棄されたのかは，はっきりしない．遺跡をとりまく土地がやせ衰え，もはや宮廷を維持できなくなったためであると思われる．牧畜がかれらの主要な生活手段であることにより，土地が放牧のために使用されすぎて荒廃したのかもしれない．大ジンバブウェは，もはや王宮ではなくなっていたが，19世紀にいたるまで宗教上の重要な聖地となっていた．大ジンバブウェは，謎につつまれたアジア人ないしはヨーロッパ人の移住者によって建設されたものであるという，金鉱目当てのヨーロッパ人たちがひろめた言い伝えにもかかわらず，考古学者は，大ジンバブウェとそのほかのジンバブウェが，アフリカ人による建築物である，という結論を下した． (C. F.)

左　楕円形の建物は長さ250 m以上の外壁によって囲まれている．この建物は先細に建てられており，その基部の厚さは最も幅の広いところで5 m，そして高さは9.75 mである．これと平行して，ここに見られるような狭い舗装された通路にへだてられて，初期の小規模な，技術的にもより未熟な壁がつづいている．

下　大ジンバブウェは，外壁をともなう円錐形の塔を中心に建造されており，この塔は大ジンバブウェの末期に建てられたものであることを示している．これは石を塔状に積みあげることによって築かれた．かつては装飾を施した1本石の柱が前庭に並び，そのうちの数本には鳥の彫像がのせられていた．

左端　大ジンバブウェ遺跡にそびえる巨大な楕円形の建物は王宮である．これは15世紀以降のものとみられる壮観な建造物，つまり高くそびえる外壁と円錐形の塔を含んでいる．手前には15世紀以前にさかのぼるとみられる建造物の遺跡がある．

左　大ジンバブウェ遺跡はかつて大きな花こう岩の丸石でおおわれていた．いくらかの丸石は，そのまま建築物に組み入れられ，またいくらかは切り出して利用された．後者のばあい，花こう岩の丸石は直方体に切り出され，すなわち丸石を火で熱したのち水で冷やし，建築用ブロック用に割ったのである．

築いた．さらに東のナイル河谷では14世紀にイスラム教徒の支配者たちがヌビアのキリスト教徒の王たちにとってかわった．後にかれらはナイル河をさかのぼってきたフンジたちによって征服され，イスラム教に改宗したフンジはシンナル王国を築いた．このようにして，イスラム教徒の王は，リネージに組織された非イスラム教徒を制圧し，スーダンとナイルから大西洋にいたる堅固で横断的な一連の王国を築いたのである．

ニジェル川下流の草原や森林地帯でもマーケットセンターから都市が興ってきた．ハウサ人の諸王国は交易を通じて発達し，カツィナやカノは商業だけでなく，（輸出向けの布織物や皮細工の）産業を通じて成長した．その南にはヨルバ人の諸王国があったが，そのうち北部の草原地帯にあったオヨが他を圧倒するようになった．海岸の近くにはベニンがあった．森林の諸王国はすでにずっと北のいわゆるノク人の間で発達してきた洗練された彫刻の伝統をもっていた．そしてとくにイフェやベニンでは宮廷美術の新しく豊かな様式が創りだされていた．ニジェル川対岸のイボ・ウクウでは精緻な彫刻などが副葬された，王墓や王族の埋葬物が発見されている．

前1千年の終りごろから，バントゥ語の一種を話し，鉄を使用する人々がチャド湖とベヌエ川の間にある草原地帯の故郷から移住をはじめた．かれらは侵略的な集団としてではなく，小集団でその土地の狩猟採集民や牧畜民の間に徐々に移住しはじめた．最終的にかれらは赤道以南のアフリカのほとんどに住みつくことになった．ザイール川やザンベジ川上流の鉱物資源に恵まれた土地に定着した人々は金，銅，鉄資源を採掘した．銅は（西アフリカのように）海外に輸出され，ザンベジ川を下りソファラまで運ばれてインド洋交易に組み込まれた．その交換物として中国の磁器やその他の東洋の製品が輸入された．ここでも王国は，交易と天然資源，とくにウシの支配を通じて成長した．ザンベジ川下流ではショナ人が王のために巨大な石造建築物を造りあげた．その最も有名なのが大ジンバブウェである．より内陸部でもルング，ルバ，ベンバ人もまた王国を築いた．

東アフリカ沿岸には，アラブ人やアジア人たちがバントゥ系の住民と交易をするためにやってきた．その交易の中心地はモガディショ，モンバサ，キルワを含む30の都市国家へ発展した．それぞれは個々の支配者の下にあって南からの金貿易の支配権をめぐって争っていた．これらは政治的に独立していながらも，同一の宗教であるイスラムとスワヒリ語，バントゥとアラブの要素の混合であり，アフロアラブの住民の間で発達した文化を共有する．りっぱなモスクや宮殿が，その土地から切り出されたサンゴによって独特な様式で建てられた．

大湖地方周辺での王国がどのような刺激によって生まれたかは明らかでない．しかし国家建設は移住してきた牧畜民が土着の農民と結び合った時期にはじまったようである．複合農業はよりよい食糧生産を産みだし大規模な人口を支えた．いくつかの王国はルオのようなナイル川上流からの移住者によって築かれた．古い世代の歴史学者たちはこれら王国のすべてをナイロート系牧畜民の征服に由来するものと考えた．しかしすべての王国（ブニョロ，ブガンダ，ンコレ，ルワンダ，ブルンディを含む）で支配クランが外来の起源を主張し，家畜の支配に基礎をおいて従属するクランを支配していたとはいえ，かれらが共通の起源をもち，ひとつに結びついた征服集団を形成していたとする根拠はない．大湖地方の東側では，人々はゆるやかな構造をもった政治組織を保持していた．

統治形態としては大きく異なるが，古代エジプトを例外として，これらのアフリカの王国は一般に立憲君主制であったという．聖と俗が厳密に区別されていないどんな社会でも（これらの王国でも厳密に区別されていないが），神的権威を主張しようとする場合，神性には制度的垣根を設けられる．王の権力は承認された政治統御によって制限をうける．これらの統御は王たちが廃止した非位階的な形態の残存物によるのである．王が死んだ時の継承争いは自動的な長子相続がもたらすような世襲の権力の集積を妨げる．富は慣習的に再分配され，王や臣民による資本の形成を妨げる．通常は男子が支配したが，いくつかの王国では王母が承認された権力をもっていた．

ヨーロッパ人との交易の直接的接触は15世紀ごろはじまり，次第に西アフリカは拡張するヨーロッパ資本主義の圏内に引き込まれた．アフリカは成長しつつあるヨーロッパの工業の市場となり，原料と労働力（奴隷は大西洋を越えて輸送された）の供給地となった．しかし，たいていの地域では，政治構造に影響を受けることはなかった．ヨーロッパ人は侵略者としてではなく，商人としてやってきて，交易所に対して主権をもつアフリカ人の支配者たちに関税や貸借料を支払った．いくつかの王国，とくにアサンテとダホメは奴隷貿易を通じてより強大となった．

南部アフリカにおいてのみ，ポルトガルは小さな植民地を確立した．アンゴラ海岸部では1世紀にもおよぶ戦いの後，ムブンドゥ王国を破壊し，内陸のコンゴ王国をひどく弱体化させた．またより小規模だがモザンビークの海岸部にも植民地を確保した．またポルトガル人は17世紀にオマーンのスルタンたちにとってかわられるまで，東アフリカのスワヒリ都市国家を支配した．

最南部の喜望峰周辺では，降雨パターンがバントゥ語を話す人々の農業に適せず，牛を飼育するコイコイ（ホッテントット）の小規模でゆるやかに組織された首長国が存在していた．1652年にオランダ東インド会社がかれらの間に交易所を設けた．最終的には説得，次には武力でヨーロッパ人の植民者たちは（かれらは自分たちのことをアフリカーナーとよぶようになる），コイコイを征服下においた．

18, 19世紀には西スーダンで政治的変革が見られる．多くの厳格なイスラム教徒は，非イスラム的な祭儀を黙認するばかりか自らもそれを執り行う名ばかりのイスラム政府に憤慨していた．1725年に全面的なジハッド（聖戦）がフタ・ジャロンの高地の王国で，政治的不満を抱いていた非イスラム教徒の支持を得て，イスラム学者や商人たちの集団によってはじめられた．かれらの成功は，一連のジハッドを西スーダンの全域にひきおこしたが，その最も有名なものは北ナイジェリアのハウサの地で1804年に開始されたウスマン・ダン・フォディオのものと，1860年代初期に起きたセグ（ニジェル川上流）のエル・ハジ・ウマルのものである．古い王国は，外見上シャリア（イスラム法）によって統治されるイスラム国家にかわられた．しかしシャリアを厳格に強制することはできなかった．

ヨルバの間ではオヨ王国が倒れ，1820年代からはヨルバの国家がたがいに覇権を得ようとして戦いはじめた．ハウサランドから助けによばれたジハッドの指導者は，ヨルバランドの北部をかれら自身で占領してしまった．「コーランを海水に浸す」と言った彼らの南方への進出は森林地帯の端でさえぎられた．一方ヨルバの内戦はその世紀の終りまでほとんどやむことなく続いた．

王国と帝国

イスラム教徒の指導者たちのある者は，ジハッドの美辞麗句を個人的な帝国建設のため用いた．このような指導者には，1870年代と80年代にニジェル川上流の広大な地域を征服したサモリ・トゥーレや，中央部スーダン，ダルフールの南西に勢力を築き，1846年にあるイスラム教徒の指導者が古代のサイファワ王朝にとってかわっていたボルヌを1893年に征服したラビーがいる．スーダン東部にはまた別な指導者，ムハマドゥ・アフマドゥがいる．かれは1881年に自分自身をマハディと名乗り，死後カリファ，アブダラヒに継承される広大な国家を征服した．このようにして19世紀の最後の10年間には，ナイル川から大西洋までのスーダンのほとんど全体がそのころ成立したダイナミックなイスラム教徒の政府によって統治された．

トルコ帝国の名目上の一部であるエジプトでは，19世紀前期にアルバニア人の行政官であるムハンマド・アリが，ヨーロッパの世俗国家をモデルとして，実際には独立した国家の世襲支配者となってナイル上流へ勢力を拡大していった．エチオピアでは，17，18世紀の貴族間の闘争により中央権威がほとんど失墜していたが，19世紀初期に王位を簒奪したテウォドロスによって君主制の権力がよみがえった．彼の後継者たち，とりわけメネリクの治世の下にエチオピアは強力で攻撃的な国家となり，その境界は1902年に歴史的な王国の領土を越えて高原全域から海岸部の平原まで拡張された．

アフリカ南部では南東岸のリネージに基礎をおいたングニ人の社会が，19世紀初頭にズールー王国の軍事化された民族国家へ形を変えたことによって，根本的な政治変化の刺激が与えられることになった．非情な王シャカの下にズールー人は隣人を征服し，一連の苛酷な戦争（ムフェカネ）を開始した．このことは内陸の広い地域の人口減少を引きおこし，アフリカーナーたちの拡張に道を開いてしまった．これらの戦争から生み出されたソトの避難民たちは，老練な指導者モシェシェによってレソトの山岳王国へと組織された．インド洋沿岸の付近では，ソブフザの指揮下にスワジ王国が築かれた．西の方では，ツワナ王国が発展した．このように政治的パターンは変化し，民族への忠誠を基礎とする国家が，以前のリネージを基礎とする体系にとってかわった．

シャカ王国から移動してきた攻撃的な兵士たちは北へすんできた．ムジリカジの下にンデベレ族はリンポポ川を越えショナ族の間に落ち着いた．ンゴン族はズワンゲンダバの下に，故郷から1600 kmも離れて現代のタンザニア，マラウィ，ザンビアの人びとを支配下においた．このような大規模な軍事的侵略は，これまでの通例であった小規模の移動とはまったく異なる新しい出来事であった．

東アフリカの都市国家を支配していたオマーンのスルタン，サイッド・サイドは1840年にザンジバルをその首都とした．すでにニャムウェジの象牙商人たちによって内陸の交易網は拓かれていた．ザンジバルの商人たちは象牙の他に奴隷を入手していた，というのもザンジバルでは輸出用に丁字（ちょうじ）が栽培され，プランテーション経済が発達していたためである．ザンジバル出身の商人たちの小さな駐留地が内陸の通商ルートに沿って見られ，アフリカ人の供給者たちとの間に交易がなされていた．

進取的なアフリカ商人たちは拡大する経済を政治権力を得るために利用した．たとえばムシリは，ザイール盆地東部のルンダ地方に王国を築き，従属民を独裁者として統治した．いく人かのザンジバル商人，中でもティップ・ティブもまた支配者となった．新しい交易網はそれまで沿岸と結びつけられていなかった大湖地方の王国，中でも王が既存の憲法上の抑制を破って絶対的な支配を導入しようとしはじめていたブガンダにも開けた．ンゴニ人の侵略によって引きおこされた混乱も政治変化を刺激した．今日のタンザニア南部のフィパやヘヘは，より中央集権化した君主制へと再組織化を行った．

今日のウガンダにあるブニョロ王国はおそらく15世紀にできた大湖周辺の王国で最大のもののひとつである．ここではムカマ（ブニョロ王）は従者をつれ王印をつけている．この君主制は1966年に廃止された．

王国と帝国

このようにザイール川上流から東方の沿岸までの政治の忠誠や構造は変化していった．

19世紀の最後の10年間に，古い王国とクランに基礎をおいた社会は消えていった．固有な方向で組織化された新種の国家は，大陸を分割しつつあり，アフリカ内部から生み出されてきた政治過程はヨーロッパの圧力に負うところが少ない．この，すでに部分的に完成されたアフリカによるアフリカの分割は，ヨーロッパ人の分割よりも先んじていたのである．
(C. F.)

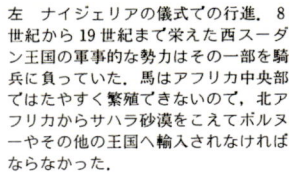

左 ナイジェリアの儀式での行進．8世紀から19世紀まで栄えた西スーダン王国の軍事的な勢力はその一部を騎兵に負っていた．馬はアフリカ中央部ではたやすく繁殖できないので，北アフリカからサハラ砂漠をこえてボルヌーやその他の王国へ輸入されなければならなかった．

左 ムハンマド・アリ(1769〜1849)はアルバニア生まれのトルコの役人だったが，カイロ住民の助力を受け1805年にエジプトで権力を握り，1952年まで統治した王朝を築いた．かれはナイル河上流に遠征軍を送り出し，現在のスーダン共和国となっている土地にエジプトの主権を確立した．

アサンテの儀礼的表章

　現在のガーナ共和国に属するアサンテの王国は，18世紀はじめに，アサンテヘネ（王），オセイ，トゥトゥのもとで強大になった．アサンテ族の力を強めるために，かれと，神官アノキエは，統治機構を改め，その機構のシンボルとして，思慮深く王の表章を用いた．かれの時代まで，王座を示すいすは，それぞれ個々の支配者を象徴するものであった．オセイ，トゥトゥは，これ黄金のいすにとりかえ，このいすが，アサンテの国を象徴して，天からかれの膝の上におりてきたものであるとした．かくして，支配者が死んでも，アサンテの国は，このいすとともに生き残って行くことになった．毎年，人びとは，この国のまつりであるヤム収穫祭オドゥウィラ（ヨーロッパ人にはヤム儀式と誤解された）のあとで集まり，そこで，生者と死者が結びついて行う清祓の儀式によって，アサンテの国は栄光を与えられ，人びとの国へのアイデンティティが強められる．この黄金のいすは，アサンテの軍によって敗れた敵将の，黄金のデスマスクがぶら下げられており，けっして地面に触れることなく，行進によってはこばれ，王の御座におかれる．王の力は，王と，かれに従属する首長たちによって着用され，使用される，かれらの政治的ステータスのシンボルとして考案された王の表章に，いっそう明示される．シンボリックな意味をもった金板の紋章が頭につけられた大きな傘によって，太陽の光からおおわれて，かれらは，金か金メッキされた装身具をいっぱい身につける．アサンテは，金鉱のある土地にあるのだから．かれらの金冠，胸板，腕輪，指輪，そしてサンダルさえも，シンボリックな意味をもった，洗練されたデザインでつくりあげられ，それらは富裕，威厳，超自然的権威の圧倒的な意味を示している．

(C. F.)

上　ひとりの首長が細い機(はた)で織られた独特のケンテ布をまとっている．細い切れは1枚の布にぬい合わされ，肩の上に投げかけて着られる．王族と首長たちのみに着られる模様のついた特殊なタイプの絹の布がある．

右上　アサンテの王座は背もたれのない腰かけの形をしている．何人かの首長はここに示されたような背もたれのある椅子，アシピムをもつ．これはおそらくヨーロッパの商人が使っていた椅子から複製されたのだろう．木部は，真鍮の釘でふちどられている．

右　高位の首長たちが金の柄の国事用の剣をもち，傘に護られて1970年のアサンテヘネ，サー・アギェマン・プレムペ2世の死を弔っている．1935年に即位したプレムペ2世は英国支配の最初の10年間に押さえつけられていた君主制を復活させ，その儀式にいくばくかの過去の栄光をとりもどした．

右端　アサンタヘネの葬儀の際に太鼓と木のゴングをもった楽士たち．王の葬式はアサンタヘネの死後，丸1年以上にまたがりあらゆる人を巻きこんだ．

左端：妻と従者を従えた首長たちが，儀式の傘に護られ外側の茶色い角笛をもった楽師につきそわれてアサンタヘネを待っている．前方の首長は独特のケンテ布，金の柄の国事用の剣，金の腕棒，精巧な金の指輪をつけている．

左　アサンタヘネにつきそっている首長たちは，金メッキされた儀礼用の頭飾りをつけている．

下　アサンタヘネの国家の儀式で，楽師たちが外側の茶色い象牙の角笛を吹いている．おのおのの首長は専用の角笛吹きをもち，特別な任務を実行する．角笛吹きはその首長を認めさせ，人々にその存在を注意させる独特な調べで笛を鳴らす．いろいろなタイプの笛はそれぞれの名称をもっている．

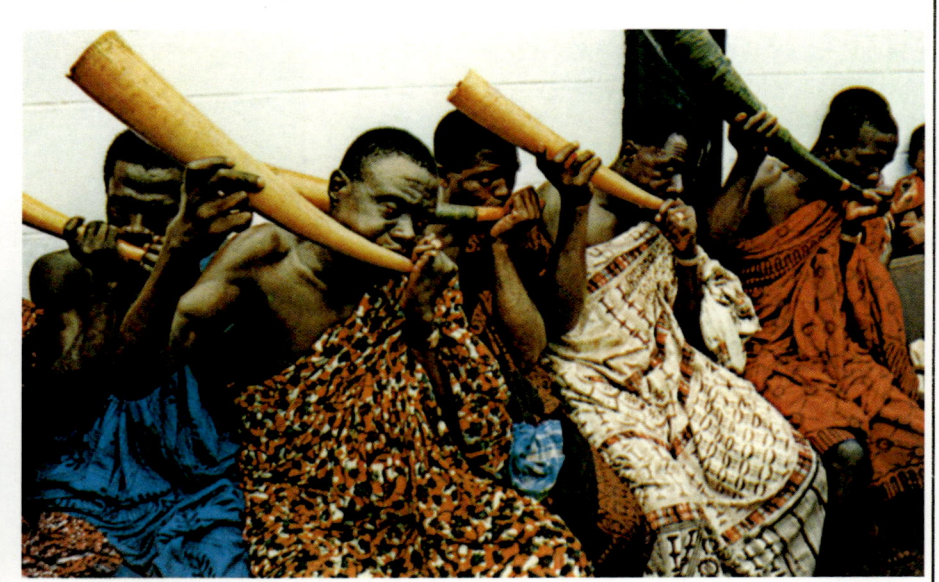

アフリカにおけるヨーロッパ

　19世紀の最後の20年間に，アフリカのほぼ全域が急速にヨーロッパの政治的支配のもとに組みこまれた．そして，つくりあげられた植民地や保護領は，ほとんどそのまま現代アフリカの諸独立国になった．しかし，ヨーロッパとアフリカの相互関係は，ずっとそれ以前にさかのぼる歴史をもっているし，現代アフリカは植民地時代におけると同様に，この初期のさまざまの接触を通じてつくりあげられたのである．もちろん，植民地統治の最盛期においてさえも，ヨーロッパとの接触の歴史とアフリカ諸国の創出が，現代アフリカの歴史のすべてを物語っているわけではない．アフリカの人びとは，ずっと社会生活の組織化，神への信仰，文化的価値の主張において，独自の方法を維持しつづけてきた．アフリカ人が政治的，経済的分野において，まったくイニシアティヴを取る能力に欠けていたのでもない．

　ヘンリー（エンリケ）航海王子の主導によって15世紀にはじまった大航海は，アフリカの西側の諸社会との間に対等なベースでの接触をもたらしたことはたしかである．ベニン湾曲部にいたる西アフリカ沿岸部においては，ポルトガル人や他のヨーロッパ人商人達がアフリカ人統治者の借地人としての役割をうけ入れた．しかし，そのより南部，東部への伸張においては，たとえば1593年に強大なフォートジェサスの軍砦がモンバサに建設されたことに示されるように，ポルトガルは力で支配することを試みた．それにはいくつかの理由がある．まずエチオピアの古いキリスト教王国をカトリック協会に包括させようという試みが1540年代に行われ，周囲のイスラム教徒との間に苦い戦争をもたらした．イスラム教徒たちは，イスラム教のみならずインド洋交易網におけるアラブ優位を守ろうとしたのである．軍事的覇権は，いかなる経済的利益にも優先するものとみなされた．最大の戦利品は，ソファラ，キルクの金の交易であったが，ポルトガルは沿岸の出口を抑えることが供給の何の保証にもならないことをすぐに思い知らされた．そこで，内陸のザンベジ河谷と，金を産出するモノモタパの王国を支配するために遠征隊が差し向けられた．

　西アフリカでの主要な経済的獲物は奴隷であった．ポルトガルはすぐに，かれらが交易相手にしているアフリカ人によって提供されるもの以上の要求をもち出した．これがたとえば，ヨーロッパ人とコンゴ王国との間の初期の友好的関係をぶちこわした大きな理由であった．ポルトガルは人口も少なく，機略にも欠けていたが，アフリカ人に対する技術的，組織的な優位性を保っていた．しかしそれは，疾病や交通手段の困難のために負担がかかりすぎた．ポルトガルのギニア湾沿岸部での優位は，沿岸部に沿っておびただしい数の交易所や砦をつくってきた活動的なオランダ，フランス，イギリスの競争者によって17世紀中期にくつがえされた．東アフリカでは，アラブ勢力が息を吹きかえし，1699年にはオマーンからの冒険的商人たちによってモンバサが奪回された．アンゴラ，モザンビークでは，アフリカ人自身が一体となってポルトガルに対抗し，さまざまに現れる政治的闘争への対処に明けくれることを余儀なくさせた．マタンバのンジンガ女王

上　アフリカの芸術的伝統はしばしば新しい植民地的情況への批判を示している．このザイールからの木彫職人は，1920年代のおかかえ運転手つきのベルギー人の役人を戯画的に性格づけている．

左　17世紀のポルトガル兵士によってフォートジェサスのセントマチウス城砦の砲座に書かれた，壁をけずって書いた落書きのひとつ．おそらくこの芸術家は，1698〜99年のオマーン人による長い包囲の間に，海からの援軍を期待しつつこれを書いたのだろう．

右　ヨーロッパの築城学の最新の一例．モンバサのフォートジェサスは，1593〜96年にポルトガルが東アフリカ沿岸を支配するためにつくられた．難攻不落とされたが1699年に兵糧攻めで落城した．

アフリカにおけるヨーロッパ

のような支配者が，ヨーロッパ人と妥協してつづけた独立と事業からもわかるように，それを阻害するパターンもあったにちがいないが，熱帯アフリカでの政治的成功の主要な獲物のひとつはヨーロッパの産品であった．その価格は高かったとはいえ，その見返りとして提供された代価が奴隷とか，鉄，金など全く加工を要しない素材であることを考えたら必ずしも高価ではなかったといえよう．

1800年には，奴隷交易はまったく大きな企業になっていった．今や，ヨーロッパとアフリカのすべての交易の大半はポルトガルより策略に富む，強力なグループの手ににぎられた．しかし，そのパターンは同じであった．ヨーロッパ人は大陸の辺縁に陣どり，内陸部の政治的イニシアティヴは，疑いもなくアフリカ人の手中にあった．かれらが気づいていたかどうかは別にして，かれらとその大勢の仲間たちは，大西洋地域やヨーロッパを中心にするヨーロッパ人資本家が組織する，そして副次的には，インド洋地域での東洋の資本家たちによる需要に依存する生活形態をもっていた．

1800年ごろからヨーロッパ人がより深く介在する徴候が見えてきた．この徴候は，地理学的探検，布教活動，商業活動，探鉱，ヨーロッパ人の入植，政府による介入の増大などを含んでいる．粗っぽいいい方をすれば，この展開はヨーロッパの産業革命による生産物や，それに伴う政治的，思想的変化によってアフリカに対する世界市場がもち出す要求の性格が変ってきたことで説明できるであろう．同じく粗っぽい言い方だが，この新しい展開の結果は，アフリカに対してより破壊的であったといえるだろう．この破滅は，ある歴史学者たちの判断によればまさにこの世紀の末に，アフリカ人たちは自らの環境，政治的運命に対する支配権を奪われたのである．ヨーロッパ人たちはアフリカを無秩序で，確立した政府が必要なところとみなしたし，これがかれらの領土的野心への口実となった．実際，ヨーロッパ人がもつアフリカへのイメージは後進的で，無秩序であるといったことで，これが19世紀から20世紀の人種的態度へ引きつがれた最も重要な遺産となったのである．

北アフリカでの新しいヨーロッパ人の活動の，最も劇的な表れは1798年のナポレオンのエジプト侵略である．フランス勢力はイギリスとトルコによって駆逐されたが，この侵略はエジプトをヨーロッパ人顧問と，ナイル河谷のより上流にエジプトの範囲をひろげるための作戦に一役噛んだ企業家との主導の下に近代化しようという試みのはじまりを意味していた．フランスもまた，北アフリカにおいて別の主要なヨーロッパ人のイニシアティヴをとった．つまり，些細な交易上の争いのあと，フランスは1830年にアルジェリアを侵略した．つづく40年の間に，多くの土地がコムギとブドウ栽培のための入植者たちによってとりあげられた．

これほど劇的ではないが，より長期間にわたりより重要なのは，西アフリカへのヨーロッパ人の動きであった．1760年代にエチオピアを探検したジェームス・ブルースがこの現象の最初の例であるが，基本的には1788年にロンドンでのアフリカ協会の創立によって科学的探検がはじまった．協会は，

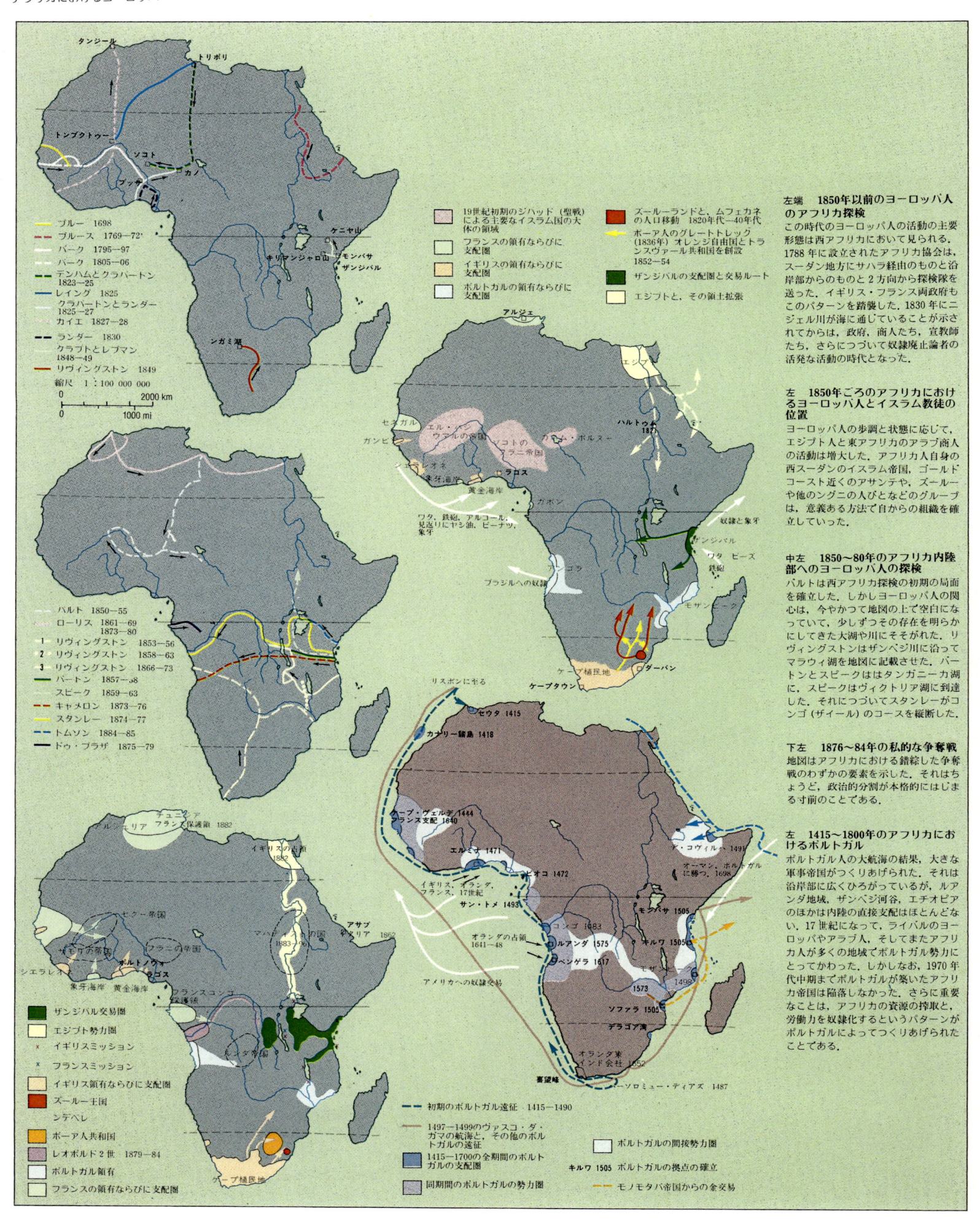

アフリカにおけるヨーロッパ

左端 1850年以前のヨーロッパ人のアフリカ探検

この時代のヨーロッパ人の活動の主要形態は西アフリカにおいて見られる。1788年に設立されたアフリカ協会は、スーダン地方にサハラ経由のものと沿岸部からのものと2方向から探検隊を送った。イギリス・フランス両政府もこのパターンを踏襲した。1830年にニジェール川が海に通じていることが示されてからは、政府、商人たち、宣教師たち、さらにつづいて奴隷廃止論者の活発な活動の時代となった。

左 1850年ごろのアフリカにおけるヨーロッパ人とイスラム教徒の位置

ヨーロッパ人の歩調と状態に応じて、エジプト人と東アフリカのアラブ商人の活動は増大した。アフリカ人自身の西スーダンのイスラム帝国、ゴールドコースト近くのアサンテや、ズールーや他のングニの人びとなどのグループは、意義ある方法で自からの組織を確立していった。

中左 1850〜80年のアフリカ内陸部へのヨーロッパ人の探検

バルトは西アフリカ探検の初期の局面を確立した。しかしヨーロッパ人の関心は、今やかつて地図の上で空白になっていて、少しずつその存在を明らかにしてきた大湖や川にそそがれた。リヴィングストンはザンベジ川に沿ってマラウィ湖を地図に記載させた。バートンとスピークはタンガニーカ湖に、スピークはヴィクトリア湖に到達した。それにつづいてスタンレーがコンゴ（ザイール）のコースを縦断した。

下左 1876〜84年の私的な争奪戦

地図はアフリカにおける錯綜した争奪戦のわずかな要素を示した。それはちょうど、政治的分割が本格的にはじまる寸前のことである。

左 1415〜1800年のアフリカにおけるポルトガル

ポルトガル人の大航海の結果、大きな軍事帝国がつくりあげられた。それは沿岸部に広くひろがっているが、ルアンダ地域、ザンベジ河谷、エチオピアのほかは内陸の直接支配はほとんどない。17世紀になって、ライバルのヨーロッパやアラブ人、そしてまたアフリカ人が多くの地域でポルトガル勢力にとってかわった。しかしなお、1970年代中期までポルトガルが築いたアフリカ帝国は陥落しなかった。さらに重要なことは、アフリカの資源の搾取と、労働力を奴隷化するというパターンがポルトガルによってつくりあげられたことである。

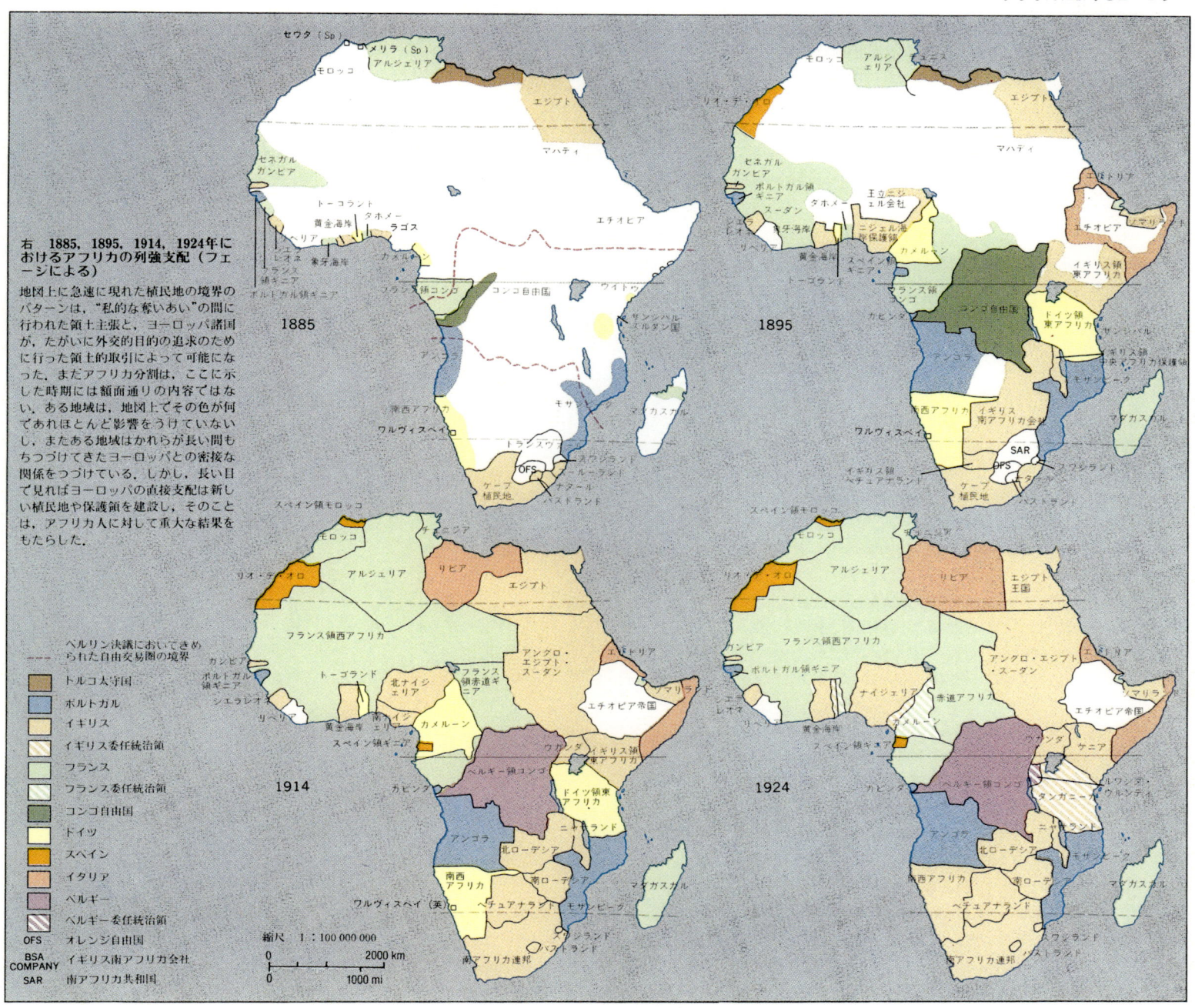

アフリカにおけるヨーロッパ

右 1885, 1895, 1914, 1924年におけるアフリカの列強支配（フェージによる）

地図上に急速に現れた植民地の境界のパターンは、"私的な奪いあい"の間に行われた領土主張と、ヨーロッパ諸国が、たがいに外交的目的の追求のために行った領土的取引によって可能になった。まだアフリカ分割は、ここに示した時期には額面通りの内容ではない。ある地域は、地図上でその色が何であれほとんど影響をうけていないし、またある地域はかれらが長い間もちつづけてきたヨーロッパとの密接な関係をつづけている。しかし、長い目で見ればヨーロッパの直接支配は新しい植民地や保護領を建設し、そのことは、アフリカ人に対して重大な結果をもたらした。

ベルリン決議においてきめられた自由交易圏の境界
- トルコ太守国
- ポルトガル
- イギリス
- イギリス委任統治領
- フランス
- フランス委任統治領
- コンゴ自由国
- ドイツ
- スペイン
- イタリア
- ベルギー
- ベルギー委任統治領

OFS オレンジ自由国
BSA COMPANY イギリス南アフリカ会社
SAR 南アフリカ共和国

縮尺 1:100 000 000

アフリカに対するヨーロッパ人の無智は"現代人の恥辱"であると信じた。のちには1821年に設立されたパリ地理学会や、1830年の王立地理学会がこの恥辱を取り去るこころみを続けた。もちろん正確な地図をつくりたいとか、正確な植物学や民族誌学の知見を得たいという願望は、それ自身産業革命時代のひとつの特性であった。より実際的なレベルでは、増えつづけてきたヨーロッパの富がこのような科学的探検を財政的に可能にしたのであるし、もっと長い目でみれば、これはいずれもとがとれそうにみえるものであった。たとえば、ニジェル川がどこを流れ、どこに注ぐかは当時の地理学上の大問題であったが、1830年にリチャード、ランダーが、この川がギニア湾に注いでいることを証明すると、すぐにこの川に蒸汽船を浮かべて内陸部へ進出する手段にしようという試みがつづいたのである。

もし科学的な研究が新しいヨーロッパの関心のひとつの表れであるとすれば、神の福音を海外にまでひろげ展開しようという確信に満ちたこころみも、もうひとつの関心の表れであった。この福音伝道の復興運動の性格は、西アフリカにおける1806年以来の英国教会や、メソジスト教会、ドイツのバゼール・ブレーメン教会などの仕事ぶりによく現れている。これらのプロテスタント教会の物語は、反奴隷交易運動の発展を導いた道徳的態度の革新という大きな物語の一部をなしている。イギリスの奴隷制度廃止主義者たちは、1787年にシエラレオネで奴隷解放に踏み切り、さらにイギリス政府が1807年に奴隷制度廃止をきめ、他の国々もそれに同調するようにとの説得をはじめたときに、新しい時代がはじまった。教会活動は、"合法的商業"、教育などのキリスト教文明の導入によって奴隷交易による荒廃を償うための仁愛運動の主要な柱となった。疑いもなく、そこには偽善の要素があった。もし産業化したヨーロッパが、奴隷よりもヤシ油をより必要とするのなら、それは道徳性の変化ではなく変化する産業的必要の反映なのであるからである。しかし、西アフリカにおけるキリスト教徒の人道主義的呼びかけの熱情は、地域の様相を変えるのに力があった。

これを成しとげた経済的、人道主義的圧力の相互の割合がどんなものであれ、政府、とくにイギリスとフランスの政府

アフリカにおけるヨーロッパ

は，しだいに西アフリカ問題のなかに首をつっこんでいった．拠点にいる役人たちは，しだいに，内陸部に干渉する必要に目を向けはじめ，しばしば本国の慎重な態度に反して干渉をはじめるようになった．たとえばイギリスは，ゴールドコースト（現在のガーナ）において内陸のアサンテ勢力との葛藤に身を投じて確固とした地位を築いていった．フランスは内陸のイスラム王国との1850年代の一連の争いを通じてセネガル河谷地域でのイニシアティヴをとりはじめた．じっさいには，19世紀はじめには一連のイスラム改革のジハッド（聖戦）の結果，イスラム地域で政治的変革が起こり，エル・ハジ・ウマルや，ムハマドゥ・ベロなどがつくったイスラム帝国がいかなるヨーロッパの侵略にも十分対抗できるような力をもつにいたっていた．

東アフリカではこの時期，ヨーロッパ人の活動は比較的少なかった．多くのヨーロッパ人やアメリカ人の商人がやってきていたが，ヨーロッパ経済革命の衝撃はインドやアラブを通じて間接的に認識されていた．そこでザンジバルの商人たちは，アフリカの東海岸と内陸の間の象牙と奴隷の交易の支配権を奪取していた．当時はまだインド洋に対するイギリス，フランスの関心は経済的，戦略的事項だけであったが，ザンジバルそのものはしだいにイギリスの隷属国になっていった．

南アフリカについては，イギリス政府はより直接的な形で介入した．ケープタウンは1795年に占領され，戦略的理由から1815年までその占拠はつづいていたが，まもなくイギリスは後背地の問題に悩まされ，それへ介入するようになっていった．はじめオランダから入植し，のちにフランスのユグノー教徒たちによって補強された入植者たちは，しだいに自らを"アフリカーナー"であると考えるようになった．いわゆるボーア人とよばれるこれらの人びとは，牧畜民となってケープ州の外に土地を求めていた．この外側の土地は，イギリスがかつてアフリカーナーが支配し奴隷化していたコイコイの人びとの保護区として用意している土地であった．1830年代後半のグレート・トレックは，部分的に1835年にイギリス帝国が実施した奴隷制廃止に由来するものであった．しかしこの時代，トレッカーたちはコイコイよりもずっと強大なバントゥの人びとと遭遇することになった．ドラケンスバーグ山脈の東のバントゥの人びともまた，より広い土地を求めていた．最もその野心がはっきりしていたのは，1820年代のチャカ王のズールーの国においてであった．征服に伴うムフェカネ（衝突の意，人びとの激しい移動，四散を表す）とは別に，ボーア人のトレックもまた，そこに1850年代にオレンジ自由国とトランスヴァールの2つの共和国をつくった．アフリカ人とボーア人の争いは，そしてしばしば起こるイギリスの支配権をひろげようとする無益なこころみは，現代の南アフリカの根源的問題を形づくっている．敬虔ながら視野のせまいカルヴィン主義者であるボーア人は，イギリスの役人たち，兵士たち，そして伝道団に対抗して，そしてそれ以上にかれらをとりまく黒人たちに対抗して，かれらのアイデンティティを強く維持しようとしている．

この世紀の第3四半期は，とくにナイルの源流と東部，中央部アフリカ大湖群に焦点がしぼられた，アフリカの科学的探検の古典的時代であった．その動機は，その50年前にはじまった西アフリカでの探検と広い意味では同じであったが，ひとつの大きなちがいは，それがヨーロッパで大衆的な関心の的になっていたことである．そのなかで最も有名なエピソードは，スタンレーとリヴィングストンの出会いで，これは新聞の"スクープ"であった．"関心は，探検家の仕事の中の冒険ストーリー的な要素に限られるわけではない．アフリカの状況への判断が，ほとんどすべての面でヨーロッパの干渉が必要であることを示唆するのである．鉱物資源の形で存在する大きな経済的可能性や，想像上の土地の肥沃さにもかかわらず，アフリカ人の先天的無能さや，奴隷交易の結果起こった制約などが，その発展を不能にしているのだ．布教と教育の大きな機会がミッションには存在し，宣教師も商人たちも，探検家が発見した湖や川で，蒸気船を使うことによって，交通手段の難問をのりこえることができる．"さしせまった変化の他の徴候が現れた．ダイアモンドが1869年にキンバリーで，金が1885年にトランスヴァールのウィトウォーターランド地域で発見された．スエズ運河が1869年に開通した．エジプトが，1870年代中期に，ナイル川上流地域での支配権を確立し，西アフリカではフランスがそのセネガル植民地と内陸部とを結ぶ鉄道と水運を発展させるプロジェクトを開始した．

1876年にベルギー王レオポルド2世は，ブリュッセルでアフリカ探検者会議を招集し，そこで国際協会がアフリカの科学的探検を継続し，アフリカ発展の方策を検討することを提唱した．レオポルドのイニシアティヴの直接，間接の影響のもとで，アフリカに対する多くの計画が提起された．いくつかは賛成したが，大半のヨーロッパ諸国はなおアフリカについて責任をもつことに慎重であった．鉱山師，商人，伝道者の私的な競争が，公的な干渉を必要とするような条件をつくりあげていったのである．

上　ケープにすむ17世紀のオランダとフランスのユグノー教徒入植者の多くの子孫たちは，1770年〜1870年の間に北東へ移動して農牧のボーア人になった．イギリスの支配からのがれて約束された土地へおもむくその移動は，バントゥ諸族との間の重大な衝突をひき起こした．

下　人力による運搬は熱帯アフリカの内陸部において唯一の可能な運搬法であった．象牙に対する国際的需要が高まり，これら運搬人夫の"キャラバン"は数百キロにわたって，35キロ以上の荷物をもって行進した．このポーターの貧しい糧食と所有物は象牙に結びつけられている．

アフリカにおけるヨーロッパ

下 シレ川における 1859 年のマ・ロバート号．リヴィングストンはかれのザンベジ川探検の間に，アフリカでの奴隷による荷物運搬に代る手段として川や湖での蒸気船利用の実験を行った．

最下 異文化の出会い．スコットランドの探検家 J.A.グラントのスケッチによる．1861 年に，現在の北タンザニア・ウクリマ村でかれ自身も参加したダンスの光景．

上 ヨーロッパ人とアフリカの関心が衝突すると，ヨーロッパ人はその技術的優越にものを言わせた．1873 年にイギリスが西アフリカの黄金海岸において，イギリスとその同盟者の政治的，経済的関心を脅かしてきたアサンテ族を征服するときにもその手を使った．

下 ヘンリー・モートン・スタンレー（1841～1904）は，最も成果をあげた冷酷な探検家であった．1871 年にリヴィングストンを発見し，1874～77 年のナイル川とコンゴ川の問題を解決し，レオポルドのコンゴ自由国の創設，1880 年代のイギリスの上ナイル支配に力をつくした．解放奴隷の少年カルルは 1871 年にスタンレーの手に入り，アメリカとイギリスを訪れたものの，スタンレーの次の探検のときにおぼれ死んだ．

下右 ドイツ人ハインリッヒ・バルト博士（1821～65）は，イギリスが後援する 1850 年代の西アフリカ探検のリーダーであった．

最下 最も偉大なヨーロッパ人探検家，ディヴィド・リヴィングストン（1813～73）．1841～73 年の間ほとんど連続してアフリカで働いた．かれは紋切型の宣教師から科学的探検家に成長した．そして"キリスト教，商業，文明"が，アフリカの奴隷交易という"世界の傷"を直すということを提唱した．

ナイルの源流論争

　ナイル川の源流をめぐる問題は，冒険的な探検，知的論議，個人的競争などを通じて19世紀のヨーロッパを興奮させた．これはまた，発見に関する政治的，経済的な関わりあいへの関心でもあった．ナイルの問題は，中東アフリカに存在する大湖の輪郭を描く大事業であると同時に，プトレマイオスやヘロドトスの古典的叙述の中にその存在が述べられ，17世紀のポルトガル人がアラブの象牙商人の報告を聞かされて困惑させられた問題でもあった．"ひじかけ椅子にすわった"学者と実際の探検家が湖の存在を提示し，そこに蒸気船をうかべる可能性が商人や宣教師たちの興味を惹いた．1880年代に，偶然この源流がわかり，ナイルの源流地域にあたるウガンダが競争する帝国主義者たちの戦略的目標の焦点になった．

(R. C. B)

右下　青ナイルの源流において，1770年にジョージ3世の健康に乾盃するジェームス・ブルース．実は，もっと以前にペドロ・パエズと他のポルトガル人もまた，エチオピアの青ナイルの源流を訪れたのだが，その報告についてはほとんど知られていなかった．そこで，風変りなスコットランドの地主であるジェームス・ブルース(1730〜94)は，1770年11月4日にここに到達して，"自分がいかなる競争者ももたなかったトロフィ"を要求した．このロマンチックに表現された彫刻はかれの自慢をよく反映している．そのころ白ナイル源流発見の問題はまだ未解決であった．

下左　グラント描くところのウガンダ，リポン滝におけるナイル川の源流．そこには川がヴィクトリア湖の外へ流れ出ている場所が示されている．この滝は，いまは水力発電用ダムの流れのなかに水没している．

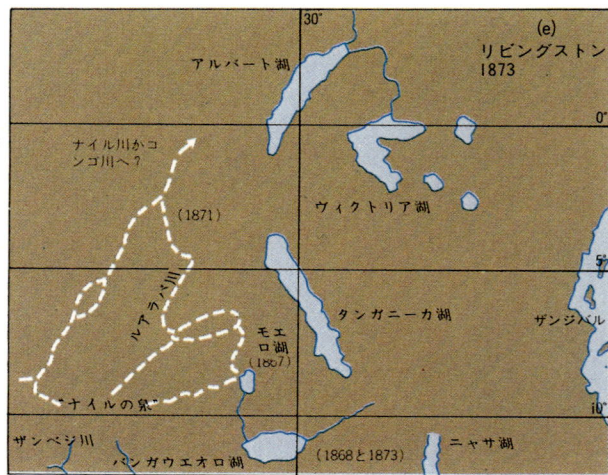

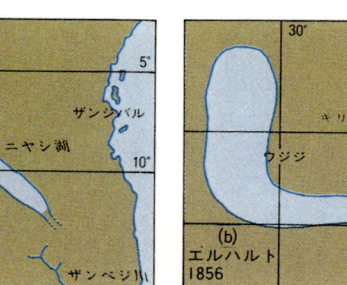

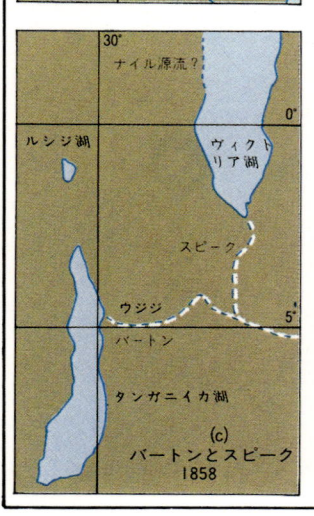

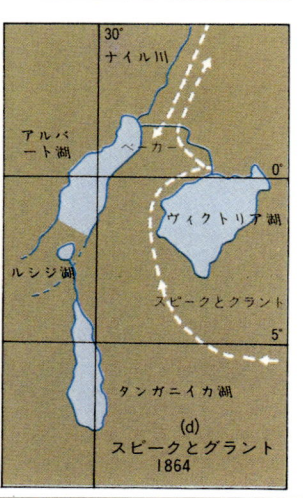

左，右下　1845〜73年のナイル川と大湖．理論地理学者のクーリーは，東アフリカで探検家がより多くの湖を発見しているのに湖はひとつしかないと主張した(地図a)．エルハルトは沿岸部で聞いた3つの湖を1つの湖にしてしまった(地図b)．王立地理学会はスピークとバートンを真実を確認するために派遣した．かれらはタンガニーカ湖に到達し，さらにスピークは単独でヴィクトリア湖の南岸に到達し，ここですぐにナイルの源流がこの湖であることを主張した(地図c)．1862年7月，スピークはグラントとともにリポン滝がヴィクトリア湖から流出するリポン滝を探査した．ベーカーはナイル川をさかのぼり，ナイル川流域システムの1つとしてアルバート湖に到達した．それに対してスピークの成果に妬みを抱くバートンとその同調者たちは，タンガニーカ湖もまたナイル川の源流たり得るとの巧妙な考えを示した(地図d)．スピークは銃の暴発事故のために死に，これに論駁することができなかった．この疑いはより南方にナイルの泉があると信ずるリヴィングストンを勇気づけ，かれはこれを証明することに命をささげた(地図e)．1875〜76年，スタンレーは最終的にスピークを弁護し，ブルースが1770年に主張しはじめた，この光栄あるきびしい議論に終止符を打った．

上　ジョン，ハニング，スピーク．かれは1862年7月に白ナイルの源流に到達した．

リチャード・バートン卿（1821～90）．アラビスト，言語学者，探検家．だが，すべての点において尊敬できるヴィクトリア時代人とはいえない．バートンは1858年，62年のスピークの発見を疑問視し，かれのかつての仲間だったスピークとのコミュニケーションを拒絶し，ナイル源流問題については終始議論の種をふりまいた．

ジェームス・A・グラント（1827～92）．1859～63年の探検のあいだ中ずっとスピークはグラントがナイル川の真の源流を訪れる機会を拒否した．しかしグラントは，スピークの地理学的主張を支持し，アフリカ問題についてのよく知られたエキスパートになった．

サミュエル・ベーカー卿（1821～93）．ナイル河谷をさかのぼり1864年3月アルバート湖に到達して，まだはっきりしていないスピークの発見を補強した．ベーカーは，後にナイルの源流がエジプトのヘーディヴ地区にあることを立証するために上ナイルにもどった．そしてこのことによって幸運を得るにいたった．

1884～85年のベルリン会議で列強が一堂に会したとき，その目的はアフリカを分割しようということよりも，こういう私的争いによって起こるかもしれない国際的摩擦を少なくしようということにあった．しかしながら，かれらがつくりあげたアフリカにおける国際的行為の基礎的ルールは，その後10年間のヨーロッパによる覇権の急速な強奪を妨げることはできなかった．必然的に，国籍を異にする私的なエージェンシーの間の利害の衝突も起こった．フランス　コミッティのために働くブラザと，国際協会のベルギー支部のために働くスタンレーは，ザイール川下流をとおって内陸へ至る入口のルートの支配をめぐって衝突した．数千人のイギリス人が鉱物資源の発見に気づいてトランスヴァールに群がった．苦い抗争がこれらのウィトランダースとボーア人住民の間で勃発した．ヨーロッパ人はまた，白人たちがより直接的影響力の増大を求めていたエジプトやザンジバルのスルタン国などの非ヨーロッパ政府と衝突したり，不本意な協力を行うこともあった．いっそう重要なことは，アフリカ人たちがこのような地位や影響力の奪いあいにまきこまれることであった．一部にはシエラレオネのクレオールのように，改宗した脱部族的なキリスト教徒たちもいるが，大半のアフリカ人は古来の政治構造を一部改めたり，あるいは19世紀の状況に遭遇して新しくつくりあげられた政治構造によるアフリカ人指導者のもとにあった．西アフリカのサモリや，東アフリカのミランボなどの人物がつくった国は，いまやヨーロッパのより確固たるイニシアティヴに抵抗しつづけた．ときにはイスラム教がヨーロッパ人への抵抗力を形づくった．このような例としては1880年にスーダンをエジプトから奪回したマフディストたちや，ニジェル川中流部のソコト帝国などがある．

もしアフリカの状況そのものが，ヨーロッパの文民支配の適用に反対するとしても，そこにはまた，アフリカを公的に併合するヨーロッパ側の理由というものがあった．まず，1876～93年の大不景気のなかにあって現れるライバルたちに対抗して，現在，あるいは未来の原料と市場を確保しておくことが大切であると考えられた．さらに，多くの地方のヨーロッパ人商人は，アフリカ人の政治的支配の伝統の中では，かれらの活動をこれ以上ひろげることはもはやできないと考えていたし，また，鉄道や電信などの近代的基礎構造や，ヨーロッパ人政府ないし，少くとも特許会社による政治的支配が必要であると思っていた．第2に，ヨーロッパ諸国の内政問題が，領土拡張主義的政策によってある程度緩和できるとみていることであった．第3には，国際競争の，とくに1871年以後のドイツの勃興がもたらした諸問題が，アフリカを巻きこんだのであった．

アフリカが分割されていったプロセスの詳細は，アフリカ的要因とヨーロッパ的要因の複雑なからみ合いを解きほぐすことによってのみ知ることができる．しかしながら，広い意味でいえば私的なコンゴ自由国をつくったレオポルドの野心が，イギリス，フランス，ポルトガルのはっきりしない既得権に問題をもちこんだのだといえる．ドイツは1884～85年にはじめてこの競争にのり出し，またたく間に西，東アフリカにおいて領土権を求めて併合を行った．その結果起こった係争の大半は1890～91年の条約で解決した．一方北アフリカでは，伝統的な地方権力では，近代化の結果には対抗できないことを悟った．典型的なケースはエジプトで，ヨーロッパの影響下にあるヘディーヴ体制に抗して1882年に起こった前駆的な民族主義による革命が，イギリスによる占領によってのみ鎮圧が可能であったことである．これはフランスの野心をくつがえしただけでなく，イギリスがナイル川流域全域を保護しようという野望に口実を与えた．南アフリカではイギリスの，ボーア人もバントゥ民をも全体的に支配下におこうというこころみが，1879年のズールー戦争，1882年の第1次ボーア戦争をもたらすことになった．より成功したのはドイツとポルトガルの1890年と91年の国際協定で，これは，アフリカ南部のイギリスの保護領，すなわちセシル・ローズの仲間たちのエネルギッシュな活動で，このころザンベジ川をこえてひろがろうとしていた地域からの撤退を求めるものであった．しかし，本当の危機が，1899～1901年に起こった．イギリスの鉱山会社と全面提携したイギリス政府が，ボーア戦争を起こし，アフリカーナーを完全にイギリス帝国の支配下においたのである．1910年に政治的和解が成立し，南アフリカはボーア人とイギリス人の混合する国家として独立した．ボーア戦争がはじまったころ，イギリスは幸運にも1898年に西アフリカにおいてフランスとの間にのこっていた懸案の大半を解決していた．というのは，両勢力とも支配に対するアフリカ人の抵抗を打ちまかすことは難しいと悟っていたのである．よりはっきりした衝突が1898年に起こった．イギリスがマフディスト手中のスーダンを再征服しようとしたときに，フランスがナイル河谷全域にわたるイギリスの支配権を問題にして遠征隊をくり出したのである．同じ1898年の，それより少し前にイタリアがアドワの戦いでエチオピア軍に敗退した．これはヨーロッパによる併合のこころみを永久に撃退した唯一の事例となった．

他のアフリカ地域では，1900年以後比較的小さな国境の最調整しか起こらなかったが，1911年にリビアがイタリアに，モロッコがフランスに奪取された．後者の例におけるドイツとの苦い争いは，アフリカの領土的取引がもはや国際的安全弁として使えないことを示していた．実際アフリカは第1次世界大戦にはげしく巻きこまれていった．戦争は，巻きこまれたドイツ植民地内での戦争のみならず何千万人ものアフリカ人がその宗主国のために戦ったのである．ドイツ領土をどうするかの問題で1919年に新しい小さな奪い合いがひき起こされた．国際連盟はB信託統治をイギリス，フランス，ベルギーに信託したが，これは理論上はさておき，実際にはかれらの領土をふやしただけであった．一方南アフリカは，C信託統治として南西アフリカを信託され，旧ドイツ領の併合をはじめた．

大半のアフリカ人への植民地支配は，こうして19世紀の終りにはじまった．明らかにこの支配は，恐ろしい大変化をひきおこした．とくに，現在のアフリカの基本的な政治的わく組みを用意したことが注目される．ここで起こった多くの方法は，かなり昔にはじまったヨーロッパとアフリカの相互関係のプロセスをスピードアップさせたのである．おそらくその主要な効果は，どこまでかれらがその生活様式を変化させうるか，そして，どこまでかれらが経済の周辺化に抵抗することができるかといった問題について，その選択できる範囲を限定させてしまったことにあるであろう．1960年代の政治的独立によって，このプロセスは少し異なった法則で継続しているのである．

(R. C. B)

古地図に見るアフリカ

　今世紀になるまで，アフリカの地図はごくわずかな数しか出版されなかった．とすれば，初期の何枚かの地図を眺めれば，ヨーロッパ人がアフリカの奥地へと浸透していく過程を，年代記を読むように跡づけることができるはずだと考えがちである．しかし，これは見当はずれである．最初の地図が出版される何世紀も前から，アラビアの旅行家たちはサハラ以南のアフリカとの交渉をもっており，15世紀から後の地図出版社は，手に入る限りのアラビア人の情報を地図に盛り込んだが，それはほんのわずかでしかなかった．したがって，ヨーロッパで刊行された初期のアフリカ地図は，アラビア人の知識をきわめて不完全に写しているにすぎない．さらに，当時のアフリカ地図は，製作者たちが知っていた正確な地理的事実だけを記載したものではなかった．空想以外で埋めることのできない地図の空白部が，神話や伝説の舞台として，あるいは地理的思索を表現する場として用いられることを喜ぶ読者の要求にこたえるという役割も地図には必要であった．こうした地図には，アフリカについて知られていたこと以上に，信じられていたことが記載されていたのであった．

　19世紀になると，それ以前にくらべてかなり科学的な態度がうち出され，アフリカ地図の上の大きな空白は，作り話が入り込む余地のなくなったことを示している．しかし，地図製作者の仕事が真実だけを描いていたわけではない．かれらはいまだに旅行者の報告だけに頼っていたが，その旅行者は自分が実際見たことを報告すると同時に，自分の見聞の外にあった事象については信じていたことを報告した．

(J.C.S)

右　ジョン・セネックス 1720年作の地図．詳細な情報の量は増加したものの，なお伝説が許容されていた過渡期の地図である．海岸線は細部にわたって綿密な記載がなされ，内陸の一部にも明確な描写が行われている反面，河川には知識の不足から短く終っているものが多く，空白域はあやしげな記事の書き込みで埋められている．モノモタパの国はポルトガル人と交渉があったためにその存在を知られていたが，その他の根拠に乏しい内陸の記事や，小さなテントの記号はたんなる埋め草ないしは装飾にすぎない．この地図ではごく初期とこの後の地図の両方の特徴が混ざり合っている．

左下　1375年のカタラン・アトラス．羊皮紙に描かれた一連の手描地図集の一部である．放射状に延びる航程線は，この地図が当時の海図を重要な典拠としていたことを示す．北アフリカ沿岸部の詳細な記載は海図をもとにしており，装飾的な内陸部とは対照的である．一方ギニア湾岸についてはモロッコ商人がその情報源であった．

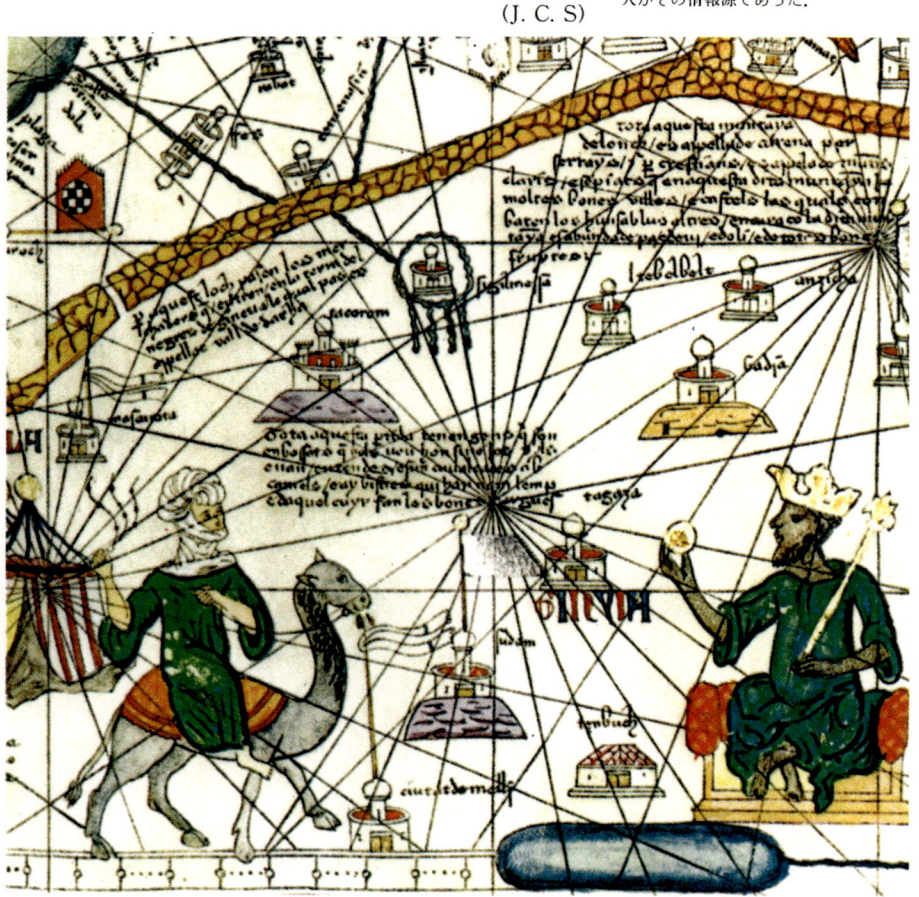

左　ミュンスター 1540 年出版の木版地図．一部はおよそ 1400 年前のクラウディウス・プトレマイオスの地理書にもとづいているが，同時にアラビア人とポルトガル人からの情報も織り込まれている．アフリカ北部を東西に連なる山脈は，カタラン・アトラスにも見られるもので，プトレマイオス図以来の特徴である．ナイル川ははるか西方の「月の山」に源を発しており，ニジェル川上流は実際には異なる方向へ流れている．これらの特徴的な記載は数世紀後の地図にまで引きつがれた．

右上　1822 年にロンドンで出版された．この地図の赤道以南には，100 年前に出版されたセネックスの地図の中の比較的正確な記載とくらべて，より少ない情報しかのせられていない．内陸部では若干の新知識が得られていたのだが，地図に対する意識もまた改められたのであった．地図製作者は不確実な情報を使用することに，より強い抵抗を感じるようになった．しかし，そこで彼が地図に記載した内容は必ずしも正確であったわけではない．ニジェル河はナイル河の支流にされているし，ナイル川の水源は今なおプトレマイオスの「月の山」が描かれている．

右　植民地時代初期の英領アフリカでは，知名度は低いが非常に精細な手描き地図が地方官吏によって無数に作成された．ときにはこれらの地図からの情報が，その地域での最初の大縮尺地図作成に利用されることもあった．右の図は，北部ローデシアのマゴイエ地方の一部を描いた 1921 年の地図であり，商業的農業のために割譲された土地と，近隣のアフリカ人集落とが記されている．

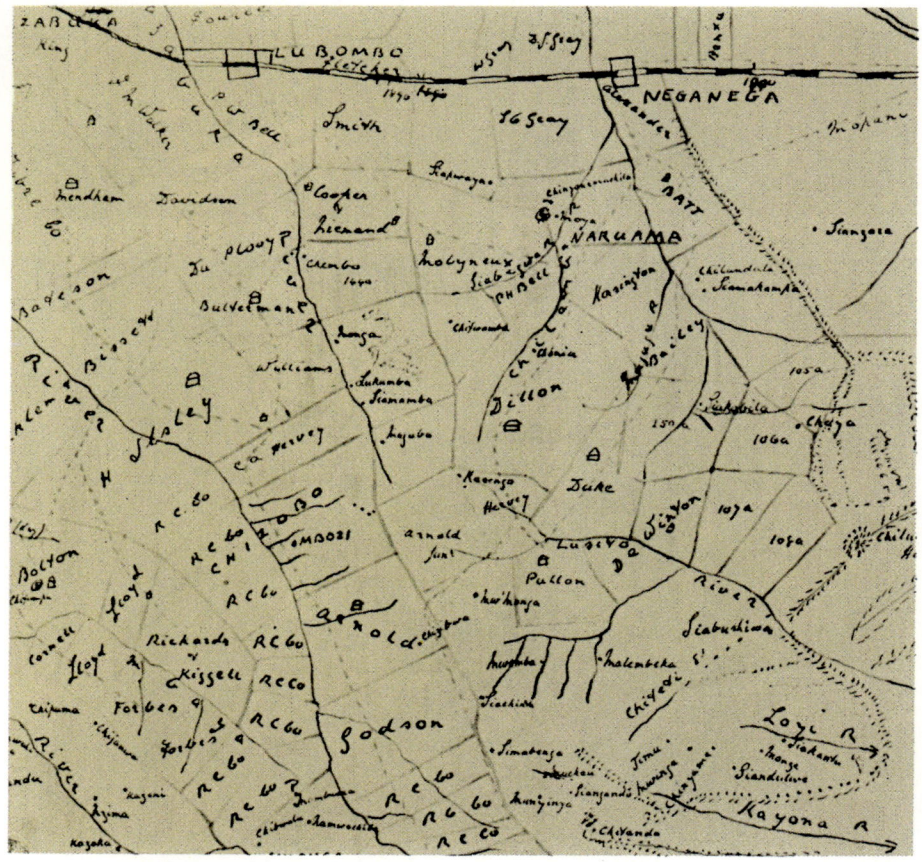

アフリカの鉄道交通

　アフリカの鉄道のネットワークは，南アフリカをのぞけばまだ未発達の段階にある．線路の大半は内陸部から沿岸へと走っているだけである．大陸を横断して連結する線はほとんどなく，既存の線は発達する全天候ハイウェイのネットワークと統合されていない．しかしながら，アフリカの鉄道が他の地域と異なる点は，多くの路線が他では廃止されているのにここではなお建設されているということである．アフリカでの鉄道網は拡張しつつあり，可能性を調査中のも含めていくつかの新線計画もある．現在では国際的組織，アフリカ鉄道連合が全アフリカ的統合を促進している．そこでの大問題は，5つもの異なる軌幅が存在していることである．熟練技術者の不足を克服するために養成計画がたてられているが，より重要なことは，国際線と支線の建設のための計画をたてることである．　　　　　　　　　　　　　　(J.C.S)

右　2つの巨大な25NC 4-8-4型機関車が南アフリカのベッレヘムと，ブルームフォンテーンとを結ぶ線ですれちがうところである．南アフリカでは戦略的，経済的理由で鉄道網が発達しており，全国に広くひろがっている．

左上　熱帯アフリカで最も古い鉄道のひとつは今世紀がはじまる直前に，ケニア沿岸部から内陸へむけて建設された．その建設はケニアへの白人入植者の到来を促進し，それによって鉄道の商業的「採算」が可能になった．

左下　アフリカで最も新しい鉄道のひとつである，トランス・ガボン鉄道．しかしその建設の動機は，第1次産品，このばあいは材木と鉱物を引き出すという植民地時代以来の伝統的理由によるものである．

上 モンバサからの線はほとんど肉体労働者の手によって建設された。その労働者はアフリカ人だけでなく，インドからやってきた契約労働者であった。その大半は鉄道完工後故郷へ帰った。

中 たいへんな距離と潜在的乗客の経済力は，アフリカにおける公共交通の最も安価な形態を生み出す。それは回数を減らしてぎゅうぎゅうつめこむことである。多くの線は単線で，すれちがいのために長時間止まる必要がある。これはスーダンでの光景である。

左 シエラレオネのある駅。アフリカのどこででも見られるシーンである。駅はプラットフォームもない簡素なものであるが，線に沿って駅間の距離が短かくひんぱんに停車する。そこでは，たいてい無数に居る売り手から食べ物や飲み物を買うのに十分な停車時間がある。

アフリカン・ディアスポラ

ディアスポラという語は，伝統的には，歴史上の故郷のイスラエルから離散させられたユダヤ人の経験に対して用いられてきた．さらに近年になると，その語はその類似によってアフリカ大陸の外にいるアフリカ人の子孫の四散にも適用されてきた．その類似はまったく正確というわけではない．ユダヤ人にくらべるとディアスポラのアフリカ人は，広く異なった文化的起源をもち，その多様性は，身体的起源ばかりか四散の経験を共有しなかったアフリカ社会にまでもさかのぼることができた．また，アフリカ人のディアスポラ・コミュニティはユダヤ人のように，異国の土地で自らの文化を明らかにし，維持してきたが，居住社会の文化に与えた影響は，ユダヤ人よりもはるかに大きかった．たとえば現代ブラジルでは，黒人の存在は国民文化に深いインパクトを与えてきたし，ほとんどのカリブ海諸社会におけるディアスポラ・コミュニティの文化は優勢である．しかしながら，アフリカ史にとってより重要なことは，ディアスポラがそれと逆方向のインパクトを与えてきたということである．ここには世界中のユダヤ人コミュニティが，近代イスラエルの発展にいかに影響を及ぼしたか，ということと驚くべき類似が見られる．パン・アフリカニズム，そして実際，現代アフリカのナショナリズムは，アフリカの知識人とイギリス，フランスやアメリカ大陸諸国のディアスポラ・コミュニティとの相互交流がなかったら，それぞれことなる方向に向って発展してゆくはずであった．

カリブ海からの移住が，フランス，イギリスや合衆国でアフリカ人の子孫の新しいコミュニティをつくり続けているように，アフリカ人のディアスポラは現代史の中でも相変らず最も劇的な人口移動の一つである．その起源は少なくとも古代に求められる．それは，少数のアフリカ人がナイル川を下ったり，あるいはサハラ砂漠を越えて北方へ売られた時であった．ヨーロッパの中世を通して，また実際，19世紀後期まで，これらのルートはもっと多くの黒人奴隷を，地中海の，とりわけトリポリ，ベンガジやアレクサンドリアといった集散地に送り込んだ．そこからかれらは，イベリア半島からインドに至る全イスラム世界に拡散させられた．それに巻き込まれた人数については，どの学説も推測の域を出ていないが，たぶん，大西洋の奴隷貿易の犠牲者と同じくらい巨大な数であったことは明らかである．19世紀になってやっと大陸貿易は緩和しはじめたが，その時ヨーロッパ諸勢力はその影響力を拡大し，同時に奴隷貿易を廃止しつつあった．

別の供給源を見つけることは簡単であった．イスラム世界は，常にアフリカの角の南方で海上貿易をしていた仲間のイスラム教徒から黒人奴隷を買っていた．18世紀後期には，この貿易の大半はザンジバルを征服して定住したオマーン＝アラブのスルタンの手に渡った．かれらは内陸部へ新しい貿易路を開拓し，大湖地方やコンゴ地方にまで到達した．かれらは，ザンジバルや隣のペンバ島にあるちょうじのプランテーションを拡張するための人員として奴隷を保持したが，その貿易を紅海やペルシャ湾の諸港にまで拡大した．そこからアフリカ人の男女は，イスラム世界全体に拡散され続けたのである．東アフリカ貿易の貿易量を推測するのはまったく不可能であるが，それは1873年のイギリス＝ザンジバル条約以降やっと緩和され，今世紀になるまでは全面的に廃止されるに至らなかった．ある識者の推測によると，1870年には6万人の奴隷が毎年東アフリカから輸出されたということである．

われわれは，イスラム諸社会にいるアフリカ人国外居住者の歴史についてほとんど知ることができない．かれらのほとんどは家内奴隷あるいは妾であり，また多くは宦官であった．当初アフリカ人は広範囲にわたって軍事目的のためにも使われた．11世紀半ばまでにエジプト軍10万隊のうち3万は黒人であったが，1169年の「黒人戦争」以降ぐっと少なくなった．この戦争で5万のアフリカ人反乱者は，カイロで支配者サラジンをあやうく倒すところだった．北アフリカでは多くの黒人がガレー船用奴隷となり，ペルシャ湾岸都市国家では，なつめやし農業従事者，真珠採り，港湾労働者や水夫として使われた．家族内労働であろうと軍務からであろうと，政治的に傑出した者はごく少数であった．10世紀のヌビア人の宦官アブルーミスク・カフルはエジプトの摂政になった．シディ・バドゥルは1490年代にベンガル王朝の王座を短期間獲得した．17世紀の偉大な将軍マリク・アンバーは，ムガール王朝に対するデッカンの抵抗軍を率いた．インド政治史では，「ハブシ」あるいは「シディ」の集団が時々重要な位置を占めてきた．たとえば，ジャンジラ島のかれらは実質上海軍傭兵であり，その同盟は，オランダからボンベイを防御するための東オランダ会社の18世紀の戦略にとってきわめて重要なものとなった．そのジャンジラのシディの子孫は現在政治的に弱小だが，それでもはっきりとそれと認められる集団である．同じことが1951年にやっと解隊したハイデラバード

上 サハラ沙漠やインド洋を越えて行なわれた大量の奴隷貿易は，大西洋貿易よりも人口学的なインパクトは明らかに小さかった．しかしディアスポラのアフリカ人はイスラム社会やアジア全体にわたって一連の役割を果たした．マリク・アンバーは17世紀のインド史における重要人物であった．

下 奴隷競売ほど身の毛のよだつものはなかった．アメリカの奴隷所有者のセンチメンタルな温情主義（パターナリズム）は，人間を不動産の一形態として扱ったという矛盾を乗り越えることはできなかった．さらにそれは，競売人のハンマーの下で黒人の子供たちを家族からひきちぎられることから守ってやることはできなかった．

アフリカン・ディアスポラ

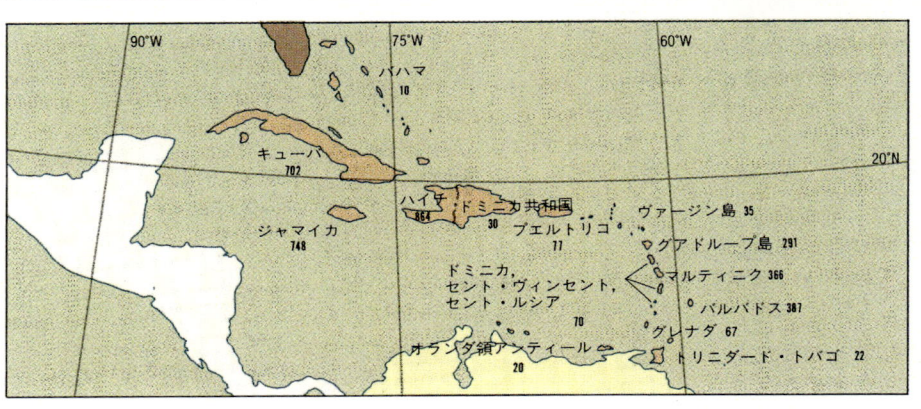

左：新世界におけるアフリカ人のディアスポラ（カーティンによる）

下　奴隷を輸送する際の中間航路でのすし詰めは，現代の輸送の常識からは見るととうてい理解できないほどである．この図は奴隷貿易反対のキャンペーン期間中使われた．それは500人から600人の奴隷を運べる例外的に大きな船でも，エリザベスII世号の10個のダブル・キャビンとほぼ同じ船室容量であったことを示している．

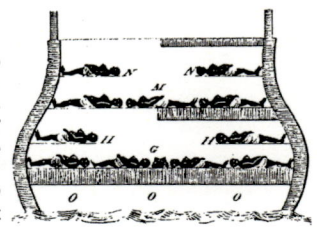

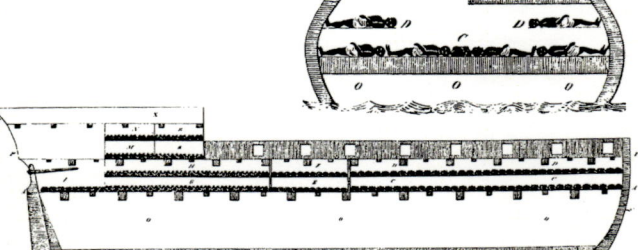

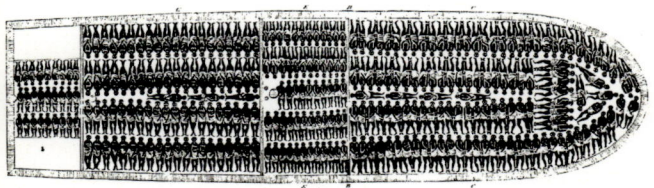

のニザームのアフリカ騎士団についても言える．シディ・リサラは，ハイデラバードのアフリカ人子孫が住む地域に隣接しているが，音楽や踊りや地域的にスワヒリ語を多少使用していることに見られるように，文化的な残存形態を示している．イランでもジルフートには今だに明確な黒人のコミュニティが存在する．しかし一般的には，イスラム世界でのディアスポラのアフリカ人の子孫は，より広い文化の中に同化されてきた傾向がある．特別な場合を除いて黒人が他の黒人と連絡をとることができず，イスラム文化が相対的に文化的，人種的な受容度が高く，また単に人口学的に大勢が集中することがなかったために，アメリカ大陸諸国におけると同じようなディアスポラ文化は発展しなかったのである．

ディアスポラは15世紀になると新しい時期に入る．この時ポルトガル人はギニア湾を下り，ついには喜望峰を回ってインドに到達し，イスラムによるアフリカ，アジア貿易の独占を打ち破った．かれらはすぐに黒人をヨーロッパに，そしてそこから新世界の植民地へ送った．これ以前は，捕虜となったり，あるいはレバントや北アフリカとのヴェネチア貿易やジェノア貿易によってヨーロッパに到着した少数のアフリカ人奴隷は，単に異国人であった．このような個々人は近代でも顔を出している．たとえば，ダンバーの詩に出てくるスコットランドの「ぶ厚いくちびるの女性」がいるが，ジェームズIV世の騎士たちは，彼女のために馬上槍試合をした．ピョートル大帝の黒人将軍イブラヒム・ハンニバルは，もう一人のディアスポラの民のアレクサンドル・プーシキンに中短編小説をかかせるもととなった．また18世紀までヨーロッパ貴族の間で流行した黒人の小姓がいた．しかし，新しいポルト

ガル貿易や続くオランダ，イギリスやフランスのイニシアティヴによって，アフリカ人はヨーロッパとその所有地に大量に貯えられ，正真正銘のディアスポラ・コミュニティのことを語り得ることになった．1551年までにリスボンの人口10万のうち，10分の1は黒人で，1951年代までには年ごとにアフリカ人の祝祭を開くまでになった．しかし，ポルトガルの黒人は，ついには一般の人々と文化的，人種的に差異を保つことはできなくなった．同様のことは，スペインや他のヨーロッパ諸国にいる少数黒人グループにも言えた．唯一本当の例外はイギリスであった．イギリスは北アメリカや西インドに植民地を獲得し，奴隷貿易に密接にかかわるようになった後，小規模だが明確なアフリカ人子孫のコミュニティをブリストル，リヴァプールやロンドンのような港湾都市に発達させた．その全人口は，1780年代までに1万5千人以上ではないかとみられる．

ヨーロッパにおけるアフリカ人の存在は，大西洋奴隷貿易の結果新世界にできた大ディアスポラ・コミュニティのように重要であることは決してなかった．南北アメリカに運ばれた人数を正確に知ることはできないであろう．最も正しいと思われる人数は，コロンブスのイスパニョーラ島発見から1868年のキューバ貿易の終結までに1000万から1100万（人）の間であるという数字である．これはそれ以前の推定よりも小さいが，それでも巨大な数字であり，1825年の合衆国の全人口にほぼ匹敵する．民族分類体系が国ごとにちがっていて計算することはむつかしいが，今日全アメリカ大陸諸国にいるアフリカ人子孫は少なくとも6000万人である．しかし，異なった農業生産物が異なった労働需要をつくり，それぞれが独自の人口学的状況を産み出したので，輸入奴隷はアメリカ大陸諸国全体に均等に配分されたわけではなかった．その上，かれらは現代の人口にほとんど影響をもたらさない．恐るべき事実だが，奴隷人口が自然の再生産でその数を維持できたのは合衆国においてのみであった．50万以下のアフリカ人が北アメリカに運ばれたが，かれらは南北戦争までに450万人を産み，400万人は奴隷であった．どこでも主人たちは，プランテーションの需要の犠牲になった黒人たちを取り替えるために，奴隷貿易に依存した．イギリス領，フランス領，オランダ領西インドでは，400万人近くを奴隷制に組みこまねばならなかった．それとほぼ同じくらい多くの者がブラジル国につれられて行ったが，それは18世紀には200万近く，19世紀には100万を越していた．スペインの領有地は少なくとも150万の新しい奴隷を吸収し，そのうち3分の1以上は19世紀に砂糖ブームのキューバに行った．

奴隷貿易の犠牲になったアフリカ人の出身について，正確を期すことは困難である．各貿易国は，異なった時期に異なった政治的状況下で，大陸の異なった場所で奴隷を集めたからである．北アメリカの黒人の4分の1以上はおそらくアンゴラその他の中央アフリカの出身であるが，大半は西アフリカの沿岸諸社会や西スーダンの諸国からきた．この地域はイギリス領やフランス領カリブ海にも奴隷を提供した．18世紀を過ぎると，かれらはコンゴやアンゴラから新たに黒人を輸入した．これらの者たちはハイチ革命当時のサン・ドマングの人口のなかで，とくに強大な比率を占めていた．ブラジルやスペイン領植民地もギニア湾岸から奴隷を集めたが，イギリスやフランスよりも，一貫してルアンダやベンゲラ等の諸港から船積みされた中央アフリカ黒人に依存する傾向が強かった．17世紀半ばまでは，東アフリカからアメリカ大陸諸国への奴隷貿易は取るに足らないほどであったが，そのころになるとフランスがモザンビークその他の集散地から奴隷を運搬しはじめた．18世紀後期までに，とくにラプラタ川沿岸のスペイン植民地に奴隷労働を供給するために，これらの供給地はポルトガルによってさらに精力的に開かれていった．この貿易は，イギリスの領有する地域においてはあまり重要ではなかったが，19世紀のブラジルやキューバにとってはかなり重要であった．というのは，その時西アフリカや中央アフリカの諸港に対するイギリス海軍の奴隷交易監視パトロールの圧力は，次第に強まったからである．

アメリカ大陸諸国の黒人奴隷は，アフリカ文化のほぼ全容を表しており，その主人たちでさえ出身地の文化の多様性に気がついていた．白人の認識は不正確で首尾一貫していなかったが，異なった価値観や特徴は出身が異なっているからだとした．たとえば，アサンテは喧嘩好き，コンゴは馬鹿で，ヨルバは忠実，バントゥは身体的に強健だといった具合である．さらに重要なことは，アフリカの諸民族の混合は奴隷制時代や，その後発展した複合的ディアスポラ文化が，アメリカ大陸諸国のさまざまな場所で広く多様化したということである．

人口学的にもっと取るに足らない諸勢力さえも，その影響力を及ぼした．チリのように黒人人口が少ない地域や，ニュー・イングランドのように，黒人が他人種の使用人と併用して使われるのが特色であった地域では，奴隷制下でその明確な文化を維持し，あるいは奴隷制以降生活力のあるコミュニティとして生き残れたチャンスはわずかであった．メキシコでさえ約20万の奴隷を吸収し，識別できるアフリカ系市民は今でも30万人以上いるが，ディアスポラのメキシコ人は，一般人口の中に民族的にも文化的にも混ざり合っていく傾向を示してきた．他の地域の状況はより良かった．多くの黒人が近づき難い後背地近くに住んでいた所では，かれらはしばしば白人社会から全く独立した逃亡者のコミュニティをつくり出した．新しい到来者の比率が逃亡者たちの間で高い所ではこれが一般的だったのだが，そのようなグループは混合的で順応的であることは避けられないとしても，真にアフリカ的とよび得る文化を発展させた．典型的なケースはフランス領とオランダ領ギアナのブッシュ・ネグロに見られる．かれらの宗教的政治的体系は，ほぼ全面的にアフリカ的である．今日，かれらのうち2万5千人は自身のコミュニティで独自の様式を保っている．最も有名なのはパルマーレス共和国であり，1695年にポルトガル軍に破壊されるまでほぼ一世紀間，明らかにアフリカ的な様式の政治体系をもって繁栄した．北アメリカでは地形上の限界のためこのような種類のコミュニティの発達は妨げられたが，奴隷人口が十分に多かった地域の大半では安定したマルーン（脱走奴隷）のコミュニティが重要な構成要素となった．

しかしながらどのマルーンのコミュニティも，ハイチの古い植民地サン・ドマングの奴隷たちほど大きな脅威にはならなかった．かれらは1791年の大革命で，大挙して主人たちに対抗して立ち上がったのである．ハイチの奴隷たちは白人をはるかに上まわって多く，その中でアフリカから到来した第1世代の比率は著しく高かった．ヴードゥ（西インド諸島のアフリカ系住民が持つ信仰体系の一つ）はフランス人に対する抵抗の1つの主要なテーマであった．主人たちが去るとハイチ文化は社会構造，言語，民俗文化，芸術，音楽，宗教などにおいてアフリカ的適応の極端に豊かな連続性をのこした．しかしブッシュ・ネグロのように真のアフリカ文化を進展させることができたのは，アメリカ大陸諸国ではほんの少

右　新世界の黒人宗教はアフリカの伝統の豊かな影響を受けている．ブッシュ・ネグロのものように，最少限にしかキリスト教からの借用がない形態もある．合衆国の黒人教会は現代のプロテスタンティズムの最も強力な支流に属している．ハイチはこの信者の故郷であるが，アメリカ大陸諸国の中では最も複雑な宗教のるつぼである．

下右　17世紀と18世紀には，アンゴラ出身の逃亡奴隷がブラジル森林地帯の人里離れた地域に定住地をつくった．その多くは今日まで残存し，文化的にも社会的にも高度の独立性を保っている．ディアマンティナ近くのこのコミュニティでは，ある黒人女がきねで食料を（打ち）砕いている．しかし臼の中はキビやトウモロコシではなく，コーヒー豆である．

アフリカン・ディアスポラ

数の黒人であった．ハイチでさえフランスやキリスト教の文化要素も多く吸収したのである．他のカリブ海島嶼はもっとヨーロッパ化された．しかしかれらにしても，とくにジャマイカやキューバは自らのアフリカ的背景を取り込んで種々のクレオール言語，宗教の習合諸形態，呪術観や超自然的観念，親族構造の諸相や民間伝承の全体をかたちづくってきた．

ブラジルはまったくちがったケースであり，主なヨーロッパ文化はディアスポラによって深く影響を受けてきた．そこでは1888年になってやっと奴隷制が廃止された．それまでに，多様性の豊かなアフロ＝ブラジル文化が農村のプランテーションにも，バヒアのように沿岸諸都市の奴隷や自由黒人の間にも発達した．その宗教的構成要素はとくに興味をひく．たとえば，ブラジルはブラック・アフリカに根づいたイスラムの伝統をもつ，アメリカ大陸諸国で唯一の国家である．そしてブラジルの奴隷やその子孫は，言語，音楽や踊りにアフリカニズムを何とか保存し，それらをかれらの国家の他に類をみない多国籍混合文化の主流に注入した．

北アメリカの黒人は，それが常に自らの選択であったわけではないが，やはり他とちがったコミュニティとして何とか生き残ってきた．しかしかれらの特徴は，新世界の他のどんなに大きなアフリカ系のグループよりも，アフリカ的要素の少ない文化の中に生きてきたということである．南部の奴隷人口は巨大であったが，奴隷貿易は1807年に終わり，かれらの大多数はアメリカですでに文化変容した家族に生まれてきた．これは，アフリカ的要素の広範囲にわたる継承を妨げた．しかしここでさえ，中間経路によって黒人の遺産が消し去られた，というのは神話である．南部の奴隷所有者は，奴隷たちの抵抗が，その宗教や呪術や音楽と，驚くほど強い関係があることを実にはっきりと気づいていた．かれらのキリスト教は習合的形態をとったし今でもそうである．かれらの民間伝承，ゲームやユーモアも明らかにアフリカに前例があり，話し言葉もそれぞれの特徴をもって発達してきた．それは，南カロライナのシー・アイランド（海島）のガラ方言のように特殊な場合ばかりか，現代の黒人英語を特徴づけるスピーチ・パターンや語形変化にも見られる．いくつかの黒人の家族構造や名前のつけ方のパターンもアフリカ的用法の適応形態かもしれない．なかんずく，奴隷の子孫はアフリカ音楽の遺産を適応させ，アメリカや西洋世界にジャズというユニークな音楽の贈り物を授けたが，これは現代史の最も強大な文化的力の一つとなった．合衆国においてさえ，ディアスポラは文化の手荷物を大量に運んだ．多くの若いアメリカの黒人は，服装や外見に自ら解釈したアフリカのスタイルをとり入れるばかりでなく，自らのアフリカでの出身にまで鋭い関心を示すことによっても，自分たちの歴史的経験を，より大きなアフリカ的枠組に当てはめようとする傾向をますます強めている．1970年代末期のテレビの連続ドラマ「ルーツ」に対する熱狂ぶりは，20年前には考えられなかったことであろう．

それでもやはり，アフリカを振り返る傾向は新しくはないし，現代アフリカ史にとってそれは最も重要なディアスポラの側面である．最も単純なレベルでは，その傾向は多くの国外居住者をアフリカにもどしてきた．両大戦間，中部アフリカのナショナリズムの発展に深い影響を及ぼした，ものみの塔運動の宣教師のように個人で旅行した者もいた．その他，奴隷貿易の末期にアフリカに帰り，ラゴスの商業生活で主要な役割を果たしたナイジェリアのブラジル人や，ポルトガル語を話すフォン族，エウェ族，ヨルバ族のように，それと認

アフリカン・ディアスポラ

められるグループを形成した者たちもいた．その数は 1880 年代までに 3000 人にもなり，かれらは西アフリカ全般に事業を拡張した．東アフリカでも 150 人のボンベイのアフリカ人は，1875 年，モンバサの外にあるフレレタウンの植民地に帰ってきた．これらのグループの事業の中で最もきわ立っていたのはシエラレオネ植民地で，1787 年にイギリスの奴隷制廃止論者たちによって建設された．19 世紀の移民たちの多くは，捕えられた奴隷船から開放された様々の文化をもつアフリカ人であったが，その最初の定住者たちはイギリスのディアスポラのコミュニティから，アメリカ革命の結果ノーヴァ・スコシアに一時的に住みついたアメリカ黒人から，そしてジャマイカ黒人のマルーンから相次いで引き寄せられたのである．

アフリカでの定住は，とくに合衆国からの一連のグループには魅力的であった．このような冒険的事業のうち最も成功したのは黒人共和国リベリアである．アメリカにはかれらの居場所はない，と白人の支援者たちが思っていたことに多くの黒人は憤慨したが，リベリアの国はもと奴隷たちによって建設され，その子孫によって統治された．リベリア全史は，合衆国との経済的，政治的結びつきによって大きく影響されてきた．19 世紀末期，アフリカン・メソディスト監督教会のヘンリー・ターナー主教が，貧しいアメリカ黒人の移住に対する関心を再燃した時，かれらの計画の焦点にあったのはやはりリベリアであった．1920 年代，はなやかなナショナリストのリーダー，マーカス・ガーヴェイは，アメリカ人の信奉者の何人かをやはりリベリアに植民させることに関心があった．

しかしアフリカ史自体にとって，ディアスポラの真の重要性は，それが近代ナショナリズムやパン・アフリカニズムに及ぼした影響である．海外滞在や留学の期間，ほとんどすべての近代アフリカのリーダーたちは，他の黒人コミュニティから来た知識人たちと交流をもち，さまざまな影響を受けて帰っていった．「ネグリチュード」の観念は，アフリカ・フランス語圏のイデオロギーにきわめて重大であったが，もしパリが，セネガルのレオポルド・セダール・サンゴールといった者たちと，マルティニークのエイメ・セゼールや，ハイティのジャン・プリス＝マルスといったカリブ海の知識人たちとの間の相互交流の場（フォーラム）を提供していなかったら，それも決して発展することはなかったであろう．英語圏アフリカのナショナリズムもまた海外に負うところが大きかった．1915 年に起きたニャサランドのシレ高地の大反乱は，ジョン・チレンブウエによって指導されたが，かれはヴァージニアで学生だった．ヘイスティングズ・バンダやクワメ・エンクルマは，アメリカで学生時代の一部を送った著名なリーダーである．その他のアフリカ人で，故国を離れて軍務に就いた期間に影響を受けた者もいた．両世界大戦間のもう一つの主要な要因は，ジャマイカ人マーカス・ガーヴェイであり，かれの国際黒人地位向上協会は，アメリカ黒人の労働者階級の抵抗運動の焦点であった．かれはレーニンやマルクスよりももっと重要な影響を与えた，とエンクルマもかつてとくに言及したほどである．

現代アフリカのリーダーたちもまた，パン・アフリカ運動を通じてアメリカやヨーロッパと接触し，微妙な影響を受けてきた．そのパイオニアたちはすでに，アフリカ，ヨーロッパ，カリブ海，そして北アメリカの間にひろがっていく影響力の網の中で働いてきた．シエラ・レオネのアフリカヌス・ホートンはロンドンとエジンバラで教育を受けた．エドワード・ウイルモット・ブライデンはリベリアに住んだが，生まれはセント・トマスで，1872 年から 1888 年までに合衆国を 11 回も訪れた．20 世紀になると，一連のパン・アフリカ会議で，若い知識人は他のディアスポラ・コミュニティの人々と接触するすばらしい機会に恵まれた．フランス領セネガルからの代表，ブライス・ディアヌを除けば，初期の会議でのきわ立った人物はすべてディアスポラの黒人であった．たとえばエジプトからはデューズ・モハメッド・エフェンディ，トリニダードからはジョージ・パドモア，そしてとりわけ W.E.B. デュボワ（デュボイス）は，合衆国の現代の黒人意識の父とされている．デューズ・モハメッドやパドモアは，ガイアナのリーダー，ラス・マコネンのように，イギリスでの居住期間をしばらく延長し，そこで学んでいた若いアフリカ人が植民地人，とくにアフリカ人に共通の大義を認識するのに，はかり知れない影響を与えた．

1945 年，マンチェスターで開かれた第 5 回パン・アフリカ会議の時までに状況は変化した．デュボワはいつものように列席し，パドモアはまだ連合幹事であったが，主要なリーダーは，エンクルマ，ケニヤッタやシェラレオネの I.T.A. ウォレス＝ジョンソンといった勃興しつつあったアフリカの出身者であった．将来の国家建設での勝利は，母なる大陸を遠く離れた異国の社会に生まれてきた何千万ものディアスポラのアフリカ人に，やがて新しい誇りの源を与えることになったのである．

(C. D. R.)

左　ちょうどアメリカが人種複合性やその主流となっている価値への不安を示す時期に入りつつあったので，新興アフリカ諸国の模範は合衆国の黒人コミュニティの文化的，政治的な自信を増大させた．アレックス・ヘイリーの「ルーツ」は，すべての黒人と多くの白人アメリカ人をテレビに釘付けにしたが，これ自体もアフリカに対する態度の革命の一部であった．

下　20 世紀は世界中のディアスポラのアフリカ人どうしに，新しい絆が成長するのを見せてきた．パン・アフリカ的理想のパイオニアの一人はジャマイカ人マーカス・ガーヴェイ（1887—1940）であった．かれのアメリカでの働きは，後に新興アフリカ諸国でリーダーになった若者の何人かに深く象徴的な重要性を与えた．

都市の発展

おそらく最もアフリカに結びつけて連想されにくい観念は都市である．明らかにアフリカは，すべての大陸の中でも最も都市化の度合が少ないし，その都市の多くは非常に新しいものにすぎない．しかし，アフリカという大陸は大きな多様性をもっている．エジプトには，あらゆる古い都市の中でも最古のものがあったと考えられるし，その北縁は数千年間，地中海の都市文明の一部を担ってきた．大陸全体を一般化して語ることは不可能である．けれども，区分された地域，異なった時代や文化を見る前に，純粋に数字的に今日の都市化の程度を見ておくと便利である．これだけでなぜ，アフリカで大規模な都市問題が急激に増加してきたのかが理解できるだろう．

1920年には，2万人以上の町に，690万人(全人口の5％)が住んでいた．1930年には，この数字は970万人(6％)，1940年1380万人(7％)，1950年2150万人(10％)，1960年3640万人(13％)となり，1970年代には5000万人(16％)以上が都市化されているだろう．

サーヘルの丘と砦である都市の壁に囲まれたアルジェの海賊の要塞が，17世紀イギリスの地図制作者のジョン・スピードによる地図に現れている．この時期のアルジェは10万の人口を抱えていた．ここからバルバリア海賊は地中海へ船舶を掠奪するため出港した．

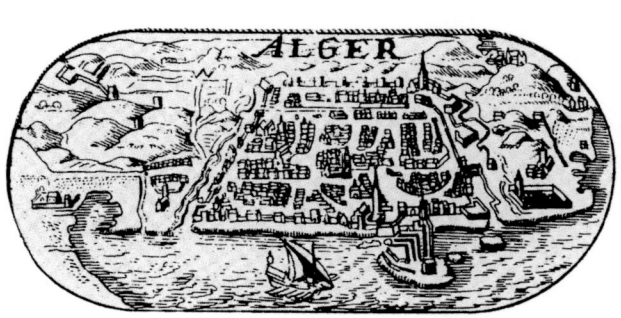

したがって全人口中の都市住民の比率はいまはまだ小さいが，10年ごとの増加はだんだんと大きいものになり，都市居住者の全体数は今日ではかなりのものとなっている．1950年と1960年の間の飛躍は実に69％にもなり，世界中で最も急激な増加率となっている．

都市の住民の中で，50万人以上の都市に住む者の比率もまた増大している．1920年の13％が，1960年には30％となった．多くの発展途上国と同様，アフリカにおけるこの傾向は，数多くの町で増加するというより，比較的少数の大都市での増加に集中している．10万人以上の都市は繁栄し，農村からの移住者のほとんどはそこに吸い寄せられている．

アフリカの国家間での差異もまたかなりなものである．最も都市化されているのは，南アフリカ，エジプト，モロッコ，アルジェリアである．一方，エチオピア，タンザニアでは人口は多いがさほど都市化されていない．一方，ガボンやナミビアでは，人口は少ないが都市化の程度は高い．最後にあげるべきことは，いくつかの非常に大きい都市があることである．カイロ500万人，アレクサンドリア200万人，ラゴス150万人，アジス・アベバ，ヨハネスバーグは100万人を越え，ケープタウンは100万人をやや下回るくらいである．

大きなメトロポリス(中心都市)の急激な発展と，農村人口の吸収は，アフリカの都市化の主たる問題の2つの要素である．乏しい資源しかもたない小国では，増加は小規模であるので深刻な問題とならない．都市化の問題を現代の情況の中で理解するのに不可欠な背景として，それぞれの地域における都市化の発展を簡単に見ておくことが必要である．

歴史的にみると，都市化には3つの中核となる地域が空間と時間により，また文化の複合により分けられる．それは，地中海沿岸と，ナイジェリアとアフリカ南部である．地中海の沿岸部は一連の都市の時代をになってきた．ナイル川には偉大な都市文明が起こり，衰えていった．しかしその推進力はギリシャへ移り，再びアレクサンダー大王とともにエジプトにもどってきた．かれはアレクサンドリアを築いたのである．キリスト紀元の初期に，そこは，アジア，アフリカ，ヨーロッパの交差路として交易の大中心地であり，約75万人の住民がいたと推測される．ここでは，ギリシア，ユダヤ，エジプトの文化が混交し，歴史上知られる限り最大の図書館を有するような科学の中心地としても知られている．が，7世紀のムスリムの征服によって衰え，その衰退は東方交易路が喜望峰経由に転換することにより，なお拍車がかけられた．

641年にメンフィスの廃墟のすぐ北に都市を築いたのはムスリム・アラブだった．10世紀にはそれが新首都，アル・カヒラー(カイロ)になった．14世紀までにカイロは50万人の人口と有名なアズハル大学をもち，ヨーロッパ，中東を通じて最大のメトロポリスとなる．アレクサンドリアと同様にカイロも16世紀以後交易を失い人口が減少するが，20世紀まで大都市としてとどまり，西欧化によって劇的に成長する．一方，イスラム教は北アフリカ全体にひろがり沿岸の都市が栄えた．チュニスは17世紀末にカルタゴの遺跡の近くに築かれた．その西にあるかつてのフェニキア人の居住地は，10世紀にムスリムの都市アルジェとなり，17世紀にはトルコ人に支配されたが，その時人口10万人の町であった．一方，イスラムの影響はナイル川をさかのぼり，サハラ砂漠を越えてひろがった．交易路の巨大な網目がサハラ砂漠を横切り，西方を東方に，地中海沿岸を赤道アフリカに接するサヴァンナ森林地帯につないだ．

前述の最後の地域は，前世紀の中頃までムスリムの支配下にあり，その影響力は都市化の第2の中核地域となり，その都市はニジェル川中流部から現在のナイジェリア北部地域に残っている．19世紀初期の旅行者たちが，当時のナイジェリアの町々について生きいきとした描写を与えてくれている．北部の草原地帯では，比較的資源が豊かで人口も多く，町はサハラ交易の中心地となり，イスラムの強い影響下にあった．現在はそのほとんどが衰退しており，伝説的に有名なのはトンブクトゥぐらいであるがカノもかなり知られている．これらの町の多くは2万から3万の人口を有していた．ヨーロッパ人がはじめてこの地域にやってきたとき，主要な町であったソコトには10万人が住んでいた．これらの町は中心に市場，宮殿があり，周囲は泥の壁に囲まれていた．

草原地帯と海岸の間には広い森林地帯の帯があり，ここの町はほとんどヨルバ文化の影響を受けている．北東からの侵入者であるヨルバ人は，ムスリムたちと同様に，征服した人

都市の発展

びとの支配と組織化の手段として都市を利用した．これらの町は行政と権力の基礎であり，ナイジェリア南部に網目状に分布していた．それぞれの町の中心は，儀礼空間として組み合わされた首長の屋敷によって占められていた．交易も重要であり，町の真中にある市場は町の主な特徴でもあった．最初のヨーロッパ人たちは町の規模を測っている．かれらの記述している 34 の町のうち 24 は 1 万人以上の人々がいた．そのうち 18 は 2 万人以上の町，そのうち 8 個所は 4 万人以上の町であった．アベオクタは 6 万人から 10 万人の間であったろうし，イバダンはおそらく 10 万人を越えていただろう．それらの住民の大部分は農民だったにもかかわらず，壁に囲まれた町は印象的で顕著な都市的情景をもっており，西アフリカのこの地域が都市の歴史の中で重要な役割をもっていたことを示している．

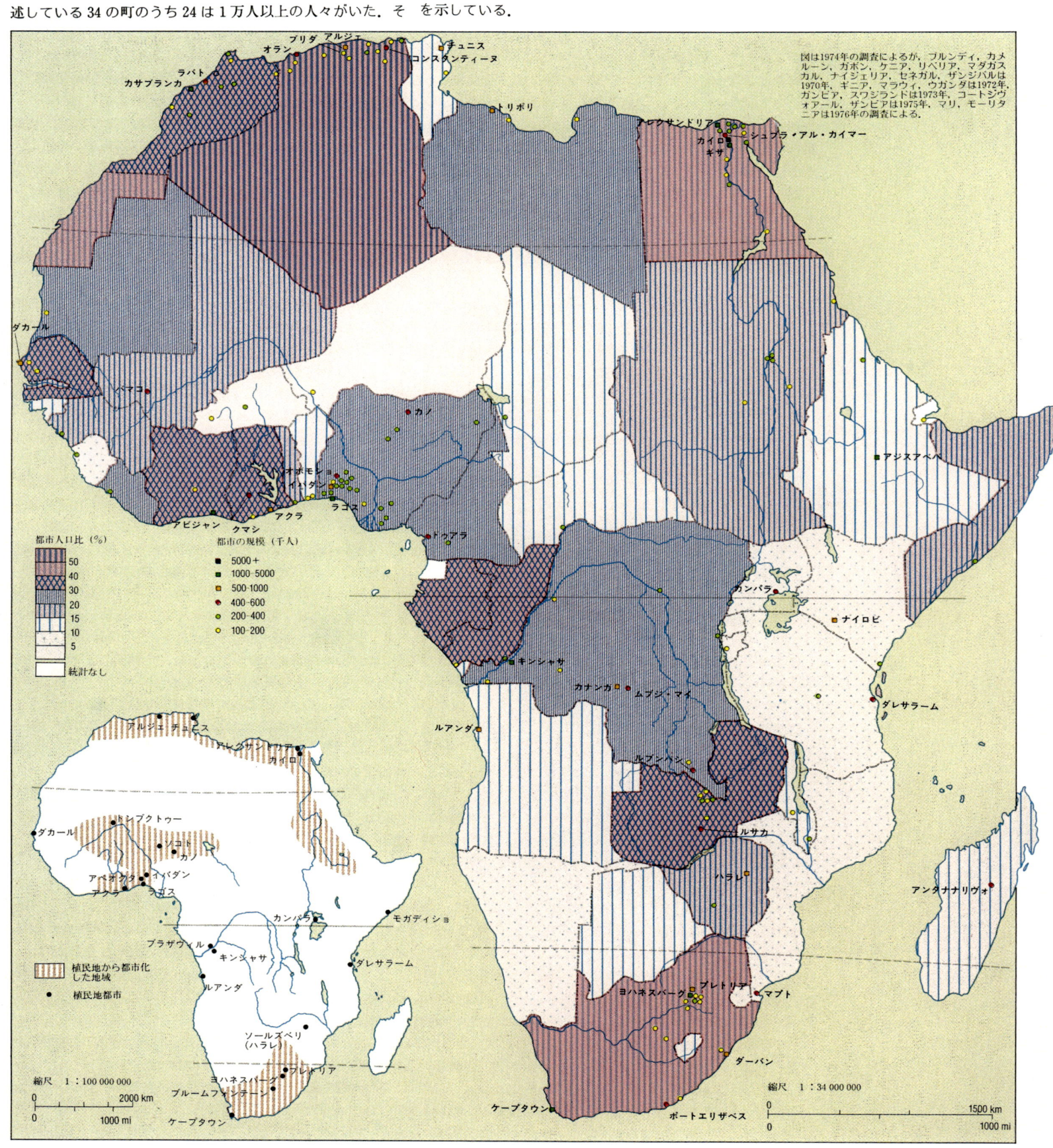

都市の発展

右　この西ナイジェリアのイバダンの景観は多くのアフリカの都市に共通に見ることができるもので、新旧の対称を表している．都市中心部の近代的な高層建築が、荒れはてた周辺地域のトタン屋根の上にそびえている．ヨルバ人の19世紀に栄えていた町イバダンは、イギリスの植民地支配の下でも経済的な重要性を維持した．その市場としての重要性は1900年代のラゴスとカノを結ぶ鉄道の建設によって強化された．

左　アフリカの人口の都市化の度合
急激な都市化は、産業化への推進が勢いをもったことによるものであり、アフリカの多くの地域での特色である．このような過程が起きている国では、ひとつか2つの都会的な中心が国の残りをまったく農村部として残したまま、爆発的に拡大し、広大な都市になるのがパターンである．中規模の産業都市は少ない．このような範疇の都市が集まっている場合、そこには鉱産物の資源開発産業が存在する．ほとんどの住民はまだ村落に住むか、伝統的な市場か、行政の中心として栄えている町に住んでいる．

　第3の中核となる地域はアフリカ南部であり、アフリカ史の中では遅れて西ヨーロッパの文化の移植が行われたところである．アフリカ文化を背景にもっている人びとがこの都市人口の大部分をなすにもかかわらず、かれらはここに根をはっていない．そのような人々とヨーロッパ人たちとの間の溝は非常に深いために、前者は都市のシステムにも形態にも何ら影響力ももっていない．

　最も早いヨーロッパ人の都市はケープタウンであり、ヨーロッパと東洋の間の補給基地としてはじまった．オランダの支配下にあったこの町は、1806年にイギリスの支配下に移り、1910年に南アフリカ共和国の立法府となった．現在は150万人の住むメトロポリスであり、そのうちわずか3分の1が白人である．19世紀中ばにオランダ人が築いた独立国家の首都であったプレトリア（50万）とブルームフォンテーンは、それぞれ共和国の行政府、司法府となっている．イギリス人によって築かれたダーバン（100万）は、世界の主要な港のひとつになっている．ヨハネスバーグ（150万）は1886年のゴールド・ラッシュの結果できた町であり、ジンバブェの首都ソールズベリ（現ハラレ）（50万）は、ベイラまでの鉄道が1890年に設置されて以後急速に成長した．南アフリカの都市人口は白人、黒人、アジア人そして混血のカラードからなり、このことが人種分離として注目を浴びる問題の源となっている．

　ここまで述べた3つの主要な地域を別にして、植民都市であり近年は行政首都となった都市についても指摘しておきたい．ここではヨーロッパ人たちは、圧倒的に多数のその土地生まれの都市住民に対して、行政官あるいは企業家として非常に小さい階級を形成しているにすぎない．たとえばアクラ（75万）では5％、ラゴス（160万）では1％に満たない．これらの都市の主な特徴はその新しさ、規模、商業や行政の中心地の西洋的外観と、それに対照的に何マイルもひろがっている掘建て小屋の地区にある．このような都市のうち一部は、その長い前史をもっている．アクラは1482年に、ルアンダは1776年にともにポルトガルによって、ダカールは1670年にオランダ人によってつくられた．しかし、その多くは大陸がヨーロッパ人の力によって分割された1880年代以降のものであり、ダレサラーム（ドイツ人による）は1885年、モ

ガディショ（イタリア人）は1892年、カンパラ（大英帝国東アフリカ会社）は1890年につくられた．キンシャサ（1881）、ブラザヴィル（1883）は河の港として成長した．これらの都市のすべてが大規模になったのは大戦後の好景気によっている．

　アフリカの成長しつつある都市への部族民たちの移動は、都市の規模と性格に劇的な影響を与えた．都市はこのような移入者たちに、通常の住宅とサービスをもって吸収する財源をまったくもっていない．現代のアフリカ都市には近代的オフィスや行政の建物がある一方、かつては植民者である白人が住み、今ではアフリカ人エリートが住むよう限定された地域の外側では、水、道路、排水施設、電気がなく、家屋はむき出しの雨よけとほとんど変らない状態が併存している．

　この種のバラック街は都市成長の人口の非常に大きな部分を占めている．カサブランカでは18万人が、アルジェとオランでは3分の1がビドンヴィユ（フランス語、掘立小屋街）に住んでいる．たたきつぶされたブリキ缶、ボール紙、トタンや材木の切れ端によって、あわただしくつくられたバラックが、都市のまわりの広大な地域の典型的景色である．多くの不法占拠者たちは都市の中心のスラム地区から生活をはじめ、必要に応じて周辺地域へと移動していく．それはいまにも倒れそうにみえるが、それでも農村の家よりはましであり、仕事にありつく可能性があることは、移住者にとって大きな利点である．

　このような自然発生的で、法的に所有していない土地に認められないまま不法占拠している者たちの存在に加えて、多くの都市には移住者たちの住宅建設が統制されている地区がある．南アフリカでは黒人と白人の厳密な分離が、黒人居住地の厳しい制限に反映されている．その最大のものが、ヨハネスバーグ郊外のソウェトである．ここでは3万5000区画の敷地が占有以前に用意され、移入者たちはそれぞれの敷地の裏側に一時的なバラックを建てることが許される．引き続き、敷地の表側により恒常的な家屋を建て移ることになる．その結果は機械的に組織され、統一的にステレオタイプ化された50万人の住む都市となる．しかし、家屋の物理的な基準は、居住地が統制を受けなかったころよりましである．

　南アフリカ以外では、統制された発展と統制されない発展

都市の発展

が混在しているのが普通である．ナイロビでは都市の東にある谷間が5万人以上の居住地となっている．このうち2万人は不法占拠者であり，残りは地主から借り受けた区画に住んでいる．私人による統制は，やや上等の家屋を意味している．泥と木の枝に対して波状トタン屋根でできたものだが，快適さは最低である．ルサカの人口の半分はバラック街に住み，この増大しつつある住民は，現在，土地サービス計画に組みこまれている．貸し出せる土地が用意され，いく分かの快適さ（いくつかの区画で共有される水と衛生施設）が提供され，バスの通れる道路が設けられる．居住者は，レンガとトタン屋根の家を建てる材料費の補助をうけることができる．この最低限の出費すら，ほとんどの移入者にとっては大きすぎ，不法なまま居すわることとなる．ルサカの不法占拠者たちは，他の多くの都市のように無定形なままのとりとめのない集団ではなく，しばしば高度に組織化されており，共同の必要をみたし，時々には出身村落でのくらしを再現しようとさえする．この種の居住地は都市の成長の伝統的な道すじをよく表現しているのだが，おそるべきはその規模である．自立を促すために基礎構造（インフラストラクチャー）を与えようとする実験は，いくぶんかの改良をたしかなものとする手段である．

都市化は住民の移動，都市の成長，バラック街の急増をはるかに越えたものである．そのことは，ここに移住してきた者たちにとって生活状況の根本的な変化を意味している．ごく一部の古い都市だけで，誕生者数が死者数にまさる自然増がみられる．どこでも，急激な村落人口の増加による余剰人口が都市に送り出されている．都市の魅力は，ほとんどは経済的なもので，職にありつけるということであるが，非経済的な動機を過小評価すべきではない．いくつかの文化では，都市に住んでいる者，またかつて住んでいた者に威信が与えられる．また都市は，社会集団による制約に対し自由を，より洗練された生活様式の刺激を与える．アフリカにおける労働人口の移動は長年にわたるものであり，都市の魅力は広く知られている．

部族生活から離れ都市に参加することは完全なものでも，最終的なものでもない．村落との絆はたいてい保たれており，郷里の農地の保証は大多数の人々に都市での体験が一時的なものであると感じさせている．とはいえ多くの人々にとっては社会変化は恒久的なものであり，この傾向は教育や報道機関が，都市をより近づきやすくする情報を与え，多くの手段で都市を村落生活に結びつけることにより加速されるのである．

移住者はしばしばその移動に高い代償を払う．魅力的な賃金は実際の都市の生活条件や過密をいつも償うわけではない．アクラでは1960年に，1家屋あたり18.4人が住んでいる．ダレサラームでは30平方メートルあたり8人が住んでおり，多くの都市で路上に寝る者が見られるが，まったく小屋すらもっていないことを推測させる．移住者の多くは若者であり（ラゴスでは住民の70％が20代である），人口比は不均衡である．就職の希望はたいていは幻想である．というのは，人口の増加が雇用の増大をはるかに上まわっているからである．栄養不良は蔓延しており，幼児死亡率は非常に高い．平均寿命は34歳から40歳の間をさまよっている．家族の結びつきに代わる個人的な関係，1次的なつながりに代わる2次的な関係，匿名性と反社会的行動の増加——西洋の都市の特性を示すものも存在するが，このことは伝統的な生活様式が消えてしまっていることを意味しない．部族の社会関係は保

都市の発展

上 ヨハネスブルグに近い地区では南アフリカのアパルトヘイト法によって，働いていながら白人の都市区域に住むことを禁じられたアフリカ人の労働者たちが住んでいる．この住宅地域はバラック街の小屋よりは健康的かもしれないが医療，娯楽，輸送能力の欠如はこのような地域を生活するに魅力のないものとしている．

下 チュニジアのカイルーアンはイスラムの聖なる町のひとつで巡礼の中心地である．670年につくられムスリムの北アフリカ征服の後方基地となった．中庭のある家屋群が狭い路地を形成している．ミナレット（尖塔）が空につきでている．

持されているし，村落生活とのつながりは古い価値を再び取り入れている．これらの因子は安定と，より容易な適応を支えている．再度強化される村落のパターンは，都市の衝撃に対しクッションとなり移行を容易にする．

このことはまた，地方における都市の影響が，想像されているよりも小さいことを意味する．いずれにしろ都市の種類により都市の生活パターンも大きく異なっている．古い土着の都市では，より同質的であり社会的にバランスがとれている．土地に基礎をおいたこれらの都市では，企業家の階級が形成されており，かれらは土着のエリートに転化している．ヨハネスバーグのような資源開発産業に基礎をおく都市では，搾取者と被搾取者のギャップが強調されることはほとんどない．後の例の厳しい行政のコントロールと，前例の徐々に増えている土着のコントロールの中間はザイールであり，そこではコントロールは現実的というより理念的なものである．中間には北部の古い都市がある．ここでは数世紀にわたって多種族の住民が，都市の経済・社会生活において補完的な役割を果している

さまざまな方法で，部族のアフリカと，出現しつつある「政治的」大陸とが結びついている．都市は変化の動因である．しかしその影響は伝統的な文化の重みによって修正されており，伝統的文化はおおむね都市自体の生活の大部分の特徴となっている．
(E. J.)

アフリカの建築

　残念なことに，アフリカの建築のもつ豊かさや美しさは，あまりにも長い間関心をもたれることはなく，理解されないままであった．アフリカ大陸は人口密度が比較的低いにもかかわらず，大陸全般に建築学的に密接な関係が見られ，このことは他のどの大陸よりも顕著である．アフリカに存在する1500以上の民族はこまかい差異は別として，総体としてはそれぞれ独自の共通性のある物質文化をもっている．アフリカの家屋を理解するためには，その建築方法や材質を見るだけでなく，その建物が周囲の景観とどのようにかかわっているのか，あるいはそれを建てた人々の必要や信仰とどのようにかかわっているのかについても着目することが重要となる．しかしながら，アフリカに見られる信仰や習慣が多種多様であるため，全体としてのアフリカの建築について述べることは困難である．にもかかわらず，共通の特性を手がかりに，アフリカの建築を創造する姿勢についていくつかの一般化を行なうことは可能である．

　アフリカ社会においては，世代をこえてその生活様式を永続させていこうという理念は根本的なものであり，全体的な文化遺産は世代から世代へ口伝えで引きつがれていった．このことは，そこに何の変化も起こらなかったということを意味するのではなく，社会的・経済的変化は，本来保守的である体系の中にたくみに組みこまれていったのだということである．こうした状況の下で，建築は居住の問題に対する集団の解決法となり，それぞれの世代において，共同で考えられ，強化されていった．家屋はそこにすむ人びとの社会的・経済的生活様式によく調和しており，人びとは，そこにすむ全員の目的にあうようにみんなで協力してそれを建てた．

　住居の建築は，家族の主要な定期的な仕事であり，その建造と仕上げには大きな労力が費やされる．実際，伝統的なアフリカ社会では，住居は大きな政治的意味をもっていたといっても過言ではない．誰もが自分の家をもっており，それなしですごすことはできなかったし，人びとは，共同体へのアイデンティティを外に示すシンボル，あるいは明示であるが故に，自分の家にすむことを誇りとしていた．多くのアフリカ社会では，不当に成功したものは疑惑の的になるということから，改革よりは同調に力点がおかれていた．しばしば，ウシや収穫物の形で財をなそうという野心よりは，気心が通ずることや平等であるということに価値がおかれた．多くの社会で，呪術への恐怖がこういう理念を守ることに役立ってきた．したがって，家に金をつぎこんだり，富をひけらかす手段として利用することなど考えもしなかった．その結果，大半の家はよく似ており，ちがうとしてもそれは質的なちがいではなく，大きさのちがいがいくらいである．こうして多くの村は，同じような住居の集まりであり，その住居は同じような建物の集まりである．どこである家の境界が切れ，隣家がはじまるのかを説明するのがむずかしいほどである．

　ヨーロッパや北アメリカでは，ひとつの家はひとつの屋根の下にあるのが一般的だが，アフリカにおいてはそうではない．普通家は，同じような建物の集まりであり，それらはつながっていたり，まわりをへいや壁でかこまれたりしている．それぞれの建物は，屋敷の中において，台所とか，寝所とか，物置きとか，それぞれきまった目的で建てられており，あたかもわれわれの家における個々の部屋と同じような役割りをもっている．一見したところ，ひとつの屋敷のなかの建物はみなよく似かよっていて，どれが寝るための建物で，どれが物置きなのか，外ではみな同じに見える．屋敷の主人が使う建物も，しばしば，別に他にくらべて念入りにつくられているわけでもなく，大きいわけでもない．ときには，穀物倉や家畜小屋が屋敷のなかで一番大きい建物であったりすることもある．西欧の世界では多くのところで，建物を子孫のために建て何世代にもわたって維持していこうという考えがある．アフリカのほとんどの村では，この永続という特別な考え方をとらない．家が目的に合わなくなったり使いにくくなったときに，自分の都合に合わせて建て直すことは当り前のことであり，結婚，離婚，あるいは養子縁組といった家族の状況の変化に応じて，即座の対応が容易になされる．建物は，人びとが必要とするところに必要に応じて建てられた．

　土着の建築は，周囲の環境に対する正しい目くばりにもとづいて建てられているのが普通である．伝統的共同体は，自分たちの居住に対する長期的な見通しをもたなければならない．つまり，必要なものを無計画に土地から掠奪すればいいというのではなく，環境に対する損害をなるべく少なくするように，一定の量を一定の時期を選んで利用しなければならないのである．アフリカにおいては，家は社会集団の変化に応じて，少くとも世代ごとに建て直されるのが普通であった．このことは，すでに言及した平等の考え方とか，共通した建てられ方と相まって，どんな場所にでも建てることができる建物というものに深い影響を与えた．なぜなら，だれかが必要とするときにはいつでも十分な資材が手に入らなければならないからである．アフリカにおいて，どんどん生長していつも更新していくような，したがって必要なときにはすぐに手に入るような植物が，家をたてるための資材になっているということは当然といってもよい．

　多くの家が永続的なものとみなされていないことは，別に社会が不安定だとか，安全でないということを反映しているわけではない．逆に一時的な家が，いつでも建て直すことができるというところに，永続性と安全性という感覚が養われてきたのである．またこのことは，住居の問題についてのまにあわせの解決を意味しているのでもなかった．家屋のデザインは，個々の社会とその環境の必要と制約に対して非常に長い時間をかけてあみ出された解決法の成果なのである．実際に最近まで建てられてきた建物は，その形式において1000年以上も基本的に変化していないことを示す考古学的資料があちこちで見つかっている．

　最近の50年間に撮られた伝統的なアフリカ村落の写真は，われわれに過去をかいま見せてくれる．それは建物自体が古いからではなく，その配置や建てられ方が何世紀ものあいだ存続してきたからである．人が生まれ，結婚し，死ぬというように，家族の状況は年々変化するが，全体としての社会の構造と，その物理的あらわれである家や村落は変化すること

下　ムスグム族はカメルーンのロゴヌ川とシャリ川にはさまれた氾濫原の平地に住む．かれらは粘土や，時には小石を使って壺を伏せたような家を建てる．いちじるしい浮き彫り装飾は，おそらく雨によって家が侵食されるのを防いできたのであろう．これは1900年ごろに撮影された古い写真である．

アフリカの建築

下 バミレケ族の家はカメルーン西部の豊かな牧草地である渓谷の斜面に密集して建てられている．屋根が円すい形で背の高い四角い建物が，6〜8戸でひとつの屋敷を形成している．

右 マリのラッペ・ザンガの村の俯瞰写真は，個々の建物がひとつの屋敷を形成し，それが村全体をつくっている様子を美しく物語っている．多くの建物が穀物倉である．作物の成育期が短いこの地方では，食物を保有する必要があるからである．

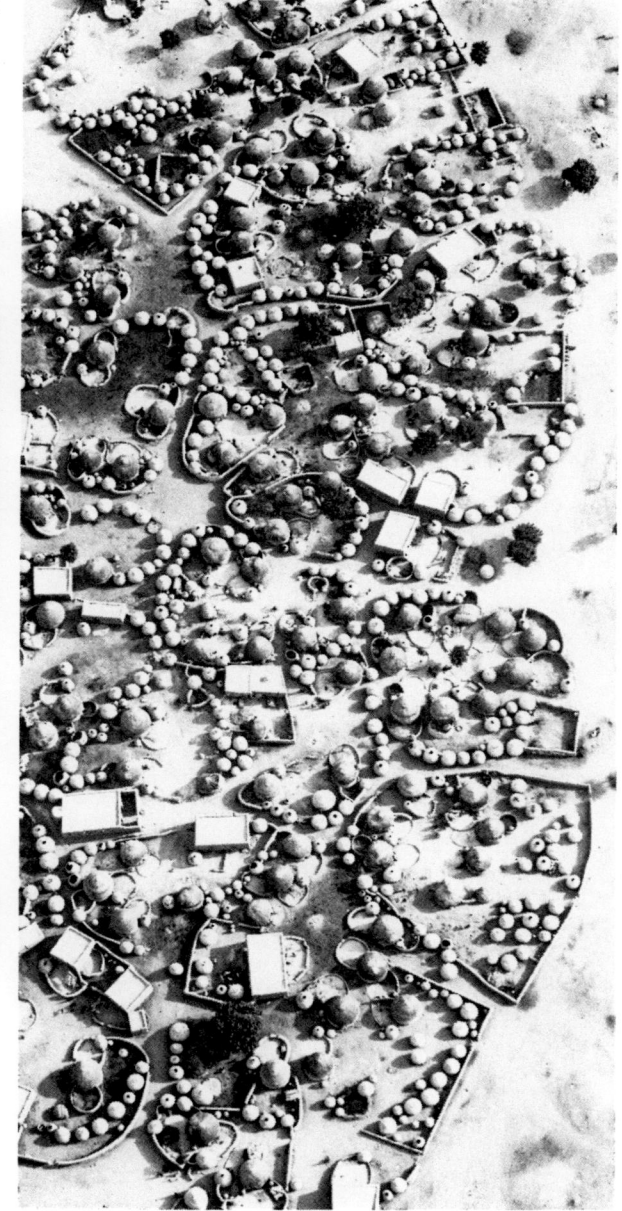

はない．伝統的なドゴン族の村はそのよい例である．ドゴンの人びとは，バンディアガラの崖の岩山に，少くともこの500年間住みついており，テレム人の直系の子孫としてその独特の建物，彫刻，織物などを，あるものは14世紀から断崖の乾いた洞窟の中に残してきて，物質文化の注目に値する継承を見せてくれる．

本質的には保守的であるにもかかわらず，アフリカの建築は生態的，社会的変化に適応する受容力をもちつづけてきた．しかし20世紀になって直面した変化は，以前のものとは比較にならないほど衝撃的で，ひきかえすことのできないものであった．多くの地域で，トタン屋根とセメントブロックが地方の建築の痕跡をほとんど完全に一掃してしまった．逆説的に，西アフリカの比較的豊な国において，伝統的建築が最もよく残されていて，粘土が比較的耐火性があるものとして，建築材に使われている．アフリカの建築物の保存は，経済成長率に左右されるよりは地方の工芸や伝統を尊重し，よく知ろうという態度の変化に依存するところが大である．伝統的なアフリカの建築は，その人間らしさと，優雅で機能的な単純さの故に，世界の他の地域において多くの関心を集める徴候を見せている．

(S. D.)

伝統的な家の諸形態

　伝統的なアフリカの家は，いくつか部屋に分れたひとつの建物であることはまれで，屋敷のなかの個々の建物が，あたかもそれぞれひとつの"へや"のような役割を果たし，このような建物，あるいは"へや"の集まりが，多くはへいや壁にかこまれて，ひとつの完全な屋敷を構成しているのが一般的である．

　これらの建物の形態は，大陸全体としてきわめて多様であって，たんに大きさや形ばかりでなく，その材質などによって，少なくとも20の異なる主要カテゴリーに分類することができる．

　ここに描かれた例は，個々の建物がひとつの屋敷を形成する様子を，一般的な個々のタイプのいくつかの事例で説明しようとしたものである．

上 南部コルドファンの丘にはヌバ族の人々が住んでいる．かれらの屋敷は，家の壁は赤じゃりを含む粘土でできており，石がまざっていることもある．壁は大きな玉石の土台の上に築かれることが多い．

普通それぞれの家は，いくつかの寝室と，作業台の役割を果たす砥石を備えた粉ひき部屋であり倉庫でもある部屋とから成り，上が子供部屋になっている．豚小屋ややぎ小屋が加わることもある．

下 ズールー族の家は，アフリカの南西部の先端の起伏のある平地に散在していた．その屋敷は左右対称的に建物が配置され，2つの同心円状の防御柵に囲まれていた．

内側の柵の中では牛を飼い，穴を掘って食物を貯蔵した．建物は内側の柵と外側の柵によって保護された．

それぞれの家は，普通それぞれの妻に1つずつ建物が与えられ，一般に入口の門に対置する第1夫人の部屋を中心に配置され，未婚の息子のための部屋と余分の穀物を貯蔵する倉庫もあった．

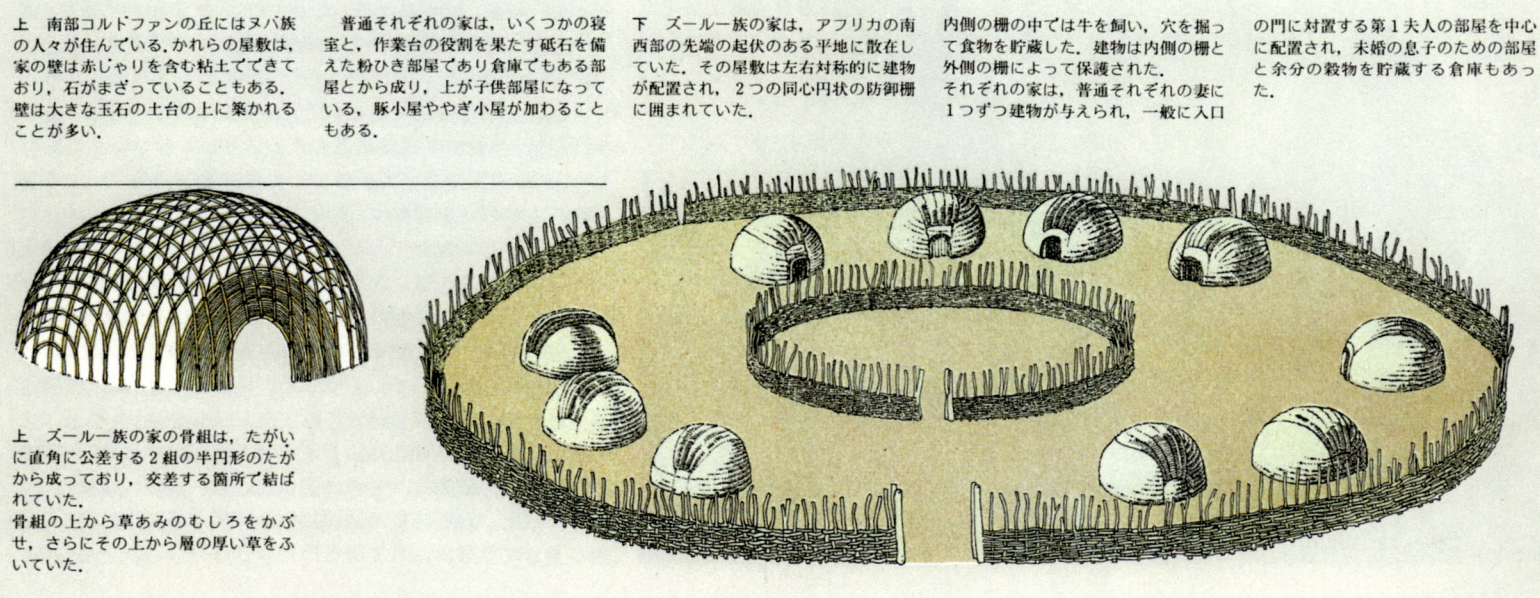

上 ズールー族の家の骨組は，たがいに直角に公差する2組の半円形のたがから成っており，交差する箇所で結ばれていた．

骨組の上から草あみのむしろをかぶせ，さらにその上から層の厚い草をふいていた．

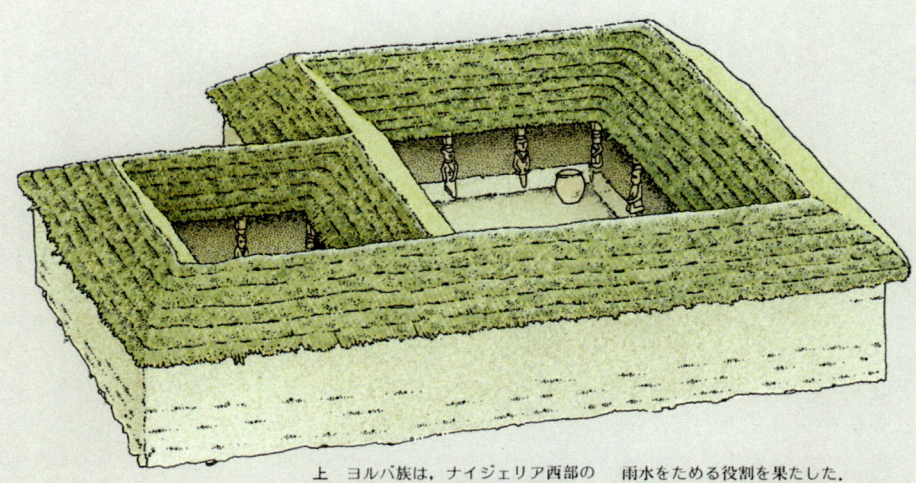

上 ヨルバ族は，ナイジェリア西部の森林地帯に密集して住んでいる．かれらの家は大きな中庭を囲むようにして建てられ，ときには第2の中庭や，直径が3mしかないインブルヴィアという小庭をもっていた．このような中庭は光や空気をまわりの部屋にとり込むのに役立つだけでなく，タンクや壺に雨水をためる役割を果たした．家の外壁はこねた土が道に沿って建てられ，中庭に面する部屋側は精巧に彫刻された柱で屋根を支えた，開かれた空間となっていた．
それぞれの家は妻たちの部屋と，子供たちの部屋，台所，倉庫から成り，都市部では手工業のための部屋もある．

右 ソモロ族はブルキナ・ファソ南部に住む．かれらの多層の家はいくつかの丸い建物の合体である．壁はこねた泥でできており，柱に支えられた天井と屋根はヤシの葉である．家の中心には小さな中庭がある．左端の草ぶき屋根の建物は穀物倉である．
家は，時には20ほどもの部屋からなり，妻たちにはそれぞれ1室と台所が与えられる．また倉庫，子供部屋，穀物倉，粉ひき部屋などがある．

上 ヌペ族はナイジェリアの中部のニジェル川流域とその支流の肥沃な沖積平野に密集している．村落は平野全般にさまざまな形態で散在しているが，かれらの家は平面が丸い泥の建物の集りである．家のまわりはキタンパといわれる入口の部屋をともなった泥の壁でおおわれている．その壁の内側は，普通，妻たちに1室ずつと，未婚の娘たちのための1部屋，未婚の息子たちのための1部屋，訪問者のための内側の入口の部屋，家畜小屋，そして穀物倉（図中で，土台石の上に建っているいくつかの小さな建物）とから成っている．

右 アサンテ族はガーナ南部の森林地帯に住む．かれらの家は伝統的にひとつもしくはそれ以上の中庭を囲んでいる4つの部屋から成っており，それぞれの部屋はその角が短い壁でつながっていた．壁はこねた泥でできており，木製の骨組で増強されていた．部屋の中庭側は開かれたままか，泥のしっくいでおおわれたヤシの葉の柱で部分的に囲まれていた．
多くの壁と柱は入り組んだ浮き彫り模様で飾られていた．このような壁の細部は右のようなものである．

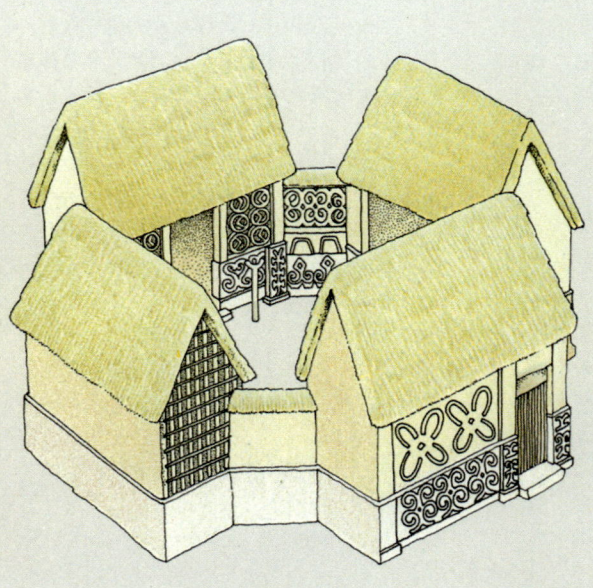

アフリカの美術

多くのアフリカ美術に関する本や，現在美術館で陳列され人目をひいている多くの作品に親しんでいるとはいえ，その創作と利用については，まだ見つけ出されなくてはならない多くのものが残されている．ふつう一般にアフリカ彫刻といわれているものの共通する特徴は，その非抽象的な形ということにすぎない．彫刻は木だけからでなく，鉄，真鍮，テラコッタ，石，土や皮でおおった籠，象牙や布からもつくられ，彫像，人形，仮面，腰掛け，枕，鉢などのさまざまな形態にわたっている．

伝統的なアフリカ美術の創造のかげで，それを推進しているものは，それをつくり出したコミュニティと結びついて，はじめて理解できるものである．実際アフリカの人物像は，それをつくり出した個々のコミュニティの顔と考えられるほどである．彫刻のあるものは，精霊の世界のみに見せるためだけつくられたし，またあるものは，女たちの目には触れないようにされたうえに，使われない時，たとえば儀式と儀式の間には垂木の間に隠されたか，あるいは入会していない者や外来者は入ることのできない聖堂に安置された．舞踏用の仮面の多くは，動いている時には断続的なたき火の燃えている中で弱い光を受けた深いくぼみとそれと強い対照をなす平らな面によって，薄暗がりの中で揺れてみえるようにつくってある．美術館の明るい光のもとで動かずに置かれてしまうと，これらの仮面は本来の姿を失い，力を半減させてしまう．

アフリカの美術は本質的にコミュニティの芸術であるので，彫刻のとる形態とは，まったくつくる人々に個有のものである．それらは，芸術家とそのパトロンの両方に知られ理解される形態という言語を使っている．たとえば彫刻家は，思いつくままに自分の感情を表現したリインスピレーションを用いたりする個人ではない．むしろ，美術は，コミュニティに密接に組みこまれているだれかによって，コミュニティの必要を満たすためにつくり出されるのである．とはいっても，芸術家の仕事が単に摸写であるというわけではない．逆に芸術家は，コミュニティに認められた枠組みの中でなら，自在に自分自身の工夫をひろげてゆくことができ，その作品は喜んで受けいれられることもあるかわりに拒まれることもあるのである．

この，形態に対する枠組みというものは，しばしばつくり出された当のコミュニティの中でのみ重要である，というだけで，近隣のコミュニティにとってはほとんど意味をもたないということがある．このように，美術はそれぞれのコミュニティの内部における結合力となっていて，コミュニティの帰属意識を独特の言語を用いることによって強化させているものなのである．それゆえに，アフリカの彫刻を他の文化の基準によって評価すると誤解が生じるのである．たとえば，チョクウェ族の，口を半開きにした，歯のとがった彫刻がある．そのきれいにとがらせた歯は，チョクウェ族の美しさのしるしであるにもかかわらず，西洋の観察者からはよく「どうもうな」とか「残忍な」と見られてしまうと言われている．同様に，躍動性や動きといったものは多くのアフリカ人の彫刻家にとっては，バランスのとれた作品の中でのみ存在すると考えられている．これは，線を中心とした正確な対称をなすことであり，西洋の観察者はこれらを最も静的な彫刻であるとうけとったのである．

アフリカにおいてはある意味で，すべての美術が機能的である．とはいえ，適当な裏づけがなければそれを眺めただけで，ある彫刻がもともと何に使うためにつくられたのか，生者を楽しませるためなのか，死者を鎮めるためなのか，あるいはその両方なのかを語ることは不可能であることが多い．ヨルバ族の間では，聖堂と王宮とに見られるよく似た彫刻は，まったく異なる機能をもち，前者は精霊を讃えるためであり，後者はオバ，つまり王を讃えるためのものである．どんな場合でも，ある彫刻作品のもつ重要性はそれ自体にあるのではなく，それの置かれている場所，それを所有している人，その使われ方によっているのである．いくつかの社会においては，彫刻家が仮面をつくってからその持ち主か守護者が彩色をするか，または，食物や油を継続的に供えることによって，仮面が生命を得るための力をもつようになるのであり，そのようにされなければ意味をなさない．他の場所においても仮面の意義は，それが人から人へと譲り渡されるたびごとに変わり得る．

現在博物館に保管されている膨大な数の彫刻のほとんどは，アフリカ西部と中部から来たもので，東部，南部のものは比較的少ない．こうした分布の確かな理由はいまだによくわかっていない．熱帯雨林と，森林の周辺のサヴァンナ林の定住農耕者は，他の地域の牧畜民や農牧民とはちがい都合のよい材料（十分に大きい木片）が手に入りやすく，また主な彫刻作品の発達と保存を促すのに都合のよい政治組織をもっていた，とよく言われる．しかし世界の別のところでは，牧畜民は非常に豊富な彫刻製作者となる．もう一つの要因は西アフリカ，中央アフリカの高い人口密度であろう．彫刻の伝統といったものはどれも人口密度の低い地域よりも，高い地域の方がずっと数多く作品をつくり出しているであろうと考えられる．第3の重要な点はアフリカ東部と南部でつくられたものは，考えられているほど少なくはなかったであろうということである．最近マラウィで行われた調査では，以前にはまったく彫刻作品がないと思われていた地域から，数個の興味深い仮面を紹介している．

しかしながら一般に政治制度，居住様式，社会組織が何人もの彫刻師を成功させ，小さな地域の中でパトロン目当てに競争させるような地域から，すばらしい作品は生まれてくるのである．西ナイジェリアのヨルバ王国，ザイールのクバ族，西カメルーンのバムン族はその典型的な例である．どの彫刻家も，一般に受けいれられているコミュニティの形式への適合といったレベルを脱している．最も成功した者はより多くの手数料を得て，その技術をさらに完成されたものにしてゆく．いくつもの場所で，50年以上も前の彫刻師の名が現在でも知られており，その技術も記憶されている．たとえば，ドゴン族やティヴ族の間では，彫刻は素人によってつくられる．ある例では，ある彫刻師の成功はコミュニティの領域をこえ

下　この細長いノクの頭像は，ナイジェリア北部のカツィナ・アラで発見された．この名前はすずの採掘中に，同じような自然主義的なテラコッタ彫塑が発見された村の名からとった．「ノク文化」は，今では前200年ころだったと考えられている．

右　このようないきいきとした白い顔の仮面は，ザイールのババナ族や，その近くの諸族によってつくられる．顕著な特徴は，高く3つに編み上げた髪型と，閉じた眼，額とこめかみにしるされた傷痕である．仮面には，竹馬に乗って踊ったりする踊り手を完全におおってしまうための，縞のついた布がつけられていた．若い少女の精霊を表現していたと思われる．

下　ザイール北東部産のマンベツ族の壺．マンベツ族は身体装飾で名高く，それはこのすばらしい，人間の型をした壺にも反映されている．

83

アフリカの美術

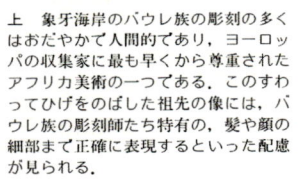

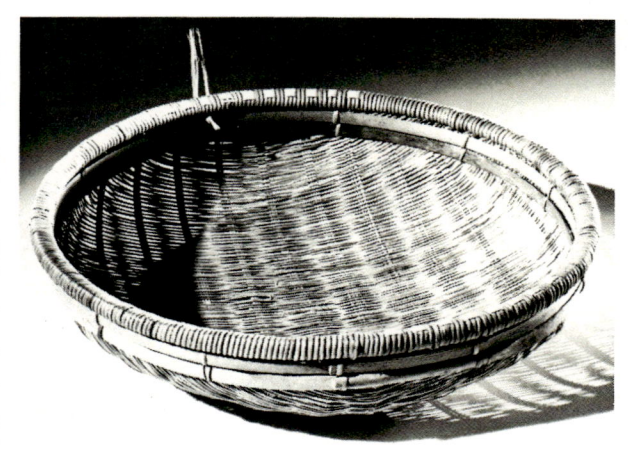

上　象牙海岸のバウレ族の彫刻の多くはおだやかで人間的であり、ヨーロッパの収集家に最も早くから尊重されたアフリカ美術の一つである。このすわってひげをのばした祖先の像には、バウレ族の彫刻師たち特有の、髪や顔の細部まで正確に表現するといった配慮が見られる。

右　ここに選びだした籠は、タンザニア産とナイジェリア産のものだが、アフリカ中の市場で売られている籠を代表している。
中列の上より：大きな編籠．ナイジェリア、アダマワのもの．この籠は頭で運ぶためのもので下に底がつけられている．
枝編みの食物用の籠・ナイジェリア、カファンチャンのもの．巻いた脱穀用の籠．タンザニア、ニャムウェジ族のもの．
挽いたココナッツを入れる枝編みのざる．タンザニア、スワヒリのもの．
右列：よりあわせた食物覆い．ナイジェリア、ボルヌのもの．よりあわせた籠．タンザニア、ポゴロ族のもの．編んだりよりあわせたりしている保存用の籠．タンザニア、ニャキュサ族のもの．

下 ナイジェリア産の彩色されたひょうたん．ひょうたんは，垣根や星根の上や作物のあいだに植えられている，つる性植物である．切って乾燥させて，いかだ，食器，楽器のサウンドボックスとして使われ，ここに示されているようにさまざまに彩色されてる．

てひろがり，たとえば仮面などは，彼から買われてそのため特別なデザインもされていないような儀礼に使われることもある．鋳物や彫刻の交易も知られていなかったわけではなく，王位のしるしとしての贈物はどの支配者にとっても共通であった．多くのアフリカの帝国は，中央集権的な統治者の政治制度と同様に，文化を支える首長をめぐって組織されている．ガーナのアサンテ族が，その背景地域に与えている文化的影響が良い例である．金，宝石，ケンテ絹地，金の柄の剣は，近隣の諸集団の首長にひろがっている．

アフリカ美術を，歴史的次元から研究することはたいへん難しい．100年以上もたつ木彫は非常にまれである．私たちが手にすることのできるような歴史を経た資料は，鉄，テラコッタ，象牙，石でできた物である．とはいっても，ナイジェリア産のテラコッタの彫塑は，2500年もの間にわたっているので，非常に長い期間のとてもよい形態発展図を与えてくれる．人物彫刻の多くはすばらしいものである――ノク族，イフェ族のテラコッタの頭・全身像，ベニン族，イフェ族，イボ・ウクウ族のブロンズ，ベニン族，アフロ＝ポルトガル人の象牙．しかし，もちろんこれらは生産全体の中の，恣意的な一部であり，全体を代表しきれない一部分である．最初のノク族のテラコッタや，イフェ族，イボ・ウクウ族のブロンズのいくつかは，偶然に見つかったものである．数多くの断片が地上で見つかったが，明らかにその場所は作品のつくられた場所からは遠く離れていた．初期の資料の多くは，生産の中心地や生産した社会とは結びつけられないまま，本来の用途はいまだに明確ではない．

彫刻は，経済的には2次的な重要性しかもたない．これとは対照的に，壺，宝石，織物，籠，鉄製品は非常に重要性があり，市場で交易される．それは，必要物以上の余剰をもつからか，専門的な職人によって売買のためにつくられるからかのどちらかの理由による．専門の陶工によってつくられる土器は，時として非常に広い地域で売られている．キシ族の壺はタンザニア南西部全域で有名である．薄く焼かれ，赤味がかった彩色をほどこされたこうした土器は，作り手によってマラウィ湖を船で運ばれる．カメルーン南部のバメッシ族の女の陶工は，そのあたりでは事実上の専売権をもっているし，またブラック・ヴォルタ川のデガ族は，最も優良な粘土の地層を自分たちのものとしていて，土器をガーナや象牙海岸の広範な地域で交易している．

市場へと向かう馬の背や，ニジェル川の舟に積まれたひょうたんの束はよく見られる光景である．仕上げをする前の（乾燥させてはあるが，装飾してない）ひょうたんは広く交易されている．貯蔵，運搬，濾化のための籠はアフリカ全土の市場で売られ，曲げる，編む，巻く，または，小枝編みにするといった，あらゆる技術を見ることができる．西アフリカや中央アフリカでは布商人が，たとえばヨルバ族の細縞の布を北へ，ハウサ族の絞り染めの布を南へと，地域を交差して運んでいる．サハラを横断する工芸品の交易はすたれてきたかもしれないが，他の地域では改良された道路によって交易の速度が速められた．たとえば，手織りの染めた布は，いまでも機械織り商品に，十分対抗している．

現在では，個々の芸術家が20世紀のアフリカのシーンの一部分を形成しつつある．ナイジェリアでは，1960年代に頭角をあらわしてきたオショボの町出身の美術家グループが，民話に主題を取っているアルミの打ち出し細工のような，伝統的技術の応用についての実験を行っている．ナイジェリアの別の地域では，木彫師が教会や世俗の建築物のための飾り板や扉や彫刻をつくることが奨励されている．タンザニアでは，フランシス・ムサンギの繊細なリノ・プリントが マコンデ族の美術家たちのつくった，旅行客に売られる力強い彫刻と，好対照をなしている．どこでも美術家たちは，自分たちの求める軽便で充足した美術といったもので，海外やアフリカの都市などにおいてパトロンをもちはじめている．しかし，こうした作品も共通の技術，背景，題材や，現在ではアフリカの作家たちによって書かれている民話を表現することによって，伝統的な美術家たちの彫刻と結びついているまぎれもないアフリカの彫刻なのである． (S. D.)

上 ピグミーの森の中の白い狩人．グワッシュ画法で板に描かれたもの．これはナイジェリアの伝説を新しい技法で解釈し，1960年代に有名になったオショボ族の芸術家のうち最も高名な双子"セヴン―セヴン"の手によるものである．

左 この洗礼盤は，最近キリスト教の主題を解釈するための技能をふるうことを奨励されているヨルバ族の彫刻師の1人，バンデレが彫ったものである．かれはこれを大きな太鼓のように考えていたらしい．

ナイジェリアのブロンズ像

　ナイジェリアのブロンズの鋳造の歴史について，完全に，あるいは確実に書くことはまだ不可能である．現在知られている作品群のうちの多くは，偶然に発見されたもの——1939年に発掘された，イボーウクウの埋蔵物や，1937年にイフェの王宮の近くで発掘されたイフェのブロンズ——であり，全製作品の一部を代表するものでしかない．新しい発見の機会があれば，見通しはまったく変わってしまうかもしれない．

　ほとんどのナイジェリアのブロンズ像は，失蠟法によってつくられている．ロウ，またはラテックスでできた型を，鉄のピンできちんと固定された日乾しの粘土の2つの層の間にはさむ．ロウ，またはラテックスは溶けて流れ，溶けたブロンズがかわりにそこにつまる．

　ブロンズの鋳造は多くの産出の中心地があり，最も多作だったのは，王の特権で16世紀から19世紀まで存続していたベニンの宮廷であった．それより北のイフェでは，おそらく12世紀から，オニス（首長）を記念するために，すばらしい自然主義的なブロンズの頭像や全身像がつくられていた．そして，それはもう一方のテラコッタとともに，1000年も前のノクのテラコッタ彫塑から続いている特徴的な感覚を示している．

　他の生産の中心地は，おそらく，イジェブの周辺のニジェル川下流，オウォ，またティブ族とジェクン族の間，そして近年は，アダマワ周辺ということになろう．　　　　(S. D.)

下　このブロンズの燭台は今世紀初頭につくられたものである．てっぺんの平らな部分から出た小さな突起と芯に火をともしたのであろう．ティブ族は現在もすばらしい鋳物工芸をもっているが，通常は小さなブロンズしかつくっていない．

下　オボニ・エダンの杖は，ふつう大地の精霊を表した男女の1対であり，それぞれの頭の先についた鎖でつないである．これはイジェブの中にひろがるオシュボ・オボニの儀式に用いられる．

下　ベニン市は，15世紀までニジェル，デルタ西部の森林地帯にあった強力な国家の中心であった．17世紀のオランダの地理学者オルフェルト・ダッペルは，その宮殿について「銅でくるんだ木の柱があり，そこにはかれらの栄光が表現されている」と記している．これはそういった柱の飾り板のひとつで，木の葉や花をあしらい，狩人と豹を様式化したものである．

右　これもやはりべニンのもので，このみごとなヒツジの頭の飾りは17世紀に首長がベルトにつけていたものであると思われる．

右　ベニンのブロンズの鋳造はオバの特権であり，何世紀にもわたり発展してきた宮廷形式は，外部との接触がなかったために，ほぼすたれてしまったと考えられる．この少々ぎこちない騎馬像は17世紀のころの中期のものである．馬に乗った人は積み重なった羽根を形どった精巧な頭飾りをつけている．

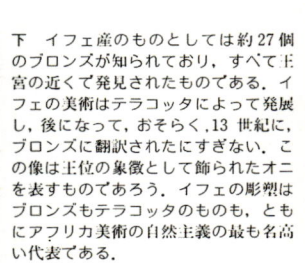

下　イフェ産のものとしては約27個のブロンズが知られており，すべて王宮の近くで発見されたものである．イフェの美術はテラコッタによって発展し，後になって，おそらく，13世紀に，ブロンズに翻訳されたにすぎない．この像は王位の象徴として飾られたオニを表すものであろう．イフェの彫塑はブロンズもテラコッタのものも，ともにアフリカ美術の自然主義の最も名高い代表である．

上　ここにあるように，鼻の穴から蛇がうねり出ているグロテスクな顔をしている小さな仮面は，ベニンでは尻飾りとして腰からつりさげて，宮廷衣装とともに身に着けられた．

右上　この小人像はベニンで見つかったものの中で最も自然主義的な作品のひとつであり，16世紀ごろの自然主義初期のものである．これは，ブロンズ鋳造の技術がそこから派生したとされているイフェの伝統形成と類似している．

右　これはおそらくニジェル川の下流域でつくられたであろうと考えられている，流動的な形式のブロンズの作品群のうちのひとつである．獲物アンテロープを肩にかつぎ，右の足のそばに犬をつれて家にもどる狩人を表している．

木彫りの傑作

　今世紀の初めに、ピカソやマチスやその同世代人たちに「発見」され支持されて西洋美術の舞台に飛び出したために、アフリカ彫刻は美術館や個人の収集家によって貪欲に収集され多くの誤解も受けてきた。その社会や、それをつくり出す態度といったものを理解せずに、いわゆる「野獣派」、「キュービズム」、「プリミティヴネス」などといったかたちで評価されてきた。しかし、最近10年間に彫刻の用途や出所と同様に、さまざまの地域の個々の彫刻家の名前やスタイルについての綿密な調査によって、こうした態度も大きく変化しはじめた。これはまた、アフリカ美術が西洋美術と同じ分析技術をもって解釈することが可能である、ということを示すことにもなる。これからの10年間には、アフリカの木彫りの歴史的展望についての、より深い理解をもたらす、より多くの情報が収集されることが期待される。　　　　　　　　(S. D.)

左　エコイ族の彫刻師によって彫られたこれらの小さな像は、皮でおおわれている。このような小さな像に見られるような、皮でおおった木製の仮面の製作は、ナイジェリアとカメルーンの国境のクロス・リヴァー地域に集中している。この仮面は、成員によってさまざまな儀礼や祭儀が行われている結社のものである。使用する前には、仮面は常に油でみがかれ羽根や羽軸によって飾られる。

右　チョクウェ族の美術は16世紀に発展した。アンゴラの中心部の大きな首長国で栄えてきた。1878年に製作されたこの像は首長チビンダの彫像である。大きな逆立った髪形と誇張された手足は、明らかにかれらの権力と勢力を反映しているが、これは多くのチョクウェ彫刻の特徴となっている。

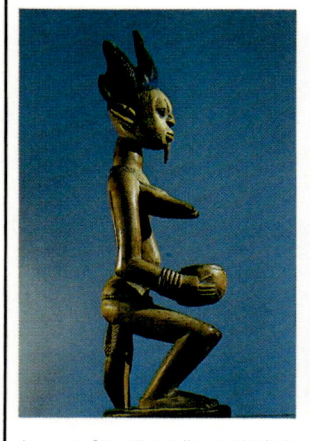

上　ヨルバ族は最も多作な彫刻製作者である。多くのものはこの作品のように、彫刻された供え物の形をとり、聖堂の飾りとして、主要な神々の儀礼のためにつくられる。

上　マリのバンディアガラ断崖の乾燥した洞窟に保存されていたドゴン族の彫刻は、アフリカに残されているものの中で最も古い木彫として知られている。中には炭素測定法によると後1400年ごろのものとされるものもある。

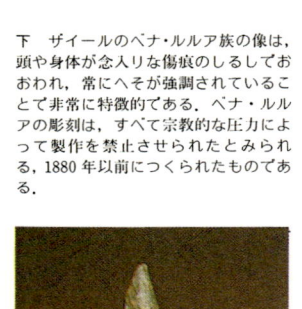

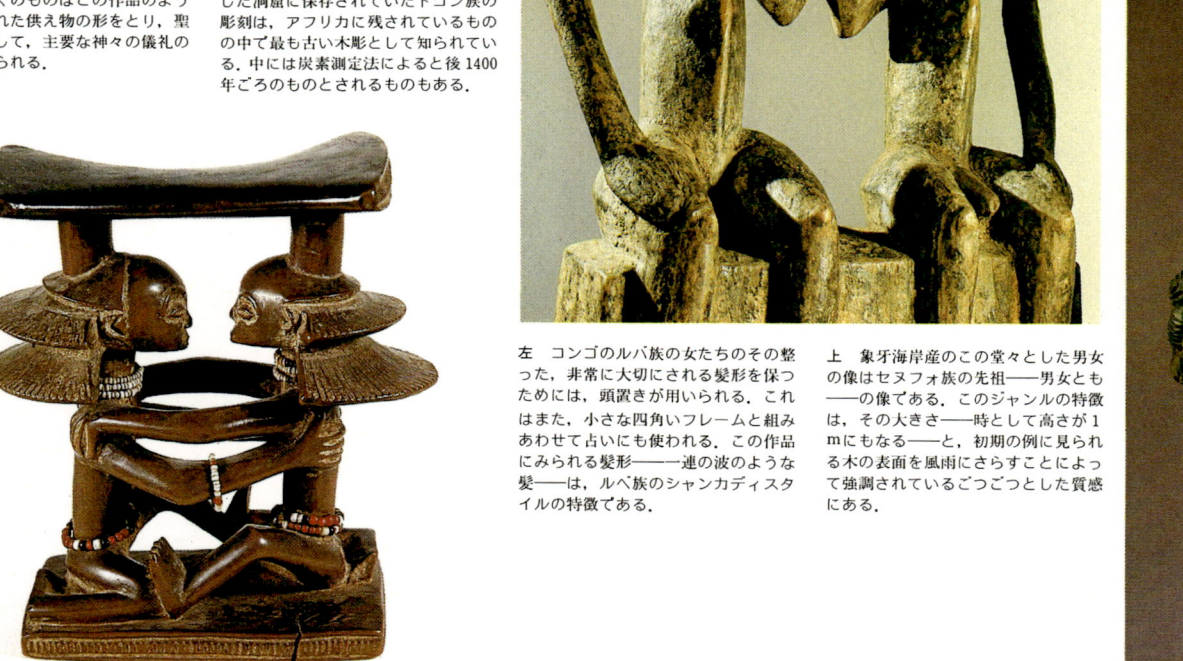

下　ザイールのベナ・ルルア族の像は、頭や身体が念入りな傷痕のしるしでおおわれ、常にへそが強調されていることで非常に特徴的である。ベナ・ルルアの彫刻は、すべて宗教的な圧力によって製作を禁止させられたとみられる、1880年以前につくられたものである。

左　コンゴのルバ族の女たちのその整った、非常に大切にされる髪形を保つためには、頭置きが用いられる。これはまた、小さな四角いフレームと組みあわせて占いにも使われる。この作品にみられる髪形――連の波のような髪――は、ルベ族のシャンカディスタイルの特徴である。

上　象牙海岸産のこの堂々とした男女の像はセヌフォ族の先祖――男女とも――の像である。このジャンルの特徴は、その大きさ――時として高さが1mにもなる――と、初期の例に見られる木の表面を風雨にさらすことによって強調されているごつごつとした質感にある。

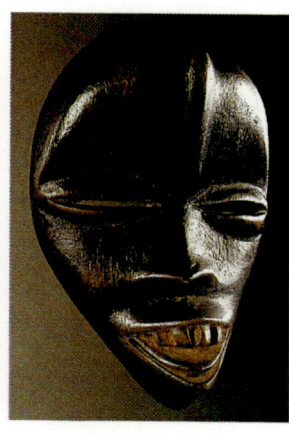

左　リベリアのこのダン族の仮面は，成人式の若者たちを教育するために使われてきたものであろう．ダン族では，仮面の外観が，必ずしもその使用のたしかな基準とはならない，というのは，仮面は動きの中で意味をもつのであり，ある行動から他の行動が引きおこされるものだからである．この仮面は，男の結社ポロの成員たちによっても使用された．

右　西部や中央アフリカでつくられた彫刻の数やその豊富さとくらべると，南アフリカでつくられたものはほとんど目につかない．この作品はソト族の彫刻師のつくった数少ない例で，杖のにぎりである．

上　頭おきは枕としても使えるようにデザインされている．このようにして巧みな髪の装飾を保護している．南西タンザニアのこの例は，ちょっと変った彫刻で飾られている．

下　これはザイールのバルバ族の首長のスツールであり，その女人像柱の顔のディテールは「ブリの顔の長い親方」に彫られたものだ，と言われている．この女人像は髪形と傷痕が完全な正確さで彫られており，物理的にも隠喩的にも，首長を支えているシンボリックな先祖の姿のようであり，また支配する家族が奴隷を椅子として使う，バルバ族の習慣を表しているようでもある．

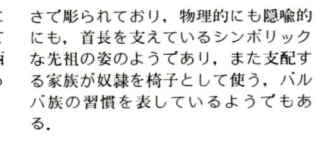

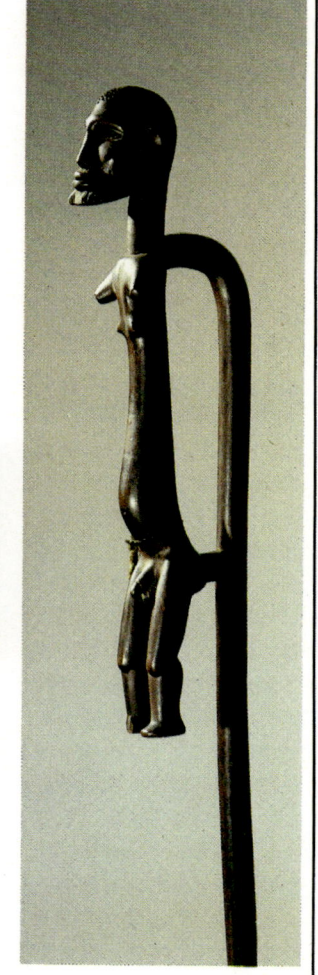

上　この象牙海岸のセヌフォ人の騎馬像は，精霊の世界へのメッセンジャーとして，占いの専門家たちによって使われる神，バンデグエーレを表している．

アフリカの音楽とダンス

　厳密な意味でアフリカの音楽とダンスということばは，今日もっぱら南西端のコイサンの人びとを含む，サハラ以南のアフリカ人の音楽文化をさすのに用いられている．古代のブラックアフリカの文化圏は，もっと北方へひろがっていたことはサハラの岩壁画を見ても明らかである．今日の北アフリカの音楽文化は，基本的にブラックアフリカのそれとは異なっており，アフリカ型の地域よりはアフロアジア型地域に属している．同じように，南部アフリカのヨーロッパ人植民社会の音楽やフォークダンスは，アフリカの音楽とダンスという分類の中には含まれない．

　このように定義すれば，アフリカはアラン・ローマックスによるつぎのような歌謡形式に分類される．すなわち，西スーダン，赤道バントゥ，アフリカ狩猟民，南アフリカバントゥ，中央部バントゥ，北東バントゥ，東部スーダン，ギニア湾沿岸，アフロ・アメリカ，イスラム教スーダン，エチオピア，上部ナイル，マダガスカルである．アフロアメリカ地域が含まれていることは，ブラックアフリカが，アフリカ人のディアスポラを含んで文化的にひろがっていると考えられていることを示す．ヨルバやフォンなどのギニア湾沿岸の，あるいはコンゴ／アンゴラ地域の，そしてより限定されてはいるが南東アフリカなどの音楽文化は，新世界のさまざまな分野にひろがりをもっている．しかし，アフロアメリカ音楽のさまざまのタイプの中のある独特の様式の要素と，ブラックアフリカにおけるある地方特有の様式の要素とが正確に関連づけられるようになったのは，ごく最近のことである．たとえばポール・オリヴァーは，ブルースのルーツを西アフリカ沿岸の後背地である広大な西スーダン地域に結びつけた．

　北アフリカとブラックアフリカは，異なる音楽的伝統にあるにもかかわらず，双方のあいだにはかなりの歴史的な相互影響や通文化的接触が認められる．交易，奴隷，イスラム文明は，ブラックアフリカの広い地域においてアフリカ音楽のイスラム化を生じさせたし，またモロッコ南部など，北アフリカのいくつかの地域において，ブラックアフリカ音楽の強い衝撃は特色ある影響をのこした．イスラム圏スーダンはイスラム化された音楽地域のひとつである．東アフリカではアラブやイスラムの影響を示す音楽様式がかなり内陸部において，たとえばインド洋沿岸部のみならず，内陸のウガンダ南部でさえ見られる．アラブからもたらされたある種の楽器もまた内陸部でも見出すことができる．一弦の弦楽器などがその最もよい例であろう．他方，ブラックアフリカの広範な地域は事実上アラブやイスラムの影響をうけていない．中西部アフリカに見られるダンスと音楽が組みこまれた，少年の伝統的割礼儀礼における修業は，ブラックアフリカで独自に発達してきたものであって，イスラム教の慣習とはもともと関係がない．

　大陸のさまざまの地域におけるアフリカの音楽とダンスが，歴史の中でたえず明白な変化を経てきたことは今日では広く知られている．現在伝統音楽とよばれているものも，何世紀も前にアフリカの音楽とされていたものと，おそらくずいぶんちがっているであろう．また，いかなるアフリカ音楽も，民族音楽がもつような意味で民族的であるわけではない．音楽の様式や特色が，それほど厳密に民族集団と結びついているわけでもない．付け加えるならば，個人的様式や創造性をもった，個々の音楽家の個性がたいへん重要なのである．

　民族集団そのものは絶え間ない流動のさなかにあり，音楽の特徴や様式は民族的，言語的境界をこえて交換されていく．ザイール下流部で発明された小さな共鳴箱をもつラメロフォーン（指ピアノ）リケンベは，19世紀末にリンガラ語を話す植民地の召使いやポーターたちによって，ザイール川上流にもたらされ，まもなくンバンディ，バヤ，アザンデなどの非バントゥ語圏の人びとにもとり入れられた．リケンベの音楽は，西バントゥ諸語を話すアフリカ中央部からのはっきりした様式的特徴を示しつつ，かつしだいに個々の地方の音楽様式にあわせて修正されていった．20世紀はじめには，リケンベの分布圏は広くウガンダ南部にひろがり，ナイル系のアルール，アチョリ，ランギ，さらにウガンダ北部のバントゥ語族のソガ，グウェレにとり入れられ，のちにすばらしい作曲家や演奏家を生み出した．中央アフリカ西部でもリケンベは徐々に南へひろがり，カサイ（ザイール南部）からアンゴラ東部へ，さらに1950年代にはアンゴラ南東部のコイサン語族のクンにまでとり入れられた．この事例は，分布状況はきわめて早く変化することを示している．それゆえ分布図は，比較的短かい期間の中で選び出したデータにもとづいており，ある期間に限って有効であるが，それでも断片的でこみ入った図になるかもしれない．

　しばしばきわめて離れた地域がよく似ていたり，あるいはほとんど同一の特徴を示すことがある．その一方で，近接した地域が同時に様式面で異なっていることもあり得る．コートジヴォワールのバウレの等距離七音階トーンシステムは，その中の3和音における多部合唱形式が，たとえ同一とはいえなくても，アンゴラ東部のンガンゲラ，チョクウェ，ルヴァレ語族の人々の多部合唱形式にたいへん近い．このことは，両文化からの資料提供者によってただちにわかる．なぜそうなのかは謎である．2地域は多部合唱に対し異なったアプローチをとる，いくつかの国ぐにによってへだてられている．もうひとつの歴史的謎は，モザンビーク北部マコンデやマクワの人びとや，コートジヴォワールや，リベリア（とくにバウレやクルの人々）のあいだに，ほとんど同一の木琴演奏法やその楽器が存在することである．バウレのジョモロやマコンデのディンビラは事実上同一の楽器である．

　異なる種類の〝伝播主義者〟の理論は，このような謎を解く方法を提供してくれる．その一例として，アーサー・M・ジョーンズは，紀元のはじめのころの東・中央・西アフリカのある地域におけるインドネシア人移住者の存在をあげ，かれらが木琴や東南アジア独特の音調システム（五音階，七音階，ペロッグ・スケール，九律七音階）を紹介する役目をしたのではないかということを示唆している．一方，民族史家は沿岸航海の重要性を，アフリカ人はヨーロッパ船に雇われ，あるいはむりやり労働力として乗せられたと同時に，文化接触の使者の役目も果たしたことを強調する傾向がある．

対面ページの写真　ひょうたんホルン・コンボの合奏はスーダンのナイル系諸族の音楽文化の有名な1光景である．これは1950年代末にとられたものであるが，この写真は狩猟民たちが，ウガンダ・スーダン国境の北部カラモジャのロイタニット・ロックとして知られる場所での，集まりにより出されているところである．

上の写真　アフリカ音楽は，その起原にある社会的背景をぬきにして，今日ますます公的な実演や演奏会の形で国際的な聴衆や旅行者の耳にはいるものとなっている．このガーナ人の演奏家による一弦楽器の演奏は，歴史的なサハラ交易ルートの結果としての，西アフリカにおけるアラブ的背景をもつ楽器の実在を証明している．今やそれは西アフリカのサバンナベルトのいたるところに見出せる．たとえば，セネガルのウォロフ，ナイジェリアのハウサ，ニジェールのソンガイやジェルマ，ガーナのダゴンバなどである．

アフリカの音楽とダンス

上　ンキリダンスのクライマックスで、若い男が空高く飛び上がり、それを若い女が受けとめたところである。これは実にめずらしいダンス様式で南西アンゴラのフンビやハンダにおいて発達したものである。それは女性側の強さと同様に、両方の踊り手同士の大変な正確さが要求される。

歴史的資料を明らかにせずに、アフリカの音楽史を復元しようとする試みは、きわめて推論的なものになってしまう。そのような資料は実際に期待しているよりもずっと豊富にある。しかし、それらが内部的なものか外部的なものか、つまりブラックアフリカ自身のものであるのか、それとも外部の観察者からきたものかを区別すべきであろう。最も重要なブラックアフリカの資料は、考古学的なもの（鉄器、鐘やリケンベの薄板鍵のようなもの）や岩壁画（サハラに豊富に出てくる）そして、後に現代の観察者によって集められた芸術作品などである。同様に重要なのは口頭伝承からの証言である。

最も重要な外部的資料は、訪問者や旅行者により筆記された、または絵に描かれた記録である。10世紀以降、アラブ人の旅行者は東アフリカ沿岸を訪れた。初期のヨーロッパ人の記録は、関連する音楽地域を熟知しているアフリカ音楽研究者によりいまなおくわしい評価がなされている。特殊な種類の資料は、早くからヨーロッパ人により表された楽譜である。18世紀の楽譜もいくつかあるが、19世紀のものがとくに豊富である。しかしながら、音楽教育を受けた西洋人による楽譜は、ほとんどアフリカ音楽の本質的特性をそのまま正しくは表していない。そして、おのおのの観察者に固有の音楽的背景の上にたった、また西洋の採譜法そのものに内在する文化的先入観のゆえに、事実をねじまげている。だからといってそれらの楽譜がまったく価値がないというわけではない。その楽譜からそのまま音楽をつくり出すことはできないとしても、すくなくとも旅行者が聞いたであろう音楽に近いものを再現することは、念入りな分析によって可能である。たとえば1872年、カールマウシュにより彼が大ジンバブウェの遺跡付近の村で発見したムビラ・ゼ・ムジム・ラメロフォン音調の楽譜を理解することが、同じ地域のムビラ音調の現在の形と比較することによって可能となった。

時にはアフリカの音楽や舞踊の歴史的資料がラテンアメリカの資料から間接的に手に入る。アフリカから新世界へつれて行かれた人びとは、最も典型的には内陸の後背地からやってきた。そしてアフリカの貿易商人達は沿岸のヨーロッパ奴隷商人の仲介者として活躍した。たとえばアンゴラのオヴィムブンドゥ族は、東部アンゴラからポルトガルへ戦争捕虜を売買することによって、ここに述べたような役割を果たしていた。その結果、モザンビークやアンゴラの奥地からきた人々の音楽やダンスが、18世紀、19世紀のブラジルから間接的に手に入れられるようになった。その当時ヨーロッパの観察者は、そのような奥地へはいりこめなかった。

サハラ以南のアフリカにおける現代アフリカの音楽や舞踊の姿は、さまざまな歴史的変遷、つまり生態学的・文化的・社会的・宗教的・政治的な変遷の結果である。生態学における変化は人口移動に影響を及ぼしている長期的要因である。そしてこのことが、音楽やダンスを含む表現文化の変化を引き起こすことになる。サハラが乾燥してしまってからは、人口は南方へ移動する傾向がある。最近20年間のタンザニアで、マーサイは牛を徐々にはるか南の方へ放牧するようになってきた。放牧は1977年には、サングー地方（ムベヤの東

においてもよく見られる光景となっていた．定住している人びとが新参の移住者をとり込んだ時，そこの人々はしばしば音楽様式や新しい踊り方をとり入れた．このようにしてマーサイの合唱法は，ニンドやムスニュンホ唱法にみられるような，中央タンザニアのゴゴの声楽に重要な影響をもった．

ブラックアフリカの音楽や舞踊文化の中に，ほとんど全アフリカに妥当するような特徴があるとすれば，それはある動きに対する特別なブラックアフリカの人びとの概念や態度である．その動作の様式において，ブラックアフリカは世界のいかなる他の部分の文化にも属さない．不幸にも，これについての調査研究はまだ最初の段階にある．ダンスの研究は大部分は記述的であり，ブラックアフリカに関する限り西洋の視点に立っている．そして，一般的表記法を求めた，ラバン・ベネシュ，その他の研究者の現代のダンスの記述法は，アフリカの動きの様式の情緒的構造や感情をとらえるための適切な道具ではなく，アフリカ音楽に関する西洋流の採譜法である．

ヨーロッパとアフリカの舞踊文化のひとつの基本的なちがいは，前者では体をひとつの区画の中で動かす傾向がある一方，ブラックアフリカのダンスの動きは，いくつかの，外観上は独立している肉体の範囲で区切られているようにみえることである．ヘルムート・ギュンターはアフリカとアフロアメリカのダンスを"多中心的"という言葉で特徴づけている．また，広い地域で見出される身ぶり"collapse"（虚脱？）を指摘しているし，オリー・ウィルソンはアフリカの音楽とアメリカ黒人音楽をむすびつける最も重要な特徴は身ぶり動作であると指摘している．実際，身ぶり動作の様式は少なくともその基本原理においてアフリカ文化の最も根強い特徴である．ブラックアフリカにおいては，同一の動作パターンと概念は音楽やダンスを包含している．かつてマラウイのすぐれたギタリストであるダニエル・カチャンバは「私の指はギターの上で踊る」といった．

既存のブラックアフリカの踊りの中にはひとつ以上の動きの中心があるように，楽器の演奏においてもまたそうである．音楽を生み出す過程にある統合された様式において，音楽家は音を生み出すだけではなく，彼の手指そして頭・肩・足さえ動かす．音楽は事実上動きを構成するすべてであり，そしてこれは西洋音楽にくらべて，アフリカの音楽が伝統的に表記されなかった理由のひとつである．ブラックアフリカに記譜方法がないことは欠陥ではない．それどころか，音楽をつくり出す行動の局面が，聴衆と密接に結びついているような地域の音楽文化においては，音楽を書き留めたり，"紙から演奏したりすること"（ある伝統的音楽家の表現を借りれば）はまったく邪道であろう．

映像を分析することは，ブラックアフリカのダンスの動きを研究するのに重要なことである．そして，たくさんの学者が今ではこの方法を使っている．ダウアーはいくつかのダンスの型でブラックアフリカを地理的に区分することを提唱した．たとえば西スーダン，サハラ，西アフリカ沿岸，中央アフリカのバントゥー，南部バントゥーなどで，それらはローマックスの歌謡様式による区分とかなりの範囲で一致している．ブラックアフリカのダンスを"多中心的"であると認めることは，それらのダンスの形式が異なった地域では異なる人体の部位が，ダンスの中で強調される傾向があるという観察にもとづいている．たとえば腰を突き出す動きは，南部ザイールやアンゴラ地域の特徴と考えられている．しかし，ダンスの形式の仮説による区分をこえてひろがった多くの特徴がある．たとえば，東部アンゴラの大きなンガンゲラ集団の人々の仮面ダンスでは，たくさんの異なる動きの型が同じ共同体により使われていて，そのおのおのは地方名と同一視されている．どのような振り付けを使うかは仮面の種類による．

ソロのダンス，とくに仮面ダンスでは観客にある暗号化したメッセージを伝えること，または提示することを目的とした動作もある．仮面の踊り手は仮面が代表している性格を演じ分ける俳優である．これは踊りだけでなく，パントマイム，ジェスチャー，ある特定の歩き方をも含む．

仮面ダンスはブラックアフリカで興味深い分布状況をもつ．それは，さまざまな社会的背景の中で，そしてしばしば異なる機能をもって現れてくる．分布は西アフリカや中西アフリカに広く見出せるが，東アフリカではまれであり，南部アフリカには存在しない．マコンデ，マクア，ンドンデ，チェワは仮面社会をもつ東アフリカの主な民族である．仮面が豊富な地域のひとつは，東部アンゴラのほとんど全域，ザンビア北部，ザイール南部のいくつかの地域を含む文化的にかなり同質的な領域である．チョクウェ，ルヴァレ，ルチャジ，ムブンダ，ンカンガラ，ルウィンビやその他の間では，マスクの型が豊富である．外観やそれがもつ意味にはそれぞれ特徴があり，階層秩序の中でのはっきりきめられた位置をもち，特徴ある動きのきまった役柄のジェスチャーやパントマイムをもっている．それら東部アンゴラの人々のほとんどの仮面は，先祖代々古い王室の階級を構成していた人びとを表している．王や王家の人々，官吏や従者，そして召使いや奴隷も含むすべての人びとは仮面劇の中で復活するのである．

ブラックアフリカの音楽とダンスの中にある動きの組み立ては，それぞれある"タイミングの原則"に厳格に従っている．それらは西洋の韻律システムとまったく異質なものである．ブラックアフリカのタイミングのシステムは，少なくとも4つか5つの基本的概念にもとづいている．

1. 無限に，そしてしばしば猛烈な速さで，等しい間をとりながら経過していく鼓動からなる，心理的背景の波動の総体的存在．それらのいわゆる基本的な波動は，基本的方向づけを映し出すものとして機能する．それはふつう鼓動や正常脈拍数より，2・3倍速い．

2. 音楽様式は組織的な形を与えられているが，それは様式や主題がそれらの基本的な波動から出てくる規則的な数の循環する実体を含むためである．その数はふつう8・12・16・24またはその倍数，よりまれには9・18・27が単位となっている．それらはいわゆる周期であり，その数は「形式数字」とよばれる．

3. 形式数字の多くは2つ以上の方法で区切られ，分配される．したがって，両立しない韻律が同時に存在するような組み合わせを許している．たとえば12という数はアフリカの音楽で最も重要な数であるが，これは2・3・4・6に分けることができる．

4. 同じ形式数字をもつ様式は，組み合わせてたがいに置きかえができる．それは，拍の打ちはじめの点が交差しているからである（クロス・リズム）．ある例では，それらがあまりにも完璧に交差しているために，同時に響く2音をもたずおたがいの音と音の間（インターロック）に位置している（インターロックの組みあわせ）．

いくつかの地域ではさらにタイミングの原則がある．それはいわゆるポリリズミックな時系列パターンである．大まかにいえばそれはニジェル＝コンゴ語族のクワや，ベヌエ＝コンゴ語族に含まれる地域に見出される．ここでわれわれは，

アフリカの音楽とダンス

踊りつきの音楽の多くの（すべてではないけれど）種類の中に時系列パターンを見出す．それらは短く，ふつう単音で韻律形式をとっており，しばしば鐘やびん，調子の高いドラムや，ドラムのわくをたたいたり，手拍子を打ったりする不均斉な構成になっている．時系列パターンは音楽の構造的中核をなしており，参加者（演奏者や踊り手）に対してひらかれたリズミカルな動きの可能性が凝縮され，きわめて集中された表現となっている．グループの中の歌手やドラマーやダンサーは，時系列パターンのストローク——これは演奏中ずっと一定のテンポでくり返される——を聞いて，自分の他に対する関係を知った．時系列パターンは教師から生徒へ，憶えやすいようにされた音節や話し言葉を使って伝えられていく．

音楽形式は，しばしばブラックアフリカ文化を言語に表したものとして考えられている．同じことがダンス形式にもあてはまる．たとえばおしゃべり遊びは，しばしばチャーチャーチャやカチャーカチャーカチャのような音節でもって教えられる．生徒がそれを使って遊ぶと期待される方法によっているのである．東部アンゴラにおける，リケンベも音楽伴奏のための重要な時系列パターンはおぼえやすいような決まり文句，ム・チャナ・チャ・カペクラ（カペクラの川岸の牧草地では）を使って教えられる．このような記憶するためにできた形式の構造は，演じられる形式の音色やリズムや発声法の構造を反映してきている．

(G. K.)

上　スーダンのコルドファンに住むヌバ族の少女たちが，飾り帯をつけ，非常に個別化された動きをもった伝統的踊りを踊っているところ．彼女らの体にはごま油と黄土が塗りつけられている．

真中　水面を打つことにより，南部カメルーンの少女はドラムの音に近いリズミカルな組み合わせや音をつくり出す．

真上　アフリカの音楽やダンスはしばしば様式的な労働作業と結びついている．ここでは3人のチャンバの婦人が，リズムにあわせて順々にきねをつき穀物の粉をつくる作業にたずさわっている．

左　パンパイプの演奏者が自分でマラカスをふりながら演奏しているところ．彼はジンバブウェの出身である．

楽器

　アフリカにはバラエティに富んだ多くの楽器がある。その中のいくつかは、ラメロフォーン（指ピアノ）のようにこの大陸に独特なものである。ふつう西洋で信じられているほどには、ドラムはかならずしも典型的なアフリカの楽器ではない。たとえば胴体部分が木製のドラムは、大きな木のない地域には見られない。金属音をもつラメロフォーンは、鍛冶屋が利用できる場所に伝統的に見出せる。狩猟用の弓は、ナミビアやアンゴラ南部では口琴として使われる。そこでは狩猟採集の社会的背景が強く出ている。男女共有の楽器もあれば、男専用または女専用のものもある。あるものは宗教的グループに属し、他のあるものは伝統的教育機関に使われるのかもしれない。またあるものは王室のような伝統的政治機構とつながりをもっているのかもしれない。　　　　　　(G. K.)

右　サガヤとよばれるめずらしい型の音楽用の弓はアンゴラ南部のフンビ族のあいだにみられる。音楽家のペケニーノは普通、楽器に使うための支柱をつけた狩猟の弓を使う。その支柱は、2つの長さのちがう弦から2つの基本音を出すように、中央付近で弓を2つに分けている。それらはほぼ全音間隔になっている。演奏をするには写真のように弓を口でくわえ、右手は皮の棒をもち、左手は弓を支える。演奏者は口の形や大きさをしきりに変えながら、片方あるいはもう一方の弦を打つ。奏者は歌わないが、その形づくられたメロディーは主題を暗示している。

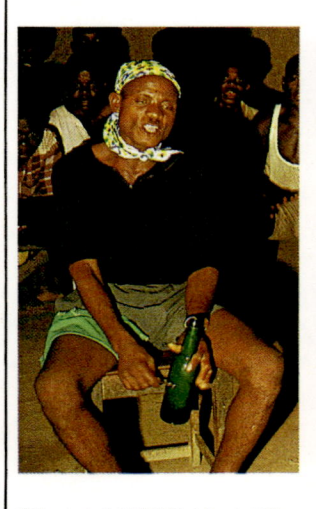

右　アフリカの伝統的楽器のあるものはだんだん少なくなってきている。マダム・ンケはオディングとよばれる横吹きフルートのカメルーン南部に残る演奏者の1人である。この楽器は女性専用である。演奏様式は、歌う声（しばしばフルートの音とは区別できない）と、息を吹いて出す器械的音の組み合わせである。演奏する前に水をフルートの中に入れる。このフルートをつくる植物はカメルーン南部には見られない。このことは、このフルートがこの地域の土着のものではないことを示している。これはマダム・ンケの義母が北方のガウンデレからもってきたものである。

真上　いわゆる時系列パターンに従っての演奏は、西アフリカ沿岸の多くの音楽に顕著な特徴である。12拍の一般的な型は、12を(×.×.××.×.××.)のように分けて打つものである。かつてダホメーの王国があった地域で多くの演奏様式のバックボーンとなっている。有名なフォンの歌手ソソ・ンジャコは歌の伴奏に時系列パターンを使う。右手に瓜をもち、パターン拍子をとってびんを軽くたたく。一方、左の人さし指は静かにびんの首の部分をたたき、捕足的なパターンで軽く拍子をとる。
　このグループに属する他の楽器としてはオゴ（皮のばちで大きなひょうたんを打つもの）、オガン（握り柄のついた2つの鐘からなるもの）を含んでいる。フォン語圏ではこの種の楽器はトバとよばれる。

上右　エデ族のティミの宮廷楽士が客の来訪を告げているところ。かれはヨルバランドの有名な楽器のひとつを使っている。それは水時計を型どったテンションドラムの1組みのイヤ・イル（マザー・ドラム）である。イヤ・イルは報告や告示をするための、そして、重要な人物を歌でたたえるためのトーキングドラムである。ドラムで「話すこと」の原則は、ヨルバ語が、言葉の意味の一部を音の高低の度合いによっている音調言葉であるという事実によっている。トーキング・ドラムにより生み出されるピッチラインは、spoken text の音色やリズムのパターンに可能な限り近づき従っている。drum dum set のドラムは皮ひもで結びつけられた2つの膜をもち、左手または腕で皮ひもを締めつけ、奏者はドラムの調子を変える。曲がったばちは打つのに使われる。演奏中、調子よくなる小さな鈴はドラムにつけられている。

右　トーゴ出身の打楽器演奏グループの一部。オゴはアンティロープの皮でつくった"ばち"（アファファ）で打つ大きなひょうたんである。トチュングは、異なる大きさの2個のひょうたんを水で満たした2個のバケツに浮かせた珍しい楽器である。奏者は木製のバチで軽くたたく。

下　ザーリアのエミールの宮廷楽士が宮殿の前で演奏しているところ．ナイジェリア北部のハウサの音楽はアラブの，とくにイスラムの影響を強く受けたことで特徴づけられる．いくつかの楽器は北アフリカからもち込まれたものである．この写真のアンサンブルはつぎのような楽器からなる．両面に皮を張り，振動する弦がとりつけられた円筒型のドラム，2頭の鈴，カカキとよばれる金管楽器，約10～15人からなる宮廷音楽家のアンサンブルは，かなり年配の男性から成っている．エミールの大家族の子供や彼の従者たちがうしろに立って演奏の様子を見ている．ドラマーのひとりが，エミールの偉業をたたえる讃歌を吟唱している．

右下　ザンビア北西部の音楽家がリケンベを演奏しているところ．ザイール起源のリケンベ（複数はマケンベ）は，特別なラメロフォーンの一種である．中をくり抜いた箱の一方の端から先の出っぱった切り抜き部分をもつ響鳴箱によって特徴づけられる．2個の音響用の穴がリケンベの本体に焼き抜かれている．ひとつは奏者の体に最も近い端に，もうひとつは箱の裏側にある．リケンベは親指で演奏される．左手の中指で裏の穴を交互に開いたり閉じたりすることにより，音楽家は調節された音色を生み出す．

上　ウザヴェラはチフンバをもって，ポルトガル人農民のプランテーションを通りぬける．そこでかれはやとわれている．演奏するポーズには特徴がある．チフンバは首にひもをかけてもち運びする．演奏者の体からはなれた方にとがった弓形がくる．多弓チフンバ，または弓リュートは，南部アンゴラの人々の間で大変一般的な楽器で，しばしば長い旅の途中で歩きながら演奏される．多くの歌は，田舎からベンゲラの港まで商品を運ぶ長い行進との関連をもつ．ベンゲラはまた新世界，とくにブラジルへの奴隷労働者としてアンゴラの人々を送り出す重要な中心地であった．多弓チフンバは，18世紀の奴隷貿易にともないすでにブラジルに渡っていた楽器のひとつである．現在の写真に見られる楽器は構造上ほとんど同じもので，その演奏技術も18世紀からブラジルに伝えられた．

上　トーゴのアタパメ近くの村で2人の男がオガンという楽器を演奏している．これは握り柄がついた2個の鐘からなっており，1個は短くもう一方は長く，背に子供をおぶった母親の姿を表している．鐘は軽い木でつくった棒で打たれる．オガンはふつうアチュアとともに使われ，フォンの人々の間できわめて一般的なアクロバットダンスの伴奏に使われる打楽器のひとつである．

上　木琴の演奏家ジャン・ヌムキバンバは，中央アフリカの重要な楽器の伝統を代表している．この型の木琴は，奏者の体からはなしてそれを支える横木と，うなり膜（ひょうたんにあけられた小穴にくもの巣などを張ってつくる）をそなえたひょうたんの共鳴器をもっているが，南部からカメルーンに伝わった．その分布の中心はコンゴの古い王国であったと考えられる．それは17世紀の伝道師が見た楽器にあたるとみられるが，カメルーンでは今日，南部の人々の口頭伝承によって，支配者が旅に出て近隣地域を訪問しようとするとき，普通4人の楽士からなるかれの木琴楽団が歩きながら行進用音楽を演奏して先に進んでいった，ということが確認されている．これは，この特別な木琴が携帯用にデザインされた理由である．木琴の音楽は北部，現在のコンゴ＝ブラザヴィルあたりの内陸部地域にひろがっていた．携帯用木琴を演奏する楽団をもつことは，多くの小部族の長の間で，権威と地位の象徴となった．

仮面とダンス

　伝統的に，ブラックアフリカの仮面は排他的な共同体（ふつうは男性のためのもの）の意味深長な象徴である．共同体の一員であることは，階級構成への服従によってのみ認められる．そして，それはしばしば苛酷な入門過程によるものである．仮面をもつ女性の共同体のある社会もある．西洋の観察者が女性の仮面を身体彩色と解釈した一方で，ある地域の言語では同じ用語がしばしば男性の仮面に関して使われる．

　仮面ダンスは隔離された"仮面社会"と社会全体との結びつきを提供するものである．仮面がつくられ，そして踊りの衣装が限られている所へ近づくと，さまざまな仮面の人物が登場する仮面劇が人前に現れてくる．ブラックアフリカの仮面は動いている人物として鑑賞されるべきものであり，それは顔全体をおおうものと衣装である．仮面社会は宗教的側面をもつけれども，いちがいに宗教的信仰集団として認識を誤まるべきではない．仮面ダンスはかならずしも"憑依の状況"で行われるものではないし，また，精霊に取りつかれるようなものでもない．それに仮面のもち主は魔力を使ったりはしない．空想的な，誤解をまねくような物語がしばしばわざと流布されることがあるが，それは事実ではない．　(G. K.)

上　ザイール南部のペンデ出身の仮面ダンサーである．ペンデはアンゴラ北東部の人びととかれらの伝統的諸制度や，交ぜ織り織物で仮面の衣裳をつくる技術などにおいて多くの共通点をもっている．

左　中央アフリカ・ビジエネ村の若い少女がアクラヴェ・ダンスを踊っているところ．踊っている間少女はいすにすわり，足・腕・肩・胸を動かす．彼女らは，白い顔をもつ動物でしばし村へきてにわとりを殺すシンをまねている．

左下　これはアンゴラ南東部の鳥の仮面の頭部で，ミサゴに似せて白い粘土でぬられている．口ばしは，それで魚をつかまえるのだが本物である．踊りの時，仮面はミサゴの叫び声をまねするためにつくられている．

下　この仮面はナイジェリアのヨルバ族のオグン祭の時撮影された．オグンはヨルバの信仰の中で，鉄と戦いの神である．

左　このシエラレオネの仮面はボンドとよばれる男の結社の活動の中で見られる．

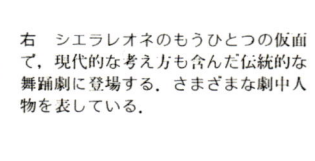

右　シエラレオネのもうひとつの仮面で，現代的な考え方も含んだ伝統的な舞踊劇に登場する．さまざまな劇中人物を表している．

下　ドゴンの仮面結社（アク）は，かれらの精緻な神話を保存することにおいてきわめて重大な役割を担っている。葬式は，秘密の言葉で歌われる歌をともなった手の込んだ公開の踊りを行う機会となる。踊り手は，ハイビスカスの葉からとった染料で赤く染めた，植物の繊維でつくったスカートをつけている。衣裳は死んだ人の魂をその家から追い出す踊り手と，とくに関連がある。葬儀のもうひとつの役割は，死がいかにして若い男の不服従をのりこえてこの世界に入ってくるかという，ドゴンの神話をよびおこすことである。踊り手は，ゆるしを求めて死体のまわりの土地をむちでうちすえる。

下右　ルチャジ，ムブウエラその他のアンゴラ東部とザンビア北西部に属する人々の中で，仮面の人物を指す地方名はマキシ（単数リキシ）である。ムブウエラでは2つのマキシの範疇が見られる。ひとつはマキシアヴァマラ（男性用仮面）とよばれ，もう一方はマキシアヴァンブウェヴォ（女性用仮面）とよばれる。西洋の観察者は，後者をまったくの仮面ではなく，むしろ女性の身体彩色と考えていた。ムブウエラの概念からすれば，女性の仮面はこの写真で見る限り，人間がかくれてしまう点で仮面である。女性の特徴ある仮面の名称は，正確には男性の仮面の名称と同じである。女性もまた，独特な仮面の人物に擬せられた踊りの所作を行う。

アンゴラ南東部のムベラの人々の最も壮観な仮面のひとつンジンギである。それは森の奥深くにすむ巨人とみなされるひとつの擬人的な動物であり，樹皮の布でおおわれた小枝の枠組みからつくられた，非常に大きな丸い頭をもつ。まだ成人式を終えていない者は，印象的な赤い口が犬をものみこむことができると教えられる。仮面祭がムカンダの割礼の訓練と同時に開かれ，そこにンジンギが現れる。それらの祭りでは，多くの特異な仮面が次々と現れる。普通それをうまく演ずることで，お金を含むいろいろのほうびが与えられる。このようにしてかせいだお金は割礼訓練の教育活動を支えるため，その後見人たちにより使われる。ンジンギは踊りながら広場をかけぬける。手にもった小枝でかれが出会うだれかれの区別なく，打っておどかしながら進む。それから地面をふみならし，もうもうとしたほこりをあげて踊りをはじめる。しかし，突然彼はよろめき，まるで頭がはなれてしまうくらいにぐらぐらして，ついには衰弱して地面に死んだように倒れる。なぜなら，あたまがあまりにも重すぎるからである。若い男の子が笑いながら，元気よくかれを助けおこすためにかけよってくる。このようなことが，踊り手が他の人物にかわってムガンダに復帰するまで暫時くりかえされる。

97

教育と識字力

　アフリカの様相を変えてきた政治変動は，教育をめぐる議論を伴うものであった．すべてのアフリカ諸国で教育のもつ役割は論議の的であり，しばしば教育が政府予算の4分の1，そして国民総生産の20分の1を消費するということが判明してからは，教育についての議論はさらに激しさを増している．教育は解放のための手段として，また経済問題の解答として広く迎えられているが，同時にそれは別の多くの困難の原因となっている．

　教育課程，目的，そして組織についての多くの改革にもかかわらず，現在の多くの論争と植民地政府が没頭してきた論争のあいだには，思わしくない，ほとんど絶望的ともいえる共通の問題が依然として存在する．たとえば，教育と労働市場のつながり，また社会的成層化に対する教育の影響といった問題は数十年にわたって論議の的である．

　教育の役割を検討するためには，まず教育の分類からはじめなければならない．教育学者は，学ぶということが公的な教室の場をはるかに越えたものであり，あらゆる活動におよぶ全生涯を通じた過程であると述べている．それぞれの分野の境界ははっきりしないが，一般的に教育は公的なものと私的なもの，そして非公的なものに類別される．公的な分野は小学校から大学にいたる高度に組織化され，年齢順に等級づけられた制度をさし，机と黒板を備えた一般的な概念による学校を含む．私的な教育とは，まさに全生涯を通じた過程であり，これによってすべての人々は日常経験や周囲の状況から態度，価値，技術，そして知識を学ぶ．たとえば，母語は生活環境内や家族内で情報が集められるという形で私的に学ばれる．非公的な教育とは，特定の集団や学習目標に役立つ公的な制度以外の組織的活動をさす．それは成人に読み書きを教える講習から，自動車教習やボーイスカウトにまで及ぶ．

　一つには公的な教育は費用がかかるために，また一つには公的な教育の非効果的な，そして時にはそれが意図したこととは逆の結果を招くような性質のために，1970年代には非公的な教育の可能性が注目された．しかしこの分野での学習計画にも欠点があるため，70年代末になると再び基本的な公的学習に注意が向けられた．識字率向上のための戦略についても再評価が行われた．というのも，過去数年間にわたって政府は勝ち目のない戦いをしてきたからである．ユネスコによれば，1960年から1970年のあいだにアフリカの，文字を知らない人の割合は81％から74％に減少したが，人口増加率がたいへん高かったために，絶対数は1億2400万人から1億4300万人へ増加した．1974年から1977年のあいだに，全世界における，文字を知らない人の推定人口が約2400万人増加したことから，1977年ユネスコは，読み書き能力の普及に著しく貢献した人物に毎年贈られる恒例の2つの賞を授与しないことに決定した．

　大多数のアフリカ社会は，独特の伝統的教育制度をもっている．多くの場合これら伝統的教育制度は，割礼，その他の大人の社会に入るための入会式を含み，こうした教育の場は現代の世界では侵食されつつあるが，その変らぬ存在は，依然として重要性をもっている．大部分のアフリカ固有の教育は文字をともなわないものであり，例外的にエチオピアのゲーズ語を話す人々，リベリアのヴァイ族，カメルーンのバムン族だけが自分達の記述方法を編み出した．いくつかの事例では徒弟制度が含まれており，この制度は年齢階梯にしたがって構成されている．

　かつてアフリカにやってきた多くのキリスト教伝道師やその他の旅行者は，土着の教育制度を，伝統的なアフリカの生活という全体の中において，原始的あるいは野蛮なものとして位置づけた．しかし人類学者の研究は，さまざまな光景を理論的に説明することに寄与してきた．土着の教育は，大陸のどこでも同質なものと考えてはならない．狩猟民であるムブティー・ピグミーのバンドの子供は，農業を営み政治的に中央集権化されたハウサ族社会の子供とは別の知識体系を学ぶ．ナイジェリアのヨルバ族のような人々もまた，その内部では教育について相当な社会的差異を見せている．

　公的な制度は伝統的な教育をほとんど考慮に入れない傾向があったが，1970年代には空想的な計画を避けようとしながらも，教育の現実即応性を向上することを目ざした，いわゆる地域社会学校の発展をみた．アフリカの生活の他のあらゆる側面と同様，土着の教育も変動する環境に対応している．徒弟制度の鍛冶屋は，くわや短剣をつくるかわりに近頃では，鉄格子を溶接したリモーターの修理をしている．近代的な技術は，いまだ一般的には，親方の監督のもとで年を経るにしたがって徐々に難しい仕事をする，という伝統的な方法によって修得されている．そして公的制度の適応範囲がとりわけ女子にとっては限られている現在，土着の教育は，重要な役割を果たし続けるであろう．

　とりわけ北アフリカと西アフリカでは，イスラム教の教育制度も植民地支配がはじまる数世紀も前から機能していた．カイロのアル・アズハル大学は10世紀に創立され，世界最古の大学であると言われている．往古のフェズとトンブクトゥの2つの大学もまた有名であった．どちらの場合も学習はモスクで行われ，イスラム教と密接なつながりがあった．

　土着の教育システムと西欧の教育システムとを比較すると，イスラム的教育は著しい同質性を示している．初級のハールワではコーランの暗唱と，イスラム教に付随する儀礼が教えられ，中等レベルのマドラサでは，生徒はコーランの知識を深め，哲学，法律学，そして時にはある種の科学を学ぶ．各課題に割りあてられた時間数はきわめて多様であり，学生と教師双方の好みと能力によって左右されるが，平均的な生徒は初等レベルで4年間，そしてマドラサではもう少し長い年月を費すようである．最高レベルの学習では，しばしば各科目のすぐれた教師をさがし求めて学生は旅に出る必要がある．

　コーランの学校では，強制もなければ定められた出席日数もない．学校は土曜日から水曜日まで開かれており，1年は重要な宗教上の祝日後のほぼ3週間の休日をはさんで2学期に分けられている．一般的に授業は，1日に2回から3回，つまり朝早くと午後遅く，そしてたき火をかこんで晩に開かれる．この時間割によって日中は西欧型の学校へ，そして晩

右下 成人識字率
急激な人口増加の結果,政府は最近まで識字率向上のための勝ち目のない戦いを続けてきた.大部分の国々で文字を読めない人の比率は低下したが,絶対数としては増加した.重要な問題のひとつはとくに農村部で読む材料が不足していることであり,また,成人が読み書き能力を活用しないために,この能力の習得が持続的なものとならないことである.しかし,識字率を高めるために多くのことがなされてきた.そして,初等学校教育がほぼ全面的に普及していること,また多くの特別計画が実施されていることから識字率は向上するであろう.

下 初等学校の就学率. 1978年,ユネスコの調査による.

にはコーランの学校へ出席することが可能となる.イスラム的学校の教科課程はその硬直性のために批判されてきた.アラビア語が母国語ではないような国々では,生徒はコーランを理解するのではなくて単に暗唱することを教えられる.同じように,中等レベルの学習は議論や討論よりもむしろ説明を聴くことによって進められる.しかし,これらの学校は規律と畏敬の念を養う訓練こそをその目的としているのである.

西欧型の学校とイスラム的学校制度を統合しようとする試みは,地域によってその成功の度合が異なる.たとえばナイジェリア北部では,2つの制度が広範囲にわたって並存しており,そのため統合の試みはほとんど実を結ばなかったのに対し,スーダン北部では一つにはアラビア語が母国語であるために統合はほぼ完璧である.これには資金の利用法をもっとも効果的なものにするとともに,学校教育の影響を促進するという利点がある.西アフリカのいくつかの地域では,アフマディーヤ派の人びとが公的な学校を開設した.これらの学校の多くは,その教授陣がインド亜大陸からやってきた伝道師によって構成されており,したがってキリスト教伝道師の活動に比肩されるものである.しかし正統派のイスラム教徒はアフマディーヤ派を異端とみなしており,後者が西欧型の学校教育に関心をもっていることは,正統派がしばしば統合の試みを拒絶する理由の一つに加えられてきた.

大多数のアフリカ諸国では,公的な学校制度はキリスト教ミッションによって創設された.キリスト教は聖書の宗教として考えられた.単に伝道師が福音を唱えるだけでは十分でなかった.つまりその集会では,神の言葉に耳を傾けると同時に,文字通りそれを理解しなければならない.そのためミッションは学校の創設に力を入れ,しばしば真向から福音伝道に取り組むまえにまず学校を創設した.1929年,ダレサラームでローマ教皇派遣の使徒は次のような訓令を下した.「福音伝道という当面の課題と教育活動の両立がむずかしい地域

		学齢	総生徒数			純生徒数		
			男女	男子	女子	男女	男子	女子
アルジェリア	1975	(6—11)	89	105	72	73	85	61
アンゴラ	1972	(6—9)	79	101	57	—	—	—
ベニン	1975	(5—10)	53	73	33	—	—	—
ボツワナ	1976	(6—12)	92	84	99	—	—	—
ブルンディ	1976	(6—11)	22	27	17	—	—	—
カメルーン	1975	(6—11)	119	133	106	85	93	77
中央アフリカ共和国	1975	(6—11)	79	102	56	—	—	—
チャド	1976	(6—11)	41	61	21	30	44	16
コモロ諸島	1973	(6—11)	51	71	32	—	—	—
コンゴ	1975	(6—11)	155	166	143	100	100	100
エジプト	1975	(6—11)	72	88	56	—	—	—
赤道ギニア	1973	(6—12)	72	80	65	—	—	—
エチオピア	1974	(7—12)	23	31	14	—	—	—
ガボン	1976	(6—11)	202	208	197	100	100	100
ガンビア	1976	(6—11)	32	44	21	27	37	18
ガーナ	1976	(6—15)	44	50	38	—	—	—
ギニア	1971	(7—12)	28	39	18	—	—	—
ギニア・ビサウ	1976	(6—11)	123	175	72	—	—	—
コートジヴォワール	1975	(6—11)	87	109	66	—	—	—
ケニア	1976	(5—11)	105	112	98	79	82	76
レソト	1976	(6—12)	119	98	139	80	65	95
リベリア	1975	(6—11)	62	79	44	—	—	—
リビア	1976	(6—11)	155	163	147	—	—	—
マダガスカル	1976	(6—11)	88	94	82	—	—	—
マラウィ	1976	(5—12)	63	76	50	—	—	—
マリ	1975	(6—11)	28	36	20	—	—	—
モーリタニア	1971	(6—12)	17	24	9	—	—	—
モーリシャス	1976	(5—10)	103	106	101	—	—	—
モロッコ	1975	(7—11)	61	77	44	42	54	30
モザンビーク	1972	(6—10)	52	69	35	41	53	28
ニジェル	1976	(7—12)	21	28	15	—	—	—
ナイジェリア	1973	(6—11)	48	58	58	—	—	—
レユニオン	1976	(6—10)	122	124	119	—	—	—
ルワンダ	1976	(7—12)	61	66	57	56	59	52
セネガル	1975	(6—11)	45	55	35	—	—	—
シエラレオネ	1975	(5—11)	37	45	29	—	—	—
ソマリア	1976	(6—11)	45	58	32	24	28	19
南アフリカ	1972	(6—12)	107	107	107	—	—	—
スーダン	1976	(7—12)	39	49	30	—	—	—
スワジランド	1976	(6—12)	103	105	101	78	76	79
タンザニア	1975	(7—13)	70	79	60	—	—	—
トーゴ	1976	(6—11)	103	133	73	—	—	—
チュニジア	1977	(6—11)	100	118	81	—	—	—
ウガンダ	1976	(6—12)	51	61	42	—	—	—
ブルキナファソ	1976	(7—12)	16	20	12	—	—	—
ザイール	1970	(6—11)	90	114	66	65	79	51
ザンビア	1975	(7—13)	95	103	86	—	—	—
ジンバブウェ	1976	(7—11)	98	106	90	—	—	—

総生徒数 = 初等学校へ通学している全生徒数は,学齢にあたる推定児童数に占める割合として表記されている.100%を越えているのは,学齢以外の生徒数を含むためである.

純生徒数 = 学齢児童のなかで実際に初等学校へ通学している推定生徒率.

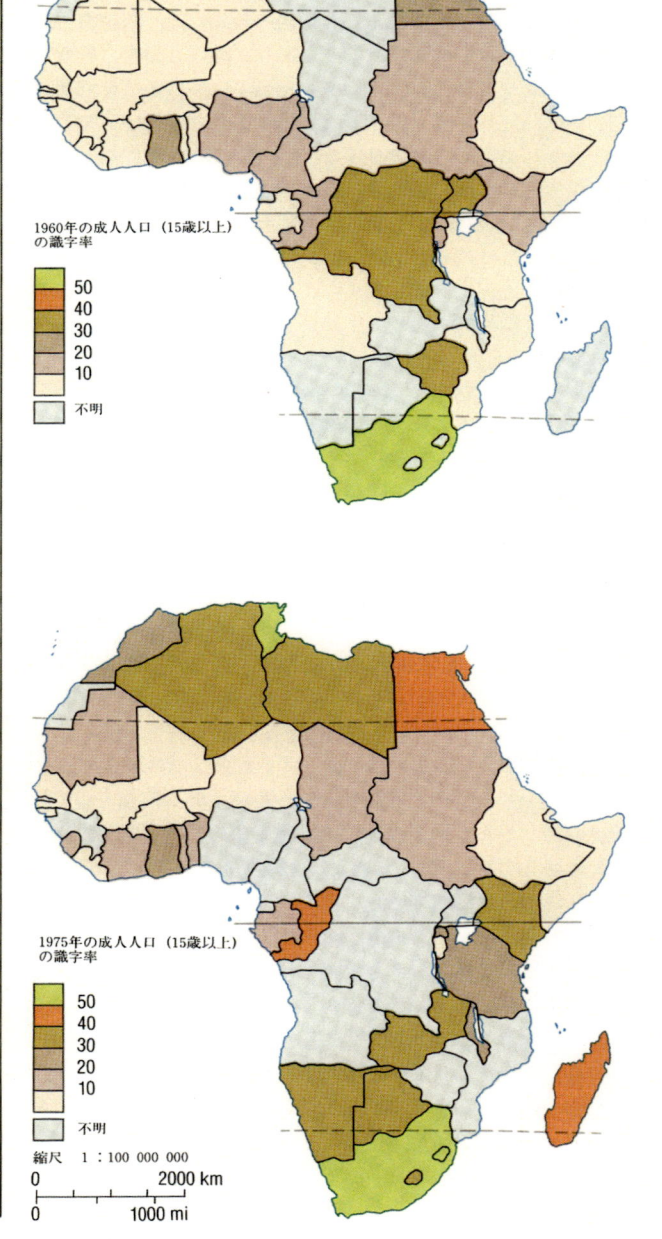

1960年の成人人口(15歳以上)の識字率
- 50
- 40
- 30
- 20
- 10
- 不明

1975年の成人人口(15歳以上)の識字率
- 50
- 40
- 30
- 20
- 10
- 不明

縮尺 1:100 000 000
0   2000 km
0   1000 mi

教育と識字力

では，学校を完成させるために教会をあとまわしにせよ」．若者の学習はしばしば実り多く，さらにつけ加えれば，若者は人生への期待が大きく，それゆえ有利な投資の対象となったことから，成人教育はあまりかえりみられなかった．

このような状況から次のような結果が生じた．第1に，活動している伝道団体の数だけ教育組織と教科課程が存在する地域がしばしば見られたことである．これは社会を分裂させ，またいくつかの教育組織は受け手のニーズにほとんど合致しなかった．たとえばモザンビークでは，長年にわたって英国国教会の伝道師が，現地の言語やポルトガル語ではなしに，英語で教育を行った．伝道師が適切な言葉を用いた地域でさえも，かれらは自分達が活動している社会の性格をほとんど考慮することなく，そのかわりに自分達の母国の価値感を植え付けようとした．たとえば飲酒やダンスの習慣は激しい非難の的となり，またほとんどすべてのアフリカ社会では，故意に結婚をしないでくらすことは一人前とみなされないことから，ローマカトリックの神父の独身主義はしばしば軋轢を生みだした．

第2に，伝道師，政府，そしてさまざまなアフリカ人団体の利害が衝突する傾向があったことである．当初に教育面での政府の役割は，一般的に最低限の教育を実施することではなしに，奨学金を提供することに限られていた．政府の主要な関心は行政官を補充することであり，政府は通常，教育を自分達の本分とみなしていたミッションに任せることで満足していた．たとえばラゴスではじめての公立学校は，初のミッションスクールの創設から50年を経た1896年になってやっと設立されたが，これは，自分達は無視されていると感じていたイスラム社会の要求にこたえたものであった．しかし数人の植民地行政官は，実施される教育の効果や様式を嫌い，たとえばナイジェリア北部ではミッションの活動は既存の秩序，つまり間接統治制度に干渉しないようにしっかりと統制されていた．

独立時期の到来はこれまで予想されたほど遅くはないこと，そしてあらゆるレベルの教育設備の拡充は不可決であることが第2次世界大戦後，イギリス，ベルギー，そしてフランスの各政府に明らかに認識された．とりわけ高等教育の拡充は著しいものがあった．1947年から1950年までに専門学校ないしは大学が，ブカヴ（ベルギー領コンゴ），ブラザヴィル（フランス領コンゴ），アクラ（ゴールドコースト），イバダン（ナイジェリア），マケレレ（ウガンダ）そしてダカール（フランス領西アフリカ）に設立された．この傾向は，ほとんどすべての国に大学が設置される1950年代から1960年代まで続いた．

キリスト教ミッションは，アフリカ民族主義の誕生に大きく貢献した．というのもかれらは，帝国主義の前衛として利用される一方で，教育を通じて民族主義の基礎を築く手助けをしたからである．新たに独立した国々でミッションが，1960年代にいくつかの形でさらに重要な役割を演じたことは偶然とはいえ皮肉なことである．なぜならかれらは，多くの場合，去り行く植民地統治とアフリカ人による新たな統治の間隙をふさいだからである．20世紀はミッションの教育活動に対する統制が次第に強められてきた時代であり，いくつかの地域ではすべての任意寄付制学校が政府によって引き継がれた．この引き継ぎはつねに順調に行われたわけではなく，たとえばザイールでは，1970年半ばに財政的，行政的な面で学校の運営が困難になったため，政府は多くのミッション教育施設の所有権を返還した．このようにミッションは，当分のあい

教育と識字力

だ引き続き教育面での役割を果たしつづけることが考えられる．

植民地統治はアカデミックな教育だけを行い，技術訓練には関心をもたなかったとしばしば主張されるが，これは誤りである．むしろ逆にいくつかの伝道団は，かれらが「労働の尊さ」とよぶものに強い関心を抱き，職人の育成にかなりの努力を費した．同様に植民地政府もその報告書のなかで，アカデミックな枠を越えた教育の重要性をたえず強調していた．1920年代，東部・中央アフリカにジーンズ訓練大学が設置されたことは以上のような事実を示すものであり，この大学には巡回講師が招かれ，農業やその他の実際に役立つ科目に力点が置かれたのである．同じくタンガニーカのマランガリ学校では，制服のかわりに伝統的な服装の適切な利用法が探求され2週間に一度はやり投げや部族ダンスが催された．こうした事例は決してめずらしいものではない．

しかし学校制度が植民地宗主国の学校制度を手本としていたことは事実である．学生は学士号や修業証明書を授与され，あるいは本国の試験を受け，アフリカではなくてイギリス，フランス，ポルトガル，スペイン，ベルギーの歴史，地理，植物誌，動物誌を学んだ．今やこうした極端な偏重は是正されたが，いまだにヨーロッパの教育制度の進展や，アフリカ圏外の教育水準に準拠しようと固執する願望に影響されている．

同様に，農業訓練や技術訓練を実施する必要性はたびたび叫ばれているが，この分野を発展させるうえで同じような障害が依然として存在する．一般的にアフリカ人は，こうした訓練を実施したミッションや植民地政府の努力を，「真の」教育から技術訓練という限られた分野に学生の目を向けさせることによって，ヨーロッパの支配権を維持しようとする企てと受け止めていた．しかし，それは大部分の民族主義指導者が法律家であったことと無縁ではない．つまり彼らが植民地主義者と対等の立場に立てたのは，農業や技術の訓練ではなくてアカデミックな教育のおかげであった．この意味でアカデミックな教育はさらに職業教育的である．というのもそのことによって当初の予想をはるかに越えた成果を生みだしたからである．今日，教育の状態は大きく変化していない，ということをつけ加えてもよかろう．そして経済構造が，アカデミックな素養のある人々に好ましい雇用機会を提供するかぎり，今後も技術訓練はアカデミックな教育よりも劣るものとしてみなされるであろう．

1960年代に多数のアフリカ諸国が独立を達成した．国連が「第1段階の開発のための10年」とよんだこの楽観主義の時期に，教育はこの開発計画を完遂させるため，そして真の独立を達成するための手段としてみなされていた．この楽観主義は1961年，アジス・アベバでアフリカ教育相会議が定めた目標に現われていた．この会議に出席した教育相は，1980年までに次のような目標を達成しようとした．つまり，無料の普通初等義務教育を実施すること，初等教育修了者の30％を中等教育に就学させること，中等教育修了者の20％を高等教育に就学させること，である．可能なかぎりの資財が教育に投じられた．というのもそれは，新興諸国が先進世界に追いつくために必要な人的資本への投資と考えられたからである．1960年に発表されたナイジェリアのアッシュビー報告書はこのことを提案した典型的なものであり，次のように述べられている．「利用できる資金すべてを教育に投資するために，人々はそれ以外の手に入れたいものをがまんせねばならないであろう」し，「これでさえも不十分であろう……」と．

上 タンザニアの学校外で遊ぶ子供達．1970年代に識字率はかなり向上したが，初等教育以上の教育を受ける生徒の比率はほとんどふえていない．

左 ナイジェリアの満員の教室は教育財源のひずみを示している．1976年以来初等教育は無料となったが，教科書やその他の教育補助物資の不足は教育の進歩を阻害している．

右 北部ナイジェリアの町，カノの通りで生徒を教えている白い服を着たイスラムの教師．生徒は木製の筆記板（アルハ）を用いている．コーランの授業はイスラム学校では基本的な科目であり，またイスラム学校は，政府や伝道団によって運営される公的な教育機関の補助的役割を果たしている．

しかし10年が経過したときに，増大する富の不均衡によって経済成長と経済発展は同じものではないこと，そして教育投資は期待された効果を生みだしていないことが明らかになった．植民地時代にはエリートを育成するための政策がしばしば計画的に実施された．これらのエリート達は，民族が独立を達成したときに歓呼をもって迎えられた．というのも，かれらが去り行く植民地主義者に取ってかわったからである．しかし1960年代末までに，教育にもとづく社会的成層化という望ましくない側面が容易ならぬ問題となった．失業，とりわけ初等教育修了者，そして中等教育修了者と大学卒業生の失業は深刻な問題となった．これに加えて学校教育は現実への即応性を欠いており，また教育支出は多額にすぎるという非難が浴びせられた．さらに学校を卒業した者の大部分が都市に職を求めたために，農村地域の衰退という好ましくない結果を生じた．

　1960年代の教育の急速な普及とそれに伴う多くの問題，あるいはそれらの解決手段の急速な進展は，政府やミッションによる教育活動とともに，ケニアの農村工芸学校やハランベースクールに代表されるような自助計画の波によっても拡大した．しかし自助の精神は称讃されたが，これらの計画が統制されていなかったことは教育の質的な低下を促進し，失業状態を悪化させた．

　多数の国々が植民地体制を非難したが，その抜本的な改革に着手した国はほとんど存在しない．タンザニアはこの点でもっとも野心的な国として際立っている．国家体制の意図的な変革は1967年のアルーシャ宣言の核心であったが，この宣言のなかで政府は，大多数の国民がここ当分のあいだ初等教育しか受けられない状況で，それを初等教育と称するのは誤称であることを認めた．タンザニア政府は，予知しうる将来にわたって農業が依然として国家の基盤であることを悟り，また，自力更生政策のための教育を実施しつつある．この教育政策はとりわけ教育機関に自給自足を要求することによって，経費を削減するとともに現実即応性を高めることを念頭に置いている．これは勇気のいる実験であり容易になし遂げられるものではない．したがって他の国々はこの政策を興味深く見守りながらも，これを模倣しようとする国はほとんど現れなかった．大部分の国々は従来の方法の基本的な形態を残し，重大な局面を早急に是正するために，それを部分的に修正することがより容易であることを見出した．

　先に述べたように，1970年代半ばには非公的な教育に対する関心の高まりが見られた．これは一つには国際的な援助機関が非公的な教育に進んで財政的な支援を与えようとしたからであり，またアフリカと先進世界とのあいだのとぎれのない結び付きを示すものである．非公的な教育のもつ広い学習範囲は長所としてみなされたが，その理由は教育の細分化を避けることによって，教育効果と費用効率が高まることが期待されたからである．かつての多くの非公的な教育計画が，若年期に教育を受ける機会を逸したり，あるいはそうした機会を与えられなかった人々に再度その機会を与えることを目的としていたのに対し，教育学者は非公的な学習がこの目的に加えて，公的な制度を補完することができるということをあらためて積極的に主張した．彼らはさらに，読み書き能力が手段というよりはそれ自体が目的としてみなされすぎたこと，またラジオの普及率が増大したことによって，放送教育がいくつかの面で公的な教育と同じ機能を果たすことができることを指摘した．

　しかし多くの非公的な教育計画は，これ以前に実施された技術教育計画と同じ運命におちいった．しばしばこうした計画は単に教育の欠陥をおおいかくすために実施され，また，教育制度の抜本的な改革要求を満たすというよりはむしろそれをあいまいにした．また広範囲におよぶ計画は，その実施に必要とされる関係各省庁の協力が決して実現しなかったためにその利点を生かすことができず，かえって問題をかかえることになった．公的な教育制度は，依然として教育全般の向上をはかるうえでの最善の方策であり，したがって非公的な教育計画は限られた範囲での手段にすぎなかった．この状況は経済構造や技術の習得よりも卒業証書を重視する風潮と結びついていた．このように非公的な教育方法は教育の見通しを大いに拡大し，教育についての考え方を強く刺激したものの，1970年代末になると再び公的な教育制度や普通初等教育に注意が向けられたのであった．

　1980年代の初頭，教育は依然として論議の的である．石油収入のあるナイジェリアでさえ教育開発問題の解答を見いだすことは容易でなく，したがってナイジェリアとは対照的な，ブルキナ・ファソやマリといった貧しい国々の見通しはよりきびしいと思われる．しかし，開発に取り組むうえでの教育の重要性は否定できない．おそらくアフリカの現状で最も見通しの明るい，そして最も将来有望な側面は，研究機関が増大してきたことと，過去20年間にわたって進歩してきた，教育に対する現実的な幅の広い認識が存在することである．

(M. B.)

健康と医療

　健康とその全体性——肉体と精神の調和と社会内部での調和——はアフリカでは高い価値がおかれているが，これはおそらく熱帯病に対する脅威からきているといえよう．病気と死は，老人の場合を除けば人間や精霊界からの悪意の証しとされてきた．不幸をもたらす妖術はねたみと憎しみから生じる．どの町や村にも現地人の医師がいて，誰が妖術師かを明らかにしたり，病気や不幸の原因を占ったり，ある時は魔術的な，またある時は医学的な治療を行ったりする．西洋的な医療形態により多くの病気が治されてきたが，西洋の医師たちはしばしば病気や不調和の精神的原因を無視してきた．アフリカ独立教会の中には，伝統的なものであろうと西洋的なものであろうとすべての医療を拒否し，祈禱と触診によって治療を行っているところがある．キリスト教系やミッション系の病院では，医師たちが人間を全体として扱う，つまり肉体と精神を切り離さずに扱う必要性を認めているところもある．　　　　　　　　　　　　　　　　　　　　(J. M.)

上　ヴァポストリの預言者——ジンバブウェのある独立教会——が，若い女性の上に手をのせ，彼女にとりついて病気の原因となっている悪霊を追い出している．

左上　北カメルーンで，病気の女性が周囲を家族にかこまれてマットの上に横たわり，伝統的治療師が治療のために儀礼を行っている．

左　さまざまなタイプの昆虫を通じて広がる病気——マラリア，黄熱病，眠り病——は，アフリカでは一流の殺し屋であった．セネガルでは衛生官が，マラリアをひろげる蚊を退治するため湿地性の土地に消毒液をかけている．

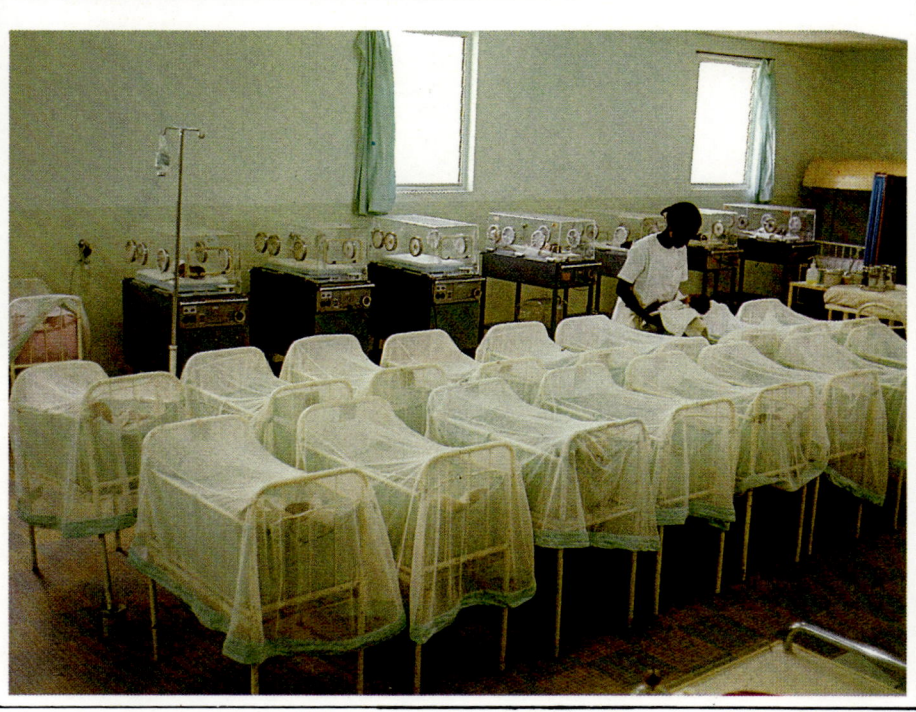

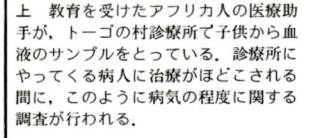

上　教育を受けたアフリカ人の医療助手が，トーゴの村診療所で子供から血液のサンプルをとっている．診療所にやってくる病人に治療がほどこされる間に，このように病気の程度に関する調査が行われる．

右　アフリカでは乳幼児死亡率が依然として高いが，アフリカのすべての女性にとって元気な子供を産むことは大変重要なことであり，新生児の生命の維持につとめる西洋式病院の仕事は大変価値のあるものとなっている．セネガルのある大病院では，未熟児のための育児室が，他の方法では助からないような子供たちに生きるチャンスを与えている．

ゲーム・パークと動物保護

　アフリカの野生動物は，わずか1世紀前とくらべても非常に減少しつつあるのが現状である．それでもなおアフリカは，世界中のさまざまな野生動物の最後の宝庫である．これは，機能面では近年大きく変化してきたとはいえ，ほぼ100年の歴史をもつアフリカの大公園によるところが大きい．当初それらの公園は，人間の襲撃から野生動物をかくまい保護するために設けられたが，略奪者である人間の追放は，均衡のとれた自然の状態を回復するどころか，むしろ有害な動物の群れの急激な増加を招いた．しだいに公園は，出入りが禁止される禁猟区や荒地としてではなく，国土の他の部分同様に利用され管理される地域として考えられるようになってきた．今日ではさまざまな動物の群れが，牛の群れよりもずっと広い範囲で植物や生息環境を有効に利用していることが認められている．したがって，植物性たんぱく質から動物性たんぱく質への転換率が，野生動物群によって高められることになった．これは，たんぱく質不足の人間たちにとって大変意味のあることがらである．このことから，人間が消費するための猟鳥獣の間引きと牧場経営の可能性が高まっている．一方，公園は他の有益な目的にも役立っている．公園は観光産業の基盤を形成するだけではない．野生動物の安寧は，漁業，放牧，植林を管理することと切り離しては考えられないのである．

(J. C. S.)

下　ツーリスト・ロッジは，とくに東アフリカでは豪華な宿泊施設と動物を見る絶好の機会を兼ね備えたものとなっている．しかし，観光産業が低所得者の物質的幸福を高めるのに大いに役立っているかどうかは疑問である．そ れというのも，経済的収益の大部分が航空会社，ホテル，貸し自動車会社などに行ってしまい，また旅行者が必要とするものの多くは，輸入品に頼らざるを得ないためである．

下　写真撮影を目的としたフォト・サファリは，天然資源を保護管理していこうとする人々の賛成をうけているが，東アフリカの手ごろな公園では旅行者が非常にふえてきたため，人気のある動物は昼のあいだじゅうずっと人間につきまとわれているようである．

前ページ上　仕止めた獲物を売るために狩りを行っていた前世紀末から今世紀初頭にかけてのプロのハンターは，その後，料金を支払い，規定された数と種類の獲物を撃つ許可をうけ，専門のガイドを雇ったサファリ・ハンターに取ってかわられた．この制度は，地域住民を対象としたものではなかったが，専門のガイドは動物の絶滅を防ぐためにさまざまな権限を行使することができた．

前ページ下　高性能の最新式小銃，野生動物の商品価値の高さ，監督官による広範囲なパトロールの限界などのために密猟があとをたたず，いくつかの公園では野生動物が激減するに至っているが，職がなかったり，あっても非常に低い収入しか得られない者たちにとって，すぐにまとまった収入を得られることへの誘惑は大きい．

右　1950年代末のカリバ湖貯水計画は"ノア作戦"の展開を見るに至ったが，これは近年最もよく知られた動物救出作戦であった．動物たちは，水位の上昇にともない，しだいに狭くなっていく中洲に取り残されてしまったのである．動物を対岸に運ぶために，精神安定剤の投与をはじめさまざまな工夫がなされたが，湖が非常に広い範囲にわたっていることと，少なくとも北部の湖岸では，ザンベジ峡谷の水没をまぬがれた土地に対し人間の利用度が高まってきたことにより，低い河床の生息地がこわされて動物が生息できる場所はどこにもなくなってしまった．

銅産業

　その昔，アフリカにおける銅鉱床の発見は，ふつう外国産の鉱物を求める探鉱者によってなされたが，最近ではアフリカの人々は，自己の権利で組織的に探し求めるようになってきた．銅はアフリカの多くの鉱物鉱床の中の典型的なものであり，総量ではこの大陸が主要生産地域となっている．しかしその分布は大陸内部ではばらつきがある．ザンビアとザイール間に大陸最大の鉱床があり，両国国境がこれを二分しているため，この二国により銅生産のかなりの部分が占められている．また南アフリカ，ナミビア，ジンバブウェ，ボツワナも主要生産国である．

　世界市場における銅価格の大きな変動は，銅の収益を国の他の部門の発展に投資することを計画している主要生産国に，重大な問題を生じさせてきた．世界の銅生産国による国際銅協定の制定は，とくに1970年代のOPEC諸国の成功とくらべると現実性に欠けるものであった．銅の需要は油の需要よりもずっと融通性のあるものである．産業化が進んでいる銅消費国の景気が後退してきたことにより，銅に代わる金属が注目され高い価格をつけるようになった．このため銅に対する需要は大きく減退することになった．政治情勢や鉱山災害により，主要生産国の産出量が急に減退することがある一方，世界の埋蔵量の約40％がたくさんの小生産国の手にあるので，有利な採鉱はたんに経済規模による効率の結果であるとはいえない． (J. C. S.)

ザイールのラカシでの露天掘り採鉱．独立以後，ザンビアとザイールの両国はしだいに鉱業に対する支配権を握るようになり，両国の経済は鉱業に大きく依存するようになった．ザイールでは，独立により国外追放となった専門技術や技術者に依然として頼り続けているとはいえ，国有組織のジェカミーヌ(GECAMINE)が，採鉱と精錬の両方に支配権を確立してきた．

左上　電解加工は，単位あたりの価格の高い精巧な製品を生産するために用いられる．この方法は銅ベルト地帯の足となっている港まで，長い距離を運搬していく上で有利である．

上　ザンビアの酸化銅鉱石は，地下採鉱によって掘り出される硫化銅鉱床の上に位置している．ザンビアとザイールでは，露天掘りと地下採鉱の両方の方法がとられている．

左　ムフリラは低価値の土地を広く利用している鉱山都市であり，ザンビアの銅ベルト地帯にきわめて接近して存在する8つの町のひとつである．

上　主要生産国では，鉱石は採掘された地方ですぐに加工される．このため原石を運搬するのにくらべて輸送費を安くすることができる．ザンビアのムフリラにある精錬所は，石炭の鉱床とザンベジ川流域の水力発電にもとづいて操業されている．

第3部　アフリカの国々

THE NATIONS OF AFRICA

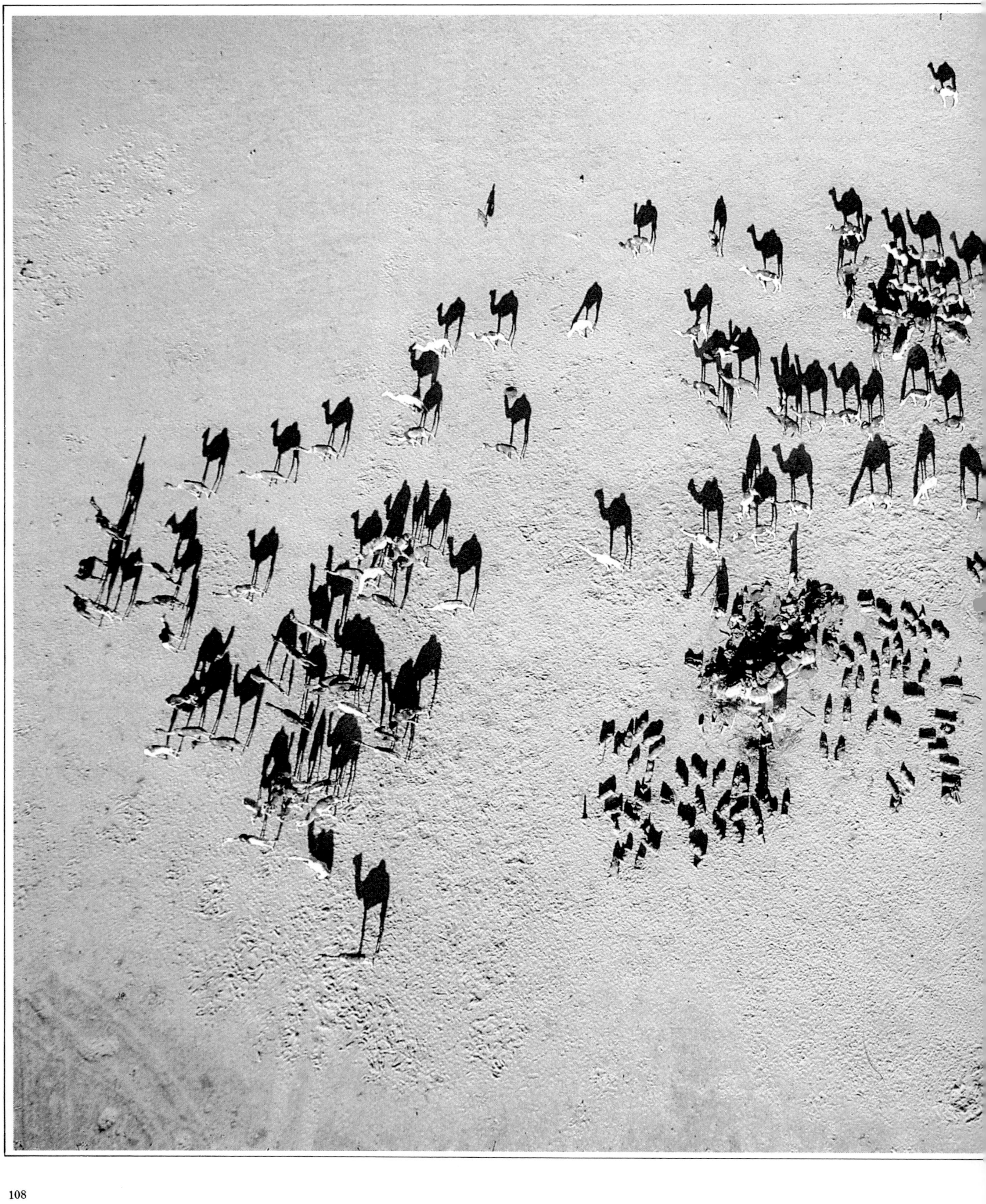

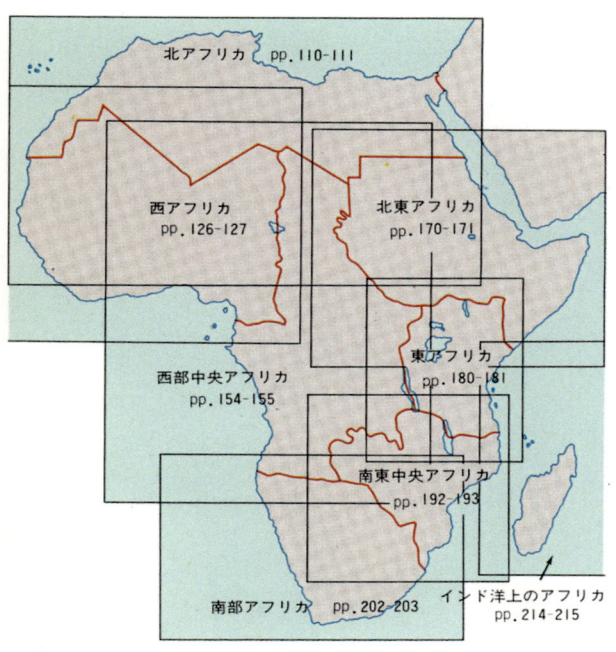

北アフリカ	pp.110-111
西アフリカ	pp.126-127
北東アフリカ	pp.170-171
西部中央アフリカ	pp.154-155
東アフリカ	pp.180-181
南東中央アフリカ	pp.192-193
南部アフリカ	pp.202-203
インド洋上のアフリカ	pp.214-215

　このセクションでは西インド洋の島々をふくむアフリカのそれぞれの独立国と諸地域について，個々の国の鉱物，農業，産業資源を示した地図と，自然地理的状況を理解するための地域地図を添えて記述が行われている．55の国ぐには8つの地域に分けられている．この分割の主要なカテゴリーは，純粋に地理的な近さによっている．ある地域においてはおおむねその地域のまとまりが容認される．とくに北アフリカにおいてそうである．地理的叙述は，島嶼の場合はその地域の境界ははっきりしているが，大半の地域ではその配置は独断的にせざるを得なかった．カメルーンは多くの場合中西アフリカの国として位置づけられるが，ここでは西アフリカに含めた．植民地時代の勝手な領界が今もアフリカにおいて広く使われている．1～2世代のあいだには，新しい同盟や結合がとってかわるだろうし，20—50年後のアフリカの地図はもっと変ったものになり，より合理的な地域，国の分割ができるであろう．

北アフリカ

　北アフリカを構成するアフリカ大陸諸国家は，現政体の大幅なちがいにもかかわらず自然的な統一性を備えている．これらの国家は地中海に面しており，ここには中東，南ヨーロッパと共通の接点をもつ歴史がある．かつてはキリスト教の根拠地も存在したが今ではすっかり消えうせてしまい，イスラム教が現在民族的なきずなを保つ強い統合因子となっている．

　地理的に見ると気候区分帯が東西を走り，高地，オアシス，ナイル川の流れるエジプトを除くと，温暖な地中海性気候地帯が砂漠と半砂漠地帯に押しつけられている．長期にわたる外来勢力侵入の歴史により，北アフリカの民族には混血の多いのが特徴的であるが，基本的には黒人との混血を含むハム＝セム語族である．今日ではアラビア語がこの地域の主要言語となっているが，スペインの2州であるカナリー諸島だけは別である．カナリー諸島は他地域に見られるようなイスラム文化をもってはいないが，歴史的な関係が深いのでここでは北アフリカ地域に含めることにする．

　今日，北アフリカは近代的な大都市と，昔からほとんど変っていないように思われる農村地域とから成る．北アフリカを説明する際農村地域の伝統的な様子を描くのは容易であるが，複雑な現状を把握するのにそれでは過度の単純化を招く恐れがある．イギリス，フランス，イタリア，スペインの四大ヨーロッパ勢力はそれぞれの国にさまざまな特徴を残していったが，植民地時代が過ぎるとその違いは小さくなり，この地域の国家はますます共通性を増していっているように思われる．

モロッコ国境近くにベニ・アベという小さな町がある。この風景は、アルジェリアが外部からさまざまな影響を受けてきた長い歴史の一端を物語っている。
中央にはイスラム教の象徴としてのモスクがあり、丘の上にはフランスの砦があって、かつてのフランス植民地時代の外人部隊の活躍を思起させる。木々やヤシの緑がその町をおおい、かこんではいるものの、砂漠がすぐ近くまで迫ってきている。

世界中どこに行っても「市場」は魅力的な存在であるが、とくに北アフリカでは魅惑的である。熱くかわいた気候のため、細いかげのある路地に露天が集まっている。ここエジプト北部のルクソールでは、近代的なやり方で昔からの衣服を縫うため、洋服屋がミシンを使って仕事をしている。

111

北アフリカ

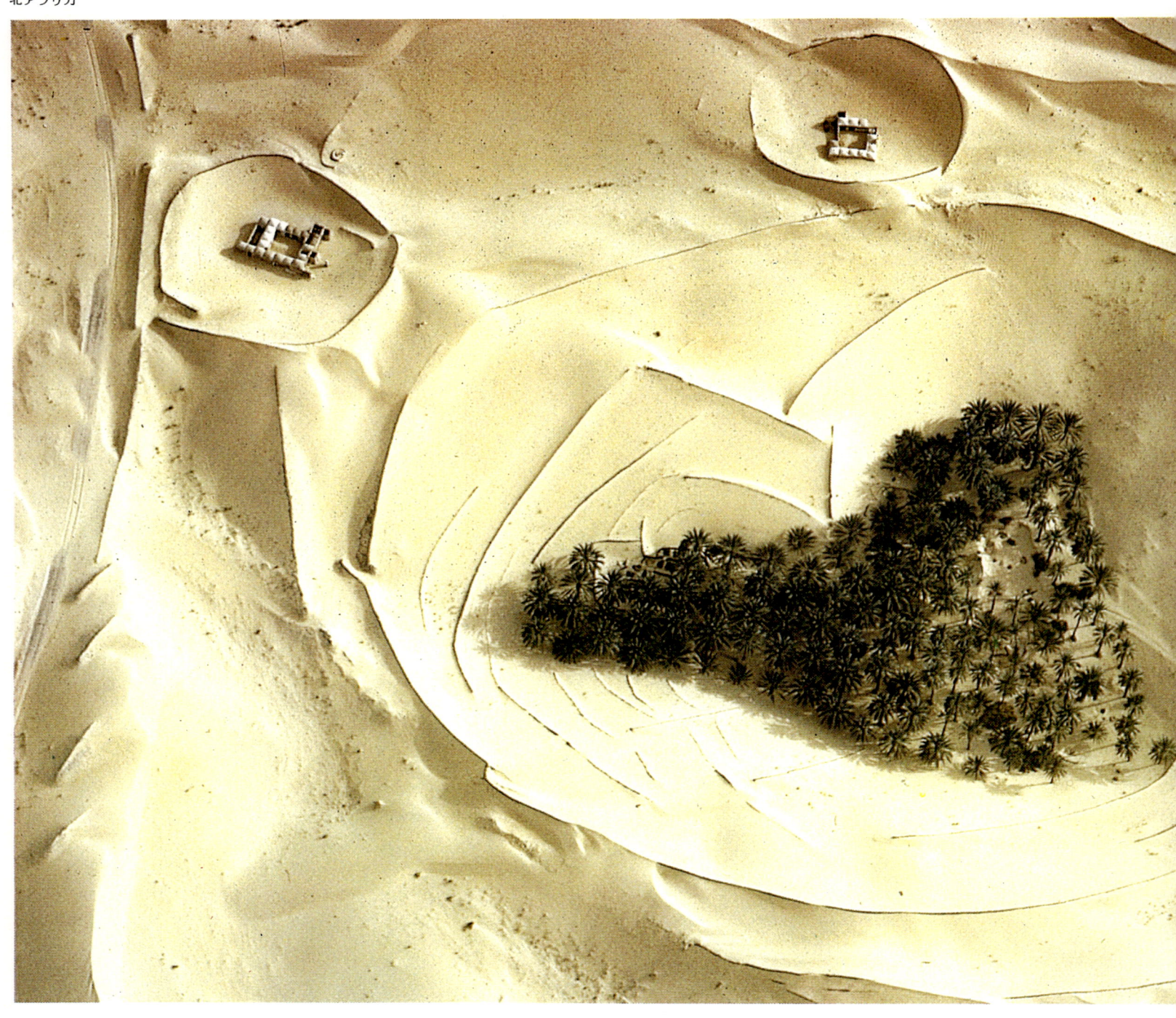

上 アルジェリアにあるサハラ砂漠のオアシス・スーフの空中写真．わずかな耕作地となつめやしがあるだけで，付近一帯，砂漠の中に埋没してしまうおそれがあることをはっきりと示している．

中右 北アルジェリアにおける石油の発見と開発は，巨大な富と権力とをもたらしたが，そこにはいくつかの問題も残されている．かつての最貧国リビアは，石油による恩恵を最も多く受け，今では最富裕国のひとつとなっている．この写真はアルジェリアの原油採掘施設である．

右 グラン・カナリア（カナリー諸島に属するひとつの島）西海岸の様子を見ると，起伏の多い地形であることがよくわかる．この地形は大西洋の海床から直接隆起した火山が突出してできたものである．

北アフリカ

中左　チュニジアの東海岸，ヘルグラで，村の女が井戸からくんだ水を運んでいる．農村地域ではまだ古来の服装がしばしば見受けられるが，ここではヴェールをかぶっている女たちはもう見られない．

次ページ　1975年11月，約35万人あまりの非武装市民が，モロッコ王の指導のもと，いわゆる「緑の行進」に参加した．これは前スペイン領サハラに対し，モロッコ側が領有権を主張したものである．(かつてのスペイン領サハラは，スペインによって独立を承認されてはいるが，まだ西サハラとして，モロッコ，アルジェリア，モーリタニア，西サハラ内のポリサリオ解放戦線の4者の間で，領有権をめぐる紛争が続いている)

上右　北アフリカでは都会に定住する生活が普通のものとなっているが，ある地域においてはまだ遊牧生活が続いている．この写真は，モロッコで遊牧民の家族たちが，テントの入り口にすわって，夜明けを迎えているところである．

右　エジプトの村ではハトを住みつかせるために，巣と止まり木とがついているのが一般的な特徴である．ハトは農民の単調な菜食生活にとって重要な栄養補給源となっている．

113

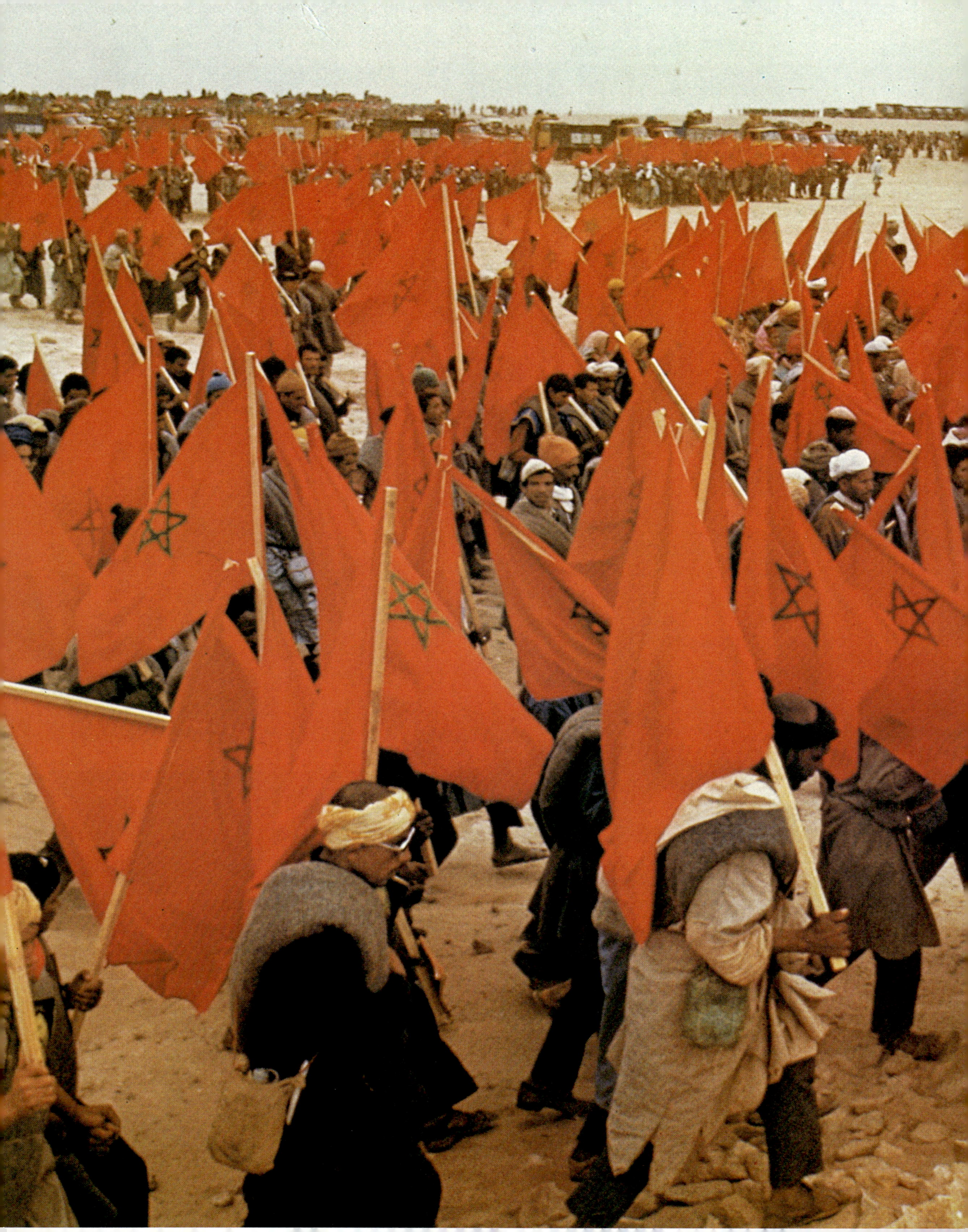

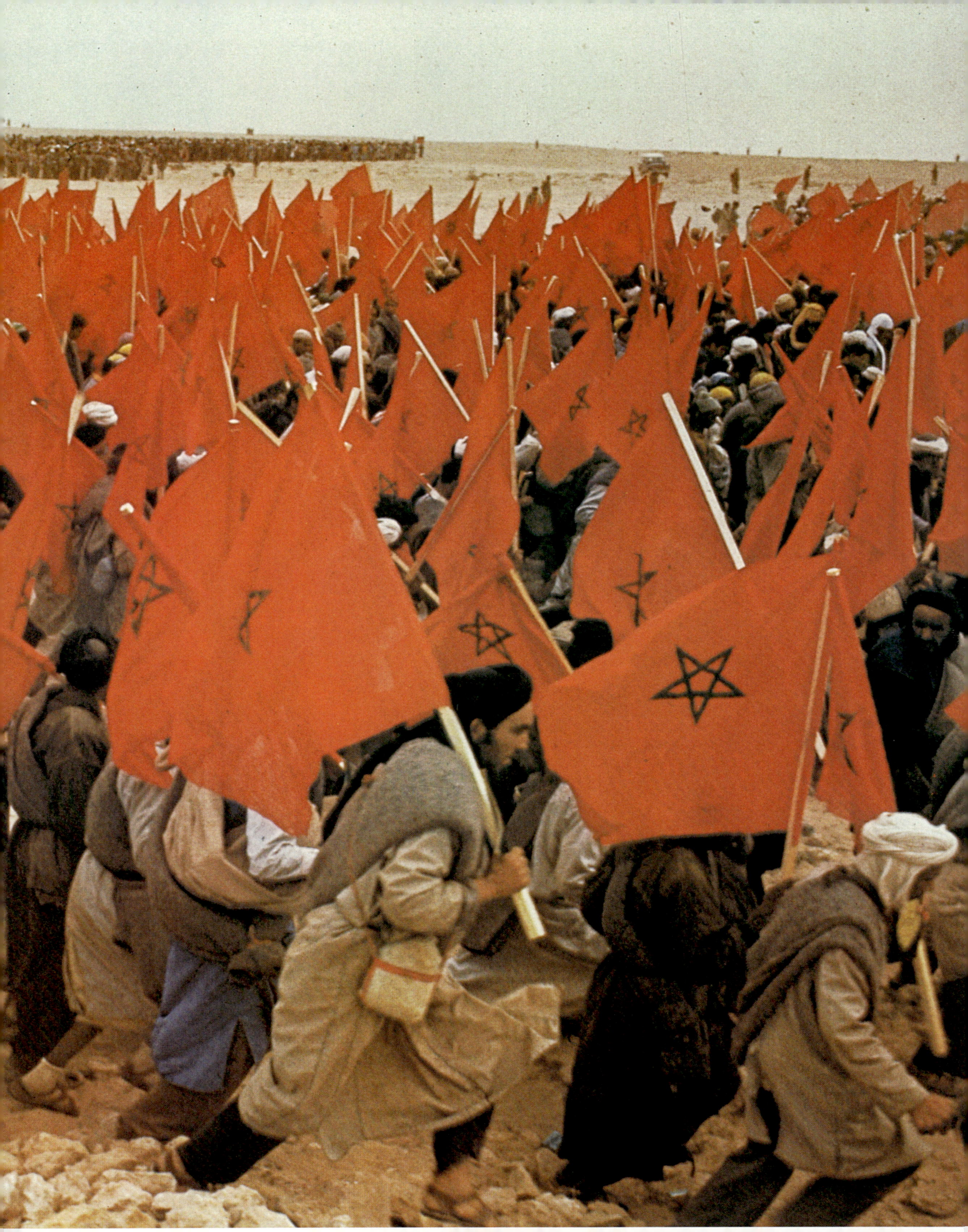

エジプト地図

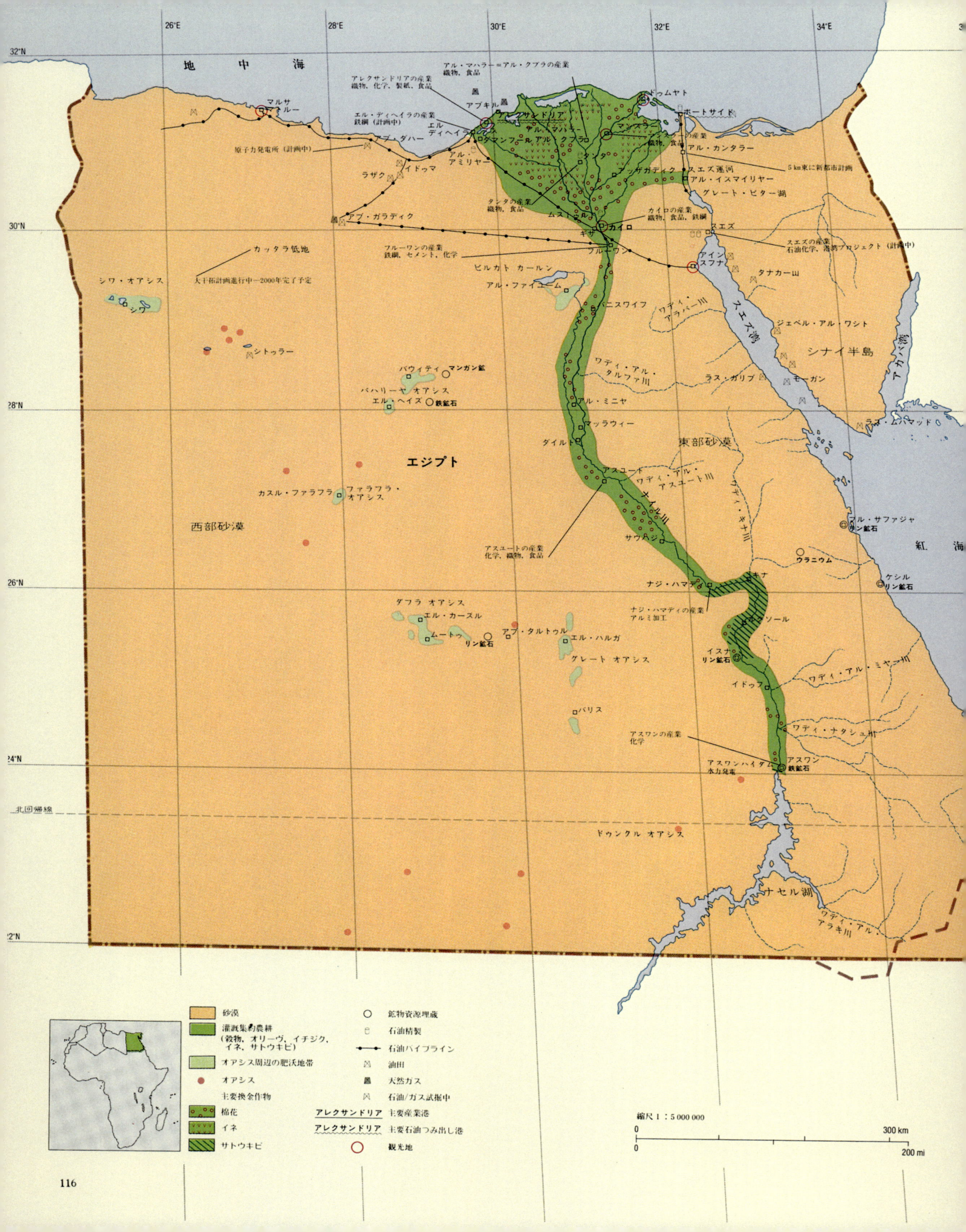

エジプト

エジプトはアフリカ北東部に位置し，その領土はスエズ湾を越えてシナイ半島にまでおよんでいる．南部から北部の地中海に注ぐナイル川は灌漑農業を可能としたが，まだエジプト全土の3.5％しか耕作されていない．東部の高地，西部の乾燥地帯は不毛地域である．気候は概して乾燥しており，南部は年平均80ミリの降

エジプト

公式国名
エジプト・アラブ共和国

面積
997,667km²

独立
1937年（モントクロース会議で）

植民地時代の状態と名称
占領と外国支配下の君主政が長い間続いた：エジプト

人口
38,228,180人（1976）；41,000,000人（1979推計）

年人口増加率
2.5％

首都
カイロ

首都の人口
5,715,000人（1974推計）

公用語
アラビア語；英語，フランス語

国民総生産（USドル）
12億3000万ドル；1人あたり310ドル（1977推計）

通貨
1エジプトポンド＝100ピアストル＝1000ミリエーム

水量である．しかしアレクサンドリア付近の降水量は220ミリに達する．住民は混血が多いが，基本的にはコーカサス系の地中海人種である．

ナイル川の肥沃な河谷が，人類にとってよく知られた最古の文明の1つであるエジプト文明を生み出した．土着のエジプト王朝は前3000年に起こり，前4世紀のアレクサンダー大王による征服をもって終る．プトレマイオス朝の支配者はローマ人によって継承され，その後かれらは7世紀にイスラムの侵略者によって滅ぼされた．中世のエジプトはイスラム王朝に引き継がれることによってその統一性を保持した．イスラム王朝の繁栄は東からの交易ルートが商業中心地アレクサンドリアに集まることによって確実なものになった．1517年オスマン＝トルコがエジプトを占領し，その後この国は19世紀までトルコ人の手に委ねられた．

エジプト近代史は1798年のナポレオン遠征にはじまる．それは失敗に終わったが，軍事将校であったムハンマド＝アリーがオスマン帝国を打ち破る道を開いた．彼はこの国の後継者として統治し，換金作物としての綿花によって経済を発展させた．エジプトの戦略的重要性はスエズ地域の運河計画によって高まった．イギリスとフランスはスエズ運河会社に投資し，特にイギリスは1875年，エジプトを統治していたヘディヴ・イスマイルが財政危機に苦しんでいるのに乗じて，スエズ運河に関する主導権を得た．1880年代，この国は民族抗争によって苦しみ，そのためイブリン・ベアリング総領事（後のクローマー卿）のもとにある政府とイギリスとの関係を緊密化させた．19世紀末のイギリスによるスーダン征服と北アフリカにおけるフランスの勢力拡張は，エジプトにおけるイギリスの独占的支配権を一層強めることとなった．

第1次大戦がはじまると，イギリスは東地中海とインドへの通行路を防衛するために重要な役割を果しているエジプトを保護国とした．1922年，この重要な役割によってエジプトはある程度の独立要求を行なうことができた．エジプトの統治者には国王の称号が与えられ憲法が承認された．両大戦間，イギリスと，王，ワフド党，自由立憲党などとの間に政治闘争が見られた．政治的不穏と運河の将来に関しての政治的不安があるため，イギリスはやむを得ずエジプトに対する譲歩をしていたが，1936年にイタリアが地中海への野心を拡げてくる恐れが生ずると，イギリスはエジプトへの軍隊駐留を終結させる一方スエズ区域の基地駐留権を確保する，という20年協定を結ばざるを得なくなった．

エジプトはまた第2次大戦に重要な役割を果たした．王がドイツの大義を支持したにもかかわらず，ワフド党は連合軍に対する忠誠を保ち続けた．侵略の危険が去った後，政治的な不満が増大した．共産主義者や急進的なムスリム同胞団がワフド党の衰退によってつくり出された真空状態を埋めあうと張り合った．しかし，ファルーク王による不安定な体制を打倒するため，1952年にクーデターを実行したのは自由将校団であった．君主制は廃止され土地改革計画が開始された．1954年，陸軍中佐ガマル・アブドゥル・ナセルが国家主席となった．1956年，イギリス，フランス，イスラエルによるスエズ侵略が失敗に終わると，彼の地位は国内外で強固なものとなった．それから数年間エジプトはアラブ統一の指導者となり，シリアとの統合を試みた．ナセルはアラブ首脳会議において主導的な役割を果たした．1960年代半ば，彼はイエメンの共和制を支援するため軍隊を派遣した．1967年，シリア国境地帯における軍事衝突の後，ナセル大統領は国連軍のスエズ運河からの撤退を要求したが，同年6月5日にはイスラエルがガザ地区に侵入した．6日間戦争は終結し，エジプトは休戦を受け入れた．1967年11月，国連安全保障理事会は中東の平和協定に対する勧告を盛り込んだ決議242を採択した．

エジプト国内においてはナセルは大きな困難に直面していた．石油も他の鉱物資源もなく，一方人口増加は耕地の拡大をしのぐほどであったからである．このため大規模な土地の再配分を実行し，アスワン・ハイ・ダム・プロジェクトなどの計画によって農業生産や水力発電量を増大させようという試みがなされた．1960年代の10年間で実質国民所得を倍増させようとする最初の国家計画が提出された．この計画とひき続いて立案された開発計画は修正を余儀なくされたが，そこには経済の切り替えと工業生産の増大をもくろむ努力が如実に現れていたことだけは確かである．その計画は大規模な資本投下を必要としていた．1960年代半ば，増大する財政技術援助はソ連によって受け入れられたが，ソ連がもち出すさまざまな圧力にエジプト側が幻滅し，1972年両国は断交した．1967年のスエズ運河閉鎖による収入の喪失が，経済的困難を激化させていた．

ナセル大統領が死ぬと，すぐに彼の後継者である陸軍大佐アンワル・サダトがリビアとの統合を提唱したが，その後国内的な危機に直面した．経済問題が左翼の暴動を引き起こした．1973年10月，エジプトは突然にイスラエルを攻撃し，そして敗北した．にもかかわらずサダト個人の権威は高まり，報道管制の解除，政治犯の釈放等が可能になった．エジプトはアメリカとの関係の緊密化に動きはじめた．アメリカの国務長官キッシンジャーは，いわゆる「シャトル外交」によって中東和平を確立しようとした．1975年から77年にかけての貧困なエジプト経済政策は，生活費の暴騰，食品暴動を招いた．ワフド党の政権参加を認めることによって自由憲法を確立しようとする試みはすぐに取り消された．

1977年11月，サダト大統領はイスラエルを訪問しクネセットで演説した．彼個人が中東和平の主導権を握ることによって，エジプト国内における彼の人気は高まったがアラブ世界における彼の立場は不安定なものとなり，とくに経済援助で頼みとするサウジアラビアとの関係が脅やかされた．エジプトとイスラエルの交渉は，1978年9月カーター大統領を議長としてキャンプ・デーヴィッドで続けられた．そこでは3カ月以内に平和条約が調印されることが発表されたが，パレスチナ問題，ヨルダン川西岸問題はその実現をおくらせた．しかしサダト大統領はベギン，イスラエル首相とともに，1978年ノーベル平和賞を受賞した．1979年3月，2国間で平和条約が調印され，エジプトの国民投票によってサダトの政策が支持された．さらに1980年にはエジプトとイスラエルの間で大使が交換された．ところが1981年10月サダトは若手将校によって暗殺され，副大統領のムハマドゥ・ホシ・ムバラクがそのあとをついだ．

(A.W.)

アルジェリア

公式国名
アルジェリア民主人民共和国

面積
2,381,741km²

独立
1962年7月3日

植民地時代の状態と名称
1871－1962年フランスの行政区として三州(三県)に分割される：アルジェリア

人口
18,250,000人（1977－1978推計）

年人口増加率
3.4%

首都
アルジェ

首都の人口
1,800,000人（1978推計）

公用語
アラビア語；フランス語，ベルベル語

国民総生産（USドル）
189億5000万ドル；1人あたり1110ドル（1977推計）

通貨
1アルジェ・ディナール＝100サンチーム

凡例
- 砂漠一散在する遊牧（ラクダ，ヤギ）
- 半遊牧地帯（ヤギ・ヒツジ）と穀物栽培
- 森林
- 粗放栽培（コムギ，オオムギ，イチジク，オリーヴ）
- 集約穀物栽培と牧畜
- オアシス周辺（ヤシ，ナツメヤシ）
- オアシス
- 主要換金作物
  - コムギ／オオムギ
  - ブドウ樹
  - カンキツ類
  - オリーヴ
  - タバコ
- 鉱物資源埋蔵
- 石油精製
- 石油／天然ガス パイプライン
- 油田
- 天然ガス
- 石油／天然ガス 試掘中
- オラン 主要産業港
- アルズー 主要石油つみ出し港
- バンガジ 主要漁港
- 観光地

縮尺 1：8 000 000
0 — 600 km
0 — 400 mi

地図上の記載
- 地中海
- アルジェの産業：食品，車両，リン，織物，セメント
- ティジウズの産業：織物
- コンスタンティヌの産業：織物，食品，車両
- ベジャイアの産業：食品加工
- セティフの産業：食品，セメント
- アルズーの産業：石油化学，3つのガス液化プラント計画
- ブリダの産業：食品加工
- モスタガネムの産業：食品加工
- オランの産業：食品，化学，車両，リン，セメント
- エル・アスナムの産業：食品加工
- ムシラの産業：大発電所建設中
- バトゥナの産業：織物
- ティアレの産業：車両部品組み立て
- トレムセンの産業：食品，化学
- ここでは石油，ガスの産出量がほとんどつきとめられている
- アルジェリア石油の50%が産出されている
- 全生産の75（%）
- 1984年に採掘が始まる
- 生産減少中

主な地名
モスタガネム，アルジェ，デリス，シェルシェル，ブリダ，エル・アスナム，オラン，ベニ・サフ，シディ・ベル・アベス，マスカラ，テメス，トレムセン，クサル・エル・ブハリ，アインセフラ，アイン・ベイダ，バトゥナ，ビスクラ，ジェベル・オリン，ラグアト，トゥグルト，ガルダイア，ワルグラ，ハウド エル ハム，ハッシ・メッサ，ベシャール，ケナドゥサ（鉄鉱石，石炭），ベニ・アベ，ティミムン，アドラル，エル・ゴレア，エル・アグレブ，エル・ゴッシ，ネズラ，ガッシ，トウィル，ティンドウフ，ガラ・ジェビレト（鉄鉱石），イン・サラー，ワド・ジャレット川，セブハ・アッゼル・マッティ，ティンフイエ，ルールド，ヌッス，ワド・タマンラセット川，ウラニウム，タマンラセット，ティム・グ・ジャウイヌ，ラウニ 過マンガン重石（タングステンの原料），ショット・エ・シェルキ，エル・バヤズ，ショット・エル・ホドラ，ブー・サーダ，ショット・メルルヒル，ジルファ，ワド・ジェディ川

北回帰線

リビア

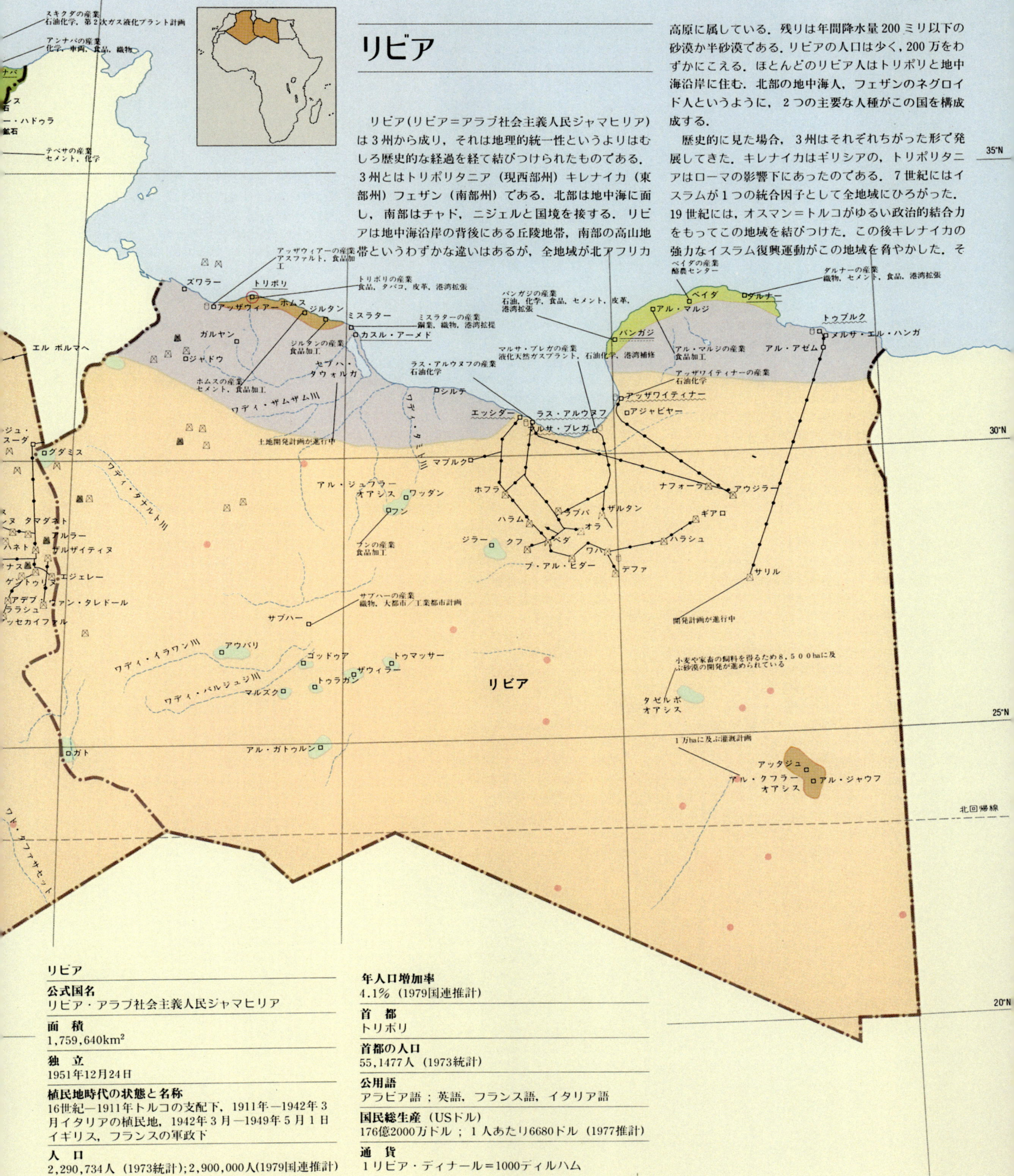

リビア(リビア＝アラブ社会主義人民ジャマヒリア)は3州から成り，それは地理的統一性というよりはむしろ歴史的な経過を経て結びつけられたものである．3州とはトリポリタニア（現西部州）キレナイカ（東部州）フェザン（南部州）である．北部は地中海に面し，南部はチャド，ニジェルと国境を接する．リビアは地中海沿岸の背後にある丘陵地帯，南部の高山地帯というわずかな違いはあるが，全地域が北アフリカ高原に属している．残りは年間降水量200ミリ以下の砂漠か半砂漠である．リビアの人口は少く，200万をわずかにこえる．ほとんどのリビア人はトリポリと地中海沿岸に住む．北部の地中海人，フェザンのネグロイド人というように，2つの主要な人種がこの国を構成成する．

歴史的に見た場合，3州はそれぞれちがった形で発展してきた．キレナイカはギリシアの，トリポリタニアはローマの影響下にあったのである．7世紀にはイスラムが1つの統合因子として全地域にひろがった．19世紀には，オスマン＝トルコがゆるい政治的結合力をもってこの地域を結びつけた．この後キレナイカの強力なイスラム復興運動がこの地域を脅かした．そ

リビア

公式国名
リビア・アラブ社会主義人民ジャマヒリア

面積
1,759,640km²

独立
1951年12月24日

植民地時代の状態と名称
16世紀—1911年トルコの支配下，1911年—1942年3月イタリアの植民地，1942年3月—1949年5月1日イギリス，フランスの軍政下

人口
2,290,734人（1973統計）；2,900,000人（1979国連推計）

年人口増加率
4.1%（1979国連推計）

首都
トリポリ

首都の人口
55,1477人（1973統計）

公用語
アラビア語；英語，フランス語，イタリア語

国民総生産（USドル）
176億2000万ドル；1人あたり6680ドル（1977推計）

通貨
1リビア・ディナール＝1000ディルハム

れはその州一帯に植民者としてひろがっていたサヌーシー派のイスラム勢力によるものであった.

20世紀初頭になると,リビアはイタリアによる植民地的な野心の的となった.サヌーシー教団はオスマン＝トルコと提携して,キリスト教の脅威に対抗するよう命じたが,第1次大戦にオスマン＝トルコが敗北し,サヌーシー教団の指導者,ムハンマド＝イドリースが亡命すると,この国は1922年,イタリアの支配下にはいった.イタリア政府にとって,続々とリビアに入植させることは,熾烈な戦いと,大きな経費をともなうものであった.リビアはイタリアの「第4海岸」となり,「人口統計学上の植民地化」が1934年,ムッソリーニの権力掌握とともにはじまった.特にシチリア,南イタリア出身の土地なき農民が,イスラムの地主から取り上げた土地や所有者のいない土地へと移住していった.1938年までには,人口の10％にあたる約88万人以上の人々がイタリア人入植者で占められるようになっていった.ファシズムは植民地政府を強く支配していた.

第2次大戦はリビアに非常に大きな影響を与えた.ドイツ,イタリアと連合軍は,エジプト,スエズ運河など戦略的に重要な地点の支配を確立するため,リビアにおいて一進一退の戦いを続けていた.その後,イタリアの究極的な敗北によって,この地域はもうイタリアの直接支配を受けることがなくなった.しかし,かといってなお地中海において強い最も主要な勢力を保持していたフランスとイギリスは,リビアの将来について同意をみていなかった.一方アメリカは冷戦期,この地域における戦略的利権を拡大し,トリポリ付近にフィールス空軍基地を建設した.1951年12月,国連の手で独立問題が解決され独立が承認された.

リビアはサヌーシー教団の指導者,イドリースを首長とする連邦国家として誕生した.こういった解決策はトリポリタニアの民族主義グループには歓迎されなかったが,その運動はまとまりに欠けていた.1950年代イドリース国王は3州間の利害調整をはかろうとした.1953年,リビアはアラブ連盟に加入し,同年イギリスと援助の見返りに基地駐留権を承認する,という内容の20年条約を結んだ.1954年,同様の協定がアメリカとも結ばれた.リビアはまたエジプトとも接近しはじめた.国内的には1953年の石油発見をはずみとして,かつてはみじめな貧困経済であったものが,次第に復興,発展してくるようになってきた.アメリカの石油会社や英国石油に対する採掘権が承認されて,1960年代には生産体制にはいれるようになった.1962年当時800万トンであった輸出が1966年には7000万トンにも増えていった.

1969年9月1日,陸軍大尉ムアンマル・アル・カダフィの指導する青年将校団が軍事クーデターを起こした.革命評議会が設立され,イスラムを基礎とし「自由,社会主義,統一」をスローガンとする新体制が確立した.1973年5月,カダフィ大統領は共産主義も資本主義をも拒絶する「第3理論」を発表した.1977年,革命評議会は書記局をもつ人民会議に取って替わり,1979年3月カダフィは革命的行動に専念するため,行政権をこの会議に引き渡した.

経済的に見て,リビアは石油の発見とともに繁栄してきたが,一方でクフラ・オアシス計画のような農業計画によって経済を転換させようとする試みは,明らかに成功しなかった.外交政策の面においてはカダフィは独特の路線を歩んだ.しかしながらエジプトやシリアとの統合(1969, 1972),チュニジアとの統合(1972)は何の成果も得られず,またエジプトとの関係は最近になって,特にサダトが1977年中東和平の主導権を握ってからは悪化する一方である.彼はソ連とも西側とも関係を持つことを拒否し,パレスチナ解放機構(PLO)やチャドのFROLINATのようなアフリカ解放運動などの抵抗グループを支持した.チュニジアの抵抗を支持する彼の傾向は,1980年1月に起こったガフサでの暴動を援助したことに現れている. (A.W.)

アルジェリア

アルジェリアはマグレブ諸国の中でも最も大きな国で,南部はサハラの奥深くまでひろがっている.北部はアトラス山脈と首都アルジェやその他の大都市がある地中海沿岸地域とから成る.気候は,北部の地中海性気候(温暖多雨の冬と暑い夏)から南部の半乾燥のステップ気候までさまざまである.

アルジェリアの現在の国土は,中世においては政治的統一体をなしてはいなかった.この地域の住人はイスラムに改宗してから後,オスマン帝国による名目上の君主のもとにおかれた.ベイ(トルコ系の軍人,イスラムに改宗したキリスト教徒,ユダヤ教徒の海軍士官などによる集団の代表)の支配下にある沿岸の町は,北アフリカ一帯の海賊の避難場所となっていた.19世紀初頭,ヨーロッパ人による奴隷貿易への反対のうごきや,地中海における戦略的利益の増大がフランスのアルジェリアへの関心をひき出した.フランス領事を侮辱したというもっともらしい口実をつけて,1830年フランスはこの国に侵入した.それ以後の70年間は,きびしい軍事政策によってフランスの支配を固めることに費やされた.土地は没収され,フランスからの移民(コロン)が定住し,政治的な支配権がかれらに引き継がれていった.1871年,アルジェリアの大部分がフランス本国の一行政区となった.

土着のアラブ,ベルベル人の人口ははげしい戦争によって減少し,経済的・文化的貧困だけが残された.アルジェリア軍は第1次大戦中フランスのために戦い,民族主義思想に目覚めるようになった.しかし,アルジェリア民族主義の発展はゆるやかなものであった.1923年,メッサリー・ハッジは最初の民族主義的な新聞を発行し,この中で10年後にアルジェリアが完全独立するよう要求した.しかし,フェルハト＝アッバースのような穏健な民族主義者たちは,そもそも独立を達成すべきアルジェリア国家というものが存在するのがどうか,ということについてさほど確信をもっていなかった.1930年代後半から第2次大戦にかけて,フランスが政治的・軍事的な弱さを露呈していくにつれ,イスラムの人々の間に急進的な思想が芽生えるようになってきた.アルジェリアはチュニジアのように,一時ヴィシー政府の支配下にはいったが,その後自由フランス政府がアルジェリアに本部を設置した.1943年,フェルハト＝アッバースは政治改革と憲法制定を求める「アルジェリア人民宣言」を発表した.これはフランス政府によって拒否されたが,戦後の民族運動を形成する基礎となった.

1945年5月,セティフでの暴動が抑圧され,アッバースが逮捕されたところから暴力的抵抗の時代がはじまった.1947年までアルジェリアのイスラム教徒たちは秘密組織(OS)に加入し,武器と資金を集め続けた.制限憲法を制定しようとするフランスの試みはもはや不可能であった.1956年,幾多の民族集団がアッバースの民族解放戦線(FLN)に参加した.きびしい独立闘争が1962年まで続いた.FLNの成功に対し,1958年フランス人入植者たちが反撃に転じた.彼らは駐留フランス軍の支持を得て第4共和制を崩壊させ,ドゴール将軍の権力掌握を復活させた.独立を承認する際の彼の注意深いやり方は,1961年テロ行為を実行していた入植者たちによる秘密軍事組織(OAS)の抵抗を受けた.1962年,エヴィアンでアルジェリアの独立を承認する協定が調印された.

新政府は1963年,初代大統領ベン・ベラのもとに発足したが大きな経済問題に直面していた.戦争による荒廃,フランス職人,技術者たちの本国引き上げは新国家建設にとってさまざまな困難を引き起こした.工業も農業も労働者の手によるオートジェスチョン(労働者自主管理制度)とよばれる経営組織によって行なわれるようになった.1965年,ベン・ベラは無血クーデターによって打倒された.かれの独裁的な政治が同志たちにうけ入れられなかったのである.

革命評議会がワリ＝ブーメディン大佐のもとに設立された.彼は国家計画経済を確立することによって真の社会主義社会を創造しようとした.行政機構が綿密に検討され,炭化水素部門におけるソナトラッチなど,いくつかの国営独占会社がつくられた.人口が急速に増大したことにより(1977年には全人口の54％が18歳以下であった),あらゆるレベルでの大規模な教育計画,技術訓練が実施されるようになった.1976年国民の代表権要求にこたえて,憲法復活を象徴する「国民憲章」が発表された.そして1977年初頭には人民主体の国民議会が創設されたのである.1970-73年および1974-77年の,2つの4カ年計画が完了し,アルジェリアは農業部門に問題は残すものの経済的には十分な足場を築き上げたように思われる.

外交政策面においてはブーメディン大統領は注意深く行動した.1966年フランスとの財政,技術援助に関する協定が結ばれた.両国間の関係は1970年初頭ずっと緊張状態にあったのであるが,つながりだけは残されている状態だった.また,アルジェリアは東西両陣営からの援助や人材を受け入れた.パレスチナ解放機構やアフリカの革命運動については一貫してこれを支持し,一方モロッコとの関係はスペイン領サハラの領有権をめぐって紛争が起きたため,1970年代を通じて緊張を続けた.また一方アラブやOAUの政策に対しては強いきずなを保ち続けた.禁欲的で献身的なブーメディン大統領は困難な時代にあって国を動かし続けたのであるが,1978年12月,彼が死んだ時にははっきりとした後継者が決まらなかった.1979年2月,数々の妥協の結果大統領候補者としてベンジュディッド・シャドリが選出された.彼の政策は内政外政ともに妥協的なものではあったが,ベンベラを含む数多くの政治犯を釈放し,モーリタニア問題に関してもモロッコとの緊張をゆるめるという役割を果たした. (A.W.)

北アフリカ

チュニジア

チュニジアはマグレブ諸国の中でも最も小さな国で、北は地中海に、西はアルジェリアに、東はリビアに接している。この国はメジェルダ渓谷、マトゥール平原、ハマメットからガベに至る草原より成る肥沃な地域である。リン、鉄鉱石、鉛などいくつかの鉱物資源が産出され、現在石油と天然ガスが輸出されている。

チュニジアは前6世紀から前2世紀のローマ人による征服までカルタゴの商業帝国の中心だった。中世においては安定したイスラム王朝が長い間続いたため、チュニジアは繁栄を享受した。スペインとオスマン＝トルコが北アフリカにおいて野心をもちはじめた1574年、ハフス朝が滅亡しオスマン帝国の支配が確立した。この数年間、チュニスはオスマン帝国による名目上の君主としての地位を受け入れたベイ（軍人集団）のもとで独立を回復した。19世紀になると、アルジェリアと同様チュニジアにおいてもヨーロッパ列強による関心が高まった。19世紀の第2四半期までには、チュニジアは対外債務をかなり背負うようになり、1869年イギリス、フランス、イタリアが財政上の支配権を握った。1881年、フランスはこの国に侵入し、ベイとカサル・アッサイード条約（バルドー条約）を力づくで結んだが、フランスの外交・軍事・財政政策の下での名目的支配者として、ベイの地位はそのまま残した。2年後チュニジアはフランスの保護領となり、フランス人の総督が派遣された。ベイの位は廃止されはしなかったがほとんど権力をもたなくなった。

チュニジアはフランスの文化や教育の影響を深く受けているにもかかわらず、イスラム世界との接触を保ち、志を高くもちつづけてきた。1888年、青年チュニジア運動はベイの権威復活を要求することと関連し

チュニジア

公式国名
チュニジア共和国

面積
16,4150m²

独立
1956年3月20日

植民地時代の状態と名称
1883－1956年　フランスの保護領
チュニジア

人口
5,588,209人（1975統計）6,400,000人（1979国連推計）

年人口増加率
2.7％（1979国連推計）

首都
チュニス

首都の人口
944,000人（1975統計）

公用語
アラビア語；フランス語

国民総生産（USドル）
50億7000万ドル；1人あたり860ドル（1977年推計）

通貨
1チュニジア・ディナール＝1000ミレーム

北アフリカ

て，政治改革要求を打ち出した．これは成功しなかったがその指導者の1人が1920年，ドゥストゥール党（立憲党）を創設した．フランスは2，3の政治改革要求を受け入れたが，政治的な代表権に関してはゆずらなかった．1934年，ドゥストゥール党はチュニジアの法律家ブルギバのもとに新しい一派を形成した．彼の政党組織は1930年代後半に確立し，フランスの統治に大いに反対した．

第2次大戦中，フランスが占領されてからチュニジアはヴィシー政府のもとにおかれ，リビアにおいてドイツが行動するための供給基地となった．民族主義者たちは戦時中フランスに連れて行かれ，監禁された．ブルギバは自由の身になるとチュニジアの立場を説明するため東奔西走し，1946年には国連において演説した．3年後，かれはチュニジアにもどり政治的権利を要求する非暴力運動をはじめた．

フランスが彼の申し出を受け入れるかもしれない，という最初の期待はヨーロッパ人入植者の反動的行動によって裏切られた．1952年反体制運動がはじまり，ブルギバと他の民族主義者たちは再び投獄された．あちこちに暴動が起こり内戦が今にも起ころうとするその時に，フランスは内政自治を承認した．1956年，ついに独立が承認され，チュニジアはブルギバを元首とする共和国となった．

新大統領は西側からの援助の必要性，アラブ世界との関わりという狭間の中で慎重なコースをたどった．フランスとの関係は，アルジェリア戦争中フランスがチュニジア領内のサキエット・シディ・ユースフの町を爆撃してから緊張状態におちいり，その後ビゼルトのフランス基地で紛争が起こった．1961年チュニジアは，フランス，西独，アメリカからの援助を受けた．1963年，アラブ勢力圏内において内部対立が起きた．アルジェリアが反ブルギバ勢力を支持したため，ブルギバはアルジェリアと対立関係にはいったのである．1965年には，かれはアラブ連盟の対イスラエル政策に反対した．1967年の6日戦争では，チュニジアはエジプトを支援するため軍を派遣した．

国内においてブルギバは，「チュニジア社会主義」の道を歩んだ．それは1963年，フランス人の土地収用に関する協定，農業集団化の試みからはじまった．経済企画相，アフマド＝ベンサラーの加わったその運動は，1964年突然中止されベン・サラーには多くの罪状をつけた判決が下されて，投獄されることで終った．1974年，ブルギバは終身大統領となったが反対はおさまらなかった．1974年から76年まで，何百人もの人々が国家に反逆したという理由で投獄された．

1974年初頭チュニジアとリビアとの統合が試みら

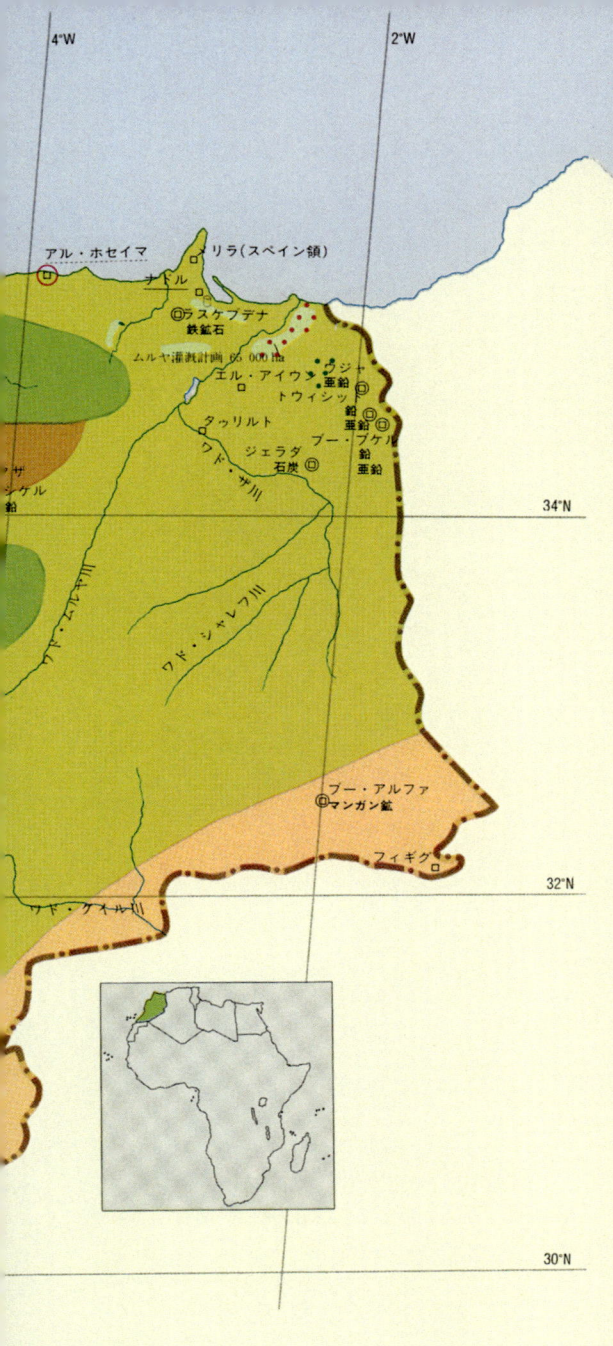

れ，それは3年間続いたが結局リビア側によって拒否された．チュニジアはアメリカ，フランスに対して新たな援助を求める方向に動いた．しかしブルギバの高年齢，健康状態の悪化は国家の将来に不安を投げかけていた．亡命中のアフマド＝ベンサラー，社会民主党首マハムドゥ＝メスティリらは多党民主制を要求した．一方政府はチュニジア労働総同盟書記長のハビブ＝アクゥワーとも対立状態にはいっていた．1980年1月ガフサで暴動が起こったが，これはおそらくリビアの支援する反チュニジア勢力によるものであろう．政府がフランスからの援助を要請したことによって，チュニジアはマグレブ諸国から孤立してしまったのである．
(A.W.)

モロッコ

モロッコは地理的に見ても歴史的に見ても，あるいは人種的に見ても多種多様の国である．砂漠あり，うっそうと木のおい繁った森林あり，岩の多いごつごつしたアトラス山脈あり，肥沃な平原あり，人々のまばらに住む砂漠・山岳地帯があるかと思えば，カサブランカ，ラバト，フェス，マラケシュのように人々でごった返した都市もある．混とんとした無政府状態，内紛の絶えない時代もあり，中央集権支配の強い時代もあった．知的貴族の栄光の時代もあった．衰退の時代もあった．征服と帝国の繁栄した時代もあり，外国に支配された時代もあった．住民は，昔からの伝統を受け継ぎベルベル語を話す山岳農民から，カサブランカ，ラバトなどに住み西欧教育を受け，フランス語を話す洗練された上流階級の人々までさまざまである．エリート内部においてでさえ，フェスなどに住む古いイスラム的価値をもつ伝統的で古風な金持ちたちや，ヨーロッパやアメリカを指向する新興富裕層，スース渓谷からやってきて現在カサブランカに住んでいる富裕商人など多種多様である．

モロッコは地理的に境界を定められ，その後そこに定住する人々によって形成された国家である．この国はアフリカ北西部に位置し，大西洋と地中海に面する長い海岸線をもっている．リフ，アトラス山脈はこの国の背骨をなしているが，同時に新興都市，歴史的な都市がモロッコに，伝統的なイスラムの町における都市生活と，山に住む人々の伝統主義と，近代的な都市中心部における雑踏とが奇妙に入り混じっているという独特の性格をもたせているのである．

モーリタニア・ティンギタナとして，モロッコが歴史に記録される形で最初に現われたのはローマの一州としてであった．ローマ人の存在を証明する遺跡がまだヴォルビリス（メクネスの近く），リクサス（ララシュの近く）などに見られる．ローマがこの地域を去った後，ベルベル人が7世紀のアラブ征服までこの地域を支配した．マグレブ・アクサ（極西の意）としてアラブ人の間で知られたモロッコは，711年のイスラムのスペイン征服の出発地となった．しかしながら8世紀に入ってモロッコは，モロッコ諸王朝の祖となったイドリース1，2世のもとではっきりした統一性を確立した．イドリース王朝の成立から，1912年モロッコがフランス，スペイン両国による二重保護領となるまで，こういったいくつもの王朝がフェス，マラケシュ，メクネス，ときにはラバトなどを首都としてモロッコやその周辺地域を支配した．アルモラヴィド朝（11-12世紀）は，イスラム化したスペインを支配したし，一方アルモハッド朝（12-13世紀）は現在のアルジェリアやチュニジアまで支配を拡大した．アルモハッド朝の後にはマリーン朝（13-15世紀）が続き，それは西スーダン一帯をモロッコの支配下におき，1590年トンブクトゥを征服したサアード朝（16-17世紀）に取って代わられた．続く政治不安の拡大期である1660年代にアラウィ朝がサアード朝に取って代わり，それが今日においてもまだ続いている．

1912年この国が2地域に分割され，スペイン，フランスの保護領となった後，民族運動が起こりはじめた．1940年代後半から1950年代初頭にかけて，ムハンマド5世が独立闘争の精神的指導者として登場した．そして彼はアラウィ朝とともに，フランス，スペインが1956年にモロッコに独立を与えて以来この国の支配体制を保持し続けた．ムハンマド5世（1961年死去）と彼の息子ハッサン2世とは，それ以来ずっとモロッコを統治，支配し続けてきたのである．野党でも，憲法上に定められた議会制の枠内で機能することができるため，モロッコには2つの大きな政党がある．それは1944年，最初に組織されたイスティクラール党（独立党）と1958年，イスティクラール党分裂の結果できた人民諸勢力社会主義同盟（以前は人民諸勢力全国同盟として知られていた）の二つである．1977年3月，野党のメンバーは下院選挙において議席を確保したが，国王支持派とゆるい連合を結んでいるためかなりの制約がある．まず国王自らが内閣を組織する．また報道の自由をめぐっては，その年の間じゅう揺れ動き続けた．野党の機関紙は継続して発行されてはいるが，しばしばきびしい政府の検閲にあっている．77年3月の選挙以来，政治に関するあらゆる問題をのせた日刊紙や週刊紙の数が実質的に増え続けている．

一方，周期的な旱ばつや急速な人口増加によって，モロッコは近年相当量の食糧輸入を余儀なくされている．たくさんの肥沃な土地があり，より多くの耕地獲得をめざした灌漑計画が進められているにもかかわらずである．1975年まで農業部門，ダム建設，大規模な土地の植林と灌漑といったことに発展の努力を集中してきた．しかしそれ以後は工業，特にリン酸塩と農工業部門の発展に力を入れるようになってきている．世界におけるリン酸塩のほぼ半分はモロッコにあり，モロッコはそれを主要な経済資源として最大の輸出産品としている．しかし，石油を基礎としたサウジアラビア，アラブ首長国連邦の経済とくらべると，リン酸塩を基礎とした経済は変動が激しい．他の重要な貿易資源としては観光（年間150万人以上），かんきつ類，フルーツ，魚のかんづめ，野菜類，コバルト・鉛・鉄・マンガン等の鉱物資源がある．

現在30万人以上のモロッコ人がフランス，ベルギー等ヨーロッパ諸国で働き，母国の家族に送金している．かれらこそが近代的価値と伝統的価値というモロッコ社会の2極性を牽引してきた代表なのである．
(A.W.)

モロッコ

公式国名
モロッコ王国

面 積
659,970 km² （西サハラの併合部分を除くと458,730 km²）

独 立
1956年11月8日

植民地時代の状態と名称
1912年-1956年 フランス・スペインの保護領に分割，そしてタンジールは国際管理地

人 口
1,639,000人（1971統計）；1,980,000人（1979国連推計）

年人口増加率
2.4%（1965-73）；3.2%（1976推計）

首 都
ラバト

首都の人口
367,620人（1971統計）

公用語
アラビア語，フランス語，スペイン語，英語

国民総生産（USドル）
101億ドル；1人あたり570ドル（1977推計）

通 貨
1モロッカン・ディルハム＝100モロッカン・フラン

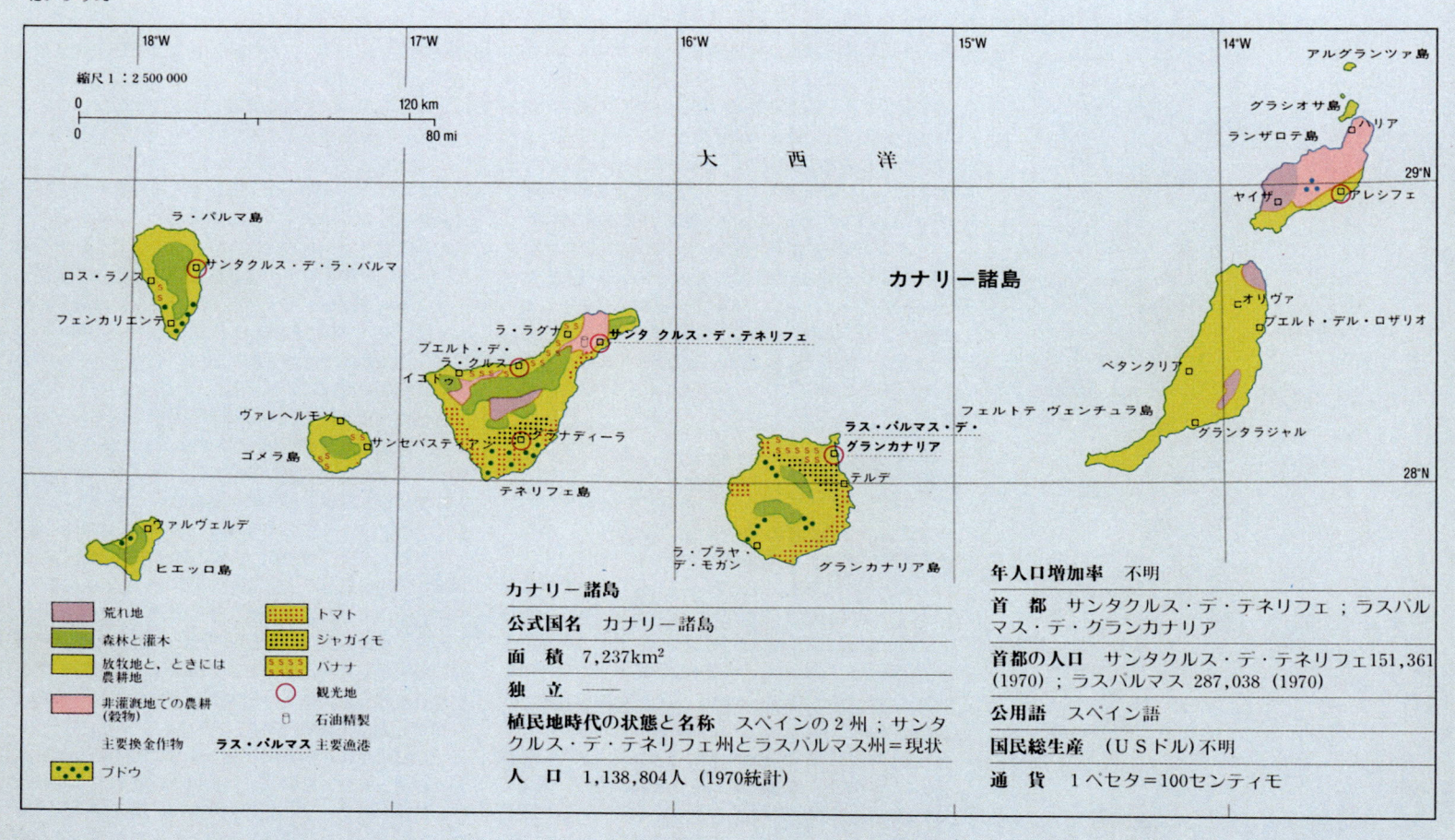

北アフリカ

カナリー諸島	
公式国名	カナリー諸島
面積	7,237km²
独立	
植民地時代の状態と名称	スペインの2州；サンタクルス・デ・テネリフェ州とラスパルマス州＝現状
人口	1,138,804人（1970統計）
年人口増加率	不明
首都	サンタクルス・デ・テネリフェ；ラスパルマス・デ・グランカナリア
首都の人口	サンタクルス・デ・テネリフェ151,361 (1970)；ラスパルマス 287,038 (1970)
公用語	スペイン語
国民総生産	(USドル)不明
通貨	1ペセタ＝100センティモ

カナリー諸島

　カナリー諸島は国民国家ではなく，スペイン本土の州と同等の地位にある2つの州である．独立を支持する勢力はとくに左派政党に見られるが，本国との文化的・政治的な結びつきがかなり強いため，近い将来独立が達成される見込みはない．この諸島は7つの島から成る．すなわちラ・パルマ，ゴメラ，ヒエッロ，テネリフェ（これらはサンタクルス・デ・テネリフェ州を構成している），ランザロテ，フェルテヴェントゥラ，グランカナリア（これらはラスパルマス州を構成）である．地形学的に言うと，この諸島はサハラ台地の延長上にあると見なされてきた．しかし最近の研究では，ランザロテとフェルテヴェントゥラのみ大陸の地形にかかわっており，グランカナリアその他の島はそれとは無関係であることがわかっている．

　これらの島々は陸水学的にみるときわだった対照をなしていることがわかる．フェルテヴェントゥラとランザロテはほとんど地表水がなく，最大でも年間30日程度しか雨が降らないため，砂漠の島である．グランカナリア，テネリフェ，ラ・パルマは3つの気候区に分かれる小大陸である．①沿岸部の高温少雨の地中海性沿岸気候地帯（海抜300メートル以下），ここでは灌漑農業が行われている．②海抜600mから900mまでさまざまに分布する温暖気候地帯③低温多雨の亜高山帯気候地帯．テネリフェ島のピコ・デ・テイデ山は海抜3718mあり，スペインの中で最も高い．

　ヨーロッパ人による征服以前，カナリー諸島にはグアンチェ人が住んでいた．かれらの文化は北アフリカのベルベル人と深い関係がある．1402年，ノルマン系フランス人の騎士たちが，カステラ王の名においてランザロテ，フェルテヴェントゥラ，ヒエッロ，ゴメラを征服した．グランカナリア（1478-83），ラ・パルマ（1491），テネリフェ（1493-95）のように原住民の密集した島は，カステラ王自身によって征服された．封建領主に直接支配されていたノルマンとは違って，グランカナリア，ラ・パルマ，テネリフェは国王による直接支配の形態をとり，その政府は後のアメリカ植民地組織における前例となった．3つの島は共同のオーディエンシア（公聴法廷）のもとで1つにされているが，そのおのおのは独自の市議会，カビルドによって運営されるとみなされていた．生き残った原住民はキリスト教に改宗し，すばやくスペイン人に同化した．島々は最初スペインとアメリカ植民地との中継路となり，スペイン領アメリカへの移住者をどんどん送り込んでいった．

　グランカナリア，テネリフェ，ラ・パルマにおける灌漑施設の発展によって，16世紀に砂糖プランテーション装備が可能となった．砂糖職人がマデイラ諸島から補充され，その後メキシコやカリブの砂糖製造工場へ職人を派遣するまでになった．しかしながら砂糖プランテーションは英領西インド諸島との競争にうまく対処することができず，農業はぶどう酒製造へと転換することになった．17世紀において支配的な交易のパターンは干し魚やワインだるに使うオーク材と交換に英領ニューイングランドへワインを送ることであった．ワインは1825年から1885年までの間，もう1つの単作作物として，コチニール染料の原料であるえんじ虫の飼料となる，オプンティアサボテンにとってかわられた．

　現在のカナリー諸島経済は，初期工業化の発展とともに行なわれる観光と農業に頼っている．主として北ヨーロッパからやってくる観光客が多く，1958年に23000人だったのが1967年には48万4000人と劇的に増えている．

　バナナは20世紀の単作作物であり，1975年には1万2500ヘクタール以上の土地に栽培され36万トンもの収量をあげた．次に重要な作物としてトマト（6000ヘクタール，19万トン），じゃがいも（1万4000ヘクタール，130万トン）がある．ランザロテ島では岩や火山灰を利用して集水施設（ガヴィアス）がつくられ，これが一風変わったシステムを形成しているが，その結果過去2世紀の間，農業とともに行われてきたヒツジやラクダの飼育にとって代わることになった．水やエネルギー資源がないため，工業の発展はわずかなものに限られている．1852年，寄港の自由化が確立されたが，市場が小さいため経済を刺激することにはならなかった．1950年代までは，1927年にはじまった石油精製が唯一の大工業であった．1970年代の工業部門には食品加工，輸入タバコ葉から生産される葉巻きや，巻きタバコの生産，化学製品工業などが支配的である．
(T.G.)

西サハラ

　西サハラは分離，独立した国民国家ではなく，地理的，人為的に分けられた地域である．この乾燥した砂漠地帯は，アフリカ大陸の大西洋岸に面したモロッコとモーリタニアとの間にあり2つの地域に分けられる．北がサギア・エル・ハムラ，南がワディ・アズ・ザハブ（リオ・デ・オロ）と称される．両者とも人がまばらに住んでいる．夜霧やたまに降る雨によって，沿岸から10km以内の所では農業が行なわれている．また小規模な漁業も営まれている．しかしながら最も大きな経済資源は，首都アルアインから約160キロ内陸にはいったブ・クラーの巨大リン鉱である．推定可採埋蔵量は総計すると20億トン以上で，そのほとんどが露天鉱山である．人口は約7万5000人，その多くは乾燥地帯に住む遊牧民である．西サハラの住民は大部

北アフリカ

分がレギバ，ウルドゥ・デリム，テクナなどのアラブ民族グループで，他にいくらかの少数民族がいる．アルアイン，セマラ，ダフラなどの主要都市に住む人々でさえ，大部分が部族の拠点から離れて数年かあるいはせいぜい1世代しかたっていない．

西サハラの法的地位は現在係争中である．1880年代から1976年2月まではスペインに支配されており，つい最近までその一州であった．モロッコとモーリタニアは国連において何年間もスペインに圧力を加え続けたため，1974年スペインはついに西サハラから撤退する意図を明らかにした．モロッコの政治家たちは長いこと，その地域が歴史的，宗教的，法的見てモロッコの一部であることを主張し続けてきた．彼らは11世紀にさかのぼって，モロッコ王朝とサハラとの関係を指摘し，19世紀のアラウィ朝と同様，16，7世紀のサアード朝もサハラと政治的な結びつきがあったことを主張した．モーリタニアとともにモロッコは1975年10月，国際司法裁判所に対し，スペインの植民地化以前におけるサハラの領土的地位について勧告を行った．この勧告では，モロッコ，モーリタニアと西サハラとの歴史的なきずなについては認めつつも，それが西サハラの領有権承認にはつながらないとしていた．それに対する反応は，政府によるすばやく劇的なモロッコ人の主張であり，1975年11月，35万人の非武装市民によってなされた「緑の行進」となって現れた．これに関して1975年11月28日，モロッコ，モーリタニア，スペイン三者間の協定調印に関する交渉が行なわれた．この交渉ではダクラ北岸から南東部に走る線によってその地域を分割する，という提案がなされた．しかしながらスペインが1976年2月28日軍隊を撤退させると，サギア・エル・ハムラとリオ・デ・オロ（ポリサリオ）の人民解放戦線（スペイン支配に反対するアルジェリアの支援を受けたサハラ独立運動）は，アルジェリア亡命政府を使ってサハラ・アラブ民主共和国を宣言したのである．実際，最初にその領土の多くを支配したのはモロッコとモーリタニアであったが，ポリサリオ戦線がこれらの勢力と争い，引き続いてゲリラ戦が起こったため，1979年モーリタニアが領有権の主張を放棄した．何世紀もの間サハラの諸部族は，自然との緊密な関係をもとに単調な遊牧生活を営んできた．スペイン支配が終了する最後の年には，政府によってかれらを定住させようとする努力が試みられた．1972年，ブ・クラーのリン鉱からアルアイン港を結ぶ158kmの自動運搬装置が完成するとともに，遊牧民の通行路がさえぎられたが，反面このリン鉱業にやとわれる者も出てきた．人口の4分の1以上が，現在リン鉱業のどこかの部門で雇用されている．スペインの非植民地化によって起こった政治変動とともに，こういった経済力はサハラを未知の社会変動へと導いているのである．

(J.W.)

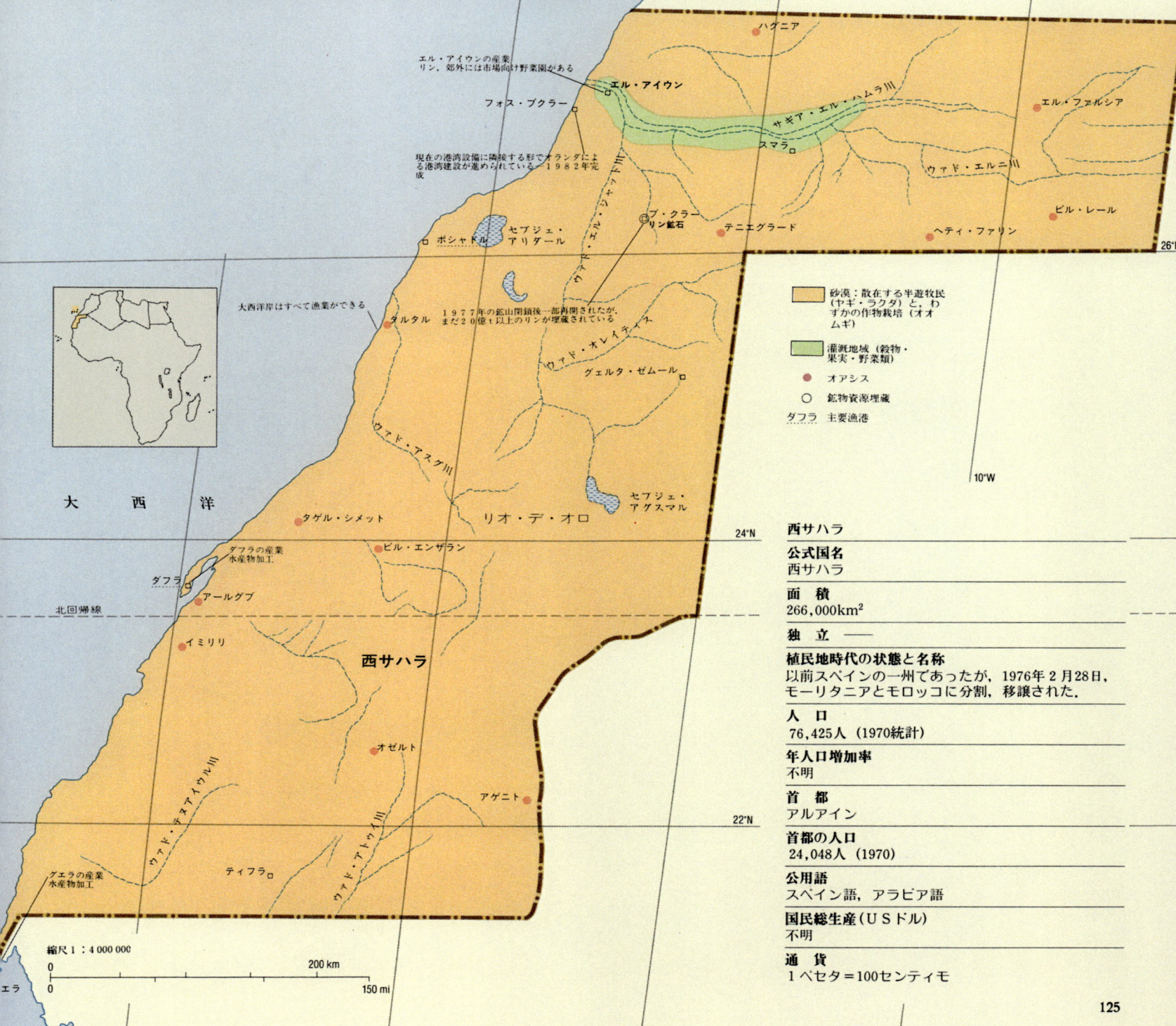

西サハラ

公式国名
西サハラ

面　積
266,000km²

独　立
—

植民地時代の状態と名称
以前スペインの一州であったが，1976年2月28日，モーリタニアとモロッコに分割，移譲された．

人　口
76,425人（1970統計）

年人口増加率
不明

首　都
アルアイン

首都の人口
24,048人（1970）

公用語
スペイン語，アラビア語

国民総生産（USドル）
不明

通　貨
1ペセタ＝100センティモ

西アフリカ

　この地域が一つのまとまりとして考えられるのは、この地域のほとんどが、19世紀末から1960年までの植民地時代に、フランスを宗主国とする西アフリカ連邦を構成していたためであろう。しかしまた、小はガンビアから大はナイジェリアにいたる旧イギリス植民地や、ポルトガルの領土であったギニア・ビサウ、カーボヴェルデ、そして独立国ではあるが非常にアメリカの影響を受けたリベリアなども、この地域に含まれる。また、トーゴやカメルーンはドイツの植民地であった。

　歴史的にはいくつかの民族は、小規模で単純に組織されたコミュニティに住んでいた。しかし多くの部族は高度に組織され、広く出現した首長国や王国に生きていた。アフリカのこの地域を特徴づけているのは、まさにそのような王国や帝国であろう。それらはガーナ、マリ、ベニンなどである。これらの比較的初期に成立した王国は、北部の草原地帯に発生している。しかしその他の王国は、よりのちに南部の森林地帯の農耕民や漁撈民の間で発展した。これらの王国では繊細な金属細工や、石彫や木彫、織物や染色、そして精巧な作りの宮殿などの工芸や芸術がさかんであった。

　現在、西アフリカを形成している数々の独立国は、その植民地として歩んだ過去を完全に振り切ったわけではない。イギリス領、フランス領としての分断は、そのまま各国の分断として残っている。モーリタニアやニジェールのようなイスラム教国は南北間のかけ橋となろうとしている。最近開発された石油や鉱物の存在が、新しい経済につながる扉を開いているが、一方では自給農業、そして牧畜や換金作物などが、依然として大部分の西アフリカの人々の生活を支えている。

写真左　西アフリカの大西洋岸およびギニア湾岸では、15世紀以来西欧の航海者や商人の渡来が続いていた。ケープ・コースト・キャッスルなどの貿易の要所が、土地の統治者の保護に助けられ、ヨーロッパ商人により設置された。水深のある港がなかったため、船が待機する沖までの人や積荷の輸送には、カヌーが使われた。

写真右　ラゴス港。西アフリカにはあまり良い自然の港はなく、近代的な港の建設も、現実の要求より遅れをとっている。多くの場合船は、今にはしけによる船積みや陸揚げのために、沖で待機しなければならない。

5°W
0°
5°E
10°E
15°E
25°N
20°N
15°N
10°N
5°N
3000 m
2000 m
1000 m
500 m
200 m
0
▲1752 標高（m）
国境
幹線道路
主要鉄道
国際空港
季節河川（雨季だけ水が流れる）
湿地
オアシス
北回帰線
エル・ハンク砂漠
サハラ
マリ
エル・ハンク
マンゲニ高原
テネレ・デュ・タファサセット
サハラ
アスビーヌ山地
テネレ
ビルマの大砂丘
アガデス
ニジェル
トンブクトゥ
ニジェル川
ガオ
デボ湖
モプティ
ニアメー
ビルニ・ンコニ
ジンデル
チャド湖
マイドゥグリ
ブルキナ・ファソ
(オートヴォルタ)
ワガドゥグ
セグ
ボボ・ジウラッソ
ソコト川
サムハラ川
ハデジャ川
カノ
ザリア
カドゥナ
カドゥナ川
カインジ貯水池
ジョス高原
ナイジェリア
アタコラ山脈
ベニン
パラク
タマレ
トーゴ
コートジヴォワール
ブアケ
ガーナ
ヴォルタ湖
クマシ
アコソンボダム
アビジャン
アクラ
ロメ
ポルト・ノヴォ
コトヌ
ラゴス
アベオクータ
イバダン
オショボ
オグボモショ
オヨ
イウォ
ベヌエ川
ヴォーゲル山
2040
アダマワ山地
ンガウンデレ
カメルーン
ベニン・シティ
オニチャ
ニジェル川
ポート・ハーコート
カメルーン山
4070
ドゥアラ
ヤウンデ
サナガ川
ニヨン川
ジャ川
ベニン湾
ギニア湾
ビアフラ湾
縮尺1：11 000 000
0
600 km
0
400 mi

西アフリカ

上段 ブルキナ・ファソで、村の長老が、乾期から収穫までの間、彼の一家の食料を保管する穀物倉庫の横に立っている。

下段左上 シエラレオネのクレオール人やアメリコ（リベリアのリベリア人）は、解放された奴隷の子孫である。かれらは西アフリカへ移住、あるいは送還されたのであって、西欧的な建築や衣服に順応してきた。これはリベリアのブチャナンの下層民の古い波型トタンでつくった家屋である。

下段左下 オーラタで。モーリタニア西部の乾燥した半砂漠地帯では、日乾しれんがや泥のしっくいでつくられた家々の壁が、壁画で色どられている。

下段右 ベニン南部のガンヴィでは、竹の支柱の上につくられた家々が沼の中に建てられている。そして、カヌーが人々を乗せ水上輸送する。

（次頁）左中段 この写真はセネガルのダカールのものであるが、このようにアフリカのほとんどの市場では、運搬や保管、あるいは家具用のかごや織物が生産され、売られている。

（次頁）右上段 マリのドゴン族は、ニジェルの湾曲部の南部地域に村落を形成しており、多くは急勾配の丘の斜面に長方形の壁でかこまれた家屋を建てて住んでいる。

（次頁）左下段 ピーナツは、西アフリカの北部乾燥地帯では重要な商品作物である。写真は、ナイジェリア北部のカノで、ピーナツの袋を積み上げてきたピラミッドが、輸出の積み出しのため崩されているところである。

（次頁）右下段 ここカノでは、ナイジェリアの他の地域と同じように、この土地の織物のインディゴ染色のために、地中に掘った大きなおけが使われている。

西アフリカ

西アフリカ

カーボヴェルデ

　カーボヴェルデ共和国（ケープ・ヴェルデ諸島）は、セネガルから約600km沖の大西洋上、北緯14度48分から17度28分、西経22度40分から25度22分に位置し、10個の大きな島と、2組の5個の小島群とから成っている。北にはサント・アンタン、サン・ヴィセンテ、サンタ・ルジア、サン・ニコラウ、ボーア・ヴィスタ、そしてサルを含むバルラベント（風上）群島がラーソやブランコなどの小島群をともなっており、南にはマイオ、サン・ティアゴ、フォーゴ、ブラバを含むソタベント（風下）群島が、グランデ、ルイス・カルネイロやシマなどの小島群をともなって存在する。全人口の3分の1はサン・ティアゴ島に住み、一方サンタ・ルジア島は無人である。多くの男性人口が職を求めてヨーロッパや北アフリカへ移住したため、人口にしめる女性の割合は男性よりも非常に多くなっている。火山活動によってできたため（フォーゴ島のピコ・ド・カノ山は1951年近くまで活動していた）、島々は高い海岸断崖をともない、険しい様相を呈し、侵食されやすい岩質である。サン・ティアゴ、サント・アターオ、サン・ニコラウそしてブラバの四島が年間を通して水の枯れない流れをもっているだけで、まだ未開発の地下水をもつ200万ヘクタールもの土地があるにもかかわらず、乾燥がこの土地の特徴となっている。気候は温暖で最高温度平均27℃から最低温度21℃ぐらいの温度変化である。

　この諸島は15世紀に発見された時は無人であった。その後島々はポルトガルの領土となり、植民者が送りこまれた。その中の多くは囚人であった。アメリカ大陸が発見された後、この諸島は奴隷貿易の中継港として重要な役割を果たし、黒人たちが、港やプランテーション農園の労働力として輸入された。アフリカの部族構造の崩壊と、さまざまな人種間の通婚が、多くの国々の船の渡来にも影響されて、多民族的で非人種的な文化を発展させた。今日では人口のうち2％が白人、70％が混血、そして残りが黒人である。このクリオール的な文化は、ポルトガル語がアフリカ化したクリオロによる発展した文学をもっているが、それはローマ・カトリックの強い影響を受けたものである。18世紀になると奴隷貿易は衰退したが、それは同時にこの島にとっての繁栄の衰えを意味していた。1747年以後周期的な早ばつと飢饉が島々をおそい、この衝撃は1876年の奴隷貿易の終了とともに島々を崩壊に至らしめた。1968年からも10年間早ばつが続き、島の農業生産はまったく停止してしまい、他国からの食糧援助を求めなければならなかった。ポルトガル政権の危機への対処に対する不満が、1974年の宗主国からの離脱の一因ともなった。

　ギニア・ビサウとカーボヴェルデの独立のためのアフリカ党（PAIGC）は一党独裁の政体を設立し、そこで、ギニア・ビサウ共和国との連合を基盤にしつつこの島における政治的ヘゲモニーを保障するよう努めている。政体は共和国であり、民衆によって選ばれた人民国会が大統領および首相を選出する。同共和国は、ACPEECグループの国々と結びあい、西欧との密接な関係を求めている。カーボヴェルデで主に経済的に重要な点は、ここが船舶や航空機の給油地点であることである。土地がやせていることやたびたびの早ばつなどのため、食料輸入が必要となっている。輸出品の主なものはバナナ、塩、フィジック・ナッツ、コーヒー、魚、ポゾラナ（セメントの原料）、毛皮そしてジャガイモである。政府は保守的な農業政策を行っており、小作制は廃止したが、土地の再分配についての政策はストップしている。

(J.M.M.)

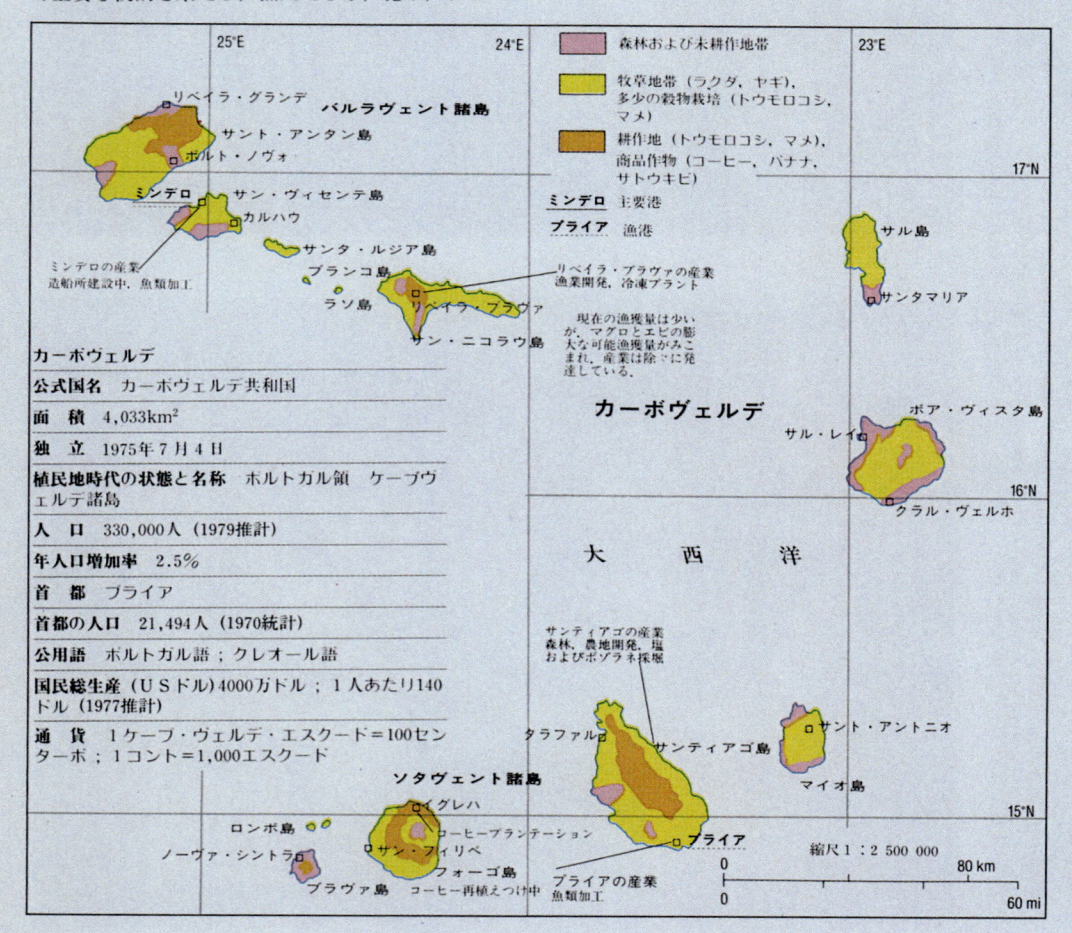

カーボヴェルデ	
公式国名	カーボヴェルデ共和国
面　積	4,033km²
独　立	1975年7月4日
植民地時代の状態と名称	ポルトガル領 ケープヴェルデ諸島
人　口	330,000人（1979推計）
年人口増加率	2.5％
首　都	プライア
首都の人口	21,494人（1970統計）
公用語	ポルトガル語；クレオール語
国民総生産	（USドル）4000万ドル／1人あたり140ドル（1977統計）
通　貨	1ケープ・ヴェルデ・エスクード＝100センターボ；1コント＝1,000エスクード

モーリタニア

　モーリタニア・イスラム共和国は、1960年に宗主国であったフランスが、そのほとんどのアフリカ植民地に独立を承認したときに成立した。モーリタニアは以前、フランス領西アフリカ植民地の一部であった。モーリタニアはアフリカの中でももっとも大きな国の一つであるが、人口は少なく、サハラ砂漠がその3分の2を占めている。国土のほとんどは広大な平原が続き、西サハラまでをおおう結晶質岩の砂から成っている。降雨はきわめて少なく年間100ミリ以下である。南へ下ると、サハラ地帯はだんだんにサーヘル気候になってゆき、そこでは若干の降雨があり植物も豊富である。北部ではラクダさえも住むことができないが、サーヘル気候帯ではラクダの他、ウシやヒツジ、そしてヤギなどの牧畜が行われている。南端ではセネガル川にそって果物・野菜・穀物などが栽培される地帯が細長く続いている。大西洋岸にそって、大西洋貿易風の影響下にある高温の乾燥地帯が30kmにわたり縦長に続いている。

　人口密度および生活様式は気候に大きく左右されてきた。サハラ地帯でも、サーヘル地帯でも、オアシスや町以外での生活の方法は遊牧が唯一のものであった。人々はセネガル国境へ向って定住耕作を進めていった。また大西洋岸では、漁業が重要な産業となった。人口の4分の3はムーア人である。ムーア人は、もともとは遊牧民で、もう何世紀ものあいだイスラム教徒である。かれらはアラブ人とベルベル人の混血であり、ハッサニーヤ方言（ベルベル語に影響されたアラビア語）を話す。モーリタニア国民の少数民、特に南端に居住するフラニ族・ソニンケ族・バンバラ族などは、アフリカ黒人であり、ニグロ系の言語を話す。

　西欧との漸進的な接触は、ポルトガルやオランダそしてフランスの商人を通して行なわれ、かれらは交易を、特にアラビア・ゴム交易のため内陸へ進出して行った。フランスがその領土の規定をセネガル川右岸からアルジェリアおよびモロッコとの国境までとして設立する意図を示したのは、1899年以降のことであり、そこは西モーリタニアと名づけられた。この地域は1903年から1904年まで保護領とされ、1920年には分離した植民地となった。西欧の教育は南部の黒人農民に快く受け入れられ、ここにのちの紛争の下地ができていった。政治運動は1940年代になって起こり、初代大統領のモクタール・ウルド・ダッダーはフランス支持者であった。独立は1960年に認められイスラム共和国が宣言された。

　まもなくいくつかの党派が現れた。体制は北のアラブ寄りであるべきか、南のアフリカ寄りであるべきかについてゆれ動いた。初めダッダー大統領は、モーリタニアをこの両者のかけ橋と考えていたが、次第に北寄りに傾いていった。1968年にアラビア語が公用語とされたが、アラビア語を母語としないアフリカ黒人からは反感をかった。鉱床があるため（ズエラート近郊の鉄、アクジュジト近郊の銅）、経済力は増大してきている。スペインがスペイン領サハラ（燐酸鉱物が豊富）に独立を認めた時、その領土を要求したのはモーリタニアとモロッコであった。両国による領土の分断は西サハラ内の、アルジェリアが支援するポリサリオ運動によってはばまれた。ゲリラ戦争の結果はひどい緊張をもたらし、モーリタニアはモロッコやフランス、その他の国々の援助で成りたつしまつだった。1978年

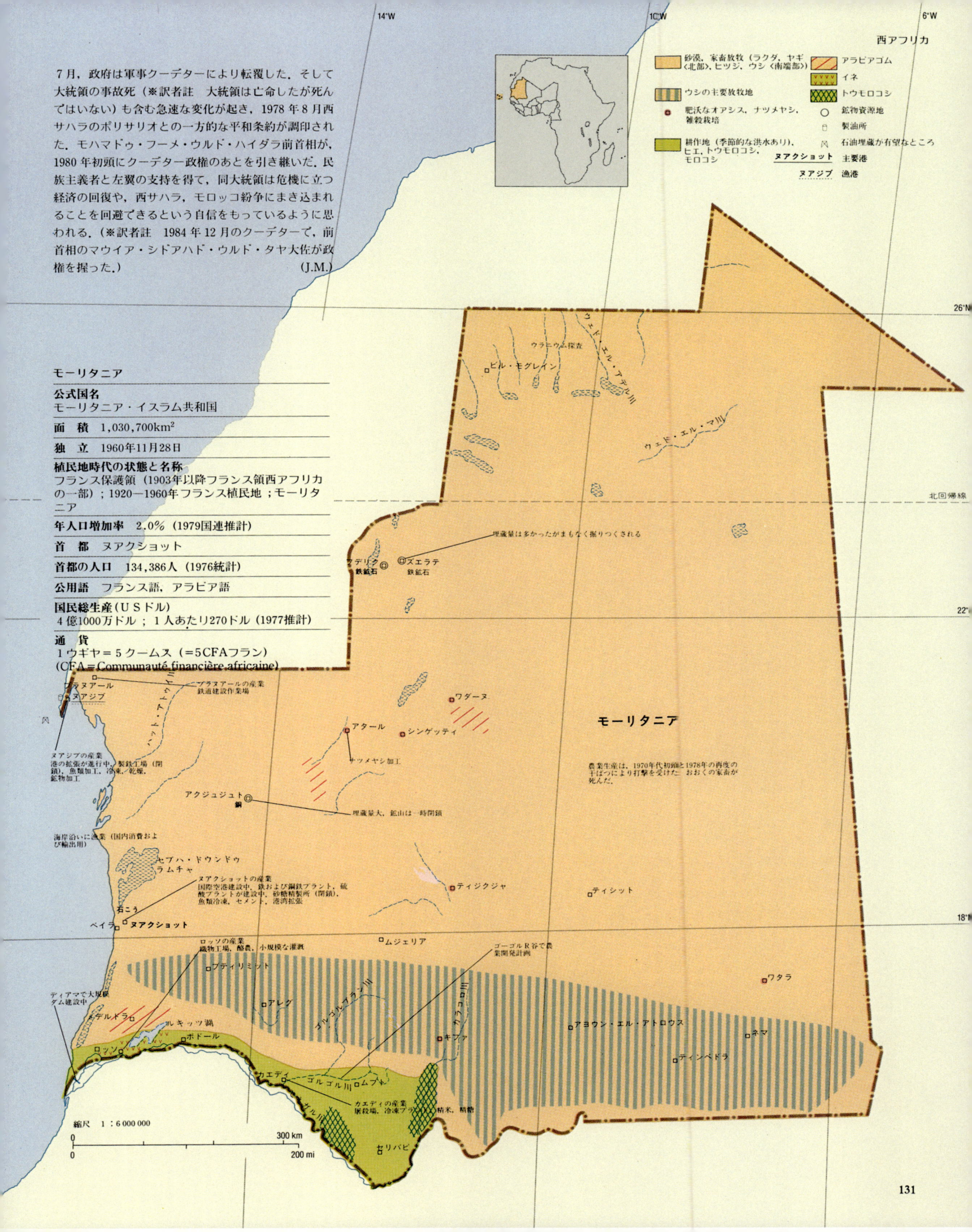

西アフリカ

7月，政府は軍事クーデターにより転覆した．そして大統領の事故死（※訳者註　大統領は亡命したが死んではいない）も含む急速な変化が起き，1978年8月西サハラのポリサリオとの一方的な平和条約が調印された．モハマドゥ・フーメ・ウルド・ハイダラ前首相が，1980年初頭にクーデター政権のあとを引き継いだ．民族主義者と左翼の支持を得て，同大統領は危機に立つ経済の回復や，西サハラ，モロッコ紛争にまき込まれることを回避できるという自信をもっているように思われる．（※訳者註　1984年12月のクーデターで，前首相のマウイア・シドアハド・ウルド・タヤ大佐が政権を握った．）　　　　　　　　　　　　　　（J.M.）

モーリタニア

公式国名
モーリタニア・イスラム共和国

面積　1,030,700km²

独立　1960年11月28日

植民地時代の状態と名称
フランス保護領（1903年以降フランス領西アフリカの一部）；1920—1960年フランス植民地；モーリタニア

年人口増加率　2.0%（1979国連推計）

首都　ヌアクショット

首都の人口　134,386人（1976統計）

公用語　フランス語，アラビア語

国民総生産（USドル）
4億1000万ドル；1人あたり270ドル（1977推計）

通貨
1ウギヤ＝5クームス（＝5CFAフラン）
(CFA＝Communauté financière africaine)

凡例：
- 砂漠，家畜放牧（ラクダ，ヤギ〈北部〉，ヒツジ，ウシ〈南端部〉）
- ウシの主要放牧地
- 肥沃なオアシス，ナツメヤシ，雑穀栽培
- 耕作地（季節的な洪水あり），ヒエ，トウモロコシ，モロコシ
- アラビアゴム
- イネ
- トウモロコシ
- 鉱物資源地
- 製油所
- 石油埋蔵が有望なところ
- ヌアクショット　主要港
- ヌアジブ　漁港

縮尺　1 : 6 000 000
0　　300 km
0　　200 mi

西アフリカ

セネガル

　セネガルはアフリカ大陸の西端に位置し、北と北東はモーリタニアに接し、東はマリ、南はギニアとギニア・ビサウに接している。西側は大西洋に面している。ガンビア共和国が大西洋のほうから指の形のようにセネガル内部にむかって突出しているが、これは19世紀におけるヨーロッパの植民地抗争の結果である。セネガルには、セネガル川、ガンビア川、カザマンス川が流れ込んでいる。セネガル川は唯一の航行可能な川であるが、今では、もはや水路としては重要ではない。

　推移地帯の気候は景観に反映されている。北部は半砂漠、中央地帯はサヴァンナで南部は雨林を形成している。降雨量は北部では約280ミリ、南部では約1650ミリと大きな差違がある。セネガルの主要な民族言語のグループにはウォロフ語（人口の約25％）、セレル語、フラニ語、トゥクルール語、ディオラ語、そしてマリンケ（マンディンゴ）語が含まれる。遊牧民のフラニ族の大半を除くと、村落人口は定着農業に従事している。セネガルには5つの中心的な都市中心地がある――ダカール（首都）、サンルイ、ルフィスク、ティエス、カオラクである。住民の大部分はイスラム教徒である。初期のアラビアの地理学者たちは、9世紀にセネガル川沿岸にあったトゥクルール王国のことに言及しているが、これはイスラム教を受け入れた最初のスーダンの王国のうちのひとつである。13世紀からはウォロフ帝国がセネガルを支配するが、1488年ごろに帝国の代表をもって任ずる人がポルトガルを訪れた。セネガルは早くから大西洋の奴隷貿易に参加したが、大部分の奴隷は内陸のスーダン地方から運ばれていたようである。

　セネガルは歴史的にフランスと強く結びついている。1638年フランスの貿易商人たちが、セネガル川の河口に本拠地を設けたが、それが後にサンルイの町となったのである。フランス人は1850年代までは主にアラビアゴムの貿易に興味を抱いていたが、その後はピーナッツの栽培がはじまった。それ以来フランスへのピーナッツの輸出がセネガルの主な貿易収入源となっている。

　19世紀にはイスラム教の聖戦（ジハッド）が連続して起こり、西アフリカを震撼させた。これらのイスラム勢力の強大なもののひとつは指導者にアルハジ・ウマールがいた。ポドールの近くで生まれたウマールは、セネガル海岸までの征服拡大を望んだが、フランスの将軍（フェイデルブ）の力によって東方へ引きかえすことを余儀なくされた。フェイデルブとその後任者たちは、セネガルの国内に軍事支配を確立し、多くのレジスタンスの指導者を弾圧した。

　セネガルはフランス政府の同化主義政策の良い見本となるべきであった。つまりアフリカ人をして黒いフランス人とならしめることである。4つの都市においてセネガル人は、完全なるフランスの公民権を有し、教育への道もかなり開かれた。20世紀には、フランス国民議会に一定数のセネガル人が選ばれ、その中にはセネガル初代の大統領となったレオポルド・セダール・サンゴールがいた。しかしながら同化主義政策は奥地までは浸透しなかった。そこではフランス人は、その土地の権威者を通して支配をせねばならなかった。

　第2次大戦中のフランスにとっては、アフリカ人を掌握することが特に重要であり、セネガルはド・ゴー

凡例
- 森林
- マングローヴ
- ピーナッツ耕作地
- 自給作物栽培（雑穀、トウモロコシ、モロコシ、イネ）を伴う牧畜（ウシ、ヒツジ、ヤギ）
- 主要換金作物
- ピーナッツ（集約生産地域）
- ワタ
- アブラヤシ
- イネ
- 果物と野菜
- ココヤシ
- 鉱物資源埋蔵地
- 国立公園境界
- 石油精製
- 主要港
- 漁港
- 観光地

ガンビア

公式国名 ガンビア

面積 11,295 km²

独立 1965年2月18日

植民地時代の状態と名称 1843－1866年 英国直轄植民地；1866－1888年 英国西アフリカ植民地の一部；1888－1965年 英国直轄植民地：ガンビア

人口 493,499人(1973統計)；568,567人(1978推計)

年人口増加率 2.8％

首都 バンジュル（旧名 Bathurst）

首都の人口 39,476人(1973)；48,000人(1976推計)

公用語 英語；マンディンケ語、フラニ語

国民総生産（USドル） 1億1000万ドル；1人あたり200ドル（1977推計）

通貨 1ブラシ＝100ブトゥト

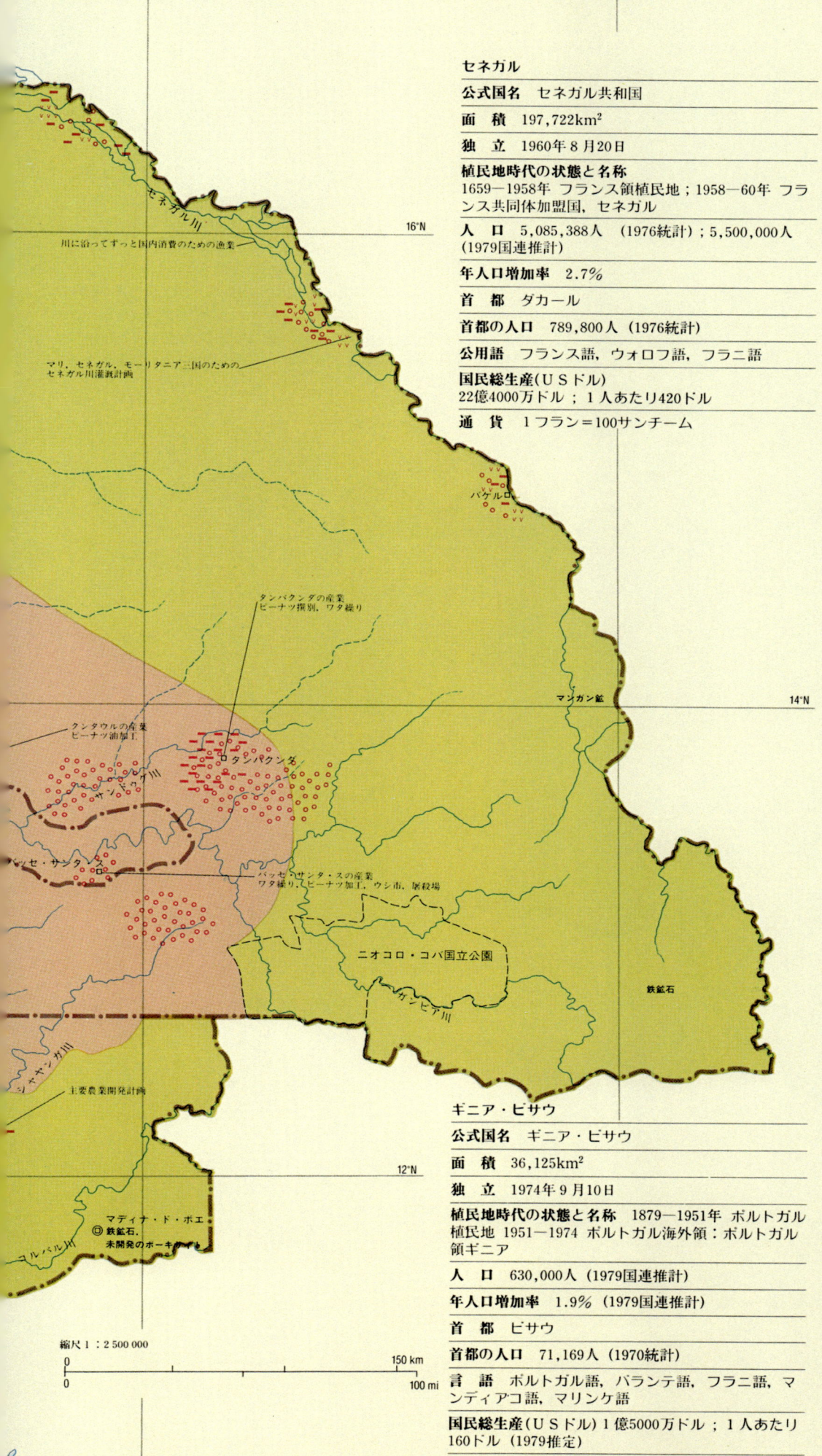

セネガル

公式国名 セネガル共和国
面　積 197,722km²
独　立 1960年8月20日
植民地時代の状態と名称
1659－1958年 フランス領植民地；1958－60年 フランス共同体加盟国，セネガル
人　口 5,085,388人（1976統計）；5,500,000人（1979国連推計）
年人口増加率 2.7%
首　都 ダカール
首都の人口 789,800人（1976統計）
公用語 フランス語，ウォロフ語，フラニ語
国民総生産（USドル）
22億4000万ドル；1人あたり420ドル
通　貨 1フラン＝100サンチーム

ギニア・ビサウ

公式国名 ギニア・ビサウ
面　積 36,125km²
独　立 1974年9月10日
植民地時代の状態と名称 1879－1951年 ポルトガル植民地 1951－1974 ポルトガル海外領：ポルトガル領ギニア
人　口 630,000人（1979国連推計）
年人口増加率 1.9%（1979国連推計）
首　都 ビサウ
首都の人口 71,169人（1970統計）
言　語 ポルトガル語，バランテ語，フラニ語，マンディアコ語，マリンケ語
国民総生産（USドル） 1億5000万ドル；1人あたり160ドル（1979推定）
通　貨 1ギニアペソ＝100センターボ

ル将軍の作戦基地であると同時に兵士の供給源でもあったのである．1946年には，フランスの公民権がすべてのセネガル人にも拡大された．1956年，アフリカ独立の前夜，セネガルは国内に独自の政府をもつことが承認された．1959年セネガルとマリはマリ同盟を結び，その翌年独立を達成した．同盟はその後数カ月で崩壊し，ここに独立国セネガルが生まれた．サンゴールが大統領に，首相にはママドゥ・ディアが就任した．後にディアはクーデターを企てたとして1962年に監禁され，サンゴールが権力を掌握した．1963年以降は，サンゴールの支配政党に反対するものはしだいに減っていったが，なお党内にはかなりの政治紛争が存在した．

1974年以来，新しい野党が出現したが各野党の組織と人数は憲法で規制されていた．1978年の選挙でサンゴールが82%の得票率で再選された．セネガルはフランスと緊密な関係を維持してきたが，ドゴール派の政治的指導者たちの台頭によって，2国間の関係が悪化するきざしもある．セネガルはアフリカ独立運動の堅固な支持者であるが，財政面ではフランスに依存しているため，西欧の経済的優位に対して積極的に問題を指摘することができない立場にある．（※訳者註 1980年12月末にサンゴールが辞任，首相のアブドゥ・ディフが大統領に就任した．）

セネガル独立当時には，経済は西アフリカのフランス領の中では最も発達した状態であった．しかしながら周囲の姉妹国の独立によって市場が失われ，フランスの経済と物資面での衰退と，長い間の悪天候によって経済はいろいろの阻害要因をもっている．

農業従事者は労働力の約75%を占め，その半分がピーナッツ生産の栽培にたずさわっている．1960年代には，フランスはしだいにピーナッツの価格支持をやめるようになった．政府の政策はピーナッツのみに依存するのをやめて，ワタ，コメ，サトウキビ，そして野菜などの栽培に力を入れ，数量を増して農業を多角化することを目的としている．

セネガルはフランス語圏のアフリカで最も進歩した製造業部門をもっている．生産物の多くは食料品，飲料，タバコに集中している．リン鉱業は，世界の本場で価格が高騰しているのでますます重要になってきている．観光産業も1970年代には実質的にかなり成長してきている．しかしながら，慢性的な貿易収支の問題に悩んでいるセネガルは，これを解消するために外国の援助を必要としている．

(M.L.)

ガンビア

ガンビアはアフリカの中でも最も小さい国家の一つであり，大西洋からセネガル共和国の中へと東へ突っこんだ指のような形の国である．たぶんこれはヨーロッパのアフリカ植民地においてしばしば生ずる地理的，政治的に不調和な小分割の最もいい例である．その領土は航行可能なガンビア河渓谷の両側に限られ，内陸から海まで東西470km，そして縦の南北の長さはせいぜい24kmである．国土はマングローブのスワンプや湿地，そして農耕のために広く開墾された森林地帯から成る．年間降水量は1150mm．ガンビアの人口は40%以上がマリンケ（マンディンゴ）で，他の主要民族言語グループは，フラニ，ウォロフ，ディオラ，セレールである．住民の90%はイスラム教徒である．ガンビアの人口は約2万人のセネガル国籍の人々によって増加しており，さらに収穫期には多くの

凡例	
	森林
	農地（カッサヴァ，モロコシ，イネ，ピーナッツ，西部のプランテンバナナ，南東部のトウモロコシ）北部の牧畜
	主要牧畜地域ー小さなンダマ・ウシ
	主要換金作物
	バナナ
	コーヒー
	パイナップル，カンキツ類
	アブラヤシ
	ピーナッツ
	イネ（換金作物ではない）
○	鉱物資源埋蔵
	石油埋蔵が有望
カムサル	主要港

縮尺 1：3 000 000

セネガル人がここで働く．

ガンビアの歴史はセネガルのそれとからみ合っている．この地帯は 13 世紀の初頭に形成されたウォロフ帝国の一部であった．ヨーロッパとの接触は 1455 年にはじめてポルトガル船がガンビア川に入りこんでいた時からはじまる．1618 年にイギリスはガンビア川河口の川中島に砦を築き，その後イギリスとフランスは断続的にこの川とその貿易の支配権をめぐって争った．イギリスの支配権は，1821 年に河口にバサースト（今のバンジュル，首都）を建設した後不変のものとなった．しかしながらイギリスは，後になって 2 度もその領土をフランスの領土，つまりちっぽけな植民地を取り巻くセネガルの所有権と取り引きしようとした．内陸部の人々は何世紀にもわたってイスラム教の影響を受け

ギニア

公式国名
ギニア共和国

面 積
245,857km²

独 立
1958年10月2日

植民地時代の状態と名称
フランス植民地：フランス領ギニア

人 口
5,300,000人（1979国連推計）

年人口増加率
2.8%（1979国連推計）

首 都
コナクリ

首都の人口
350,000人（1977国連推計）

言 語
フランス語；マンディンケ語，フラニ語，ソソ語，クペレ語，ロマ語

国民総生産（USドル）
10億8000万ドル；1人あたり230ドル（1977推計）

通 貨
1スティリ＝100クーリ

ることに抵抗してきたが、1850年より後は強い力をもったイスラム教の何人かの指導者が地方勢力に対して聖戦を宣し、住民の多くが急速にイスラム教に改宗した。1894年、英国はこの内陸部を保護領とすることを宣言した。イギリスは伝統的支配者を通じて統治したが、第2次大戦まではガンビアにほとんど注意も経済援助も与えることはなかった。

ガンビアの国家独立の気運はアフリカの他の国々にくらべるとやや遅れをとっていた。政党は1950年代まで発達せず、初期の政党は海岸の都市部を基盤としていた。しかしながら、ディヴィド・ジャワラ（後のダウダ卿）は国民進歩党を内陸部の代表として結成し、1962年の選挙の後に首相に指名された。この年にようやく自治政府がつくられたのである。完全な独立は1965年に達成された。1970年、ガンビアは共和国となりジャワラが大統領に選出された。

政治的には、ガンビアはアフリカの中で最も安定した国家の一つである。独立以後勢力をのばし、人気を得てきたジャワラの党に対して、反対勢力はほとんど発展していないガンビアにとって、最も重大なことはセネガルとの関係である。それは何年もかかって改善されてきたが、密輸が最大の問題点である。ジャワラは、セネガルとの合併は、いつかきたるべき避けがたいものとみなしていると語っている。

ガンビアの経済は大きくピーナッツに依存している。その価格はまったく外的な条件によって調整される。しかしガンビアは、近年比較的繁栄してきており、それは健全な財政政策と政府の倹約（たとえば、軍隊をもたない）に負っていて、西アフリカで最も強い通貨のひとつをもつ。経済発展の財源は主として外国の援助に頼っている。ガンビアはコメの生産と主要作物の大量増産、そして成長しつつある観光産業を、引き続いて伸展させる方向へと努力している。　　　(M.L.)

ギニア・ビサウ

ギニア・ビサウ共和国は、北部はセネガルに、東部および南部はギニア共和国に接しており、西側は大西洋に面している。本土にビジャゴス諸島や沿岸の一連の島々を加えたものがこの国の領土である。国土は全般に低く、海抜2～300mを超えるところはほとんどない。多くの河川が縦横に流れており、輸送手段としての役割を担っている。国土の最も低い地帯は、たくさんの入江でえぐられた海岸沿いのスワンプや雨林で、高地に向かって深い森林性の内陸部の平野がひろがり、さらに典型的なサバンナ地帯へと続く。気候は高温で平均25℃～29℃である。12月から5月の間に、海岸沿いで年間平均2413㎜の降雨量があり、内陸部では1397㎜の降雨量となる。約3000人のポルトガル人およびレバノン人とごく少数のメスティゾ（混血人）を除くと、人口は約30の部族に分けることのできるアフリカ黒人で構成されている。かれらは公用語のポルトガル語の他にさまざまな部族語や方言を用いている。それに加えて、ポルトガル・アフリカの国民の60％はアニミスム信仰者で、特に海岸沿いに住む人々はこの傾向が強い。約35％が回教徒である。

ヨーロッパ人の探検がはじまる以前には、この地域は沿岸の農民らが占有していた。15世紀の中期、ポルトガル人が最初にギニアの海岸に到来し、以後数世紀の間奴隷売買のための居住地を構えた。ポルトガル領ギニア植民地は1879年に樹立され、1905年には最終的に国境が定められた。ポルトガルは常に原住民に対して宥和政策をとってきたが、特に1884年から1917年にかけてと、1925年および1936年には力が入れられた。しかし1958年ピジギティで、ストライキ中の50人の波止場の労働者が虐殺された事件を契機として、解放闘争に火がつき、1974年ギニア・ビサウ共和国が設立されるまでこの戦いは継続した。以前から国外に依存していたこの国の経済は、解放闘争の間にほとんど壊滅状態におちいった。しかし独立時代の到来とともにギニア・カーボヴェルデ独立アフリカ党（PAIGC）は権力を伸ばしていった。その基盤となったのは解放地域を優先させる統治であった。PAIGCは一党支配による国家を樹立したが、カーボヴェルデ共和国との統一とともに彼らがめざしたのは農村の開発であり、電化、識字率向上のための諸策、そして農業の改策が実施された。行政体は共和制をとり人民から選出された地方議会から国家人民議会へ代表が選ばれ、この国人民議会から今度は国家評議会のメンバーが選出される。この評議会の長が国家元首となる。

国の経済の大部分は農業に頼り、国内向けにコメ、トウモロコシ、綿花、サトウキビなどが、輸出向けにピーナッツ、コプラ、ヤシの実、植物油が生産される。その他ゴム、畜産、木材などの輸出もみられる。

政府は実験農場を設置し、自ら先頭に立って農業改革にとり組んでいる。巨大なプランテーションも国有化された。北部のリン、東部から南部にかけてのボーキサイトの鉱床は大部分未発堀のままである。この国の工業化はどんな小さいことでも農業生産物の加工と建築にむけられている。政府は今後の電化と工業化をめざして多くのダムや発電所の建設を計画している。
(J.M.M.)

ギニア

ギニア人民革命共和国は、西は大西洋に面し、北から東にかけてギニア・ビサウ、セネガル、マリに東南はコートジヴォワール、南はリベリア、シエラレオネと国境を接している。この国は自然の地理条件によって四つの地域に区分できる。マングローブのスワンプと海岸沿いの沼沢地（低地ギニア）、平野部より鋭く隆起した広大なフタジャロン山地（中央ギニア）南東の奥地の高原（森林地帯）そしてこの国の北東部にあるニジェル平野（上ギニア）である。フタジャロン山地は、西アフリカの三大河川（ニジェル川、セネガル川、ガンビア川）の水源となっている。気候は11月から3月にかけての乾期と、4月から10月にかけての雨期とにはっきり分かれている。年間平均気温は20℃だが、フタジャロン高地ではふつうそれよりも低い。植生はマングローブが海岸沿いのスワンプに、熱帯雨林が東南に、サバンナ草原が北東にひろがっている。

今日のギニアの一帯に人が住みはじめたのは、10世紀以降の西スーダン帝国の出現よりも以前と思われる。つぎにこの地方の住民構成に大きな影響を与えたのは19世紀後半のフラニ・イスラム民のフタジャロン定住で知られるイスラム教徒の到来である。1890年代のフランスによるギニア占領までは、この国は海岸沿いのスス族、フタジャロンのフラニ族、高地ギニアのマリンケ族、森林地帯のキシ族、ロマ族、ペレ族、その他の部族から構成されていた。

1958年9月、60年におよぶ植民地時代を経て、フランスの統治を離れた最初の国としてギニアは独立を達成し、同じ年には国連に加盟した。独立以来〝民主的中央集権主義〟の原理に沿って組織された一党制国家として発展してきた。

その党は村やカルチェ（都市の区）の党組織が地区に、地域に、そして国家のレベルに統合されるという組織をもつ。1978年1月における最末端の統治体の数は2441、その上の地区は312、地域は34単位あったと報告されている。地方党組織に赴任する選ばれた役人は地方革命長官とよばれ、地方行政の事実上の担当者となる。主な職務は出産、婚姻、死亡などの住民登録の作成、裁判権の行使、治安維持、地方の社会経済計画への住民の動員などである。

しかしながら党の教義（大衆路線の原則といわれる）が市民の他のレベルの統治体や国家組織への集中的な参与、地域の経営を指示しても、地方や国家レベルの問題は専門的な文官の手にまかせられてしまう。これらの文官は委託された党のメンバーである。

単一政権的なギニアの行政制度の規定によって、反対政党の公的な存在は禁止されている。ギニア人民はすべて自動的にギニア民主党（PDG）のメンバーとして組み込まれ、1977年に税制が廃止されるまで、成人

西アフリカ

はみな党への納税の義務を負った．PDGによる単独政権は多くの離反者を生み，ある者は投獄され，ある者は自発的にフランスや近隣のアフリカ諸国に亡命した．1978年12月までの亡命者の数は80万人にものぼると伝えられている．

この体制に反対の立場をとる者はギニアの経済的潜在力が十分に実現していないと主張し，独立以来，むしろ経済的に衰退しているという意見を述べるものもいる．国の発展のための政策は，党の統制による計画経済や農業地域における一種の集団生産組織に重点をおいている．この国の産業は1970年代までに政府によって設立された70の国有企業があるが，同時に西欧資本主義諸国，東欧社会主義諸国，それに第三世界の国々の合資によるいくつかの共同企業がみられる．この国

シエラレオネ

公式国名
シエラレオネ共和国

面積
71,740km²

独立
1961年4月27日

植民地時代の状態と名称
1787-1961年 イギリス植民地，保護領；シエラレオネ

人口
2,735,159人（1974未公認統計）；3,470,000人（1979年国連推計）

年人口増加率
2.4%（1979年国連推計）

首都
フリータウン

首都の人口
274,000人（1978年推計）

公用語
英語；クリオ語，メンデ語，テムネ語

国民総生産（USドル）
6億1,000万ドル；1人あたり200ドル（1977推計）

通貨
1レオネ=100セント

リベリア

公式国名
リベリア共和国

面積
111,369km²

独立
—

植民地時代の状態と名称
独立国家

人口
1,523,050人（1973統計）；1,715,973人（1978政府推計）

年人口増加率
3.3%（1979国連推計）

首都
モンロヴィア

首都の人口
171,580人（1974）

公用語
英語

国民総生産（USドル）
7億1,000万ドル；1人あたり430ドル（1977推計）

通貨
1リベリアドル=100セント

の豊富な資源，特にボーキサイト，鉄鉱石などの発掘の多くはこの国外の企業が担っている．工業部門のめざましい進歩と比較して，農業部門への対策はむしろ手薄である．主食であるコメも輸入に頼っているのが現状である．

社会文化の面においては，単独政体は特に教育と健康管理に目覚ましい成果をあげてきている．国の医療サービスのシステムは，中央だけでなく地方まで行きわたっている．教育にはとくに力がいれられているが，これは，大衆に社会主義の遂行を鼓吹するのにすぐれた手段と考えられるためである．なかんずく指導者達は，民族間の調和をはかるための意識的，体系的な決定を表明するが，この決定は同時に，社会関係の悪化をもたらし得るいざこざの源となる可能性をも含んでいるのである．（※訳者註　1984年3月セクトウーレ大統領が死亡．その後すぐに軍事クーデターが起きランサナ・コンテ大佐が実権を掌握した．）　　　　　　　(L.A.)

シェラレオネ

シェラレオネは，北と東でギニア，北東でリベリア，西と北西で大西洋と境界を接している．海岸部から内陸へマングローブの低湿地が約100kmひろがっていて，高地の高原は1800mを超す山をもつ山脈のある東部と北部にひろがっている．国内のほとんどが熱帯雨林気候であるが，伝統的栽培に適している．降水量は多く，特に6〜9月が多く，首都のフリータウンで平均約5000mm，北部で約3500mmである．国内の川で航行できるものはない．

南部のメンデ族と北部のテムネ族を合わせると，全人口の5分の3になる．そして9つの民族言語の小群がある．その中で最も有名なのがクレオール人で，かれらの大半はフリータウンに住み，西洋の教育を受けたエリート達で構成されるアフロ・ヨーロッパ系の市民である．

クリオ語は，英語を基盤としているがアフリカと他のヨーロッパ語と混ざり合ったもので，クレオール人が話す言葉として国中で幅広く使用されている．人口の約30％は，北部で広くイスラム教を信仰している回教徒である．

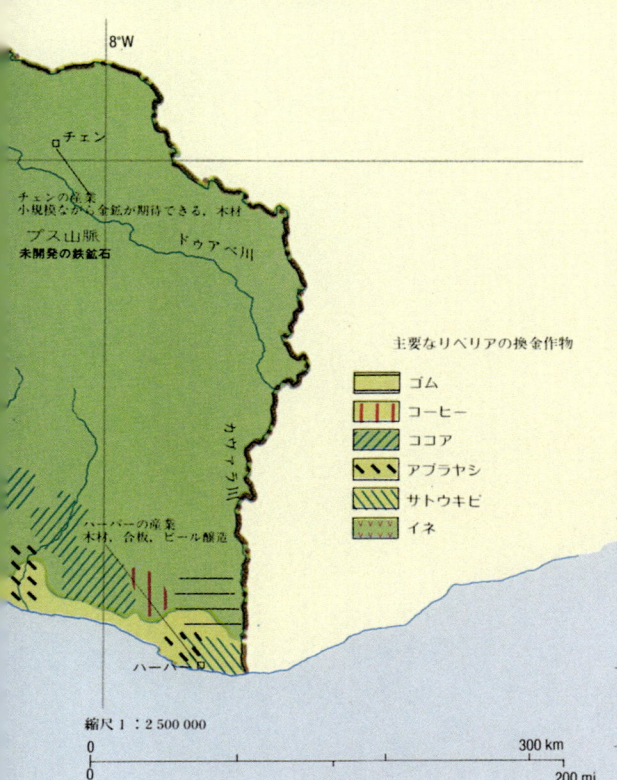

現在のシエラレオネの民族構成の起源は，ポルトガル人によって，「メーン」と呼ばれた，15〜16世紀に大スーダン帝国の崩壊の際おちのびた人々が，この地域に侵入して土着の人々を統合したことによる．初期の社会単位は部族というより小さな首長国を中心としたものだった．

植民地としてのシエラレオネは，自由な黒人や，イギリスや北アメリカに住んでいる白人の基地を見つける計画の一つとして1787年につくられた．1808年には英国の直轄植民地となり，イギリス人のフリータウンにおける奴隷貿易で栄えた．これらを行ったイギリス人の子孫が今日のクレオール人である．西洋の伝道教育やキリスト教は，シエラレオネのクレオール人にしっかりと根づき，19世紀を通じてかれらは英国のすべての西アフリカ諸国の中で，政治や貿易において目立つ存在となった．この植民地は19世紀後半，やし製品の輸出で大いに栄えた．

イギリスは奥地を徐々に併合してゆき，1896年に現在のシエラレオネを保護領とした．ここでテムネ族とメンデ族の首長国は，1898年の小屋根戦争における主権の損失に対し抵抗した．そして植民地は20世紀に入ったところで経済的に衰えてきた．クレオール人商人は国外の貿易商人に太刀打ちできなくなり，活動の場はフリータウンに限られた．同時にクレオール人達は，政治における主導権の多くを失った．

独立運動は当初クレオール人によって抑圧されていた．しかし，奥地の人々が第2次大戦後政治に目ざめ，1951年にイギリスが新体制になった時サー・ミルトン・マルガイの率いる内陸人中心の政党が国民投票で勝利した．メンデ族の人々の支持により，1961年の独立時にはマルガイ氏は初代首相となった．しかしながら，分割された民族の不服従やむらのある経済発達により不安定が続いている．

マルガイが1964年に亡くなり，弟のアルバートがあとを継いだ．1967年の選挙で，マルガイのライバルとして北部出身の貿易統一論者であったシアカ・スティーヴンスが大統領となった．かれはギニアと防衛協定を結び，これによりギニア兵が政権を守るため侵入してきた．その後野党はほとんど抑圧されてしまった．1978年には一党独裁の新体制になった．

経済の不均衡は政治の混乱によるものである．また1950年代のはじめごろから，人々はダイアモンドを探るため東部へ流出した．これは富の動揺をおこし，ついで社会や局内の分裂を招いた経済の不均衡な発達となった．しかし，鉱物資源の埋蔵量は5年もつかどうかであるが，ボーキサイトの輸出は伸びている．

人口の約71％が農業に従事していて，米が最も重要な穀物である．大部分の農業は自給自足である．手工業はビールとかタバコなどのし好品に限られている．政府の援助による開発計画が1960年代なかばから多数はじめられているが，大部分は低調である．シエラレオネは隣国のリベリアとともに強いしめつけを受けており，結果として，経済的統一を計画している．
(M.L.)

リベリア

リベリアの最も長い境界は南西部の大西洋に面しているいる海岸線である．そして北西部はシエラレオネ，北東部はギニア，そして東部はコートジヴォワールと国境を接している．沿岸平野は55kmも内陸にひろがっている．さらに内陸部は厚い熱帯雨林におおわれた高原である．北部高地には1700m以上の山々がそびえている．国の大部分は5〜10月が雨季である．首都のモンロヴィアの年間降水量は4650mmで，平均気温は26℃である．国内には15の川が流れているがいずれも航行できない．

共和国の創設者たちの子孫であるアメリコ・リベリア人が人口の約5％を占めるが，かれらは政治・経済をにぎっており，英語を話し，キリスト教を信仰し，西洋的な政治組織をもつ．他のリベリア人は16の民族言語群から成り，124の首長国に分かれている．これらの中で最も大きいのは奥地のケペレ族と南部の海岸沿いに住むバッサ族である．農村のひとびとの多くは伝統的な宗教を信じており，人口の約10％がイスラム教徒である．国内は人口不足が深刻であり，人口密度は1km²あたり14.5人である．

リベリアにおける現在の定住形式は，15,6世紀の大スーダン帝国の崩壊から逃れた集団が入ってきたことからはじまった．1821年に，解放奴隷の移住と定住に財政援助するというアメリカの計画によって，最初のアメリコ・リベリア人がこの土地に到着した．彼らは，イギリスやアメリカの監視船により奴隷船から解放された約6000人のアフリカ人と合流した．1847年にリベリアは独立宣言をした．実際の国は首都のモンロヴィアと他のアメリコ・リベリア人の定住地のみであった．なぜなら最後の抵抗運動の鎮圧される1915年以降まで内陸部への支配はおよばなかったからである．

19世紀の半ばには，アメリカのリベリアに対する財政援助が減少し，輸出もまた不振になってきたのでヨーロッパに援助を求め，不当な条件で借款を受けた．1927年にファイアーストーン社がゴムのプランテーション栽培をはじめた．ファイアーストーン社は国内でとびぬけた経済をもつようになり，それによってリベリアの対外姿勢はアメリカよりとなった．1936年にリベリアは，国際連盟の調査によって，強制労働計画に国の指導者たちが関係していたと判明し，国際的な非難を浴びた．1944年から71年まで大統領であったウィリアム・タブマンは，まず最初に内陸部の人々を政治体制に統合することを積極的に唱えた．1945年には，彼らは政府に代表を送るようになり，1947年には普通選挙法が施行された．第2次大戦中連合国に加わったリベリアは，重要な補給路の確保を行った．大戦後は国連の創立委員に選ばれ，複雑になってきたファイアーストーン社に頼らなくても，十分やっていけるようになった．

タブマンの後継者であるウィリアム・トルバートはタブマンの政策を引き継いだが，1980年のサミュエル・K・ドエの率いる軍事クーデターで暗殺されてしまった．トルバート政権は，横行する汚職と，内陸部の人びとと政治的な権力を分けあう計画に失敗したことにより告発され，倒されたのだとされている．

軍事政権は二院制とか立法議会，最高裁判所などアメリカの制度をモデルにした．しかしすべての権力を中央政府に置くことが認められ，地方の役人はすべて中央政府が任命した．そして政治権力は，1877年以来すべての選挙で勝っている真正ウィッグ党が握って（※訳者註　真正ウィッグ党はすでになく，人民進歩党（PPP）とアフリカ正義運動（MOJA）の二つの政党がある．）

リベリアの人口の約4分の3がコメやキャッサヴァ

西アフリカ

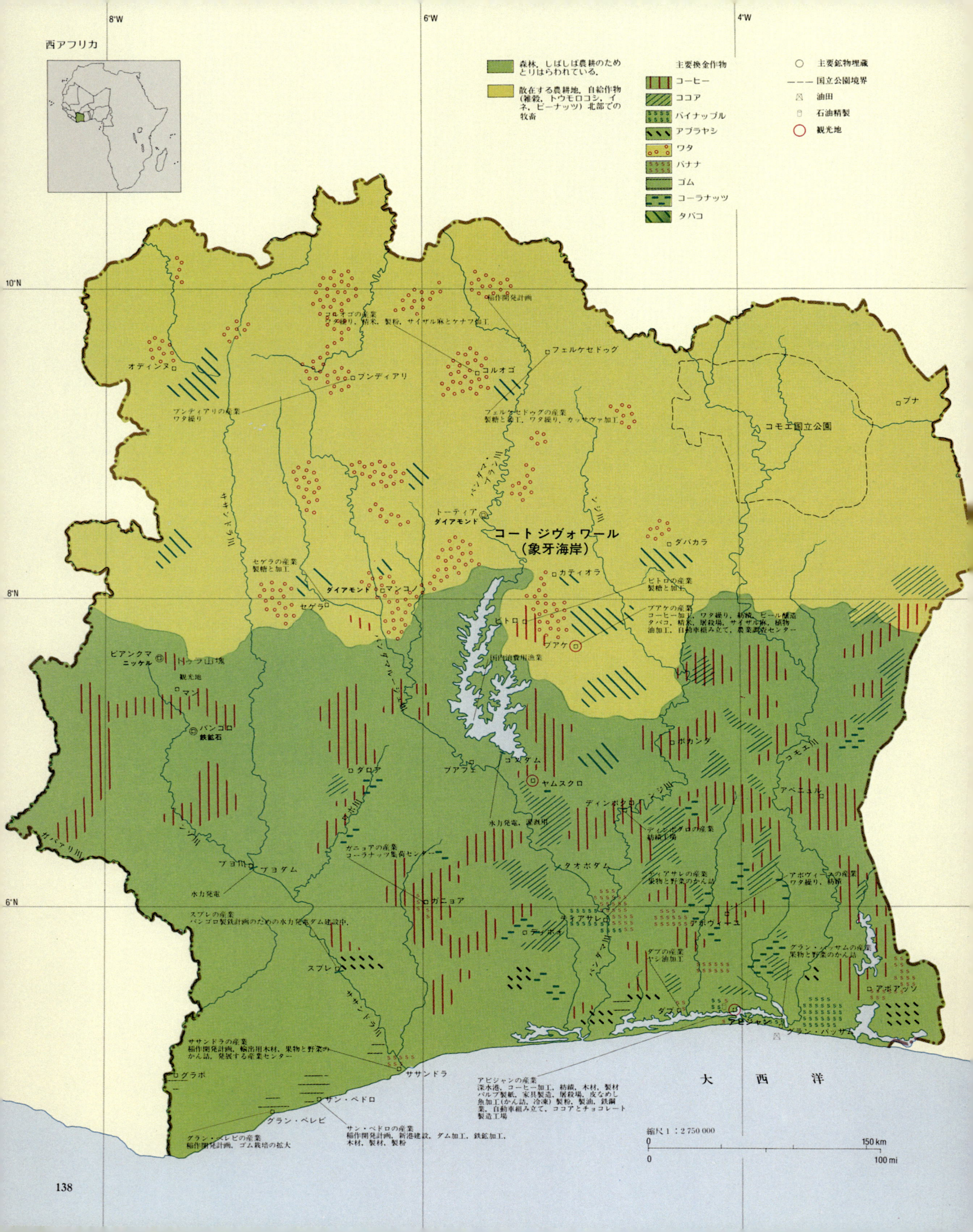

凡例

土地利用
- 森林，しばしば農耕のためとりはらわれている．
- 散在する農耕地，自給作物（雑穀，トウモロコシ，イネ，ピーナッツ）北部での牧畜

主要換金作物
- コーヒー
- ココア
- パイナップル
- アブラヤシ
- ワタ
- バナナ
- ゴム
- コーラナッツ
- タバコ

その他
- ○ 主要鉱物埋蔵
- --- 国立公園境界
- 油田
- 石油精製
- ○ 観光地

コートジヴォワール（象牙海岸）

主な地名・産業記載：

- オディンヌ
- ブンディアリ
- コルオゴ
- フェルケセドゥグ
- ブナ
- コモエ国立公園
- ブンディアリの産業：ワタ繰り
- フェルケセドゥグの産業：製糖と穀工，ワタ繰り，カッサヴァ加工
- 稲作開発計画
- ボンドゥクの産業：ワタ繰り，精米，製粉，サイザル麻とケナフ加工
- トーティアダイアモンド
- ダバカラ
- セゲラの産業：製糖と加工
- セゲラ
- ダイアモンド
- マンコノ
- カティオラ
- ビトゥの産業：製糖と加工
- ビトゥ
- ブアケの産業：コーヒー加工，ワタ繰り，紡織，ビール醸造，タバコ，精米，屠殺場，サイザル麻，植物油加工，自動車組み立て，農業調査センター
- ブアケ
- 国内自費販漁業
- ビアンクマ
- トゥラ山塊
- ニッケル
- 観光地
- マン
- バンコロ
- 鉄鉱石
- タロア
- ブアフレ
- ココダム
- ヤムスクロ
- ボカンダ
- コミエ
- 水力発電，灌漑用
- ディンボクロ
- アベエクロ
- ディンボクロの産業：紡織工場
- ダバクリ
- ディアサンの産業：穀物とヤシの油加工
- アボウィスの産業：ワタ繰り，紡織
- グラン・ラムの産業：果物と野菜のかん詰
- ダナニ
- ダロア
- ボヨボヨダム
- 水力発電
- ガニョアの産業：コーラナッツ集荷センター
- ガニョア
- スプレの産業：バンコロ製鉄計画のための水力発電ダム建設中
- スプレ
- チアサレ
- デニギボ
- アボイソ
- アポアジ
- ダブの産業：ヤシ油加工
- ダブ
- アビジャン
- グラン・バッサム
- サンサンドラの産業：稲作開発計画，輸出用木材，果物と野菜かん詰，発展する産業センター
- グラボ
- サンサンドラ
- サン・ペドロ
- グラン・ペビ
- サン・ペドロの産業：稲作開発計画，新港建設，ダム加工，鉄鉱加工，木材，製材，製粉
- グラン・ペビの産業：稲作開発計画，ゴム栽培の拡大
- アビジャンの産業：深水港，コーヒー加工，紡織，木材，製材，パルプ製紙，家具製造，屠殺場，皮なめし，魚加工，かん詰，冷凍，製粉，製油，鉄鋼業，自動車組み立て，ココアとチョコレート製造工場

大西洋

縮尺 1：2 750 000

0 150 km
0 100 mi

等の穀物をつくる農業に従事している．単位面積あたりのコメの生産性は低く改善がこころみられている．換金作物はゴム，コーヒー，ココアである．ゴムは1975年の輸出で全輸出額の12％を占めている．ここでファイアーストーン社は，この総額の40％近くを生産している．

リベリアの森林地帯は開発がはじまったばかりであるが将来性はかなりのものである．鉄鉱石は1975年の輸出の75％を占めており新しい鉱脈が発見され続けている．ダイヤモンドもまた重要な輸出品目である．石油の試掘は操業の10年後に採算がとれはじめた．工業の発展はまだ限られているが，サハラ以南のアフリカ諸国のなかでは進んでいる．政府は経済やインフラストラクチュアも，一連の5ヵ年計画や海外の借款などにより発展整備してきた．

現在の軍政の成立までは，経済的，政治的将来は約束されているようにみえた．だがその約束が現在満たされているかはまだはっきりしない．
(M.L.)

コートジヴォワール

コートジヴォワール（象牙海岸）はアフリカ大陸の約1％を占めている．国土の約41％が熱帯雨林におおわれており，北部の3分の1はバウレサヴァンナを形成するヌジとバンダマの二つの川にはさまれて南へつづく，ウッドランド・サヴァンナ地帯である．この国はすばらしい山々や滝で注目されるマン地域を除いてはほとんど平坦である．他の高原地帯はブングワヌ付近，バウレ山脈，オディエンヌ・ブンディアリ地域の花崗岩のドームとインゼルベルグである．

海岸は，バンダマ川の入江によって，はっきりと二つの特性ある地域に分かれている．すなわち，フレスコの街の西の海岸は，断崖や小さな美しい入江と砂浜（サン・ペドロ，ササンドラ，モノガガなど）であり，フレスコの東側の長い砂の多い島はタノエ川とガーナ国境のあいだの300kmにわたって外海とラグーンを分けている．

コートジヴォワールはいくつかの大きな民族・言語的グループの合流地域である．もともとの原住民がだれであったかは不明であるが，16～18世紀の間にマンデカン諸語を話す人びとが商人や移住者として北部へ移動し，北方のマリと金やコーラナッツの交易を行った．かれらはボルヌ（17世紀），コング（18世紀），カバドゥグ（19世紀）などの王国を創設した．一方，18世紀のアサンテ帝国の発展や他のアカン族の政治的な発達にともなって，アグニ族やバウレ族がバンダマ川の東へ移動してきた．

沿岸地域は，フランス人が1637年と1838年に再度アッシニに居留地を確保したが，住民はヨーロッパ人に好意的ではなかった．そしてアルチュール・ヴェルディエと，かの協力者のトレイシューブラレネが1870年から80年代の間に東部に定住するまでは，たんに権利を要求するだけだった．1887～8年にスーダンを旅行したフランス人探検家のL. G.ビンガーが，1893年に植民地の最初の統治者に任命された．そして，モーリス・デラフォスやジャン・マリー・クローゼルなどの「偉大な」植民地主義者たちが，この国のまだほとんど征服されていない内陸部への"平和的侵入"のこころみに大きな役割を果たした．コートジヴォワールの北部では，有名なマリンケ族の戦士であるサモリ・トゥーレの最後の大規模な反乱があった．トゥーレは，その第2の帝国を1893～8年の間ダバカラに建て，1897年にコング帝国を倒したが，最後に1898年の9月にフランス軍に捕われ追放された．1908年にガブリエル・アングルヴァンが軍の司令官に任命され，武力でコートジヴォワールの多くの人びとを征服した．抵抗に対する征服の戦いは1908年から1915年まで続けられた．

1903年に鉄道がアビジャンから敷かれはじめたが，当初の目的地であったオートヴォルタのワガドゥグには1954年まで到達しなかった．1950年にヴリディ運河が開かれ，アビジャンはラグールをこえて入港可能な港になった．それ以来この国の経済は急速に伸び，コーヒー，ココア，木材，パイナップル，コーラ，バナナなどの世界でも有数の輸出国の一つとなった．またゴムや植物油，ヤシ，ダイズ，棉花精製油などの輸出も活発になった．コートジヴォワールはかなり外国の投資に頼っていて，外国資本の誘致に多大の努力をはらってきた．フランスとレバノンはとくにこの点で有利である．

政局は1944年以来フェリックス・ウフェ・ボワニイの機敏なリーダーシップのもとで発展している．有能な部下であるママドゥ・クリバリイ，ワエジン・クリバリイ，ジョセフ・アノマらの助けにより，ウフェ・ボワニイはアフリカ民主連合（RDA）を設立した．1956年にロア・セドルにおける政治的な工作の大成功や，フランス語圏アフリカ諸国の独立を通してRDAを組織していった．

コートジヴォワール政府は保守的であり親フランス的である．コートジヴォワール民主党―RDA（PDC-IRDA）は一党独裁で，ウフェ・ボワニイ（1905年生まれ）が長老（実際にウフェ・ボワニイはそうよばれた）として長い間指導的立場にある．コートジヴォワールの政治的な姿勢は，フランスとの緊密な協調によりはっきりと定められている．長老は政治の実践や国の富のおかげで，注目すべき安定や成長を維持することができた．しかし，海外からの借款は相当の額に達しており，はっきりした発展計画も完了してしまった．はたしてコートジヴォワールは長老の死や苦しく深刻な一時期を切りぬけることができるだろうか．この国と国民は，近代化のため注目すべき公約を示したが，「コートジヴォワールの奇蹟」の終わりを予言した，かのカサンドラがまちがっていることをくり返し証明している．
(J.O.S)

コートジヴォワール

公式国名
コートジヴォワール

面積
322,463km^2

独立 1960年8月7日

植民地時代の状態と名称
1893―1960年 フランス植民地（フランス領西アフリカの一部）

人口
6,670,912人（1975）；7,500,000人（1979国連推計）

年人口増加率
3.8%（1965―1978）；2.7%（1979国連推計）

首都 アビジャン

首都の人口
921,682人（1975）；1,242,000人（1978推計）

公用語
フランス語，マリンケ語

国民総生産（USドル）
51億8000万ドル；1人あたり710ドル（1977推計）

通貨 1CFAフラン＝100サンチーム

ガーナ

アッパー・リージョン
アッパー・リージョン開発計画
ウシと木綿

ナヴロンゴ
ナヴロンゴの産業
牧畜業

ボルガタンガ
ボルガタンガの産業
灌漑野菜の生産とかん詰、食肉のかん詰と冷凍

ヅアルング
ヅアルングの産業
屠殺から加工・卸し売り精肉業、ワタ繰り

ワ
ワの産業
ワタ繰り

タマーレ
タマーレの産業
地域センター、機械化米作、精米、ワタ繰り

ロキンタンボ
ロサラガ

ヴォルタ湖
主として自給の漁業

クマシの産業
ココア市場、加工、木材、製材、合板、
ビール、醸造、自動車組み立て、靴、ニカワ、
建築用製鋼工場

アヤ・イエナヒン ボーキサイト
アワソ ボーキサイト
オブアシ 金
コノンゴ 金
タフォの産業 ココア調査研究所
タンクワ 金
カデ ダイアモンド
アコソンボダム
クポングダム（建設中）巨大な発電源と灌漑用水

フレステアの産業
合板工場、アブラヤシ農場のリハビリテーション、製紙

タルクワの産業
アブラヤシ農場拡張計画

サムレボイの産業 合板工場
エンチ
サムレボイ
タルクワ 金・マンガン
ノスタ マンガン
ヘステア
コメンダ
エルミナ

テマの産業
近代的港湾、アルミニウム精錬、鉄鋼圧延、
石油化学、塗料、セメント、化学肥料、織物、
魚肉の冷凍と乾燥、テレビ組み立て

アクラの産業
金属細工、大理石の切り出し、織物、食品加工、
魚肉加工、合板、タイルとレンガ、醸造、
印刷インク

セコンディ・タコラディの産業
深海港湾、自動車組み立て、合板と製紙工場、
製材

漁業は海岸線に沿って重要である。

石灰岩
アクシム
採掘されていないマンガン
セコンディ
タコラディ

ギニア湾

縮尺 1：2500000
0　150 km
0　100 mi

西アフリカ

ガーナ

ギニア湾から内陸およそ640kmにわたり、ガーナは狭い海岸平地から熱帯森林地帯を通り、北部のサヴァンナ地域にまたがっている。植民地化以前には、ガーナのかなりの部分は中央集権国家——たとえば北部のゴンジャ王国、あるいは南部のアサンテ王国、アクワム王国——の主権のもとに統合されていた。

西欧諸国とはじめて接触するようになったのは海岸沿いであった。イギリス植民地統治は交易による接触から発展してファンテ王国との条約が取りきめられた。19世紀に英国は、他のヨーロッパの国々との交易権を買い取り、奴隷貿易の抑制、南部内陸の強大なアサンテ王国に対抗するためのファンテとの連合によって、徐々にその影響力と統制を拡大した。英国は1874年にプラ川の南側の領域を合併し、1900年には北部諸領を合併し、1902年までにアサンテを征服した。アカン語が南部一帯に広く話されていたが、新しい植民地は恣意的に多数の異なる人々をひとつにまとめた。

植民地はイギリス統治期間にほとんど統治されなかった。すべての地域の発展は極端にむらがあり、鉱物、木材、農作物のようなすべての輸出品は事実上植民地の3分の1にあたる南部で生産された。北部地域の人々は、たかだかココア農場や鉱山の労働者として南部に出稼ぎすることによってのみ植民地の経済発展に参加したにすぎない。アフリカのいたるところがそうであるように、経済は第1次産品の生産と第1次産業を基盤としていた。それでも独立時のガーナはわずかの外国負債と多くの外国積立金を享受していた。

教育、医学、建設、コミュニケーションなどのほとんどの領域において、発展は南部に集中していた。南部の港湾と鉱山地区、クマシのような伝統的なセンターの周辺に都市化の波がおし寄せた。事実、すべての中等学校、病院、工場はガーナの3分の1にあたる南部にみられた。

政府が行政的にすべての地域を統合したことはほとんどなかった。ゴールド・コースト領、英国領トーゴランド(第1次世界大戦後、委任統治領となる。)、アサンテ、北部地域はすべて分割して統治された。植民地は1946年までアサンテを合併していないし、また英国領トーゴランドは独立前の国民投票まで加わっていなかった。地域主義の諸問題は、行政の断片化とばらついた発展によって政治の場面に必然的に表面化した。独立以前と独立以後のいずれの時期にも、常に、地域的な政党が生まれた。ンクルマ(エンクルマ)の会議人民党(CPP)は、独立以前の時期に国家的政党の地位にかなり密接に接近したが、その時でさえ会議人民党の対抗勢力はある程度まで地域的に系列化されていた。

第2次世界大戦後の時期まではアフリカの政治活動は教養ある南部の都市の少数の者に限られていた。そのような人々は英国領西アフリカ会議、青年会議のメンバーとなり、植民地体制に積極的に参加することを要求した。戦後、急激な社会・政治変動に迫られて、政治は革命よりもむしろ独立の要求となった。主な政治的な力となったのは、弁護士、エリートによって主導された統一ゴールド・コースト会議(UGCC)であった。1947年、クワメ・ンクルマはアメリカ合衆国とイギリスへの12年間にわたる滞在の後にゴールド・コーストにもどり、議長となった。彼の指導のもとに、統一ゴールド・コースト会議は大衆の支持を得るようになった。しかし彼はエリートの指導者と衝突するようになり、1949年会議人民党を組織するために離党した。会議人民党は統一ゴールド・コーストとは異なり、より若い、性急な、教育をもたない人々からなる大衆政党であった。ンクルマはストライキ後逮捕され監禁されたが、会議人民党は新しい憲法のもとで選挙に勝った。ンクルマは政府を組織するために1951年に釈放され、1952年に首相、1957年に独立国ガーナ——独立を獲得した最初の英国領植民地——の大統領になった。

1957年以前にも、ンクルマの最初の政府は発展を促進するためにかなりの積立金を使った。農業投資、一般的には経済投資、さらに社会的サーヴィス、教育、コミュニケーションが拡充された。しかし、地域主義の諸問題は持ち越された。会議人民党は1954年の選挙において手際よく勝ったが、その後にアサンテの集団からなる民族解放運動(NLM)の挑戦をうけた。英国は1956年に新しい選挙を命じ、ここでも会議人民党が勝利した。というのも、民族解放運動はエスニックの基盤を越えて拡大することがなかったからである。ンクルマ体制のはじめの3年間に、ンクルマは会議人民党を強化し、地域的な対立を抑制することを提議した。独立時の経済は圧倒的に外国に追放された者たちの手にゆだねられ、当初このパターンを変える努力はほとんどなされなかった。発電、灌漑、ボーキサイトの開発のためのヴォルタ川計画は、工業化を進めるための主要な計画の要素であった。生活水準は向上し、経済は独立していなかったにせよ、社会的サーヴィスは引き続き拡大された。外交政策において、ガーナはアフリカ内部で案出された緊密な連帯——パン・アフリカニズムの理想を実践に移すこと——を目的として、英連邦やアメリカ合衆国との関係が密接になった。

1960年代中頃から、ンクルマは主要な政策の転換を図った。ンクルマは自分自身を社会主義者と考えるようになっており、工業、金融、輸出入の部門における国家の介入を発動した。しかしながら国家投資の多くは、十分な資本、技術者、原材料、計画のないままにはじめられた。ココア価格の暴落に結びついた非効率性は、厳しい物資不足と事実上の破産をもたらした。

ンクルマの経済政策と共産主義圏の諸国家との接触が、多くの会議人民党の支持者を疎外することとなった。同時に、ンクルマは個人的な権力を増大し、かれの周囲には個人崇拝が生まれた。1960年の新しい制度(ガーナが共和制を布いた)は、法制化と行政事務の任命に対する厖大な権力をンクルマに与え、一党制国家が宣言された。これらの変動を権威づけする国民投票が不正に行なわれたという非難があった。1965年の選挙は無効にされ、予防拘禁法によって反対者に対抗するのが常であった。最終的にンクルマは、警察と軍隊を不和にし、将校を解雇した。ンクルマが国外に出た1966年2月に軍隊が権力を掌握した。かれはギニアに亡命し、1972年に死亡した。

民族解放評議会(NLC)ができ、さまざまな緊急政策が導入され、外国からの借款と贈与による援助をうけ、若干の経済的な回復を獲得した。ンクルマ体制の後半の数年間緊張していた近隣諸国との関係も改善された。民族解放評議会は1968年に民政に移行し、1969年10月K・A・ブシアの進歩党に引き渡された。しかしながら、軍部はI・K・アチェンポン大佐の指導のもとに1972年1月に再び介入した。経済情勢の低迷が続いた。アチェンポンはさらに抑圧的になり、特に専門家やアサンテによる不満の表面化が増大した。圧力に譲歩してアチェンポンは、軍部による強力な支配の

ガーナ

公式国名
ガーナ共和国

面積
238,537km²

独立
1957年3月6日

植民地時代の状態と名称
イギリス植民地：黄金海岸

人口
8,559,313人(1970統計)；11,700,000人(1979国連推計)

年人口増加率
3.3%(1979国連推計)

首都
アクラ

首都の人口
849,000人(1970推計)

言語
英語；アカン語、エウェ語

国民総生産(USドル)
40億8000万ドル；1人あたり380ドル(1977推計)

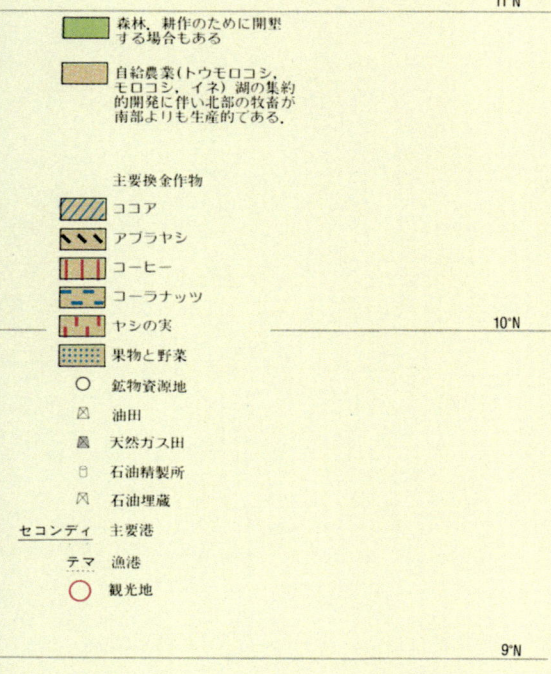

通貨
1新セディ=100ペセワ

141

西アフリカ

ブルキナ・ファソ（オートヴォルタ）

ワガドゥグの産業
ワタ製紙、屠殺場、皮なめし、農機具製造、ビール醸造、ピーナッツ油加工、UNESCOの西アフリカ事務局

クドゥグの産業
ワタ製紙、紡績

ボボジュラッソの産業
ワタ製紙、果物と野菜缶詰、製米、ピーナッツ製油、ビール醸造、屠殺場

バンフォラの産業
精糖、製粉

縮尺 1：3 000 000

| 自給農耕（ゴマ、カリテ、雑穀、トウモロコシ、モロコシ） |
| 放牧（ヒツジ、ヤギ、ウシ） |

主要換金作物
- ピーナッツ
- ゴマ
- カリテナッツ
- イネ
- ワタ

○ 鉱物資源埋蔵
--- 国立公園境界

ブルキナ・ファソ（オートヴォルタ）

公式国名
ブルキナ・ファソ共和国

面積
274,200km²

独立
1960年4月5日

植民地時代の状態と名称
1919－1932年, 1947－1960年 フランス植民地, 1932－1947年コートジヴォワール・スーダン・ニジェルの3つの植民地に分割されていた.

人口
6,144,013人（1975）；6,700,000人（1979国連推計）

年人口増加率
2.3%（1979推計）

首都
ワガドゥグ

首都の人口
220,000人（1980推計）

公用語
フランス語, モシ語, マンデ語

国民総生産（USドル）
7億2000万ドル；1人あたり110ドル

通貨 1CFAフラン＝100サンチーム

142

もとでの政党なき民政の計画を案出した．この計画は不正手段によって操られた国民投票においてわずかに承認されたにもかかわらず，広範囲にわたる反対にあった．アチェンポンは1968年7月軍部内部において転覆された．

参謀長であり国家元首であるF・W・K・アクフォ中将は，即座に民政に移行するようにはたらきかけた．1979年6月の下士官によるクーデターにもかかわらず，選挙日程は維持された．議会選挙と大統領選挙が1979年7月に行われ，議会人民党の直系にあたる人民国民党が絶対的な多数をしめることになった．この民政は1979年9月から行われたが，軍部，特に下士官は舞台裏でその活動を監視しようとする意図を支持している．
(I.S.)

ブルキナ・ファソ（オートヴォルタ）

ブルキナ・ファソ（オートヴォルタ）は，北緯10度から15度のあいだに位置し，ニジェル川の湾曲部の下方にあり，その主な海への出口である，コートジヴォワールの首都であり港であるアビジャンからは500kmも入った内陸国である．

3つの生態圏，すなわちサーヘル・スーダン・ギニアの，東から西へはしる，降水量の増加によって形成される3つの帯がこの国を横切っている．人口の90％を占める農耕地は南部で4月にはじまり，10月におわる．雨季の雨量が十分かどうか，折りよい時期に降るかどうかに生活は依存している．

人口密度は非常に変化に富む．最大の民族集団であるモシ族は全人口（平均人口密度1km²当り40人）の半数以上を占めるが，モシ地域の全土のわずか6％しか耕作に適していないのに，ここの人口過密地域は1km²当り190人の人口を保持している．ブルキナ・ファソは主要都市をワガドゥグとボボ・ディウラッソの2つしかもっていない．

ワガドゥグ，ヤテンガ，グルマのモシ王国は，この地域の初期の歴史において優勢であった．マリやソンガイの帝国の勢力拡大に抵抗して，かれらはほとんどイスラム教の影響をうけなかったし，今世紀に入ってからはフランス・カトリック宣教師の強い影響によってキリスト教に改宗した．イスラム教もキリスト教も強力に浸透したが，なお多くの人びとは伝統的宗教に従っている．この地域は1890年代に，競争相手のイギリス，ドイツの野心を打ち負かしたフランスに合併された．地域のほとんどは，世紀の変わり目にフランス領スーダンに統合された．

フランスの統治は1946年まで地域の統合と解体をくりかえすという分裂症的なものであった．天然資源の欠乏と孤立は発展計画をおさえつけた．1900年当時の，そして今でも最大の資源は，ありあまるマンパワー，すなわち労働力であった．第1次大戦のあいだ，人びとは兵士やコートジヴォワールの農園労働者として大量に徴発され，また植民地内での強制労働に従事した．この徴用は重税と相まって，広い地域での反乱をひきおこした．何千人もの出稼ぎ労働者が黄金海岸（現ガーナ）へ移動した．1957年にオートヴォルタに代議政体が成立し，1958年にフランス連合の一員となった．完全な独立は1960年に達成されたが，フランスとの結びつきは依然として強い．

ブルキナ・ファソは経済的に，穀物の主要な輸出相手国であり，かつ100万人ものブルキナ・ファソ出稼ぎ労働者の受け入れ国であるコートジヴォワールと密接に結びついている．ブルキナ・ファソは独立以来高い輸入税と資本投資の制限によって，保守的な経済政策をとりつづけている．国の東部の孤立した地域に発見されたマンガンとリン鉱石の発見は，ヨーロッパ資本の投下が期待できるものであるが，政府の開発計画は，独立以来全貿易収支均衡に余剰を生む結果となった方針に何の変更も加えていない．すでにかなりの外国援助をうけてきたブルキナ・ファソは，新しい発展のための外的財源に依存している．1970年代はじめのサーヘルの早ばつは開発計画のおくれをもたらした．

独立以来，モシ出身のモーリス・セメオゴが元首の地位にあったが，1966年1月，サングーレ・ラミザナ中佐の軍事クーデターで倒された．1979年民政移管ののち，軍政の元首であったサングーレ・ラマジナ将軍が大統領に選出された．（※訳者註 1980年11月のクーデターにより，サイエ・ゼルボ少佐が，さらに1982年11月には，代ってジャン・バチスト・ウェドラオゴ軍医少佐が政権を握ったが，1983年8月トマス・サンカラ大尉の民族革命評議会が政権を樹立した．そして1984年8月，国名をブルキナ・ファソ（シモ語で高貴な人々の土地の意に改めた）
(W.E.)

トーゴ

トーゴはガーナと境を接している関係でガーナの人々と長い連携を保ってきた．ガーナと同様に，トーゴはギニア湾から海岸，森林，サバンナの各地帯にいたる内陸がおよそ800kmに広がっているが，海岸線はわずかに52kmである．アサンテ帝国の絶頂期にはトーゴの一部をも含んでいた．エウェの人々は現在のガーナとの国境の両側に住んでおり，交易の自然の結びつきと親族関係が存続している．

一般的に，西アフリカにおいて，ヨーロッパの植民地化は初期の商業上の利益が発展した場所で起きた．トーゴにおいては，フランス政府は通商居留地の確立を保護したが，ドイツの外交戦略と内地への交易の拡大が，1884年移行のドイツ植民地支配の時期に頂点に達した．他の植民地勢力と同じように，ドイツ人は領土を統治するために地域の権威に依存することが必要であることに気づいた．首長が明らかに存在することろでは，かれらのその地方権力が承認され，政府の指令を執行し，税金を徴収するのが常であった．ロメ地区のようなトーゴの他の地域においては，政治組織は村落レヴェルを越えて拡大されることはなかった．そのような地域において，その当時の社会構造を研究することのなかったドイツ人は，ただたんに，できるかぎり伝統的な制度の中で機能する「首長」を生みだしたにすぎない．ドイツ人は新しい法典を発布することを望んで，エウェの慣習を研究しはじめたが，第1次世界大戦に先をこされてしまった．

経済基礎構造の創出はドイツ統治の時期にはじまった．鉄道は海岸沿いと内陸部に建設された．このようにして運送されたドイツ産の商品は，多くの市場でイギリスの商品がかげを落していたのに対抗して，ゴールド・コーストの北部諸地域を横断して交易された．農業発展と大半の土地はアフリカ人の手にとどめられた．

第1次世界大戦後，トーゴは国際連盟の委任のもとに英国領とフランス領に分割された．英国領トーゴランドは，その他のゴールド・コーストの地域と同じように統治された．ドイツ人によって承認されたほとんどの首長は英国の統治した地域に住み，間接統治のパターンに巧妙にあてはめられた．委任の影響はフランス領において重要である．その他のフランス領西アフリカは高度に中央集権化され，ダカールから直接に統治された．しかしながら，トーゴは自らの高等弁務官と財政的な自律性をもっていた．委任統治によって強制労働と徴兵は厳しく抑制され，フランスは保護関税を課したり，あるいは他国の商人を締め出すことは許されないことを保証した．委任統治のはじめから，最初は諮問の行為能力だけであったが，政府へのアフリカ人の参加がみられた．

ドイツ領トーゴランドの分割のひとつの帰結は，エウェにおける民族ナショナリズムの勃興であった．戦争中すべてのエウェは英国統治のもとにあって，コミュニティの中心として機能している長老派教会が創られた．エウェの領土を2つに区切る境界は当然のことながら不満の原因となった．1930年代におけるイギリスとフランスの国境の規定を強化しようとする試みは反乱をまねいた．しかしエウェの圧力にもかかわらず植民地権力は統一化に反抗した．独立時において，ゴールド・コーストに緊密に統治されていなかったけれども，英国領トーゴランドはガーナとの合併に賛成投票をした．この問題がガーナとトーゴの独立政府を悩ませ続けた．

トーゴの委任統治領としての地位は，来たるべき独立（あるいは少なくともフランス連邦内での自治）を前提としていたし，その可能性は他のフランス領地域の独立を考慮に入れるものであった．トーゴ人は彼らの特別な地位に対するいかなる侵害にも対抗し，フランス領西アフリカにおけるナショナリズムの先頭に立った．植民地のほとんどの政党は政府の後援を受けていたが，トーゴ統一委員会（CUT）だけは政府とは独立しており，しかも反フランスであった．1950年からフランスは増加しつつある自治の要求に応じつつ，なおフランスの影響下にこの土地をおこうというのぞみ

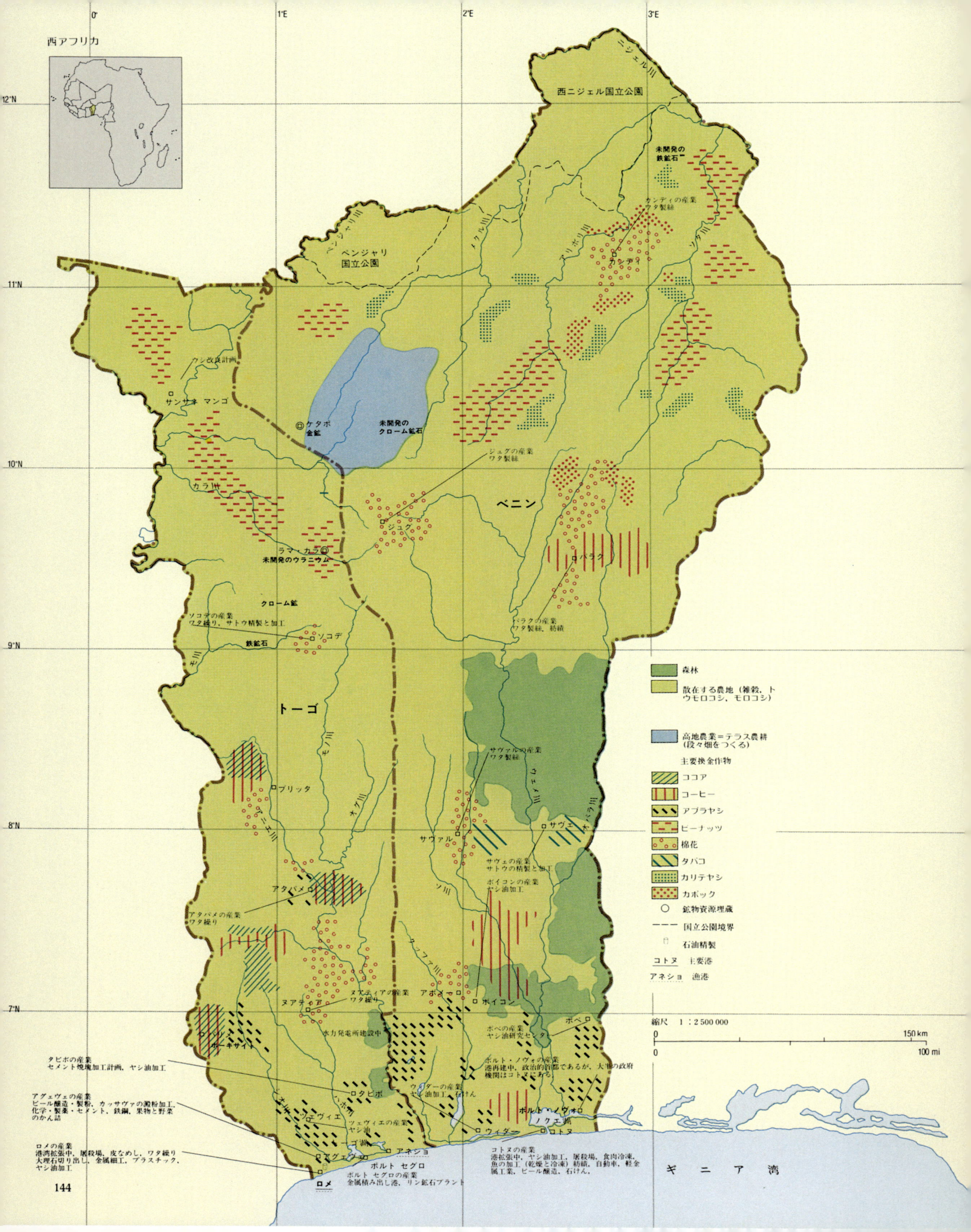

西アフリカ

12°N

11°N
ペンジャリ国立公園
西ニジェル国立公園
未開発の鉄鉱石
カンディの産業　ワタ製絲

10°N
クシ改良計画
サンサネ マンゴ
ケタポ 金鉱
未開発のクローム鉱石
ジェグの産業　ワタ製絲
ベニン

9°N
カラ地
ラマ・カラ
未開発のウラニウム
クローム鉱
鉄鉱石
ソコデ
ソコデの産業　ワタ織り, サトウ精製と加工
パラクの産業　ワタ製絲, 紡績

8°N
トーゴ
ブリッタ
サヴァルの産業　ワタ製絲
サヴァル
サヴェ
サヴェの産業　サトウの精製と加工
ボイコンの産業　ヤシ油加工

7°N
アタパメ
アタパメの産業　ワタ織り
ヌアティの産業　ワタ織り
アボメー
ボイコン
ボベ
ボベの産業　ヤシ油研究センター
ポルト・ノヴォ
ポルト・ノヴォの産業　港再建中, 政治の首都であるが, 大半の政府機関はコトヌにある
水力発電所建設中
タビポの産業　セメント塊加工計画, ヤシ油加工
アグェヴェの産業　ビール醸造・製粉, カッサヴァの澱粉加工, 化学・製薬・セメント, 鉄鋼, 果物と野菜のかん詰
ロメの産業　港湾拡張中, 屠殺場, 皮なめし, ワタ織り, 大理石切り出し, 金属細工, プラスチック, ヤシ油加工
ポルト セグロの産業　金属積み出し港, リン鉱石プラント
ロメ
アネショ
コトヌ
コトヌの産業　港拡張中, ヤシ油加工, 屠殺場, 食肉冷凍, 魚の加工(乾燥と冷凍) 紡績, 自動車, 軽金属工業, ビール醸造, 石けん

ギニア湾

凡例
- 森林
- 散在する農地 (雑穀, トウモロコシ, モロコシ)
- 高地農業＝テラス農耕 (段々畑をつくる)
- 主要換金作物
  - ココア
  - コーヒー
  - アブラヤシ
  - ピーナッツ
  - 棉花
  - タバコ
  - カリテヤシ
  - カポック
- ○ 鉱物資源埋蔵
- ---- 国立公園境界
- 石油精製
- コトヌ　主要港
- アネショ　漁港

縮尺 1:2 500 000
0　150 km
0　100 mi

トーゴ

公式国名
トーゴ共和国

面積
56,000km²

独立
1960年4月27日

植民地時代の状態と名称
1894−1918年 ドイツ植民地：トーゴランド，1919−1960年 国際連盟(1945年−国際連合)の信託領：英・仏領トーゴランド(英領の部分はガーナに加わる)

人口
1,997,109人(1970統計)；2,500,000人(1979国連推計)

年人口増加率
2.8%(1979国連推計)

首都
ロメ

首都の人口
229,400人(1977推計)

言語
フランス語；エウェ語，ミナ語，ダゴンバ語，ティム語，カブライス語

国民総生産(USドル)
7億ドル；1人あたり300ドル(1977推計)

通貨 1CFAフラン＝100サンチーム

ベニン

公式国名
ベニン人民共和国

面積
112,622km²

独立
1960年8月1日(ダオメー共和国として)

植民地時代の状態と名称
フランス植民地(フランス領西アフリカ)

人口
3,400,000人(1979推計)

年人口増加率
2.7%

首都
ポルト・ノヴォ

首都の人口
104,000人(1975推計)

公用語
フランス語；フォン語，ミナ語，ヨルバ語，デンディ語

国民総生産(USドル)
6億6000万ドル；一人あたり200ドル(1977推計)

通貨 1CFAフラン＝100サンチーム

を捨てなかった．

独立を導いた選挙は1958年に行なわれ，シルヴァヌス・オリンピオのトーゴ統一委員会が圧勝した．その後オリンピオは1960年にトーゴを独立に導いた．トーゴはフランスとの密接な結びつきを継続し，他の前フランス領植民地との経済的な結びつきを確立した．エウェの民族統一主義の問題も残された．前回の国民投票にもかかわらず，オリンピオは英国領とフランス領トーゴランドの統一化を要求した．1961年と1962年には何回かのクーデターが発生したが未遂に終わった．そして反対政党のジュペント党が解散させられた．1963年1月，オリンピオはニコラス・グルニッキーに政権委託しょうとする下士官たちによるクーデターによって暗殺された．トーゴ人および反ンクルマ派のガーナ人の間には，ガーナ政府がこのクーデターやその前の最初のクーデターに協力したと信じている者もある．

ガーナとの悪化した関係は，軍隊内部の不満がそうであったように新しい政府のもとでも続いた．1966年の未遂クーデター後の，1967年のクーデターは成功した．グルニッキーはエヤデマ中佐(オリンピオの転覆にかかわっていた)の指揮する軍部に権力を譲り渡した．エヤデマは民政に権力を譲り渡すことを約束したが，1969年にかれ自身の政党トーゴ人民党をつくり，1972年の国民投票で多数によって国家元首として擁立された．

(I.S.)

ベニン

ベニンは国土がせまく，経済的に貧しく，政治的には不安定である．トーゴとナイジェリアの間にはさまれ，わずか125kmの海岸線と，657kmにおよぶ細長い内陸とから成っている．ベニンは海岸沿いの"テール・ドゥ・バール"(線状の土地)とよばれるわずかの肥沃な土地をのぞけば，おおむね土地はやせていて，森林部はほとんどなく，サヴァンナがほとんど大西洋岸まで達している．

ベニンは1894年，ダオメーとしてフランス植民地になった．この名は海岸から北へ100kmほど入ったアボメーを首都としていた同名の王国からとった．このダオメーの王国は，18世紀後半から19世紀前半かけて奴隷貿易によって栄えた．絶対的な植民地支配の50年間を経て，ダオメーは1946年に選挙による代議員制度と，地域議会の設立が認められた．1957年には総選挙が導入され，自治権が進展して，ついに1960年8月の独立をみた．

主に南部に集中する住民と政府の財源は，いずれもアブラヤシや綿花などの主要換金作物が生み出す農業収入に依存してきた．輸出品の低価格，投資の不足，インフレ，高い出生率は，1976年来食糧生産が大幅に増加したとはいえ，独立以来の純収入の発展を妨げた．小規模な国内市場は製造業の発展に水をさし，そのほとんどは輸出産品の加工のみに限られることになった．このような輸出産品のせまい販路と価格の低さは，政府の歳入をおさえ，歳入の半分以上は貿易の関税から得ることになり，1960年から73年の13年間で輸出が輸入を上まわったのはわずか4年のみであった．

天然資源の不足から起こったベニンの問題は，皮肉にもその人的資源の異例な豊かさ，とくに熟練技術を身につけた教養ある人的資源によっておぎなわれた．植民地時代の高い就学率によってつくり出されたこの富は，1960年にフランス西アフリカ連邦が分裂したあと，かえって障害になった．つまりこの連邦のなかでベニンは重要な役割を占め，多くの教育をうけたエリートを各地に送っていたのだが，連邦分裂後，これらのエリートたちは強制的に本国に帰らされ，国内の文官勤務につめこまれることになったのである．そしてこれらの人びとに支払う給与が，全国家予算の65%をも占めるようになったのである．これはまた，洗練され，要求の多い中産階級の創出をうながした．かれらは厳格な計画に抵抗し，輸入の勘定書をつきつけ，ベニンの政治を特徴づける空想的なトリックと，陰鬱な仕事の奇妙なブレンドに少しも寄与しなかった．計画，分析，公約，構想などが詰めこまれながら，ベニンは今なお1000人当たり185人の高い幼児死亡率と，41歳という低い平均寿命(1973年)にとどまっている．

1960年以来，ベニンは10人の国家元首をもち，6回のクーデターを経験した．これはアフリカの他のどの国よりも多い．この不安定さは，はじめは3つの地方的政党(ひとつは北部，2つは南部)の確立によって起こった．これらはおたがいに拮抗しあい，かたくなに自己を主張し排他的であって，安定した提携や1党制体系の成立を妨げた．村落ベニンの極端な郷土主義は独立以前も以後も続いた．都市エリート(独立後の高級軍人はたった1500人にしかすぎないがそれらも含めて)による官職のための極度の競争は腹立たしいものと感じられた．その結果は当然に，終わりなき，そして解決のない混乱とクーデター，陰謀をひきおこすことになった．

1975年以来，ベニンは公的にはマルクス＝レーニン主義の導入と国の元首であるケレク大佐と，かれに従う信頼できる役人たちによって導かれた．ベニン・人民革命党(BPRP)の創設によって，地方主義とブルジョワ精神が克服されたとされている．社会主義を追求して，人民革命党はいくつかの商業，金融企業を国有化し，輸出産品を統制し，教育制度を"アフリカの真正さ"を遂行できるように改革し，国家奉仕を制度化し，県レベル，地方レベル，そして町村レベルの革命組織を確立した．そしてまた，試験制度や宗教的休日を廃止し，クリスマスに代って"生産の休日"が制定された．

しかしながらベニンの社会主義ブロック諸国の教化と，革命的レトリックは，1960年の独立以来，直接に経済援助を行い，いまも主要な貿易相手国であり援助国であるフランスとの関係を妨げはしない．ベニンはいまもフランス圏の一員であり，フランスの国庫に支えられている西アフリカ通貨連合にとどまっている．"自らの運命の主人であるベニン人民"という公約によって，政府はまたフランスとの防衛協定を更新し，フランス語圏アフリカ首脳会議にも出席している．

ときおりの紛争はあるが，ベニンはさほど革新的でない隣国との友好関係，とくに，いくらかの援助と投資を行なってくれるナイジェリアとの関係を維持しようとつとめている．ベニンは人民共和国ではあるが，アルバニア型というよりはルーマニア型に近く，国際関係においても現実的な対応で高度のレトリックを緩和し，国内政治においても，大衆路線というよりは指導者の役割を強調している．

(M.S.)

146

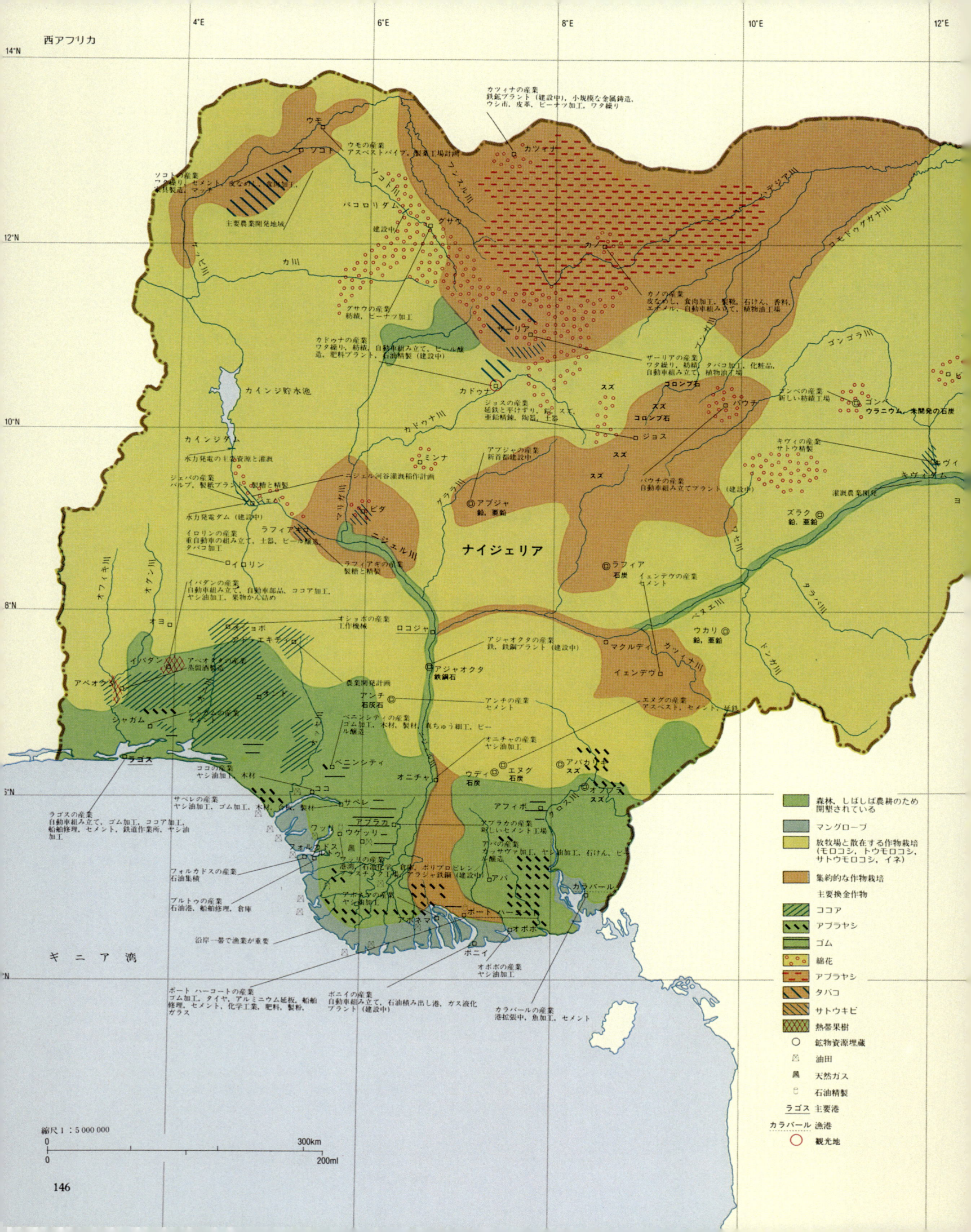

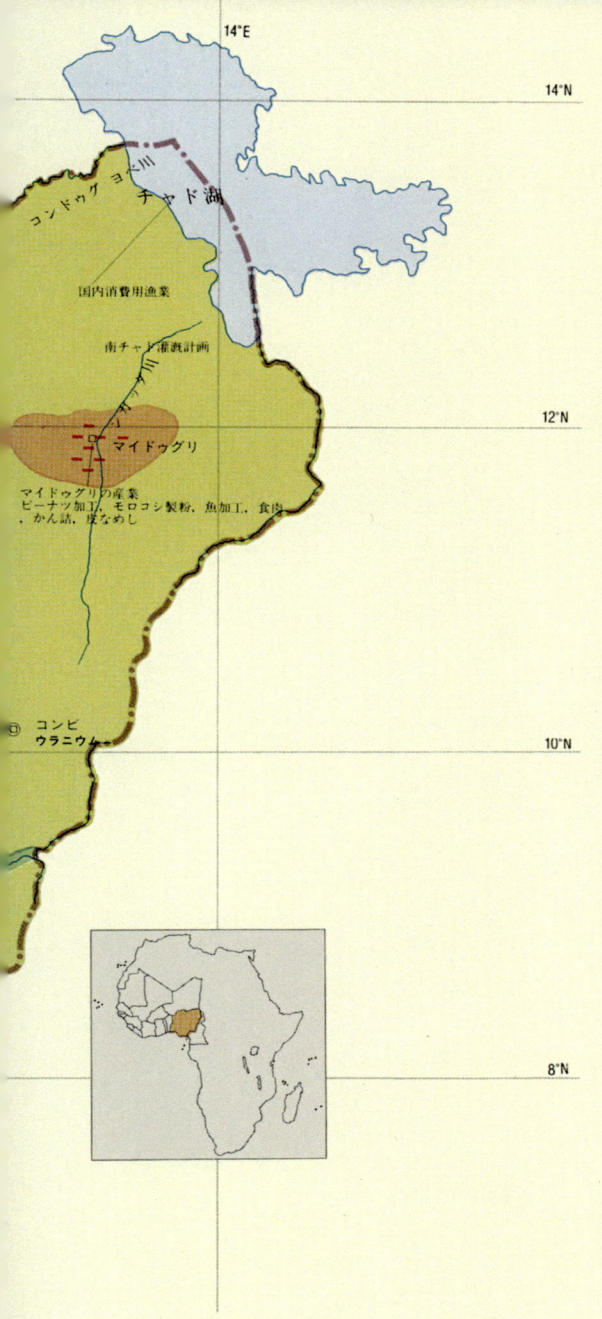

ナイジェリア

国土の低地のほとんどを網羅するニジェル川にちなんで名づけられたナイジェリアは、アフリカでもっとも人口の多い、そしてもっとも裕福な国のひとつである。厖大な石油と天然ガス、注目に値する量の石炭、スズ、コロンブ石(耐熱材料の添加剤となるニオブの原料)の埋蔵をもち、そしてゴム、ココア、ピーナツ、棉花、ヤシ油と実、木材の主要産地である。

南北軸が長い西アフリカ沿岸部の諸国の中でも、ナイジェリアはとくに驚くほどの多様性とコントラストをもつ土地である。つよい熱帯モンスーンは年間1250〜3500mm以上の雨を降らせ(8月と11月なかばから2月にかけての乾季がある)、沿岸沿いのマングローブのスワンプと、内陸の雨林をつくり出す。後者は数世紀にわたる開墾によって大いにその姿を変えた。南部諸州の湿度は高いが、気温は一般に昼夜で最低20℃から最高30℃の範囲内である。もっと北へ行くと、沿岸森林はより開けた高原にとってかわられ、雨量は減少するが気温の日較差はより大きくなる。北部のサヴァンナには2つの短い雨季があるが、年間降雨量は1000mm以下になる。最高気温の平均は30〜40℃、最低気温の平均は15〜25℃である。サハラ砂漠から吹いてくる乾燥してほこりっぽいハルマッタンが、長い乾季の寒気をもたらすことは北部ではよく知られている。

多様性はまた、ナイジェリア住民の特徴であり、200以上(※実際は400に達する)の異なる言語が話されている。異なった文化が一体になることは前首相アブバカル、タファワ、バレワがいうように"偉大な力の根源"ではあるが、文化的拮抗はまた、新しい紛争に火をつけてしまった。最も重要な民族集団は北部のハウサ、フラニ、カヌリ、中部のヌペ、ティヴ、そして南部のヨルバ、イボ、エド(ビニ)、イビビオなどである。厖大な人口の約20%は都市に住むが、農村地域もまた人口が密集していて、ある地域では1km²あたり150人以上の住民が定住している。首都ラゴスに加えて、イバダン、カノ、ザーリア、オボモジョ、オニチャなどが主要な都市である。北部の人びとはイスラム教徒、南部の人びとにはキリスト教徒が多いが、伝統的宗教やそれとの混交は今なお広くみられる。

ナイジェリアの境界は19世紀末のイギリスの植民地建設の産物であるとはいえ、それは政治的、経済的、文化的諸単位の大きな集団を線で囲みこんでいた。国の北半分は、19世紀はじめの偉大な宗教改革者ウスマン・ダン・フォディオによって建設された、広大なイスラム帝国であるソコトのカリフ国と、より小さいが古い歴史をもつ隣国のボルヌー王国の国土にあたる。南西ナイジェリアは起源的にはイフェの聖都から建設された多くのヨルバ都市王国から成る。これらのヨルバ王国で最も重要なオヨと、18世紀に栄えたオヨと、19世紀に栄えたイバダンであった。ベンデル州(中南部)のベニン帝国の王と職人たちは、長いあいだヨーロッパ人訪問者の感銘の的となった。南東部のイボ、イビビオ、イジョの人びとは、植民地時代以前から小さいながら密度の高い、平等主義的な国をつくっていたが、国の他の地域と同様に、重要な国内、国外交易に役立っている市場と、通商路のネットワークにしっかりと結びついていた。

これらの異質な諸民族は、1861年のラゴスの併合にはじまり、1900年に南、北ナイジェリアの2つの保護領化宣言で頂点に達した、イギリスの支配の下にくみこまれたのである。アフリカ人民の抵抗を鎮圧した後、イギリスは1914年に2つの保護領をナイジェリア植民地として統合した。それは主として、北部の統治にかかわる赤字を南部の余剰で均衡させるためであった。しかし、合併したにもかかわらず2つの地域は文化的にも、経済的にも、そして行政的にも依然としてまったく異なるものであった。

1945年までの植民地経済は、ほとんど前植民地時代の経済体質をわずかに改変しただけでひろがっていった。輸出は、伝統的な農法による小規模な農民によって生産される、南東部のヤシ産品、南西部のココア、北部のピーナッツ(1890年代から)などの換金作物に支配されてきた。自動車道路と鉄道のネットワークの建設は、これらの産物の輸送を容易にし生産の増大を刺激した。ジョス高原に新しいスズ鉱山、エヌグ近くに炭坑が開かれ、鉱産物を輸出リストに加えることになったが、農産品の輸出は独立までなお最重要な地位を占めていた。

これらの貿易の拡大から得られる利益は、社会的諸サーヴィスを向上させることよりも、むしろ大部分外国の貿易会社のためと、植民地の統治を支えるためのものであった。第2次世界大戦のあとで、この政策はさほど目立つ変更はされなかった。それにもかかわらず植民地時代のあいだの社会変化は、主に南部地域にひろがり、政府機関、商業、運輸などの仕事が伝統的な農耕生活から人びとを引き離すことになった。大きな都市が道路、鉄道、そして沿岸の港の近くに発達した。同時に、南部における大きな変化はミッションスクールによって促進された。ミッションスクールは、19世紀にはいくつかの沿岸の町に限られていたが、今や急速に内陸の各地に拡大した。これらの学校のイニシアティヴ、財政、そしてそのスタッフは、プロテスタントとローマカトリックの伝道のための援助と協力によって、主として、アフリカ人のコミュニティのなかから育成された。政府の補助金(1945年までは少なかった)と管理が教育の質の向上を促進させた。

北方地域の変化の速度はより緩慢であった。というのは、植民地の基本政策である間接統治が、社会を分裂させないために、保守的な伝統指導者の権力を維持させたからであった。ヨーロッパ文化と教育の影響は、イスラム教徒の地域ではキリスト教の伝道団を閉め出す統治政策があったため、北部においては大変少なかった。北部での近代的学校への就学率は、1950年には南部の5分の1であり、1960年には10分の1になった。北部の都市はこの時代に大きくなったとはいえ、その人口増大はおもに南部からきた人びと、とくにイボの流入のためであった。

イギリス統治に対する傾向は初期の帝国主義統治のときにさかのぼる。しかし整った民族の抵抗は1930年代のナイジェリア青年運動の創設からである。第2次世界大戦後、民族主義者の活動は初期の労働組合、復員軍人、都市の住民と、多くの教育をうけた指導者たちの支持で劇的に拡大した。のちにナイジェリアの初代大統領となる、アメリカで教育をうけたナムディ、アジキウェは、そのなかで最も有名であった。全国的な視野をもっていたとはいえ、独立運動はおもに南部においての活動であった。教育の不足、保守主義、地域主義的な見地は北部の人びとの参加をおくらせた。独立ナイジェリアの初代首相となった北部出身のバレワは、はじめナイジェリアの多様性を批判して世に出てきたことはよく知られたことである。

イギリス植民地統治の当然の成り行きとして、ナイ

ナイジェリア

公式国名
ナイジェリア連邦共和国

面積
923,768km²

独立
1960年10月1日

植民地時代の状態と名称
1900-1960年 イギリス植民地(南北ナイジェリア)と国連信託統治領としてイギリスが統治した北カメルーンを含む多くの合併

人口
83,400,000人 (1979国連推計)

年人口増加率
2.7% (1970-1976); 3.3% (1979国連推計)

首都
ラゴス (新首都がアブジャに計画中)

首都の人口
1,447,000人 (1975推計)

公用語
英語 ; ハウサ語、ヨルバ語、フラニ語、イボ語

国民総生産 (USドル)
333億4000万ドル ; 1人あたり420ドル (1979推計)

通貨
1ナイラ=100コボ

カメルーン

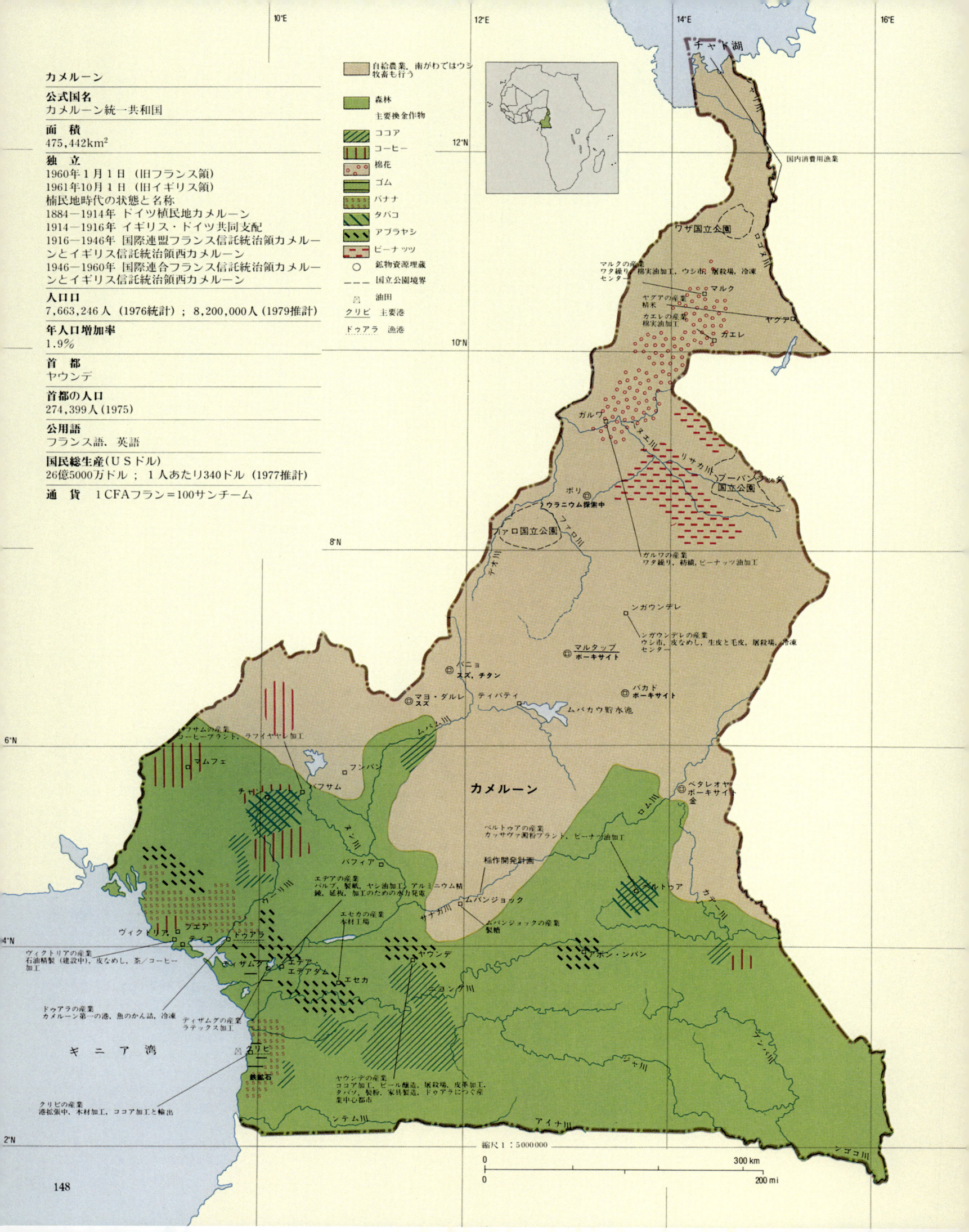

公式国名
カメルーン統一共和国

面積
475,442km²

独立
1960年1月1日（旧フランス領）
1961年10月1日（旧イギリス領）
植民地時代の状態と名称
1884-1914年 ドイツ植民地カメルーン
1914-1916年 イギリス・ドイツ共同支配
1916-1946年 国際連盟フランス信託統治領カメルーンとイギリス信託統治領西カメルーン
1946-1960年 国際連合フランス信託統治領カメルーンとイギリス信託統治領西カメルーン

人口
7,663,246人（1976統計）；8,200,000人（1979推計）

年人口増加率
1.9%

首都
ヤウンデ

首都の人口
274,399人（1975）

公用語
フランス語，英語

国民総生産（USドル）
26億5000万ドル；1人あたり340ドル（1977推計）

通貨 1CFAフラン＝100サンチーム

ジェリアは3つの大きさのことなる自治地域の連邦として独立した．各地域はそれぞれの有力な大民族集団によって支配され，さらに全体は人口と国土の半分以下を占める北部地域によって支配されることになった．1965年には政治上の経験不足，腐敗，個人的，地域的，政治的，そして民族的な対立がすぐにこの不安定な連邦を崩壊させることになった．1966年1月に，陸軍の下級将校によるクーデターがバレワ首相と北部，西部州の首相を殺して，文民の政治家を打倒した．アグイ・イロンジ少将は連邦制度の改善と強化を企てたが，急進的変化と東部州のイボによる統治への疑惑の増大は，1966年の新しいクーデターによるかれの失脚を招いた．北部の小数民族出身のキリスト教徒で，若いヤクブ・ゴウォン大佐が，秩序回復と，ますます脆弱になった国家統合の強化をこころみた．しかし，北部における約1～3万人といわれるイボや他の東部出身の住民のすさまじい大虐殺，そして立憲政治の行き詰まりは，分離だけがかれらのなし得る唯一の選択であるという確信をもった東部の指導者たちを離反させた．1967年5月，東部州はオクスフォード大学で教育をうけたオドゥメグ・オジュク陸軍大佐の指導の下で，ビアフラ共和国として独立を宣言した．当初ビアフラ勢力は注目に値する進展をみせたが，国際的な思惑のなかで長期戦になり，その結果は1970年1月のビアフラの無条件降伏によって終りをつげた．長びいた戦争の苦渋でいちじるしく士気のおとろえたアフリカ第1の規模をもった大軍隊と，その全国への駐留が市民戦争がのこした遺産であった．しかしながら，連邦制はかろうじて守られても分離を引きおこした問題の解決はそのままになっていた．腐敗と情実政治への非難はくりかえされ，文民統治への復帰の延期は，1975年7月に，復活した民主主義グループと結んだ，戦いに慣れた士官たちの手で，ゴウォン軍事政権の政治の無血打倒をひきおこすことになった．1976年2月の不成功に終ったクーデターによって，国の新しい指導者ムルタラ・モハマド将軍は暗殺されたが，オルセグン・オバサンジョ中将によって指揮される軍最高評議会の統治は，文民統治に引きつがれるまで続いた．新しい憲法の下で国は19の州に分けられ，その中央部に新首都のアブジャが建設されることになった．軍支配の13年間が終わって，1965年には再び政治活動が許され，広い国民的基盤を確定するという複雑な手続きの下で，1979年7月に総選挙が行われ，アル・ハジ・シェフ・シャガリ大統領と，上院下院両院の立法機関の議員が選ばれた．（※訳者註　1983年のクーデターで，モハメッド・ブハリ少将を首班とする連邦軍事政権が成立した．）

独立以来，ナイジェリアの経済構造は石油生産と新しい統治政策「土着化」の促進の結果，大きな変化をとげた．1956年にはじめて油井が深掘され，ナイジェリアは世界の主要な産油国のひとつになった．1977年には外貨の90％は石油で得られることになった．石油収入は市民戦争による分裂にもかかわらず，経済成長と産業開発の速度を早めた．製造業は1950年以来急速に発展した．はじめは加工品輸出業（織物，ゴム，ビール醸造，金属製品，タバコなどに顕著に示される）に集中していたが，のちには乗用車（プジョーとフォルクスワーゲン），商業車，冷蔵庫，エアコンの組み立てのプラントに拡大された．1980年には新しい産業として石油精錬所，ワッリとポートハーコートの還元法による製鉄プラント，クワラ州のアジャオクタの製鋼工場，3つの肥料工場，いくつかのセメント工場，特殊自動車組み立て工場などの建設が計画されている．製鉄業は1960年代，70年代に生産が低下したスズと石炭採掘を刺激することが期待されている．

オペック，ロメ協定，西アフリカ経済共同体（ECOWAS）のメンバーとして，ナイジェリアは1962年にはじまった一連の国家発展計画によって，外国貿易を通じてその経済成長を極限まで増加しようとつとめた．外国の投資と援助にたよるとはいえ，政府は輸入の管理と多くの経済セクターにおいて，全体あるいは部分的なナイジェリアの所有権を主張した．そしてこのことによって外国の経済上の支配を制限しようとつとめてきた．石油会社については1974年以来政府55％を所有している．十分なナイジェリア人の技術者や管理者が得られれば，すぐにでも全面的支配が目論まれている．

農業輸出品への依存率は，独立時の約5分の4から1974年には6％以下に減少したが，依然として国民経済のおもなにない手であるナイジェリア人の3分の2は農業に従事している．この部門の近代化は国内の食糧供給の増大と，伝統的な輸出品の十分な量を維持するという両面から，大きな政治的配慮を受けている．農業に加えて小規模工場や手工業は，伝統的なものも近代的なものも含めて，多くのナイジェリア人の雇用先となっている．

(D.N.)

カメルーン

カメルーンの地理的環境の最も顕著な特徴はその多様性である．これは北緯2°～13°にひろがる緯度の領域によるものである．カメルーンは西アフリカと中央アフリカとを分ける火山地帯にまたがっており，さらにニジェル川とコンゴ川とチャド湖の中間にある．また土地の標高は多様であり，最も劇的にあらわれるのはビアフラの海岸の湾曲部に近接して位置するカメルーン山（4070m）である．カメルーンを気候，植生，地理からみれば，5つの異なる環境地帯を描くことができる．最南端には密集した森林とマングローブから成る大西洋岸の海岸森林平原がある．この地帯は降雨量の多い（1年当たり約3800mm）ことで特徴づけられ，内陸部72～128kmにひろがっている．東部の沿岸平野に境するのは，サナガ川からコンゴ盆地にまたがる高原（平均海抜640m）と，密集した熱帯森林の地域である．サナガの北部にはアダマワ高原がある．アダマワの海抜は790mから1500mまで分布し，カメルーンの北部と南部の移行地帯とみなされる．第4番目の地域は北部ベヌエの広大なサバンナとステップとチャド平野である．雨期（6月から10月）にはこの地域の多く，特にチャド湖周辺の地域は広大な洪水源になる．第5番目の地域はカメルーン山，バメンダ高原の大草原，北方のマンダラ丘陵を含む西部の山岳の地域である．

カメルーンの地理的な多様性は人口にも現れている．環境地帯はそれに対する異なる適応の形態によって同時に文化の領域でもありうる傾向があるのである．海岸沿いの人々は長い間漁獲と海岸の交易によって支えられてきた．森林地域はヤム，カッサヴァの耕作に適している．アダマワ高原，ベヌエ，チャド湖の周辺の人々は，モコロシ，トウモロコシ，その他の穀類を耕作し，牧畜を営んでいる．バメンダ高原の人口の多様性は，その地域の人々をひきつける気候と肥沃な土壌によるものであり，明確な文化の類型は多くの首長制によって明らかにすることができる．

人間の多様性はさらにカメルーンの言語の多様性にもあらわれている．南部の人々はたいていバントゥ語を話し，言語学者はバメンダ高地はバントゥ語族の起源となる地点であったと推測している．南部の森林にはいくつかのピグミーの集団もあり，北部ではアダマワ・イースタン諸語やアフロアジア諸語が話されている．文化の多様性の多くの側面は宗教の領域である．南部はキリスト教徒が優勢であるのに対して，北部はフラニ族（フルベ族あるいはプール族）のようにイスラム教の人たちによって占められている．

現在のカメルーンの起源は，19世紀後半に西アフリカの海岸の支配をめぐって競うヨーロッパ権力の競走にあった．1884年7月，外交官であったナハティガルは，イギリスとフランスの連合軍がドイツ統治を終局させるにいたった1916年まで続いた，ドイツ領カメルーン保護領を確立した．ドイツ統治は寄せ集めであったが，その完成は印象的である．これらは現在ではカメルーン開発組合によって経営されている南部の厖大な，かつ高い利益のあるプランテーションを含むものである．第1次世界大戦の結果として，以前のカメルーン保護領の5分の4の領土はフランス委任統治領となり，残りがイギリス委任統治領となった．イギリスは西部の二つの隣接しない地域からなる委任統治領をナイジェリアの植民地政府に付属するものとして統治した．これに対してフランスは委任統治領内に分離した行政を確立し，ココア，アブラヤシの生産を増加するのに効果的であった．東カメルーンと西カメルーンが国際連盟の信託統治領となった1946年以後，フランスとイギリスの行政方針が変わりはじめた．二つの領土の人々は自治を予期しはじめ，独立の熱望がさけばれるにつれて多くの政治集団が組織されるようになった．1948年以降，カメルーン人民同盟（UPC）は2つの領土の再統一化とフランス統治への抵抗を唱導した．反フランスの活動は，カメルーン人民同盟の影響力が大きくなるにつれて1950年代に強まった．1961年，イギリスによって統治されていた西部の2つの地域において国民投票が行われた．投票の結果，北部カメルーンはナイジェリアと合併し，南部カメルーンは新しい統一されたカメルーン連邦共和国の西部州となった．支配政党は，初代大統領となったMアハマドゥ・アヒジョの指導のもとにあるカメルーン同盟であった．1966年，優勢な東部の政党であるカメルーン同盟は西部のカメルーン国民民主党の諸勢力と結びつき，現在まで支配政党としてとどまっているカメルーン国民同盟を形成した．アハマドゥ・アヒジョは1972年に再選され，大統領の職を維持し続けた．将来の政治的問題になるかもしれない英語圏とフランス語圏との若干の緊張はあるが，現在政府は安定的かつ効率的である．政府が引き続いて成功してゆくかどうかは，カメルーンで新しく発見された石油埋蔵量と結びついた経済発展の政策の能力に関わってくるであろう．他の重要な考慮すべきことは，アヒジョ大統領の後をだれが継ぐのかという問題である．なぜならかれは，アフリカの独立の初期の指導者のひとりとして政党の権威を高め，英語圏とフランス語圏との容易ならざる連帯を維持してきたからである（※訳者註　1982年11月，アヒジョ大統領が突然辞任，憲法の規定により平和裡に，首相のポール・ビアが大統領に就任した．その後，北部出身者のクーデター失敗などがあり，両者の関係は悪化した．1984年2月，在フランスのアヒジョ元大統領に，欠席裁判で有罪が宣言された．）．

(R.C.)

ニジェル

公式国名
ニジェル共和国

面　積
1,267,000km²

独　立
1960年8月3日

植民地時代の状態と名称
1904－1960年　フランス植民地（フランス領西アフリカの一部）：ニジェル

人　口
4,859,000人（1977推計）；5,400,000人（1978推計）

年人口増加率
2.8％（1979国連推計）

首　都
ニアメー

首都の人口
130,299人（1978推計）

公用語
フランス語；ハウサ語，ソンガイ語，フラニ語

国民総生産（USドル）
7億7000ドル；1人あたり160ドル（1977推計）

通　貨　1CFAフラン＝100サンチーム

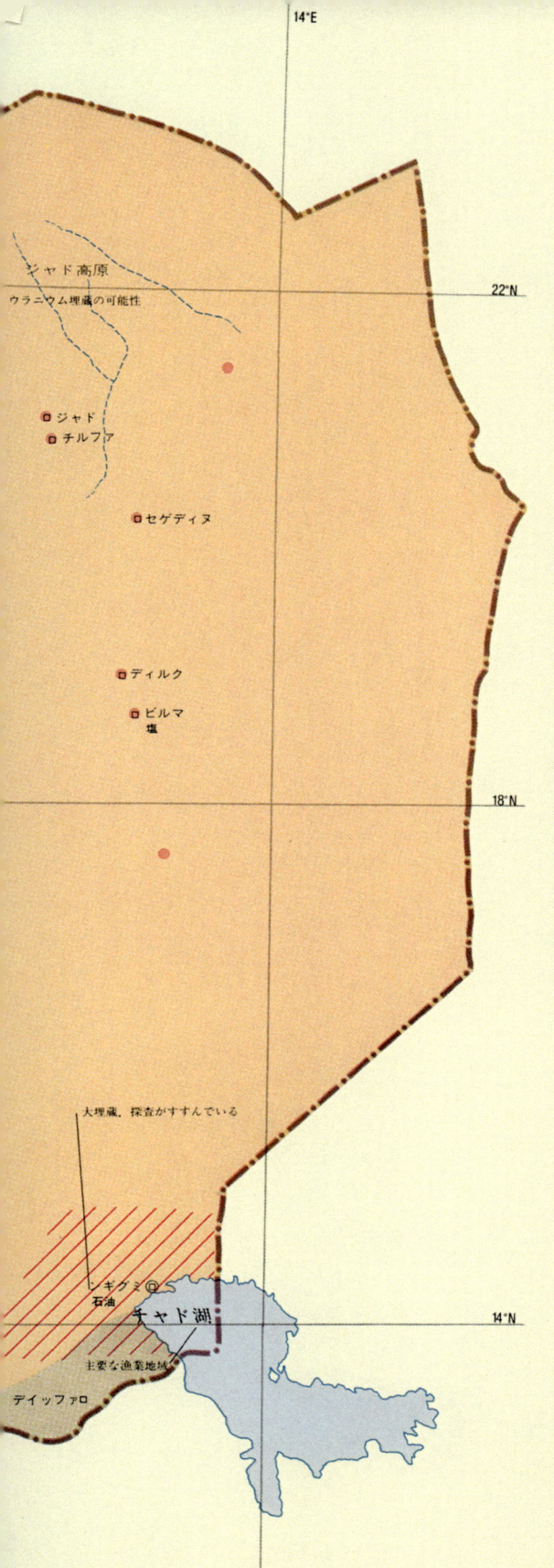

ニジェル

　ニジェルの国土の3分の2はサハラ砂漠におおわれ、トゥアレグ遊牧民の居住領域となっている。そして残りの南部と西部の3分の1にしても、その農業社会の生活は微妙なバランス、すなわちバッタの侵入、旱ばつ、都合の悪いときに降る雨、あるいは急速な人口増加などによってしばしばくずされるバランスの上に成り立っている。今世紀になってからも旱ばつが、1899～1903／4、1913～15、1931、1970年代はじめと4回も起こっている。

　ニジェルは、伝統的に有力な中央スーダンの諸帝国、諸王国の中心を離れた周辺部に属する諸地域から成り、中央での動乱のさいの避難場所として適したところであった。実際、1591年のソンガイ帝国の敗北のあとで、ソンガイの皇帝たちがモロッコの占領者に対する抵抗をつづけるために見出したのは、この地域（現在の西部ニジェルのゼルマ／ソンガイのあいだ）であった。また1804年にソコトの中心にあるフラニのイスラム政権が、ハウサランド中央部（現在の北部ナイジェリア）に確立されたとき、その支配下に入ることを嫌ったハウサが逃げたのは、現在のニジェル南部のハウサランドであった。フラニによって廃止されたいくつかのハウサ王朝のメンバーたちは、この外側の周辺部においてゴビール、ゴビ／ティベスティの王国を建設した。かれらはトランスサハラ交易(19世紀までつづいていた)によって富裕であった。ダマガラム、ジンダーというよい同盟国もみつけた。この王国は、絶えずソコトのカリフ国にたいして脅威をあたえつづけた。

　1897年からのフランスの征服は、いわゆる"チャド湖への進軍"と、北、西、そして赤道アフリカに出現した3つの植民地帝国を結びつけようという野心の副産物であった。これはまず、悪名高きヴーレとシャノワネの遠征の形をとり、その失敗はアフリカ抵抗史における最も輝かしい1ページを飾ることになった。その後フランスは、1905～6のゼルマ／ソンガイの、1916～18のトゥアレグの反乱に直面することになった。

　フランスに課税をはらう必要から、ゼルマ／ソンガイの多くの人々は沿岸部へ季節労働者として出稼ぎに行くことを余儀なくされた。他方、人口の半分近くを占めるハウサは換金作物のピーナツ栽培に応ずることを強いられた。1970年代に入ってピーナツの国際価格は暴落した。同じ時期にガーナは外国からの労働者に対して国境閉鎖をおこなった。これらの打撃は（加えて、1970年代初期の旱ばつがあった）、鉱業ブームによって部分的には埋めあわされた。最初のウラニウム鉱の発見(1967)から9年たって、政府の採掘権は120億CFAフランにも達した。ニジェルは同時に、厖大な鉄鉱石の埋蔵をみているし、石油の試掘もすみやかにすすんでいる。

　ゼルマ／ソンガイは住民の5分の1しか占めていないのにつねに政治上の舞台では支配的であった。1957年にニジェルの最初の政治的指導者にえらばれた社会主義者のジボ・バカリは、かれがフランス共和国とフランス領アフリカ地域の関係の持続について1958年の国民投票で"否決（NO）"投票をしようと唱導することを決心して敗北した。かれのいとこのハマニディオリが16年間統治したが、1974年に他のゼルマ出身のセイニ・クンチェ中佐によるクーデターで倒された。

(F.F.)

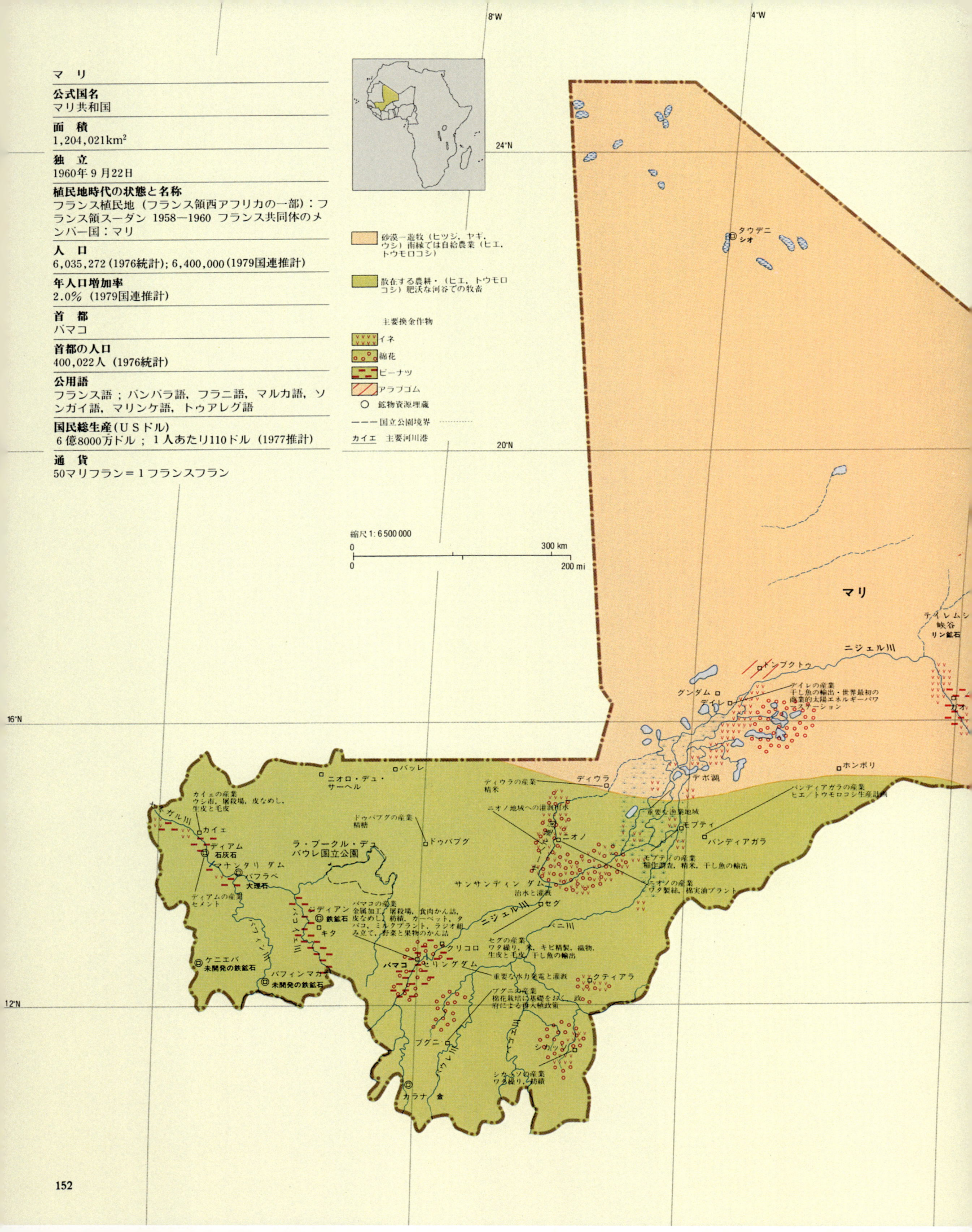

マリ

公式国名
マリ共和国

面積
1,204,021km²

独立
1960年9月22日

植民地時代の状態と名称
フランス植民地（フランス領西アフリカの一部）：フランス領スーダン 1958－1960 フランス共同体のメンバー国：マリ

人口
6,035,272（1976統計）；6,400,000（1979国連推計）

年人口増加率
2.0％（1979国連推計）

首都
バマコ

首都の人口
400,022人（1976統計）

公用語
フランス語；バンバラ語, フラニ語, マルカ語, ソンガイ語, マリンケ語, トゥアレグ語

国民総生産（USドル）
6億8000万ドル；1人あたり110ドル（1977推計）

通貨
50マリフラン＝1フランスフラン

凡例：
- 砂漠―遊牧（ヒツジ, ヤギ, ウシ）南縁では自給農業（ヒエ, トウモロコシ）
- 散在する農耕・（ヒエ, トウモロコシ）肥沃な河谷での牧畜

主要換金作物
- イネ
- 綿花
- ピーナツ
- アラブゴム
- ○ 鉱物資源埋蔵
- ------ 国立公園境界
- カイエ □ 主要河川港

縮尺 1:6 500 000
0   300 km
0 200 mi

マリ

　サーヘルを境として分かれる，南部の森林地帯とマリ北部の砂漠地帯がこの国の領土の大半を占める．この乏しいサヴァンナには，ラクダやウシを飼うトゥアレグや他の遊牧民が住みついている．北東の乾燥地帯は，降雨の不足と不確実さが，1972年のときのような飢饉をもたらす可能性をつねに秘めている．ニジェル川が唯一の四季をつうじての水の供給を保証している．この川に沿っての定住地の他にはドゴンの故郷であるホンボリと，バンディアガ高地のまわりの劇的な岩山が多く露出している防衛的な村に散在する定着民がいるだけである．マリの首に相当するトンブクトゥ周辺は，肥沃な平原で多様な人びとがすんでいる．それはソンガイやフラニの農民と，ソルコやボゾの漁民などである．これらの地域は何世紀にもわたって，トンブクトゥのような砂漠縁辺部の交易センターが必要とする余剰農産物を供給してきた．最南西部のスーダンブッシュ地域は，たくさんの川によって灌漑された森林のひろがりとなっている．ここにはマリンケグループの，バンバラやディオラ（有名なマンディンゴの商人）と，ハソンコ，それにまじってサラコレやセヌフォの人びとがすんでいる．

　古代アフリカ王国の名を冠した他の国ぐにとちがって，マリの国境はマリの古王国の，そしてその前のガーナの古王国の核心部と，マリ王国につづいたソンガイ王国の核心部の西側を包含している．1591年にソンガイがモロッコの軍隊に破れたあとの数世紀は，移動と無秩序の時代であった．しかしまたバンバラやモシなどの非イスラム民の国家形成がみられた時代でもあった．19世紀のイスラムの聖戦（ジハッド）の展開は，マシナや，ハジ・ウマルのセグ帝国に中心をおく軍事的なイスラム国家の創設を導いた．エル・ハジ・ウマルの息子のアハマドゥは，最終的には1892年に激しい抵抗ののちにフランス軍に打ち負かされた．こうしてマリの多様な人びとは，イスラム教徒であろうとパガンであろうと，イスラムと伝統的宗教の諸要素が結びつきがちな諸国家が共存してきた長い歴史をもつことになった．

　植民地征服はセグの帝国や，それに続く戦闘的なイスラム教徒であるハマリャー派運動による，きびしいが結局成功しなかった抵抗を生み出した．フランス領スーダンは，セネガル川，ニジェル川の上流部に中心をおき，1920年にはっきりした境界が測定された．現在のマリ国境は1947年に確定された．内陸国で唯一の海への出口をダカールへの鉄道にたよっているマリは，すべての脱フランスアフリカ諸国と連合したが，セネガルとの統一は1959年から60年まで続いた．1968年以後の数年間の早ばつの中で，急進的なモディボ・ケイタの政府は軍隊のクーデターによってたおされた．人口の不足，鉱物資源の欠如，予想できない雨への依存などの自然的要因が，マリを世界で3番目の貧しい国に仕立てあげた．しかし，家畜はまだ早ばつの災害から立ち直ってはいないが根茎類やヒエ，モロコシ，トウモロコシ，イネなどの主食作物と，綿花やピーナッツなどの換金作物はともに生産があがってきており，マリはこれによって自立する可能性をもっている．

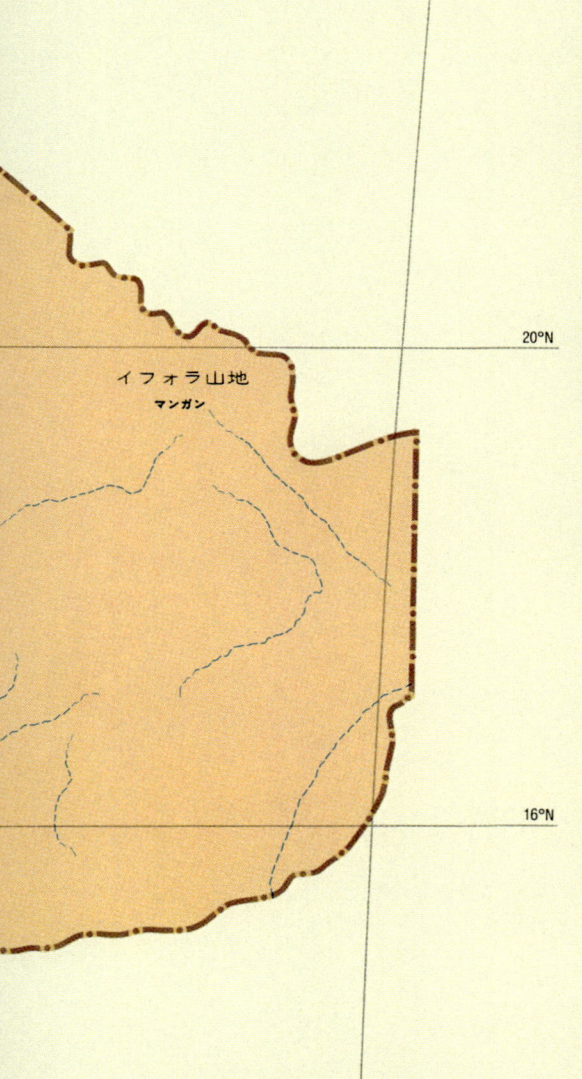

（E.H.）

西部中央アフリカ

　ここでわれわれが西部中央アフリカと呼ぶことにした地域には、明白な地理均一性があるわけでないし、また植民地時代に地域全体をおおう何らかの統一性が形成されたというわけでもない。北部の国々はフランス領赤道アフリカの一部であった。広大なザイールはかつてのベルギー領コンゴであり、旧ポルトガル領アンゴラと国境を接している。また赤道ギニアの飛び地はかつてはスペインの統治下にあった。地理的にはチャドの乾燥した半砂漠、コンゴ盆地のほとんど光を通さない熱帯降雨林、アンゴラの草原など変化は広範囲におよんでいる。したがってサハラからサーヘルの、そして森林から草原へと赤道によって2等分されたこの地域はその中にアフリカのすべての要素を含んでいる。この地域の民族はその気候と同様に多様である。北部チャドにはアラビア語を話すイスラム教徒がいるし、南へいけばザンデ語のようにニジェル＝コンゴ語族の言語が話されている地域がある。しかしこの地域の大部分、とくに赤道以南においてはバントゥ諸語があまねく話されており、そしてバントゥ系民族の拡張がはじまったのはおそらく森林の中の中核地帯なのである．

西部中央アフリカ

右　西部中央アフリカ全域において狩猟・採集は、家畜が飼えない森林地域の農村経済にとって重要な意味をもっている。ここ北東ザイールのザイール川ぞいのキサンガニ（スタンレーヴィル）近くでは、ワゲニア族の漁撈民が小枝で編んだ罠を使って、渦巻く急流で魚をとっている。

下　地域の降雨林全域のあちこちに狩猟民ピグミーのキャンプがちらばっている。かれらは数の上からは優勢な黒人農耕民の先住者である。ピグミー族は今日では隣接するバントゥ民の言語を話し、かれらから動物や魚とひきかえに穀物と野菜類を得る。ここ中央アフリカ共和国とザイールの国境地帯の森を切り開いたキャンプでは、葉っぱでつくったピグミーの小屋の前で踊りが催されている。

右下　マンガンやウランといった奇跡の鉱石が西部中央アフリカでは財政の近代化となお一層の産業発展に対して根本的な変化と財源をもたらしつつある。このマンガン鉱山はガボン南西部のフランスヴィユ近くのモアンダのものである。

左頁　ナイジェリアとチャドの国境を分けているチャド湖はバドゥマ族の生活領域である。かれらは島に住み、主として漁撈によって生計をたてている。パピルスのボートが湖上での交通に用いられる。

左　フラニ（フルベ）系諸民族は西アフリカの大西洋岸からカメルーンまで、またここの写真に見られるように南西チャドにも住んでいる。かれらはたがいに黒人系の言語を話すが、その身体的特性や生活様式は多くの面で異なっている。

右　南部チャドのレレ近くはこの国の主要農業地帯であるが、村人は穀物（主としてモロコシ）を、害虫をさけるために高い穀物倉に貯蔵する。

西部中央アフリカ

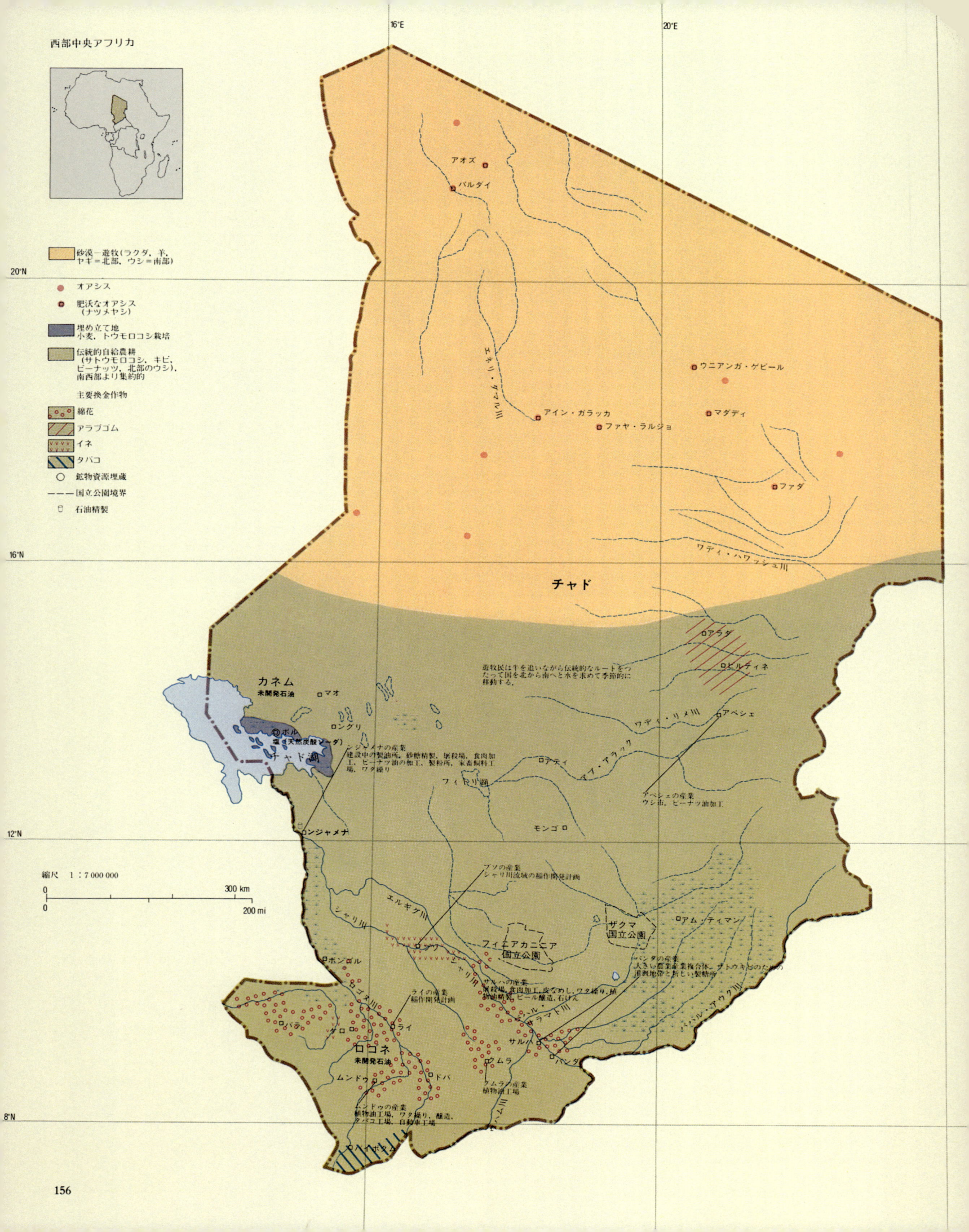

凡例
- 砂漠—遊牧(ラクダ、羊、ヤギ＝北部、ウシ＝南部)
- オアシス
- 肥沃なオアシス(ナツメヤシ)
- 埋め立て地 小麦、トウモロコシ栽培
- 伝統的自給農耕(サトウモロコシ、キビ、ピーナッツ、北部のウシ)、南西部より集約的
- 主要換金作物
  - 綿花
  - アラブゴム
  - イネ
  - タバコ
- 鉱物資源埋蔵
- 国立公園境界
- 石油精製

縮尺 1:7 000 000

チャド

地名・注記
- アオズ
- バルダイ
- ウニアンガ・ケビール
- アイン・ガラッカ
- マダディ
- ファヤ・ラルジョ
- ファダ
- エネリ・ダマル川
- ワディ・ハワシェ川
- カネム（未開発石油）
- マオ
- ロングリ
- ボル（塩、天然炭酸ソーダ）
- チャド湖
- アラダ
- ビルティネ
- ワディ・リメ川
- アベシェ
- アティ
- オム・アラック
- フィトリ湖
- モンゴロ
- ンジャメナ
- シャリ川
- エルギグ川
- ブソの産業 シャリ川流域の稲作開発計画
- フィアニアンガ国立公園
- ザクマ国立公園
- アム・ティマン
- ボンゴル
- ライの産業 稲作開発計画
- ライ
- サルハの産業 屠殺場、食肉加工、皮なめし、ワタ繰り、植物飼料、ビール醸造、石けん
- サルト
- バンダの産業 大きな農業商業複合体、サトウキビなどの産地帯と新しい製糖所
- バハル・サラマト川
- バハル・アウク川
- ログネ（未開発石油）
- ムンドゥ
- ドバ
- ムラ
- クムラ産業 植物油工場
- ムンドゥの産業 植物油工場、ワタ繰り、醸造、タバコ工場、自動車工場

ジャメナの産業：建設中の製油所、砂糖精製、屠殺場、食肉加工、ピーナッツ油の加工、製粉所、家畜飼料工場、ワタ繰り

アベシェの産業：ウシ市、ピーナッツ油加工

遊牧民は牛を追いながら伝統的なルートをつたって国を北から南へと水を求めて季節的に移動する。

チャド

チャド共和国はかつてのフランス領赤道アフリカの最北部分であり、今日でもアフリカで最も貧困でかつ孤立した国のひとつである．チャドは地理的には大陸のほぼ中央に位置し、ほぼチャド湖の排水盆地の東半分を含み、アフリカで5番目に大きい国であるが、人口は400万に満たない．気候は北部のティベスティ山地における完全な砂漠から、南部のシャリ川とロゴネ川の流域の湿潤なサヴァンナまでを含む．

チャドでは、チャダントロプスの人骨や北部山地の岩はだに刻まれた絵が示すような、人類の長い変化に富んだ歴史が見られる．現在の国の範囲に限ってみても、そこではアフリカの4つの言語グループのうち3つが話されている．最も話し手の多い集団は中央スーダン系の言語を話すサラ族で、かれらは政治的に最も重要な位置を占めている．キリスト以前の時代においてはチャドのサオ族が都市に住んでいたし、9世紀からはいくつかの大きな国家が奴隷その他の商品のサハラ縦断交易による経済を基礎にしてこの地域を支配していた．これらのうち最も早くから、そして最も長く続いたのはカネム・ボルヌ王国で、この王国はアフリカのこの地域にイスラム教を早い時期に導入し広めるのに功績があった．14世紀には東および北からアラビア語を話す人たちがチャド盆地へ移動を開始し、ブラ族、バキルミ族、ワダイ族がつぎつぎにカネム・ボルヌ王国の支配に挑戦し、そして成功した．

19世紀にはいるとヨーロッパの探検隊がいくつもチャド地域を訪れた．それらのうち1822年のデンハムとクラッパートンによるものが最初であったが、最も重要だったのは1850年代のハインリッヒ・バルトによるものである．現在のチャドの国境は1898年のフランスとイギリスの協定によって確立された．とはいえその後第1次世界大戦まではドイツとフランスの間の調整によって、一時的に境界が移動するということはあった．フランスによるチャドの軍事的征服は1900年の4月22日にはじまり、それによりボルヌの支配者ラビーは、ラミー大佐指揮下のフランス、アフリカ連合軍によって現在の首都の地ンジャメナで敗れた．北部および南部チャドのいくつかの地までは第1次世界大戦の前夜まで抵抗が続いた．

フランスは植民地政策においてチャドを重視してはいなかった．人びとはコンゴ川と大西洋を結ぶ鉄道建設のための予備の人的資源と考えられていたにすぎない．そしてチャドには今だに自国の鉄道がないというありさまなのである．教育制度はフランス領の中では最悪であった．1929年に換金作物として棉花が導入されたが、チャドの経済はごくゆっくりと近代化したにすぎない．道路網はいぜんとしてアフリカで最もみすぼらしいもののひとつである．第2次世界大戦中チャドはフェリックス・エブエの指導のもと自由フランス運動に加わり、サハラ砂漠におけるフランスの枢軸国に対する作戦基地となった．

1946年チャド進歩党（PPT）が西インド島人ガブリエル・リゼットによって形成された．1956年までにこの党は白人と地方首長をおさえて多数党となり、リゼットは首相となった．リゼットがパリに滞在中、労働界の指導者であったフランソワ・トンバルバイエが党内の一大勢力として台頭してきた．トンバルバイエは北部のイスラム教徒を基盤とした主要野党と、サラ族を基盤にした自分のPPTを合併することに成功す

る．この連立政権を率いたトンバルバイエはチャドの初代大統領となった．

トンバルバイエ体制が個人的な独裁制へと移行するにつれて反対勢力が形成された．1965年にゲリラ戦争がはじまり、1975年4月トンバルバイエは不満をつのらせていた軍将校によるクーデターで殺された．フェリックス・マルーム将軍が大統領となったが、かれの政府も国家的統一をうちたてることはできなかった．1978年、対立する各党派がナイジェリアのカノに集まり、反乱派のグクニ・ウェディエが新国家元首に任命された．（※訳者註　1982年10月、反対派のイセーヌ・ハブレ元国防相が政権を掌握、大統領に主任した．）最近チャドに石油が発見されたので、もし政治的安定が得られれば真の経済的発展が可能である．　(D.E.S.)

中央アフリカ共和国

アフリカ大陸の中央、ウバンギ川の北に位置する中央アフリカ共和国は旧フランス植民地のヴバンギ・シャリであり、チャド盆地とコンゴ盆地の分水嶺にまたがって位置している．国の南部は熱帯森林に接するが、北部では気候は湿潤性サヴァンナになる．東部の国境はおおむねナイル川とコンゴ川の分水嶺にしたがうが、西部ではかなり便宜的にカメルーン、チャドそしてコンゴとの国境が設定されている．

多くのアフリカの国家と異なって、中央アフリカの国境線はウバンギ諸語の話し手が住む領域と緊密に対応している．ウバンギ系言語の話し手はずっと遠い過去に到着したもので、おそらく最後のB.C.1000年紀にはブワールにおいて巨大建築物を建てていた．植民地化以前の広大なザンデとセヌシ族の国家もまた、白人の到着以前にこの地域が重要なものであったことを示している．

ヴバンギ川流域へ来るのは遅れたが、ゲオルク・シュヴァインフルトが1870年にヨーロッパ人としてははじめてザンデ王国にたどりついた．その後の19世紀と20世紀の最初の20年間は、ウバンギ川は拮抗するヨーロッパ帝国主義国の争いのもととなった．フランス人の利権は1894年のベルリン会議において認められてはいたが、植民地としてのウバンギ・シャリは第1次世界大戦後までその形がはっきりしていなかった．

植民地は27の利権会社の間で分割され、人びとをゴムの採集その他の強制労働で情容赦なく酷使したので、人口は減少した．この人口減少の傾向はすでに奴隷貿易時代にはじまっていたのだが、利権会社、ねむり病の流行、また1930年代まで続いた反乱によってさらに激化した．これらの状況のもとで経済的、政治的発展はゆきづまりの状態にあった．

第2次世界大戦後、バルトルミー・ボガンダが黒アフリカ社会進化運動（MESAN）を創設した．かれはすべてのフランス領赤道アフリカ植民地を連合しひとつの国家をつくろうという提案を行い、この国を中央アフリカ共和国と名づけた．1959年、かれの死後、後継者ダヴィド・ダッコは、より狭い範囲で中央アフリカ共和国を設定せざるをえなかったが、1960年4月13日この国を独立へと導いた．

ダッコはボガンダのようなタイプの指導者ではなかった．そして1965年12月31日、ジャン・ベデル・ボカサ大佐によって倒された．ボカサはしだいに個人支配体制をうちたてていき、ついには自分自身を皇帝ボカサ1世と宣言するにいたる．国の名称は中央アフリカ帝国へと変った．生産されるダイヤモンドの大部分

チャド

公式国名
チャド共和国

面　積
1,284,000km²

独　立
1960年4月11日

植民地時代の状態と名称
フランスの植民地（4つのフランス領赤道アフリカのうちの1国）：チャド

人　口
4,500,000人（1979国連推計）

年人口増加率
2.3%

首　都
ンジャメナ（旧フォール・ラミー）

首都の人口
241,639人（1977推計）

公用語
フランス語；アラビア語，サラ・マジンガイ語，トゥブリ語，ムンダン語

国民総生産（USドル）
5億4000万ドル；1人あたり130ドル（1977推計）

通　貨　1シェファ・フラン=100サンチーム

西部中央アフリカ

中央アフリカ共和国

凡例
- 森林
- 自給農耕（カッサヴァ、トウモロコシ、キビ、ピーナッツ、イネ）西南部より集約的
- 放牧
- 主要換金作物
  - コーヒー
  - 綿花
  - ゴム
  - タバコ
  - 果実
- ○ 鉱物資源埋蔵
- --- 国立公園境界

縮尺 1:4 000 000
300 km / 200 mi

地名・河川
- バハル・ウル川
- バハル・アウク川
- バンゴラン川
- バミンギ川
- バミンギ・バンゴラン国立公園
- ワダイ
- バタンガフォ
- クランベル
- デコア
- シデレ ダイヤモンド
- ゴリア ダイヤモンド
- イツピ
- バンバリ
- シブト
- ボカランガ
- ウハム川
- ボサンゴア
- ボズム
- ブカ
- ナナ川
- アッバの産業 タバコ工場
- アッバ
- カデイ川
- ベルベラティ
- ガンブラ
- ガンブラの産業 タバコ工場
- コマメの産業 ココア開発計画
- コマ
- ノラの産業 製材工場
- ノラ ダイヤモンド
- ムバイキ
- ボダ
- ボポ ダム ボアリ 水力発電
- ボアリの産業 ワタ繰り
- カルノ
- ボセンベレ
- ムボム川
- バンギ
- バンギの産業 製材、織物、ワタ繰り、コーヒー工場、屠殺場、肉のかん詰、家畜飼料、醸造、靴、塗料、ラジオの組み立て、自転車の組み立て、ダイヤモンドのカット
- ウバンギ川
- モバエ・モバイダム
- 水力発電
- アリンダオ
- アリンダオの産業 ゴマの加工、ピーナツ油の精製
- バンバリの産業 ウシ牧畜開発、綿花油工場
- ワカ川

158

西部中央アフリカ

は外国為替と開発のための財源ではなくて宝石の王冠をつくることへとふりむけられた．

不満がボカサ体制下でつのり，1979年1月18日ついに爆発する．その日，制服着用というボカサの命令に抗議した学生が少なくとも100人，兵隊に銃殺されたのである．学生たちには制服を買う余裕などなかったのだ．フランス人所有の建物がいくつか破壊された．1979年9月21日，クーデターによってダヴィッド・ダッコが政権に返り咲き，ボカサはフランスへ逃げた．この無血クーデターはフランス軍の支援を受けて遂行されたもので，それによってダッコの地位は保証され，アンジュ・パタスの復帰は不可能となった．かれはダッコ同様，以前の中央アフリカ帝国時代の大臣で，さまざまな対立するグループを国民的な運動に結集することのできる中央アフリカで唯一の政治家だと信じられている．1981年9月の軍によるクーデターで，ダッコは退陣，アンドレ・コリンバ将軍が国家再建軍評議会議長として政権をにぎった．

中央アフリカは依然として開発が遅れている．国民総所得は年間一人当り120ドルである．しかしながら鉱物資源が多く，民族・言語的に比較的均一であることから将来の可能性はきわめて大きい．埋蔵鉱物には鉄，スズ，クロムなどがある．広大な森林ときわめて高い水力発電能力があるが，いずれも実際上未開発のままである．
(D.E.S.)

ガボン

ガボンは赤道をはさんで位置しており，雨が多く高温なので熱帯降雨林の成育に適している．国のほとんど全域が密林におおわれているが，下層の土壌は不毛な粘土質であり，密林は薄い腐植土の層にのっているというわけである．大小の川が豊富にあり，そのうちの多くはこの国の主要水路となっているオゴウェ川につながっている．オゴウェ川とその支流は，河口のケープロペスから最初の急流までの内陸へ160km以上航行可能で，内陸高原の水を断崖を下って沿岸平野まで流している．ガボンには3つの主要港がある．すなわちガボン湾にあるリーブルヴィル（首都），同じ入り江にあるオヴェンド，そしてオゴヴェ川の河口にあるポールジャンティである．ガボンの人口はますます都市部へ集中しつつあり，内陸高原は大部分実質的に無人地帯になりつつある．

この地域の最初の住人はピグミーであった．そのあとバントゥ系の言語を話す諸民族が続き，AD1000年にはこの地域へ移動してきた．ヨーロッパ人が最初にガボンの沿岸に航行してきたのは1470年代で，かれらは入り江にそって住んでいたアフリカ人と交易上の接触をはじめた．白人との交易における輸出品は19世紀中葉までは奴隷と象牙が主だったが，その後奴隷の輸出は減少し，材木（黒檀，染料材）とゴムが増えた．輸出品が変わりつつあったこの時期に，ヨーロッパの商人，宣教師，役人は今日のリーブルヴィルの近くのガボン湾の沿岸にいくつかの常設の地盤を確立した．おなじ時期，ひとつの大きな民族集団——ファン族——がカメルーン近くの故郷をあとにし，入り江とオゴウェ川ぞいにある，活動的な商業地の方に向けて長期にわたる移動を開始した．

フランスは1880年代にこの地域を植民地として所有する権利を獲得した．そしてフランス政府は領域を商社に分割し，商社は自分たちの利権を独占的に運営し，商売はその利権地の範囲で行った．この政策は商

中央アフリカ共和国

公式国名
中央アフリカ共和国

面積
622,984km²

独立
1960年8月13日

植民地時代の状態と名称
フランス植民地（4つのフランス領赤道アフリカのうちの一国）：ウバンギ・シャリ

人口
1,637,000人(1971統計)；2,400,000人(1979国連推計)

年人口増加率
2.2%

首都
バンギ

首都の人口
187,000人(1971)；301,000人(1977推計)

公用語
フランス語，サンゴ語，ザンデ語

国民総生産（USドル）
4億7000万ドル；1人あたり250ドル

通貨
1 CFAフラン＝100サンチーム

西部中央アフリカ

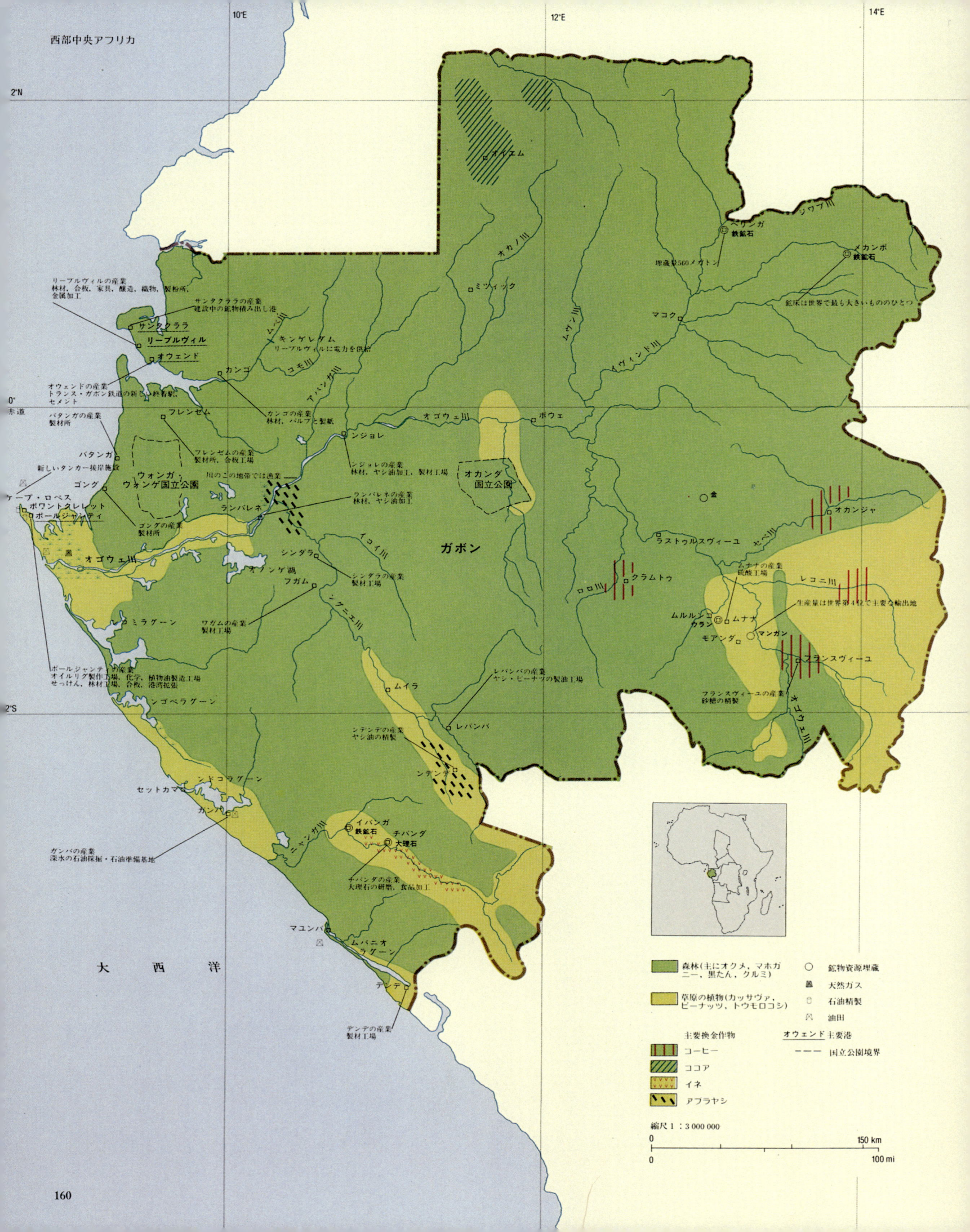

ガボン

地名・都市
- リーブルヴィル
- オウェンド
- サンタクララ
- キンケゲダム
- カンゴ
- フレンゼム
- バタンガ
- ウォンガ・ウォンゲ国立公園
- ゴング
- ケープ・ロペス
- ポワントクレレット
- ポールジャンティ
- ランバレネ
- ンジョレ
- シンダラ
- オノンゲ湖
- フガム
- ミラグーン
- ムイラ
- レバンバ
- ンテンテ
- ンデンデ
- ンゴベラグーン
- ンドゴラグーン
- セットカマ
- ガンバ
- ニャンガ
- イバンガ
- チバンダ
- マユンバ
- ムバニオラグーン
- テンデ
- ミツィック
- マコク
- ブウェ
- オカンダ国立公園
- ベリンガ
- メカンボ
- ラストゥルスヴィーユ
- オカンジャ
- クラムトゥ
- ムナナ
- ムルルング
- モアンドロ
- フランスヴィーユ

河川
- オカノ川
- ムベニ川
- イビンガ川
- ムウィンド川
- オゴウェ川
- アバンガ川
- コモ川
- イコイ川
- ングニエ川
- レコニ川
- オカウエ川

産業注記
- リーブルヴィルの産業：林材，合板，家具，醸造，織物，製粉所，金属加工
- サンタクララの産業：建設中の鉱物積み出し港
- キンケゲダム，リーブルヴィルに電力を供給
- オウェンドの産業：トランス・ガボン鉄道の新しい終着駅，セメント
- バタンガの産業：製材所
- フレンゼムの産業：製材所，合板工場
- カンゴの産業：林材，パルプと製紙
- 新しいタンカー接岸施設
- ゴングの産業：製材所
- ポールジャンティの産業：オイルリグ製作，化学，植物油製造工場，せっけん，林材工場，合板，港湾拡張
- 川のこの地帯では漁業
- ランバレネの産業：林材，ヤシ油加工
- ンジョレの産業：林材，ヤシ油加工，製材工場
- シンダラの産業：製材工場
- ワガムの産業：製材工場
- レバンバの産業：ヤシ・ピーナツの製油工場
- ンテンテの産業：ヤシ油の精製
- ガンバの産業：深水の石油採掘・石油準備基地
- イバンガ：鉄鉱石
- チバンダ：大理石
- チバンダの産業：大理石の研磨，食品加工
- テンデの産業：製材工場
- ベリンガ：鉄鉱石
- メカンボ：鉄鉱石
- 埋蔵量560メガトン
- 鉱床は世界で最も大きいもののひとつ
- 金
- ムナナの産業：硫酸工場
- マンガン：生産量は世界第4位で主要な輸出地
- フランスヴィーユの産業：砂糖の精製

凡例
- 森林（主にオクメ，マホガニー，黒たん，クルミ）
- 草原の植物（カッサヴァ，ピーナッツ，トウモロコシ）
- 主要換金作物
  - コーヒー
  - ココア
  - イネ
  - アブラヤシ
- 鉱物資源埋蔵
- 天然ガス
- 石油精製
- 油田
- オウェンド　主要港
- 国立公園境界

大西洋

縮尺 1：3 000 000

0　　150 km
0　　100 mi

業的には失敗であった．そして1920年代，ヨーロッパの諸会社が合板をつくるのに理想的な木材であるオクメ材をはじめて大量に購入しだすと，この分割方式はすたれた．過去ガボンはオクメ材で栄え，そして未来も経済的には1960年の独立前後にポールジャンティの近くで発見された石油，またフランスヴィル近くのマンガン，ウランの主要鉱脈によってさらに保証されている．

レオン・ムバが1960年ガボンの初代大統領として選出された．1964年にクーデターが起こったが，フランスのパラシュート部隊がかれを権力の座にとどめようと介入したので辛うじて生き残った．フランスの影響力は，オマール・ボンゴ大統領がムバの死後その後継者として選ばれたあとも続いている．この大統領の主要な任務はガボンの豊かな経済を，実際にそれを動かしているフランス人とその分け前にあずかろうとするガボン人のために運営することにある．

1968年以来ガボンはボンゴ大統領のもとで公式にガボン民主党の一党制国家となっている．ガボンは，赤道ギニアからの難民の増加によって（ある推定によれば6万人）リーブルヴィルが不穏な状態になったということはあったが，政治的には安定している．ガボンは国際的には貧しい隣国と多数国協定を結ぶことを嫌い，少数支配の南アフリカと経済的，政治的に関係をもっていることで知られている．

ガボンの経済は外国企業によって運営されている鉱業部門が主体である．OPEC価格の石油が政府総収入のほぼ70％をまかなっているが，長期的な石油の供給が望める有望な鉱脈はまだ未確定である．しかしながら建設中のトランス・ガボン鉄道が1980年にフランスヴィルまでとどけば，マンガンとウランの輸出は相当のびるであろう．1982年には鉄道はメカンボまでのびる計画である．そこでは世界最大の鉄の鉱床が開発を待っている．鉄道によって，停滞している材木産業も現在接近不可能な森林地帯で再び活気づくであろう．ガボンの経済活動は大きな労働力を必要とし，それは大部分外国からの導入でおぎなわなければならない．農業生産は不十分で食糧も輸入している．このようにガボンの経済についてその強みと弱点を並べてみると，19世紀に外国の会社が最初ガボンの天然資源を輸出しようとしてこの地に到着し，そして食糧と労働力が不足していることを発見したパターンがそのまま現在も続いていることがわかる．　　　　　　　　　　(C.C.)

赤道ギニア

赤道ギニアはリオ・ムニと呼ばれる大陸側の飛び地と5つの小さな島から成っている．その5つの島とはビオコ島（旧フェルナンド・ポー），ピガル島（旧アノボン），コリスコ島，大エロベイ島，そして小エロベイ島である．この5つの島のうち最も大きいビオコ島は3つの死火山で形成されている．この島は土壌が肥沃で雨が多いので高品質のココアを栽培する理想的な条件をつくりだしている．一方，大陸側のリオ・ムニは熱帯降雨林でおおわれており，その中をムビニ川（またはベニト川として知られる）が東から西へ内陸の高原を通りさらに断崖を下って海岸の平野へと流れている．南部国境線のムニ川は実際は潮のさす大きな河口というべきもので，そこにはウタンボニ川などいくつかの川が流れこんでいる．唯一の自然港はビオコ島におかれている首都のマラボ（旧サンタ・イサベル）である．バタが大陸側の主要な町で，その港は最近改良された．

1472年ポルトガルの水夫がはじめてビオコ島に航行してきたとき，そこには土着のブビ族が住んでいた．かれらは13世紀に大陸側のリオ・ムニから海を渡ってきていたのである．大陸側ではブビ族は，海岸地帯を目ざす何波にもわたるバントゥ系の移住民によって追い出された．その最後のものが19世紀に移動してきたファン族であった．ポルトガル人は1778年までビオコ島を統治したが，この年，島をスペインに明け渡し，また大陸側の利権もスペインに譲った．しかし1827年，イギリスは奴隷船を取りしまるパトロールのための前進基地としてビオコ島を使用する権利をスペインから獲得する．イギリスは多数の捕えられた奴隷をそこに再定着させたが，今日その子孫は〝フェルナンディノス〟と呼ばれている．しかしながら，このようにして労働力が増えたとはいえ，島で発展しようとしているココア産業を運営するには不足で，労働者が西アフリカのリベリアやその他の西アフリカ全域から集められた．かれらはしばしば虐待されたが島に留まることを余儀なくされた．そしてこれは今日まで続いている．

スペインは1920年代大陸側のリオ・ムニを占領するために軍隊を送ったが，ファン族の激しい抵抗にあった．多くのスペイン人はビオコ島に留まり，大部分の土地を獲得しココアの集約的栽培を発展させた．第2次世界大戦後，植民地の文化的，政治的同化という政策ではアフリカ人の民族主義的な感情をおさえることはできず，1960年代の独立運動へと発展していく．そして，スペインから1968年10月12日に完全独立するという保証を勝ち取る．大統領はフランシスコ・マシアス・ングェマであった．ングェマはのちに自分を終身大統領と宣言したが，1979年失脚した．おいのテオドロ・オビアン・ングェマ・ムバソゴがかれの後任となった．

ングェマの統治下，赤道ギニアの経済は急速に下降した．1969年スペイン人の農園経営者と技術者がビオコ島から大量に脱出したこともあって，ココアの生産は独立前のレベル35000－45000トンから1975年には15000トンに減少した．ナイジェリアは虐待と生命の損失という報告を受けて1975年と1976年に約45000人の農業労働者をビオコ島から引きあげさせた．1978年と1979年，プランテーションの状況は〝事実上〟奴隷制度であると報告された．

唯一生産的であった材木産業も，政治的不安定と近くにある森林資源の枯渇によって減少した．リオ・ムニのコーヒーの生産は低いレベルで停滞した．石油とウランの開発はングェマ体制下では停止したが，かれの後継者はスペインとの貿易を再び確立したので開発は再開されるであろう．

ングェマ治下の赤道ギニアは「流れ者の共和国」ともいわれ，人権の冒瀆者としてその名を知られた．政治的謀殺，大量処刑，そして宗教的迫害に関する報告は頻繁にあった．国の人口の3分の1にもおよぶ人たち（9万人）が今もカメルーン，ガボンそしてスペインに難をのがれたままである．マシアス・ングェマは去り，状況は改善されたが，赤道ギニアは再建と発展という気の遠くなるような大問題に直面しているのである．　　　　　　　　　　(C.C.)

ガボン

公式国名
ガボン共和国

面積
267,667km²

独立
1960年8月17日

植民地時代の状態と名称
フランスの植民地（4つのフランス領赤道アフリカのうちのひとつ）．名称はフランス領コンゴ（1890－1903），ガボン（フランス領コンゴ内での，1903－1910），ガボン（1910－1960）

人口
1,027,529人（1972統計）；580,000人（1979国連推計）

年人口増加率
1.0％（1970－1975）；1.7％（1979推計）

首都
リーブルヴィル

首都の人口
251,400人（1975）

公用語
フランス語

国民総生産（USドル）
32億2000万ドル；1人あたり110ドル（1973推計）

通貨
1CFAフラン＝100サンチーム

西部中央アフリカ

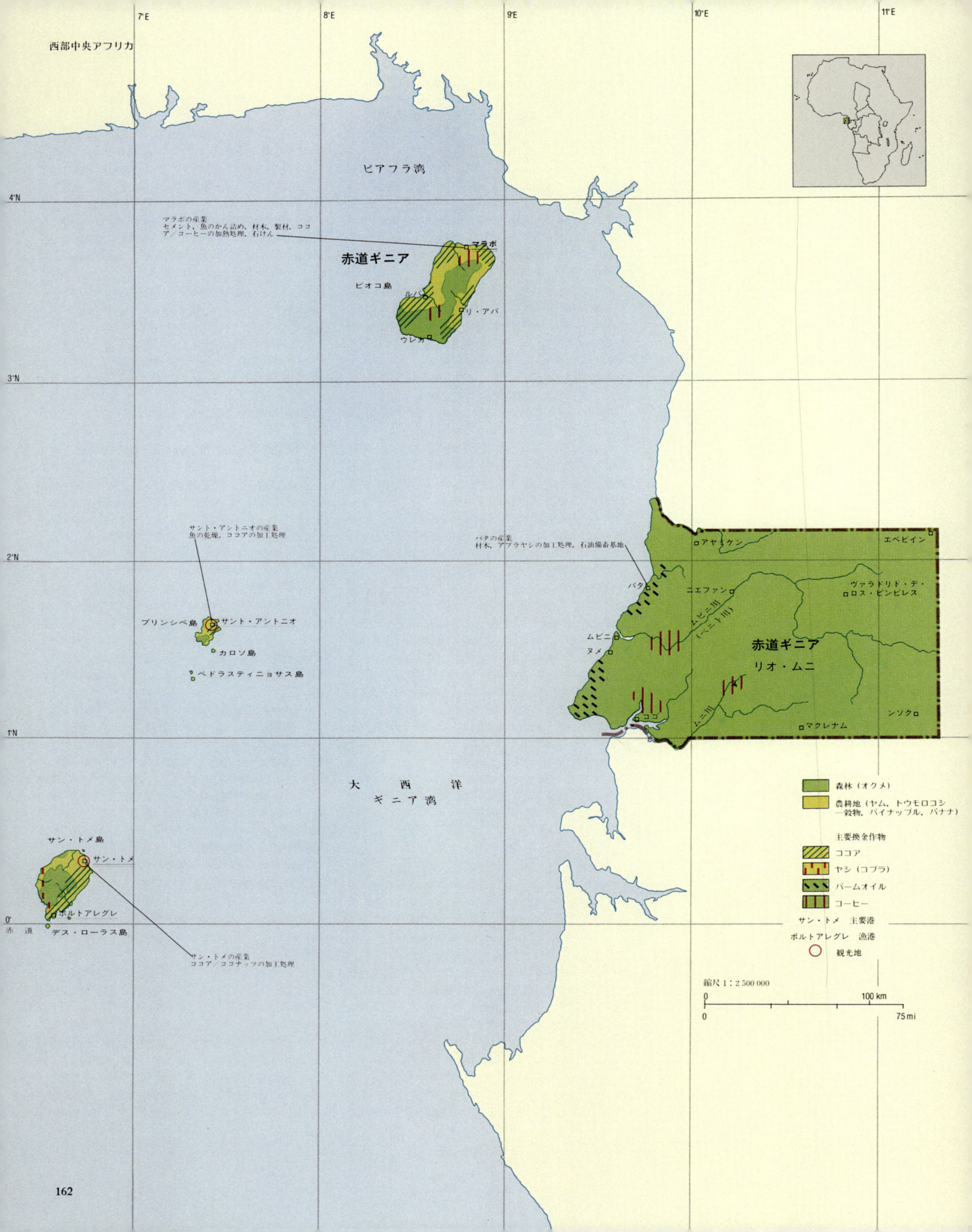

ピアフラ湾

赤道ギニア

マラボの産業
セメント，魚のかん詰め，材木，製材，ココア／コーヒーの加熱処理，石けん

□マラボ
ビオコ島
ルバ□
□リ・アバ
ウレカ□

サント・アントニオの産業
魚の乾燥，ココアの加工処理

プリンシペ島
サント・アントニオ
カロソ島
ペドラスティニョサス島

大　西　洋
ギニア湾

サン・トメ島
サン・トメ
ポルトアレグレ
デス・ローラス島
赤道

サン・トメの産業
ココア／ココナッツの加工処理

バタの産業
材木，アブラヤシの加工処理，石油備蓄基地

□アヤミケン　　　□エベビイン
バタ□
　　　□ニエファン　　□ヴァラドリド・デ・ロス・ピンピレス
ムビニ□
ヌメ□　　ムビニ川（ベニト川）
　　　　　　　　　　　赤道ギニア
　　　　　　　　　　　リオ・ムニ
　　　　　　ムニ川
コゴ□　　　　□マクレナム　　□ンソク

凡例:
- 森林（オクメ）
- 農耕地（ヤム，トウモロコシ一穀物，パイナップル，バナナ）
- 主要換金作物
  - ココア
  - ヤシ（コブラ）
  - パームオイル
  - コーヒー
- サン・トメ　主要港
- ポルトアレグレ　漁港
- ○　観光地

縮尺 1：2 500 000
0　　　　100 km
0　　　75 mi

赤道ギニア

公式国名
赤道ギニア共和国

面積
28,051km²

独立
1968年10月12日

植民地時代の状態と名称
スペインの植民地：スペイン領ギニア（リオ・ムニとフェルナンド・ポー島を含むギニア湾岸スペイン領土（1900－1959年））；1958－1968年スペインの二つの海外州；スペインの赤道州

人口
245,989人（1960統計）；340,000人（1979推計）

年人口増加率
1.8%（1979推計）

首都
マラボ（旧サンタ・イサベル）

首都の人口
19,869人（1960統計）；37,000人（1975推計）

公用語
スペイン語

国民総生産（USドル）
1億1000万ドル；1人あたり340ドル（1977年推計）

通貨
1エクエーレ＝100センティモ

サン・トメ・エ・プリンシペ

公式国名
サン・トメ・エ・プリンシペ民主共和国

面積
964km²

独立
1975年7月12日

植民地時代の状態と名称
1522－1975年ポルトガルの植民地：サン・トメ・エ・プリンシペ（またココア諸島とも呼ばれていた）

人口
73,631人（1970統計）；82,750人（1977推計）

年人口増加率
1.7%

首都
サン・トメ

首都の人口
17,380人（1970統計）

公用語
ポルトガル語；クレオール語

国民総生産（USドル）
3000万ドル；1人あたり420ドル

通貨
1ドブラ＝100センタヴォ

サン・トメ・エ・プリンシペ

サン・トメとプリンシペの2つの島は北部ガボンの海岸から、それぞれ440kmおよび200km離れた大西洋上に位置している。この2つの島はカメルーンから伸びる火山脈の一部が大西洋につきだしたもので、土壌は肥沃な火山性で地形は山地状になっている。両島とも雨が多く高温なので熱帯雨林性の密林がひろがっている。両島の海岸地帯の低い傾斜地と平地はココア、コーヒー、コプラの生産には最適地である。サン・トメとサント・アントニオの2つの町が主要港である。ペドラス・ティニョサスとロラスの岩石質の小島もこの島々の一部を成している。

1471年にポルトガル人がはじめてこれらの島々に到着したとき、人はだれも住んでいなかった。これらの島々が西インド諸島へ渡るアフリカ人奴隷の主要な集散地となり、またポルトガルの犯罪人や追放人による砂糖のプランテーションが利益を生むようになると、1522年ポルトガルの君主は島々を植民地とし、その行政的な責任を受けもつようになった。ポルトガルの入植者とその奴隷労働者との結婚によって混血児が生まれたが、かれらは今日でも残っている。またアンゴラーレというのは難破した奴隷船の生き残りであるが、彼らはまだサン・トメ島の南部地域に住んでいる。

島々は16世紀には非常に栄えたが、17世紀になってそれまで優勢だったポルトガルの奴隷貿易が衰えてくると、その繁栄もかげりを見せるようになった。しかし大陸からの奴隷輸出が盛んになると島々は18世紀には中継地としての活気をとりもどし、そしてこれは19世紀まで続いた。1860年以降、島々でココアとコーヒーの生産がブームになると新たに労働力の不足が起きたが、これは最初は近くの大陸部からの奴隷の購入によって、そして1870年代にはアンゴラからの契約労働者によってまかなわれた。契約労働者はひとたび島に到着すると奴隷としてあつかわれた。そのためイギリスは1908年、労働者が農園主の管理のもとで苦しめられている状況に抗議してサン・トメ島のココアを公式にボイコットした。

その後労働者を酷使することは少なくなり、ボイコットは解除された。しかし状況はすぐにもとにもどった。1953年ポルトガル人の総督はストライキを行ったプランテーションの労働者に対して発砲し1000人近くを殺害した。（今日"バテパ"の大虐殺として記憶されている）1960年サン・トメとプリンシペ解放運動（MLSTP）の前身がガーナにおける会議で結成された。そしてMLSTPはガボンを基地としポルトガルに独立を迫った。1974年ポルトガルはカエタノの独裁政治が倒れると、MLSTPと会合をもち、1975年の7月12日を独立日としそれに向けての平和的移行について協議した。この国の初代大統領マヌエル・ピント・ダ・コスタが国に見たものは、植民地の遺産としての広くはびこる貧困、社会設備の不十分さ、そして独立後3000人のポルトガルの入植者が出ていったことに由来する崩壊した経済であった。

政権を手中にすると、政府はただちにプランテーションの労働者に賃金と労働時間に関して非現実的とも思える恩恵を与えたが、そのことがポルトガル人の国外脱出とあいまって、独立前1万トンあったココアの輸出を、1975年にはわずかに5000トンを超えるという程度にまで減少させた。MLSTP政府はほとんどすべてのポルトガル人のプランテーションを補償なしで国有化した。そして現在、国の輸出生産にバランスを与え多様化することに努めている。ガボンが援助と技術協力国として現れてきつつあるが、この島における過去の労働慣行がいまだに労働者を集めるさいの障害となっている。

MLSTPは、現在政権を獲得している旧ポルトガル領アフリカの解放運動と昔から関係を保ってきたし、今日では国民を開発計画に動員することに成功している。政治的には島々は独立以来安定していると言えるが、1979年4月、大統領は首相のポストを廃止し自己の権力を強化した。その結果MLSTP内部に深刻な亀裂が生じている。

(C.C.)

コンゴ

コンゴ人民共和国はちょうど赤道をまたぐような格好で位置しているとはいえ、その景観と自然環境には多少の差異がある。これは主として、海岸線に沿って流れる冷たいベンゲラ海流とセントヘレナ島からはりだす高気圧の影響のせいである。北部では真に熱帯性の気候が優勢であり、高い降水量（年間1550～2500mm）と密林がその特徴となっている。南部はサヴァンナ地帯であり、降水量はより少なく（1350mm）、1月から9月まで長く涼しい乾期が続く。この地理学的なちがいが人口の分布を決定し、南西部のブラザヴィルから海岸までの領土の25%にあたる地域に全人口の70%が住んでいる。

近代のコンゴ国の歴史は、1880年に探検家ピエール・サヴォルニャン・ド・ブラザがテケ族の王マココ・イローと平和条約を締結したときにはじまる。この条約によってコンゴはフランスに結びつけられることになる。コンゴの領域は1866年までは、はっきりとした形をしていなかった。1903年になってやっと中央コンゴという名称が与えられたのである。とはいえ、カメルーン、ウバンギ・シャリ（中央アフリカ共和国）そしてガボンとの境界の調整は第2次世界大戦の直後まで続いた。

中央コンゴにおいてはほかのフランス領赤道アフリカ同様、フランスの植民地政策がアフリカのその他の地域よりも露骨にその本性を現した。1899年、領土は14の利権会社に委ねられた。そして、これらの会社は22万km²以上もの土地を仲間うちで分け、国の天然資源の組織的な掠奪にのりだした。いくつかの改革が1911年に行われたが、それにもかかわらず悪弊は続いた。コンゴ川から海岸までの鉄道の建設では、ぞっとするような言い方だが"枕木一本に人間一人分かかった"のである。教育は1950年まで無視された。

アフリカ人の反応は、まずメシア運動の形でとくに南部地域で起こった。1921年にベルギー領コンゴで、シモン・キンバングによって建設された教会は多くの信者をかちとった。さらに1926年にアンドレ・マックがフランス領赤道アフリカ協会をつくり、植民地体制に抵抗した。1939年には、キンバングの後継者と称するシモン・ピエール・ムパディによって鼓舞された"カキスト"運動の出現を見た。

近代的政党はブラザヴィル会議（1944年）のあと現われた。この会議ではコンゴを自治制にするという考えは否定されはしたが、植民地組織を真に自由化しようとする気運が盛り上がった。3つの政党が選挙を目ざして争った。ジャン＝フェリックス・チカヤのコンゴ進歩党（PPC）、ジャック・オパンゴのアフリカ社会主義運動（MSA）とアベ・フュルベール・ユールーの

西部中央アフリカ

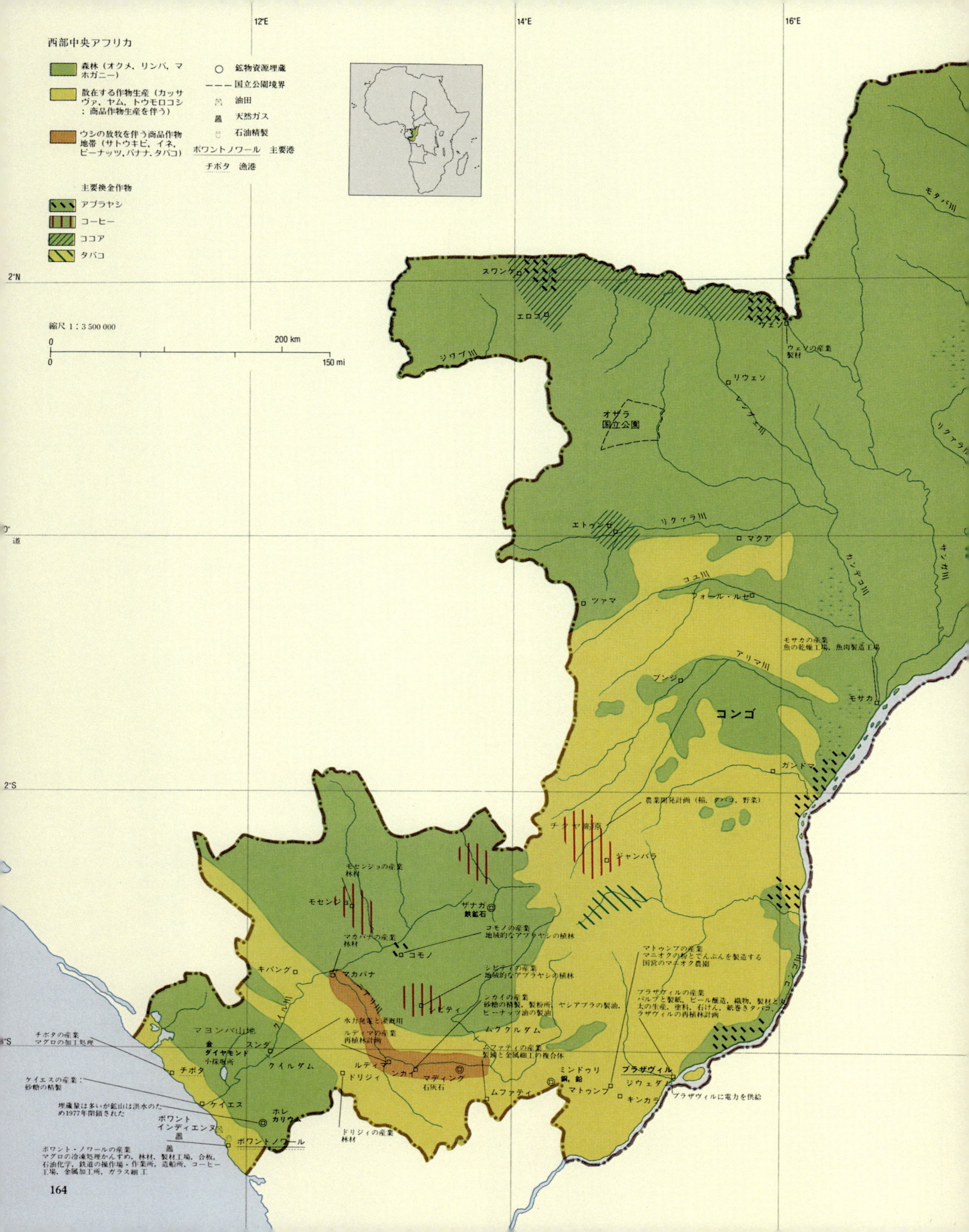

凡例
- 森林（オクメ，リンバ，マホガニー）
- 散在する作物生産（カッサヴァ，ヤム，トウモロコシ；商品作物生産を伴う）
- ウシの放牧を伴う商品作物地帯（サトウキビ，イネ，ピーナッツ，バナナ，タバコ）

主要換金作物
- アブラヤシ
- コーヒー
- ココア
- タバコ

- ○ 鉱物資源埋蔵
- --- 国立公園境界
- 油田
- 天然ガス
- 石油精製
- ポワントノワール　主要港
- チボタ　漁港

縮尺 1 : 3 500 000
0　　　　200 km
0　　150 mi

主な地名・注記

コンゴ

- モタバ川
- スワンケ
- エロゴ
- ウェソ
- ウェソの産業　製材
- ジワプ川
- リウェソ
- オザラ国立公園
- エトゥンバ
- リクァラ川
- マクア
- カシャロ
- ツァマ
- フォール・ルセロ
- ユユ川
- モサカの産業　魚の乾燥工場，魚肉製造工場
- アリマ川
- ブンジョ
- モサカ
- ガンドマ
- 農業開発計画（稲，タバコ，野菜）
- チ トゥン高原
- ジャンバラ
- モセンジョの産業　林材
- モセンジョ
- ザナガ　鉄鉱石
- マカバナの産業　林材
- コモノの産業　地域的なアブラヤシの植林
- キバンゴ
- マカバナ
- コモノ
- シビティの産業　地域的なアブラヤシの植林
- ンカイの産業　砂糖の精製，製粉所，ピーナッツ油の製造
- ヤシアブラの製油
- マトゥンブの産業　マニオクの粉とでんぷんを製造する国営のマニオク農園
- ブラザヴィルの産業　パルプ製紙，ビール醸造，織物，製材と木材の生産，塗料，石けん，紙巻きタバコ，ブラザヴィルの再植林計画
- 水力発電と灌漑用
- ルディマの産業　再植林計画
- ムククルダム
- マヨンバ山地
- ダイヤモンド　小探鉱所
- スンダ
- クイルダム
- ルディマ
- ンカイ　石灰石
- マディンゴ
- ムファティの産業　製鋼と金属細工の複合体
- ミンドゥリ　銅，鉛
- キンカラ
- マトゥンブ
- ブラザヴィルに電力を供給
- ジウェグ
- ブラザヴィル
- ムファティ
- ドリジィ
- ホレカリウ
- ケイエス
- ポワントインディエンヌ
- ポワントノワール
- ドリジィの産業　林材
- ケイエスの産業　砂糖の精製
- 埋蔵量は多いが鉱山は洪水のため1977年閉鎖された
- チボタの産業　マグロの冷凍処理
- ポワント・ノワールの産業　マグロの冷凍処理かんづめ，林材，製材工場，合板，石油化学，鉄道の操作場・作業所，造船所，コーヒー工場，金属加工所，ガラス細工

164

西部中央アフリカ

コンゴ

公式国名
コンゴ人民共和国

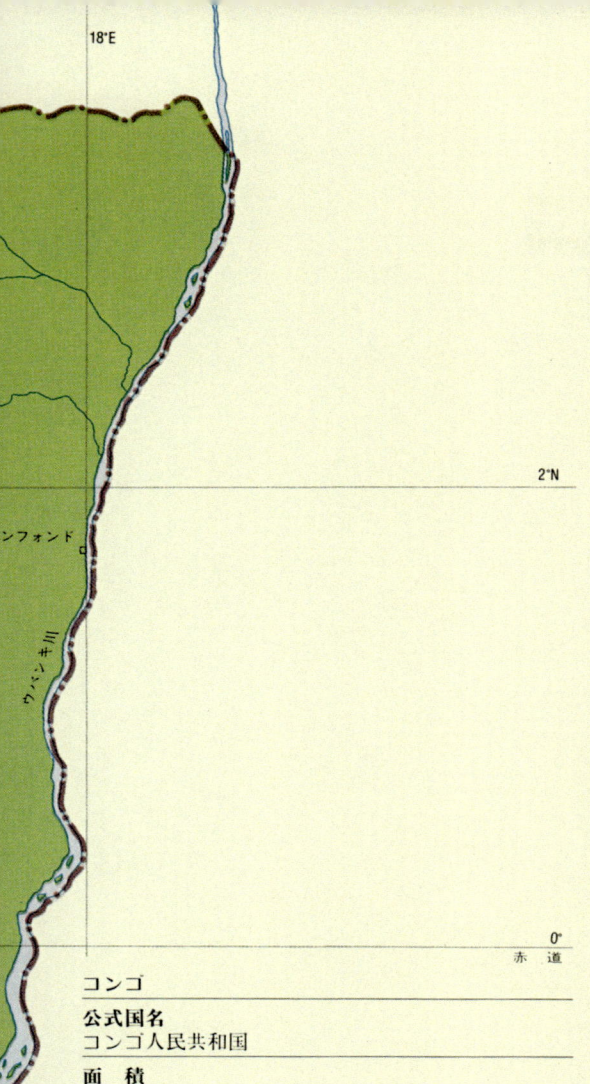

面積
342,000km²

独立
1960年8月15日

植民地時代の状態と名称
フランスの植民地（4つのフランス領赤道アフリカのうちのひとつ）．名称はフランス領コンゴ（1882-86年），コンゴ（1886-1903年），中央コンゴ（1903-58年），コンゴ共和国（1958-60年）

人口
1,500,000人（1979推計）

年人口増加率
2.7%（1979推計）

首都
ブラザヴィル（ンタモ）

首都の人口
289,700人（1977推計）

公用語
フランス語；リンガラ語，モノクトゥバ語

国民総生産（USドル）
7億ドル：1人あたり500ドル

通貨
1 CFAフラン＝100サンチーム

アフリカ人利益擁護民主同盟（UDDIA）である．独立への行程には大きな騒動がたえまなく起こり，その前進がはばまれた．独立の公布（1960年8月15日）後，1961年にユールーが国家元首に選出されたが，新体制は穏健ではあったが腐敗しており，すぐにまったく人気を失ってしまった．そして栄光の3日間（1963年8月13日から15日）の人民革命によって一掃された．

この革命はユール一体制下に現れた諸問題を解決するどころか，コンゴをたえまない危機におとし入れた．個人的な闘争，イデオロギーの違い，北部人と南部人の民族的な対立，諸制度の支離滅裂さ，そして若者と老人の対立，これらすべてが不安定さを生み出す要因となった．唯一変わらなかった要素は，共産主義イデオロギーへの指向性である．早くも1963年12月，新政府の首相パスカル・リスバは「科学的社会主義」への指向を表明した．そしてこのことは1964年，単一政党である国民革命運動（MNR）の憲章に記された．1968年コンゴ労働者党（PTC）がMNRにとってかわった．（1970年の憲法はマルクス・レーニン主義を体制の基盤にした．）しかしながら1963年以来，かぞえられないくらいの降職，陰謀，政治的謀殺と処刑が行われてきた．ユールーの失脚以来非常に活動的であった極左集団は，1973年の3月スポークスマンのアンジュ・デワラの殺害によって政治的舞台から除去された．そしてこんどは1968年以来国家元首であったマリアン・ブアビガが1977年3月18日暗殺された．そのことが多くの人びとの処刑へと続き，その中には新体制の最初の共和国大統領マサンバ＝デバも含まれていた．（※訳者註　1979年2月，サスウ・ンゲリ大佐が大統領に就任．）

政治がこのような状態にあったので，経済的な成長と発展が阻害された．国家財源の大部分は公務員の給料支払い（予算の75%）にとられているため，生産のための投資が外国に頼らざるをえない．資本主義国の中ではフランスがひき続き主たる提供者であり，それからずっと離れて西ドイツとその他のEC諸国が続いている．コンゴは今もフランス圏のメンバーである．債権の源を多様化するためにコンゴはソ連と中華人民共和国にも頼っている．それにもかかわらず経済は脆弱なままである．農業は食料品の生産を主体としているがいまだに弱体である．それどころか人口の33%が住む町への食糧の供給がとどこおっており，インフレに油をそそいでいる．輸送機関はおろそかにされており，経済を硬直化する脅威となっている．産業は繊維部門と水力発電とセメントが主体であるが，一部国有化されているものもある．コンゴは産出物の輸出を優先的に行うことに全力を注いできた．木材──オクメ材，リンバ材，赤色木材──は先進国への輸出総額の90%を占めている．臭化カリウムの生産は1969年にはじまったが1978年には完全に止まった．石油は1971年以来採掘されているが期待にこたえるまでには至っていない．たくわえは底をつきはじめており，炭化水素から得られる財源では貿易収支を均衡に保つには十分ではない．経済を健全な土台に乗せることがいまやコンゴの最大の優先課題である．　　　(E.M.B.)

ザイール

ザイール共和国はアフリカ大陸で3番目に大きい国で，フランスの4倍の広さがある．この国の地形は，南東部に源を発し，北に流れて赤道を越え，そしてまた南に向きを変え最終的には大西洋にそそぐ全長約4700kmのザイール川（旧コンゴ川）によって規定されている．ザイール川に水を集める中央部の盆地は，東部は高い山々，北部と南部は草原によって縁どられている．ザイールの国境線は，西欧諸国がアフリカを自国の勢力下に分断した1885年のベルリン条約によって大部分決定された．この境界は南部のアンゴラとの境を別にすれば，自然の境界（河川，湖，集水域間の分割線）と一致する．

ザイールは赤道をはさんで北緯5度と南緯13度の間に位置する．赤道の南北3，4度以内の気候は恒常的な高温，高い湿度，大きな降水量（年平均1800-2000mm）がその特徴となっている．この地域の北と南では，気候は乾期と雨期が交互する．赤道からの距離によるが，乾期は3カ月から6カ月続く．乾期は日中は暑いが夜になれば涼しく，高原では2度から3度にまで下ることもある．東部の山々は標高が5000m以上にも達するが，そのふもとでは気候はきわめて温和である：この地域はその気候，湖，山そして国立公園によって，ザイールの中では旅行者に最も好まれるところである．

ザイールの半分強は赤道降雨林で占められており，そこでは暖くて湿気を含んだ土壌が，高い木々ときわめて濃い植生とを生み出している．この森林はアフリカに残された最大のもので，きわめて豊富な植物相と動物相を保護する役目を果たしている．南部ザイールの高原地域はサヴァンナ草原地帯であるが，流域に川辺林をなしている川も見られる．この地域のラテライト化した土壌は水がしみこみやすく，すぐ浸食されてしまうが，適切な処置をほどこせば多様な農作物を生産しうる．キヴ州の東部の火山質の土壌はさらに肥沃であるが，今日ではその肥沃さは失われつつある．

言語学的および考古学的証拠によれば，ザイール人の先祖たちが雨林地の東部と南部の地域に移住してきたのは約1500年前である．これらの人たちは，もともとはニジェル川流域からやってきたのであるが，農耕と金属加工技術をもって，この地域にすんでいた先住民を押しのけていった．今日，ザイール人の大半はバントゥ諸語を話しているので，これらの初期の移住者たちもバントゥ系の言語を話す人たちであったと考えられる．バントゥ諸語以外に，いくつかのスーダン系，ナイル系の言語が北部と東部で話されている．

大部分のこれらの人びとは，植民地の時代まで政治的に中央集権化することはなかったが，南部のサヴァンナ地帯では過去500年の間にいくつもの王国が出現した．コンゴ川の河口近くではコンゴ王国がその地域を数世紀にわたって支配した．この王国は16世紀にポルトガルと外交関係を確立したが，18世紀には衰亡した．19世紀のヨーロッパ人による探検の時代，最も大きかった王国はクバ，ルンダそしてルバ王国であったが，これらの王国はすべて長距離交易を行っていた．

1870年代になるとベルギーのレオポルド国王が中央アフリカに関心を寄せ，1884年のベルリン会議において，最終的にはザイールとなる地域を所有し支配する権利を得ることに成功する．かれは領土を商業上の目的で利用したが，1908年ベルギー政府に譲渡することを余儀なくされた．こうしてベルギー領コンゴが誕生した．ベルギーの植民地行政が専念したのは領土の天然資源の開発であった．銅，ダイヤモンド，マンガンそして鉄を採掘するために，またヤシ油，コーヒー，お茶，綿花その他の換金作物を，専有した土地で生産することができるよう，プランテーション確立のための広大な利権地を私企業に与えた．ベルギーの統治に反抗する者がいれば，どんな地方にも軍隊を送りそれ

西部中央アフリカ

凡例

- 赤道降雨林
- 散在する作物栽培（カッサヴァ，トウモロコシ，イネ，バナナ）と牧草地（ウシ，ヒツジ，ヤギ）

主要換金作物
- コーヒー
- アブラヤシ
- ゴム
- ココア
- 綿花

- ○ 鉱物資源埋蔵
- --- 国立公園境界
- 油田
- 天然ガス
- 石油精製

- イノンゴ 主要港
- マタディ 主要漁港
- ○ 観光地

ザイール

公式国名
ザイール共和国

面積
2,345,409km²

独立
1960年6月30日

植民地時代の状態と名称
1884—1907年コンゴ自由国（ベルギー），1907—1960年ベルギーの植民地：ベルギー領コンゴ

人口
21,637,876人（1970統計）；27,900,000人（1979国連推計）

年人口増加率
2.9%

首都
キンシャサ（旧レオポルドヴィル）

首都の人口
1,532,538人（1970統計）；1,990,717人（1974推計）

公用語
フランス語；リンガラ語，スワヒリ語，ルバ語，コンゴ語

国民総生産（USドル）
32億7000万ドル；1人あたり130ドル（1977推計）

通貨
1 ザイール＝100マクータ

縮尺 1：7 500 000

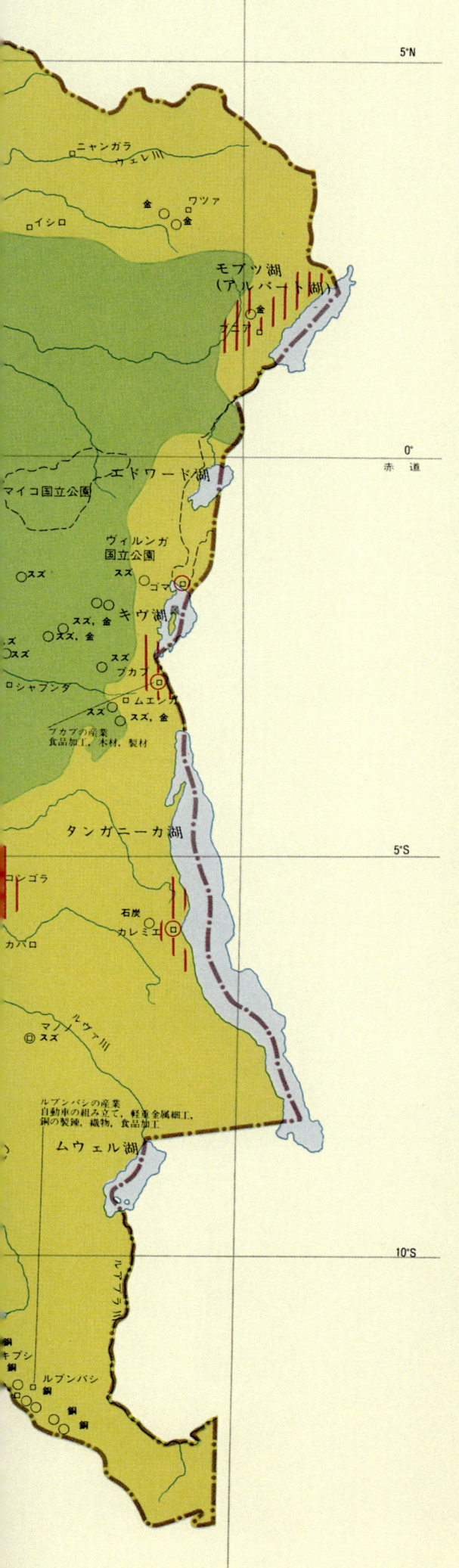

を鎮圧した．ベルギー政府の父権主義的な支配を確立し，それによって秩序を維持し，税を集め，また私企業のために十分な労働力を保証しようとしたのである．しかし1950年代の後半，政情が不穏になるとベルギーは1960年に独立を与えることをあたふたと保証せざるをえなくなる．

独立に先だつ総選挙でパトリス・ルムンバが首相に選ばれ，ジョゼフ・カサヴブが国家元首に指名された．独立に続く数ヵ月間に，カタンガ州とカサイ州の一部が分離しようとすると，秩序を回復するために国連軍が投入された．1960年以降の数年間はおもだった政治家同士の権力闘争のために，いかなる政府も確固たる支配を確立することは不可能だった．1963年に分離問題が解決すると，こんどは別の反乱が1963, 1964, 1967年と続いて起こった．ルムンバは1961年カタンガで暗殺されたが以来国民的英雄となっている．

1965年11月，軍司令官ジョセフ・モブトゥがクーデターで政権を奪取した．モブトゥは外国人傭兵の助けをかりて国の政治的・軍事的安定をはかり，1967年新しい憲法と政党をつくって自ら大統領となった．人民革命運動とよばれるこの政党は，それ以後政治的活動のための唯一の手段として機能してきている．1971年モブトゥは，過去の植民地化時代とのつながりを打ち消すために国名をコンゴからザイールに変え，自らもモブトゥ・セセ・セコと改名した．1978年再選挙に立候補したが，この選挙は無競争でもう一期7年間の大統領として指名された．かれは，基本的には布告と個人的なとりたてによって統治した．

独立以降ザイールはベルギーとその他の西欧同盟国，とくにイギリス，フランス，アメリカと密接な経済的・政治的関係を維持してきている．ザイールのほとんどすべての輸出品はこれらの国々が買っているし，外国からの援助と資本投資のほとんどもこれらの国々が行っている．これらの同盟国は，シャバ州の昔の住民がモブトゥ政権をくつがえそうとアンゴラからもどってくると，1977年, 1978の両年にわたってその体制を維持するための軍事的援助を与えた．

ザイールの人口は，東部の森林と山地の間の地域と海岸近くのマタディからキンシャサを通って東カサイへのびる森林の南一帯に集中している．250以上の言語が話されているが，主要な言語がフランス語以外に4つある．リンガラ語は主としてキンシャサと赤道州に，コンゴ語は低地ザイール州とバンドゥンドゥ州に，チルバ語は東カサイ州に，そしてスワヒリ語は上ザイール州，キヴ州とシャバ州で話されている．1970年代の後半には人口の約4分の1が都市部に住んでいた．

ザイールは莫大な天然資源，とくに鉱物資源と水力発電の潜在力で有名である．生産量が世界の上位10位までに位置するものには銅（6位），コバルト（1位），マンガン（8位），錫（9位），金（10位），工業用ダイヤモンド（1位）があり，またそれ以外にもそれほど量は多くないが鉄，亜鉛，銀そしてゲルマニウムがある．1974年ザイールは換金作物の生産が急激に減少したが，それ以来銅だけで輸出収入の75％をまかなっている．1980年に完成が予定されているザイール川のインガダムは3000万キロワットの発電容量をもつ．

植民地化の時代ベルギーは，輸出用の鉱物と農産物の生産をあげることを行政の中心にすえた．したがって投資，運送のシステム，そして経済のインフラストラクチュアは主として原料を輸出しやすくするように計画された．植民地政府は大プランテーションをつくることを奨励し，また農民たちには毎年最小限の食糧と換金作物を植えることを強制した．こうして1950年代には植民地を食糧輸出国にすることに成功した．1950年には農産物が全輸出の45％を占めていた．

独立後の政情不安によって，主要な外国資本と人びとの逃避が起こり経済は崩壊した．1967年以来モブトゥは主要産業の国家統制を確立しようとし，所有権の国への譲渡，銀行業務の国家規制，いくつかの会社の直接接収が行われてきている．しかしながら1955年から1977年にかけての政情不安，世界の銅価格の暴落，アンゴラ経由のベンゲラ鉄道の閉鎖とともにザイールのGNPは毎年下降してきており，その結果1980年には外国銀行への負債が30億ドルを越えた．生産の減少によって年率40％から100％のインフレが起こり，そのことはザイール人労働者の購買力が1977年には1960年のわずか15％になったことにも反映されている．

経済的な潜在力を開発するために，ザイールは現在輸送体系の改善，強力な農業生産の再確立，インフレ率の減少，商業にたずさわるザイール人のトレーニングを目ざしている．1971年以来ザイールは固有の国立大学をもち，専門職と公務員の中核となる人びとを養成している．政府は大部分の医療業務と，そして1977年までは教育制度を運営，管理してきた．

ザイールという国は，そこに住む人びとの身体的特徴，社会組織，宗教，個人的資産，生活様式また芸術的表現において極端な較差のある国である．ザイールのポピュラーミュージックはアフリカの多くの国においてよく知られているし，高い評価を得ている．仮面や彫像などの伝統的な木の彫刻物は国際的な市場において高い価値を生んでいる．この多様性の中から発展力のある社会的，経済的な統一体をつくりだしていくには，大変な忍耐と努力が必要とされる．　　　(S.Y.)

アンゴラ

アンゴラの中央部は標高1300mから2000mの起伏のある高原から成りたっている．この高原と，1600km続く大西洋岸との間には幅50kmから150kmの不毛の沿岸平原が存在する．高原は北部と東部ではしだいにコンゴ盆地とザンベジ盆地の方に傾斜していき，ザイールとザンビアの国境線へと続く．南部でナミビアとの国境をなすものはクネネ川とクバンゴ川である．北部では雨が多く熱帯性の森林があちこちにひろがっている．南部は大部分がアカシアのサヴァンナである．ルアンダでの年平均気温は23℃である．

アンゴラの農耕は中世の後期に洗練された形態の王国を発展させはじめた．15世紀の王は雨乞い神殿で行う農耕儀礼と，重要な鉄の製錬技術と岩塩採掘地域をもってその力をひろげていった．南部地域では牛による富が重要であった．北部の有名なコンゴ王国では領下に織物産業をもち，貝が国家的な通貨であった．

1493年からアンゴラの農耕経済は，農園用の奴隷労働市場がますます増大するにつれ変わってきた．その後400年にわたって200万あるいはそれ以上のアンゴラ人がポルトガル人，フランス人，イギリス人，ブラジル人またそれ以外の海洋商人によって買われたりとらえられたりした．ポルトガルはその運営のための基地としてアンゴラに小さな居留地を設立し，そこをいくつかの要塞でかため，数百人の奴隷兵士と，さまざまな囚人から成る移民を守備隊として駐留させた．19世紀には奴隷貿易をやめさせるように努力が払われたが，とらわれた人たちはアンゴラの港で1910年ごろま

西部中央アフリカ

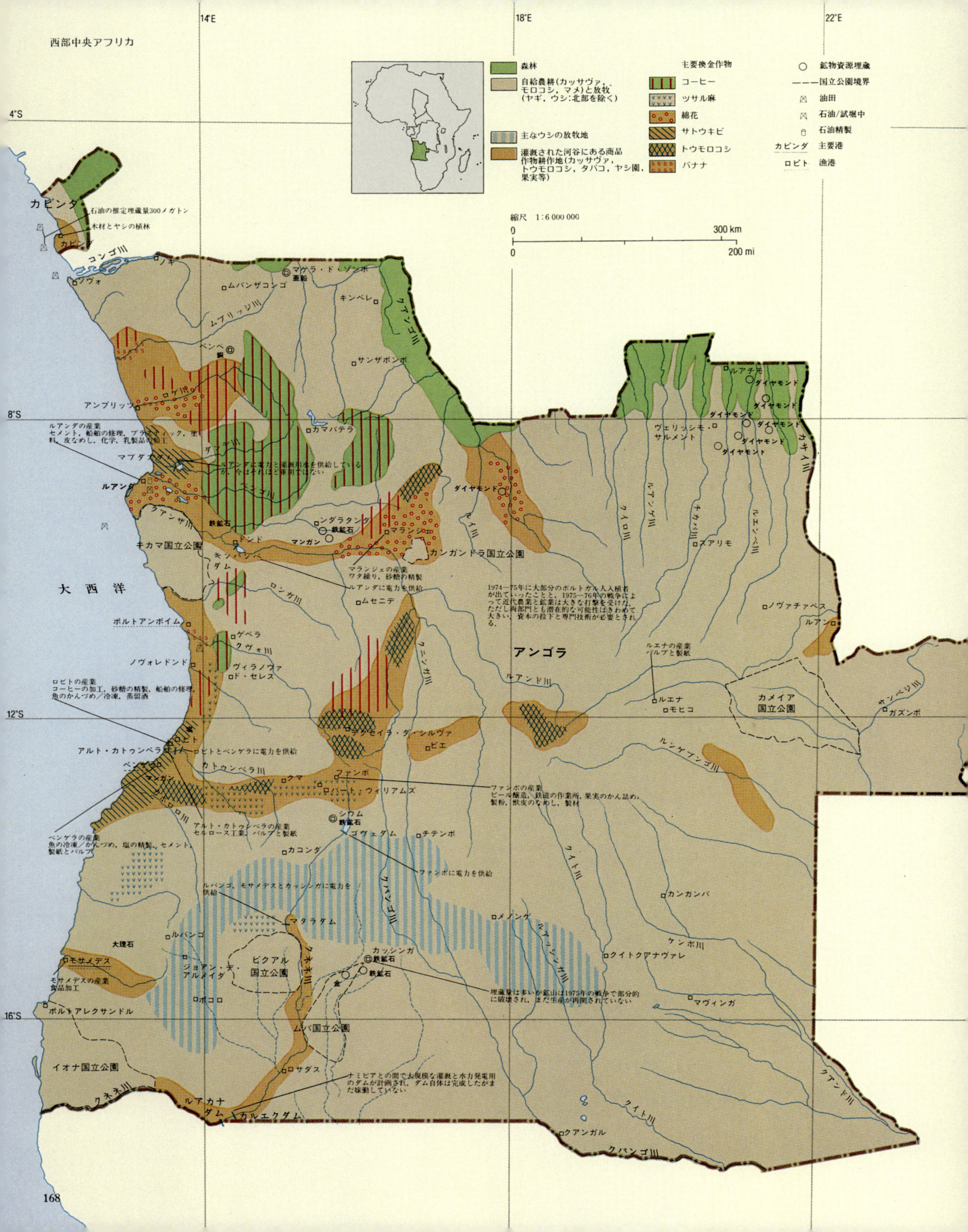

凡例

- 森林
- 自給農耕(カッサヴァ、モロコシ、マメ)と放牧(ヤギ、ウシ:北部を除く)
- 主なウシの放牧地
- 灌漑された河谷にある商品作物耕作地(カッサヴァ、トウモロコシ、タバコ、ヤシ園、果実等)

主要換金作物
- コーヒー
- ツサル麻
- 綿花
- サトウキビ
- トウモロコシ
- バナナ

- ○ 鉱物資源埋蔵
- ─── 国立公園境界
- 油田
- 石油/試掘中
- 石油精製
- カビンダ 主要港
- ロビト 漁港

縮尺 1:6 000 000
0　　　300 km
0　　　200 mi

アンゴラ

カビンダ
- 石油の推定埋蔵量300メガトン
- 木材とヤシの植林
- カビンダ
- コンゴ川
- ゾウォ

主要地名
- マケラ・ド・ゾンボ
- ムバンザコンゴ
- 亜鉛
- キンベレ
- クアンゴ川
- サンザポンボ
- ベンベ
- 銅
- アンブリッツ
- ダマテラ
- ルアチモ
- ダイヤモンド
- ヴェリッシモ
- サルメント
- カギ川
- ルアンダの産業：セメント、船舶の修理、プラスチック、塗料、皮なめし、化学、乳製品加工
- ルアンダに電力と灌漑用水を供給しているが、両部門とも採用ほどではない
- マブタス
- ルアンダ
- クアンザ川
- キカマ国立公園
- 鉄鉱石
- ンダラタンダ
- 鉄鉱石
- ドンド
- マンガン
- マランジェ
- ダイヤモンド
- カンガンドラ国立公園
- キンパンパ
- ダム
- ルアンダに電力を供給
- マランジェの産業：ワタ繰り、砂糖の精製
- ルアンダに電力を供給
- ムセニテ
- ルアンド川
- ポルトアンボイム
- ゲベラ
- ノヴォレドンド
- ヴィラノヴァ・ド・セレス
- クウォ川
- ルエナの産業：パルプと製紙
- ルエナ
- モヒコ
- ノヴァチャペス
- ルアノ
- 1974〜75年に大部分のポルトガル人入植者が出ていったことと、1975〜76年の戦争によって近代農業と鉱業は大きな打撃を受けた。ただし両部門とも潜在的な可能性はきわめて大きく、資本の投下と専門技術が必要とされる。
- ズアリモ
- カメイア国立公園
- ガスンボ
- アルト・カトゥンベラ
- ロビトの産業：コーヒーの加工、砂糖の精製、船舶の修理、魚のかんづめ／冷凍、蒸留酒
- セイラ・ダ・シルヴァ
- ビエ
- ファンボの産業：ビール醸造、鉄道の作業所、果実のかん詰め、製粉、獣皮のなめし、製材
- ルンゲアンゴ川
- ベンゲラ川
- カトゥンベラ川
- ロクマ
- クエンボ
- ロバート・ウィリアムズ
- ファンボ
- ベンゲラの産業：魚の冷凍／かんづめ、塩の精製、セメント、製紙とパルプ
- アルト・カトゥンベラの産業：セルロース工業、パルプと製紙
- シワム
- 鉄鉱石
- クエヴェダム
- チテンボ
- ファンボに電力を供給
- カコンダ
- クイト川
- カンガンバ
- ルバンゴ、モサメデスとカッシンガに電力を供給
- マタラダム
- ケンポ川
- クイトクアナヴァレ
- モサメデス
- 大理石
- ルバンゴ
- ジョアン・デ・アルメイダ
- ビクアル国立公園
- クネネ川
- カッシンガ
- 鉄鉱石
- 鉄鉱石
- ポコロ
- メナンゲ
- 埋蔵量は多いが鉱山は1975年の戦争で部分的に破壊され、まだ生産が再開されていない
- マヴィンガ
- モサメデスの産業：食品加工
- ポルトアレクサンドル
- ムパ国立公園
- サダス
- イオナ国立公園
- ナミビアとの間で大規模な灌漑と水力発電用のダムが計画され、ダム自体は完成したがまだ稼動していない
- クネネ川
- ルアカナダム
- カルエクダム
- クアンガル
- クバンゴ川
- クイト川
- クアンド川

大西洋

168

で売買されていたのである．

奴隷貿易の代りに熱帯植民地経済を築き上げようとする努力は初期は不成功だった．1890年代のコーヒーブームは一時的なものにすぎなかったが，20世紀中葉にはコーヒーはアンゴラの主要輸出作物となった．1970年代までに生産は20万トンに達し，アンゴラは世界で4番目の生産国となった．おもなコーヒー地帯はウィゲとクワンザであった．コーヒー価格の高騰によって急速にプランテーション部門が発達し，そして自作農形態は部分的に減少した．

植民地の地方行政が行っていたのは，主として市場価格以下で労働力を集めることと，アフリカ人の村落税を上げ，それをヨーロッパ人の利益になるような開発計画につぎこむことであった．政府の怠慢は部分的にはキリスト教会の衛生，教育事業でうめあわせられた．北部のバプティスト教会，クワンザ地域のメソジスト教会，ブンゲラ高原の会衆派教会，南部のスピリタン教会は，すべてキリスト教の布教と同時にいくつかの社会事業を行っていた．中等教育は1960年代まではとるにたらないものであったし，また行われていたとしても主として白人用であった．

1940年代以前アンゴラは受刑者の入植地としてのみ適していると一般には考えられていた．1950年代以降，コーヒーの成功によって自主的に入植する者も現れた．政府はかれらを農民として定着させようとしたが，大部分は町の職人，下級役人，とりわけ小売商人となった．1970年までに入植者数はおそらく30万人を越えていたであろうが，そのうちのほとんどはポルトガルか，カーボヴェルデの出身者であった．

1950年代における入植者の流入，コーヒー栽培地としての土地の隔離，教育を受ける機会の欠如などが原因で，激しいアフリカ人の不満が起こった．アンゴラの初期の植民地政策は，サラザールの独裁制とかれが1957年に導入した国家警察によって完全に姿を変えていた．1961年までにアフリカのほかの地域で黒人が政権を確立すると，アンゴラ人はますます絶望感をつのらせた．都会でも地方でも反乱が起こり，大規模な虐殺が行われた．ポルトガルは，政治的な主導権を取りもどすために6万人強の軍隊を動員した．こうしてアンゴラはその後13年におよぶ散発的な戦争に突入したのである．

1974年ポルトガルがアフリカの植民地から撤退する準備をすると，多くの地域的勢力と外国の国々がアンゴラにおける自分たちの利権を守ろうとして干渉した．近年発見された沖合の石油（年間約900万トン）は商業化し，莫大な富を保障するという期待がもたれた．マルクス主義政権が生まれるかもしれないという不安がマルクス主義に反対する国々の武力干渉をひきおこした．最初の侵略は，アンゴラ解放国民戦線（FNLA）を支援したザイールによるものであった．この組織は北部に勢力をもつ党派で，バプティスト教会の教育を受けた人たちを中核にすえ，首都の都市商業者の支援を受けていた．第2の侵略は南アフリカによるもので，南アフリカは高原地帯を支配下におさめ，会衆派教会のリーダーをもち，白人労働者を部分的に基盤とするアフリカ全面独立同盟（UNYTA）を支援して武器を供与していた．第3の侵略は空輸作戦による数千人のキューバ人によるもので，アンゴラ解放人民運動（MPLA）を支援していた．この党派は首都に基盤をおくマルクス主義党派で，メソジスト教会の影響力をその背後にもっていた．アメリカの商社，政府，傭兵はそれぞれのやり方で3つの党派を支援した．そして商社は油井に対する確固たる利権を維持し，それによって戦後のMPLA政府の歳入の80%をまかなうというほどであった．ソ連もまたMPLAを支援したが，その激しい党派主義に悩まされた．実際1977年にはあやうくクーデターが起こるところであった．フランスはザイールとその同盟勢力を支援したが，イギリスが主として関心をいだいていたのはナミビアと，ザンビアへ通じるベンゲラ鉄道の防衛であった．しかしこの鉄道は戦争によって閉鎖された．

1975年から76年の戦争によって白人入植者と移住者の90%が国外に脱出した．かれらの技術のうち，アンゴラ人あるいはキューバ人またはその他の対外援助による人員によって担当できるものはごくわずかであった．戦争によって橋は破壊され自動車，飛行機は国外にもち出されたので輸送システムは壊滅した．食糧生産とその流通は困難になった．労働者がコーヒー園に集まることが少なくなり，独立による経済的高揚への期待とうらはらに，町は失業者であふれた．これらすべての問題は，新しいまだ経験の浅い政府が解決しなければならない問題であったが，政府は同時に南アフリカに支援されたゲリラと交戦状態にあったのである．ゲリラたちは1979年までは新生政府を認めていなかった．ザイールとの和解によって，戦後北部で続いていた緊張は1978年に解決されることになった．

(D.B.)

アンゴラ

公式国名
アンゴラ人民共和国

面　積
1,246,700km²

独　立
1975年11月11日

植民地時代の状態と名称
ポルトガルの植民地；1972—1975年海外州：アンゴラ

人　口
5,646,166人(1970)；6,761,000人(1975推計)

年人口増加率
2.4%

首　都
ルアンダ

首都の人口
569,113人(1970)；700,000人(1979推計)

公用語
ポルトガル語；ウンブンドゥ語，キンブンドゥ語

国民総生産(USドル)
19億7000万ドル；1人あたり330ドル(1977推計)

通　貨
1クワンザ＝100ルェイ

北東アフリカ

　この地域は地理的にきわだった対照を示す地域である．しばしば「アフリカの角」と呼ばれる国々——ジブチ，ソマリアと東エチオピアの一部——はイスラムの信仰と苛酷で挑戦的な環境の中で生き残ろうと苦闘している遊牧民の生活様式とを共有している．これらの人々はおたがいに分立し，しばしば相戦っている諸部族であるが，文化的には多くの共通点をもってもいる．

　スーダンとエチオピアはその双方を，あるいはアフリカの角とくらべてみても大いに対照的である．西アフリカのサーヘル諸国のように，スーダンは北のイスラム・アラブ・アフリカと「異教」の黒アフリカを結ぶかけ橋である．今ではスーダン南部の住民の多くはキリスト教徒である．エチオピア高地の住民は，アフリカの一般的特徴からすれば例外的存在である．かれらの古代的な教会はエジプトと結びついており，数世紀にわたる文字記録をもつエチオピア山地の諸王国の歴史は，他のアフリカ地域では例をみないほどよく保存されている．

　アフリカではほとんどの国境線は勝手気ままに引かれたものであるが，とくにこの地域で著しい．すべての国で，人々の自然な結びつきは人工的な植民地の境界によって断ち切られている．そしてこれは，大きな不幸と苦しみの原因であり続けている．ソマリ語を話す人々はソマリアだけでなく，エチオピアと北ケニアにもいるが，かれらは統一に向けてたたかい続けている．エチオピア南部とスーダン南部では，言語集団がケニアとウガンダとの国境にまたがって分布している．スーダンを貫流して北上するナイル川はこの国をエジプトと結びつけている．おそらくこれらの非常に異なる諸民族を統一する上で，最も強力な力はイスラムの信仰であろう．

ナイル川（この写真は，エチオピア，青ナイル川のティシサット滝である）は，地中海アフリカと内陸奥深くの間を結んでおり，その源流の探索は多くのヨーロッパの探検家をアフリカへひきつけた．滝によって切断されてはいるが，道路が稀少であるか存在しないところでは，ナイル川はハイウェイとして機能する．そしてスッドという障害にかかわらず，ナイル川はしばしばスーダン深南部に至る唯一のルートである．

35°E
40°E
45°E
50°E
20°N
15°N
10°N
5°N
0°
3000m
2000m
1000m
500m
200m
0
海面下
標高(m)
4307
国境
行政上境界
主要道路
主要鉄道
国際空港
季節河川
季節湖沼
湿地
オアシス
紅海
ダフラク群島
アデン湾
インド洋
赤道
ナセル湖
ヌビア砂漠
ブル・スーダン
(ポートスーダン)
ナイル川
第4急湍
第5急湍
第6急湍
バルバル
アトゥバラー
アトゥバラー川
オムドゥルマン
ハルトゥーム
白ナイル川
ワドゥ・マダニ
アッドゥワイム
コスティ
カッサラ
ゲダレフ
青ナイル川
白ナイル川
アル・ルサイリス湖
マラカル
ソバト川
バロ川
ギロ川
アコボ川
ジュバ
ギニュティ山
3183
マッサワ
アスマラ
エリトリア
ダナキル平原
ジブチ
ジブチ
アベ湖
タナ湖
ゴンデル
4620
アムハラ高原
デセ
4000
エチオピア
アジス・アベバ
ディレ・ダワ
ハラール
ジマ
アバヤ湖
4307
トゥルカナ湖
シルバボ平原
ベルベラ
ハルゲイサ
ミギウルティニア
ハウド
オガデン
ムドゥグ
ソマリア
シェベレ川
ジュバ川
バイドア
モガディショ
マルカ
キスマユ
縮尺　1：10 000 000
0
800 km
0
400 mi

北東アフリカ

右　アスマラ南方のエチオピア高地，アジグラット近郊にあるアルバ村の景観．山麓が注意深く耕されている．あらゆる土壌に価値がある山岳地帯では，山麓は完全に利用されねばならない．

下左　スーダン北部は徹底的にアラブ化・イスラム化している．しかし，それでも多くの社会がほとんど変化しないままでいる．コルドファン南部の丘陵地帯に居住するヌバ族は，このような人々の一例である．かれらは農耕民であり，ウシ，小家畜，家禽も飼っている．男性と女性の両方とも，装飾品を除けば伝統的には裸体であった．

下右　現在人口25万人のモガディショは古いイスラムの都市である．ここは14世紀，その影響力が衰えはじめていた時に，北アフリカの旅行家イブン・バトゥータが訪問したところである．植民地時代には，ここはイタリア領ソマリアの首都であり，その建物は明らかにイタリア風である．

次頁下　ディンカ族の文化においてはウシは決定的に重要であり，若者は自分のお気に入りの家畜に深い愛着を感じ，その動物にちなんだ称号をもつ．乳しぼりは女性と少年が行う．成人式が終わるとかれらのこの役目も終る．写真では髪結いが進行中である．

下　青ナイルと白ナイルの合流点にあるスーダンの首都ハルトゥームのファロン・モスク。この都市は，1820年代に設けられたエジプト軍駐屯地から発展した。そして1885年には，ゴードン将軍がマフディの配下の手にかかって殺された場所としてヨーロッパで悪名をはせた。

下中央　東スーダン系の言語を話すディンカ族は，南部スーダンで遊牧を営む牧畜民である。乾季の川沿いのキャンプから，雨季になるとかれらは定住村落に移動し，そこで雑穀等の食用作物を栽培する。儀式や日常生活において，かれらが身体をおおうのは身体彩色のみである。

下上右　古代エチオピア教会の司祭。典礼の衣服をまとい，この教会の標章の特徴となっている，2つの行列用の十字架を手にもっている。これは，ギリシアの影響を表しており，コンスタンチノーブルからの宣教師によって教会が創立されたことを思い起こさせる。

下段　北東アフリカの多くの地域では，耕作はまだ掘り棒か鍬によって行われている。しかしいくつかの地域，たとえばこのアスマラ近郊のエチオピアでは，去勢牛が石まじりの土壌を鋤で耕すのに用いられている。主な穀物は小麦と大麦である。

北東アフリカ

スーダン

アフリカ最大の国であるスーダンは，エジプトから南へ2000 km，紅海から西へ1500 kmのひろがりをもつ国である．隣接する諸国は，エジプト，エチオピア，ケニア，ウガンダ，ザイール，中央アフリカ共和国，チャドおよびリビアである．

ほとんどの地域が海抜100 m以下であるスーダンの地勢は比較的単調であるが，西部の火山性高地，南中央部のヌバ山地，東アフリカ高地の周縁部，そして紅海丘陵がその単調さに変化を与えている．国土のほとんどの地域では熱帯の大陸性気候が優勢である．南部では熱帯多雨気候，北部では砂漠気候が現われる．砂漠における半砂漠，ステップ，草原サヴァンナ，森林性サヴァンナ，湿潤森林とつらなる植生の変化は，一般的に降雨量と関連がある．ナイル川とその支流であるソバト川，青ナイル川，アトバラ川などは，東アフリカとエチオピアから莫大な量の水を集めて北流している．南部では海岸の洪水が広大な沼沢地，スッドをつくりだしている．

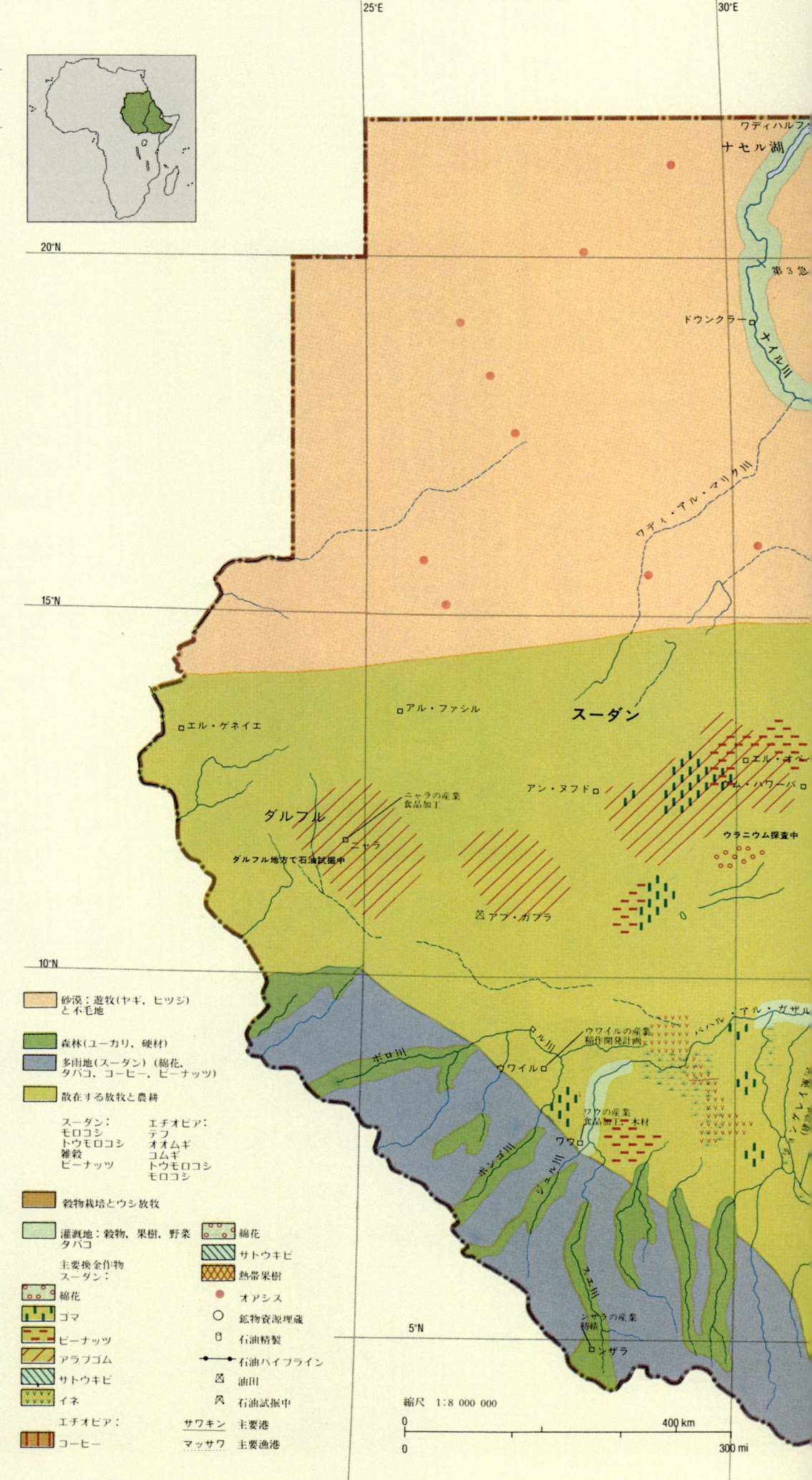

スーダン

公式国名
ジャムフリヤ・エ・スーダン・アル・デモクラティア
スーダン民主共和国

面積
2,505,813 km²

独立
1956年1月1日

植民地時代の状態と名称
1898-1955年 イギリス・エジプト共同統治；スーダン

人口
14,819,271人（1973統計）；20,900,000人（1979国連推計）

年人口増加率
3.2％（1979国連推計）

首都
ハルトゥーム（エル・ハールトゥム）

首都の人口
333,906人（1973統計）

公用語
アラビア語；英語

国民総生産（USドル）
49億1,000万ドル；1人あたり300ドル（1977推計）

通貨
1スーダン・ポンド＝100ピアストル＝1000ミリエーム

北東アフリカ

エチオピア

公式国名
エチオピア

面 積
1,221,900km²

独 立
1941年回復

植民地時代の状態と名称
1936-41年 イタリア植民地(イタリア東アフリカの一部)

人 口
30,174,000人 (1979推計)

年人口増加率
2.6% (1979推計)

首 都
アジス・アベバ

首都の人口
1,083,420人 (1974); 1,243,000人 (1976推計)

公用語
アムハリック語; ティグリンヤ語, ガリンヤ語, ソマリ語

国民総生産(USドル)
32億2,000万ドル; 1人あたり110ドル(1977推計)

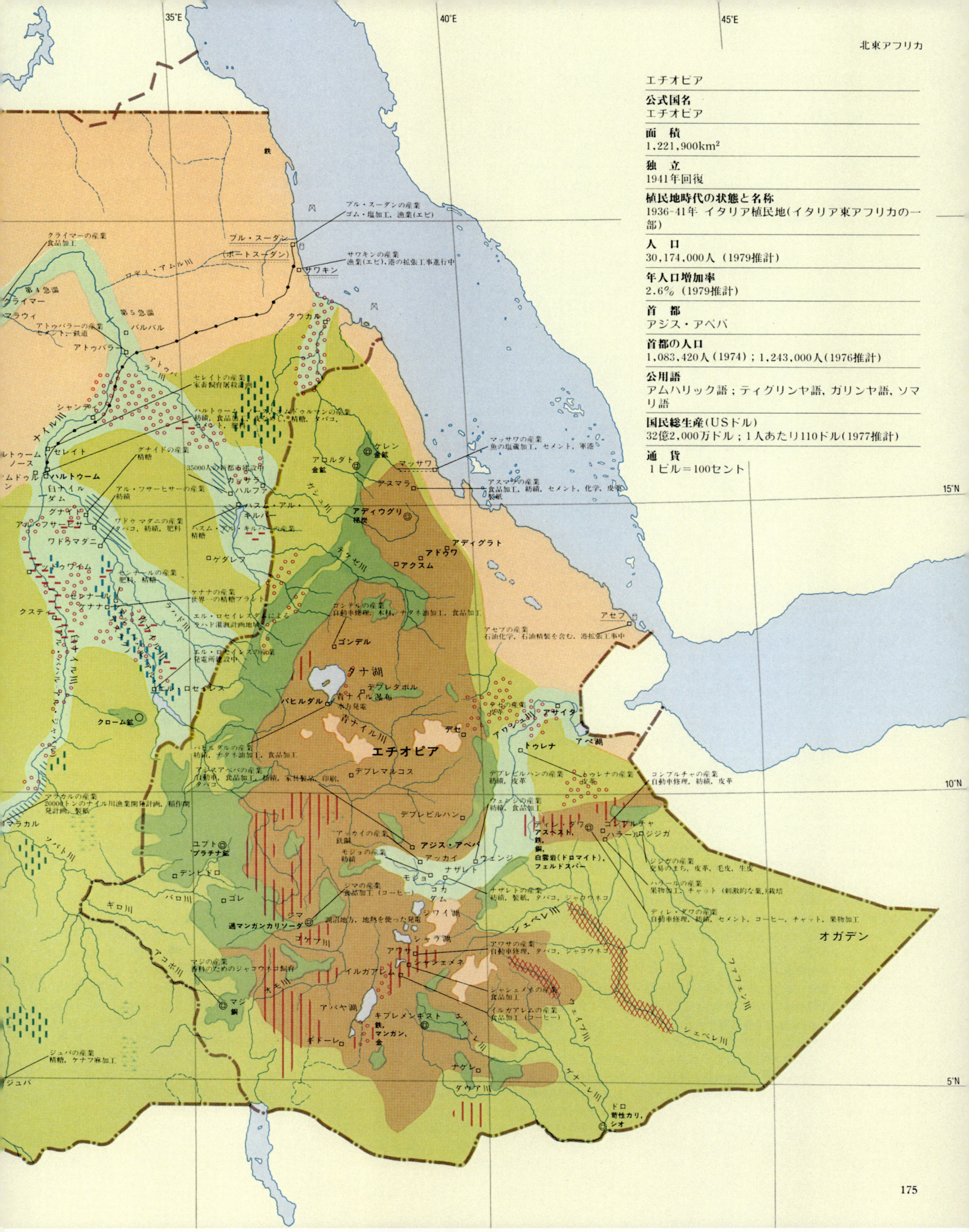

通 貨
1ビル=100セント

スーダンの人口は稀薄である．全人口の半分は国土の14％の地域，つまり首都周辺，白・青ナイル流域および南部に居住している．85％以上の人々は村落部に住んでいる．しかし都市化は進行しつつある．村落人口はほとんど村に定住する農民からなるが，遊牧的・半遊牧的な牧畜民も広い地域を占めている．ハルトゥーム＝オムドゥルマン＝北ハルトゥーム都市連合は，スーダンの経済の社会・政治・文化的生活を支配している．重要な地方都市は，ブル・スーダン，ワド・マダニ，カッサラ，アル・オベイド，ニャラ，クスティなどである．

スーダンには少なくとも56の異なるエスニック・グループがあり，さらに597のサブグループに分かれている．言語の数は115である．けれども，北部のほとんどの人々はアラビア語を話しアラブ的な文化的遺産を受けついでいる．他の北部のエスニック・グループとしては，ヌビア，ベジャ，フンジ，ヌバ，フルがある．ディンカ，ヌエル，シルック等のナイル語系諸民族は南部のナイル川両岸に分布する．エクアトリア州とバハル・アル・ガザル州西部の多様な諸民族は，言語・文化上，隣接諸国のより大きな集団と関係がある．その中ではアザンデが最も顕著である．南部の人々はそれぞれの部族語を話しているが，共通語としてアラビア語が用いられている．北部スーダンではイスラム教が優勢であり，スーダン全体では全人口の3分の2がイスラム教徒である．南部のほとんどの人は伝統的な信仰と慣習を遵守している．キリスト教徒は主として南部に分布するが，全人口の4％にすぎない．

スーダンで歴史が継続した形で知られているのは，歴代の王国が外部の文明と接触したナイル川沿いの地域だけである．スッドによって北部からへだてられた南部スーダンの人々は，やっと20世紀になって探検家と奴隷狩り商人によって攪乱されるまでは，各部族が孤立して暮していた．それほど遠隔地ではないダルフルも，20世紀に至るまで外部の支配からは独立したままであり，ナイル河谷とはあまり密接な関係は維持していなかった．

古代エジプト王国は，前1530年から，独立した中央集権体制を確立したメロエ王国（前750年－後350年）に至るまで，北部のナイル流域（クシュ）を効果的に統御していた．3つのキリスト教王国がメロエの後に続き，1504年にフンジにスルタンが確立されるまでイスラムの進入に耐えて生き残った．その後，北・中部スーダンのほとんどの地域は，フンジ王朝によって支配された諸部族の緩やかな連合の支配下にあった．1821年にはオスマン朝エジプトがスーダンをトルコ・エジプト統治下に置き，それはスーダン人がムハマド・アフマドゥ，つまりマフディの指導下に革命を起こすまで続いた．マフディの神政国家は，アングロ・エジプトの征服者によって滅ぼされる1898年までのわずかの間だけ存続した．

イギリスの植民地支配は，アングロ・エジプト共同統治の名目の下に確立された．徐々に国土全体が征服され，南部と西部の付随的な地域も併合された．一貫した行政機構が確立され，社会の基礎構造がきめられ，外部志向の商業的基盤も定められた．スーダンの民族主義者たちは，特に第2次世界大戦以降イギリスに対して独立を求め，ついに1956年1月1日独立を達成した．

独立後，短期間の議会制（1956－58年）を経て軍政（1958－64年）に移行した．その後，形式上の議会制の時期（1964－69年）の後，また軍政にもどり現在に至っている．内戦（1955－72年），汚職，政情の不安定さ，経済発展の方向のぐらつき等の諸問題に対する政府の取り組みは限られた成功しかおさめてない．

スーダン経済は圧倒的に農業と牧畜に依存している．天水による自給農業がほとんどの地域で大勢をしめ，家畜はどこでもみられる．ダルフルからカッサラに至る地域では，雑穀，ピーナツ，ゴマの伝統的および機械化栽培が，アラビアゴムの採集とウシ，ヤギ，ヒツジ，ラクダの遊牧と共存している．この地域は，将来アラブ世界の穀倉となる農業上の潜在力を有している．

ナイル川流域の灌漑計画は，大量の商品作物を生産し，最近の資本投下の主要な対象となっている．最大のものはハルツトゥーム南方のアル・ジャジラー計画であり，ワタとコムギの他に，ピーナッツ，トウモロコシ，コメ，野菜が栽培されている．1977年に開始されたアル・ラハド計画は，ワタの生産を大きく増大することだろう．サトウキビの導入は，ハシム・アル・キルバとジュナイドで行なわれており，アル・ジャジラー南部のキナナーでは進行中である．1978年にはじまったジョングレイ運河の建設は，マラカル以南の大湿地を乾燥させ，灌漑用の水を確保し，土地を干拓することを目的としている．計画の中には，プランテーション，ウシの牧場，病気のない地帯の建設，機械化の促進，経済的基礎の改良等が含まれているが，これらはすべてアラブ諸国の資金によってまかなわれている．

工業生産は，一般的に単純な消費用品の生産と農業生産物の第1次加工に限られてきた．最近の織物，セメント，石油精製工業の発展によって，工業は首都以外の地域にひろがりつつある．1978年に石油が発見されたが，鉱業はほとんど進歩していない．不十分な交通網が経済発展を妨げている．ブル・スーダン（旧ポートスーダン）の港湾能力の限界，内陸への鉄道に対する過剰な負担，全天候道路の不足がネックとなってきた．これらの悪条件を緩和するには，大規模な道路建設，特にハルトゥームとブル・スーダン間の道路，および鉄道の活性化が必要である．長期的にみれば発展は海外援助に大きく依存してきた．綿花の市場価格の低化，深刻な貿易赤字，インフレーション，および巨額の国家負債が，新しい発展プロジェクトの縮小を余儀なくしてきたし，結局，スーダンの経済的未来は不確定であると言わざるをえない．

17年にわたる北部と南部の紛争は，北部の南部に対する経済上の軽視と，政治的ヘゲモニーへの南部の反発を根底とするものであり，スーダンの政治の最大問題であった．多額の軍事出費をともなう軍事・政治上の行きづまりは内政の不安定をもたらし，政府の転覆を導いた．新たに政権を握ったジャーファル・アル＝ヌメイリ大統領の主要な功績は，南部に地方自治を認めることによって内戦を終結させたことにある．もうひとつの積年の問題は，宗教を基盤にした諸政党，イスラム同胞団，共産党，軍部による権力抗争である．アル＝ヌメイリは，急進的なクーデターによって権力の座についたが，単一政党国家を確立する一方で着実に右よりに変化していった．彼は対立する諸党派――たとえばイスラム教セクトグループがイスラム憲法の制定を主張し，南部人がそれに反対し，左翼は社会主義社会を実現することを目ざすというような，対立する諸党派間の調和をはかりつづけなければならなかった．（※訳者註 1983年9月，ヌメイリ大統領は，イスラム法を施行して，南部との強い軋轢を生じた．1985年4月外遊中のヌメイリを追放し，サワ・エル・ダハブ将軍が政権を掌握し，民間人を含む内閣が組織された．）

国際的には，スーダンはエジプト，エチオピア，ウガンダ，チャドそしてリビアとの国境，難民，意見対立について問題をかかえてきた．しかしまた逆にこのことが，たとえばチャドの場合のようにアフリカの紛争を調停し，エリトリアの場合のように分離主義者を支援することにもなった．より広い視野にたてば，アル＝ヌメイリは親ソ連の立場から，保守的なサウディ・アラビアとクウェート，および西側諸国の側へ移ったと言える．

(G.A.H.)

エチオピア

北東アフリカで最大の人口を擁するエチオピアは，要害の地である高地を占めるキリスト教社会として長い間存続してきた．大きな文化的較差にもかかわらず，明確な国家的統一性があるのは，政治的独立の長い歴史のためであろう．

エチオピアの自然地理において優勢なのは，深い地溝帯によって分断され，周縁の低地にとり囲まれた，山地と高地の巨大な複合である．高地を西部と東部に分割している地溝帯は一連の湖を含んでいる．深い峡谷を刻む河川は，中央高地からすべての方向に流れ出しているが，主要な流れはソバト川，青ナイル川，テケゼ川によってナイル川に流入している．

気候と植生は高度の大きな変異を反映している．高温の低地は，高地のふもとの砂漠とステップからなるが，高度1500mの河谷と高地の斜面までおよんでいる．その上部には，より冷涼で湿潤な亜熱帯ベルトが2400mから2700mまで続いている．この地帯は，自然状態では発達した森林になるが，実際には牧草地と耕地を含んでいる．これより高度の高い地域はさらに湿潤な温帯地域になっており，主として草原をなしている．どの地域でも降雨は夏に集中するが，ある地域では冬の後半にも少量の降雨がある．

農業の環境として恵まれているため，中央高地は高い人口密度を有している．エチオピアの全人口の90％は村落部に居住し，ほとんど農民であり，散在する家族単位のコンパウンドや村に住んでいる．残りの人々はアジス・アベバとアスマラという大都市，ディレ・ダワ，デセ，ハラール，ゴンデルなどのより小規模な高地の商業町，またメセワとアセブという紅海の港町に居住している．

民族的には，エチオピアはほとんど100に近い言語を話す70以上のエスニック・グループの混合である．優勢なアムハラ族とティグレ族は全人口の3分の1を構成し，それぞれ高地の中央部と北部を占めている．ガラ族は人口の35～40％を占め，主として亜熱帯気候の中央部と南部の高地に居住する．ソマリ族は南東部に住む．そして，バントゥ（訳者注：エチオピアにはバントゥ系の住民はいない）系とナイル系の諸集団が各地に散在している．ほとんどのアムハラ族とティグレ族，およびガラ族の一部はエチオピア正教会に属しているが，ほとんどのガラ族とソマリ族，および辺境に居住するその他の人々はイスラム教徒である．他の多くの人々は伝統的宗教を信仰している．

エチオピアは，2000年にわたって国家としての存在を連綿と保ってきた．アラビアのセム人の子孫が，前3世紀に北東部のアクスムに帝国を建設した．キリスト教に改宗したアクスム帝国は，9世紀以降イスラム教の拡大に抵抗したが，11世紀以前に崩壊してしまう．ほぼ一千年にわたるキリスト教徒とイスラム教徒の王の間の絶え間ない抗争は，エチオピアを無政府的

北東アフリカ

な政治的混乱におとしいれた．17世紀には，帝国は小さな諸王国に分裂し，19世紀の中頃まで地方分権化と内戦が続いた．

1885年以降，政治的再統合，領土拡大，エジプト・スーダン・ヨーロッパによる侵略への抵抗という関連した歴史的過程が，エチオピア帝国の再編に断続的に作用した．1889年以降，皇帝メネリク二世によって，近代化と失った地域を回復するための努力が行われ，それは，地方勢力とヨーロッパ勢力によってエチオピアの自治権が認められた時に頂点に達した．皇帝ハイレ・セラシェによる再編と近代化の初期の試みは，1935-41年にわたるイタリア軍の占領によって中断された．その後1952年に国連は，旧イタリア領土エリトリアとエチオピアとの連邦制を認めたが，それがのちに大きな混乱をもたらした．1960年にハイレ・セラシェは，エリトリアを帝国の一部に併合した．1960年代中期には，エリトリアの抵抗は民族主義運動に変化した．1960年代を通じて，ハイレ・セラシェの支配に対する国内の政治上の反対は増大し，60年代の終りには不成功に終ったクーデター，学生運動，労働者のストライキのために，彼の政治的権力は弱まりつつあった．

エチオピアは開発途上諸国の諸特徴の多く——自給自足経済が優勢なこと，工業の未発達，自国資本の少なさ，分化していない輸出品目——を体現している．経済成長率はアフリカの標準をかなり下回っている．農業と牧畜は国民総生産の半分を占め，全人口の90％を養っている．農業はほぼ完全に天水に依存しており，主要な作物はコムギ，オオムギ，モロコシ，雑穀，トウモロコシ，およびテフである．コーヒーは最も価値のある輸出作物であり，全輸出額の4分の3を占める．コーヒーに続くのは油脂作物と豆類である．農民の生産性は，単純な技術，不十分な施肥，不十分な輸送手段，小規模な農地，不在地主による収奪的な土地所有，市場設備の欠如，信用取引きの限界等のために向上をさまたげられてきた．1975年の変革によってすべての農地は国有化され，利用農地の広さも制限された．エチオピアには多くの家畜，特にウシがいるが，それらから得られる商業的利益は限られている．

製造業はほとんど発達してない．農業生産物，特にワタの加工が主要な工業活動であり，次いで軽工業による消費財生産がさかんである．ほとんどの工業は，アジス・アベバとアスマラ地域で営まれている．鉱産資源は埋蔵をほとんど知られてないし，採掘もほとんどされてない．水力発電は若干行われている．地勢のために交通はとどこおっており，広大な地域が，鉄道や全天候道路，あるいは季節的な道路によってさえも到達できないまま残されている．主要な道路はアジス・アベバから地方に放射状にのびているが，そのほとんどは国境まではとどいてない．鉄道はアスマラとメサワ港，アジス・アベバとジブチを結んでおり，後者は外国貿易のほとんどを担っている．戦争のために政府の財政と計画は破綻し，発展プロジェクトは短縮され，貿易はひどい打撃をこうむった．

今日のエチオピアの政治は，1974年の帝国から社会主義国家への変革を中心に展開している．皇帝は軍隊によって権力の座を追われた．1975年には，軍部は帝制を廃止して社会主義国家を創設した．権力を握って以来，軍事評議会（デルグ）は不毛の権力闘争にあけくれ，結局メンギスツ・ハイレ・マリアム大佐が最高指導者となった．1977年と78年には国内不安が特に暴力的形態をとって噴出し，対立し競合する諸党派が事件をおこすなかで，暗殺と虐殺が続いた．デルグは支配地域の中で，農業改革，国有化，農民の協同化を押し進めた．

分裂的な国民性と国境線の問題は依然として続いている．ソマリアが領土的正当性を主張しているオガデン地方における分離主義者の活動が，1977年にソマリ軍の全面的な介入を招くに至った．ソ連とキューバの支援を得たエチオピアが優勢であるが，今なおゲリラ活動は続いており，1970年代中期にはエリトリアの反乱が全面戦争に発展した．最初の民族主義的な軍事・政治組織であったエリトリア解放戦線を受け継いだ，マルクス主義的なエリトリア人民解放戦線は，ソビエトとキューバの支援の下に，エチオピアが1978年の後半にほとんどすべての町からかれらを駆逐するまでは，エリトリアのほとんどの地域を占領していた．エリトリア人は今でも地方を支配下においている．他の地域でも，民族主義運動は軍事的抵抗の形態をとないで，自治の獲得へ向けて闘っている．

ハイレ・セラシエ治世下の資本主義世界との密接な結びつきから，マルクス主義への転向と平行して，エチオピアは社会主義諸国の陣営に加わった．ソ連とキューバは，かつてアメリカが占めていた最重要同盟国の地位にとってかわり，経済・軍事上の援助を与えている．

(G.A.H.)

ジブチ

公式国名
ジブチ共和国

面　積
21,783km²

独　立
1977年6月27日

植民地時代の状態と名称
フランス植民地；ソマリランド；1967-77年
フランス海外州アファル・アンド・イッサス

人　口
81,000人（1977推計）；300,000人（1979推計）

年人口増加率
2.3％（1979推計）

首　都
ジブチ

首都の人口
62,000人（1974推計）；110,000人（1979推計）

公用語
ソマリ語，アファー語，フランス語；アラビア語

国民総生産（USドル）
1人あたり1937ドル（1975国連推計）

通　貨
1ジブチ・フラン＝100サンチーム

ジブチ

エチオピア，ソマリと国境を接するジブチは，紅海の南の入口という要衝に位置している．国土の自然地理の中核となっているのは東アフリカ大地溝帯の一部である三角形の沈下地であり，そこは複雑に分断された火山性高地，沈下した平原や湖によって特徴づけられている．ジブチはほとんど砂漠である．気温は高く，降水量は少なく不安定であり，湖は塩湖である．植生は季節的な草本，ソーン・ツリー，および散在するヤシから成っている．

人文地理学的にみると，ジブチの国土では，首都のジブチとその港，およびアジス・アベバを結ぶ鉄道が優越的地位を占める．民族的には2つの異なる集団があり，それぞれ人工的な国境を越えて他の集団と関係している．その2つとは，ソマリ族とアファル族である．人口の半分を占める遊牧民の広範囲にわたる移動は，全人口を季節的に増加させたり，減少させたりする．残りの人口はジブチか小規模の町，オアシスに居住している．この人口はソマリ族とアファル族がほぼ半々ずつある．少数のヨーロッパ人とアラブ人もい

る．ジブチ人の大半はイスラム教徒である．

この海岸地方に対するフランスの関心は1859年にさかのぼる．1896年にはフランス領ソマリランドの境界が確立された．フランスのエチオピアとの友好関係にもとづき，1897年から1917年にわたって鉄道建設が行われた．この植民地は1957年から徐々に自治権が認められはじめ，1967年には当時有力であったアファル族がフランス海外州としてフランスとの関係をつづけることを決議した．

国民経済はジブチ港を経由した貿易に依存している．それは通常エチオピアの貿易の約半分を扱っている．港湾関係の仕事が主要な雇用源である．他の地域では，人々は牧畜に依存しているが，オアシスでは小規模な農業も営まれている．フランスとサウジ・アラビアが財政上の援助を行っている．

1977年に至るまで，ジブチの政治はフランスの政策決定を軸として動いており，最初は植民地的つながりが継続され，ついで1977年6月に独立が認められた．国内的には，アファルとソマリとの対立が続いている．これはほとんどのソマリ族がソマリアとの合併を望んでいるためだが，自国の主要な貿易路におけるエチオピアの関与が，これまでのところのその動きを押えている．

(G.A.H.)

ソマリア

三角形のくさび形をした，乾燥・非生産的な地であるソマリアはアフリカの角に位置する．ソマリアはインド洋に面し，ジブチ，エチオピア，ケニアと国境を接している．貧困，民族統一主義，および戦略的位置がソマリアの地理の特徴である．

北部と北東部には少しばかりの山地があるが，ほとんどの国土はエチオピアから南東にむかってゆっくりと傾斜している特徴のない低い高地からなっている．気候の特徴としては，モンスーン，高い気温，乏しく不規則な降雨等が顕著である．乾ばつはくり返し発生する．全体的に降雨量は少ないが，南へいくにつれて増加し，南部では年間330mmを超える．サヴァンナの主要な植生は灌木と草地であり，高地と南部ではより稠密になる．地表水の恒常的な不足はどこでも問題であるが，南部ではエチオピア高地から水を集めるシェベレ川とジュバ川が流れ，一年中水が絶えることはない．

低い人口密度は，遊牧的・半遊牧的な人々が多いことを反映している．定着農耕民と都市民は全人口の4分の1を占めるにすぎない．ハルゲイシャを除けば，すべての主要な町は海岸に位置している．そのなかではモガディショだけが人口10万人を超える．人口の98％を占めるソマリ族は，クシュ系の言語を話し，比較的同質な宗教（イスラム教）と文化をもっている．しかし，クランに対する忠誠のせいで分裂することもしばしばである．きわめて民族主義的であるソマリ族は，人工の国境によって切りはなされた多くの同胞を単一の国民国家に組み入れようとたたかいつづけてきた．

ソマリ族は最初，西暦1000年ごろに北部海岸に侵入し，その後900年にわたって断続的に南方のタナ川までひろがった．その過程でかれらは，先住者であるバントゥ系の人々とガラ族を駆逐した．ある種の統合があったにもかかわらず，エチオピアとの長大なフロンティアに至るまで，西方にひろがる広大な不毛の土地に連続して居住する人口の中に，単一の文化的国民を確立することがソマリ族の基本的プロセスであった．

帝国主義ヨーロッパ諸国のソマリアに対する関心はおたがいに競合しており，19世紀の最後の四半世紀には，フランスはジブチ周辺の権益を確定し，イギリスは北部を支配下に置き，イタリアは南部を植民地化するに至った．イタリアはその領土で農業を振興させようとしたが失敗した．イギリスはその保護領に対して関心をはらわなかったが，1941年にはイタリア領ソマリランドを支配下に収め，行政サーヴィスを拡大した．1949年には国連が旧領をイタリアに10年間委任し，独立の準備をすることになった．

ソマリ民族主義に対応するには経済的基盤が弱く，植民地的伝統も異なっていたにもかかわらず，イタリア領とイギリス領は1960年7月にソマリ共和国として合併・独立した．統合への推移の困難さを調整するため，新政府はすべてのソマリ族の自決権の原理を隣国の人々に強制した．やがて，腐敗の増大，政治の分裂，および他の諸問題が1969年10月21日に無血軍事クーデターをひきおこすことになった．最高革命評議会は，国名をソマリ民主共和国と改名し，モハメド・シアド・バレを社会主義国家の元首にすえた．

低開発国であるソマリアの経済は，牧畜と農業，および家畜，バナナ，皮革の輸出に依存している．ほとんどの地域で家畜飼養はさかんであり，北部ではヤギとラクダが，南部ではウシとヒツジが飼養されている．比較的高度な農業は，南部の諸河川沿いに集中している．バナナとサトウキビが主要な換金作物である．漁業は海岸の少数の人々が営んでいるにすぎず，鉱産資源の知識と利用は初歩的な段階にとどまっている．皮革加工業と消費物資生産の軽工業は存在するが，工業部門は主として食品加工からなっている．1970年代における発展計画の主要な目標は，食糧供給，とくに穀物と砂糖の自給であった．交通は長い南北道路の完成（1978年）とモガディショ港の近代化によって改善された．しかし乾ばつ，洪水，インフレーション，戦争，そして増大する外国借款のため，経済は混乱におちいっている．

1969年以来，ソマリアは地域的条件に適応した社会主義社会の建設にむかっている．上からコントロールされているが，地方評議会と労働者管理委員会への大衆の参加が強調されている．すでに国有化されたのは病院，学校，銀行，電力，輸送，貿易，土地等である．部族主義は着実に克服されつつある．1972年には修正されたローマ字が採用され，ソマリ語が公式の文字媒体となった．1976年に結成されたソマリ社会主義者革命党が，最高革命評議会にとってかわった．しかし，1978年にはシアド・バレ大統領は政府に対する最初のクーデターを乗り越えねばならなかった．

1970年代を通じて深刻な領土紛争が，ソマリ族が居住している隣国の地域をめぐって続けられた．主な対立はエチオピアのオガデン地方をめぐるものであり，そこでは分離主義者の運動が1977年にはほとんどの地域を支配していた．ソマリによる直接の軍事介入は，ソ連とキューバのエチオピアへの強力な援助を招き，それが1978年にエチオピアの勝利をもたらした．しかし地域的なゲリラ活動は続いている．ソ連のエチオピアに対する支援は，ソ連の同盟相手であったソマリアの恨みをかうことになった．両国の関係は崩壊し，ソ連人は1977年11月に追放された．ソマリアが戦略上の要地にあるため，現在アメリカその他の西側諸国とアラブ諸国が，かなりの政治的支援とある程度の物質的援助をソマリアに与えている．

(G.A.H.)

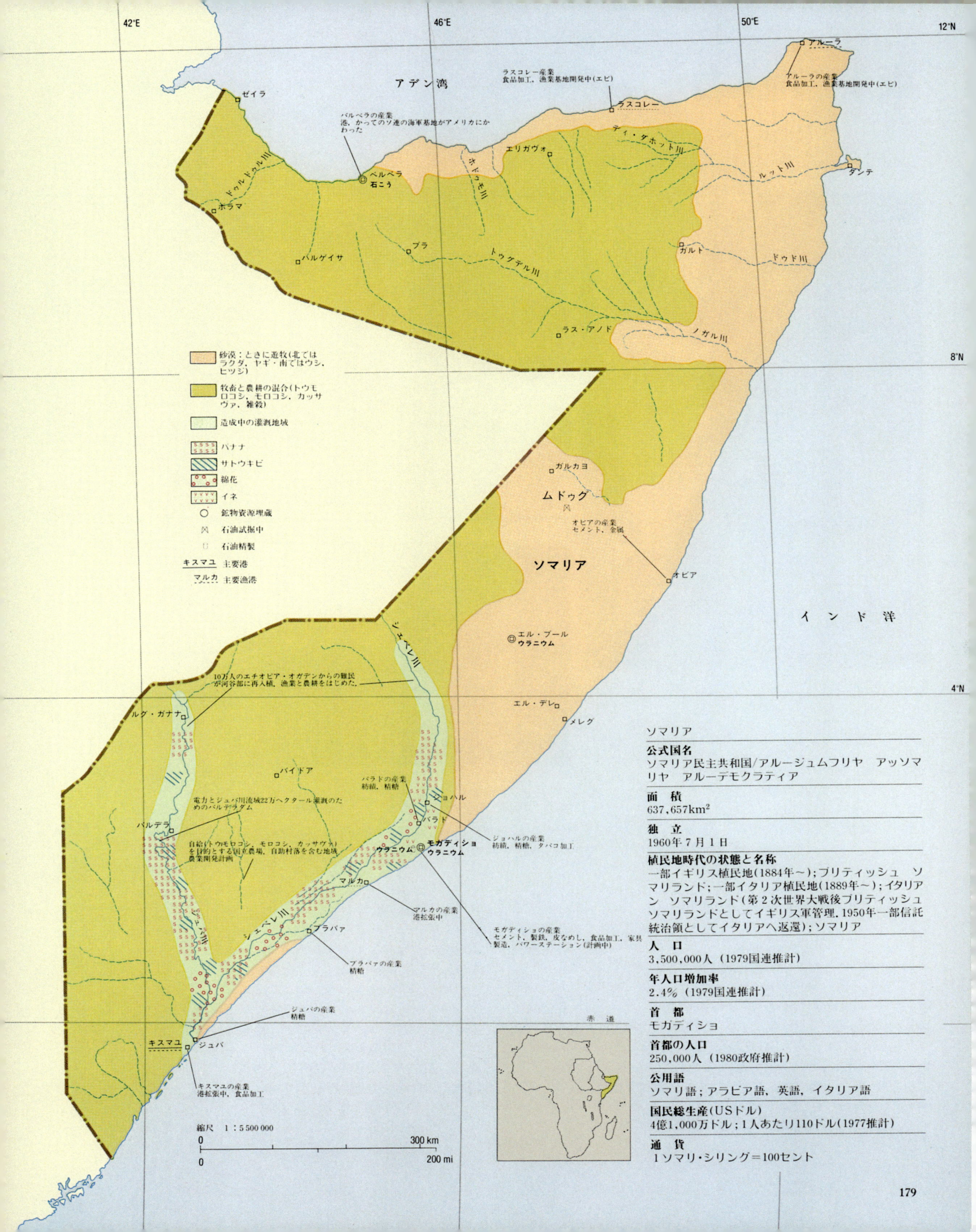

ソマリア

公式国名
ソマリア民主共和国／アル－ジュムフリヤ　アッソマリヤ　アル－デモクラティア

面積
637,657km²

独立
1960年7月1日

植民地時代の状態と名称
一部イギリス植民地(1884年～)；ブリティッシュ　ソマリランド；一部イタリア植民地(1889年～)；イタリアン　ソマリランド(第2次世界大戦後ブリティッシュ　ソマリランドとしてイギリス軍管理．1950年一部信託統治領としてイタリアへ返還)；ソマリア

人口
3,500,000人（1979国連推計）

年人口増加率
2.4%（1979国連推計）

首都
モガディショ

首都の人口
250,000人（1980政府推計）

公用語
ソマリ語；アラビア語，英語，イタリア語

国民総生産（USドル）
4億1,000万ドル；1人あたり110ドル(1977推計)

通貨
1ソマリ・シリング＝100セント

地図凡例：
- 砂漠；ときに遊牧（北ではラクダ，ヤギ・南ではウシ，ヒツジ）
- 牧畜と農耕の混合（トウモロコシ，モロコシ，カッサウァ，雑穀）
- 造成中の灌漑地域
- バナナ
- サトウキビ
- 綿花
- イネ
- 鉱物資源埋蔵
- 石油試掘中
- 石油精製
- キスマユ　主要港
- マルカ　主要漁港

縮尺 1：5 500 000

東アフリカ

左上 東アフリカ近海の島であるザンジバルは，西洋人旅行者の内陸部への玄関口であり，19世紀を通じて重要な奴隷市場であった．1820年代以降，オマーン王朝はここを首都と定め，ザンジバルからイスラム文化・スワヒリ語が内陸部へと拡大していった．

上 東アフリカの灌木性の平原は，さまざまな種類の野性動物たちの故郷であり，各国は観光事業に力を入れてきた．今日では狩猟は非合法なものとなっているが，組織的な密猟があとを断たない．

左 11月から1月にかけて吹く北東季節風にのって，ペルシア湾やインドから東アフリカにやって来た船が，4月になると南西季節風にのって再び北へもどっていく．いく世紀もの間，ダウとよばれる帆船が，ペルシア湾と東アフリカの港を結ぶ交易にたずさわってきたが，沿岸部ではさらに小さな船による交易も行われていた．

　東アフリカは，植民地時代を通じて政治的・地理的に重要な地域として考えられてきた．第1次世界大戦の終りから1960年代はじめに独立が認められるまで，ケニア，ウガンダ，タンガニーカとザンジバルは，イギリス植民地統治下におかれていた．この地域では，程度の差はあるが英語とスワヒリ語が教えられ，話されている．

　小国ながら人口稠密な国であるルワンダとブルンディの二国は，中西部アフリカと一層緊密な関係にあると考えられる．この二国は，第1次世界大戦の終りまで（タンガニーカと同様に）ドイツ統治下にあったが，その後コンゴとともにベルギーの信託統治領となり，他のフランス語圏とともにフランス語を使用するようになった．しかし，ウガンダ南部やタンガニーカ西部の大湖地方の諸王国と関係があり，そのためイギリス領と地理的に結びついていたので，その影響が王立裁判所や封建制度に強くあらわれていた．ほとんどの地域ではもっと小規模な社会を構成していた．高地農耕民や大草原の牧畜民は，首長とよばれるような指導者なしに，長老会議のもとで紛争を解決したり儀礼を行ったりした．

　ケニアの大部分と大地溝帯にそって中部タンザニアに至る地域には，言語的には異なるが，多くの特色ある文化特性を共有しているさまざまな部族が生活している．若い男女の成人儀礼は最も注目されることであり，男性には割礼が，女性にも同様な外科的施術が行われる．割礼をすませた男性は名前のついた年齢集団にはいり，以前には戦士として行動した．

　東アフリカのきわだった特徴の最後にあげられることは，沿岸部と沖合の島々とに，アラブ人が長い間住み続けてきたことと，かれらがイスラム教とイスラム文化の普及に影響を与えてきたことである．インド亜大陸からの商人や職人，ヨーロッパからの農場主や実業家が定住するようになったのはごく最近のことだが，これはまた独立の時代においてもなお続いている東アフリカの特色を物語っている．

30°E
35°E
40°E
0°
赤道
5°S
10°S
ウガンダ
ケニア
タンザニア
ルワンダ
ブルンディ
トゥルカナ湖
チャルビ砂漠
グル
アスワ川
ヴィクトリア・ナイル川
カバレガ滝
クワンジャ湖
モブツ湖
アルバート湖
キョガ湖
エルゴン山
4321
ムバレ
チェランガニ丘陵
カンパラ
エンテベ
ジンジャ
ジョージ湖
エドワード湖
ヴィクトリア湖
キスム
エルドレット
ナクル
ケニア山
5199
ティカ
ナイロビ
カゲラ川
ブコバ
カバレ
キガリ
キヴ湖
ブジュンブラ
ムワンザ
マラ川
ナトロン湖
キリマンジャロ山
5895
メル山
4565
マニャラ湖
エヤシ湖
ガラナ川
タナ川
マリンディ
モンバサ
インド洋
マサイステップ
ウサンバラ山脈
タンガ
ペンバ島
ザンジバル島
ザンジバル
ワミ川
ダルエスサラーム
キゴマ
タボラ
ドドマ
マラガラシ川
ウガラ川
マハリ山脈
タンガニーカ湖
ルングワ川
ルクワ湖
グレートルアハ川
ウルグル山脈
ルフィジ川
マフィア島
キロンベロ川
ルウェグ川
マタンドゥ川
ムブウェンクル川
ムフウェシ川
ルヴマ川
マラウィ湖
ルングウェ山
2959
3000m
2000m
1000m
500m
200m
0
2959 標高（m）
国境
主要道路
主要鉄道
国際空港
季節河川
湿地
縮尺 1：7 000 000
0
400 km
0
300 mi

東アフリカ

左上 東アフリカ沿岸ぞいの多くの考古学的遺跡の中には、いわゆるシルクロードを経由して、沿岸部と中国が交易を行っていたことを示す形跡がある。ダル・サラームの北25kmにあるクンドゥチ遺跡では、18世紀につくられた墓柱に、明朝末期の中国製の皿がはめこまれている。

右上 牧畜マーサイ族は、東アフリカの草原の戦士として知られ、ふつうは黄褐色の布をまとい、編んだ髪をうしろでたばねており、ヨーロッパ人入植の初期のころから、ウシの放牧場の牧夫として働いているものもあり、かれらは伝統的な耳飾りを守りながらも、レインコートと山高帽子を身につけるようになった。

上 サイザル麻は、ケニア、とくにタンザニアでは長いあいだ重要な輸出作物であった。植民地時代には、ヨーロッパ人の会社が所有するプランテーションでおもに栽培、加工が行われていたが、アフリカ人の農夫たちは、いけがきのかわりにサイザルを植え、それは、女たちがかごや敷物をつくるのに広く利用された。

右 遊牧民のソマリ族は、長い年月をかけてケニアの北東部一帯を自分達一族で占めるようになっていった。かれらのケニアでの生活様式は、ソマリアにいたときと同様であり、ラクダなどの家畜が水を飲むのに都合のいい井戸や水たまりを中心に展開されている。

東アフリカ

左端　茶は，長年にわたりケニアでは大切な換金作物であったが，以前は大農園でしか栽培されなかった。近ごろではムランガやニェリのような標高の高い地方でも，アフリカ人農夫が自分の畑で茶を栽培したり，加工のために共同所有の茶工場へ搬送することが行われるようになった。

左　南西ウガンダのアンコーレ族は，独特の長いツノをもったくさんのウシを所有し，その乳と肉を大切にしているが，ウシはまた富と地位の象徴として大変重要な役割を果たしている。

東アフリカ

ケニア

　近代国家としてのケニアの起源は植民地領土としての存在にある．アフリカ人の諸社会は，さまざまな面で非常に異なっており，これらをひとつに結びつけるような王国は存在しなかった．ザンジバルのスルタンは，沿岸部のアラブ人が優勢な諸都市にある程度の支配権を行使していたが，これは沿岸から少し内陸へはいったバントゥ系アフリカ人にさえほとんど拡張されることはなかった．

　ケニアの自然地理では，赤道付近の緯度よりも標高がいつも重要な要素となっている．せまい沿岸地帯の外側には，とげのある灌木が生育するサヴァンナで，野生動物の棲む地域が幅広い帯状をなしていて，その北部は半砂漠になっている．南部では土地がしだいに高くなり，ケニア中部の山麓で約 1600 m の高度をもつ．西部のヴィクトリア湖岸部，インド洋沿岸地帯では十分な降雨量があるので，高度な集約農耕を行うことができるが，高原地帯ではその可能性は限られてしまう．自給自足的牧畜に従事する地域がいたるところで見うけられる．このため諸社会はいく世紀にもわたり，乾燥した海に肥沃な島を求めて戦ってきたのである．

　ケニアはヨーロッパ人が侵入してくるかなり以前から移住の通路であり，非常に多様な言語的・人種的起源をもつ人々が高原地帯や大湖周辺で出会い，混血した．あとからやってきた人々が先住民と入れかわったり，また，ある程度同化することもあった．高原地帯では，こうした先住民はクシュ系の人々であったようだ．というのは，バントゥ語系とナイル語系の二つの後続の社会は，きわだったクシュ系の特性（円環的年齢組織のような）を多く示しているからである．これらの社会はすべて，政治的には小規模に組織され，その社会ごとに固有の権威者がいた．しかし 19 世紀には，宗教的指導者，遠隔地交易に成功した商人，戦争指導者らがかれらの影響力を拡大し，より広い範囲の権威を築きはじめた地域があった．植民地侵入は，この過程を急に終えることになったが，そのため北東部のソマリ族の例のように，移住が制限されたり，停止されたりした．

　ケニアに対するイギリスの関心は，はじめはザンジバルと沿岸部の港との関係から生じたが，のちにはウガンダとの関係およびドイツの領土的野心を制限する必要が主となった．ウガンダ鉄道の建設（1904 年にキスムまで開通）と，それに関連しての農場主，実業家などの白人入植者やインド人の職人，商人の到来は，植民地ケニアを特徴づけている複雑な相互作用や，競争心のための舞台を整えることになった．アフリカ人が最も好ましいと考える地域は，新しくやってきた人々が切望する地域でもあった．インド人移住者は，非常に厳しい制限があって法的に土地所有者となることが妨げられていたが，広大な農地が白人の農場とプランテーションのためにとりあげられ，牧畜マーサイ族はヨーロッパ人所有の牧場に空地を提供するために，強制的に移動させられた．

　小規模なアフリカ社会は侵入者に対して集団で抵抗するような備えをもっていなかったが，「和解」にいたるまでに費された武力や時間は相当なものであった．農耕民の多く，特にキクユ族は，すでに土地不足に苦しんでおり，その上白人農民の土地とりあげによっていっそうそれが促進され，そのためヨーロッパ人の農場で労働者や借地人として仕事につくことを余儀なくされた．農耕民を中心に多くの人々が，キリスト教会がつくった新しい学校に通い，新しい社会での雇用の手段（限られてはいるが）を拓く教育を受けた．その他の人々，特に牧畜民は相対的にほとんど変化することなしに，伝統的な生活様式を守り続けることができた．

　白人入植者とインド人は，まもなく政治への参加を要求し，1920 年代までにはいくつかのアフリカ人グループも政治的要求を出していった．キクユ族やルオ族では，まだナショナリストとよべるような意識まで高まらないまでも，広い意味での民族的アイデンティティのもとで行動する社会が形成されていた．1929 年に，キクユ中央連合は，土地に対する要求を植民地政府に提示するためにイギリスに代表を送った．その名はジョモ・ケニヤッタである．かれは 20 年近くイギリスにとどまることになった．

　これに先立つ 1923 年，イギリス政府は「ケニアはアフリカ人の領土であり，原住民の利権は，いかなるものにもまさる」と宣言することによって，内政自治に対する白人入植者の希望を打ち砕いた．このようにヨーロッパ人の願いを制限せねばならなかったのは，主にインド人の要求を抑制する必要性があったためである．1944 年に 1 人の候補者が指名されるまで，アフリカ人は立法議会に直接代表を送ることはなかった．

　これはあまりに少なく，またあまりに遅すぎた．土地と労働の問題，人口増加と期待の増大，深刻な土地侵食，都市の失業率，白人入植者の非協力的態度と，かれらが押しつける「狭量なアパルトヘイト」は，事態を危機に追い込むことになった．1947 年に，ジョモ・ケニヤッタがもどり，ケニア＝アフリカ人同盟（KAU）の総裁になったが，キクユ族は組織上の変化へむけて徐々に進んでいこうとはしなかった．1950 年代はじめに暴動がおこり，政府は 1952 年に非常事態宣言を出した．そしてそれは 1960 年になるまでついに解除されなかった．ヨーロッパ人やアジア人も殺されたが（軍人を含め 100 余名），犠牲者の中心となったのはキクユ族自身であった．防衛軍によって殺された者のほかに，何千人もの人々が内戦で殺され，さらに何千人もの人々が拘留されることになった．紛争の原因は白人に譲渡された土地をとりもどそうとしたことだけでなく，土地所有についての内部的対立にあったようだ．ケニヤッタと KAU の指導者たちは，いわゆるマウマウの運動を指揮しているとして裁判にかけられ有罪となった．しかし，ケニヤッタを巻き込んだこの事件は十分に立証することができず，1961 年に拘留を解かれたあと，かれは聡明で節度ある指導者となった．1963 年，ケニアは平和裡に独立が認められ，ケニヤッタは首相に就任した．翌年共和制が宣言されるとかれは大統領になり，2 度の再選を経て他界するまで政務を担当した．

　独立以来ケニアは比較的安定し，しだいに繁栄していく国家として続いてきた．ケニアはその経済成長率（1964-74 年の 10 年間で 6.2 % と推定される）のため，アフリカの指導的国家のひとつになっている．特に注目されるような鉱物資源はないが，さまざまな農産物や工業製品は，重要な観光産業とともにこれからも引き続いて成長していくことと思われる．西側の資本投下は継続して行われている．

　過去にクーデターが起こったわけでもなく，長年にわたり自由選挙が行なわれてきたのだが，近ごろでは選挙に際し，候補者は与党（ケニア＝アフリカ人民族同盟）からだけに限られ，野党は禁止されてきた．1969 年と 1975 年には，指導的立場にある政治家が思いもかけない状況であいついで殺害され，また多くの政治家の事故死は疑惑を生じさせた．豊かさはしだいに増してはいるが，とても経済成長の国際的水準には達していない．汚職が増えているといわれ，土地所有にまつわる昔からの問題も依然として未解決のままである．以前に白人が所有していたホワイト＝ハイランドの大部分は，所有者がケニアのアフリカ人にかわった今でも，依然としてごく少数の人々の手中にある．1976-77 年における東アフリカ共同体の崩壊や，ウガンダ・タンザニア両国との気がかりな関係は，さらに多くの難しい問題があることを示している．

　しかし，1978 年 8 月にケニヤッタ大統領が亡くなった時には，新大統領の選考は遅滞なく憲法に従って行われた．副大統領ののダニエル，アラップ・モイは，大統領代理として宣誓を行い，のちに政権を担当した．かれは 1979 年末の選挙の時，多くの地位ある政治家が落選した中にあっても，選挙民の支持を得ることができた．ケニアは国家としての最初の大きな試練をくぐりぬけ，現代のアフリカにおいて，自由と継続的発展の可能性を示す道へさしかかったようである．　(J.M.)

ケニア

公式国名
ジャムフリ・ヤ・ケニア（ケニア共和国）／ケニア

面積
582,600 km²

独立
1963 年 12 月 12 日

植民地時代の状態と名称
1895-1920 年イギリス植民地および保護領：東アフリカ保護領：1920-1963 年直轄植民地および保護領：ケニア

人口
10,942,708 人（1969 統計）；15,400,000 人（1979 国連推計）

年人口増加率
3.6 %（1979 国連推計）

首都
ナイロビ

首都の人口
509,286 人（1969 統計）；776,000 人（1977 推計）

公用語
スワヒリ語；英語

国民総生産（US ドル）
39 億 1000 万ドル；1 人あたり 270 ドル（1977 推計）

通貨
1 ケニア・シリング＝100 セント

ケニア（東アフリカ）

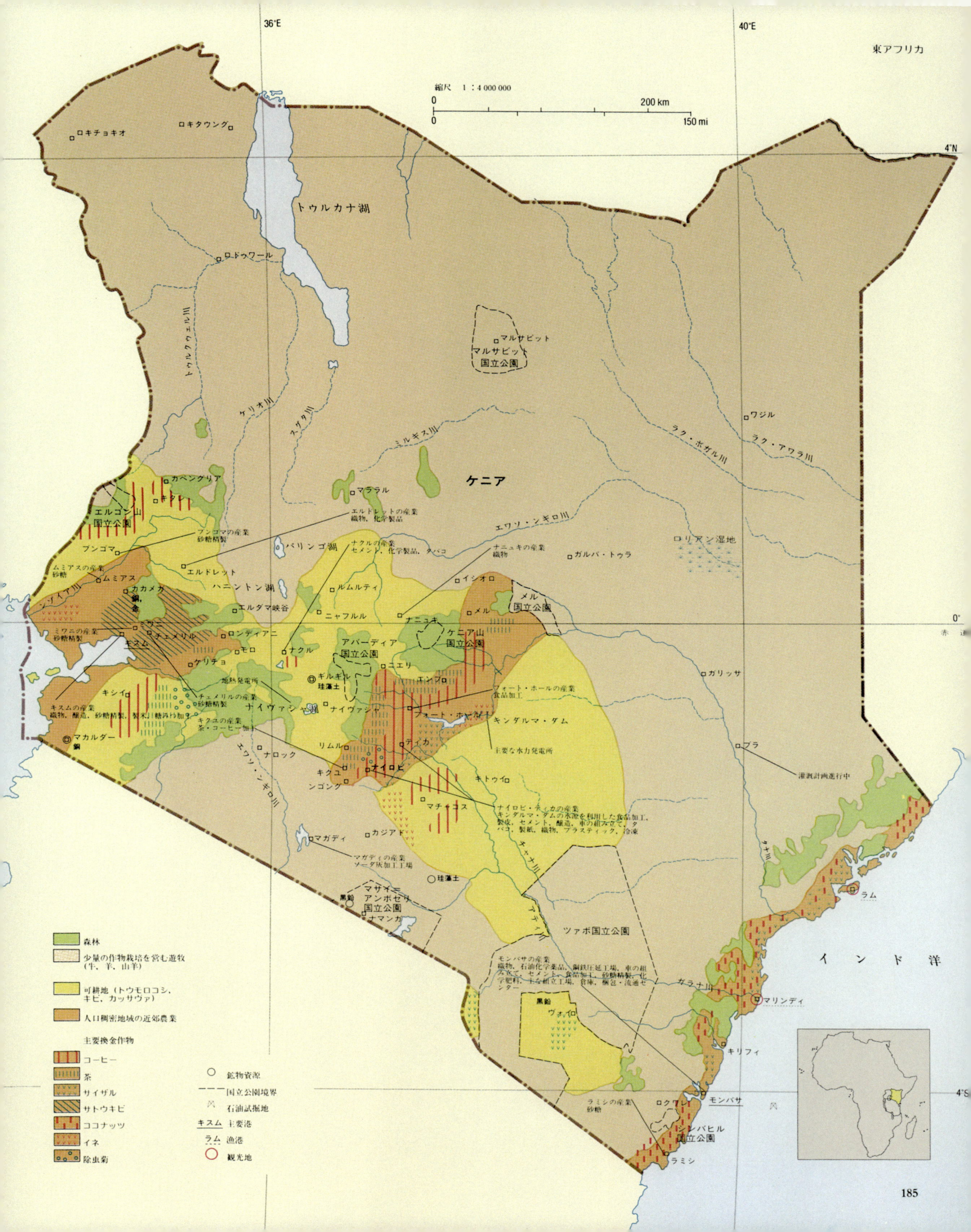

縮尺 1:4 000 000

凡例

- 森林
- 少量の作物栽培を営む遊牧（牛，羊，山羊）
- 可耕地（トウモロコシ，キビ，カッサヴァ）
- 人口稠密地域の近郊農業

主要換金作物
- コーヒー
- 茶
- サイザル
- サトウキビ
- ココナッツ
- イネ
- 除虫菊

- ○ 鉱物資源
- ---- 国立公園境界
- ⊗ 石油試掘地
- キスム 主要港
- ラム 漁港
- ○ 観光地

主な地名

トゥルカナ湖、ロキチョキオ、ロキタウング、ロドワール、マルサビット、マルサビット国立公園、ワジル、ラク・ボガル川、ラク・アワラ川、ケリオ川、スグタ川、ミルギス川、エワソ・ンギロ川、ロリアン湿地、カペングリア、キタレ、エルゴン山国立公園、ブンゴマ、マララル、エルドレット、ナクル、ナニュキ、ガルバ・トゥラ、ムミアス、カカメガ、バリンゴ湖、ハニントン湖、イシオロ、メル、メル国立公園、キスム、ワニ、チェメリル、エルダマ峡谷、ルムルティ、ニャフルル、ナニュキ、アバーディア国立公園、ケニア山国立公園、ケリチョ、モロ、ナクル、ギルギル、ナイヴァシャ、ナイヴァシャ湖、ニエリ、エンブ、フォート・ホール、キンダルマ・ダム、ガリッサ、キシイ、マカルダー、キクユ、リムル、ティカ、キトゥイ、ブラ、ナロック、ンゴング、ナイロビ、マチャコス、マガディ、カジアド、マサイ・アンボセリ国立公園、ナマンガ、ツァボ国立公園、ヴォイ、モンバサ、キリフィ、マリンディ、ラム、タナ川、ガラナ川、シンバヒル国立公園、ラミシ

インド洋、赤道

36°E　40°E　4°N　0°　4°S

200 km / 150 mi

東アフリカ

ウガンダ	
公式国名	ウガンダ
面積	241,139km²
独立	1962年10月9日
植民地時代の状態と名称	1893—1962年イギリス保護領：ウガンダ
人口	13,200,000人(1979国連推計)
年人口増加率	3.5%(1979国連推計)
首都	カンパラ
首都の人口	330,700人(1969推計)
公用語	英語；スワヒリ語
国民総生産(USドル)	32億2000万ドル；1人あたり260ドル(1977推計)
通貨	1ウガンダ・シリング=100セント

凡例:
- 森林
- ウシの放牧地，キビ，落花生，ゴマ
- 農業地：諸作物とウシの放牧（トウモロコシ，マメ，カッサヴァ，モロコシ，バナナ）
- 主要換金作物
  - コーヒー
  - 綿花
  - 茶
  - タバコ
  - 砂糖
- ○ 鉱物資源
- ---- 国立公園境界

縮尺 1:3 000 000

ウガンダ

ウガンダの地域は，19世紀のアフリカ争奪の間に確定された．ウガンダは固有の言語的・政治的集団を幅広く含んでいる．東側の国境は，おもにケニアの大地溝帯西端の肩にある部分からなっている．周囲には火山性の山脈が連なり，エルゴン山はその最高峰である．南西にはルウェンゾリ山脈とキゲジの山々が連なっている．ウガンダは，その東西を走る3000m以上の高地にはさまれた標高1000m～1600mの広大な台地であり，台地の面積は全国土の84％を占める．これらの高地から出た水は，渦巻きのような形をしている中央部のキョガ湖と南部でタンザニアとの国境を形成している広大なヴィクトリア湖へ流れ込んでいる．アルバート湖とエドワード湖は上ナイルの集水地域となっていて，ザイールとの西側の国境を形成している．このように，ウガンダ国土の17％は湖となっている．

ウガンダの赤道付近では気候の変化がほとんどなく，気温はおもに高度に影響される．また，降雨の形態が生態と農業を規定している．カラモジャ北東部のサヴァンナ性の地域は，アンコーレ南東部のいくつかの地域と同様に，年間降雨量が760mm以下であり，牧畜と1年生モロコシの収穫に依存している．ヴィクトリア湖周辺には，年間降雨量が2000mmを越え，乾季が3カ月間つづく地域がある．しかし中・西部ウガンダのほとんどの地域では，十分な雨が規則的に降るため，バナナや換金作物のコーヒー・茶の栽培をつづけていくことが可能となっている．ウガンダ人の中で，人口1000人以上の都市に住んでいる人はわずか7％にすぎず，しかもその半数以上が首都カンパラにいる．

後1千年紀には，この地域はナイル系牛牧民とバントゥ系農耕民のるつぼであったが，14～5世紀には大湖地方の諸王国が登場した．まずはじめにブニョロが，ブガンダ・ンコーレ・トロなどに先鞭をつけたのだが，これらの諸王国はカラモジャ・ブソガ・西ナイル・テソ・キゲジなどの分権化した政治組織にくらべ，王のもとで洗練されたさまざまな儀礼を行う中央集権的王国を形成していた．19世紀までにブガンダは，諸王国の中心的存在になった．

1870年代には，ブガンダの王カバカは，ナイル川源流に対するエジプトの関心におされて，一部のイスラム化した廷臣に加えキリスト教（伝導団）を受けいれた．キリスト教徒のエリートの登場は，王と首長の間の微妙な力関係に脅威を与えていたが，1885年には受難に直面することになった．イギリス国教会派やフランスのホワイトファザース派に改宗した人々の間で生じた権力闘争は，高価な代償を支払う戦いとなり，ついにイギリス帝国東インド会社を巻き込むことになった．1893年に破産した会社はイギリス人行政官に引き渡されたが，数の上で強力なブガンダ王国は，キリスト教徒の首長のもとでウガンダ保護領で最も力のある政治組織を築きあげて存続していったのである．

ガンダ族の政治的・宗教的支配は，経済面での支配に移行していったが，それを支えていたのはルワンダからの小作人や移民労働者を使って行われた大規模な綿花プランテーションであった．1940年代に起こったカンパラでの王党派の暴動は，土地所有者に対する小農の不満の増大を示していたが，インド人とヨーロッパ人が市場を支配しているという点を除けば，ブガンダが他の保護領と一致団結する理由はなかった．こうして1950年代終りに政党が結成されたとき，ウガンダは他の地域からの分離を試みたが，結局王は，東アフリカ連合構想に対する反動のかどで，1953年から55年まで追放されてしまった．カトリック教徒のガンダ族の平民であるベネディクト・キワヌカと，かれの属している民主党が成功をおさめたあと，1961年の選挙のさいに，ブガンダの正式なボイコットに直面すると，イギリスは王国に対する連邦上の地位を承認するにいたった．

ミルトン・オボテに率いられたウガンダ人民会議と，王制を支持する狂信的カバカ主義者の集まりであるカバカ・イェッカ党は，連合して1962年10月の独立まえに保護領の民主党を打倒した．この不安定な同盟は，ウガンダ共和国の大統領カバカのもとで1966年2月まで続いた．金の密輸問題に関する投票で，オボテ政府は満場一致で有罪となり，その後憲法が一時停止されることとなった．軍隊がカバカの宮殿を襲撃し，王にかわってオボテが国家の元首となった．1967年には憲法上王国の存在が廃止され，ブガンダの権力は崩壊した．

中央集権化と近代化の過程は1969年の市民憲章，野党の禁止，および営利企業・銀行業務・プランテーションの60％を政府管轄化におく新しい国家社会主義などの形をとって続けられていた．1970年までにオボテは，国家安全システムと一党制国家によってみずからの地位を強化し，出身地である北ナイル系の地域により強い代表権を与えていった．1971年1月，幕僚長を解任された陸軍少将イディ・アミンは，オボテがシンガポールでの英連邦会議に出席して不在の折，権力を奪取した．

このクーデターはイギリスの支持を得たとはいえ，市民権を制限する法律の制定をともなうものであった．1972年1月，最初の組織的な民族虐殺が開始されたが，これは陸軍でオボテを支持していたランギ族とアチョリ族を排除するためであった．1972年2月，ルグバラ族の将校たちが殺害され，国家調査局，軍諜報部隊，公衆安全部隊および軍警察によって5万～30万人におよぶウガンダの一般国民が殺されたと推定されている．1976年7月，イギリスは外交関係を絶った．

教養あるウガンダ人の組織的殺りくは（ベネディクト・キワヌカやジャナニ・ルウム大司教の殺人事件が最も有名である），1972年8月にはアジア人の排除へとつながり，それは技術上・管理上の専門家なしのまま経済を放置することを意味した．資本流入の低下，外貨準備高の不足，輸送機関の障害，輸入の減少などの問題があいついで生じた．1973年以降，換金作物生産は年平均10～15％におちこみ，多くの農夫は自給自足の生活にもどってしまった．コーヒー（ウガンダは，かつて世界第5位の生産高を誇っていた），茶，綿花，砂糖の輸出はのきなみ破滅的減少となった．5200万シリング相当の負債が支払われるまで，ケニアが継続して供給することを拒否した1976年の時点では，200万袋のコーヒーが山積みされたままになっており，経済は数週間のうちに全滅するところにさしかかっていた．1976年には輸入が11億9900万シリングにまでおちこみ，相手国は信用貸しの便宜を提供する国に限られてしまった．

ロメ協定にもとづくSTABEX基金からの支払いは継続され，また1976年には外貨準備高が6000万ドルの水準に達していた．リビアや他のアラブ諸国からの援助にも大いに依存していたのだが，イギリスからの援助は中止された．

ウガンダ国内の崩壊を隠すために，アミンはカゲラ川までタンザニアの領土に侵入するという危険きわまりない冒険に乗り出した．ニエレレ大統領の軍隊は侵入者を撃退し，徐々にカンパラまで進撃した．1979年4月，アミンはリビアにのがれ，ウガンダ民族解放戦線（UNLF）の指導者たちは，当初ユスフ・ルレ教授に率いられていた民族評議会を結成するため亡命先からもどった．UNLF内部では派閥争いが続いており，これはウガンダの荒廃した政治・経済を再建するうえで大きな障害となっている．2～3カ月のうちに，ルレに代って臨時政府代表となったゴドフリー・ビナイサは，ウガンダ全土を覆っている無政府状態の脅威を牽制するため，タンザニア軍に頼った．立憲政府と法の支配が再び確立されるまで，ウガンダが経済再建に必要な外国援助を大規模にうける機会はほとんどないように思われる．1980年の選挙で，オボテが大統領に選ばれたことによって，再建への基盤が形成できるかもしれない．

(L.L.)

ルワンダ

ルワンダの地域は植民地以前の王国のころよりも，植民地統治の時代になって多少ひろがりをみせている．北から南へかけて，ナイル川とコンゴ川を分かつ峰がつらなり，それは西側ではキヴ湖へ，東側では起伏のある中央高原へ流れ込んでいく非対称的な分水嶺を形成している．タンザニアと接している東側の国境は約300mの高度差があり，沼沢性の湖とカゲラ川流域からなる広大な細長い土地となっている．ウガンダと接している北側の国境は，20世紀はじめには依然として活動を続けていたヴィルンガ火山帯からなっている．

中央高原では，平均気温は19℃であるが日較差は14℃におよぶ．気温の年較差はわずかであり，また年2回の雨季と乾季があり，6月から9月にかけてはまれに夕立がある程度の，ほこりっぽい時期となる．ルワンダでは丘陵，住居，バナナの木立ちが果てしなく続いており，アフリカで最も高い人口密度を示している．とくに北部のいくつかの州では，人口密度が高くなっているが，そこは肥沃な火山性の土壌にめぐまれ，伝統的に換金作物を生産してきた地域である．ルワンダ中東部周辺には50万頭を越す牛がいる．ナイル＝コンゴ分水嶺にそって人跡未踏の森があり，そこはゴリラの数少ない棲息地となっている．モロコシ，トウモロコシ，マニオク，サツマイモ，マメ，コーヒー，タバコなどがあちこちの農園やバナナのプランテーション農場で栽培されている．施肥を行い，混合栽培の形をとっているにもかかわらず，19世紀には断続的な飢饉にみまわれた．死亡や移住により人口が減少し，そのためやせて地味のおとろえた土壌の侵食や枯渇をくいとめることができなかった．

住民構成はトゥッツィ族が14％，フトゥ族が85％，トゥワ族が1％となっている．トゥッツィは，13世紀以降南東部に定住したクシュ系牧畜民の子孫である．典型的な大湖地方の国家であるルワンダは，強力な王権と軍隊を発達させてきたが，19世紀までに，社会がウシ所有者と小農とにはっきりと階層化された．ドイツが間接統治を行っていた時には，従来の政治形態をほとんど変化させないまま残したが，1916年からのベルギーの統治では，首長制の改革からはじまって，1950年代には封建制度を廃止するにいたった．しかし行政官庁への参加は，依然としてトゥッツィ族の特権であった．

1957年のバフトゥ憲章の公布は，トゥッツィ支配のお

東アフリカ

わりを意味した．国際連盟による委任統治という形で，ベルギーがルワンダを治めていた時には存在しなかったような民生的組織の建設が，国際連合の時代になると，信託統治領に対する指導が強化される中で急速に促進されていった．フトゥ解放運動党（PARME-HUTU）とルワンダ民族同盟（UNAR）が，それぞれ社会正義と民族主義にもとづいて結成された．1959年11月に起こった劇的な小農の蜂起はついにフトゥ解放運動党をたちあがらせ，グレゴワール・カイバンダの指導のもとで，1961年1月28日政権を掌握した．ギギリ・ンダヒンドゥルワ王は追放された．

ルワンダ民族同盟の支援をうけた反乱軍の急襲は，トゥツィの弾圧をもたらし，1963年おわりには約5000-8000名の死者を出した．民族的対立がしだいに高まってきていたが，1973年2月にはトゥツィを高等教育機関から排除したため，再び対立が激化した．1973年7月5日，グレゴワール・カイバンダ政府は，ジュヴェナル・ハビャリマナ将軍による無血クーデターにより解散させられた．北部地方は歴史的に旧ルワンダ王室の支配のおよばない地域であったが，今日では陸軍将校の4分の3と大臣3名をおくり出している．1975年7月には，発展のための民族革命運動（MRND）が地域主義の排除をめざす党として結成された．軍事支配が行われたことにより民族的緊張が緩和され，ザイールとブルンディに対する関係が改善され，また経済面では社会主義的傾向からはなれた自由な活動が行えるようになった．

ルワンダの経済問題は土地所有への欲求，内陸性の国土，鉄道の欠如，ベルギーへの過剰依存にある．ヨーロッパ資本の銀行が，キガリ近郊のスズ鋳造工場に3億2500万フランの融資をすることに合意していたのだが，スズ鉱石とタングステン鉱石の採掘は，4つのベルギー系の会社に握られているのが実状である．東部の人口の少ない沼沢性の平野では，台湾と中国によって開発された茶と米のプランテーションのための開拓計画が進行している．コーヒーの収穫は，この国に平均50-60億ルワンダフランをもたらし，このほかタバコ，綿花，除虫菊が重要な作物となっている．トランジスタラジオが生産され，水力発電がかなり進んでいるにもかかわらず，製造工場は未発達のままである．国家予算の4割を外国からの援助に依存している．

1977年には，タンザニア，ブルンディ，ルワンダの三国が，共同してカゲラ川流域計画に加わり，この地域の鉱物および水力発電の可能性を開発することにつとめた．キヴ湖ではすでにメタンガスの開発が進められている．カトリック教会の後援のもとでおこなわれている農業面での好ましい協力関係を築く努力は，都市化の比率を抑えることに役立っている．しかし，輸送面でルワンダが隣国に依存していることは経済成長の障害となっている．　　　　　　　　　　　　　　（I.L.）

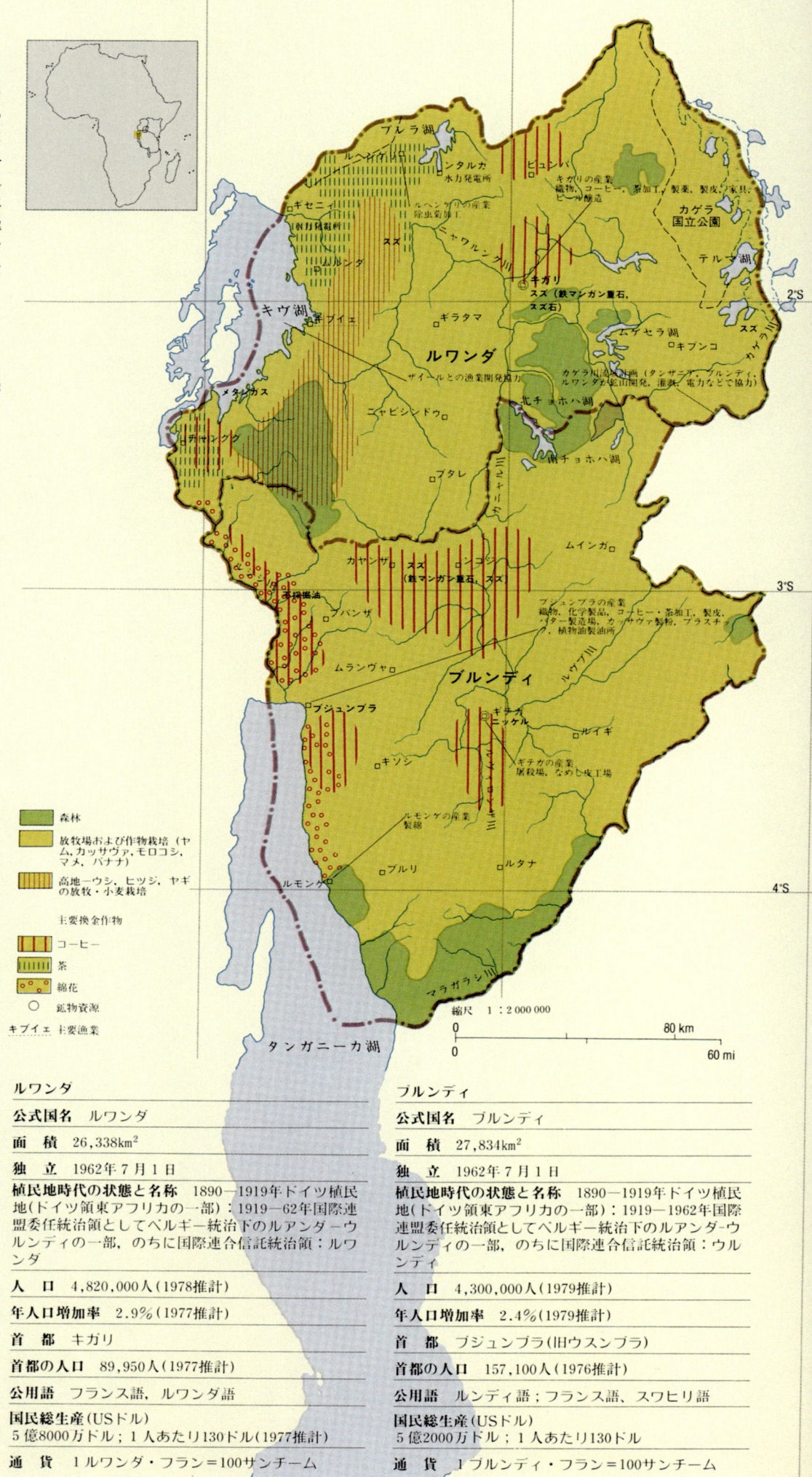

ルワンダ	
公式国名	ルワンダ
面積	26,338km²
独立	1962年7月1日
植民地時代の状態と名称	1890-1919年ドイツ植民地（ドイツ領東アフリカの一部）；1919-62年国際連盟委任統治領としてベルギー統治下のルアンダ-ウルンディの一部，のちに国際連合信託統治領：ルワンダ
人口	4,820,000人（1978推計）
年人口増加率	2.9%（1977推計）
首都	キガリ
首都の人口	89,950人（1977推計）
公用語	フランス語，ルワンダ語
国民総生産（USドル）	5億8000万ドル；1人あたり130ドル（1977推計）
通貨	1ルワンダ・フラン＝100サンチーム

ブルンディ	
公式国名	ブルンディ
面積	27,834km²
独立	1962年7月1日
植民地時代の状態と名称	1890-1919年ドイツ植民地（ドイツ領東アフリカの一部）；1919-1962年国際連盟委任統治領としてベルギー統治下のルアンダ-ウルンディの一部，のちに国際連合信託統治領：ウルンディ
人口	4,300,000人（1979推計）
年人口増加率	2.4%（1979推計）
首都	ブジュンブラ（旧ウスンブラ）
首都の人口	157,100人（1976推計）
公用語	ルンディ語；フランス語，スワヒリ語
国民総生産（USドル）	5億2000万ドル；1人あたり130ドル
通貨	1ブルンディ・フラン＝100サンチーム

ブルンディ

ブルンディの国土は、古都ギテガを中心に形成された植民地時代以前の旧王国の位置にほぼ相当する。この小国の大部分は、海抜1500－2000mのゆるやかな起伏のある台地からなり、肥沃な火山性の土壌がルワンダにつぐアフリカ第2位の高い人口密度を支えている。西側の分水嶺は北はルワンダまで、南はタンガニーカ湖まで連なる山脈を形成しており、一方タンガニーカ湖の北端は、周辺を陸地で囲まれた輸送体系に、唯一の自然の出口を与えている。南西部の湖岸では、平均気温が23℃あるが、ナイル＝コンゴ分水嶺の2000m地点では20℃まで下がる。国土全体の平均降雨量は1200mmである。

ブルンディは、自然的、政治的両要素によって近隣諸国から分離されている。タンガニーカ湖とキヴ湖に流れ込むルジジ川は、ザイールとの自然の国境を形成している。不規則な北部の国境はカニャル川に沿って続いており、ブルンディのかつての敵であったギサカ王国とルワンダ王国の前植民地時代の盛衰を反映している。タンザニアとの東側の長い国境は、南部は台地の縁に、北部はドイツ植民地行政府が行った分割とルンディ族の政治権力の限界に一致している。

住民構成はルワンダと似ていてフトゥが84％、トゥツィ族が15％、それに若干のピグミー系トゥワ族からなっている。植民地時代以前には、ムワミとよばれる王とガンワとよばれる王子を出していたトゥツィ族が、政治上の力を握っていた。トゥツィのリネージ（具体的な先祖を同じくする人々の集団）間におこった継承争いが、結果的に1890年代のドイツ軍支配を許すことになってしまった。第1次世界大戦後、ブルンディはタンガニーカとの政治的つながりを絶ち、国際連盟によって委任されたベルギー管理下の信託統治領となり、コンゴとはゆるい関係を結んだ。ベルギーは、第2次世界大戦後の国際連合の時代にあっても、この地域を委任統治領のまま維持した。

ベルギーが急に植民地経営から手をひいたことにより、1961年にはルイ・ルワガソール王子の指導のもとで、国民統一進歩党（UPRONA）が権力を握った。彼の死後、ムワンブツア王は、行政官庁においてトゥツィ族とフトゥ族を平等に扱うよう試みた。1966年にはミッシェル・ミコンベロ陸軍大佐が権力を掌握し、君主制が廃止された。政府はトゥツィ内部では少数派を代表している軍事会議により管理され、トゥツィ＝ヒマの南部ブルリ州が指導権を握った。

国家の要職からフトゥを組織的に排斥してきたことが原因となり、1972年4月にはフトゥによるクーデターがおこったが、結局失敗に終わった。これにより、フトゥに対する断固たる抑圧が開始された。それは軍隊をはじめとする様々な手段を通じて、すべての教養あるフトゥを計画的に皆殺しにしようとするものであった。ほとんどの死者は1972年5月の虐殺によって生じたが、1973年5月にはさらに約2万人がンゴジ州で殺害された。犠牲者の数はおよそ20万人にも達した。いくつかの地域では学問のあるフトゥが全員死亡し、また犠牲者は地方教会の伝道師のレベルにまでおよんだ。約12万人のフトゥが近隣諸国にのがれたが、それらの人々による逆襲はブルンディ内部での殺りくを一層喚起したにすぎなかった。

1974年7月には新憲法が承認されたが、それは国民の団結を強調し、民族上の差違に訴えたり言及したりすることを禁じたものであった。ミコンベロ陸軍大佐が全閣僚を解任したあと、1976年11月1日にはバガザ陸軍中佐が無血クーデターにより権力を掌握した。全トゥツィ陸軍にとって、そのクーデターは単に別のトゥツィ族の少数派に権力を移行したにすぎず、ブルンディの政体の地域的、民族的およびリネージ上の基盤を変えたものではなかった。

この国は単一商品経済であり、80％をコーヒーの生産に依存している。コーヒーの産額は、輸出では年平均25億フランに達するが、降雨量と商品価格の変動に影響をうけやすい。1975年には、新しく導入された茶の収穫が輸出で6470万フランに達した。伝統的な牧畜文化の中では、ウシ牧場経営が育ってこなかったが、19世紀以来輸出が行われた獣皮や皮革による収益は、1975年には5950万フランに達した。製造業（織物、セメント、殺虫剤）は依然として未発達のままである。基礎構造の貧困（たとえば、約6000kmの道路のうち、舗装されているのはわずか200kmにすぎない）と内戦がブルンディをアフリカで最も貧しい国のひとつにしてきた。

1972年には中国が、返済期限を1982－91年に設定して2000万ドルの借款を供与し、さらに世界銀行からの借款も行われた。1976年9月、ブルンディ、ルワンダ、ザイールの三国は、大湖諸国経済共同体（CEPGL）に加わった。ルワンダとの関係は1973年のルワンダでのクーデター以来着実に改善し、一部のフトゥの亡命者たちは帰国をはじめた。しかし、輸送体系はすでに許容量の限界に達しており、それが国際貿易を最小にとどめる結果になっている。

(I. L.)

タンザニア

タンザニア連合共和国は、1964年に新生独立国であるタンガニーカとザンジバルが一つの国家を形成することによって誕生した。ザンジバルは、東アフリカ沖合に位置する島であり、昔からアラビアとアフリカ大陸双方とつながりをもっていた。タンガニーカという名前は西側の国境にある湖の名にちなんでいるが、その湖底はアフリカ大陸で最も低い地点（海面下約662m）である。そして北東部にあるキリマンジャロ山は、大陸で最も高い地点（5895m）である。大陸部の大部分は海抜1000－1500mにひろがる広大なザヴァンナの高原を形成していて、国境付近にはさらに海抜が高く、降雨量も多く、一層肥沃な地域がある。この平原は大地溝帯の東側まで続いていて、徐々にインド洋岸へ傾斜している。平原をうるおす雨は、年間1000mmを越えることはめったにないが、季節によって水が不足することを除けば、人々の生活に自然の障害となるものはほとんどない。

人類発祥の地とされるタンザニアでは、アフリカにある4つの言語系列のすべてが話されている。狩猟採集民のハッツァと農耕民のサンダウェ族は、コイサン系のクリック言語を話す。ブルンギやイラクのようなクシュ系グループや、マーサイ族のようなナイル系牧畜民もいるが、いく世紀にもわたり多数を占めてきたのはバントゥ系農耕民であった。政治的には中央集権化された首長制社会から、小規模で首長のいない社会まで幅広く存在し、いわゆる部族というのは流動的なグループであった。

19世紀には長距離交易が盛んになり、内陸部、沿岸部双方の人々が加わった。象牙と奴隷は最も価値のある商品であった。沿岸部からやってきた交易商人は、ウスターラブの観念（アラブ文化とイスラム信仰）とスワヒリ語をもたらした。ザンジバルを通じて、よその世界と接続する機会は増加していたが、とくに1840年にスルタン、サイッド・サイドが、首都をマスカットからザンジバルに移したあとでは、一層活発になった。フランス、アメリカ、ドイツ、イギリスの各国は、交易上の利益を求めて競いあっていたが、1860年ごろからはキリスト教宣教師やヨーロッパ人探険家がザンジバルを経て大陸本土までやってくるようになった。ドイツは結局、イギリス領東アフリカ（のちのケニア）の大陸部分の南側一帯を併合した。1886年と1890年に結ばれた協定によりこの分割が批准され、ザンジバルはイギリスの保護領となった。

ドイツによる支配はいろいろな地域で抵抗にあい、最小限の管理体制が確立されたのは19世紀終りのことであった。鉄道が建設され、ドイツ人の入植が促進され、新しい換金作物が導入された。はじめはスワヒリ語読み書きができる沿岸部の人々（アキダとよばれた）が、のちにはミッションスクールで教育をうけた人々が、官庁の下級職員として使われた。政府はスワヒリ語で仕事を行うようになった。これはイスラムの拡大を促進する上で間接的な効果をもたらした。キリスト教の布教も活発であった。1905－7年に起こったマジマジの反乱は、植民地中央部から南部へかけてほとんど全域にわたり影響をおよぼしたが、これは全アフリカの植民地勢力に対する最も重大な挑戦のひとつであった。

第1次世界大戦の間、一般国民はドイツ領植民地のいたるところで行われた両陣営による掠奪行為に苦しんだ。戦いは大戦終了とともに終わったが、何年もの間さまざまな問題が解決されないままになっていた。本土（北西端のルワンダとブルンディを除く）は、イギリスの委任統治領になった。イギリスはドイツ系優良企業を接収することにより利益をあげ、またアジア人の事業利益も増大した。委任統治下でのイギリスの政策とは、タンガニーカは「本来、黒人の国であり」広範な白人の入植は促進されるものではないというものであった。ナイジェリアをモデルにした間接統治がねらいであった。タンガニーカはとても広大だが、とても貧しい国であった。あらゆる種類の発展は緩慢で不均衡なものであり、コーヒー（キリマンジャロとブコバ）や綿花（スクマ）のような換金作物が、それだけで繁栄をもたらしている地域もあった。

戦争の影響をほとんどうけなかったザンジバルでは、イギリス政府は徐々にスルタンとアラブ人エリートの手から権力を取り去っていったが、この方法は大多数のアフリカ黒人にはほとんど通用しなかった。奴隷制は1911年をめどに徐々に廃止されていった。島の繁栄は（ザンジバルと同様にペンバでも）、おもにクローヴの生産にもとづいていて、それはアフリカ人労働者がアラブ人所有のプランテーションで栽培したものを、おもにアジア人が市場へ出荷したり輸出したりする、という形で行われた。

アフリカ人の政治結社が登場したのは比較的おそかった。まずはじめにタンガニーカ地域アフリカ人公務員協会が1922年に設立され、続いて1920年代終りには、タンガニーカ＝アフリカ人協会（TAA）が設立された。それらは部族組織よりもむしろ超部族組織の先例となった。第2次世界大戦では、推定87000名のアフリカ人が徴兵された。1914－18年の第1次世界大戦の時と同様に宣教師たちが抑留され、教会と教育関係の仕事に支障が生じた。

戦後の変化は急速であり、中心となって活動したの

東アフリカ

は1954年に設立されたタンガニーカ＝アフリカ人民族同盟（TANU）であった．これは，タンガニーカ＝アフリカ人協会を基礎に設立されたものだが，明白な政治的連合へと創りあげていった指導的人物は，エジンバラ大学への留学からもどった若き教師ジュリアス・ニエレレであった．その後2－3年の間にTANUは多くの支持を獲得した．結局，予想されていたよりもかなり早く独立へ向うことになった．TANUの候補者は，1958－59年に行われた選挙に出馬して決定的な勝利をおさめ，その結果5名の大臣がかれらの中から選ばれることになった．次の選挙は1960年9月に行われた．ニエレレは国家建設を依頼され，1961年12月には独立が承認された．独立にさいしニエレレは，TANUの地方勢力を強化するために首相を辞任した．かれが再びもどってきたあとタンガニーカは共和制を宣言し，かれは大統領に選ばれた．

1954年から61年までの歳月は，けっして順調なものとはいえなかったが，いたるところで生じた暴動はほぼ完全に姿を消した．急激で平和的な変化を成しとげることができた要因には，国際連合の信託統治領としての領土の地位，資源の相対的な貧困，超部族組織の伝統，スワヒリ語の広範な使用，などがあった．タンガニーカは，唯一の支配的部族というものを欠いており，最も経済的に進んでいたグループも，首都からはるかにはなれたところに住んでいた．ニエレレ自身は東部湖岸地方の小さなグループであるザナキ族の出身であった．

ザンジバルは，伝統的支配階級であったスルタンやアラブ人支配の形で1963年に独立を認められた．しかし1964年1月の反アラブの暴力革命で，アラブ人の5分の1が殺されたり追放されたりした．結局アフロ＝シラージ党の指導者であるアベイド・カルメが実権を掌握し，かれは1964年おわりには新生タンザニア連合共和国の初代副大統領に就任した．連合国家の形態をとってはいたが，ザンジバルはいくぶんタンザニア本土から分離し独立した存在のままであった．しかしこれも，1977年にアフロ＝シラージ党とTANUが合併して革命党を結成したことにより，徐々に変わっていくものと思われる．

タンザニアは急進的かつ反資本主義的体制であると評判をうけているが，これはより根の深いものであり，それは，平等主義と民族自決の主張をかかげた1967年のアルーシャ宣言に示されている．これらの原則はウジャマー政策（アフリカ的社会主義）と，おもにウジャマー村の建設に生かされている．1976年には，全住民の65％がウジャマー村に住むことを求められた．広大な国土をもちながら，依然として貧しいこの国には，さまざまな問題が未解決のままになっており，1978－79年のウガンダに対する干渉は，貧しさにさらに拍車をかけることになった．これらの難題をかかえているにもかかわらず，ニエレレ大統領の個人的評判は依然として高いものがある． (J.M.)

東アフリカ

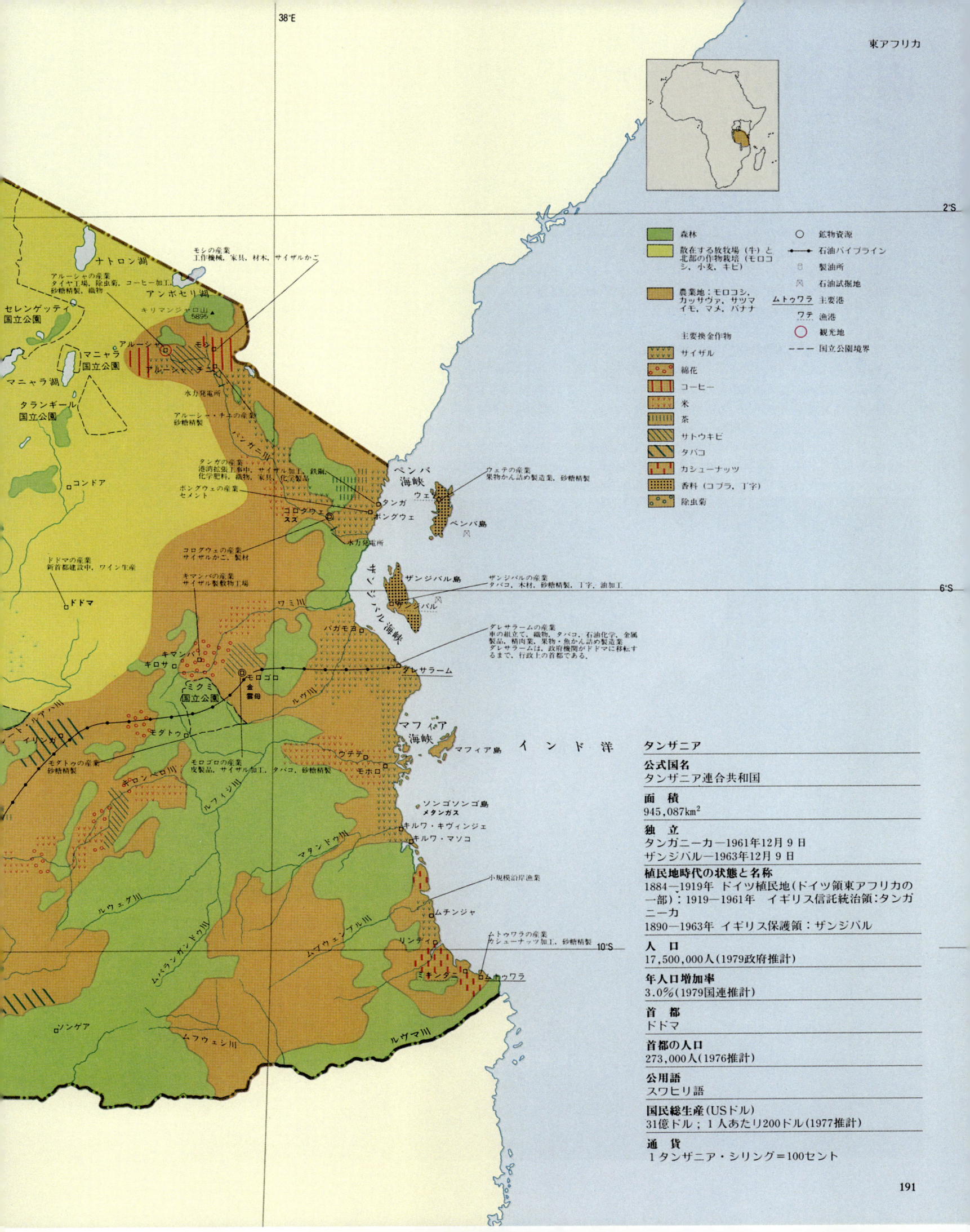

タンザニア

公式国名
タンザニア連合共和国

面積
945,087km²

独立
タンガニーカ—1961年12月9日
ザンジバル—1963年12月9日

植民地時代の状態と名称
1884—1919年 ドイツ植民地（ドイツ領東アフリカの一部）；1919—1961年 イギリス信託統治領：タンガニーカ
1890—1963年 イギリス保護領：ザンジバル

人口
17,500,000人（1979政府推計）

年人口増加率
3.0%（1979国連推計）

首都
ドドマ

首都の人口
273,000人（1976推計）

公用語
スワヒリ語

国民総生産（USドル）
31億ドル；1人あたり200ドル（1977推計）

通貨
1タンザニア・シリング=100セント

南東中央アフリカ

南東中央アフリカは，数年間にわたって中央アフリカ連邦（CAF）を結成していた3つの旧イギリス植民地と，かつてしばしば「東ポルトガル」として知られていた旧ポルトガル領を含んでいる．ザンベジ河川系は，これら4つの国に水源をもち，ザンベジ渓谷での経済開発，そしてとりわけ，カボラ・バッサ・ダムは，この地方にとって，潜在力のある恩典となっている．旧CAFの内陸諸国家は，歴史的にみてモザンビークと経済的な結びつきがあり，それは植民地時代にポルトガル植民地の道路と港湾施設の利用によって強められた．

これらすべての諸国では，川と湖が著しい特徴となっている．マラウィの森林高原は，高度と降雨量が農業生産力を規定している．広々と開けたウッドランドという，この地域の一般的な風景からみると例外的なものである．牧畜業はこれまでそれほど重要ではなく，(狩猟と漁業をともなう)自給自足経済がこの地方のほぼ全域での生活様式であった．この地方ではすべてのアフリカ人がバントゥ語を話し，多くの地域で種族的には，はっきりとした分類が存在しない．一体感は，居住地そして首長ないしは族長への帰属意識に基づいて限定され，また変更することもできた．大部分の人びとは小規模なコミュニティに住んでいたが，ジンバブウェには，のちには小さな国々に分かれてしまったものの，かつてはモノモタパ帝国が存在していた．南西ザンビアには，ロズィ王国が植民地時代まで存続した．

鉱物は今日にいたるまで，これらすべての国で重要な資源である．ザンビアでは北部の銅が，早くから急速な都市化と工業化へと導いた．4つの国すべてで，多数の人びとがその出身地域や隣接地域のほかに南アフリカの鉱山や町へも出かせぎ労働者として家族の生活の資をかせいだ．

左 ヴィクトリア滝（デヴィッド・リヴィングストンによる命名）は，リヴィングストンという町の南，ザンビアとジンバブウェの国境を流れるザンベジ川にある．

下 茶は，モザンビークの高地（この写真はグルエ）とマラウィの大農園で栽培される重要な換金作物である．

前頁下 巨大なワンキー炭鉱．ジンバブウェのヴィクトリア滝からほど遠くない灌木地帯である．

左 東アフリカ海岸の明るく輝く砂浜（この写真は，モザンビーク諸島）は，地元の訪問者や海外からの観光客のための保養地となった．

縮尺 1:7 500 000

	2000m
	1000m
	500m
	200m
	0
▲2595	標高(m)
	国境
	主要道路
	主要鉄道
Ⓐ	国際空港
	季節湖沼（雨季にだけできる湖）
	湿地

南東中央アフリカ

ザンビア

ザンビアとして知られている民族国家の輪郭は，19世紀末のイギリス植民地支配の到来にともなって出現したにすぎない．それ以前のザンビアは，部族の移動と地域交易の十字路に位置していた．こうした部族間の接触は，種族集団の豊かな混合を生みだし，1800年の中ごろまでにいくつかの大きな王国，とりわけ西部のロズィと南部のベンバの発展をもたらした．植民地支配は，それ以前の人口移動パターンを厳しく制限したが，まったくそれを終わらせたわけではなかった．人びとはジンバブウェ，南アフリカ，タンザニア，ザイール，そしてとりわけザンビア国内で就職口をさがさねばならなかったために，新たな移住パターンが生まれたのである．集団的で，絶えることのない労働移動によって，ザンビアの都市人口は独立アフリカ諸国のうちで最も高いパーセンテージを示しており，現在の推定によると都市人口は全人口の約40％を占めている．

移住はザンビアの地理的特徴によって，これまでかって妨げられることがなかった．国土の大部分は海抜1000m以上であり，北東部では約1500mまで隆起している．国土はおもに広々とした森林地帯であり，南西部ではさらに乾燥した景観を呈している．雨は11月の終りから4月の間に降り，平均降雨量は約1000mmであるが，国土の北部地域ではこれより増大する．土壌は砂土で，粗い構造であるが，これまでたいへん多様な農業システムをささえてきた．したがって人々は，自分たちの地方の土壌と降雨量に適した農作方法をとってきた．1950年代まで自給自足農業が支配的であったが，その理由はおもにアフリカ人経済が，白人入植者の生産に有利なように抑制されていたためである．しかし1964年以来，あらゆるレベルでの農業を奨励しようとする政府の政策は，集約的農業生産が全国で可能であることを示したが，長い乾期と低い人口密度は既存の耕地の十分な利用を助長していない．ザンビアの湖と川は，おもに小規模な企業によって生みだされる豊富な漁獲高を提供する．

ザンビアに対する植民地主義的関心は，現在のジンバブウェであるローデシアに対するイギリスのかかわりあいの付属物であった．アフリカ人支配者たちは，せいぜい地方レベルの植民地行政の延長線上に位置づけられているだけであった．第1次世界大戦に先立ち，ローデシア国境を起点として，ヴィクトリア瀑布を横切る1本の鉄道が，中央ザンビアを経てザイールの銅生産地帯であるシャバ州まで延長された．白人入植者たちはこの鉄道にそって土地を押収しはじめ，ヨーロッパ人農園もまた東部および北部諸州に創設された．これら農園の多くは，銅産業の食糧需要が本格的な農業生産を刺激した1930年代の中ごろまでは，生産性が低くてほとんど利益のあがらない農園にすぎなかった．その後ヨーロッパ人は，高い生産性の土地を拡張することを望んだために，多くの最良の土地はいまだにヨーロッパ人農園主の所有であるか，あるいは裕福なザンビア人に譲渡された．

銅は植民地支配以前の時期から採掘されていたが，近代的産業としては1920年代中頃の技術躍進と，大恐慌以後の世界経済の需要増大まで十分に発展しなかった．銅山はアメリカやイギリスの会社が所有していたために，こうした会社があげた収益のほんの一部しか国内には残らなかった．数千人のアフリカ人が臨時労働者として鉱山へ引き寄せられたが，しだいにかれらは今日の多数の都市住民の中核を形成するようになった．

多数のヨーロッパ人労働者を有する鉱業経済は，ついに政府の中でより大きな役割を果たすことを要求しはじめた．数年にわたってアフリカ人は，これに反対しつづけたが，白人は1953年，ローデシア・ニャサランド連邦の結成によって勝利を得たのである．連邦はアフリカ人民大衆に対する人種差別，経済的搾取，そして植民地主義的偽善の最悪の形態をめざした．

1960年のはじめに統一民族独立党（UNIP）が，ケネス・カウンダのもとに結成された．それ以前の改革主義的政党とちがい，UNIPは連邦の終結とアフリカ人多数支配にもとずく国家の即時独立の承認を要求した．カウンダとその党員による絶え間ない圧力と，マラウィ国内の同じような要求は，イギリスに数回の選挙を行わせ，UNIPはこれに勝利をおさめた．1963年末に連邦は解体し，そののち1年を経ずにザンビアは完全に独立した．カウンダは，1964年以来UNIP政権の元首の地位にとどまり，そののちの3回の選挙で再選されている．

1964年以来ザンビアは，ローデシアの一方的独立宣言（UDI），ザンビア輸出経済の北へ向けての方向転換，1975年から1979年にかけての銅価格の深刻な暴落，そして近隣諸国の解放戦争などによって生じたきわめて重大な経済的緊張にもかかわらず，注目すべき政治的安定を示してきた．これまでカウンダは，政治的なライバルを最終的に破り，ヒューマニズムとして知られるキリスト教的社会主義の哲学を国家のために作りあげた．理論的にはこの国は，徐々に政治的，官僚的権限をあらゆるレベルに分配してきた．しかし実際には，責任の集中化はいまだに残っている．

経済的にザンビアは，これまで鉱物資源，製造業部門，サービス網に対するより大きな支配権を獲得する方向へ進んできた．1969年にこの国は，銅山所有権の51％を獲得した．そののちザンビアは，銅鉱業についての管理権を確立したが，これらすべての処置は，銅が国内および国外歳入の源泉として中心的な役割を担っていたために必然的なものであった．ザンビアの外国為替の90％以上は銅輸出によってうみだされ，1975年以前の銅による歳入は，国内歳入の約45％となっていた．1975年，ザンビア国外のできごとが，非常に不安定な銅価格変動を引きおこした．銅価格は前年の最高価格の半分に下落し，その結果政府は，数年間にわたって鉱山経営からまったく税収入を得ることができなかったのである．2年のあいだ鉱山は，赤字操業さえ行ない，深刻な労働不安の可能性だけが，この時期に鉱山を完全に閉鎖すべきでないことを政府に納得させた．税収入の減退は，全国の開発計画と開発事業の後退とそして大規模な外国からの借入の拡大をもたらした．またザンビアの経済は，そのローデシアに対する姿勢，とりわけ少数白人支配体制にたいしてより強い政治的，経済的圧力をかける措置として，1973年に行われた対ローデシア国境の閉鎖によって痛手を受けた．さらにジンバブウェの民族主義者への支援は，再三にわたるローデシアのザンビアに対する攻撃を生みだした．

こうした苦境は非常に現実的なものであると同時に当面の問題であったが，これまでザンビアは教育，保健施設，道路と通信システム，そして独立以来順調に成長してきた官僚制度と半官半民部門などの拡充のために，相当な金額を当ててきた．近代化の利益は，国民全体に公平に分配されているわけではない．政治家，

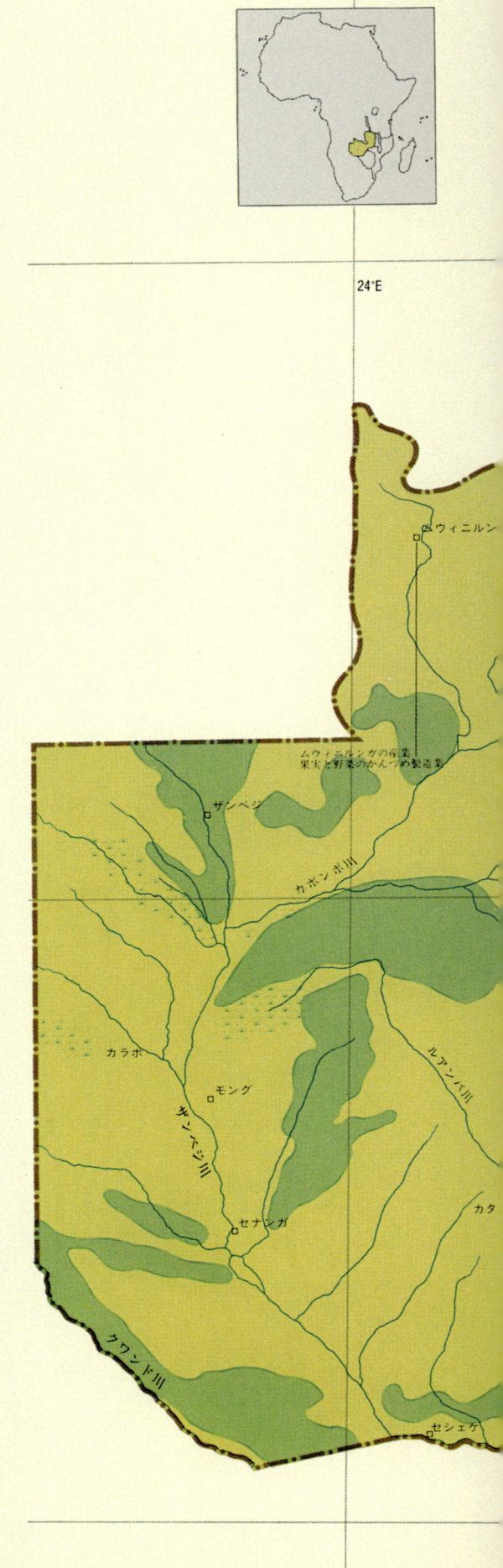

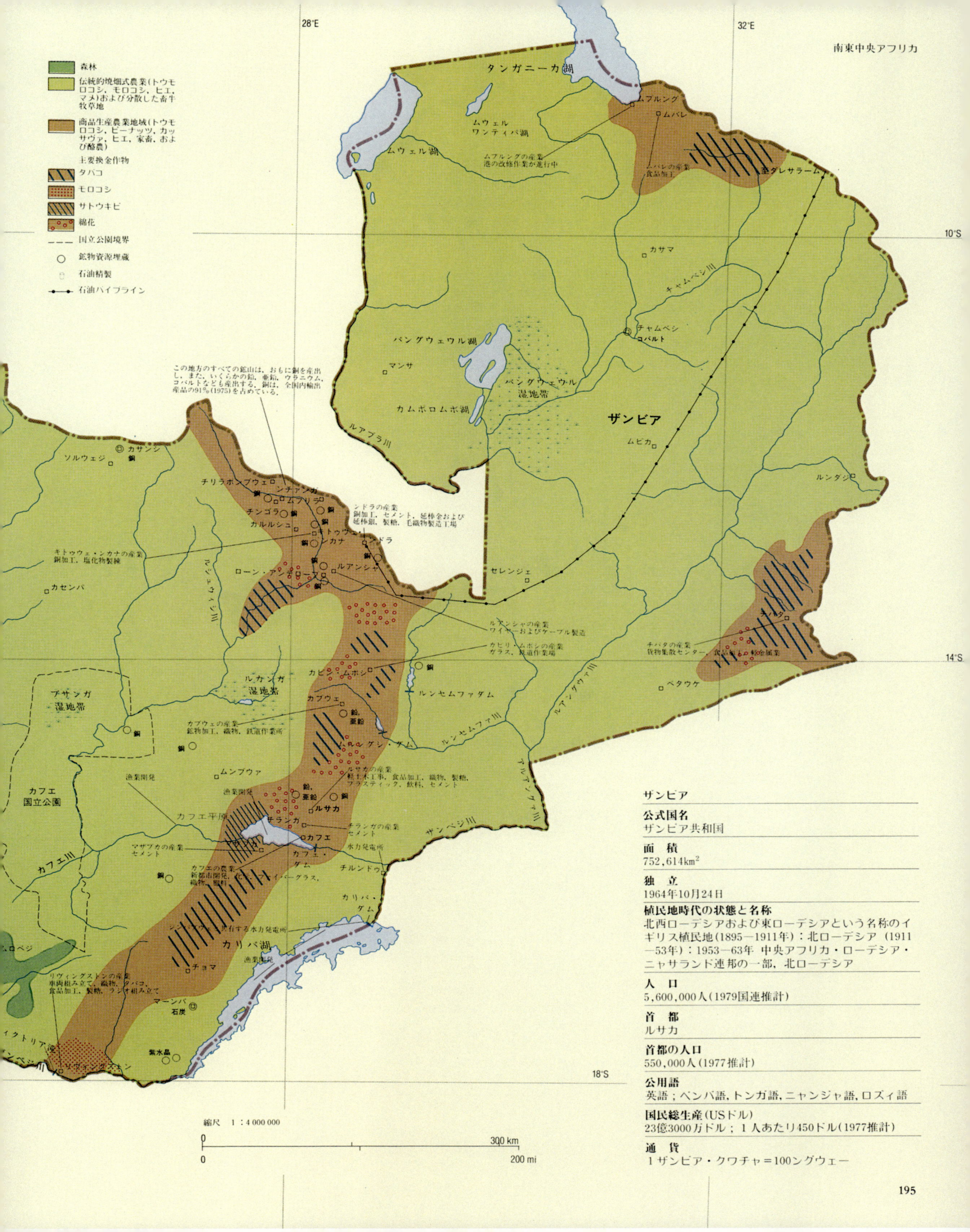

ザンビア

公式国名
ザンビア共和国

面積
752,614km²

独立
1964年10月24日

植民地時代の状態と名称
北西ローデシアおよび東ローデシアという名称のイギリス植民地(1895-1911年)；北ローデシア(1911-53年)；1953-63年 中央アフリカ・ローデシア・ニャサランド連邦の一部、北ローデシア

人口
5,600,000人(1979国連推計)

首都
ルサカ

首都の人口
550,000人(1977推計)

公用語
英語；ベンバ語、トンガ語、ニャンジャ語、ロズィ語

国民総生産(USドル)
23億3000万ドル；1人あたり450ドル(1977推計)

通貨
1ザンビア・クワチャ=100ングウェー

南東中央アフリカ

行政官、そして鉱山労働者といった都市を基盤としたエリートは、不釣合に資源を吸収し支配しているが、一方、農村や都市の貧困階級にはこういうことはほとんどおこりえないとみられる。農村地域における交易条件は、独立以来改善されておらず、むしろ農業生産者に不利にさえなっているようである。これらの矛盾や政治的指導原理の無力さにたいする疑念は増大しつつある。というのもこの政治的な指導原理が、その提唱者が果たすことのできる、あるいは果たそうとしている以上のものを約束しているためである。　　(W.R.)

ジンバブウェ

かつてはローデシアとして知られていたジンバブウェは、植民地主義によってつくり出されたものであるが、その国境線は、大部分のアフリカ諸国の国境線以上の意味をもっている。その領域は、全人口の約75%を占めるショナ語族系住民の分布とほぼ一致する。ショナ族以外の最大の集団は、ジンバブウェ南西部に住むングニ語族系のンデベレ族である。しかしこの地方も、歴史的にはショナ族のテリトリーである。

ジンバブウェのもつ主要な地理的不利益は、海に面していないことである。しかしその国境は、天然の地形に従う傾向がある。歴史的に文化領域を分けてきたザンベジ川は、北部でザンビアとの理にかなった国境線となっている。それほど水量の多くないリンポポ川とその支流は、南部の国境となっている。モザンビークとの国境は、集合的に東部高地として知られている山脈が走っており、これが両国の分水嶺となっている。西部のボツワナとの国境はもっとも恣意的なものであるが、それは、開発や紛争の可能性がほとんど存在しない、人口のまばらな地域に引かれている。

ジンバブウェは完全に熱帯地方に位置しているが、その気候は国土が内陸部に位置していることと、その大部分が海抜1000mを越えているために良好である。中央高原は、国内で最大のヨーロッパ人入植地域であると同時に、最も開発された地域でもある。雨は東部から降りはじめ、東部高地では激しく降り、湿った空気が西へ移動するにつれて降雨量は減少する。農業は水にめぐまれた高地帯でも最も集約的であり、残りの大部分の国土では放牧的な牧畜生産が行われている。この国の豊富で多種多様な鉱物埋蔵もまた、偶然にも高地帯に集中している。このため高地帯には最も大きな都市、最も裕福な農園、大部分の産業、そして最も発達した社会経済基盤が存在する。

考古学者は、ジンバブウェにおけるヒトの居住を10万年前までさかのぼっており、そしてこの地方は、石器時代の豊富な遺跡が残っており、特に印象的な岩盤画が有名である。鉄器時代は後2世紀ごろにはじまったが、あきらかにこれは、過去においても、また現在においても主として農業従事者であるショナ族の祖先によって伝えられたのであった。12世紀までにショナ族は石造建築をつくりつつあり、大ジンバブウェと、その他のこの地方に散在する400以上の巨石遺構を残したユニークなアフリカ的建築の伝統をつくりあげた。

15世紀の中ごろに、ショナ族は北部にムヌムタパあるいはモノモタパ帝国を建設した。南西部を基盤にしたチャンガミレ、あるいはロズィ帝国は、17世紀末にムヌムタパをしのいで、18世紀を通じて現在のジンバブウェの大部分の地域を支配した。19世紀のはじめにチャンガミレは崩壊し、そののち100以上の小さな、自律的なショナ族国家が出現した。南アフリカから発したングニ族の侵略の波は、ジンバブウェに2つの侵略的な国家組織をつくり出した。すなわち、現在のブラワヨ付近にあったムジリカジのンデベレ王国と、現在のモザンビーク国境ぞいの、つまりンデベレの真東にあったソシャンガネのガザ王国である。これらの新たな社会は、それが牧畜により重きをおいていたこと、そしてより侵略的な軍事的志向性をもっていたという点で、ショナ族とは異なるものであった。両国はウシと捕虜を求めてショナ族を苦しめたが、占領地は限られていた。

ポルトガル人は16世紀に、北東部からジンバブウェへ侵入したが、17世紀末にチャンガミレによって追いはらわれた。ヨーロッパ人の関心は猟師、商人、投機家、そして宣教師が南アフリカからおとずれはじめた17世紀末に復活した。これらの新たな侵入者は、最初南部からの接近路をとって、ンデベレ王国と取引きを行った。イギリスは1880年代にンデベレと交渉を行い、そののち1890年代にかれらを軍事的に征服した。こうした成り行きのなかで、ショナ族は実体のないものとして扱われたが、かれらの多くは1896年のイギリスに対するはなばなしくも実りのない反乱のときにンデベレ族と結びついた。

王室特許状のもとに、セシル・ローズのイギリス南アフリカ会社(BSAC)は、1890年にジンバブウェの植民地化を開始し、アフリカ人の反乱をイギリスの軍事援助によって鎮圧し、1897年にその作業を完了した。1年後BSAC執行部は、小さな入植者コミュニティに対して制限つき代表権を認めた。ローデシアの名前が知られるようになるのと時を同じくして、現地の白人政治権力は、1923年にBSACが行政権をイギリス植民地省へ移譲するまで着々と増大した。イギリスはただちに入植者にほぼ全面的な自治政府を与えたが、いくらかの保留権、とりわけアフリカ人問題についての保留権を保有した。現地政府は、アフリカ人にとっては満たすことがむずかしい選挙資格条件を設定することによって、かれらを政治参加から効果的に閉めだし、さらにヨーロッパ人の経済的優越性を確保するために土地の人種的隔離をすばやく制度化した。

アフリカ人は1920年ごろに政府の政策に反対して団結したが、大衆運動に成長したのは白人の政治的支配が、ローデシア・ニャサランド連邦(1953年結成)の経済的成功によって恒久的になるおそれがあった1950年代の末になってからである。北部地域(現在のザンビアとマラウィ)におけるアフリカ人反対派は連邦を破棄し、また将来に向けてのローデシア憲法のあり方を再評価させるうえでの一助となった。イギリス政府は、最終的に多数支配を実現させるための規定が十分に憲法にもり込まれるまで、ローデシアの独立を承認することを拒否した。この目標に反対する白人が中心となって、ソールズベリ政権は1965年、一方的に独立を宣言(UDI)した。

UDIによってローデシア情勢は国際問題となり、国連は経済制裁を行いはじめた。制裁はローデシアの貿易を崩壊させたが、それは南アフリカとポルトガルの非協力に直面して、結局意図とは逆の結果を招いたことが判明した。ローデシアはみずからの比較的発達した経済を多様化し、タバコを多種多様な農業生産物に代替し、かつての輸入に頼っていた物資を自給するために新たな第2次産業をうちたてた。

UDI以後、アフリカ人ナショナリズム指導者たちは、新憲法を要求して少数白人政権とかわるがわる交渉を行い、その結果交渉による解決という原則そのも

凡例:
- 森林
- 農業不適地
- 伝統的な自給自足農業(トウモロコシ、ヒエ、ピーナッツ)および分散した牧草地(畜牛)
- 集約的に穀物生産する商品生産農耕地(トウモロコシ、コムギ、タバコ、綿花、茶、コーヒー)
- 主要放牧地
- 主要換金作物
- タバコ
- 茶
- 砂糖
- 綿花
- コーヒー
- カンキツ類
- 落花生
- 鉱物資源埋蔵
- 石油精製
- 観光地

ジンバブウェ

公式国名
ジンバブウェ共和国

面積
390,272km²

独立
1980年4月18日

植民地時代の状態と名称
1890―1823年イギリス植民地：1923―1953年南ローデシア自治植民地：1953―1965：中央アフリカ・ローデシア・ニャサランド連邦の一部：1965―1979年違法独立：ローデシア：1979―1980年イギリス植民地：ジンバブウェ・ローデシア

人口
7,600,000人(1979国連推計)

年人口増加率
3.5%(1979国連推計)

首都
ハラレ(旧ソールズベリ)

首都の人口
610,000人(1978推計)

公用語
英語；ショナ語、ンデベレ語

国民総生産(USドル)
33億6000万ドル；1人あたり500ドル(1977推計)

通貨
1ドル=100セント

南東中央アフリカ

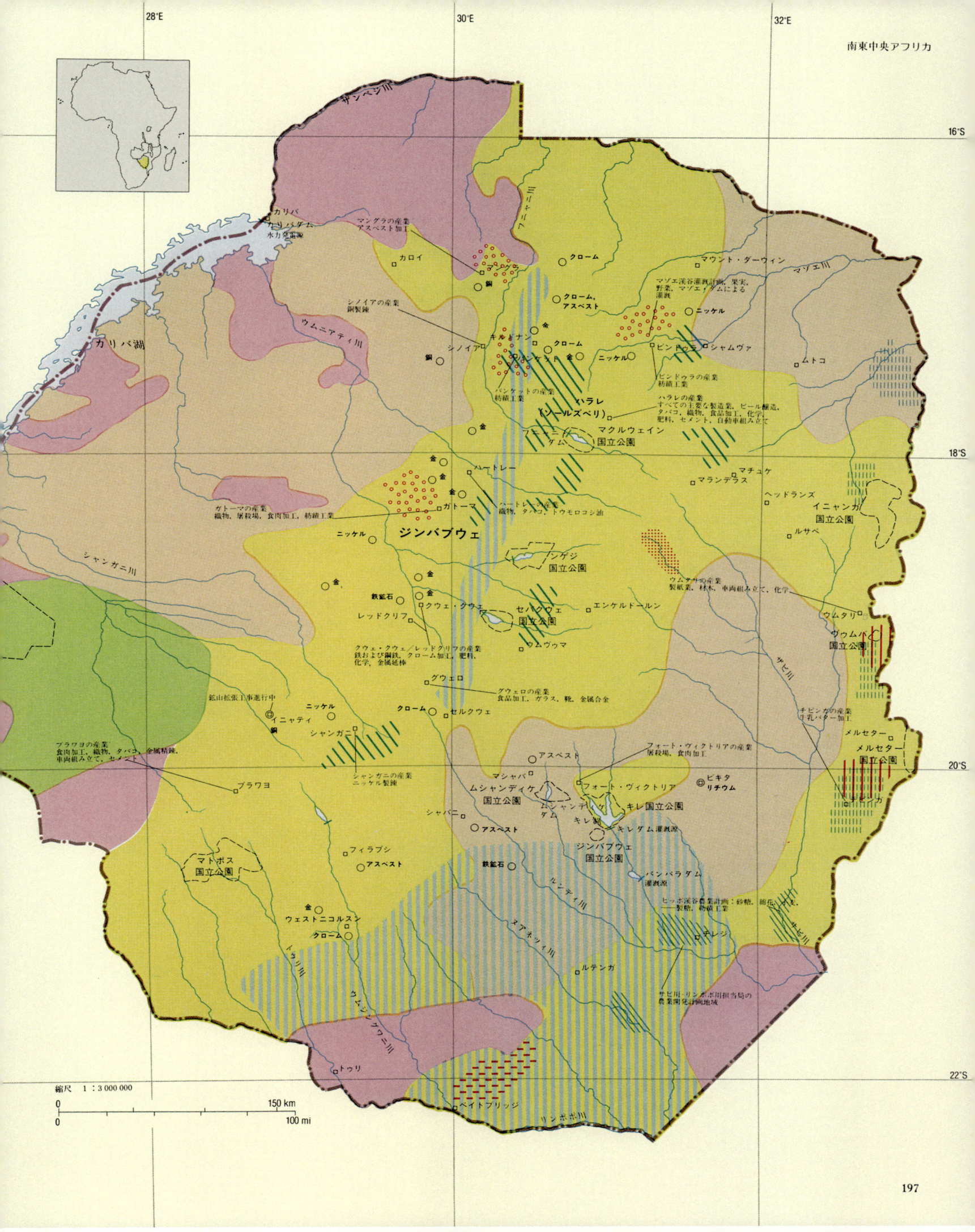

ジンバブウェ
(ソールズベリ) ハラレ

地名・注記

- ザンベジ川
- カリバ
- カリバダム水力発電源
- カロイ
- マングラの産業 アスベスト加工
- ウムニアティ川
- カリバ湖
- シノイアの産業 銅製錬
- シノイア
- 銅
- キルドナン
- クローム、アスベスト
- マウント・ダーウィン
- マゾエ川
- マゾエ渓谷灌漑計画、果実、野菜、マゾエダムによる灌漑
- ニッケル
- クローム
- ニッケル
- 金
- シャムヴァ
- ピンドゥラの産業 紡績工業
- ムトコ
- バンケットの産業 紡績工業
- 金
- ハラレの産業 すべての主要な製造業、ビール醸造、タバコ、織物、食品加工、化学、肥料、セメント、自動車組み立て
- マクルウェイン国立公園
- マートレー
- 金
- マチュケ
- マランデラス
- ヘッドランズ
- イニャンガ国立公園
- ガトーマの産業 織物、屠殺場、食肉加工、紡績工業
- ガトーマ
- マートレーの産業 織物、タバコ、トウモロコシ油
- ルサペ
- シャンガニ川
- ニッケル
- 金
- 金
- ンゲジ国立公園
- ウムタリの産業 製紙業、林木、車両組み立て、化学
- ウムタリ
- 金
- 鉄鉱石
- クウェ・クウェ
- レッドクリフ
- セヌクウェ国立公園
- エンケルドールン
- ウムヴマ
- ザビ川
- ウムバ国立公園
- クウェ・クウェ／レッドクリフの産業 鉄および鋼鉄、クローム加工、肥料、化学、金属延棒
- グウェロ
- グウェロの産業 食品加工、ガラス、靴、金属合金
- 鉱山拡張工事進行中
- ニッケル
- 銅
- イニャティ
- シャンガニ
- クローム
- セルクウェ
- フォート・ヴィクトリアの産業 屠殺場、食肉加工
- チピンガの産業 乳バター加工
- メルセター
- メルセター国立公園
- ブラワヨの産業 食肉加工、織物、タバコ、金属精錬、車両組み立て、セメント
- ブラワヨ
- シャンガニの産業 ニッケル製錬
- アスベスト
- マシャバ
- ムシャンディケ国立公園
- フォート・ヴィクトリア
- ムシャンディケダム
- キレ国立公園
- ビキタ リチウム
- シャバニ
- マトポス国立公園
- フィラブシ
- アスベスト
- 鉄鉱石
- ルンティ川
- バンバダム灌漑源
- ジンバブウェ国立公園
- キレダム灌漑源
- 金
- ウェストニコルソン
- クローム
- ヌアネツィ川
- ルテンガ
- ヒッポ渓谷農業計画：砂糖、綿、製糖、紡績工業
- チレジ
- サビ川・リンポポ川担当局の農業開発計画地域
- トゥリ
- ベイトブリッジ
- リンポポ川

縮尺 1:3 000 000
0　150 km
0　100 mi

のを非難するにいたったのである．武力による反政府運動は1966年にはじまったが，それが軍事的な重要性をもちはじめたのは1972年末になってからである．全面的な内戦が政府軍と，ザンビアとモザンビークに基地をもつゲリラのあいだで展開された．1978年初頭，ンダバニンギ・シトレ，アベル・ムゾレワ，そしてその他のナショナリストたちは，1979年の選挙後に多数支配へ移行することを約束した内部交渉計画の第1段階として，ソールズベリ政権に加わった．1979年までに，愛国戦線のジョシュア・ンコモとロバート・ムガベは，国外を基盤とする反対派の最高指導者としての地位を占めていた．1979年の英連邦首脳会議におけるイギリスのイニシアティヴは，ロンドンでの交渉を実現し，そこにおいて全当事者はローデシアが独立に向けて進むべき方法について合意に達したのである．イギリスと英連邦のオブザーヴァーに監視された停戦がとりきめられ，またイギリス総督はソールズベリにおいて一時的に支配権を握った．1980年の初頭に行われた選挙は愛国戦線の圧倒的な勝利となり，ムガベは独立ジンバブウェの初代首相となった．　　　　　(K.R.)

モザンビーク

モザンビークは，インド洋に面した2000 kmを越える長い海岸線をもつ，国土の大半は大陸断層崖の下に横たわる幅300 kmの細長い沿岸地帯から成っている．モザンビーク中部の国土は，ジンバブウェやザンビアに達するザンベジ渓谷にそって内陸部へ広がっている．マラウィ地溝帯の南端はモザンビーク領内に食い込んでいる．モザンビークの北部地方，つまりマラウィ湖の東側は，幅が500 km以上あり，海抜が800 mを越える温和な気候の高地からなっている．したがってこの地方では広葉樹の成長が可能である．ザンベジ川流域と南部地方は，マラリアの病原菌をもつ蚊とツェツェバエの生息する低地であり，しばしば沼地のようになる．気温は高く，降雨量はモンスーンによって左右される．

モザンビークの初期の歴史は後3世紀ごろからはじまる，散在する鉄器時代からの，小規模な共同体での熱帯的農耕と牧畜の発達がその特徴である．後10世紀以降，この国の経済は外部との結びつき，すなわち最初は内陸部高地の鉱山地帯との結びつき，そしてつぎにインド洋の海洋貿易諸国家との結びつきを徐々に発展させた．1000年から1500年まで，ジンバブウェのショナ族鉱山業者たちは，モザンビークで東アフリカのスワヒリ都市や，インドからやってきたイスラムの航海者たちに金を売った．1500年から1870年までのあいだは，ザンベジ渓谷にはいり込んだポルトガルの商人と入植者が金の買い手であった．南アフリカでは1870年から鉱業の大成長が起こり，大量のモザンビーク人が労働者として定期的にそこへかけた．坑夫の徴募権と引き替えに，イギリスの鉱山業者とその他の業者たちはポルトガルの鉄道と港湾施設，とりわけロレンソ・マルケス（現マプト）とベイラを利用することに同意した．これらの施設はイギリスとポルトガルの両者が，南東アフリカの分割に毒々しい態度で合意したのちの1890年代に建設された．

モザンビークに対するポルトガルの主権がヨーロッパで承認されたのち，ポルトガルはその大部分の地域をあらためて租借した．多種多様な委託権限を与えられた企業や，さまざまな形の超国家的な株主管理組織が確立された．これらの企業は，19世紀のモザンビークでは普通だった労働者の奴隷のような地位をいくらか緩和したにすぎなかった．1890年以前は，モザンビークの奴隷たちはおもにブラジル，喜望峰，インド洋諸島へ送られた．1890年以降強制労働は，私企業でも，また政府事業のためにも広く利用された．アフリカ人の農作物には物納で税が課せられ，出かせぎ労働者は賦課金と強制割当て金を徴収され，出かせぎ労働者の妻たちは，一般に綿花またはコメといった農作物の植えつけを強いられた．サトウキビはモザンビークで発達した重要な熱帯プランテーション作物であった．政府の暴力的な示威活動は，国内経済の基本要素である強制労働に対する組織的な抵抗という同じような暴力事件を惹起した．1950年代までにモザンビークは，土地譲渡権をもつ特許会社を廃止したが，出稼ぎ労働者の徴募会社はそのままにした．

1960年代にモザンビークの経済は急激に変化しはじめた．白人入植移民数は増大するようになり，1970年までにその数は最高16万人に達した．かなりの移民たちは抑圧された植民地従属民ほど技術をもたず，あるいは教育がなかった．かれらの存在はより公平な労働報酬と，ヨーロッパ人の所有へ移された土地の回復を求めるアフリカ人の希求を高めた．反植民地主義とナショナリズムは成長し，隣国タンザニアの独立達成によって勢いづいた．1964年にモザンビーク北部で戦争が勃発した．ポルトガルはかなり苛酷な政策によって約7年のあいだその反乱を抑えることができた．1971年ごろまでにポルトガルは，もはやもちこたえることができず，そして戦火がモザンビーク中部へと急激に拡大した結果，1974年ポルトガル軍は講和を求め，リスボンの母国政府を打倒することとなった．

1974年以後モザンビークは，モザンビーク解放戦線（FRELIMO）とよばれる多人種政党によって統治された．国内では戦後の経済再建，そして国外ではローデシア内戦が2つの主要な問題であった．経済再建はポルトガル人，南アフリカ人，そしてインド人が支配的であったモザンビークの行政官，計画立案者，企業家，そしてビジネスマンの出国によって困難なものとなった．かれらは独立(1975年6月)前後の時期にこの国を去っていった．そのためモザンビークはただちに政府職員を昇格させ，また，数は多いがまったく共通性をもたない国外からの移住者の一団を募集せねばならなかった．このように切迫した経済再建は，北西部国境地帯における戦争の急速な激化を背景にして，それに対処する形で行われた．ローデシア戦争はコミュニケーション手段を破壊し，計画立案と政治の専門家たちを流出させ，またモザンビーク国内に保護を必要とする大規模な難民社会を生みだすことになり，これによって再建をさらに困難なものにした．

1970年代の最大かつ唯一の開発計画は，南アフリカに200万kwの電気を供給する目的で，総工費350万ポンドを費やしてザンベジ川に建設されたカボラ・バッサ・ダムであった．この開発計画は大規模なものであったにもかかわらず，モザンビークにとっての直接的な利益は限られていた．モザンビークはエネルギーを南アフリカから買いもどさねばならなかったし，また農業，輸送，工業，治水などによる利益は1979年まで実現しなかった．

最も手に負えない問題は農業についてのものであった．戦争後のモザンビークは，もはや南アフリカの鉱山へ行きたがらない多数の出稼ぎ労働者を農業へ再吸収しなければならなかった．出稼ぎ労働者数の減少だけで，独立後5年間に約5万人分の新たな就職口をつくりだす必要が生じた．新しい輸送網と市場制度が，カシュー・ナッツのような小農による農作物のために必要とされた．ちなみにモザンビークは，カシュー・ナッツの世界的な供給国である．政策は，政府へ移管された入植者の地所を機械化するか，あるいは非機械化するかという判断にもとづいて展開されねばならなかった．コプラや砂糖などのいくつかのプランテーション産業は，植民地時代の経営形態で運営されたが，一般には村落共同体の形による農業政策がとり入れられた．政治的に実行可能であり，また経済的にも好ましい土地の管理形態を模索した結果食物が生産不足となり，国外から輸入されねばならなかった．

植民地当時，モザンビークはアフリカ人民衆に対して相対的に低いレベルの社会事業しか行なわなかった．農村地域では保健施設はまれであり，都市地域では治療費が高くついた．宣教師と非常勤の軍職員がわずかな保健上の援助を行うにすぎなかった．教育は1960年代に拡大したが，独立以前の時期に中等教育を受けることができたのはもっぱら白人であり，大学教育にいたってはほぼ完全に白人のためのものであった．非常に多種多様な伝道集団は，農村部に各種の社会施設を提供し，他方ポルトガルのカトリック教会は入植者の宗教的要求を満たした．モザンビークの教会は，植民地戦争によって激しく分裂した結果，FRLIMO政権との関係は密接な協力関係から公然とした敵対関係にまでさまざまに展開した．独立後，伝道団の保健施設は非宗教的な援助計画によって補充されたり，廃止されたりした．教育は都市部と農村部の両地域における急速な普及とともに，すべて政府の責任となった．

モザンビークはアフリカで最も解放的であるとともに，多種多様な外交政策を展開している国である．この国は中国と永年にわたる関係をもっているばかりではなく，ソビエトとも通商関係を維持している．モザンビークの，アフリカにおける最も親密な協力国はタンザニアであるが，同時にモザンビークは，南部アフリカ経済に抜き差しならぬほど組み込まれている．この国は北朝鮮，合衆国，スカンジナヴィア諸国，ポーランド，ポルトガル，そしてイギリスといったさまざまな国から国外移住者を募集している．国家の方針はマルクス主義のイデオロギーによって形づくられているが，この国の貧困は国内と国外の両問題に実用的に対処することを命じている．　　　　　(D.B.)

マラウィ

南部地溝帯の延長線上に位置するマラウィは，明らかに植民地主義が生みだしたものである．その小さな国土と不規則な国境線は，地理上の，あるいは経済上のいかなる合理的な根拠よりも，むしろ19世紀末のヨーロッパ列強の政治を反映するものである．マラウィは，マラウィ湖（旧ニャサ湖）の湖畔とシレ川流域をのぞき，中央アフリカ高原の一部である．その国土は，平均海抜750 mから1200 mのあいだであり，北部と南部の両地域には高い山脈(1800～3000 m)がある．雨は主に11月から4月のあいだに降り，年間降雨量は750 mmから1000 mmぐらいであり，山脈づたいの高地では2000 mmに達する．国土の大半は，現在，人口の90%の生活をささえる農業に適している．漁業はマラウィ湖とチルワ湖の湖畔と，シレ川流域に住む人々の主要な収入源である．またこれらの淡水源は水力発電の高い潜在性を秘めている．この国はアフリカで最も人口密度の高い国の一つであるが，人口の分布は不均等であ

凡例

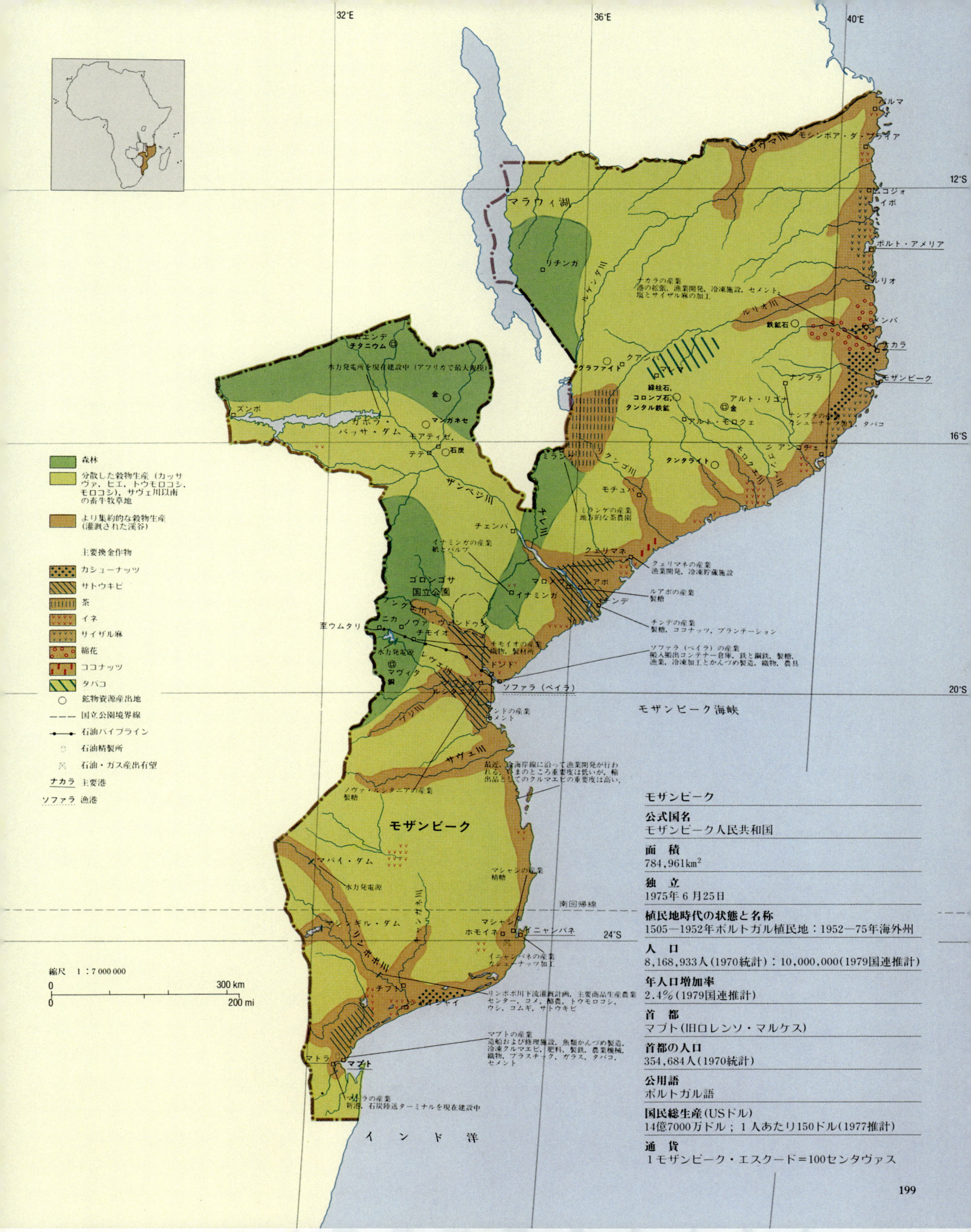

- 森林
- 分散した穀物生産（カッサヴァ、ヒエ、トウモロコシ、モロコシ）、サヴェ川以南の畜牛牧草地
- より集約的な穀物生産（灌漑された渓谷）

主要換金作物
- カシューナッツ
- サトウキビ
- 茶
- イネ
- サイザル麻
- 綿花
- ココナッツ
- タバコ

○ 鉱物資源産出地
--- 国立公園境界線
— 石油パイプライン
● 石油精製所
× 石油・ガス産出有望

ナカラ 主要港
ソファラ 漁港

縮尺 1:7 000 000

モザンビーク

公式国名
モザンビーク人民共和国

面積
784,961 km²

独立
1975年6月25日

植民地時代の状態と名称
1505―1952年ポルトガル植民地；1952―75年海外州

人口
8,168,933人（1970統計）；10,000,000（1979国連推計）

年人口増加率
2.4％（1979国連推計）

首都
マプト（旧ロレンソ・マルケス）

首都の人口
354,684人（1970統計）

公用語
ポルトガル語

国民総生産（USドル）
14億7000万ドル；1人あたり150ドル（1977推計）

通貨
1モザンビーク・エスクード＝100センタヴォス

199

南東中央アフリカ

マラウィ

公式国名
マラウィ共和国

面積
118,484km²

独立
1964年7月6日

植民地時代の状態と名称
イギリス中央アフリカ保護領(1891→1907年)：ニャサランド保護領(1907－1953年)という名称のイギリス保護領：1953－1963年中央アフリカ・ローデシア・ニャサランド連邦の一部：ニャサランド

人口
5,900,000人(1979国連推計)

年人口増加率
2.9%(1979国連推計)

首都
リロングウェ

首都の人口
102,924人(1977統計)

公用語
英語；チチェワ語

国民総生産(USドル)
8億ドル；1人あたり140ドル(1977推計)

通貨
1マラウィ・クワチャ＝100タンバラ

凡例
- 森林
- 農業に向かない山岳地帯
- 農業に向かない湿地帯
- 農耕地域（トウモロコシ、ヒエ、モロコシ、ピーナッツ、イネ）
- 主要換金作物
- タバコ
- 茶
- サトウキビ
- ピーナッツ
- 綿花
- 桐油
- 果実と野菜
- イネ
- 国立公園境界
- ンホタコタ　漁港
- ○　観光地

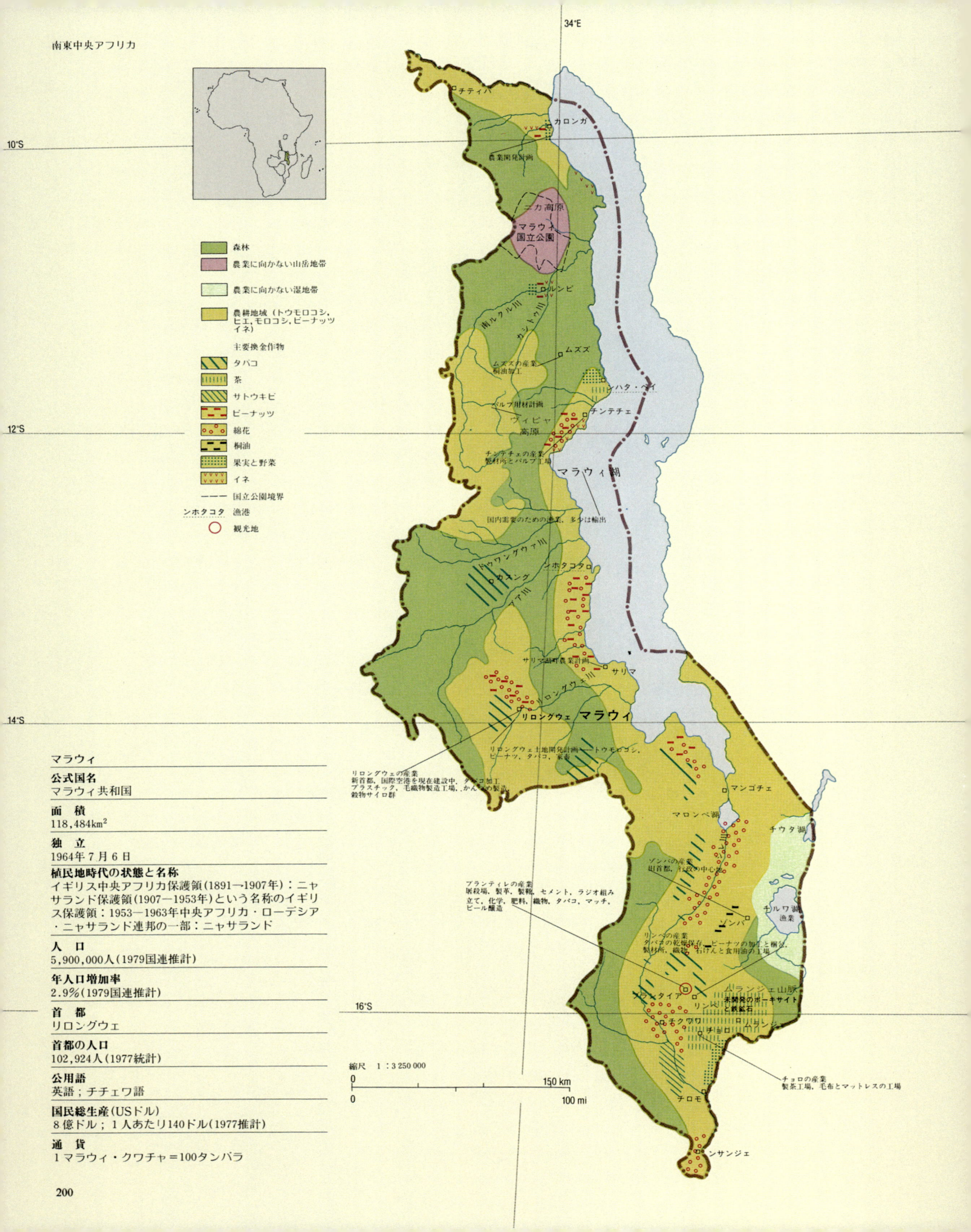

縮尺　1：3 250 000

り，全人口のほぼ90％が南部と中央部に住んでいる．大部分の社会経済基盤は，同様にこれら2つの地域に集中している．

マラウィの肥沃な大地は，数百年にわたって人々を引きつけてきた．バントゥ系のチェワ語族の人々は，その規模がクランから王国にまで達する政治的単位を含む，350年以上の記録された歴史をもっている．19世紀のあいだに奴隷商人，アフリカ人移住者，そして最後にヨーロッパ人の商人と伝道師がマラウィに入ってきたために，変化の歩調が急速に早められた．19世紀以前に存在した社会の多くは，これらの人々によって征服されるか，または大いに破壊されたことから，歴史家たちはこれまで，その後のマラウィの歴史の大部分をこうした観点から記述する傾向があった．新たにやってきた人々と新しい理念にもかかわらず，農村部に住むマラウィ人の（農業経済にもとづく）文化的な一体性と連帯感は，過去150年にわたって発展のための枠組となりえたのであった．

資本主義は，アフリカ人や，伝道団といった侵略者たちよりもはるかに破壊的なものであり，1890年代の中ごろから植民地行政府は，アフリカ人の農業開発や経済発展を犠牲にして，ヨーロッパ人入植者と外国資本に便宜を与えた．課税は多くの男たちを白人プランテーションや南アフリカの鉱山で働くために村から追い立てたし，またこの国の南部にある鉄道は，明らかにシレ高原の白人農園主のため建設されたものである．ヨーロッパ人が入植した地方では，土地の分割がその結果としてただちに起こり，地主と，土地をもたない労働者という今日まで続いている構造が確立された．

キリスト教の平等主義の福音は，植民地行政府とヨーロッパ人入植者が広範囲にわたる収奪を行ったこと，そして第1次大戦当時，東アフリカにおける戦闘のためにマラウィのアフリカ人が運搬人として徴用されたこと，などと結びついて，1915年初頭の，短期間ではあったが意義のあるアフリカ人の反乱を引き起こした．伝道団で教育を受けた教師であるジョン・チレンブウェに率いられたこの反乱は，イギリス人統治者たちを退け，植民地支配が生みだした社会的危機を解決しようとした．しかしこの反乱は圧倒的な支持を得るにいたらず，ただちに鎮圧されたのであった．

イギリス人統治者たちを打倒しようとしたチレンブウェの試みに続いて，伝道団で教育を受けたマラウィ人たちは，当局者との和解という，より融通のきく方向へ転じた．改革主義的組織は，1944年に結成されたニャサランド・アフリカ人会議にその基礎を提供した．会議は結成当初，政府に対するその改革主義的運動に広範な支持をひきつけることが十分にできなかった．しかし1950年代初頭，ローデシア・ニャサランド連邦結成に向けての現地の白人とイギリス政府による動きは，政治に対する効果的な抗議の焦点となった．同時に植民地開発政策は，白人農園主に有利に作用する耕作方法の制限や差別的な穀物価格協定を嫌う地方農民の反対を招いた．アフリカ人エリートの政治的要求と農村部の不満は，40年間の自発的な亡命ののち1958年に帰国したヘイスティング・バンダによって，ナショナリズム運動へ合流した．かれは，連邦とイギリス支配の両方に挑戦するうえで必要だったカリスマ的なリーダーシップを提供したのであった．1959年，マラウィ会議党（MCP）が，完全独立を勝ちとるために組織された．マラウィ人とザンビア人の激しい圧力によって，連邦は1963年に解体した．次の年マラウィは，バンダを大統領として全面独立を承認されたのである．

独立当時マラウィは，1人当りの年間収入40米ドル以下という，世界で最も貧しい国の1つであった．国内経済と社会的発展，そしてその方針と指導といった問題は最も大きな争点であった．バンダの姿勢は，自国の経済を崩壊させたり，また南側の白人支配国とマラウィとの結びつきを断ち切らないように，徐々に前進するというものであった．しかしバンダ政権の数人の若い閣僚は，白人支配の南部アフリカに強く反対する立場を支持し，またマラウィの官僚制度の急速なアフリカ人化を要求した．ちなみにかれらは，偶然にも植民地時代に無視されていた地方の出身であった．この政治闘争はたちまち頂点に達し，1964年9月に数人のバンダ反対派が政府を辞任した．この国の南部では，ヘンリー・チペンベレがバンダ打倒をめざして武装蜂起の先頭に立ったが，これは1965年初頭までに鎮圧された．バンダは自らの支配に対する最初で，しかも唯一の主要な挑戦に生き残り，そして自分自身の権力と地位の強化に乗りだしたのであった．バンダの国家政策に反対する者は亡命を強いられてきた．厳格な文化上の規範が確立され，これにそむく者たちは投獄されるか抑圧される結果を招いたのである．たとえば1970年，72年，そしてまた76年にエホバの証人達（日本では「ものみの塔」）の数千人の信徒たちは，マラウィでの絶え間のない迫害ののちに近隣諸国へ逃げた．1971年にバンダはみずから終身大統領を宣言し，マラウィのあらゆる側面にたいする支配権を確立したのであった．

マラウィの経済発展は過去の資本主義的方針を維持している．プランテーション経済が普及しており，輸出のためのタバコ，綿花，茶，そしてピーナツが生産されている．こうしたプランテーション農園は，全国土の5％にも満たないが，この国の輸出の50％以上（1977年推定）をになっている．ジンバブエの白人出国移民は，これまで数力所のさらに大規模なプランテーションの支配人として雇い入れられたが，こうしたプランテーションは，多国籍企業ないしはマラウィ人エリートの所有である．工業は鉱物生産物と同様，事実上存在しない．製造業部門は，とりわけ農業生産物の処理加工と結びついて出現したが，この部門はマラウィのGDPのほんのわずかな部分しか占めていない．農業と同じように主要な製造業は民間所有であり，それには大統領が所有する数社が含まれている．

統制された経済成長というバンダの政策は，外面的な安定をもたらしはしたが，それはすでに基盤を固めたマラウィ人に利益となるのみであった．この国が引き続き大規模なプランテーション生産と広範な海外借款に依存しているかぎり，いかなる発展も農村の貧困を大いに救済するとは思えない．最も威信を賭けた開発計画は，南アフリカの借款によって資金を調達したリロングウェにおける新首都建設と，主として世界銀行から資金を調達した新首都周辺地域における集約農業開発であった．マラウィの限られた財源と社会的資源は，これまで通常マラウィ人と外国人のエリートによる経済的支配を強化するために用いられてきた．人口はザンビアと同じようなものでありながらも，マラウィには保健および医療関係の人員が，ザンビアのわずか3分の1しかおらず，さらにかれらはもっぱら都市部に集中している．小児死亡率と結核死亡率はアフリカ諸国の中で最も高く，これら2つの指標は，農村住民の生活水準が低いことを反映するものである．

(W.R.)

南部アフリカ

　逆説的にいえば，南部アフリカのほとんどすべての地域がもっている巨大な潜在力こそが，この地域がかかえているさまざまな大問題の源であるといえる．なぜならば，この潜在力の，地域ごとのふぞろいな開発・発展が，南部アフリカとその北部に隣接する諸国家との間に生じているさまざまの困難な問題を，ますます悪い方向へと導くからである．南アフリカ共和国の産業の繁栄は，ボツワナやレソトの貧しく苦しい農業経済ときわだった対照をなしている．この地域で最大の国土をもち，最も豊かな国である南アフリカは，この地域の多くのブラック・アフリカ人による南アフリカの政治政策への飽くなき反対にもかかわらず，近隣諸国の経済を強力に支配している．このような状況がつくりだした緊張は，南アフリカの国内でも国外でも，いずれは解決されなければならない．そのうえ南アフリカは，その広範囲にわたる鉱物，産業資源により，たんにアフリカ大陸の発展のみならず，世界的規模での国家戦略の上でも重要な因子となっている．

　南部アフリカの人々のもつ社会的権力と人口数とのアンバランスもまた，他に類をみないものである．もともとこの地域に住んでいたコイサン人は，北東からのバントゥ人の移住民と南からの白人入植者によって，その居住地域から追いだされたり，根絶されたりしてしまった．19世紀の「ムフェカネ（激変移動；すなわち人々が定住できぬままあちこちへ移動をくりかえしたり離散したりすること）」がひきおこした激動は，直接・間接をとわず，南部アフリカの，どのバントゥ諸族へも影響をあたえ，そのためこれらの諸族の間には，現在でもこの影響による強い文化的類似性がある．政治的に優位な南アフリカとナミビアの少数の白人は，広い地域で長く定着している．なかでも実際の有効な支配力は，独自の文化と言語——アフリカーンス語——を発展させてきたオランダ人入植者の子孫にある．

　この地域の政治の動向もまた南アフリカ次第である．歴史的に白人が産業・鉱業による繁栄を独占したのみならず，最も肥沃な土地をも支配してきた．人的資源と農耕資源の然るべき管理によって，この地域の人々の多くは自給可能であろうが，人口の過密化・過度の放牧・土地の自然浸食によるアフリカの大地の劣化が，将来の政治的安定と経済の発展への脅威となってきている．

左　南アフリカ南東海岸近くにトランスケイの丘陵地域がある．中央台地から急激に下り落ちる川は，季節ごとの水量差があまりに大きいため，この地方の経済の重要な役割を担うことはできないが，降雨のたしかさと年間を通じて一様な気候が土地に生産力をあたえている．1976年には，この地方はトランスケイのコーサ族自治領の一部になった．

上　白衣のコーサ族の若者達がトランスケイの村で成人式に参加している．トランスケイの田舎には，多くの伝統的制度が今も残っており，トランスケイに隣接するイースト・ロンドンやポート・エリザベスの工場地帯で働くコーサ族の人々は，都市においてもこれら村での行動規範を保持しようとしている．

20°E
25°E
30°E
20°S
25°S
30°S
35°
南回帰線
3000m
2000m
1000m
500m
200m
0
▲1087 標高(m)
国境
主要道路
主要鉄道
国際空港
季節河川
季節湖沼
塩沼
湿地
ナミビア
ボツワナ
南アフリカ
スワジランド
レソト
カプリビストリップ
オカヴァンゴ川
オカヴァンゴ スワンプ
カウカウフェルト
ンガミ湖
ンガミランド
マガディクガディパン
セローウェ
リンポポ川
カラハリ砂漠
ガラガディ砂漠
モレポローレ
ハボロネ
カーニエ
ピーターズバーグ
トランスヴァール州
プレトリア
ベノニ
ヨハネスバーグ
クルガースドルプ
ムババネ
クラークスドルプ
ブルームホッフダム
ハイヴェルト
ウェルコム
モロポ川
クルマン川
オレンジ川
ウピングトン
キンバリー
オレンジ自由州
ブルームフォンテーン
マセル
ナタール
ピーターマリツバーグ
ダーバン
トゥゲラ川
ドラケンスバーグ山脈
フェルヌクパン
ハイ カールー
ケープ州
2499
クイーンズタウン
インド洋
グレートカールー
ウースター
パール
ケープタウン
テーブル山 1087
ステレンボッシュ
モッセルベイ
ポートエリザベス
グラハムズタウン
イーストロンドン
縮尺 1：7 200 000
0
400 km
0
300 mi

南部アフリカ

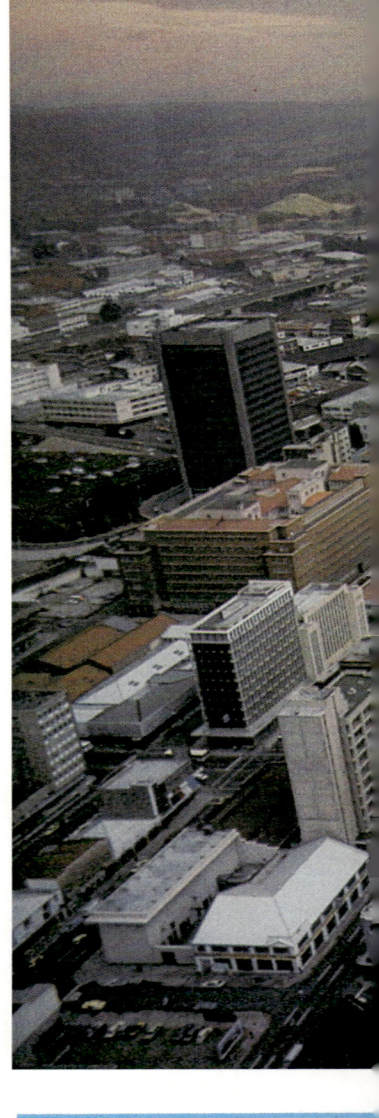

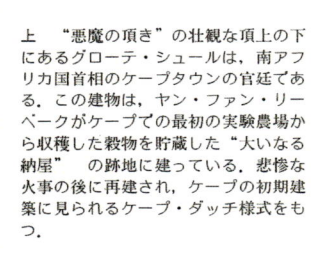

上 "悪魔の頂き"の壮観な頂上の下にあるグローテ・シュールは、南アフリカ国首相のケープタウンの官廷である．この建物は、ヤン・ファン・リーベークがケープでの最初の実験農場から収穫した穀物を貯蔵した"大いなる納屋"の跡地に建っている．悲惨な火事の後に再建され、ケープの初期建築に見られるケープ・ダッチ様式をもつ．

上右 ケープタウンはテーブル山（997 m）の麓にひろがっている．その近代的な海岸はほとんど埋め立て地であり、港湾は1970年代に再拡張された．

右 ヴェルヴィツィア・バイネシーはナミブ砂漠の海岸線から80 km以内にだけはえている．その植物学上の珍しさ、一風かわった形、ほとんど水分のない地への同化が植物学者を魅了してきた．風や砂によって朽ちる前には、その美しいとはいえない帯状の葉が約2 mにも達し、2000年も生きることができる．

南部アフリカ

前頁上　ボツワナ西部に住むヘレロ族の婦人達は，レニッシュライン伝道協会が前世紀にこの地にもちこんだ様式の着物をきている．

左　ウィットウォータースランドの近くで，金発見後の1886年に建設されたヨハネスバーグは，南アフリカの商業の中心都市である．摩天楼が街の整然とした設計によるまっすぐな大通りの中にそびえている．

下左　トランスヴァール東部のロー・ヴェルトはかんきつ類の大産地であり，その多くは輸出用である．貯水池や灌漑水路のシステムは，これらの樹木へ適量の水を確保するために必要である．

下右　世界のほとんどの装飾用ダイヤモンドは，南アフリカの長い死火山脈の中や，近くの青岩鉱条から産出される．ケープ州北部のキンバリーとトランスヴァール州のプレトリアの東のキュリナンは，ダイヤモンド鉱業の主要な中心地である．金採掘の鉱夫のほとんどはアフリカ人であり，岩はドリルで崩され，地表へ運ばれてダイヤモンドを取りだすために細かく砕かれる．

南部アフリカ

南アフリカ

　南アフリカの地勢は，高さを変えながら国全体にひろがっている中央高原によってほとんどが占められている．オレンジ自由州とトランスヴァールにおよぶ中部高原またはハイ・ヴェルトとよばれる地域は，ゆるやかに起伏する草原でところどころに高地が点在しており，この国の鉱物資源の大部分はこの地域に集中している．中央高原の西側半分は，海抜約900mぐらいでナミブ，カラハリ砂漠に続いており，カルーとして知られている乾燥平地である．中部台地の南東の端には，東トランスヴァールの西南からケープ州へかけて走っているドラケンスバーグ山脈があり，沿岸部と内陸の人々の往来をさまたげる大障壁となっている．ケープ州の南西には，1800mから2250mの高さにそびえたつ山塊がある．内部台地はインド洋から雨を運ぶ風流帯のなかにあり，この台地の東部では夏の数カ月間に最大の降雨量をしめし，一方ケープ州西部では冬にそのピークに達する．南アフリカには可航河川はない．2つの大きな河，オレンジ河とその支流のヴァール河は東から西へ向かって流れている．ウムジンヴブ，グレート・フィッシュ，ケイ，ボンゴラ，ウムゲニやトゥゲラのような数百の中小河川がインド洋へ流れこんでいる．リンポポ河はこの国の北部国境の大半をなしている．

　南アフリカには多様な人種がおり，様々な言語，宗教，習慣，生活形態がある．政府の定義により人々はアフリカ人，ヨーロッパ人，カラード（有色人），アジア人の4つのグループにわけられている．その最大のものはアフリカ人グループであり，大多数はバントゥ語族の人々である．彼等は4つの大きな言語グループに分けられ，その最も大きいングニ系はズール，コサ，ンデベレ，スワジ族である．次に大きなものはツワナ語系で，これにはツワナ，ペディ，南ソト族が含まれる．残りの2つは，ベンダ族とシャンガーン・ツォンガ族である．これら現住のアフリカ人の祖先たちは，おそらく3世紀ごろにリンポポ河の南にいくつかの小集団で定着をはじめたとみられる．そのほとんどが牧畜民か農耕民であった．15世紀には，バントゥたちはフィシュ川の南の地域まで進出し生活をしていた．この間アフリカ人社会はたがいにさまざまな影響を与えあい，その結果正確に個々の社会を弁別することはむずかしくなっている．

　ヨーロッパ人の移住は，オランダ東インド会社が1652年に喜望峰まわりの船のため，テーブル湾に物資供給基地を設立した17世紀半ばごろにはじまる．オランダ人植民者はフランスやドイツからの移民を加えて人口を増していったが，同時にマレー，西アフリカ，東アフリカからの奴隷たちも増加した．その初期からヨーロッパ人植民者は，奴隷や土着の人々との間に子孫をつくり，カラードとよばれる混血人グループをつくった．このグループは，当時から主にケープ州西部に住んでいる．

　その後の数十年間に一部の植民は牧牛をはじめ，公的なオランダの監督をはなれ，牧草地を求めて徐々に東へ移動しはじめた．途中かれらは，自分の土地への侵入に抵抗するコイサン人（コイコイ人）と，次いでコーサ族と出会い，戦いを交えた．1806年，イギリスはオランダからケープ地方の支配権を奪取し，これによりオランダ植民者すなわちボーア人と敵対関係となった．1820年には，イギリスはケープ地方東部へ大量のイギリス人を入植させた．1830年代になりイギリスによる奴隷制廃止，経済状態の悪化，アフリカ人との戦争やイギリスによる帝国主義的支配への怒りなどに対応して，ボーア人はグループをつくって南アフリカの内部へと向かう，現在では"グレート・トレック"と呼ばれている移動をはじめ，2つの共和国，オレンジ自由国とトランスヴァールを建国した．イギリスはボーア人に沿岸部の所有権を主張させないように，1842年にナタール地方を併合した．

　1860年，イギリスはサトウキビ農園の契約労働者としてインド人をナタール地方に導入した．その世紀の終り頃にはインド人商人がこの地へ入ってきた．現在ではアジア人の約70パーセントはヒンドゥ教徒で20パーセントはイスラム教徒であり，その大部分はダーバン地区に居住している．

　ボーア人が内陸へ移動していた少し前，アフリカ人社会には，「ムフェカネ」とよばれる革命的大激動がひきおこしたアフリカ人の広範囲におよぶ移動によって，衝撃的な大変化が進行しつつあった．ムフェカネは，小さな氏族であったズール族が機略に富んだ軍事指導者シャカに率いられて大侵略を行い，大王国をつくったナタール地方に端を発する．ズール族の拡張主義は暴力紛争，人々の離散や移動，社会的荒廃を次々とひきおこし，南部アフリカ全地域のアフリカ人をあちこちへ移動させごちゃまぜにした．しかしこのような地域の荒廃状況にもかかわらず，アフリカ人社会は20世紀初頭に至るまで，さまざまな地域でかれらの土地を侵略してくるヨーロッパ人に抵抗しつづけてきた．

　19世紀の後四半期における金とダイヤモンドの発見は，南部アフリカの政治・経済的特徴を劇的に変質させ，主として農業依存経済から都市的・産業的なものへと変わっていった．アフリカ人にとってこの時期は，ヨーロッパ人支配権のかれらへの侵害を意味していた．アフリカ人は出かせぎ労働者としてヨーロッパ人地域での仕事を求めて，徐々にその土地をはなれることを強制された．ヨーロッパ人社会では，それらの鉱物の発見が，イギリスと2つのボーア人共和国の間に大きな敵対関係をひきおこした．その結果，2つの戦争（1880—1881，1899—1902）がおきた．この後者，すなわち第2次アングロ・ボーア戦争はイギリスの勝利に終り，それはまたボーア人の政治的独立の終結を意味した．

　1910年，四つの英国植民地，すなわちナタール，ケープ，オレンジ自由国，トランスヴァールが合併し，南アフリカ連邦となった．そのヨーロッパ人議会では，はじめ南アフリカ党と国民党が優勢であったが，1933年になりこの二つが連合して統一党をつくり，極アフリカーナー民族主義の国民党（NP）が台頭してくる1948年まで政治を支配した．この期間，アフリカ人はこの国の政治からしめだされ，議会は白人による政治的・経済的支配を固めるための数々の法律をつくった．

　国民党は1948年に政権を握って以来，その政治的支配を堅固なものとしていった．全白人人口の60％をしめるアフリカーナーに主として支持されて，白人だけで構成されている議会の圧倒的多数をしめた．新共和党（もとの統一党）と進歩連邦党の二つの弱小政党は，英国系白人の有権者に支持されていた．1961年の国民投票を経て，南アフリカは共和国を宣言し，英連邦から脱退した．

　国民党の最大の論点となるものは，人種関係を規定するためにつくられたアパルトヘイト政策または分離発展政策の実行であった．アパルトヘイト主義は，各

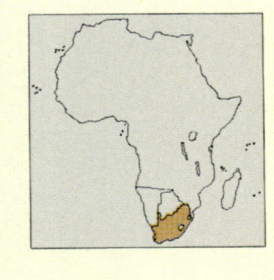

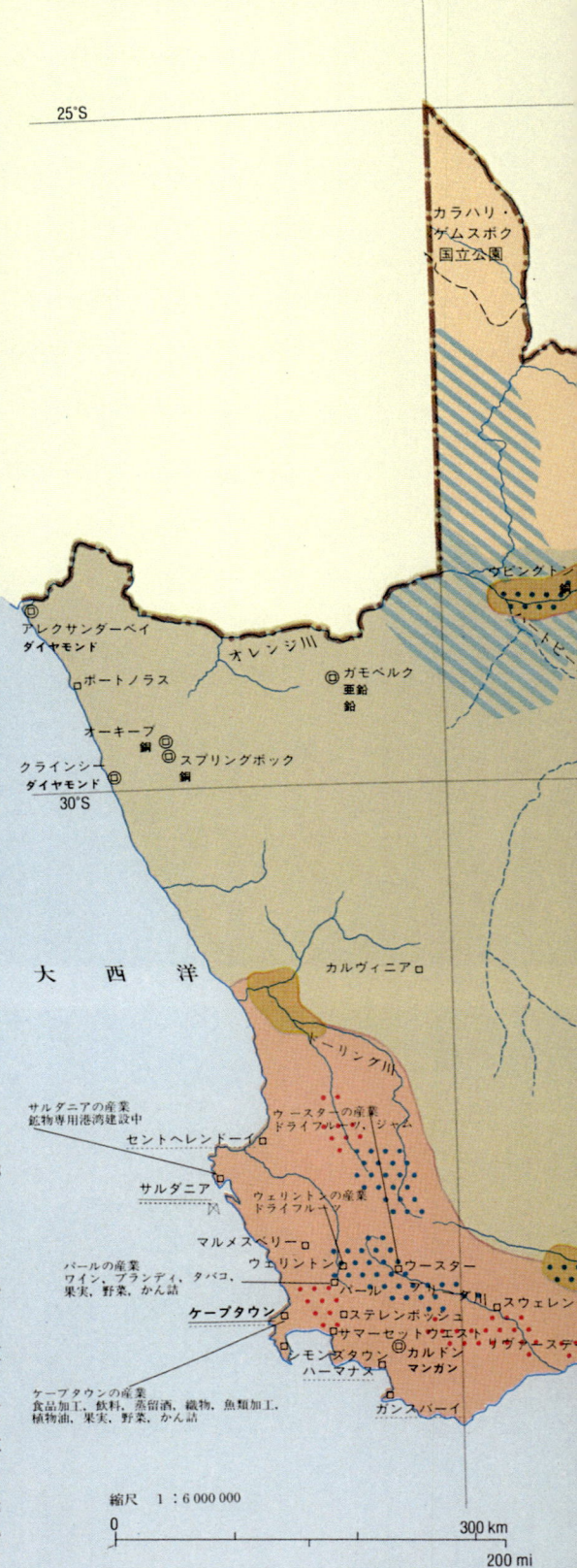

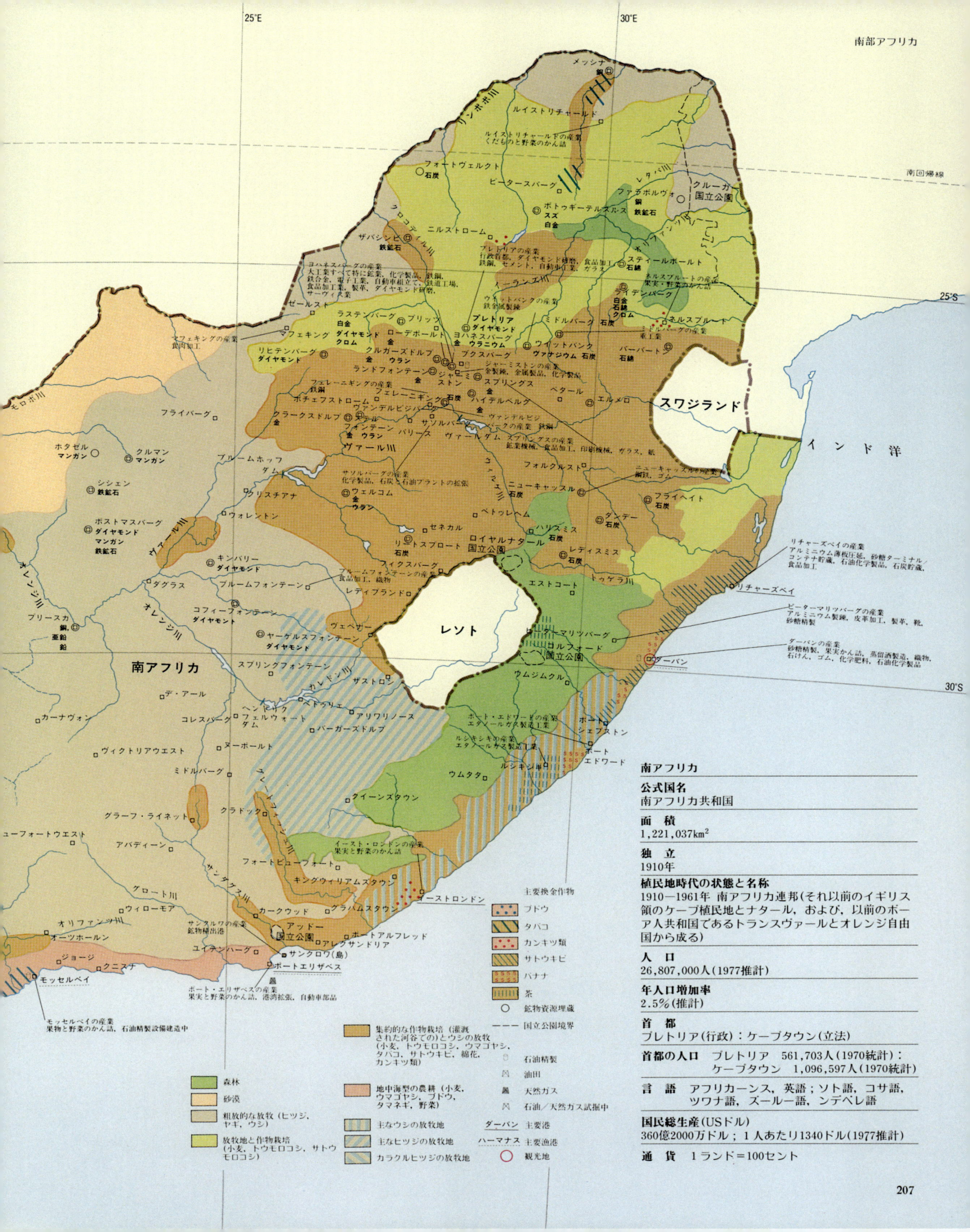

南部アフリカ

南アフリカ

公式国名
南アフリカ共和国

面積
1,221,037km²

独立
1910年

植民地時代の状態と名称
1910—1961年 南アフリカ連邦(それ以前のイギリス領のケープ植民地とナタール，および，以前のボーア人共和国であるトランスヴァールとオレンジ自由国から成る)

人口
26,807,000人(1977推計)

年人口増加率
2.5%(推計)

首都
プレトリア(行政)；ケープタウン(立法)

首都の人口 プレトリア　561,703人(1970統計)；
ケープタウン　1,096,597人(1970統計)

言語 アフリカーンス，英語；ソト語，コサ語，ツワナ語，ズールー語，ンデベレ語

国民総生産(USドル)
360億2000万ドル；1人あたり1340ドル(1977推計)

通貨 1ランド=100セント

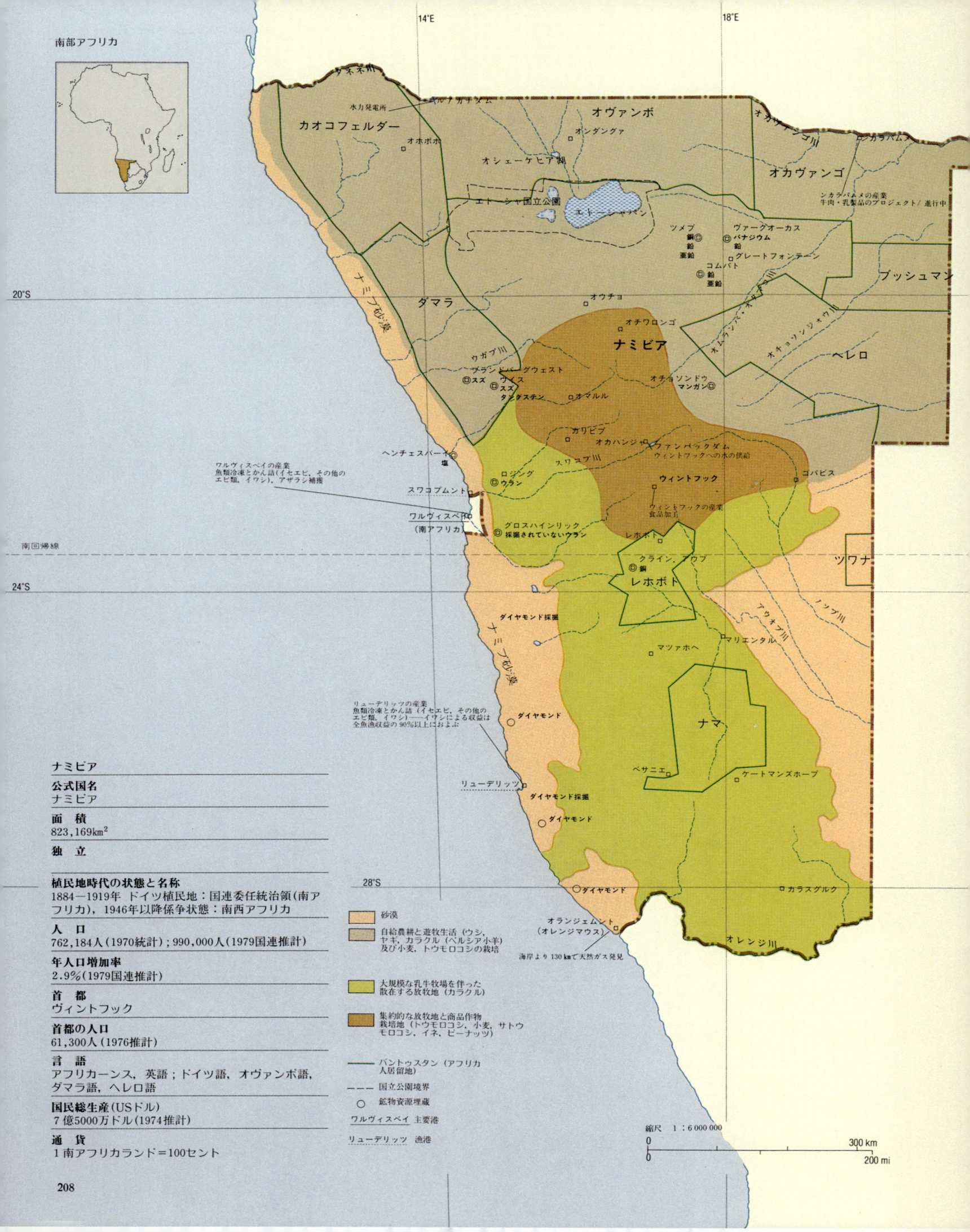

南部アフリカ

ナミビア

公式国名
ナミビア

面積
823,169km²

独立

植民地時代の状態と名称
1884－1919年 ドイツ植民地；国連委任統治領(南アフリカ)，1946年以降係争状態：南西アフリカ

人口
762,184人(1970統計)；990,000人(1979国連推計)

年人口増加率
2.9%(1979国連推計)

首都
ヴィントフック

首都の人口
61,300人(1976推計)

言語
アフリカーンス，英語；ドイツ語，オヴァンボ語，ダマラ語，ヘレロ語

国民総生産(USドル)
7億5000万ドル(1974推計)

通貨
1 南アフリカランド＝100セント

凡例：
- 砂漠
- 自給農耕と遊牧生活（ウシ，ヤギ，カラクル（ペルシア小羊）及び小麦，トウモロコシの栽培）
- 大規模な乳牛牧場を伴った散在する放牧地（カラクル）
- 集約的な放牧地と商品作物栽培地（トウモロコシ，小麦，サトウモロコシ，イネ，ピーナッツ）
- ─── バントゥスタン（アフリカ人居留地）
- ─── 国立公園境界
- ○ 鉱物資源埋蔵
- ワルヴィスベイ 主要港
- リューデリッツ 漁港

縮尺 1:6 000 000

主な地名：カオコフェルダー，オヴァンボ，オカヴァンゴ，ダマラ，ヘレロ，ブッシュマン，ナミビア，レホボト，ナマ，ツワナ，ナミブ砂漠，エトーシャ国立公園，ウィントフック，スワコプムント，ワルヴィスベイ（南アフリカ），リューデリッツ，ケートマンズホープ，マリエンタル，オランジェムント，オレンジ川

208

東カプリヴィ

人種を言語，文化，伝統にもとづく民族単位へ分類し，おのおのの単位を定められた地域内で自立する権利が与えられるというものである．アパルトヘイトの理論では，人種間の混血や統合は多くの紛争をうみ，文化的独自性を失うことになるので，それを避けるために，究極的にはアフリカ人のためのバントゥスタンとよばれる10の自治国家と，白人のためのひとつの自治国家をつくることであるという．そしておのおののバントゥスタンでは，アフリカ人は自由にその政治や経済を支配できるが，もし彼らが白人地区で働く場合には，ほんのわずかな権利しかもつことができない．この政策の遂行のため，南アフリカ政府は1976年にトランスケイ，1977年にボプタツワナ，1979年にはヴェンダの独立を承認した．しかし南アフリカ以外の他のすべての国はこれらの独立を承認せず，また上記以外のバントゥスタンの大半は独立の要請を拒絶している．他の2つの民族，アジア人とカラードは，もともとの自分自身のホームランドをもっていないため，南アフリカ政府はかれらのための制限された立法権をもつ，独立した代表評議会をつくってきた．ほとんどのアフリカ人，カラード，アジア人は，アパルトヘイトのシステムを拒否し，政府のつくった政治制度を支持していない．

実際，全国土の13％にもみたないバントゥスタンは，経済的発展の可能性に乏しく，主として白人優位経済の労働力供給源として機能する．それらはほとんど鉱物資源をもたず，ほんの限られた産業基盤しかもたない．かくして大半のアフリカ人は，白人地区への出かせぎ労働者になることを余儀なくさせられる．バントゥスタンの地では，基本的自給農耕は行われるが，土地の大半は家畜の飼い過ぎと過度の放牧のため極度に疲弊してきている．

民族分離の完成を目ざし，政府は数十万人の人々——その大半は黒人——の集団的な再配置に着手し，それらの人々は強制的に都市近郊のある地域から他の地域へ，また都市近郊からバントゥスタンへ移動させられた．しかし，白人地区からアフリカ人を退去させるという政府の意図にもかかわらず，半数以上の人々は依然として白人の農場や都市近郊に住んでいる．

アフリカ人は歴史的にずっと南アフリカ政府の人種分離政策に反対しつづけてきた．最初の大きなアフリカ人民族主義者グループの，アフリカ民族会議(ANC)は1912年に創設され，以後アフリカ人の政治的・経済的平等の促進のため何十年もの間闘ってきた．第2次大戦からは，政府政策に抗する非暴力抵抗運動の組織化に特に気をくばってきたが，1959年にANCが2派に分裂し，もうひとつのグループ，パンアフリカニスト会議(PAC)がうまれた．アフリカ人の抵抗が激しく拡大してきたので，南アフリカ政府は1961年にこの2つのグループを非合法化し，グループの人々を地下での潜行や亡命を余儀なくさせられた．アルバート・ルズリ，ネルソン・マンデラ，ロバート・ソブクエといった多くのアフリカ人指導者は投獄され公民権を剥奪されるという事実にもかかわらず，ANCとPACは国の内外において政府への抵抗を続けた．これらの反対者を鎮圧するため，政府はアフリカ人の政治抵抗運動を極度に制限する一連の安全保障に関する法律をつくった．

ANCとPACが非合法化されるとともに，多くの若い層のアフリカ人は，南アフリカ学生組織や黒人会議のような他の組織を支持しはじめた．しかし，他の多くの組織同様これらの組織もまた政府により禁じられ，若い黒人指導者スティーブ・ビコは獄死させられた．政府は，アフリカ人が社会の正統な一員となるためのいかなる運動も禁じられた．合法的な唯一の黒人運動は，文化的組織のインカザであり，これはクワズール・バントゥスタンの長，チーフ，ガッシャ・ブゼレジに率いられている．

南アフリカはアフリカ大陸で最も産業化された経済をもっている．第2次大戦以来，その製造業の分野は目ざましい伸びをみせ，国の経済の筆頭分野となり，GNPの中で鉱業と農業の合計の3倍にも達している．製造業のなかの主要なものは自動車産業，鉄鋼(ISCORという国有会社に支配されている)，衣服・織物，技術機械・金属加工，化学製品，食料，飲料，タバコ製造である．産業のほとんどは次の4つの地域に集中している．すなわち，南トランスヴァールまたはヴィトウォータースランド地区，ダーバン・パインタウン地区，ポート・エリザベス・ユイテンハーゲ地区と西部ケープ地区であり，この4地区で産業の純生産量と雇用の5分の4をしめている．最近はバントゥスタンから白人産業地域へのアフリカ人の流入を制御するために，政府はバントゥスタンの中や近くに設置することのできる諸産業を奨励し，産業の分散を図ろうとしているが，目下のところこの試みはほとんど成功していない．

鉱業は現在でこそ製造業に次ぐ重要度しかないが，前世紀にはきわめて重要なものであったし，現在でも全輸出の3分の2，GDPの12％を占めており，また産業発展と農業生産拡大のための触媒でもある．金とダイアモンドは依然鉱業分野の重要な産物であり，このうち金は鉱業産出物の50％を占めている．第2次大戦以来，バナジウム，ニッケル，銅，石炭，アンチモン，鉄鉱，石綿，螢石，マンガン，クローム，石灰の生産が急激に伸びてきた．鉱物の輸出促進のため，新たに2つの港，ケープタウンの北のサルダンハ湾とダーバンの北のリチャーズ湾がつくられた．

農業分野の重要性はしだいに減りつつあるが，依然経済の土台であることには変りない．国土のわずか15％だけが耕作可能であることと降雨が局地的であるため，農業はきわめて発達した灌漑によっており，白人地域では農作業の機械化が進み輸出型となっている．最も重要な牧畜生産物は羊毛であり，これはこの国では金に次ぐ輸出物である．おのおのの地域にはおのおのの重要な農作物がある．南西ケープではワインと果物が主要作物であり，ナタールでは砂糖キビが主であり，一方ハイ・ヴェルトではトウモロコシ，コムギ，カンキツ類，タバコ栽培や牧牛と酪農が主となっている．

南アフリカ経済は巨大な富を生んでいるが，それは白人と黒人との間で不平等に分配されている．白人は経済を支配して白人の特権的地位を保つ一方，黒人には未熟練労働の分野での仕事しか残らない経済システムをつくりあげてきた．経済の大部分の分野は低賃金の未熟練黒人労働者に依存している．たとえば鉱工業には70万人の労働者がいるが，その90％はアフリカ人であり，その大部分は短期契約で鉱山にきた外国人の出かせぎ労働者である．大半の農場の仕事もまた，黒人の季節労働者や契約労働者によってなされている．このような労働は，ケープの西部では主として有色人があたり，他の地域ではアフリカ人がその労働母体となっている．

(R.E.)

ナミビア

以前は南西アフリカとして知られていたナミビアは長い海岸線をもち，その隣接している国はアンゴラ，ボツワナ，南アフリカである．また幅30 km，長さ440 kmのいわゆるカプリヴィ・ストリップでザンビアとも接している．ナミブ砂漠の移動海岸砂丘と塩田は，海岸から内陸まで続いている．中部高原は最高で2485 mあり，その東側はカラハリ砂漠である．水の供給源は周期的に渇水期をもつ河川とともに，井戸や泉，1万以上の貯水ダムが重要な補助的供給源となっている．

ナミビアの人口密度は世界で最も低いもののひとつである．アフリカ人は12の種族にわけられ，バントゥ語かコイサン語を話す．ナミビアの北3分の1はオヴァンボ族(418,300人)，オカヴァンゴ族(61,000人)，東カプリヴィ諸族，カオコヴェルダー人のための指定された居留地である．4万人の人口を有する他のアフリカ人は，ダマラ族，ヘレロ族，ナマ族である．コイサンブッシュマンは2万7千人をかぞえる．南部は都市や村落地域であり，アフリカ人居留地区が散在している．首都ヴィントフークにはこの国の10万人の白人のうち，約半数が住んでいる．

ナミビアの歴史はある意味では訴訟の歴史でもある．はじめは厳しい自然環境と，経済的な可能性の明らかな欠如のため，英国や南アフリカによる併合からは免れていた．ドイツはビスマルクが1884年に正式にこの地方を獲得する以前からドイツ伝道団を1840年代に設立しており，この地域と継続的関係をもちつづけてきた．ドイツ植民地時代は政情の不安を印象づける事件が多かったが，その中で最も注目されるのは1904年のヘレロ族の反乱である．第1次大戦につづく国際連盟とヴェルサイユ条約によって，ドイツがその植民地を放棄させられ，南西アフリカはC級の委任統治領にされ，1920年10月2日，南アフリカ連合国はこの地域を統治することになった．

第2次大戦の結果，植民地解放のきざしが起こると，すぐに南アフリカ国民党体制は，1949年一方的にその主権をナミビアまで拡大した．白人達はケープタウンの国会に代表者を送った．1966年，国連と国際司法裁判所は南アフリカのナミビアからの撤退を要求したが，1969年に南アフリカは防衛체制，アパルトヘイト，バントゥスタン政策をナミビアでも施行した．

ナミビアの白人政党である国民党と連邦党は，過半数原則を主張する地下組織である南西アフリカ人民組織(SWAPO)と敵対している．1966年以後，ゲリラ活動も産業活動もともに活発になってきた．1971年から73年の間，南アフリカのフォルスター政権は国連事務総長ワルトハイムとの対話政策をおしすすめたが，1974年にポルトガルのクーデターとアンゴラ，モザンビークからのポルトガルの撤退が起こると，南アフリカはナミビアを従属国家とする政策を再検討した．いわゆる"部族"選挙が行なわれたが，SWAPOが選挙をボイコットしゲリラ活動が増加したため，選挙は公正なものにはならなかった．1976年の不成功に終わったアンゴラへの介入の後，フォルスターとボタは，ナミビアの後継者体制が，白人と協力し南アフリカに

友好的なものになることを保証する方向へ政策を転じた．1976年8月の制憲のためのタンハーレ会議は，ナミビアを1979年10月に独立させると確約したが，そこにはSWAPOの指導者サム・ヌジョマは参加していなかった．民族同志の暴力事件が噴出し，3月には穏健派のヘレロ族の指導者クレメンス・カプーオが暗殺された．1978年なかば，アメリカの指導のもとに白人，SWAPO，南アフリカの間の暫定的な合意が成立した．そこには自由選挙と南アフリカ軍の撤退も含まれていた．唯一の未解決の争点は，南アフリカが独立後も支配し続けると主張していたワルヴィス湾の主権の問題であった．しかし，フォルスターはその年の末に政権から降りる時，南アフリカはナミビア国内の南ア人入植地を保持しつづけるであろうと声明した．

1950年代の中頃より，ナミビアの商業統計は南アフリカと南アフリカ関税ユニオンのなかに組み入れられており，ナミビア自身の経済に関する情報は良くわかっていない．鉱業はGDPの約60％ぐらいを占めている．ド・ベールス・コンソリディティド鉱山は，1972年には高品質の装飾用ダイアモンド160万カラットのうち98％を所有していた．1975年には，ナミビアは世界第6位のダイアモンド産出国だった．最大の企業ツメブは銅，鉛，亜鉛を採掘しており，またウラニウム，スズ，岩塩，ヴァナジウム，タングステン，金も採掘している．70年代の鉱業分野は毎年10％程度の成長を示しているが，白人対黒人の賃金比はおよそ23対1にとどまっている．

アフリカ人の主な経済活動は，ウシやヒツジやヤギを飼育し，主食としての雑穀やトウモロコシを耕作することと，出かせぎ労働に従事することである．ヴィンドフーク近郊での農場の仕事は，農耕と家畜，羊，カラクルヒツジ（ペルシャ原産），モヘヤギの飼育であり，ダチョウの羽毛にも関心が高まってきている．製造業は限定されているが，乳製品の製造，食肉，皮革産業や羊毛業がある．農場の収益はGDPの約17％を占めている．漁業やかんづめ産業の基地はワルヴィス湾とリューデリッツにある．ナミビアの生産物の約90％は輸出産品であり，その最大の貿易相手国の南アフリカはナミビアの全輸出量の半分を輸入し，またナミビアの全輸入の90％は南アフリカからのものである．海外の他の主な輸出先はアメリカ，西ドイツ，イギリス，日本である．少なくともGDPの3分の1は，送付金や配当金のかたちで外国人のものとなっている．

1960年代以来の社会経済基盤の発展には，3万2千kmの道路のうちの3千kmのアスファルト舗装化がある．南アフリカ鉄道港湾会社は，2340kmの鉄道施設に出資している．空路はウィントフックとヨーロッパ，南アフリカを結んでいる．リューデリッツと係争中のワルヴィス湾は外洋港であり，後者は運輸量の90％を扱っている． (O.P.)

ボツワナ

ボツワナはジンバブウェ，南アフリカ，ナミビアに囲まれた内陸の台地である．海抜1300m程度の台地が，その南東の国境にほぼ平行して走り，ボツワナを2つの異なった地域に分断している．小さい方の東側の地域は，リンポポ河流域の一部を含んでいる．ここは最も肥沃な地域であり，ボツワナの全人口の80％の人々がここに住んでいる．もうひとつの広大な西部地域は，乾燥しすぎているため農耕専用地としては利用できないが，それでもその一部のカラハリ砂漠でさえ多くの野性動物を生育させるに十分な植物がある．国中で降雨は少なくしかも不規則である．東部ですら干ばつがしばしば起こり，より十分な地表水の収集がこの国で最も優先されている．

ボツワナはほとんど重要な資源をもっておらず，わずかな資源さえ独立まではほとんど採掘されていなかった．家畜生産が植民地時代の経済の主要素であり，現在でも最も重要な現金収入の源である．独立後の試掘でダイヤモンド，ニッケル，銅，硫黄の確実な鉱床が発見され，現在は政府が商業的に開発している．もうひとつの独立後の発展は，とくに北部の豊かな野性動物に目をつけた観光産業である．

ボツワナ国民の約98％はツワナ族である．ツワナ族はバントゥ語族のうちのソト語族の西部支族である．他のボツワナ人はサン語を話すサルワ（ブッシュマン）の人々である．ボツワナの近代史は，最初のツワナ人すなわちクエナ族が，南アフリカからこの地に移ってきた18世紀初頭にはじまる．ングワト族とングワケツェ族が，やがてこのもともとのクエナ族から分離し，後にツワナ族がングワト族から分派した．19世紀末には，これらの4つのグループと4つの他のツワナ人社会がこの国において支配的であった．

19世紀初頭の南アフリカで起こったムフェカネの騒乱が難民をこの国へ送りこみ，バントゥの掠奪集団が東部ボツワナから侵入し，またンデベレ族がジンバブウェの南西に定着しそこからツワナ族をくりかえし襲って悩まし続けた．しばらくしてアフリカーナーがトランスヴァールを占拠し，隣接しているツワナ族社会の生活をより困難にした．押し寄せてきたアフリカーナーによって，ガザ族は1871年にボツワナへ追いだされた．

1880年代にはこれらの外圧が明らかにボツワナの人々の安全をおびやかすようになり，国際帝国主義者たちの手はボツワナをとり囲んでいた．ツワナ族の指導者はアフリカーナーの侵略に抗議して英国に助けを求めた．英国派遣軍は1884年に到着し，1年後南部ボツワナはベチュアナランド保護領とされ，やがて北部ボツワナがそこへ編入された．保護領の南の境界により，ボツワナのツワナ族は保護領とは別の，いずれは現在の南アフリカのケープ州へ編入されてしまう英国植民地に住んでいた，多くのツワナ族の人々から切りはなされてしまった．1890年代には，土地狂いのセシル・ローズの英国南アフリカ会社が，ベチュアナランド保護領をその領土へ吸収しようとしたが，英国へのツワナ族の訴えが功を奏し，この野望はつぶされた．

1910年に南アフリカが統合された時，英国はやがてこのボツワナを南アフリカ連邦へ併合させようと計画したが，南アフリカが1961年に英連邦から離脱したときにこの計画は消滅し，ボツワナはよりオーソドックスな形で英国植民地となった．しかしながら，それ以前から南アフリカ領内に設置されていた高等弁務官が，ボツワナ，レソト，スワジランドの基本立法権をもっていて，ボツワナの行政上の首都はボツワナ領外のマフェキングにおかれた．地方行政はツワナ族の伝統的行政組織を通して，間接統治の形で行われた．

1961年，行政評議会と立法評議会が新たに創設され，じん速に大きな政治変化が起こった．1965年には自治政府が認められ，セレーツェ・カーマが首相になり，その1年後に独立を達成し，カーマが大統領となった．その後のボツワナの歴史は，強力な白人支配の隣国からの経済的独立のための闘争であった．この国の交通の生命線は，ボツワナの東部を通りマフェキングとブラワヨを結ぶジンバブウェ所有の鉄道である．男性労働者の大半は南アフリカで働いている．カーマ政府は南アフリカのアパルトヘイト政策を決して認めはしないが，原則を変えることにより近隣アフリカ諸国との敵対関係になるからといって南アフリカへの労働力提供をやめるという経済的自殺をあえて行うこともできない．このような外部との問題と，この国の限られた資源にもかかわらず，ボツワナは忍耐強く平穏であり，政府は依然民主主義的に機能している． (K.R.)

レソト

レソトは山国であり，全国土が海抜1000m以上の高地にある世界でも唯一の国である．レソトの4分の3は，険しくかつ人口希薄なマルーティ山脈である．レソトの最高峰はドラケンスバーグ山脈にあるタバナ・ンツェニャナ山で3481mあり，これはまた南部アフリカでの最高峰でもある．残りの4分の1はレソトの西部であり，ふつう低地域とよばれているが，実際は1500mから1600mの平らな高原である．レソトの行政官庁の本拠や町のほとんど，また人口と農耕地の大半もこの低地域に集中している．レソトは四方を完全に南アフリカに囲まれており，現在の経済・政治的立場は南アフリカの強い影響のもとにある．

レソトの近代国家は，19世紀初頭に始祖である指導者モシェシェⅠ世によってつくられた．かれは1820年から1830年の間に南部アフリカのほとんどを巻きこんだ一連のアフリカ人どうしの戦争，すなわち「ムフェカネ」によって分断されていたソト人の残党をひとつにまとめあげた．レソトの山々を防御要塞とし，またかなりの軍事力や外交手腕を発揮して，モシェシェは国を強固に拡大することができた．

続く数十年間には，1830年代にソトの領地に侵入してきてオレンジ自由国という敵対国家をつくったボーア人が大きな脅威となった．はじめのうちは，ソト族の人々はボーア人の侵入を暗黙に許していたが，しだいに土地争いがおこり，1858年と1865年の戦争になった．この結果，もともとソトの領地であった肥沃な地域がオレンジ自由国のものとなった．増え続けるボーア人の攻撃を食いとめるため，1868年にモシェシェは英国に保護を求め成功した．かつてバストランドとよばれたこの国は，はじめはケープ植民地によって監督されたが，1880年から1881年のソトの反乱の後，英国が直接にその領土に対する責任を再びひきうけることになった．

バストランドは高等弁務官領として運営されたが，英国はこの領土にきわめて限られた目的しかもたず，この領土の発展のための投資はほとんどしなかった．かくして19世紀末からは，豊かだったバストランドの経済も急激に後退し，毎年数千人のソトの男たちは，南アフリカの鉱山や農場の出かせぎ労働者として職を求めることを余儀なくさせられた．英国は可能な限り直接の干渉をせずに，ソトの伝統的な首長や族長にこの地を支配することを許した．1903年に顧問機関として国民会議がつくられたが，これは首長達によって支配されていたので，やがて進歩連盟や（レコザラバフォ；平民会議）のような民族主義者の組織と敵対していった．

近代レソトの政治は3つの政党により支配されてきた．すなわち1952年につくられ，ンツ・モケーレに率いられたバストランド会議党（BCP），1958年に設立されチーフ・レアブア・ジョナサンに率いられたバスト

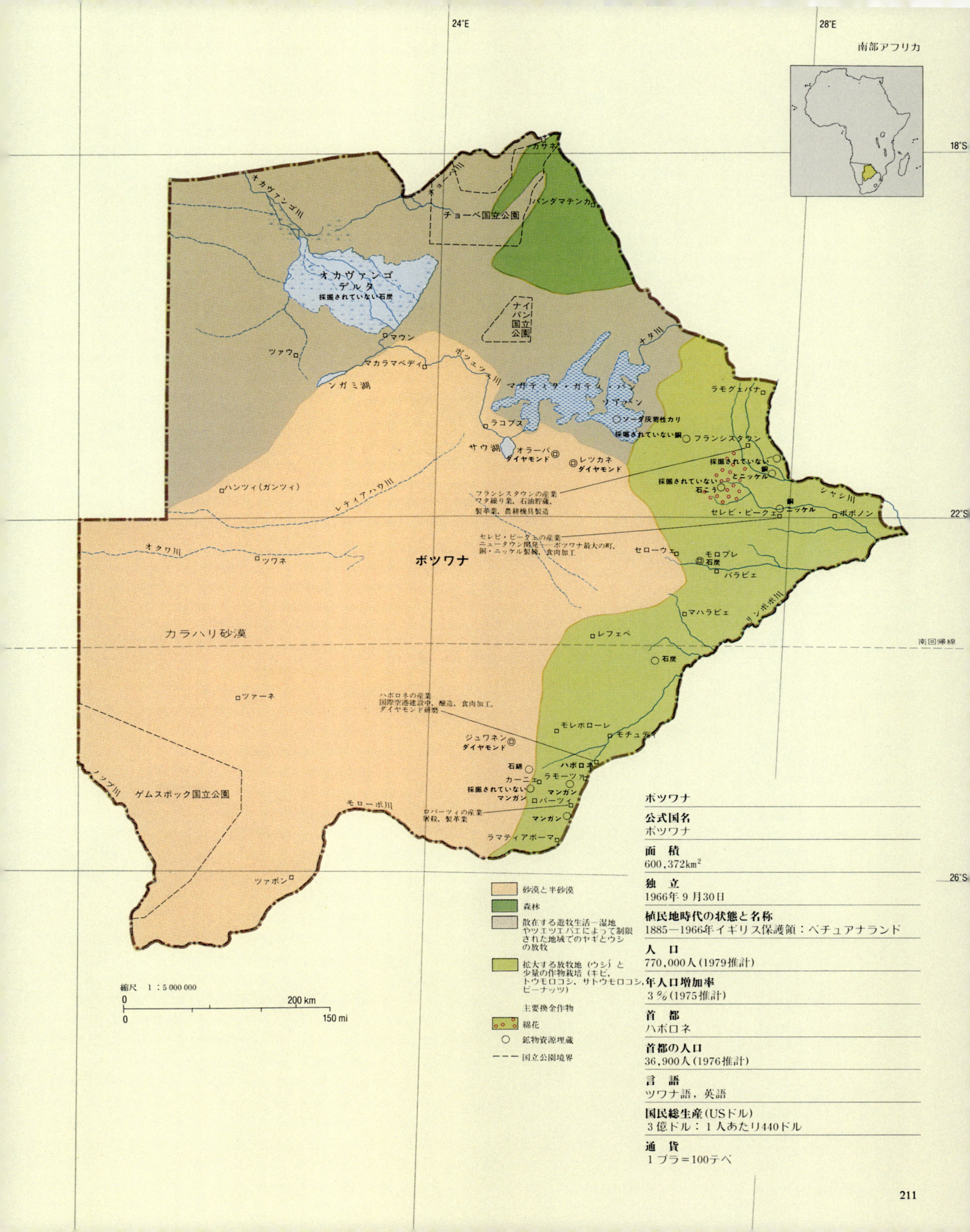

ボツワナ

地図上の注記:

- 24°E / 28°E
- 南部アフリカ
- 18°S
- オカヴァンゴ川
- カサネ
- チョベ川
- チョーベ国立公園
- パンダマテンカ
- オカヴァンゴデルタ
- 採掘されていない石炭
- ナイパン国立公園
- マウン
- ツァウ
- ンタ川
- マカラマベディ
- ボテティ川
- ラモグェバナ
- ンガミ湖
- マガディカガディパン
- ニアツェン
- ソーダ灰苛性カリ
- ラコプス
- 採掘されていない銅
- フランシスタウン
- サウ湖
- オラーパダイヤモンド
- レツカネダイヤモンド
- 採掘されていない銅とニッケル
- 採掘されていない石こう
- 銅 ニッケル
- シャシ川
- ハンツィ（ガンツィ）
- レティアハツ川
- セレビ・ピークエ
- ニッケル
- ポポノン
- 22°S
- オクワ川
- ツゥネ
- フランシスタウンの産業：ワタ繰り業、石油貯蔵、製革業、農耕機具製造
- セレビ・ピークエの産業：ニュータウン開発—ボツワナ最大の町、銅・ニッケル製錬、食肉加工
- セローウェ
- モロプレ 石炭
- バラピェ
- ボツワナ
- マハラピェ
- リンポポ川
- カラハリ砂漠
- レフェペ
- 南回帰線
- 石炭
- ツァーネ
- ハボロネの産業：国際空港建設中、醸造、食肉加工、ダイヤモンド研磨
- ジュワネンダイヤモンド
- モレホローレ
- モチュディ
- 石綿
- ハボロネ
- カーニュ
- 採掘されていないマンガン
- ラモーツワ
- ロバーツィ
- マンガン
- ロバーツィの産業：製粉、製革業
- ゲムスボック国立公園
- モローポ川
- マンガン
- ラマティアボーマ
- ノソブ川
- 26°S
- ツァボン

凡例
- 砂漠と半砂漠
- 森林
- 散在する遊牧生活—湿地やツエツエバエによって制限された地域でのヤギとウシの放牧
- 拡大する放牧地（ウシと少量の作物栽培（キビ、トウモロコシ、サトウモロコシ、ピーナッツ））
- 主要換金作物
- 綿花
- ○ 鉱物資源埋蔵
- ---- 国立公園境界

縮尺 1：5 000 000
0　　200 km
0　　150 mi

ボツワナ

公式国名
ボツワナ

面積
600,372km²

独立
1966年9月30日

植民地時代の状態と名称
1885—1966年イギリス保護領：ベチュアナランド

人口
770,000人（1979推計）

年人口増加率
3％（1975推計）

首都
ハボロネ

首都の人口
36,900人（1976推計）

言語
ツワナ語，英語

国民総生産（USドル）
3億ドル：1人あたり440ドル

通貨
1プラ＝100テベ

ランド国民党（BNC），バスト君主制運動を進めるため1957年に設立さたマレマ・ゾー党がそれである．この最後の党はモシェシェII世を現在支持している．

1960年に英国が新憲法を承認し，それにもとづき直接選挙による議会ができた．この第1回選挙はBCPが勝ったが，1965年の第2回の選挙ではBNPが勝った．そして英国がレソトの独立を認めた1966年に，チーフ・ジョナサンが初代の首相となった．1970年の選挙はBCPの圧倒的勝利が明らかに予想さたので，チーフ・ジョナサンは非常事態を宣言して選挙結果を無効とし，憲法を一時停止した．モケーレや他のBCPの指導者達はその際一時拘留され，後に釈放された．1974年に一部のBCP支持者がクーデターを試み，政治的紛争が暴力行為にまで再び発展した．しかしこのクーデターの試みは鎮圧されて，政府は多くのBCPのメンバーを処刑したり，入獄させたりし，モケーレと他のBCP指導者は国外へ亡命した．チーフ・ジョナサンは依然レソトを支配しているが，最近では一部の敵対勢力との再和解を試みてきている．

レソトは周囲が南アフリカに囲まれているので，この関係から取り得る外交政策はきわめて条件づけられ，制限されている．チーフ・ジョナサンは，当初南アフリカとの対話政策を好んでいたが，1972年以来南アフリカのアパルトヘイトシステムへの忌憚ない批判者となっている．

レソトは経済的に世界で最も開発の遅れている国のひとつである．国民ひとりあたりのGNPは約160USドルである．レソトに居住している国民のほとんどは農耕に従事しているが，国土のたった8分の1だけが耕作可能地であり，大半の国土は過度の放牧のためきわめて劣化しており，その生産性は非常に低い．レソトには50万頭以上のウシと250万頭以上のヤギ，ヒツジがいる．ヤギとヒツジは順調に成長してきている羊毛産業の基礎である．この十年間，レソト政府は他の経済分野の発展を試みてきた．いくつかの小規模な製造産業がつくられ，また観光業も成功してきている．ダイヤモンドも採掘されているが小規模なものである．可能性のある資源は水であり，これは灌漑や水力発電のため南アフリカによって利用されてきた．

国内での賃金労働者はたった2万5千人だけである．国内の雇用機会の不足と農業不振のため，多くの人々がしかたなく南アフリカで職を求めている．11万人以上の男が南アフリカの鉱山で働き，6万から7万の男女が農場や工場で働いている．これらの労働者のレソトへの仕送りがレソト経済の維持に役立っている．多くの成年男子は1年のほとんどを故郷をはなれて暮らす出かせぎ労働者であるため，家族構成に悪い影響が出ている．(R.E.)

スワジランド

スワジランドはアフリカで最も小さい国のひとつであり，その北，西，南は南アフリカに接し，東はモザンビークに接している．地理的に国土は3つの地域に分けられる．そのひとつは国の西部に位置する高度1050mから1200mの山の多いハイ・ヴェルトであり，2つ目はミドル・ヴェルト（高度450mから600m）とよばれる，ゆるやかに起伏する草原地帯であり，残りのひとつは国の南部と東部にひろがるロー・ヴェルト（高度150mから300m）とよばれるブッシュサヴァンナ地帯である．高さ450mから825mのゆるやかな台地であるレボンボ山脈がロー・ヴェルトに沿って走り，モザンビークとスワジランドを分けている．4つの主要な河川系があり，それは北部のコマチ川とウンベルジ川，中部のグレイト・ウズベ川，南部のングワヅマ川である．人口の約半数と大部分の産業や農業はミドル・ヴェルトにある．

植民地にされる前のスワジランドは，ザミニ氏族によって支配されていた．このングニの支族は，始祖ザミニに率いられ16世紀の後半に南部アフリカに移動し，スワジランド東部の現在デラゴア湾とよばれる地域の南と西に定着し，そこで約2世紀ほど過ごした後，指導者ングァネIII世に率いられ現在のスワジランドに移った．19世紀の間は多くの優れた軍事・政治指導者に率いられ，スワジ人はその地域の大勢力となり，現在のスワジ領よりはるかに広い地域を支配していた．スワジという名はこれらの指導者のひとりムスワティ二世に由来している．

19世紀後半にはボーア人，英国系植民者やズールー人からのさまざまな圧迫にもかかわらず，独立を手にすることができたはずだったが，指導者のひとりムバンヅェニ（1874年——1889年）が鉱山と土地に関する権利を得ようとしたヨーロッパ人に屈し，多くの国土を手ばなしてしまった．これはスワジ人の慣習法に反していた．後の土地返還の要求はすげなく拒絶されたが，独立以来スワジ国民は序々に土地を買いもどしてきている．にもかかわらず，現在でも国土の40%がまだヨーロッパ人の所有であり，これらヨーロッパ人は国の経済を左右している．

トランスヴァールによる短期間（1894年——1903年）の支配の後，スワジランドは1903年に英国の支配下に入った．その植民地時代，伝統的統治システムは実質上そっくりそのまま残され，スワジ政府は王家の手にあった．1921年，現在のンクェニャマ（ライオンの意）・ソブフザ二世が統治をはじめた．彼は勅選の顧問者会議とスワジの全成年男子から構成されるスワジ国民会議からの助言で統治している．ソブフザは世界で最も長く統治している君主であり，かれの統治時代はスワジの近代史でもある．

近代スワジの政治活動は，小数の若い教育のある人々がスワジ進歩党を設立した1960年ごろにはじまる．後にこの政党は三派に分裂したが，このうち最も重要なものはアンブローズ・ズネ博士に率いられたングワネ国民自由会議（NNLC）である．1964年，スワジの勤王派がインボコドヴォ（うす石）国民運動をはじめ，少数のヨーロッパ人共同体の利益をはかるために1921年に創立されたヨーロッパ人顧問会議と同盟を結んだ．1964年の独立に先立つ立法会議のための選挙では，インボコドヴォが全議席をしめ完勝した．

1968年の独立時の憲法によって国会はつくられたものの統治権の中枢はそのまま君主へ残された．その国会でインボコドヴォ党は全議席を支配したが，1972年の選挙では若い都市化した労働者層の支持を得て，反対党のNNLCが3議席をとった．その1年後，ソブフザは憲法がスワジの伝統的な政体を反映していないと言って政党を解散し，憲法を一時停止した．以来反対勢力の最高指導者ズネ博士は何度も拘留された．王は王室委員会に新憲法の草案づくりを命じた．委員会は1975年に草案をだしたが，1977年3月ソブフザは国会を停止して，国会議員はスワジの伝統に従いティンクーンザ（伝統的な地方議会）によって選ばれるべきであると声明した．1976年，マペヴ・ザミニ中佐がマコシニ・ザミニの跡をつぎ首相になった．彼はまたスワジ軍の長でもある．

スワジランドは内陸国家であるため，外国貿易のために主に南アフリカに頼らざるを得ないが，独立以来，繁栄した多様な経済を発展させてくることができた．しかしスワジの人々の大半は，いまだ自給だけでいっぱいの農夫か牧畜民である．牛は市場向けのものはほんのわずかな割合しか占めていないが，富の源泉とし

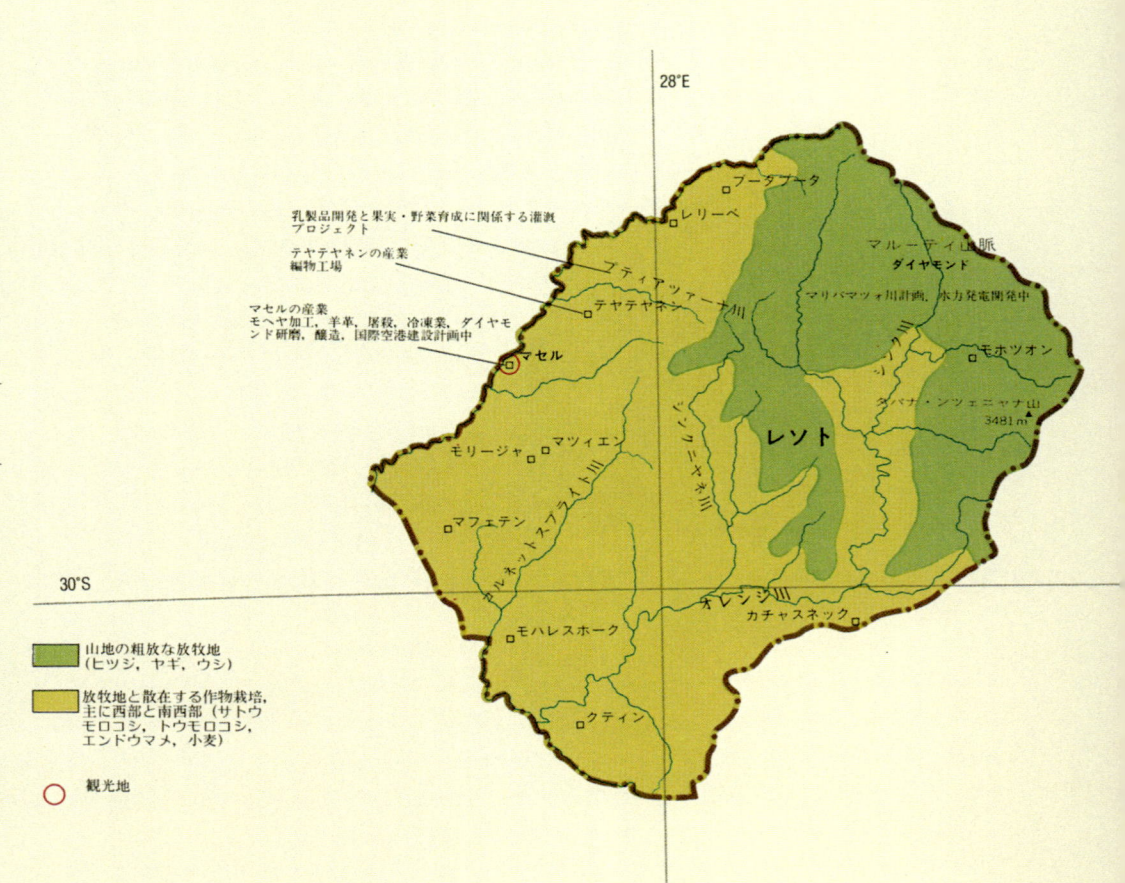

南部アフリカ

てきわめて価値の高いものである．輸出している最大の作物はサトウキビであるが，カンキツ類やパイナップルもまた現金のかせぎ手である．3つの大きな鉱業——鉄鉱石，石綿，石炭——はきわめて高収益をあげてきている木材業と同じように，重大な国の収入源である．観光業は南アフリカからの旅行者を相手に発展してきている．小規模な産業も近年起こってきていて，その大半はマツァパに集中している（1982年8月，ソブフザ国王は83年の生涯を閉じた．）
(R.E.)

地図ラベル：
- ホーホ
- ハヴェロック
- 石綿
- ビッグス・ピーク
- マザンパ
- ングウェニヤ
- 鉄鉱石
- ムババネ
- ムリンザ
- スワジランド
- ムパカ 石炭
- ブーニャ
- マンジニ
- シボファネニ
- ビッグベンド
- シトベラ
- フラティクル
- ングワウマ川
- ウボンボ
- ゴエドゲクン

注記：
- 灌漑によるカンキツ類とバナナ栽培
- ビッグス・ピークの産業 製材
- ムババネの産業 パルプ，製紙
- ブーニャの産業 パルプ，製紙
- マンジニの産業 製粉，ビール醸造，ワタ繰り，セメント，食肉かん詰・冷凍，ラジオ・テレビ部品
- ビッグベンドの産業 精糖，綿花・サトウキビ・カンキツ類農園
- 灌漑によるイネ，サトウキビ栽培

凡例：
- 森林—広い地域の換金樹木を含む
- 散在する作物栽培を伴う放牧地（トウモロコシ，キビ，イネ，綿花，サトウモロコシ）
- サトウキビ
- タバコ
- ○ 観光地

縮尺 1：2,500,000

レソト

公式国名
レソト王国

面積
30,355km²

独立
1966年10月4日

植民地時代の状態と名称
1868—1966年イギリス高等弁務官領（1871—1884年，ケープ植民地に併合）：バストランド

人口
1,216,815人（1976推計）；1,300,000人（1979国連推計）

年人口増加率
2.2%（1979国連推計）

首都
マセル

首都の人口
45,000人（1976推計）

言語
英語，ソト語

国民総生産（USドル）
3億ドル；1人あたり160ドル

通貨
1南アフリカランド＝100セント

スワジランド

公式国名
スワジランド王国

面積
17,363km²

独立
1968年9月6日

植民地時代の状態と名称
1894—1906年南アフリカ（トランスヴァール共和国）の支配を受ける．1906—1968年英国高等弁務官領

人口
540,000人（1979国連推計）

年人口増加率
2.72%（1970—1975）；3.2%（1979国連推計）

首都
ムババネ

首都の人口
22,262人（1976）

言語
英語，スワティ語

国民総生産（USドル）
3億1000万ドル；1人あたり580ドル

通貨
1南アフリカランド＝100セント

インド洋上のアフリカ

　マダガスカル・コモロ・モーリシャス・レユニオン・セイシェルの島々は、他のあらゆる世界に対する異質性を共有している。ザンジバルのように、いわゆる"アフリカ"といった感じでもない。かといってスリランカのように"アジア的"でもない。これらの島々はアジアとアフリカの2つの世界の接点であると同時に、そのどちらでもない独自の世界を生み出している。この地域の特異性は何百万年も昔のゴンドワナ大陸の分裂にはじまり、数々の噴火やゆっくりとした珊瑚礁の堆積、そしてとりわけ芒洋たる熱帯の海そのものにはぐくまれてきた。長い間諸大陸から隔絶されていたので、ここには豊かで変化に富んだ動・植物相が進化した。

　これらの島は、人間が広大なインド洋を横切ることができるだけの航海術を身につけるまで無人であった。人間がそれを成しとげたのは、比較的新しいことである。今日の通説では、この島嶼世界への最初の移民は今から約2000年前、インドネシアから、おそらくインドやアフリカを経由して到来したと考えられている。かれらがすでに火や鉄を使用していたことは、考古学的資料で明らかにされている。この先マダガスカル人は、マダガスカル以外の島の存在を知っていたかもしれないが、そのいずれかに住んでいたという証拠はない。

　次に来たのはアラビア人と黒人の混血で、スワヒリ語を話すイスラム教徒の船乗りである。かれらは15世紀ごろからコモロ島に住んでおり、そこからマダガスカル沿岸各地にひろがっていった。この船乗りたちは、もちろんほかの島も発見していたにちがいないが、17世紀にヨーロッパ人が現れるまで、マダガスカルとコモロ以外の島には無人であった。

　したがって、現在この地域の島嶼諸国家を構成する住民は、すべて移民の子孫であり、この点でこの地域はアフリカ大陸とはきわだった対照をなしている。とはいえ、ここも一様ではなく、ヨーロッパ人が来る前にすでに人が住み、独自の社会や文化を発展させていたマダガスカルやコモロ諸島と、植民地以前の歴史はなく、ヨーロッパ人の支配の下にクレオールの社会や文化がつくられたレユニオンやモーリシャス、セイシェルらの島々とははっきり区別されよう。

最上段　漁撈と島々の間の交易がセイシェルの人々の伝統的な生業である。この島の暖かく澄んだ海や砂浜、健康的な気候に引きつけられる観光客がだんだん増えてきている。

上　マダガスカルの水田耕作は、かれらの文化がアジアに源をもつことを思い起こさせる。水稲と陸稲の栽培は、中央高地でとくにさかんで、全土の作付け面積の約半分を占めている。

左　モーリシャスの輸出の約90%を砂糖が占めている。かつてのインド人輸入労働者の子孫が、現在たくさんの小規模な自作農地の所有者になって農産物の栽培を行っている。そのような小さな耕地のサトウキビは、いまだに人間の手によって刈り取られるのが通例である。

上右　キツネザルは、マダガスカルだけにいるド等な霊長類である。樹上生活しかしないいくつかの種類は、森林環境の破壊のために生存を脅かされており、国際自然資源保護団体の「赤い資料集＝ザ・レッド・ブック」(絶滅の危機にある動物のリスト)に載っている。

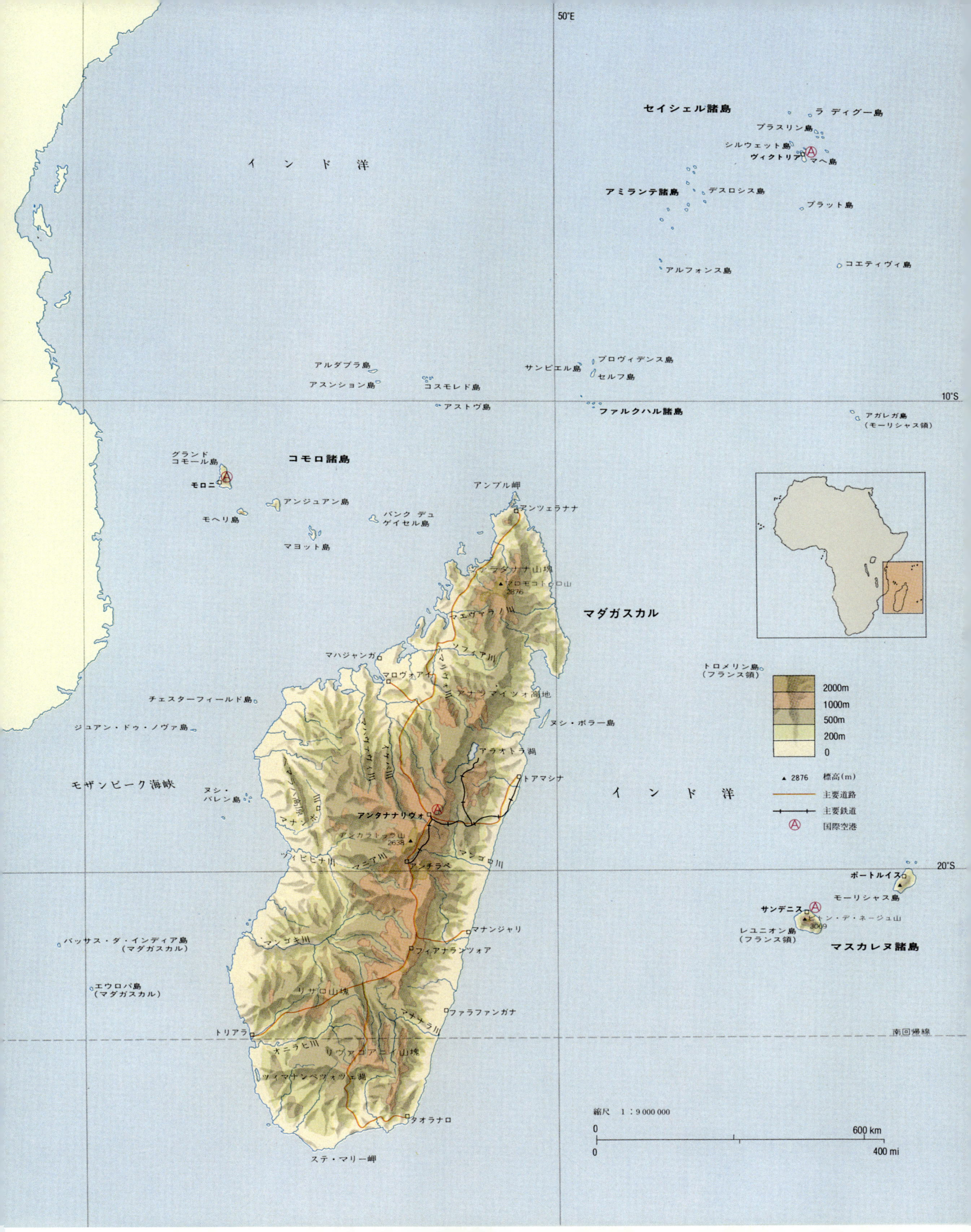

マダガスカル周辺図

海洋・海峡
- インド洋
- モザンビーク海峡

セイシェル諸島
- ラディグー島
- プラスリン島
- シルウェット島
- ヴィクトリア
- マヘ島

アミランテ諸島
- デスロシス島
- プラット島
- アルフォンス島
- コエティヴィ島

その他の島々
- アルダブラ島
- アスンション島
- コスモレド島
- アストヴ島
- サンピエル島
- プロヴィデンス島
- セルフ島
- ファルクハル諸島
- アガレガ島（モーリシャス領）

コモロ諸島
- グランドコモール島
- モロニ
- アンジュアン島
- モヘリ島
- マヨット島
- バンクデュゲイセル島

マダガスカル
- アンブル岬
- アンツェラナナ
- ツァラタナナ山塊
- マロモコトロ山 ▲2876
- マエヴァラノ川
- マハジャンガ
- ソフィア川
- マロヴォアイ
- ベチボカ川
- アオラマイソ湖地
- ヌシ・ボラー島
- アラオトラ湖
- トアマシナ
- アンタナナリヴォ
- アンカラトラ山 ▲2638
- アンチラベ
- マンゴロ川
- ツィリビヒナ川
- マニア川
- マナンジャリ
- マンゴキ川
- フィアナランツォア
- イサロ山塊
- ファラファンガナ
- マナナラ川
- トリアラ
- オニラヒ川
- イヴァコアニ山塊
- ツィマナンペツォツァ湖
- タオラナロ
- ステ・マリー岬

海上の島々（マダガスカル周辺）
- チェスターフィールド島
- ジュアン・ドゥ・ノヴァ島
- ヌシ・バレン島
- バッサス・ダ・インディア島（マダガスカル）
- エウロパ島（マダガスカル）
- トロメリン島（フランス領）

マスカレヌ諸島
- ポートルイス
- モーリシャス島
- サンデニス
- ピトン・デ・ネージュ山 ▲3069
- レユニオン島（フランス領）

凡例
- 2000m
- 1000m
- 500m
- 200m
- 0
- ▲2876 標高(m)
- 主要道路
- 主要鉄道
- Ⓐ 国際空港

縮尺 1:9 000 000
0 — 600 km
0 — 400 mi

50°E / 10°S / 20°S / 南回帰線

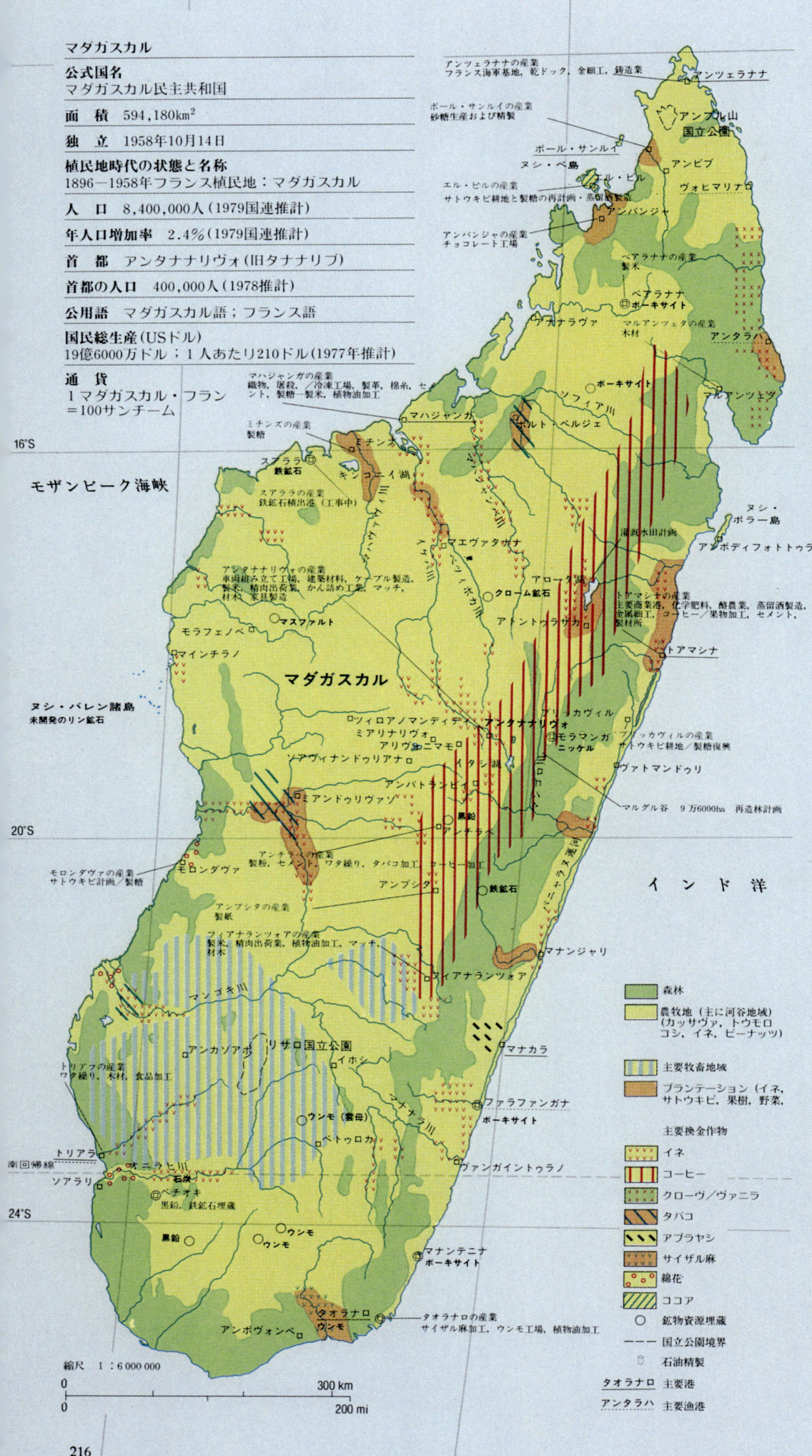

マダガスカル

マダガスカル
公式国名
マダガスカル民主共和国
面積 594,180km²
独立 1958年10月14日
植民地時代の状態と名称
1896-1958年フランス植民地：マダガスカル
人口 8,400,000人（1979国連推計）
年人口増加率 2.4%（1979国連推計）
首都 アンタナナリヴォ（旧タナナリブ）
首都の人口 400,000人（1978推計）
公用語 マダガスカル語；フランス語
国民総生産（USドル）
19億6000万ドル；1人あたり210ドル（1977年推計）
通貨
1マダガスカル・フラン＝100サンチーム

マダガスカルは南北1580km，東西580kmの巨大な島で，その大きさのおかげで残りの島嶼世界がひどく小さく見える。いわばちょっとした大陸ともいえるこの島は，基本的に南北に平行している東と西の海岸平野と中央高地の3つに分けられる。島全体が熱帯地方にあり，温暖で，南西端部以外はどこも1年中湿潤な気候である。東海岸地方には雨をもたらす南東の貿易風が吹き，しばしば熱帯性サイクロンの，北部や西部は局地的モンスーンの被害に会う。中央高地は比較的乾燥しており，かなり涼しい。この地方は，最も人口密度が高く，産業の発達したところである。総面積の約10％は森林に覆われている。何世紀にもわたって焼畑耕作のために火入れや開墾が行われてきた。したがって国土のかなりの面積で地表が露出し，それが浸食されて固くやせたラテライト土壌になってしまっている。高原地方にはアジア式の水田耕作が導入されて，湿地は水田に変えられてきた。サヴァンナ地方では多数の牛が飼育されている。大きな河川は，航行輸送に十分活用されているとは言えないが，漁撈が盛んである。西海岸の河口は自然の良港をなし，またひろい大陸棚は良い漁場を提供している。北部にはディエゴ・スアレス（現アンツェラナナ）というすばらしい港があり，フランスの海軍基地として発展した。東の海岸線はほぼまっすぐで出入りがない。しかしここにも重要なタマシナ港がある。この港は鉄道によって首都のアンタナナリヴォと結びつけられており，高原地方の玄関口である。

マダガスカルの人口はけっして多くはない。住民は全土にちらばり，多くの王国や氏族集団をつくっていた。それらは時に戦争状態にあったが，アジア起源の移民としての本来の文化・言語の統一性は保っている。あとから来たアラブ人や多くの黒人奴隷は，社会全体に影響をおよぼしつつも，その基本構造までは変えることなく統合吸収された。この基本構造とは，氏族の首長に率いられた自給自足の自作農民社会である。国

レユニオン
公式国名
レユニオン
面積 2,510km²
独立
植民地時代の状態と名称
1642-1946年フランス領：1946-フランス海外県
人口 494,700人（1978推計）
年人口増加率 1.4%（1979国連推計）
首都 サンデニス
首都の人口 103,513人（1974）
公用語 フランス語；クレオール語
国民総生産（USドル）
1人あたり1199ドル（1975国連推計）
通貨 1フランス・フラン＝100サンチーム

民の約85％は，今日なお農業に従事している．

中央高地のホバ族が，アドゥリアナブイニメリナの統治時代（1785年－1810年）に勢いを得て，マダガスカルの政治的統一を押し進めた．アドゥリアナポイニメリナの息子ラダマ1世（1810年－1828年）は全島を統一し，フランスとイギリスの対立を巧みに利用してマダガスカルの独立を保った．ラダマは啓蒙君主でもあり，ヨーロッパの慣習の導入や近代化を奨励した．聖書がマダガスカル語に訳され，またイギリス人プロテスタント宣教師達がマダガスカル語に便利なアルファベット表記法を完成した．このラダマの治世は，植民地化される前のマダガスカルが最も繁栄した時代である．その後は孤立主義をとり，外人排斥風潮の強い時期と，逆に外国の影響を歓迎する時期が交互する不安定な時代が続いた．西欧諸国は少しずつ植民地化に向けて画策を進めた．1885年，フランスが全島の保護領化を宣言し，イギリスが1890年にそれを承認すると，1895年フランスは楽々とマダガスカルを占領し，王制を廃して植民地統治を押しつけた．

フランスの植民地政策で，マダガスカル経済は再編成された．輸出向けの換金作物，特にコーヒーの強制栽培が行われ，フランス製品が輸入されるようになったからである．それまで食糧生産に当てられていた土地も労働力も，プランテーションに向けられた．その結果マダガスカルは，米を輸入しなくてはならなくなった．フランス人移民の数は多くはなかったが，インド人や中国人が小売商として定住するようになった．マダガスカル人の中には，少数ではあるが行政機関や商業の補佐的な仕事につけるように教育される者もあった．商業を活発にするために，道路や鉄道，港が建設された．一般にマダガスカルの人々は，長老に対する伝統的な敬意や忠誠心をフランス人統治者に振り向けたが，外国人の支配に対する憤りが消えたわけではない．それは，とくに優越者としての地位を奪われた中央高地の人々の間に根強く残った．第2次大戦中のフランス行政府の混乱は，この反仏感情にはずみをつけた．そして1947年に大規模だが，統制のとれていない暴動が起こった．これに対するフランス側の鎮圧は迅速で徹底した．1948年までに，11000人を越すマダガスカル人が殺された．フランスは1950年代に入ると，別の，ずっと穏健な民族主義運動に肩入れするようになった．それは，昔から中央高地の人々に従属を強いられてきた海岸地方の人々による，氏族組織に基盤をもつ民族主義である．1960年，政権はこの海岸地方の人々に委譲された．これはフランス本国でのドゴール将軍の復権と，フランス共同体へのマダガスカルの有無を言わさぬ加盟に続いてなされたのである．

新独立国，マダガスカル共和国はフランスの第五共和制をモデルにし，憲法を制定した．チラナナ大統領と与党，社会民主党（PSD）とフランスは密接に結びついていた．実際，経済活動の近代的部門は，すべてフランスの手に握られたままであったし，教育の場やマスコミへのフランスの影響はむしろ強くなっていた．ディエゴ・スアレスには，フランスの大海軍基地が置かれたままであったし，空軍もアンタナナリヴォ近郊に基地をもっていた．行政組織にはフランス人顧問が配属され，フランスは対外的な安全保障から内政にまで関与していた．マダガスカルの外交政策はパリの言うがままであった．しかし1972年，学生運動がエスカレートして一般大衆の反政府暴動に発展し，加えて軍内部での左派と右派の権力闘争が，社会状勢をさらに不穏なものとした．結局急進派が力を得て，外国資本の企業はほとんど国営化された．フランス軍基地は閉鎖され，フランス人顧問は出国し，1973年にはフランス通貨地域から離脱した．こうしてマダガスカルとフランスとの関係は，まったく新たな段階へ入ったのである．

1976年に新憲法が制定され，新たにマダガスカル民主共和国が成立した．大統領には革命評議会で頭角を現したラチラカ将軍が就任した．新体制はブルジョワジーを保護する一方で，左派の行なった革命の良い部分をある程度承継してもいる．経済近代化計画では，マダガスカルの伝統的社会制度──特に，フォコロノという自治村落議会──が評価されている．外交政策はいわゆる"進歩主義的"立場をとっていて，OAUの反南アフリカ運動の先頭に立ち，インド洋上の軍備拡充に反対し，ソ連と西欧とだけではなく中国とも友好関係を維持している．

(J.H.)

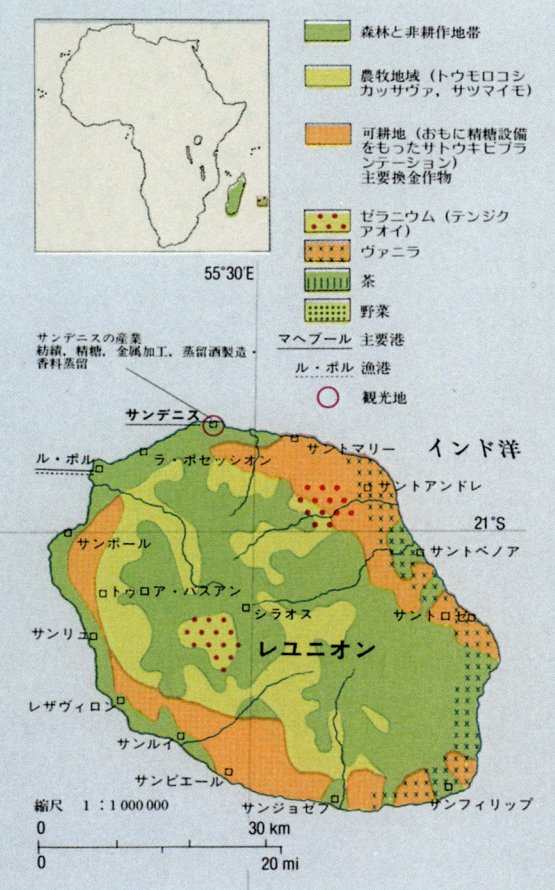

モーリシャスとレユニオン

モーリシャスとレユニオンは，よく「双子の姉妹の島」とよばれる．大きさはほぼ同じで，距離もそれほど離れてはいない．どちらも火山の噴火でできた島で，似たような熱帯性気候の下にある．しかし，2つの島には大きくちがうところがあり，それがそれぞれの運命を別の方向に導いた．概してモーリシャスはレユニオンより地理的に恵まれている．レユニオンはたいへん起伏が激しく，耕作に向く良い土地の割合はずっと少ない．レユニオンとちがってモーリシャスの肥沃な火山土は，急な山腹に奔流をなす豪雨で洗い流されてしまうようなことはない．島内あるいは島以外との通信・交通も，モーリシャスの方がいつもずっと楽であった．モーリシャスには2つの良い港があり，島は礁湖やすばらしい浜辺を生み出す珊瑚礁のネックレスに縁どられ，レユニオンの切り立った岩だらけの近付き難い海岸線とはまったく対照的である．

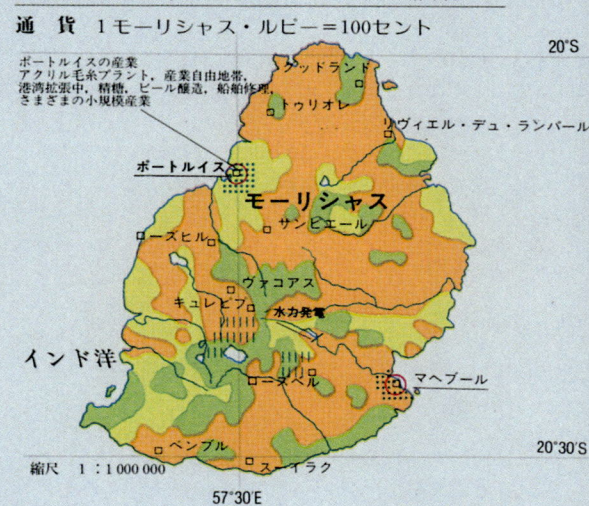

1642年にフランスがレユニオンを占領し，入植を開始した．モーリシャスには，1638年にオランダが居留地を設けた．しかしほんのわずかな入植者の力では，この島の厳しい自然環境を克服することができず，ついに1710年，オランダ人入植者は島を放棄せざるを得なかった．1715年になってレユニオンにいたフランス人が，モーリシャスに入植をはじめた．かれらは，マダガスカルやアフリカから奴隷を連れてきて，それによって森林を切り開いて永住地を築くことに成功した．はじめはフランスの東インド会社が，レユニオンとモーリシャスをインドへ向う長距離航路の食料供給基地として利用していただけであった．しかしまもなく両島は，環境を生かしてプランテーション植民地となった．特にモーリシャスは，交易品の集産地であり，また，海軍基地のある島として重要性をもつようになった．当時のインド洋の覇権をめぐるフランスとイギリスの長い攻争の間，イギリス船はこの基地のおかげでかなり苦戦を強いられたようである．そして，このことが，1809年から1810年の，イギリスによるモーリシャスとレユニオン占領をもたらした．ナポレオン戦争後，レユニオンのみフランスに返還されたが，モーリシャスはセイシェル諸島に組み入れられ，イギリス

インド洋上のアフリカ

モーリシャス

公式国名 モーリシャス

面積 1,865km²

独立
1968年3月12日

植民地時代の状態と名称
1598－1710年 オランダ植民地； 1715－1810年フランス植民地：フランス島；1810－1968年イギリス植民地

人口
930,000人（保護領を含む 1979国連推計）

年人口増加率 1.31％

首都
ポート・ルイス

首都の人口
142,901人（1977推計）

公用語
英語，クレオール語，フランス語，ウルドゥー語，タミール語，中国語，グジャラティ語

国民総生産（USドル）
6億9000万ドル；1人あたり760ドル（1977推計）

通貨 1モーリシャス・ルピー＝100セント

217

インド洋上のアフリカ

国王直轄植民地となった。イギリスの支配の下で、砂糖用プランテーションが拡大された。奴隷制が廃止されてからは、サトウキビ畑での労働に、インド人の契約労働者が大量に導入された。こうしてレユニオンとモーリシャスの民族構成は、まったくちがうものになった。モーリシャスでは少数のイギリス人官吏と、成功したフランス人クレオールのサトウキビ栽培者との間に植民地特有の関係ができあがり、第2次大戦の終りまで続いた。

モーリシャスは1947年から少しづつ自治政府化を進めてゆき、若干の民族紛争はあったが、1968年独立にこぎつけた。それ以来イギリスに肩入れされたシルセオグール、ラングーラム首相の穏健な労働党を中心とした連合内閣が、イギリス的議院内閣制で政権を握っている。経済構造は本質的に植民地時代のままではあるが、18歳以上の普通選挙が実施され、新聞は自由に論戦を行い、識字率はかなり高い。マラリアは撲滅され、福祉国家の基盤もでき、1人当りの国民総生産は比較的高くなっている。観光産業や輸出用織物の製造もさかんになったが、依然として経済の中心は砂糖である。しかしそれらは、大規模な政府雇用や時代遅れとはいえうまくいっている民主政策とともに、深刻な失業問題をやわらげるのに役立っている。とはいえ、この程度では急進的な第3世界モーリシャス闘争運動(MMM)の大衆宣伝を抑えるには不十分である。モーリシャス政府は、重要な貿易相手国の南アフリカに対する時や、ディエゴ・ガルシアへの米軍基地設置の際、イギリスがモーリシャスの一部であるチャゴ諸島を接収した時に協力したことで、MMMに攻撃されている。それ以外の主な外交政策、つまり英連邦、OAUへの加盟、EECとの提携、フランスやインドとの強い結びつき等は、この国の民族構成の複雑さを反映して、国民の支持を得ている。

レユニオンでも、砂糖が主要産業になっている。しかし、自然条件はあまり適していないし、モーリシャスほど低賃金のインド人労働者を受け入れることができなかったので、生産高はかなり劣っている。パリ中央政府からあまり重視されることはなかったが、第2次大戦中に経済がほとんど破綻して、中央政府への依存度が高まり、1946年レユニオンはフランスの一州として併合された。そして大規模な資本投下が試みられ、フランス法が適用された。それによって、経済の下部構造や、社会－教育状況は変わったが、それでも発展途上国から脱皮はできなかった。レユニオンは、一見繁栄しているように見える。しかしそれは、海外援助や官吏の給与に負う人為的繁栄にすぎない。この島では、消費物資のごく一部しか生産されていない。もしもフランスへ大量に移民することができなくなったら、この島の失業問題は深刻なものになろう。レユニオンは、この地域一帯のフランスの軍事的、政治的、文化的中心であるがゆえに、島嶼世界の中でも一番自立からほど遠い状態にある。しっかりした組織をもつ野党共産党は、この現状を内政面でも、また国際政治においても巧みに利用している。

(J.H.)

コモロ諸島

コモロ諸島の4つの島、大コモロ、アンジュアン、マヨット、モエリは、マダガスカルから西へ約300kmの距離にある。この4つの島は、噴火でできたものだが、その他にも珊瑚礁でできた小さな島が無数にある。気候は温暖で、雨期が6カ月続く。大コモロの一部を除けば、どこも熱帯植物におおわれている。住民の伝統的な生業は、米、トウモロコシ、熱帯果実等の栽培や、漁撈、および、島間交易である。

植民地化以前、コモロ諸島はひとつの国ではなかった。4つの島の土着の人々は、スワヒリ語を話すイスラム教徒で、かれらはいくつもの土侯国をつくって、常におたがいに戦闘状態にあった。「アラビア系」の支配者と地主、農奴のような黒人農民達の間には、カーストに似た明確な身分区別があった。1841年、フランスは植民地をマダガスカルにひろげる政策の一環として、土着の土侯と協定を結びマヨットを獲得した。フランスの統治期、マヨットにはキリスト教に改宗したマダガスカル人が大量に入植した。それで、イスラム教徒が主勢を占めるコモロ諸島の中で、マヨットだけが民族構成を異にしている。フランスは各地の土侯と保護協定を結びながら、少しずつマヨット以外の島へ支配を拡大していった。香辛料や芳香油等の換金作物がもち込まれたが、原地の伝統的な社会を変えることには力を入れなかった。1919年から1946年にかけて、コモロ諸島はマヨット植民地の一部として統治されていたが、フランスの支配はあくまでも距離を置いた、間接的なものであった。コモロ諸島は1946年にフランスの海外領(TOM)になり、1958年の国民投票でもその地位に留まることが可決された。

マダガスカルの独立運動の余波を受けて、1974年にコモロ全域で独立の是非を問う国民投票が行われた。その結果マヨットでは、コモロの一部として独立に参加することに反対する票が圧倒的多数を占めた。そこでフランスは政策を変えて、コモロ諸島の一国としての独立を認めないことにした。このため大コモロ、アンジュアン、モエリは、一方的に独立宣言をしてコモロ国をつくった(1975年6月5日)。まもなくそれは国連とOAUへの加盟を承認された。新国家の大統領は、アハメド・アブダラである。しかしこの政権は、1975年8月3日にアリ・ソイリの率いる左派のクーデターに倒れた。ソイリは、マヨットをフランス帝国主義から奪還すると公約した。しかしコモロは、フランスの経済的、技術的援助なしには生産物を輸出することができない。そのため"進歩主義"を掲げたこの国は危機に追い込まれることになった。ソイリは、経済の悪化や伝統的右派の宗教諸団体と親アブダラ派が手を組んだ野党の抵抗を切り抜けられなかった。彼は放逐され、ボブ・デナールの外人傭兵部隊に襲撃されて命を落とした。フランスに亡命していたアブダラが大統領に復帰し、マヨットとフランスの同意を得て、コモロ諸島を政治的に再統一しようとしているが、近い将来に再統一される可能性はあまりない。マヨットの人々は反対投票をくりかえして、フランス海外県であり続

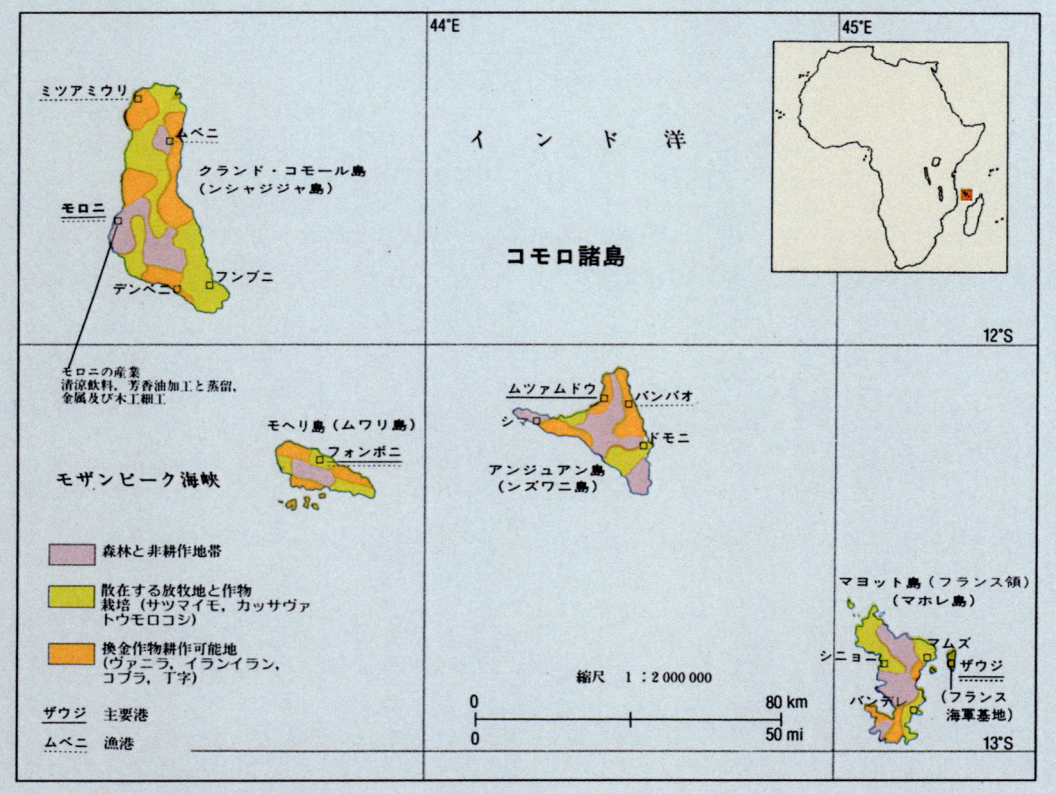

コモロ諸島

公式国名
コモロ国

面積
1,862km² (マヨットを含めると2,236km²)

独立
1975年7月6日(一方的な独立宣言); 1976年1月1日フランスの独立承認(マヨットを除く)

植民地時代の状態と名称
フランス植民地(1919–1946年 マダガスカル総督に従属): コモロ

人口
320,000人(マヨットを含む 1977推計)
マヨット(マオレ)40,000人(1976推計)

年人口増加率
2.1%

首都
モロニ(大コモロ島)

首都の人口
140,000人(1976推計)

公用語
スワヒリ語; アラビア語、フランス語

国民総生産(USドル)
7億ドル; 1人あたり180ドル(1979推計)

通貨
1 CFAフラン=100サンチーム

セイシェル諸島

公式国名
セイシェル

面　積
308km²

独　立
1976年6月

植民地時代の状態と名称
1756―94年フランス植民地：セシェール：1794―1965年イギリス植民地（1814―1903年モーリシャスに従属）：セイシェル：1965―76年 イギリス・インド洋領の一部

人　口
61,900人（1977統計）

年人口増加率
2.2％（1970―76）

首　都
ビクトリア（マエ島）

首都の人口
23,000人（1977統計）

公用語
英語，フランス語

国民総生産（USドル）
1人あたり580ドル（1975国連推計）

通　貨
1セイシェル・ルピー＝100セント

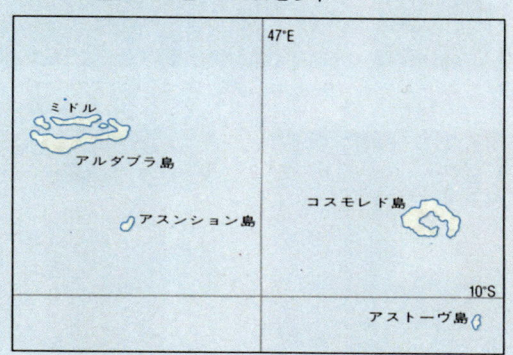

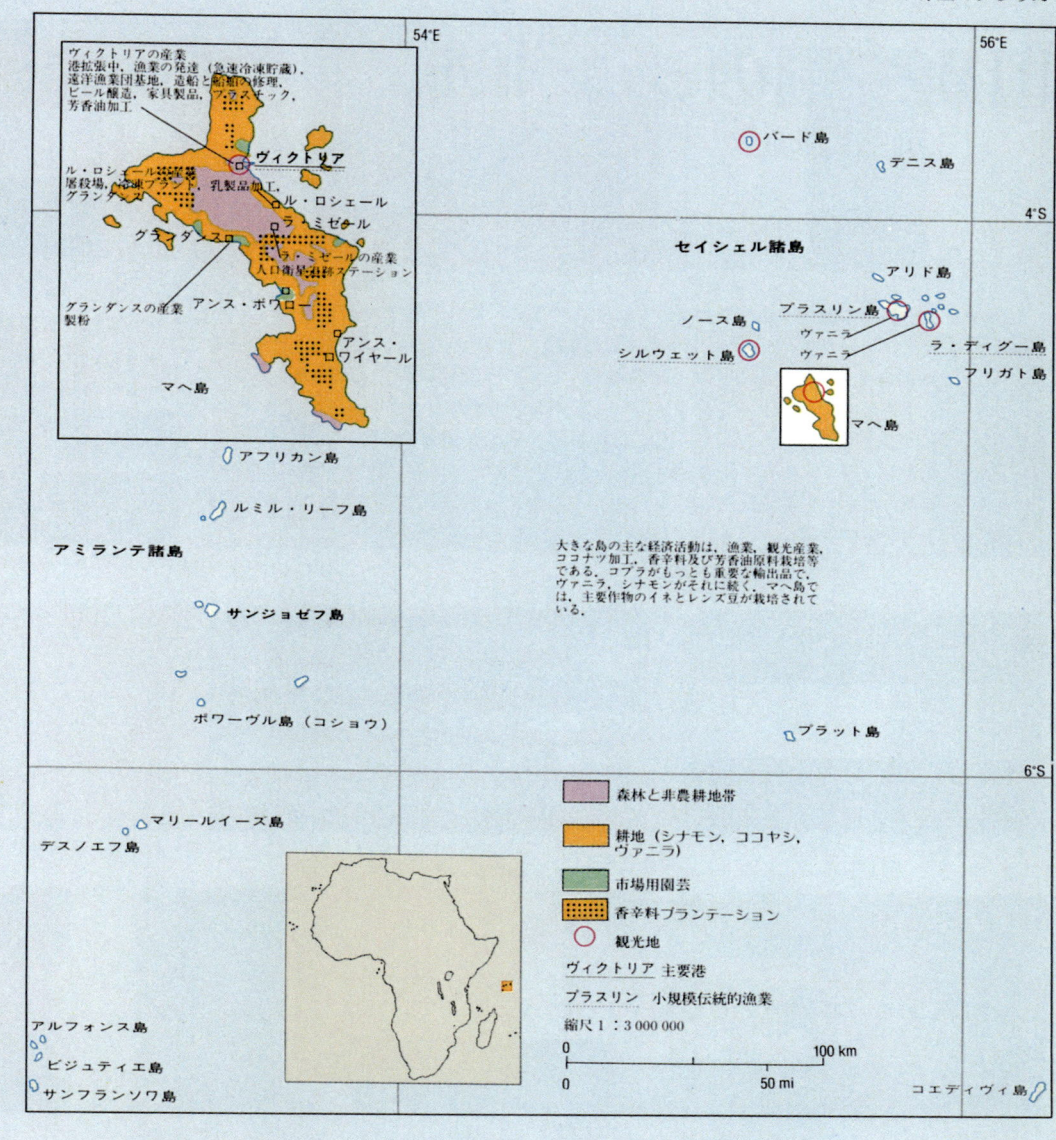

けたいという意志を表明している。巨大タンカーの石油運搬ルートにあり，かつ"進歩主義的"マダガスカルとモザンビークの間という戦略的に重要な所にあるので，コモロはこの地域のフランスの軍事政策の展開上，重要な位置を占めるようになっている。　　　(J.H.)

セイシェル諸島

　セイシェル諸島は，インド洋上70km²にわたって散在する大小さまざまな92の島からなる．これらの島は古代花崗岩地質をもつ起伏に富んだ大きな島と，できて間もない小さな平たい環礁島の2つに分類できる．中心地マヘ島は，地理的にも諸島のほぼ中央にあり，マダガスカルからは北東に900kmの距離に位置する．セイシェルの主な島々の花崗岩の岩盤は，風化してもモーリシャスの火山岩のように良質の土壌になることはない．その地味の貧しい土壌すら，モーリシャスより頻繁で，より強い雨でレユニオンと同じぐらい急な山の斜面を押し流されてしまい，あとにはマダガスカル同様，堅くやせたラテライトが残るのみである．緯度では，赤道熱帯の気候に入るが，海洋と標高の高さのおかげでいくぶん穏やかで，さらに幸いなことに，モーリシャスやレユニオンとちがってサイクロンの通り道からも外れている．航空機関の整備によって孤島の状況から脱した今，この気候条件が多数の島の珊瑚礁やすばらしい浜辺，変化に富んだ景観とともに，モーリシャス以上に観光産業の発達に向いた自然環境をセイシェルに提供している．マヘ島にある首都ヴィクトリアは，美しい天然の良港である．

　セイシェルは1744年フランスに行政上併合されたが，1770年代に至るまでまったく無人島であった．そこへ，香辛料のプランテーションで働かせるために，モーリシャスから奴隷が連れてこられた．1810年以降モーリシャスの保護領となっていたセイシェルは，ナポレオン戦争後モーリシャスとともにフランスからイギリスに委譲された．イギリス海軍の奴隷交易反対運動の結果，コプラプランテーションの労働力として増えつつあったアフリカ人奴隷が解放され，セイシェル国民となった．統治者はフランス人からイギリス人にかわったが，行政府はフランス人クレオール社会の上に乗っているにすぎず，諸島のクレオール社会，言語・文化的基盤は変わらなかった．宗教もローマカトリックが依然として主流であった．1903年セイシェルは，モーリシャスから正式に分離してひとつの植民地になった．最も重要な産業は漁業と農業で，輸出品の中心はココナツ製品という状況はそのままである．

　イギリスは，軍事上の配慮からセイシェルの独立を渋り延期していたが，ついに1976年独立を承認した．国際観光地の仲間入りをしてコプラプランテーションへの依存から脱し，経済的に自立することをめざして大きな空港が開港された．独立の前段階として，イギリスの後押しのもとに右派と左派を性急に組み合わせた前途多難な連合政権が誕生し，その基盤によって大統領制が敷かれたが，早くも1年後には親英派のマンチャム大統領が，OAUに支援される首相アルベール・ルネのセイシェル人民連合党の無血クーデターによって倒された．新体制は外交政策上進歩的な姿勢をとってはいるが，ヨーロッパからの資本や外人観光客を歓迎する方針を変えてはいない．そしてそれらがセイシェルを変化させつつあり，今や国はそこに依存している．　　　(J.H.)

国旗―国のシンボル

独立アフリカ諸国の国旗は色彩豊かで，シンボルの集成である．エチオピア，リベリア，チュニジアなどいくつかの国は19世紀にすでに国旗をもっていたが，大多数は1950年代，60年代，に国の独立達成を祝ってデザインされた．したがって旧フランス領地域の国々（カメルーン，セネガル，マリ，コートジヴォワール）が3色基調のヴァリエイションをなしているのをのぞけば，現代のシンボリズムが歴史的結びつきよりも強調されている．

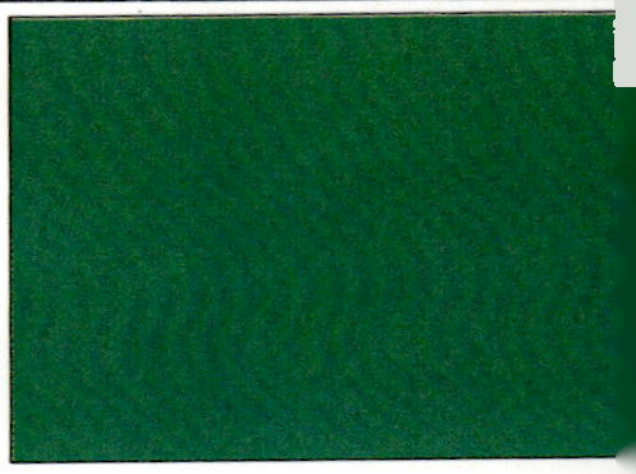

パンアフリカンカラーとして，緑，赤，黄，が広く好まれている．緑は一般に，土地の現実の，あるいはのぞましい肥沃さを示し，黄は鉱物資源や，善行の一般的シンボルとしての太陽を示す．黒い縞や星は，ときにアフリカの人民のシンボルを表現する．

エジプト　リビア　カーボヴェルデ 　モーリタニア

シエラレオネ 　リベリア 　コートジヴォワール 　ガーナ

カメルーン 　ニジェル 　マリ 　チャド

コンゴ 　ザイール 　アンゴラ 　スーダン

ウガンダ 　ルワンダ 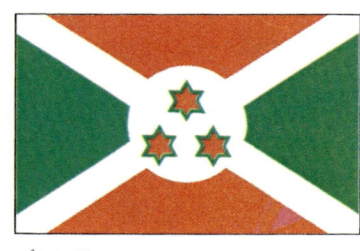　ブルンディ 　タンザニア

南アフリカ共和国 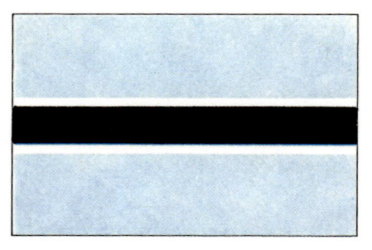　ボツワナ 　レソト 　スワジランド

	アルジェリア	チュニジア	モロッコ	カナリー諸島
セネガル	ガンビア	ギニア・ビサウ	ギニア	
ブルキナ・ファソ (1984.8 国旗変更)	トーゴ	ベニン	ナイジェリア	
中央アフリカ共和国	ガボン	赤道ギニア	サン・トメ・エ・プリンシペ	
エチオピア	ジブチ	ソマリア	ケニア	
ザンビア	ジンバブウェ	モザンビーク	マラウィ	
マダガスカル	モーリシャス	コモロ諸島	セイシェル諸島	

世界の中のアフリカ

多くのアフリカの国はこの20年間に独立を達成し，それぞれがいろいろの国際的組織のメンバーになっている．現在国際連合には49カ国が加盟しているが，1945年の設立当時には，アフリカの国はエジプト，エチオピア，リビア，南アフリカのわずか4カ国にすぎなかった．南アフリカ共和国は国際連合のメンバーとしてのこってはいるが，他のアフリカ諸国との間の関係は，集会の内外においてしばしば緊張をはらんでいる．

アフリカ統一機構(OAU)

これはアフリカ諸国自身のグループであり，南アフリカをのぞくすべての国際連合加盟国が参加している．この機構は1963年のアジス・アベバの会議で設立され，その目的は〝アフリカ諸国の統一と国際的協力〟の促進と，〝アフリカにおけるあらゆる形態の植民地〟の除去におかれている．総会が1年に1回，その年の議長（おもに国の元首がなる）に選出された加盟国の首都で開催される．

アラブ諸国連盟

いくつかのアフリカ諸国は，同時に1945年に同時に設立されたアラブ諸国連盟（アラブ連盟），すなわち〝アラブ独立諸国の任意的組織〟に加盟している．北アフリカのエジプト，リビア，チュニジア，アルジェリア，モロッコ，さらにスーダン，ソマリア，モーリタニアがこの連盟に属し，ブラック

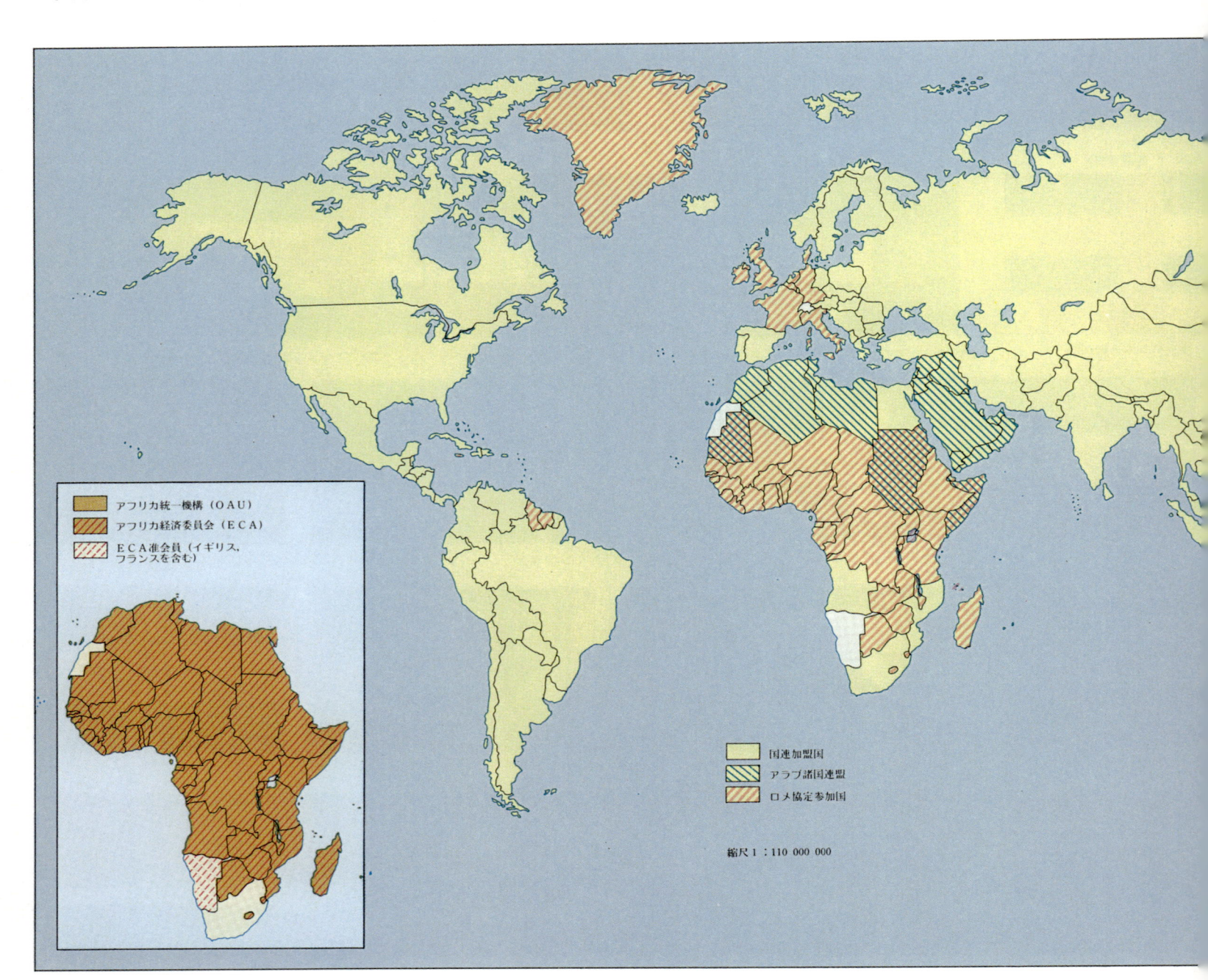

世界のなかのアフリカ

ザンビアのカウンダ大統領(左), 1980年, シエラレオネのフリータウンで開かれたアフリカ統一機構の総会で, ジンバブウェのムガベ大統領と親しく話し合っている.

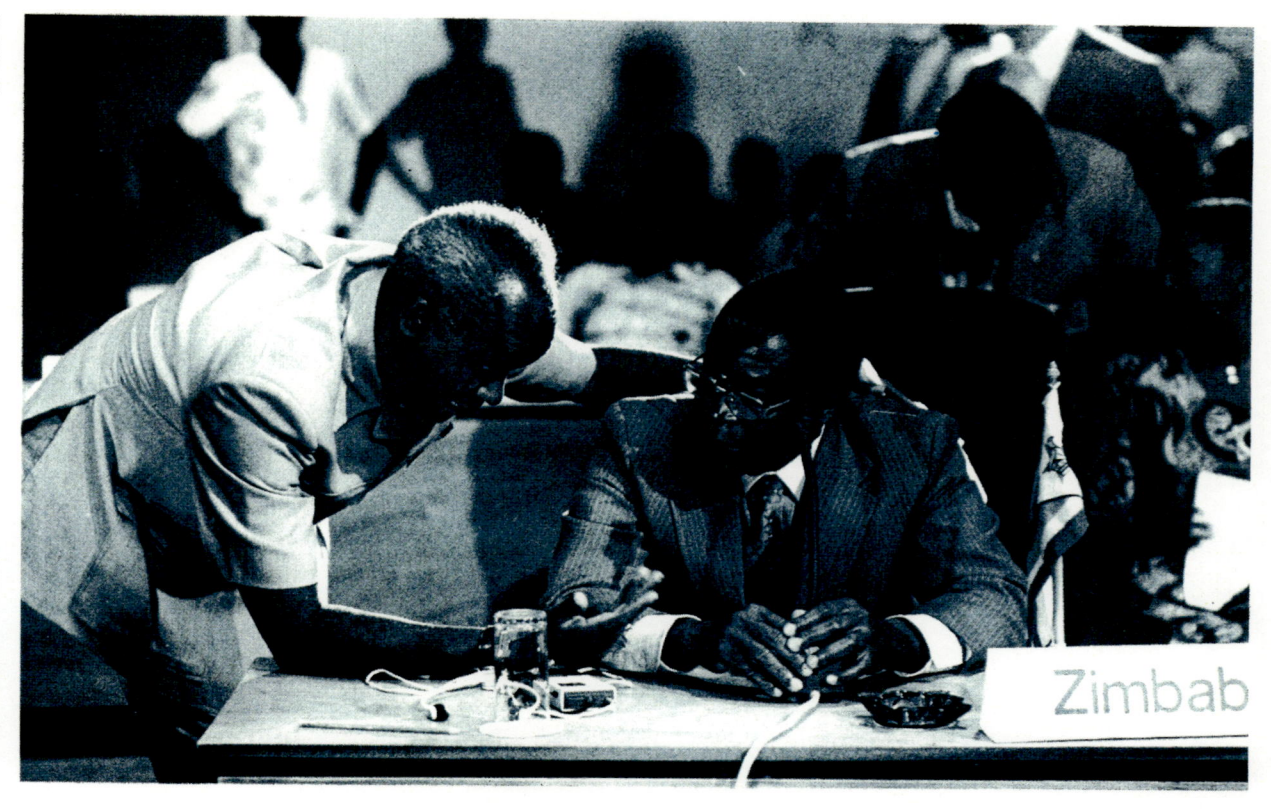

アフリカとアラブアフリカの間を結ぶかけ橋となっている. 1977年3月にアフロ・アラブサミットがカイロで開かれ, アラブ連盟とアフリカ統一機構の加盟国の双方が参加した. このサミットでの結論の1つは, 石油産出国として富裕なアラブ諸国が, ブラックアフリカ諸国への援助を増大させるということであった.

アフリカ経済委員会 (ECA)

アフリカの独立諸国はまた, アフリカ経済委員会にも属しており, その本部はアジス・アベバにある. これには南アフリカ共和国も含まれているが, 1963年に退場し, その後メンバーとしての機能を果していない. フランス, イギリス, ナミビアが準加盟国となっている.

ロメ協定

ロメ協定は, もう1つのより新しいグループで, アフリカにおいて非常に重要な経済的協力組織となっている. これにはほぼ50カ国の, アフリカ, カリブ海, 太平洋(あわせてACP諸国として知られる諸国それにヨーロッパ経済共同体 (EEC)の9カ国が加わっている. この協定は1975年2月28日にトーゴの首都ロメで調印され, 1976年4月1日に発効した. 初期の19のアフリカ諸国と6のEEC諸国で発効したカウンデ協定が失効した直後のことであった.

サハラ以南の南アフリカ, ジンバブウェ, ナミビアをのぞくすべての独立国は, ロメ協定の潜在的メンバーである. (※1981年3月ジンバブウェは満場一致で加盟がみとめられた). より限定された役割として, ロメ協定はACP諸国を1つの関税互恵地域とみなし, 1つのACPの国でつくられ, あるいは加工された産品が関税上の問題なしに輸出入できることを規定している. さらにその目的には, 貿易における協力, 輸出の安定, 財政的・技術的協力などがある.

しかしロメ協定のより広い役割は, 世界的情況のなかでのACP諸国の発展にかかわるものである. 産業発達を導く産業協力は, 相互の密接な技術協力と, 個々の必要やおかれた条件に対する技術の応用によって促進されるのである. 実際には合意をみるであろうこの目的は, まだ討議と交渉の段階である.

国際連合

アフリカの諸国は, 同時に, さまざまの国際連合機関の活動に参加し, その恩恵をうけている. アフリカ各地にその地域オフィスがある. 食料農業機構 (FAO) はアクラに, 世界健康機構 (WHO) はブラザヴィルに, そして国際労働機構 (ILO) はアジス・アベバに, その地域オフィスをもっている. さらに近年では, 国連環境保護機関のオフィスがナイロビにおかれた. ユネスコは教育と科学技術の2つのセクションから成っている. サハラ以南のアフリカでは, そのオフィスはそれぞれダカールとナイロビにおかれ, アラブ諸国のユネスコのオフィスはカイロにおかれている.

(J.M.)

執筆者

L.A.　ラディポ・アダモレクン：ナイジェリア，イフェ大学政治学部長．

D.B.　デーヴィッド・バーミンガム：ケント大学歴史学教授．

M.B.　マーク・ブレイ：エジンバラ大学アフリカ研究センター講師．

R.C.B.　R.C.ブリッジス：アバディーン大学歴史学科上級講師．

C.C.　クリストファー・チェンバレン：カリフォルニア大学でアフリカ史のPh.D.を取得．現在アメリカ合衆国上院調査員．

P.C.　ピーター・クラーク：ナイジェリア，イバダン大学でアフリカ史を，ロンドン，キングスカレッジで宗教社会学を教える．

R.C.　リチャード・カーリー：カリフォルニア大学人類学科準教授．

S.C.　スーザン・デニア：西部および東部アフリカに住み，アフリカの建築と芸術についての著書がある．

W.E.　ウィリアム・イートン：ワシントン，国会図書館の調査員．

R.E.　ロバート・エドガー：ワシントン，ハワード大学アフリカ研究科歴史学教授．

C.E.　クリストファー・アーレット：UCLA（カリフォルニア大学ロサンゼルス校）歴史学教授．

F.F.　フィン・フィグレスタッド：ノルウェー，トロンヘイム大学歴史学研究所員．

C.F.　クリストファー・ファイフ：エジンバラ大学アフリカ研究センター歴史学講師．

T.G.　トーマス・F・グリック：ボストン大学地理学教授．

E.H.　エリザベス・ホジキン：スーダンで教鞭を取り，マリにおいて現地調査を行う．現在バーミンガム大学西アフリカ研究センター所属．

J.H.　ジャン・ウベール：モーリシャス生れ，アバディーン大学政治学科講師．

E.J.　エムリス・ジョーンズ：ロンドン大学経済・政治学部地理学教授．

G.K.　ゲルハルト・キュビック：アフリカおよびアフロアメリカ専攻の文化学者．ウィーン大学講師．

I.L.　イアン・リンデン：近年までハンブルク大学歴史学教授を勤める．現在はフリーライター，ロンドン在住．

M.L.　マーク・リプシュッツ：UCLAで，アフリカ史のPh.D.を取得，現在同所で教務担当．

J.M.M.　ジョセフ・M・マッカーシー：ボストン，サッフォーク大学教育学教授．

E.M.B.　エリキア・ンボコロ：パリ，社会科学高等学院教員．

J.M.　ジョスリン・マーレイ：ロンドン，国際アフリカ研究所の専属編集者．

D.N.　デーヴィッド・ノースロップ：ボストン大学歴史学教授．

J.O'S.　ジョン・オサリヴァン：マサチューセッツ州，タスケゲー研究所歴史学教授．

O.P.　オリヴァー・ポーラック：ネブラスカ大学歴史学教授．

K.R.　ケント・ラスミュッセン：UCLAでアフリカ史についてPh.D.を取得．中南部アフリカについての著作がある．

W.R.　ウィリアム・ラウ：UCLAでアフリカ史についてPh.D.を取得．その後ザンビアで成人教育のオルガナイザーとして働く．

C.D.R.　C・ダンカン・ライス：ニューヨーク，ハミルトン大学歴史学教授（学部長兼任）．

D.E.S.　ダグラス・E・サクソン：現地調査を終え，UCLAでPh.D.取得のための論文を準備中．

M.S.　マーチン・スタニランド：ピッツバーグ大学国際研究センター教授．

J.C.S.　J.C.ストーン：アバディーン大学地理学上級講師および同大学アフリカ研究グループ世話人．

I.S.　イネズ・サットン：ガーナ大学歴史学講師．

J.E.G.S.　J.E.G.サットン：ガーナ大学考古学教授．

J.B.W.　ジェローム・B・ワイナー：ノーフォーク，オールド・ドミニオン大学歴史学講師．

A.W.　アン・ウィリアムズ：アバディーン大学歴史学講師．

S.Y.　スタンリー・ヨーデル：ザイールにおいて現地調査を行ったのち，UCLAよりPh.D.を取得．

図版リスト

略記：t＝上図, tl＝上段左図, tr＝上段右図, c＝中図, b＝下図 等；AH＝アラン・ハッチンソン図書館, ロンドン；JH＝ジョン・ヒレルソン, エージェンシー, ロンドン；MM＝ミカエル・フォルフォード, ロートン；WF＝ヴェルナー・フォーマン文書, ロンドン

地図はすべてロベル・ジョーンズ, オックスフォードによった．

見返しの図： *Africae, nova descriptio* (Africa newly described) by William Blaeu, 1630

頁
2–3. African masks, 1 to r: Biombo, Zaïre, Collection J. Vander Straete, Lasne (photo W. Kerremans); Bedu, Ghana, Schindler Collection, Dallas Museum of Fine Arts (photo WF); Ngi, Zaïre, Collection E. Anspach (photo WF); Chokwe, Zaïre, Collection R. Vander Straete, Brussels (photo W. Kerremans); N'tomo, Mali, Dallas Museum of Fine Arts (photo WF)
4–5. African masks, 1 to r: Kota reliquary head, Gabon, Dallas Museum of Fine Arts (photo WF); Dan, Liberia, Dallas Museum of Fine Arts (photo WF); Bwani, Zaïre, Musée Royal de l'Afrique Centrale, Tervuren (photo WF); Pende, Congo, British Museum (photo MH)
6. Pende mask, Congo, British Museum (photo MH)
9. The first printed map devoted chiefly to the African continent, published Milan 1508
10. Roger Gorringe, Crowborough, England, after Wegener
12t. Canyon of River Blyde, Drakensberg, Transvaal: Agence Hoa-Qui, Paris
12b. Sand dunes, Namib Desert: H. Kanus, Elisabeth Photo Library, London
14t. Fishing festival at Argungu, Nigeria: AH
14b. Victoria Falls: Aerofilms Boreham Wood, England
23. Tassili rock painting, Sefar, "The shelter of the children," Bovidian Period, transcribed by Stephen Cocking, Oxford
27. Nuba wrestlers, Kordofan, Sudan: George Rodger, Magnum, JH
28t. Kabyle man, Algeria: Royal Anthropological Institute Photographic Collection, London
28b. Coptic girl, Egypt: Klaus Paysan, Stuttgart, Germany
29. 1 to r, t to b: Bobo elder, Upper Volta: Agence Hoa-Qui, Paris; woman from Obdurman, Sudan: Anne Cloudsley-Thompson, London; Tutsi man, Rwanda: AH; Shilluk man, Sudan: AH; Turkana man, Kenya: Elisabeth Photo Library, London; Karamoja woman, Uganda: Elisabeth Photo Library, London; Maasai girl, Tanzania: Elisabeth Photo Library, London; Baulé woman, Ivory Coast: Pitt Rivers Museum, Oxford; Mbuti pygmy, Zaïre: Elisabeth Photo Library, London; San (Bushman) girl, Botswana: Elisabeth Photo Library, London; Shangaan man, Mozambique: Pitt Rivers Museum, Oxford; Swazi man, Swaziland: Elisabeth Photo Library, London
30. Kenyan home interior: Per Hellsten, Uppsala, Sweden
33tl. Nail fetish, Zaïre: Horniman Museum, London (photo MH)
33tr. Asante priest, Ghana: AH
33c. Remembrance pole, Angola: Dr Gerhard Kubik, Vienna
33b. Animal sacrifice, Ghana: Larry Burrows, Aspect Picture Library, London
34t. Village church, Cameroon: A.A.A. Photo, Paris
34b. Cast brass cross, Zaïre: Musée Royal de l'Afrique Centrale, Tervuren (photo WF)
35t. Communion service, All Saints Cathedral, Nairobi: Peter Carmichael, Aspect Picture Library, London
35b. Christian procession, Cameroon: Agence Hoa-Qui, Paris
36–37. Friday Mosque, Mopti, Mali: Georg Gerster, Magnum, JH
38t. Priest in shrine of Olorun: AH
38bl. Shrine of Obatala: AH
38br. One of a pair of Eshu figures: Tishman Collection, New York (photo WF)
39tc. Shrine of Ogun: Colorific!, London
39tr. Staff with figure of Shango: Musée Royal de l'Afrique Centrale, Tervuren (photo WF)
39cl. Egungun masquerade: Agence Hoa-Qui, Paris
39cr. Oshun, river goddess: AH
39b. Ifa priest with divining chain: Dr Peter McKenzie, Leicester, England
40t. Priests and deacon, Aksum: AH

40b. Christmas at Lalibela: Georg Gerster, Magnum, JH
41l. Aerial view, St George, Lalibela: Georg Gerster, Magnum, JH
41tr. St George, Lalibela: Roger Wood, London
41br. Mural of St George, near Lake Tana: Robert Harding Associates, London
42. Olduvai Gorge, Tanzania: Picturepoint, London
44–45. Archaeological charts: John Fuller, Cambridge, with Roger Gorringe, Crowborough, England.
47t. "The monster of Sefar," rock painting of the Tassili: Sonia Halliday, Weston Turville, England
47cl. Hunters with eland, rock painting at Kamberg, Natal: Dr Graham Speake, Oxford
47br. Ironsmith at Uvinza, Tanzania: Professor J.E.G. Sutton, Legon, Ghana
49. The standing granite stela at Aksum, Ethiopia: Picturepoint, London
50t. Passage between walls, Great Zimbabwe: Colorific!, London
50bl. Aerial view, Great Zimbabwe: Peter Garlake, London
50br. Stone walls and boulders, Great Zimbabwe: Zefa Picture Library, London
51. Conical tower at Great Zimbabwe: Peter Garlake, London
52. The Mukama of Bunyoro: George Rodger, Magnum, JH
53l. Niger procession: Agence Hoa-Qui, Paris
53r. Muhammad Ali: drawing by H. Vernet, 1818 (photo BBC Hulton Picture Library, London)
54l. Asante chief: George Rodger, Magnum, JH
54tr. Asante chair carrier: AH
54br. Asante chiefs at funeral of Prempeh II: Ian Berry, Magnum, JH
55tl. Ceremonial umbrellas: AH
55tr. Asante chiefs with headdresses: AH
55c. Hornblowers: AH
55b. Drummers: AH
56t. Zaïre carving of Belgian official: Musée Royal de l'Afrique Centrale, Tervuren (photo WF)
56b. Graffito of Portuguese galleon, Fort Jesus, Mombasa: WF
57b. Fort Jesus, Mombasa: Spectrum Picture Library, London
60t. *Halt of Boer family*, engraving by Samuel Daniell (photo Fotomas Index, London)
60b. Ivory poacher, from a sketch by Richard Burton
61t. Landing British troops on the Gold Coast, Asante War, 1873: engraving from BBC Hulton Picture Library, London
61cl. Firing on an elephant from Livingstone's steam launch *Ma Robert*, Shire river: painting by Thomas Baines, courtesy the Royal Geographic Society, London
61bl. Grant's dance at Ukulima: from an original drawing by J.A. Grant engraved in J.H. Speke *Journal of the Discovery of the Source of the Nile*, 1864
61c. H.M. Stanley with Kalulu, 1871: BBC Hulton Picture Library, London
61cr. Heinrich Barth: BBC Hulton Picture Library, London
61br. David Livingstone: BBC Hulton Picture Library, London
62tl. Ripon Falls, Uganda, engraving after a drawing by J.A. Grant: Mansell Collection, London
62tr. J.H. Speke: Mansell Collection, London
62cr. James Bruce at the source of the Blue Nile, engraved by James Gillray after a painting by R.M. Paye: Mansell Collection, London
62cl and b. Sketch maps of early explorers' ideas on the source of the Nile: after Cooley, Erhardt, Burton, Speke, Grant, Baker and Livingstone; artwork by Roger Gorringe, Crowborough, England
63t. Richard Burton, engraving after a painting by Frederic Lord Leighton: Mansell Collection, London
63c. James Grant: Mansell Collection, London
63b. Sir Samuel Baker: University of Amsterdam Library
64t. Detail of John Senex's map of 1720
64bl. The Catalan Atlas, 1375
64br. Sebastian Münster's map from his 1540 edition of Ptolemy's *Geographia*
65t. Map of Africa from T. Myres, *A Compendious System of Modern Geography*, London 1812
65b. District Officer's sketch map of his region, Northern Rhodesia: National Archives of Zambia

66tl. A cutting through rock on the Kenya/Uganda railroad: Royal Commonwealth Office Library, London
66bl. Building work on the trans-Gabon railroad: United Nations
66r. Steam trains passing on the Bloemfontein to Bethlehem line, South Africa: Zefa Picture Library, London
67t. Indian laborers moving down the line, Kenya/Uganda railroad: Royal Commonwealth Office Library, London
67c. A crowded train on the Sudan Railways: Zefa Picture Library, London
67b. Food vendors at station in Sierra Leone: Robert Harding Associates, London
68t. Mughal portrait of Malik Ambar, c. 1620–30: Museum of Fine Arts, Boston, Mass.
68b. Sale of estates, pictures and slaves in the Rotunda, New Orleans, illustration by W.H. Brooke FSA, from J.S. Buckingham, *Slave States*, 1842: Fotomas Index, London
69. Diagram of slave ship from Thomas Clarkson, *The Cries of Africa*, 1821
71t. Priest in Haiti: Burt Glinn, Magnum, JH
71b. Pounding coffee, Brazil: Dr Gerhard Kubik, Vienna
72t. Black American teacher, United States: Eve Arnold, Magnum, JH
72b. Marcus Garvey: Popperfoto, London
73. Algiers, detail from John Speed's map of Africa, 1627
75. View of Ibadan: Professor David Northrup, Boston, Mass.
76. Aerial view of Kairouan, Tunisia: Roger Wood, London
77. African township near Johannesburg: Colorific!, London
79tl. Bamileke homestead, Cameroon: Agence Hoa-Qui, Paris
79tr. Labbe Zanga village, Mali, aerial view: Georg Gerster, Magnum, JH
79b. Mousgoum homestead, Cameroon: Duke of Mecklenburg, *From the Congo to the Niger and the Nile*, 1913
80–81. Traditional house types: all drawings by Dick Barnard, Milverton, England
82t. Nok terracotta head: Jos Museum, Nigeria (photo WF)
82b. Mangbetu pot: Tropenmuseum, Amsterdam
83. Bapuna mask, Zaïre: Collection D. Lloyd Kreeger, Washington, DC (photo WF)
84l. Baulé seated figure, Ivory Coast: Private Collection (photo WF)
84c and r columns. Baskets from collection of Susan Denyer (photos Rex Lowden, Stockport, England)
85t. Calabashes from collection of Susan Denyer (photo Rex Lowden, Stockport, England)
85bl. Carved font by Bandele: Father Kevin Carroll SMA, Cork, Eire
85br. *White Hunter in the Pygmies' Jungle*, painting by Twins Seven-Seven: Collection Susan Denyer (photo Rex Lowden, Stockport, England)
86tc. Tiv snufftaker: Museum of Mankind, British Museum, London
86bl. Ogboni Edan staff, Nigeria: Collection Philip Goldman (photo WF)
86bc. Benin bronze plaque: Museum für Völkerkunde, W. Berlin
86r. Bronze ram's head from Benin: Christies, London (photo Cooper-Bridgeman Library, London)
87c. Benin horseman: Museum of Mankind, British Museum, London
87tr. Hip pendant mask from Benin: Museum of Mankind, British Museum, London (photo WF)
87bl. Ife bronze of Oba; height 48cm: Ife Museum (photo Frank Willett, Glasgow)
87bc. Benin dwarf: Museum für Völkerkunde, Vienna
87r. Bronze hunter from lower Niger: Museum of Mankind, British Museum, London (photo MH)
88t. Ekoi figures from Cross river area, Nigeria/Cameroon: Private Collection (photo WF)
88l. Yoruba shrine figure, Nigeria: Collection Philip Goldman (photo WF)
88cl. Dogon figure, Mali: Fuhrman Collection, New York (photo WF)
88cr. Senufo ancestor figures, Ivory Coast: Collection David Attenborough (photo WF)
88bl. Luba head rest, Congo: Museum of Mankind, British Museum, London (photo MH)

225

図版リスト

88br. Bena Lulua figure, Zaïre; height 30cm: Collection J.W. Gillon, New York (photo WF)
89l. Chokwe carving of chief Chibinda, Angola: Museum für Völkerkunde, W. Berlin
89tc. Dan mask, Liberia: Private Collection (photo WF)
89tr. Sotho (Basuto) carving on staff, South Africa; height 114 cm: Museum of Mankind, British Museum, London (photo WF)
89c. Ngindo headrest, carved in animal form, Tanzania; height 15 cm: Museum für Völkerkunde, W. Berlin (photo WF)
89bc. Detail from Baluba stool, Zaïre: Collection Lance Entwhistle (photo WF)
89br. Senufo equestrian figure, Ivory Coast: Dallas Museum of Fine Arts (photo WF)
90. Musician from Ghana: Colorific!, London
91t. Hunters' horns, Karamoja, Uganda: George Rodger, Magnum, JH
91b. *Nkili* dance, Angola: Dr Gerhard Kubik, Vienna
93l. Panpipe player, Zimbabwe: Brian Seed, JH
93tr. Nuba girls' dance, Kordofan, Sudan: George Rodger, Magnum, JH
93c. Water music, Cameroon: Dr Gerhard Kubik, Vienna
93b. Chamba women pounding grain, Nigeria: Dr Gerhard Kubik, Vienna
94–95. All photographs by Dr Gerhard Kubik, Vienna
96t. Pende dancers, Zaïre: AH
96cl. Akulavye dance, Central African Republic: Dr Gerhard Kubik, Vienna
96bl. Bird mask, Angola: Dr Gerhard Kubik, Vienna
96bc. Yoruba mask: AH
96br. *Bondo* mask, Sierra Leone: AH
97tl. Dogon dancers, Mali: AH
97tr. *Makisi avampwevo*, Mbwela people, Angola: Dr Gerhard Kubik, Vienna
97cr and br. *Ndzingi* mask, Mbwela people, Angola: Dr Gerhard Kubik, Vienna
97bl. Masked dancer, Sierra Leone: AH
100t. Children playing, Tanzania: Georg Gerster, Magnum, JH
100b. Classroom, Nigeria: UNICEF, photo Alastair Matheson
101b. Koran school, Kano, Nigeria: Dr H. Turner, Aberdeen
103tc. Traditional healer, Cameroon: Zefa Picture Library, London
103tr. Vapostori prophet, Zimbabwe: AH
103cl. Medical assistant, Togo: World Health Organization, Photo D. Henrioud
103c. Spraying against mosquitoes, Senegal: A.A.A. Photo, Paris
103br. Premature baby unit, Senegal: Agence Hoa-Qui, Paris
104t. Big game hunters, Lord Wodehouse and C. Wodehouse Esq., c. 1900: Fotomas Index, London
104bl. Ivory poachers: Aspect Picture Library, London
104br. Hunter with trophies of an endangered species, the gorilla, Gabon: Syndication International, London
105tl. Kilaguni Lodge, Tsavo National Park, Kenya: Colorific!, London
105tr. Photo safari, Kenya: Gerry Cranham, Coulston, England
105b. Rhinoceros rescue, Lake Kariba: Colorific!, London
106tr. Open-cast mining, Likasi, Zaïre: Agence Hoa-Qui, Paris
106cl. Copper sheets formed by electrolysis: A.A.A. Photo, Paris
106c. Long bar drilling, Zambia: Colorific!, London
106cr. Smelting copper, Mufulira, Zambia: Syndication International, London
106bl. Copper mine at Mufulira, Zambia: Syndication International, London
107. The flags of Tanzania, Chad and Ethiopia: Roger Gorringe, Crowborough, England
108. Camel caravan at rest, seen from a balloon, Bilma Oasis, Niger: Robert Harding Associates, London
111l. Béni Abbès, Algeria: Elisabeth Photo Library, London
111r. Tailor in the market at Luxor, Egypt: Colorific!, London
112t. Souf Oasis, Algeria: Georg Gerster, Magnum, JH
112bl. Oil installation, Algeria: AH
112br. Gran Canaria, the west coast: Colorific!, London
113t. Woman carrying water, Hergla, Tunisia: Sonia Halliday, Weston Turville, England
114–15. The "Green March": Bruno Barbey, Magnum, JH
126l. Cape Coast Castle, Ghana: WF
126r Lagos harbor, Nigeria: AH
128t. Village elder with grain store, Upper Volta: Colorific!, London
128cl. Creole-style house, Lower Buchanan, Liberia: Dr H. Turner, Aberdeen
128cr. Village on stilts, Ganvie, Benin: Robert Harding Associates, London
128bl. Decorated mudbrick house, Oulata, Mauritania: AH
129tr. Dogon village, Mali: Georg Gerster, Magnum, JH
129cl. Basket weaver, Dakar, Senegal: Colorific!, London
129bl. Groundnut pyramids, Kano, Nigeria: Dr H. Turner, Aberdeen
129br. Indigo vats, Kano, Nigeria: Dr H. Turner, Aberdeen
154. Baduma fisherman in papyrus boat, Lake Chad: AH
155t. Wagenia fishermen of the Zaïre river: Georg Gerster, Magnum, JH
155cl. Pygmy dance, Central African Republic/Zaïre border: Colorific!, London
155cr. Manganese mine, Moanda, Gabon: AH
155bl. Fulani horseman, Chad: Colorific!, London
155br. Granaries near Léré, Chad: Colorific!, London
170. Tissisat Falls on the Blue Nile, Ethiopia: Robert Harding Associates, London
172t. Aerial view of Aruba, Ethiopia: Georg Gerster, Magnum, JH
172bl. Nuba village, Sudan: Zefa Picture Library, London
172br. Mogadisho, Somalia: Colorific!, London
173tl. Faron Mosque, Khartoum: Robert Harding Associates, London
173tc. Dinka, Sudan: AH
173tr. Ethiopian priest: Agence Hoa-Qui, Paris
173cr. Oxen plowing, Asmera, Ethiopia: Colorific!, London
173b. Dinka cattle herders, Sudan: AH
180tl. House showing Oriental influence, Zanzibar: AH
180tr. Tsavo National Park, Kenya: Colorific!, London
180c. Dhows on the East African Coast: AH
182tl. Pillar tomb, Kunduchi, Tanzania: WF
182tr. Maasai in European dress, Kenya: Colorific!, London
182cl. Sisal-brushing factory, Kenya: Georg Gerster, Magnum, JH
183tl. Tea pickers, Kenya: AH
183tr. Ankole cattle, Uganda: Colorific!, London
183b. Nomad Somali herdsmen and stock, Kenya: AH
192l. Victoria Falls, Zambia/Zimbabwe: Syndication International, London
192cr. Tea estate, Gurue, Mozambique: Brian Seed, JH
192br. Wankie colliery: Eric Lessing, Magnum, JH
193. Mozambique Island: Colorific!, London
202l. Transkei landscape, South Africa: Colorific!, London
202r. Xhosa initiates, Transkei, South Africa: Colorific!, London
204t. Herero women, Botswana: Colorific!, London
204cl. Groote Schuur, Cape Town: Colorific!, London
204cr. Aerial view, Cape Town: Colorific!, London
204b. *Welwitschia bainesii*, Namibia: Dr T.D.V. Swinscow, Topsham, England
205t. Aerial view, Johannesburg: AH
205bl. Rock drilling, diamond mine, South Africa: De Beers Ltd, London
214t. Beach on an island of the Seychelles: Gilles Peress, Magnum, JH
214c. Rice fields, Madagascar: Alexander Low, JH
214cr. Weasel lemur, Madagascar: Dr R.D. Martin, University College London
214bl. Sugar cane plantation, Mauritius: AH
220-21. All drawings by Stephen Cocking, Oxford
223. Meeting of the Organization of African Unity, Freetown, Sierra Leone, 1980: Ian Watts, Africpress, London

引用文献

概説および参考

最もアブ・トゥ・デイトな情報は、二つの年鑑の最新刊を見よ、すなわち *Africa South of the Sahara* と *The Middle East and North Africa*. ともに Europa Publications Ltd., London から刊行されている.
C. Legum(ed.), *Africa Contemporary Record : Annual Survey and Documents* (London) はアフリカにかかわる現代的問題についての年次的評論を示している.
大陸の歴史的背景については, *Cambridge History of Africa* (J. D. Fage and R.Oliver eds.) と UNESCO *General History of Africa*, ともに目下刊行続行中である. *Cambridge* の方の既刊は

Vol. 2 (ed. J. D. Fage): *From c. 500 BC–AD 1050* (1979)
Vol. 3 (ed. R. Oliver): *From c.1050–c.1600* (1977)
Vol. 4 (ed. R. Gray): *From c.1600–c.1790* (1975)
Vol. 5 (ed. J. E. Flint): *From c.1790–c.1870* (1977).

数ある有用な1巻本の歴史概説書のなかでは
B. Davidson, *Africa: History of a Continent*. London 1966.
J. D. Fage, *A History of Africa*. London 1978.
G. P. Murdock, *Africa: Its Peoples and Their Culture History* (New York 1959)は誤りが無いわけではないが, 部族名のインデックスがついており, アフリカの民族集団の位置を知るには最も便利である.
地図によるアプローチでは以下を見よ J. D. Fage, *An Atlas of African History* (2nd ed. London 1978) and C. McEvedy, *The Penguin Atlas of African History* (Harmondsworth 1980). R. V. Tooley, *Collectors' Guide to Maps of the African Continent and Southern Africa* (London 1969) は, アフリカについての地図による理解に資する多くのイラストがのせられている.
R. I. Rotberg (ed.), *Africa and Its Explorers: Motives, Methods and Impact* (2nd ed. Harvard (Mass.) 1974) と, 探検家たち自身による日記は多くのものが, 簡約版の選集として出ており, 大陸に対するヨーロッパの知識の進展をあとづけることができる.
M. Lipschutz and R. K. Rasmussen, *A Dictionary of African Historical Biography* (London and Chicago (Ill.) 1978)は1960年までの有名なアフリカの人物についての広範囲な文献を含んでいる.

第1部アフリカの地理

アフリカの地理
C. Buckle, *Landforms in Africa*. London 1978.
J. I. Clarke (ed.), *An Advanced Geography of Africa*. Amersham 1975.
J. F. Griffiths, *Climates of Africa*. Amsterdam 1972.
A. T. Grove, *Africa*. 3rd ed. Oxford 1978.
A. M. O'Connor, *The Geography of Tropical African Development*. 2nd ed. Oxford 1978.
P. Richards (ed.), *African Environment, Problems and Perspectives*. London 1975.

第2部アフリカの文化

言語と民族
J. H. Greenberg, *The Languages of Africa*. The Hague 1970.
J. Hiernaux, *The People of Africa*. London 1974.
G. P. Murdock, *Africa: Its Peoples and Their Culture History*. New York 1959.

宗教
A. Hastings, *A History of African Christianity 1950–1975*. Cambridge 1979.
I. M. Lewis (ed.), *Islam in Tropical Africa*. Revised ed. London 1980.
J. S. Mbiti, *Concepts of God in Africa*. London 1970.
G. Moorehouse, *The Missionaries*. London 1973.
G. Parrinder, *Religion in Africa*. London 1969.
H. Sawyerr, *God: Ancestor or Creator? Aspects of Traditional Belief in Ghana, Nigeria and Sierra Leone*. London 1970.
J. Trimingham, *The Influence of Islam upon Africa*. London 1968.

アフリカの先史人
J. D. Clark (ed.), *Atlas of African Prehistory*. Chicago (Ill.) 1967.
——— *The Prehistory of Africa*. London 1970.
S. Cole, *Leakey's Luck*. London 1975.
J. Harlan, J. M. J. de Wet and A. B. L. Stemler (eds.), *Origins of African Plant Domestication*. The Hague 1976.
G. L. Isaac and E. R. McCown (eds.), *Human Origins: Louis Leakey and the East African Evidence*. Berkeley (Cal.) 1976.
R. Oliver and B. M. Fagan, *Africa in the Iron Age*. Cambridge 1975.
D. W. Phillipson, *The Later Prehistory of Eastern and Southern Africa*. London 1977.
D. Pilbeam, *The Evolution of Man*. London 1970.
T. Shaw, *Nigeria: Its Archaeology and Early History*. London 1978.
P. L. Shinnie (ed.), *The African Iron Age*. Oxford 1971.

王国と帝国
P. Garlake, *The Kingdoms of Africa*. Oxford 1978.
R. Gray and D. Birmingham (eds.), *Pre-Colonial African Trade*. London 1970.
M. Shinnie, *Ancient African Kingdoms*. New York 1966.
J. Vansina, *Kingdoms of the Savanna*. Madison (Wisc.) 1966.

アフリカにおけるヨーロッパ
J. Duffy, *Portuguese Africa*. Cambridge (Mass.) 1961.
J. D. Hargreaves, *Prelude to the Partition of West Africa*. London 1963.
——— *West Africa Partitioned*, vol. 1: *The Loaded Pause 1885–1889*. London 1974.
W. M. Macmillan, *Bantu, Boer and Briton*. 2nd ed. Oxford 1964.

アフリカン・ディアスポラ
R. Bastide, *African Civilisations in the New World*. New York 1972.
P. Curtin, *The Atlantic Slave Trade. A Census*. Madison (Wisc.) 1969.
J. E. Flint and I. Geiss, "Africans Overseas," pp. 418–57 in J. E. Flint (ed.), *Cambridge History of Africa*, vol. 5. Cambridge 1977.
I. Geiss, *The Pan-African Movement*. New York 1974.
L. Jones, *Blues People*. New York 1963.
M. Kilson and R. Rotberg (eds.), *The African Diaspora. Interpretive Essays*. Cambridge (Mass.) 1976.
W. Rodney, "Africa in Europe and the Americas," pp. 578–622 in R. Gray (ed.), *Cambridge History of Africa*, vol. 4. Cambridge 1975.

都市の発展
J. Gugler and W. G. Flanagan, *Urbanisation and Social Change in West Africa*. Cambridge 1978.
W. A. Hance, *Population, Migration and Urbanisation in Africa*. New York 1970.
K. Little, *Urbanisation as a Social Process*. London 1974.
A. L. Mabogunje, *Urbanisation in Nigeria*. London 1968.
H. Mmer (ed.), *The City in Modern Africa*. London 1967.

アフリカの建築
K. B. Andersen, *African Traditional Architecture*. Oxford 1978.
J. Beguin et al., *L'Habitat au Cameroun*. Paris 1952.
S. Denyer, *African Traditional Architecture*. London 1978.
R. Gardi, *Indigenous African Architecture*. New York 1973.
H. Haselberger, *Bautraditionen der Westafrikanischen Negerkulturen*. Vienna 1964.
P. Oliver, *Shelter in Africa*. London 1971.
L. Prussin, *Architecture in Northern Ghana*. Berkeley and Los Angeles (Cal.) 1969.

アフリカの美術
U. Beier, *Contemporary Art in Africa*. London 1971.
W. Fagg, *Tribes and Forms in African Art*. London 1965.
L. Holy, *Art of Africa: Masks and Figures from Eastern and Southern Africa*. London 1967.
M. Leiris and J. Delange, *African Art*. London 1968.
M. Trowell, *African Design*. London 1960.
F. Willett, *African Art*. London 1971.

音楽とダンス
A. M. Jones, *Studies in African Music*. 2 vols. London 1959.
——— *Africa and Indonesia: The Evidence of the Xylophone and Other Musical and Cultural Factors*. 2nd ed. Leiden 1971.
G. Kubik, "Patterns of Body Movements in the Music of Boys' Initiation in South-east Angola," pp. 253–74 in J. Blacking (ed.), *The Anthropology of the Body* (A.S.A. Monograph 15). London 1977.
——— *Angolan Traits in Black Music, Games and Dances of Brazil*. Lisbon 1979.
——— *Theory of African Music. Nine Essays*. Urbana (Ill.) 1980.
A. Lomax, *Folk Song Style and Culture*. Washington (D.C.) 1968.
J. H. Kwabena Nketia, *The Music of Africa*. London 1975.
P. Oliver, *Savannah Syncopators. African Retentions in the Blues*. New York 1970.

教育と識字力
G. N. Brown and M. Hiskett (eds.), *Conflict and Harmony in Education in Tropical Africa*. London 1975.
P. H. Coombs and M. Ahmed, *Attacking Rural Poverty: How Nonformal Education can Help*. Baltimore (Md.) 1974.
P. H. Coombs, R. C. Prosser and M. Ahmed, *New Paths to Learning*. New York 1973.
L. Mallasis, *The Rural World: Education and Development*. London 1976.
A. A. Mazrui, *Political Values and the Educated Class in Africa*. London 1978.
J. Simmons, *The Education Dilemma: Policy Issues for Developing Countries in the 1980s*. New York 1980.
F. C. Ward (ed.), *The School Leaver in Developing Countries*. London 1976.
World Bank, *Education Sector Review*. Washington (D.C.) 1980

第3部アフリカの国々

北アフリカ
S. Amin, *The Maghreb in the Modern World; Algeria, Tunisia, Morocco*. Harmondsworth 1970.
Annuaire de l'Afrique du Nord. Paris annually.
D. Gordon, *North Africa's French Legacy, 1954–1963*. London 1963.

エジプト
J. Berque, *Egypt; Imperialism and Revolution*. London 1972.
M. Heikal, *The Road to Ramadan*. London 1975.
P. M. Holt (ed.), *Political and Social Change in Modern Egypt*. London 1968.
J. Lacouture, *Nasser: A Biography*. London 1973.
R. Mabro, *The Egyptian Economy 1952–1972*. London 1974.
P. Mansfield, *Nasser's Egypt*. Harmondsworth 1967.
S. Radwan, *Capital Formation in Egyptian Industry and Agriculture 1882–1967*. London 1975.

リビア
J. A. Allan, K. S. McLachlan and E. Penrose (eds.), *Libya: Agriculture and Economic Development*. 2nd ed. London 1978.
E. E. Evans-Pritchard, *The Sanusi of Cyrenaica*. London 1940.
R. First, *Libya: The Elusive Revolution*. London 1974.
M. Khadduri, *Modern Libya: A Study in Political Development*. Baltimore (Md.) 1963.
R. Mabro, "Labour Supplies and Labour Stability; A Case Study of the Oil Industry in Libya," *Oxford University Institute of Economics and Statistics Bulletin*, 32 (1970).
J. Wright, *Libya*. London 1969.

アルジェリア
F. Fanon, *Les Damnés de la terre*. Paris 1961.
A. Horne, *A Savage War of Peace; Algeria 1954–1962*. London 1977.
M. Lacheraf, *L'Algérie nation et société*. Paris 1965.
M. Lebajoui, *Vérités sur la révolution algérienne*. Paris 1970.
D. and M. Ottaway, *Algeria: The Politics of a Socialist Revolution*. Berkeley (Cal.) 1970.

チュニジア
D. E. Ashford, *Morocco-Tunisia: Politics and Planning*. Syracuse (N.Y.) 1965.
H. Bourguiba, *La Tunisie et la France*. Paris 1954.
G. Duwaji, *Economic Development in Tunisia*. New York 1967.
F. Garas, *Bourguiba et la naissance d'une nation*. Paris 1956.
M. Guen, *La Tunisie indépendente face à son économie*. Paris 1961.
C. A. Micaud, *Tunisia: The Politics of Moderation*. New York 1964.
M. Nerfin, *Entretiens avec Ahmed Ben Salah*. Paris 1974.

モロッコ
R. Bidwell, *Morocco under Colonial Rule*. London 1973.
D. H. Dwyer, *Image and Self-Image: Male and Female in Morocco*. New York 1978.
E. Gellner, *Saints of the Atlas*. Chicago (Ill.) 1969.
J. P. Halstead, *Rebirth of a Nation: The Origins and Rise of Moroccan Nationalism, 1912–1944*. Cambridge (Mass.) 1967.
J. Waterbury, *Commander of the Faithful*. New York 1970.
——— *North for the Trade: The Life and Times of a Berber Merchant*. Berkeley and Los Angeles (Cal.) 1972.

カナリー諸島
J. Mercer, "The Canary Islanders in Western

引用文献

Mediterranean Politics," pp. 159–76 in *African Affairs*, 78 (1979).
R. Pélissier, *Los Territorios Españoles de Africa*. Madrid 1964.

西サハラ
J. Mercer, *Spanish Sahara*. London 1975.
F. E. Trout, *Morocco's Saharan Frontiers*. Geneva 1969.

西アフリカ
J. F. A. Ajayi and M. Crowder (eds.), *History of West Africa*. 2 vols. London 1971, 1974.
J. D. Hargreaves, *West Africa: The Former French States*. Englewood Cliffs (N.J.) 1967.

カーボヴェルデ
A. A. Mendes Corrêa, *Ultramar Português. II: Ilhas de Cabo Verde*. Lisbon 1954.
A. Hodge, "Cape Verde under the PAIGC," pp. 43–47 in *Africa Report*, 22 (May–June 1977).
J. M. McCarthy, *Guinea-Bissau and Cape Verde Islands: A Comprehensive Bibliography*. New York and London 1977.

モーリタニア
A. G. Gerteiny, *Mauritania*. London and New York 1967.
Introduction à la Mauritanie (Préface de D. G. Lavroff). Paris 1979.

セネガル
J. L. Balans, *Autonomie locale et intégration nationale au Sénégal*. Paris 1976.
L. Busch, *Guinea, Ivory Coast and Senegal: A Bibliography on Development*. Monticello (Ill.) 1973.
M. Crowder, *Senegal: A Study in French Assimilation Policy*. London 1962.
J. C. Gautron, *L'Administration sénégalaise*. Paris 1971.
S. Gellar, *Structural Changes and Colonial Dependency: Senegal, 1885–1945*. Beverly Hills (Cal.) 1976.
W. G. Johnson, *Emergence of Black Politics in Senegal: The Struggle for Power in the Four Communes, 1900–1920*. Stanford (Cal.) 1971.
I. L. Markovitz, *Léopold Sédar Senghor and the Politics of Negritude*. 1969.
L. Porgès, *Bibliographies des régions du Sénégal: complément pour la période des origines à 1965 et mise à jour 1966–1973*. Paris 1977.
E. J. Schumacher, *Politics, Bureaucracy and Rural Development in Senegal*. Berkeley (Cal.) 1975.
F. G. Snyder, *Law and Population in Senegal: A Survey of Legislation*. Leiden 1977.

ガンビア
B. Berglund, *Gambia*. Uppsala 1975.
H. A. Gailey, *A History of the Gambia*. London 1964.
—— *Historical Dictionary of the Gambia*. Metuchen (N.J.) 1975.
M. Haswell, *The Nature of Poverty: A Case History of the First Quarter-Century after World War II*. London 1975.
G. Innes, *Kaabu and Fuladu: Historical Narratives of the Gambian Mandinka*. London 1976.

ギニア・ビサウ
J. Barreto, *Historia da Guiné, 1418–1918*. Lisbon 1938.
H. Bienen, "State and Revolution: The Work of Amilcar Cabral," pp. 555–75 in *Journal of Modern African Studies*, 15 (Dec. 1977).
J. M. McCarthy, *Guinea-Bissau and Cape Verde Islands: A Comprehensive Bibliography*. New York and London 1977.
A. Teixeira da Mota, *Guiné Portuguesa*. 2 vols. Lisbon 1954.
B. I. Obichere, "Reconstruction in Guinea-Bissau: From Revolutionaries and Guerrillas to Bureaucrats and Politicians," pp. 204–19 in *A Current Bibliography on African Affairs*, 8 (1975).

ギニア
L. Adamolekun, *Sékou Touré's Guinea: An Experiment in Nation Building*. London 1976.
—— "The Socialist Experience in Guinea," in C. Rosberg and T. M. Callaghy (eds.), *African Socialism: A New Assessment*. Berkeley (Cal.) 1979.
W. Attwood, *The Reds and the Blacks: A Personal Adventure*. London 1967.
W. Derman, *Serfs, Peasants and Africans*. Berkeley (Cal.) 1973.
R. W. Johnson, "Sékou Touré and the Guinean Revolution," pp. 350–65 in *African Affairs*, 69 (Oct. 1970).
C. Rivière, "Mutations sociales en Guinée," pp. 62–84 in *Rev. Franç. Études Polit. Afr.*, 43 (July 1969).
S. Soriba, *La Guinée sans la France*. Paris 1977.
J. Suret-Canale, *La République de Guinée*. Paris 1970.

シエラレオネ
W. Barrows, *Grassroots Politics in an African State: Integration and Development in Sierra Leone*. New York 1976.
J. R. Cartwright, *Political Leadership in Sierra Leone*. Toronto 1978.
J. I. Clarke, *Sierra Leone in Maps*. London 1966.
T. S. Cox, *Civil–Military Relations in Sierra Leone: A Case Study of African Soldiers in Politics*. Cambridge (Mass.) 1976.
C. Fyfe, *A History of Sierra Leone*. London 1962.
S. A. Jabati, *Agriculture in Sierra Leone*. New York 1978.
A. P. Kup, *Sierra Leone: A Concise History*. Newton Abbot 1975.
R. G. Saylor, *The Economic System of Sierra Leone*. Durham (N.C.) 1968.
A. B. C. Sibthorpe, *History of Sierra Leone*. 4th ed. New York 1971.
L. Spitzer, *Creoles of Sierra Leone: Responses to Colonialism, 1870–1945*. Madison (Wisc.) 1974.
G. J. Williams, *Bibliography of Sierra Leone, 1925–1967*. New York 1971.

リベリア
K. Y. Best, *Cultural Policy in Liberia*. Paris 1974.
C. A. Cassell, *Liberia: History of the First African Republic*. Vol. 1 (of 2 vols.) New York 1970.
C. S. Clapham, *Liberia and Sierra Leone: An Essay in Comparative Politics*. Cambridge 1976.
R. W. Clower et al., *Growth without Development: An Economic Survey of Liberia*. 1966.
R. W. Davis, *Ethnohistorical Studies on the Kru Coast*. Newark (N.J.) 1976.
D. E. Dunn, *Foreign Policy of Liberia during the Tubman Era, 1944–1971*. London 1979.
R. M. Fulton, "Selected Bibliography on Rural Liberia," in *Rural Africana*, 15 (1971).
S. E. Holsoe, *Bibliography on Liberia*. 3 vols. Newark (N.J.) 1971–76.
J. G. Liebenow, *Liberia: The Evolution of Privilege*. 1969.
M. Lowenkopf, *Politics in Liberia: The Conservative Road to Development*. Stanford (Cal.) 1976.
W. Siegmann, "Bibliography of Ethnographic Studies in Liberia," in *Rural Africana*, 15 (1971).
C. M. Wilson, *Liberia: Black Africa in Microcosm*. New York 1971.

コートジヴォワール
M. Rémy, *The Ivory Coast Today*. Paris 1976.
A. R. Zolberg, *One-Party Government in the Ivory Coast*. 2nd ed. Princeton (N.J.) 1969.

ガーナ
A. A. Boahen, *Ghana: Evolution and Change in the Nineteenth and Twentieth Centuries*. London 1975.
K. Dickson, *A Historical Geography of Ghana*. Cambridge 1969.
K. Nkrumah, *The Autobiography of Kwame Nkrumah*. Edinburgh 1957.
M. Oppenheimer and R. B. Fitch, *Ghana, End of an Illusion*. New York 1966.
E. Reynolds, *Trade and Economic Change on the Gold Coast 1807–1874*. London 1974.
W. E. F. Ward, *A History of Ghana*. 4th ed. London 1967.
I. Wilks, *Asante in the Nineteenth Century: The Structure and Evolution of a Political Order*. London 1975.

ブルキナ・ファソ
D. M. McFarland, *Historical Dictionary of Upper Volta*. London and Metuchen (N.J.) 1978.

トーゴ
R. Cornevin, *Histoire du Togo*. 3rd ed. Paris 1969.
R. Cornevin, J.-C. Froelich and P. Alexandre, "Les Populations du Nord-Togo," Part 10 of *Ethnographical Survey of Africa*. Paris 1963.

ベニン
R. Cornevin, *Histoire du Dahomey*. Paris 1962.
S. Decalo, *Historical Dictionary of Dahomey*. Metuchen (N.J.) 1976.
M. J. Herskovits, *Dahomey: An Ancient West African Kingdom*. 2 vols. Evanston (Ill.) 1938 (reprinted 1967).
D. Ronen, *Dahomey between Tradition and Modernity*. Ithaca (N.Y.) 1975.

ナイジェリア
D. B. Abernethy, *The Political Dilemma of Popular Education: An African Case*. Stanford (Cal.) 1969.
M. Crowder, *The Story of Nigeria*. 4th ed. London 1978.
R. O. Ekundare, *An Economic History of Nigeria 1860–1960*. New York 1973.
J. Hatch, *Nigeria: A History*. London 1971.
R. K. Udo, *Geographical Regions of Nigeria*. Berkeley and Los Angeles (Cal.) 1970.
G. Williams, *Nigeria: Economy and Society*. London 1977.

カメルーン
M. W. and V. H. DeLancey, *A Bibliography of Cameroon*. New York 1975.
T. Eyongetah and R. Brain, *A History of the Cameroon*. London 1974.
W. Johnson, *The Cameroon Federation: Political Integration in a Fragmentary Society*. Princeton (N.J.) 1970.
V. T. LeVine, *The Cameroons: From Mandate to Independence*. Berkeley (Cal.) 1964.
E. Mveng, *Histoire du Cameroun*. Paris 1963.

ニジェル
S. Baier and P. Lovejoy, "The Desert-Side Economy of the Central Sudan," pp. 531–81 in *International Journal of African Historical Studies*, 8:4 (1975).
S. Bernus and P. Gouletquer, "Du cuivre au sel. Recherches ethno-archéologiques sur la région d'Azelik," pp. 7–68 in *Journal de la Société des Africanistes*, 46 (1976).
F. Fuglestad, "UNIS and BNA. The Role of Traditionalist Parties in Niger, 1948–60," pp. 113–35 in *Journal of African History*, 16:1 (1975).
—— and R. Higgot, "The 1974 Coup d'État in Niger: Towards an Explanation," pp. 383–98 in *Journal of Modern African Studies*, 13:3 (1975).
F. Lancrenon and P. Donaint, *Le Niger*. Paris 1972.
J. Nicolaisen, *Ecology and Culture of the Pastoral Tuareg*. Copenhagen 1975.
G. Nicolas, *Dynamisme social et appréhension du monde au sein d'une société hausa*. Paris 1975.
Y. Poncet, *Cartes ethno-démographiques du Niger*. Niamey 1973.
J. Rouch, *Les Songhay*. Paris 1954.
Y. Urvoy, *Histoire des populations du Soudan Central (Colonie du Niger)*. Paris 1936.

マリ
S. M. Cissoko, *Tombouctou et l'empire Songhay: épanouissement du Soudan nigerien aux XVe–XVIe siècles*. Dakar 1975.
K. Ernst, *Tradition and Progress in the African Village: The Non-Capitalist Transformation of Rural Communities in Mali*. Leiden 1976.
A. S. Kanya-Forstner, *The Conquest of the Western Sudan*. Cambridge 1969.
N. Levtzion, *Ancient Ghana and Mali*. London 1973.

西部中央アフリカ
G. Nachtigal, *Sahara and Sudan*. 4 vols. London 1974–.
R. I. Rotberg, *A Political History of Tropical Africa*. London 1966.
J. Suret-Canale, *Afrique noire occidentale et centrale l'ère colonial 1900–1945*. 3 vols. 2nd ed. Paris 1968.
—— *French Colonialism in Tropical Africa 1900–1945*. London 1971.

チャド
J. Cabot (ed.), *Atlas pratique du Tchad*. Paris 1972.
R. Jaulin, *La Mort Sava*. Paris 1967.
J. Le Cornec, *Histoire politique du Tchad 1900 à 1962*. Paris 1963.
D. E. Saxon, "Saharan and Chadic Interactions," in *Papers of the African Studies Association Annual Meeting*. Los Angeles (Cal.) forthcoming.
M. Vernhes and J. Bloch, *Guerre coloniale au Tchad*. Lausanne 1972.

中央アフリカ共和国
P. Kulck, *Central African Republic*. London 1971.
P. Pean, *Bokassa 1er*. Paris 1977.
D. E. Saxon, "Linguistic Evidence for the Eastward Spread of Ubangian Speakers," in C. Ehret and M. Posmansky (eds.), *Linguistics and Archaeology in African History*. Berkeley and Los Angeles (Cal.) forthcoming.
D. E. Saxon, C. Ehret et al., "Some Thoughts on the Early History of the Nile–Congo Watershed," in *Ufahamu*, 5:2 (1974).

ガボン
J. Bouquerel, *Le Gabon*. Paris 1970.
C. Chamberlin, "The Fang Migration into Central Gabon during the Nineteenth Century: A New Interpretation," pp. 429–56 in *International Journal of African Historical Studies*, 11:3 (1978).
K. D. Patterson, *The Northern Gabon Coast to 1875*. Oxford 1975.
B. Weinstein, *Gabon: Nation Building on the Ogooué*. Cambridge (Mass.) 1966.

赤道ギニア
S. Cronjé, *Equatorial Guinea: The Forgotten Dictatorship*. London 1976.
M. Liniger-Goumaz, *Guinea Ecuatorial: bibliografia general*. Berne 1976.
R. Pélissier, *Études hispano-guinéennes*. Paris 1969.

サン・トメ・エ・プリンシペ
Secretary General of the United Nations, *Assistance to São Tomé and Príncipe: A Report*. New York 1978.
L. Wisenberg, "Mini-State with Maxi Problems," *Africa Report*, 21 (1976).

コンゴ
H. Bertrand, *Le Congo: Formation économique et mode de développement économique*. Paris 1975.
C. Coquery-Vidrovitch, *Le Congo au temps des grandes*

compagnies concessionnaires, 1898–1930. Paris–La Haye 1972.
T. Obenga, *La Cuvette congolaise, les hommes et les structures.* Paris 1976.
G. Sautter, *De l'Atlantique au fleuve Congo, une géographie du sous-peuplement.* Paris–La Haye 1966.
M. Sinda, *Le Messianisme congolais et ses incidences politiques.* Paris 1972.
M. Soret, *Histoire du Congo Brazzaville.* Paris 1978.
J. Vansina, *The Tio Kingdom of the Middle Congo, 1880–1892.* London 1973.
J.-M. Wagret, *Histoire et sociologie politiques de la République du Congo-Brazzaville.* Paris 1963.

ザイール
R. Anstey, *King Leopold's Legacy.* Oxford 1966.
R. Cornevin, *Histoire du Congo.* 3rd ed. Paris 1970.
R. Lemarchand, *Political Awakening in the Congo: The Politics of Fragmentation.* Berkeley (Cal.) 1965.
R. Slade, *King Leopold's Congo.* London 1962.
J. Vansina, *Introduction à l'ethnographie du Congo.* Kinshasa 1966.

アンゴラ
D. Birmingham, *Trade and Conflict in Angola.* Oxford 1966.
W. G. Clarence-Smith, *Slaves, Peasants and Capitalists in Southern Angola.* Cambridge 1979.
B. Davidson, *In the Eye of the Storm.* London 1972.
J. Marcum, *The Angolan Revolution.* 2 vols. Cambridge (Mass.) 1969, 1978.
D. Wheeler and R. Pélissier, *Angola.* London 1971.

北東アフリカ
T. J. Farer, *War Clouds on the Horn of Africa: A Crisis for Detente.* New York 1976.
A. Moorehead, *The Blue Nile.* London 1962.

スーダン
W. Adams, *Nubia: Corridor to Africa.* Princeton (N.J.) 1977.
T. Barnett, *The Gezira Scheme: An Illusion of Development.* London 1977.
M. O. Beshir, *Revolution and Nationalism in the Sudan.* London 1974.
S. A. El-Arifi, "Pastoral Nomadism in the Sudan," pp. 89–103 in *East African Geographical Review,* 13 (1975).
S. Hale, "Sudan's North–South 'Civil War': Religion or Class?" pp. 157–82 in Suad Joseph and B. L. K. Pillsbury (eds.), *Muslim–Christian Conflict: Economic, Political, and Social Origins.* Boulder (Col.) 1978.
J. H. G. Lebon, *Land Use in Sudan.* Bude 1965.
D. Roden, "Regional Inequality and Rebellion in the Sudan," pp. 498–516 in *Geographical Review,* 64:4 (Oct. 1974).
A. Sylvester, *Sudan under Nimeiri.* London 1977.

エチオピア
P. Gilkes, *The Dying Lion: Feudalism and Modernization in Ethiopia.* London 1975.
A. Hiwet, *Ethiopia from Autocracy to Revolution.* London 1975.
J. Markakis, *Ethiopia: Anatomy of a Traditional Polity.* Oxford 1974.
——— and N. Ayele, *Class and Revolution in Ethiopia.* London 1978.
W. A. Shack, *The Central Ethiopians: Amhara, Tigrina and Related Peoples.* London 1974.
J. Shepherd, *The Politics of Starvation.* New York 1975.
R. Valdés Vivó, *Ethiopia's Revolution.* New York 1978.
M. Wolde-Mariam, *An Introductory Geography of Ethiopia.* Addis Ababa 1972.

ジブチ
S. Y. Abdi, "The Mini-Republic of Djibouti: Problems and Prospects," pp. 35–40 in *Horn of Africa,* 1:2 (1978)
M. Galaud, "French Territory of the Afars and the Issas," pp. 195–98 in Committee for the World Atlas of Agriculture, *World Atlas of Agriculture: Volume 4: Africa.* Novara 1976.
T. A. Marks, "Djibouti: France's Strategic Toehold in Africa," in *African Affairs,* 73 (1974).
N. A. Shilling, "Problems of the Political Development in a Ministate: The French Territory of the Afars and Issas," pp. 613–34 in *Journal of Developing Areas,* 7:4 (July 1973).
V. Thompson and R. Adloff, *Djibouti and the Horn of Africa.* Stanford (Cal.) 1968.

ソマリア
T. W. Box, "Nomadism and Land Use in Somalia," pp. 222–28 in *Economic Development and Culture Change,* 19:2 (1971).
U. Funaioli, "Somalia," pp. 516–27 in Committee for the World Atlas of Agriculture, *World Atlas of Agriculture: Volume 4: Africa.* Novara 1976.
I. M. Lewis, *The Modern History of Somaliland: From Nation to State.* New York 1965.
——— "The Somali Conquest of the Horn of Africa," pp. 213–30 in *Journal of African History,* 1:2 (1960)

東アフリカ
E. A. Alpers, *Ivory and Slaves in East Central Africa.* London 1975.
M. F. Hill, *Permanent Way. The Story of the Kenya and Uganda Railway.* 2nd ed. London 1961.
J. S. Kirkman, *Men and Monuments of the East African Coast.* London 1964.
A. Moorehead, *The White Nile.* Revised ed. London 1971.
B. A. Ogot and J. A. Kieran (eds.), *Zamani. A Survey of East African History.* Revised ed. (by B. A. Ogot) Nairobi 1974.
R. Oliver, *The Missionary Factor in East Africa.* Revised ed. London 1965.
R. Oliver et al. (eds.), *A History of East Africa.* 3 vols. Oxford 1963–75.

ケニア
G. Bennett, *Kenya: A Short Political History.* London 1963.
E. Huxley, *White Man's Country. Lord Delamere and the Making of Kenya.* 2 vols. 2nd ed. London 1953.
J. Kenyatta, *Facing Mount Kenya. The Tribal Life of the Agikuyu.* London 1938.
J. Murray-Brown, *Kenyatta.* London 1972.
C. Rosberg and J. Nottingham, *The Myth of Mau Mau. Nationalism in Kenya.* Stanford (Cal.) 1966.

ウガンダ
D. E. Apter, *The Political Kingdom in Uganda.* Princeton (N.J.) 1961.
J. Beattie, *The Nyoro State.* Oxford 1971.
M. S. M. Kiwanuka, *The Kings of Buganda.* Nairobi, Dar es Salaam and Kampala 1971.
D. Martin, *General Amin.* London 1974.
F. Welbourn, *Religion and Politics in Uganda 1951–1962.* Nairobi 1965.

ルワンダとブルンディ
R. Lemarchand, *Rwanda and Burundi.* London 1970.
I. Linden, *Church and Revolution in Rwanda.* Manchester 1977.
W. R. Louis, *Ruanda–Urundi 1884–1919.* Oxford 1963.
J. J. Maquet, *Le Système des relations sociales dans le Rwanda ancien.* (English translation. *The Premise of Inequality in Ruanda.* Oxford 1961.)

タンザニア
J. Iliffe, *Tanganyika under German Rule, 1905–1912.* Cambridge 1969.
——— *A Modern History of Tanganyika.* Cambridge 1979.
M. Lofchie, *Zanzibar: Background to Revolution.* London 1965.
A. Roberts (ed.), *Tanzania before 1900.* Nairobi 1968.

南東中央アフリカ
E. A. Alpers, *Ivory and Slaves in East Central Africa.* London 1975.
R. Gray, *The Two Nations: Aspects of the Development of Race Relations in the Rhodesias and Nyasaland.* London 1960.
R. Palmer and N. Parsons (eds.), *The Roots of Rural Poverty in Central and Southern Africa.* Berkeley (Cal.) 1977.

ザンビア
D. Hywel Davies (ed.), *Zambia in Maps.* New York 1972.
J. A. Hellen, *Rural Economic Development in Zambia 1890–1964.* Munich 1968.
International Labour Office, Jobs and Skills Programme for Africa, *Narrowing the Gaps: Planning for Basic Needs and Productive Employment in Zambia.* Addis Ababa 1977.
C. S. Lombard and A. H. C. Tweedie, *Agriculture in Zambia since Independence.* Lusaka 1972.
A. Martin, *Minding Their Own Business: Zambia's Struggle against Western Control.* Harmondsworth 1975.
W. E. Rau, *A Bibliography of Pre-Independence Zambia: The Social Sciences.* Boston (Mass.) 1978.
A. Roberts, *A History of Zambia.* London 1976.
W. Tordoff (ed.), *Politics in Zambia.* Manchester 1974.

ジンバブウェ
M. Akers (ed.), *Encyclopedia Rhodesia.* Salisbury 1973.
R. Cary and D. Mitchell, *African Nationalist Leaders in Rhodesia: Who's Who.* Johannesburg 1977.
M. O. Collins (ed.), *Rhodesia: Its Natural Resources and Economic Development.* Salisbury 1965.
G. Kay, *Rhodesia: A Human Geography.* London 1970.
H. Kuper, A. J. B. Hughes and J. van Velsen, *The Shona and Ndebele of Southern Rhodesia.* London 1954.
H. D. Nelson et al., *Area Handbook for Southern Rhodesia.* Washington (D.C.) 1975.
O. and K. Pollak, *Rhodesia/Zimbabwe: An International Bibliography.* Boston (Mass.) 1977.
R. K. Rasmussen, *Historical Dictionary of Rhodesia/Zimbabwe.* Metuchen (N.J.) 1979.
L. Vambe, *From Rhodesia to Zimbabwe.* London 1976.

モザンビーク
K. Middlemass, *Cabora Bassu.* London 1975.
E. Mondlane, *The Struggle for Mozambique.* Harmondsworth 1969.
M. D. D. Newitt, *Portuguese Settlement on the Zambesi.* London 1973.
J. Paul, *Mozambique: Memoirs of a Revolution.* Harmondsworth 1975.

マラウィ
H. Dequin, *Agricultural Development in Malawi.* 2nd ed. Munich 1970.
I. Linden, *Catholics, Peasants and Chewa Resistance in Nyasaland.* Berkeley (Cal.) 1974.
C. McMaster, *Malawi – Foreign Policy and Development.* New York 1974.
B. Pachai, *Malawi: The History of the Nation.* London 1973.
——— (ed.), *The Early History of Malawi.* London 1972.
G. Shepperson and T. Price, *Independent African.* Edinburgh 1958.

南部アフリカ
J. Halpern, *South Africa's Hostages: Basutoland, Bechuanaland, and Swaziland.* Harmondsworth 1965.
R. Stevens, *Lesotho, Botswana and Swaziland; The Former High Commission Territories in Southern Africa.* London 1967.
M. Wilson and L. M. Thompson, *Oxford History of South Africa.* 2 vols. (Vol. 1 to 1870: Vol. 2 1870–1966). Oxford 1969, 1971.

南アフリカ
R. W. Johnson, *How Long Will South Africa Survive?* London 1977.
B. Magubane, *The Political Economy of Race and Class in South Africa.* 1979.
L. M. Thompson and J. Butler (eds.), *Change in Contemporary South Africa.* Berkeley (Cal.) 1975.

ナミビア
H. Bley, *South-West Africa under German Rule.* London 1971.
P. Duignan and L. H. Gann, *South West Africa – Namibia.* New York 1978.
R. First, *South West Africa.* Harmondsworth 1963.
R. Vigne, *A Dwelling Place of Our Own. The Story of the Namibian Nation.* London and Cambridge (Mass.) 1973.

ボツワナ
Botswana Notes and Records. (Published annually by the Botswana Society.) Gaborone 1968–.
I. Schapera, *The Tswana.* London 1953. Reprinted, with supplemental bibliography, 1971.
A. Sillery, *Botswana: A Short Political History.* London 1974.
P. Smit, *Botswana: Resources and Development.* Pretoria n.d.

レソト
D. Ambrose, *The Guide to Lesotho.* 2nd ed. Johannesburg 1976.
H. Ashton, *The Basuto; A Social Study of Traditional and Modern Lesotho.* 2nd ed. London 1967.
G. Haliburton, *Historical Dictionary of Lesotho.* Metuchen (N.J.) 1977.
P. Sanders, *Moshoeshoe Chief of the Sotho.* London 1975.

スワジランド
H. Kuper, *The Swazi, A South African Kingdom.* London and New York 1963.
——— *Sobhuza II: Ngwenyama and King of Swaziland.* London 1978.
J. S. M. A. Matsebula, *A History of Swaziland.* Johannesburg 1972.

インド洋上のアフリカ
Annuaire des pays de l'océan indien vol. 1 (1974), vol. 2 (1975). Marseilles 1977.
J. Auber, *Histoire de l'océan indien.* Tananarive 1954.
A. Toussaint, *Histoire de l'océan indien.* Paris 1961.

マダガスカル
R. Archer, *Madagascar depuis 1972.* Paris 1976.
C. Cadoux, *La République Malgache.* Paris 1969.
H. Deschamps, *Madagascar.* Paris 1976.

モーリシャスとレユニオン
M. Debré, *Une Politique pour la Réunion.* Paris 1974.
Government of Mauritius, *Mauritius Economic Review 1971–1975.* Port Louis 1976.
——— *Mauritius Five Year Plan 1975–1980.* Port Louis 1976.
M. Robert, *La Réunion.* Paris 1976.
A. Toussaint, *Histoire de l'île Maurice.* Paris 1971.
——— *Histoire des îles Mascareignes.* Paris 1972.

セイシェル諸島
Republic of Seychelles, *First National Development Plan 1977 to 1981.* Mahé 1977.

監訳者のことば

　アフリカ大陸について，総合的にその全体像を把握することは，きわめてむつかしい．アフリカを旅行するための手引き，年鑑などのアプ・トゥ・デイトな情報の集成，もろもろの写真集，アフリカの多様な伝統的生活に目を向けた民族誌的な情報の紹介，あるいは，個々のアフリカ研究者や旅行者による生き生きとした記録など，アフリカを理解する手がかりになる刊行物は，日本でも，翻訳のものもふくめてとくにこの数年その数を増している．

　この書は，多量の地図や写真など，理解を助ける視覚的材料を十分に使って，アフリカの全体像を，とくにその空間的ひろがりと，伝統と変化という二面からのべてみようという野心をもっている．ロンドンの国際アフリカ研究所のジョスリン・マーレイを編者に，イギリス，アメリカ，西ドイツ，フランス，ナイジェリア，ガーナなどの，地理学者，歴史学者，文化人類学者などの多様な専門分野の研究者を配して，広範囲の情報を，かなり統一的に，かつ簡潔に網羅しようとつとめている．個々のこまかい問題やより深い地域への理解は，その後の読者の興味にまかせて，ここでは，アフリカへの基礎的理解のための必要情報を，なるべく洩らさずに，面白く読んでもらおうという狙いは，十分に生かされていると思う．くりかえし読みながら地図や写真をながめ，逆に地図や写真をながめて本文を読む，これがこの書の価値であり，日本語に翻訳して，多くの読者に読んでもらおうという意図もここにある．

　本書は，基本的には三つの部分から成る．まず第1にアフリカの全体について，自然地理，言語と民族，宗教，先史時代，アフリカにおけるヨーロッパ人，アフリカ人の新大陸やヨーロッパへのひろがり，都市の発展，建築，芸術，音楽とダンス，教育と識字問題という，アフリカ社会がもつ諸特性を，さまざまの，歴史的，文化的，現代的トピックで綴ろうというものである．このなかには，日本において，今までこういうまとまった形で紹介されなかったトピックもある．項目のえらび方も，前記の目的にあわせて配慮されている．第2の部分は，アフリカのすべての独立国と未独立地域についての，環境，歴史，産業，政治情勢など，必要情報を意図的に整理して書き進めるという方法で，国別に記述している．アフリカの個々の国々がもつ諸特徴と，共通性が理解できるのではないか．とくに，国別につけられた地図は産業の側面に重点をおいて，未来の国々の展望をも読みとれる形で示されている．字がこまかいが，じっくりと眺め，それを読みとってほしい．第3に，アフリカを理解させるためのいくつかのこまかいトピックについて，写真を中心にした紹介である．ここでも，アフリカの伝統的文化と現代的トピックをとりまぜており，第1のセクションと同様に，日本では目新しいものも少なくない．

　アフリカを何千キロも離れた遠い場所から眺望し，というより，家にこもっていて与えられた情報だけでぞき見ることを長い間の習性としてきたわれわれ日本原住民が，アフリカといえば〝裸の土人たちが，槍をもって走りまわる野性の王国〟というイメージを抱くことは当然であったろう．この本の写真にも，何枚か裸のアフリカ人が写っているのを見るであろう．しかし，その多くは伝統的儀礼とかダンスとか，非日常的シーンであったはずである．でも，一般的にいってアフリカの多くの人びとは大変な着道楽なのだ．伝統的な絢爛たる刺繍入りのローブや，シンプルな白のイスラム服とならんで，ジーパンや，色あざやかなブラウスやTシャツもまた，アフリカのどこでもみかける服装である．野性の王国といっても，日本人の多くが野性のツキノワグマやニホンカモシカをみたことがないと同様に，アフリカの大半の人々もまた，野性のゾウやライオンを1度もみないで一生を終えるのである．

　われわれと同時代の，アフリカの人びとの息吹，喜びや悲しみ，希望や不安，いろいろなものを，この本でまざまざと示すことはもちろんできない．しかし，読者の賢察をもって読むならば，何か，アフリカの人びとを友として見る目が開けてくるのではないか，というのが監訳者のささやかな願いである．

　もちろん，本は批判的に読まなければならない．ときには具体的な写真ですら思わず知らず嘘をつくこともある．この書についていえば，沢山の筆者によって書かれている性格上，問題や情報を正しく伝えるべきテキストのなかに，同時に，ヨーロッパ人がもつ偏見からぬけ切らないものや，きちんと伝える配慮の足りないものもある．監訳者自身の専門領域で言わせてもらえば〝都市の発展〟は，この20年間のアフリカ都市研究の成果をほとんどくみあげていないし，〝アフリカのヨーロッパ人〟には，植民地当事者としての心の痛みよりは居直りの態度が感じられる．国別紹介にもいくつかぞんざいなものもないではない．しかし，ここでは20ヵ所ばかりの明らかな誤りを訂正したほかは，筆者の立場や提供する情報はそのまま訳出してある．誤解を招かぬように言っておけば，このようなものはごく一部で，全体的には，この書の意義をそこねるものではない．

　翻訳にあたっては，できるだけその領域の，あるいは地域の専門家やその卵たちを，監訳者の同学の友からえらんで担当してもらった．そして，最後に監訳者が全体を通して訳文の正確さ，タームや表記の統一につとめた．文のまずさ，訳文の誤りなどがあれば，それは挙げて監訳者の責任である．

　なお，翻訳を担当した人々は次の諸氏である．阿久津昌三，赤松千里，赤松立太，石川栄治，井上一明，奥村晃史，加賀谷良平，梶茂樹，木村幸，栗本英世，坂本邦彦，杉本星子，長嶋佳子，深田孝明，森口範子，和崎春日とその神奈川大学ゼミのグループ，(五十音順)．ご協力に深く感謝する．

　最後に完稿に至るまでつきあって下さった朝倉書店のみなさま，そして，索引その他でご協力下さった皆さまに謝意をのべたい．

1985年8月　　日野舜也

地名索引

ア 行

アイェ・コイェ(ギニア) 11°38′N14°16′W 134
アイタマール(モロッコ) 33°00′N6°34′W 122
アイナ川(カメルーン) 148
アイン・ガラッカ(チャド) 18°04′N18°24′N 156
アインスフナ(エジプト) 29°35′N32°21′E 116
アインセフラ(アルジェリア) 32°45′N0°35′W 110
アインベイダ(アルジェリア) 35°44′N7°22′E 118
アウオブ(ナミビア) 208
アウジラー(リビア) 29°05′N21°12′E 119
アウバリ(リビア) 26°35′N12°47′E 119
アオズ(チャド) 21°45′N17°28′E 156
青ナイル川(エチオピア) 11, 171, 175
青ナイル川(アル・バハル-アル・アズラク)(スーダン) 11, 171, 175
青ナイル瀑布(エチオピア) 175
アガディル(モロッコ) 30°30′N9°40′W 122
アガデス(ニジェル) 17°00′N7°56′E 127, 150
アガレガ(モーリシャス領) 10°24′S56°24′E 215
アガン(ジブチ) 11°32′N42°01′E 177
アゲヴェ(トーゴ) 6°20′N1°18′E 144
アクジュジュト(モーリタニア) 19°44′N14°20′W 131
アクシム(ガーナ) 4°52′N2°14′W 140
アクスム(エチオピア) 14°08′N38°48′E 43, 48, 174
アクラ(ガーナ) 5°33′N0°13′W 11, 22, 74, 126, 140
アクレナム(赤道ギニア) 1°04′N10°46′E 162
アケティ(ザイール) 2°42′N23°51′E 166
アゲニト(西サハラ) 22°12′N13°08′W 125
アコソンボダム(ガーナ) 6°16′N0°10′E 127, 140
アコボ川(エチオピア、スーダン) 171, 175
アコルダト(エチオピア) 15°35′N37°54′E 175
アサイタ(エチオピア) 11°33′N41°30′E 175
アジス・アベバ(エチオピア) 9°00′N38°50′E 11, 22, 74, 170, 174
アジャオクタ(ナイジェリア) 7°26′N6°43′E 146
アジャビアー(リビア) 30°48′N20°15′E 111, 119
アスカレヌ(アルジェリア) 28°46′N8°59′E 119
アストヴ(セイシェル諸島) 10°05′S47°40′E 215, 219
アスマラ(エチオピア) 15°20′N38°58′E 22, 171, 174
アスユート(エジプト) 27°14′N31°07′E 22, 111, 116
アズル(モロッコ) 33°27′N5°14′W 122
アスワ川(ウガンダ) 181, 186
アスワン(エジプト) 24°05′N32°56′E 111, 116
アスワンダム(エジプト) 23°54′N32°52′E 111, 116
アスンション(セイシェル諸島) 9°45′S46°30′E 215, 219
アゼグール(モロッコ) 3°14′N8°14′W 122
アセブ(エチオピア) 13°00′N42°45′E 175
アダ(ガーナ) 5°47′N0°24′E 140
アタパメ(トーゴ) 9°37′N1°08′E 144
アタール(モーリタニア) 20°32′N13°00′W 131
アッカイ(エチオピア) 8°55′N38°52′E 175
アッウィラー(リビア) 32°45′N12°14′E 119
アッザガディグ(エジプト) 30°36′N31°30′E 116
アッサル湖(ジブチ) 11°41′N42°25′E 177
アッザワイティナー(リビア) 30°58′N20°07′E 119
アッセーガーイ川(スワジランド) 213
アッセカイファル(アルジェリア) 27°22′N8°41′E 119
アッセクレム山(アルジェリア) 23°18′N5°41′E 11, 110
アッタジュ(リビア) 24°13′N23°18′E 119
アッドー国立公園(南アフリカ) 33°29′S25°46′E 207

アッドゥワイム(スーダン) 14°00′N32°19′E 171, 175
アッパ(中央アフリカ共和国) 5°20′N15°11′E 158
アッベ湖(ジブチ) 11°06′N41°50′E 177
アティ(チャド) 13°11′N18°20′E 156
アティ川(ケニア) 185
アディグリ(エチオピア) 14°55′N38°53′E 175
アディグラト(エチオピア) 14°18′N39°31′E 175
アドウ(エチオピア) 14°10′N38°55′E 175
アトゥバラー(スーダン) 17°42′N34°00′E 171, 175
アトゥバラー川(スーダン) 171
アド・エキティ(ナイジェリア) 7°38′N5°12′E 146
アドゥラル(アルジェリア) 27°51′N0°19′W 110, 118
アトントゥラザカ(マダガスカル) 17°42′S48°44′E 216
アナララヴァ(マダガスカル) 14°38′S47°46′E 216
アニエ川(トーゴ) 144
アヌム川(ガーナ) 140
アネシオ(トーゴ) 6°14′N1°36′E 144
アバ(ナイジェリア) 5°06′N7°21′E 146
アバカリキ(ナイジェリア) 6°17′N8°04′E 146
アバーディア国立公園(ケニア) 0°30′S36°45′E 185
アバディーン(南アフリカ) 32°29′S24°03′E 207
アバヤ湖(エチオピア) 6°20′N37°55′E 11, 170, 174
アバンガ川(ガボン) 160
アビジャン(コートジヴォワール) 5°19′N4°07′E 11, 22, 74, 126, 138
アブ・アラック川(チャド) 156
アブイェ・メダ山(エチオピア) 10°28′N39°44′N
アフィボ(ナイジェリア) 5°53′N7°56′E 146
アブ(ギニア・ビサウ) 11°26′N15°58′N 132
アブ・ガブラ(スーダン) 11°02′N26°50′E 174
アブ・ガラディク(エジプト) 30°22′N27°28′E 116
アブジャ(ナイジェリア) 9°12′N7°11′E 146
アブ・ダバー(エジプト) 31°02′N28°26′E 116
アブタルトゥル(エジプト) 25°12′N30°10′E 116
アブラカ(ナイジェリア) 5°45′N6°21′E 146
アフリカン島(セイシェル諸島) 5°00′S53°16′E 219
アベオクータ(ナイジェリア) 7°10′N3°26′E 74, 126, 146
アベ湖(エチオピア) 11°06′N41°50′E 170, 174
アベシェ(チャド) 13°49′N20°49′ 154, 156
アベニュル(コートジヴォワール) 6°44′N3°29′W 138
アボッソ(コートジヴォワール) 5°28′N3°12′W 138
アボヴィーユ(コートジヴォワール) 5°56′N4°13′W 138
アボネマ(ナイジェリア) 4°43′N6°47′E 146
アボメー(ベニン) 7°11′N1°59′E 144
アボン・ンバン(カメルーン) 3°59′N13°10′E 148
アミランテ諸島(セイシェル諸島) 115, 219
アム・ティマン(チャド) 11°02′N20°17′E 156
アヤ・イェナヒン(ガーナ) 6°43′N2°03′W 140
アヨウン・エ・アトウロス(モーリタニア) 17°02′N5°41′W 131
アラオトゥラ湖(マダガスカル) 17°30′S48°30′E 216
アラダ(チャド) 15°00′N20°38′E 156
アリヴォニマモ(マダガスカル) 19°00′S47°11′E 216
アリサビェー(ジブチ) 11°10′N42°44′E 177
アリド(セイシェル諸島) 4°13′S55°40′E 219
アリボリ川(ベニン) 144
アリマ川(コンゴ) 164
アリワルノース(南アフリカ) 30°42′S26°43′E 207
アリンダオ(中央アフリカ共和国) 5°01′N21°11′E 158

アルア(ウガンダ) 3°01′N30°55′E 186
アル・アゼム(リビア) 31°52′N23°59′E 118
アルアングワ川(ザンビア/モザンビーク) 193, 195
アル・イスマイリヤー(エジプト) 30°35′N32°16′E 116
アルウィミ川(ザイール) 166
アルカダリフ(スーダン) 14°04′N35°32′E 171, 175
アル・ガトゥルン(リビア) 24°55′N14°38′E 118
アル・カンタラー(エジプト) 31°00′N32°24′E 116
アールグブ(西サハラ) 23°37′N15°50′W 125
アル・クフラーオアシス(リビア) 24°16′N22°56′E 119
アルジェ(アルジェリア) 36°50′N3°00′E 11, 22, 74, 110, 118
アルーシ・チニ(タンザニア) 3°35′S37°20′E 191
アルーシャ(タンザニア) 3°22′S36°41′E 191
アル・ジャウフ(リビア) 24°09′N23°19′E 110, 118
アル・ジュフラオアシス(リビア) 29°09′N15°47′E 118
アルズー(アルジェリア) 35°50′N0°23′W 118
アルダブラ(セイシェル諸島) 9°25′S46°20′E 215, 219
アルト・カトゥンベラ(アンゴラ) 12°27′S13°13′E 168
アルト・モロクェ(モザンビーク) 15°37′S37°36′E 199
アルト・リゴナ(モザンビーク) 15°30′S38°20′E 199
アル=マンスラー(エジプト) 31°03′N31°23′E 116
アルバート湖 →モブツ湖
アルバートナイル川(ウガンダ) 186
アル・ファイユーム(エジプト) 29°19′N30°50′E 111, 116
アル・ファシル(スーダン) 13°38′N25°21′E 170, 174
アルフォンス(セイシェル諸島) 7°05′S42°50′E 219
アル・フサーヒサー(スーダン) 14°44′N33°18′E 174
アル・ホセイマ(モロッコ) 35°14′N3°56′W 123
アル・マハラル・クブラ(エジプト) 30°59′N31°10′E 116
アル・マルジュ(リビア) 32°30′N20°50′E 110, 118
アル・アミリヤー(エジプト) 31°01′N29°48′E 116
アル・ミニヤ(エジプト) 28°06′N30°45′E 116
アルーラ(ソマリア) 11°59′N50°48′E 179
アルラー(アルジェリア) 28°40′N9°43′E 118
アルリット(ニジェル) 19°16′N7°19′E 150
アレクサンダーベイ(南アフリカ) 28°40′S16°30′E 207
アレクサンドリア(エジプト) 31°13′N29°55′E 22, 74, 111, 116
アレクサンドリア(南アフリカ) 33°39′S26°25′E 207
アレグ(モーリタニア) 17°02′S13°58′W 131
アレグランツァ(カナリー諸島) 29°23′N13°30′W 124
アレシフェ(カナリー諸島) 28°57′N13°33′W 124
アロチャ川(ウガンダ) 186
アワシュ川(エチオピア) 171, 175
アワソ(ガーナ) 6°14′N2°16′W 140
アンカゾアボ(マダガスカル) 22°18′S44°30′E 216
アンゴチェ(モザンビーク) 16°10′S39°58′E 199
アンコブラ川(ガーナ) 140
アンジュアン(ンズワニ)(コモロ諸島) 12°15′S44°25′E 218
アンス・ロワイヤール(セイシェル諸島) 4°44′S55°31′E 219
アンタナナリヴォ(マダガルカル) 18°52′S47°30′E 11, 22, 74, 215, 216
アンタラハ(マダガスカル) 14°53′S50°16′E 216
アンチ(ナイジェリア) 6°58′N6°15′E 146

アンチラベ(マダガスカル) 19°51′S47°01′E 215, 216
アンツェラナナ(マダガスカル) 12°19′S49°17′E 215, 216
アンドレ・フェリックス国立公園(中央アフリカ共和国) 9°25′N23°20′E 159
アンナバ(アルジェリア) 36°55′N7°47′E 22, 110, 119
アン・ヌフド(スーダン) 12°42′N28°26′E 174
アンバトランピイ(マダガスカル) 19°21′S47°27′E 216
アンバンジャ(マダガスカル) 13°40′S48°27′E 216
アンビロブ(マダガスカル) 13°10′S49°03′E 216
アンブシタ(マダガスカル) 20°31′S47°15′E 216
アンブリッツ(アンゴラ) 7°50′S13°09′E 168
アンブル山国立公園(マダガスカル) 12°55′S49°10′E 216
アンホヴォンベ(マダガスカル) 25°10′S40°06′E 216
アンボディフォトトゥラ(マダガスカル) 16°59′S49°51′E 216
イヴィンド川(ガボン) 160
イウォ(ナイジェリア) 7°38′N4°11′E 126
イェンデヴ(ナイジェリア) 7°21′N8°37′E 146
イオナ国立公園(アンゴラ) 16°00′S12°00′E 168
イグレハ(カーボヴェルデ) 15°14′N24°36′E 130
イケパリ川(マダガスカル) 215
イコイ川(ガボン) 160
イコドゥ(カナリー諸島) 28°22′N16°43′W 124
イシオロ(ケニア) 0°20′N37°36′E 185
イシロ(ザイール) 2°50′N27°40′E 167
イーストロンドン(南アフリカ) 33°00′S27°55′E 203, 207
イスナ(エジプト) 25°18′N32°33′E 116
イタシ湖(マダガスカル) 19°02′S46°47′E 216
イッピ(中央アフリカ共和国) 6°15′N21°12′E 158
イドゥフ(エジプト) 24°58′N32°50′E 116
イドゥマ(エジプト) 30°40′N28°58′E 116
イニャティ(ジンバブウェ) 19°39′S28°54′E 197
イニャンガニ山(ジンバブウェ) 18°18′S32°54′E 193
イニャンバネ(モザンビーク) 23°51′S35°29′E 193
イネズガーヌ(モロッコ) 30°22′N9°38′E 122
イノンゴ(ザイール) 1°55′S18°20′E 166
イバダン(ナイジェリア) 7°23′N3°56′E 22, 74, 127, 146
イバンガ(ガボン) 2°54′S10°47′E 160
イホシ(マダガスカル) 22°23′S46°09′E 216
イボ(モザンビーク) 12°21′S40°40′E 199
イミニ(モロッコ) 31°10′N7°30′W 122
イミリリ(西サハラ) 23°18′N15°54′W 125
イルガアレム(エチオピア) 6°48′N38°22′E 175
イリンガ(タンザニア) 7°49′S35°39′E 191
イルハザル・ワン・アガデス川(ニジェル) 150
イレホ(ザイール) 4°20′S20°35′E 166
イロリン(ナイジェリア) 8°30′N4°32′E 146
イン・アメナス(アルジェリア) 28°05′N9°23′E 119
インガダム(ザイール) 5°34′S13°39′E 154, 166
インガル(ニジェル) 16°47′N6°56′E 150
イン・サラー(アルジェリア) 27°12′N2°29′E 110, 118
インジィア川(ザイール) 154

ウァイグヤ(ブルキナ・ファソ) 13°31′N2°20′W 142
ヴァークオーカス(ナミビア) 19°20′S18°10′E 208
ヴァコアス(モーリシャス) 20°18′S57°29′E 217
ウァドアスグ川(西サハラ) 125
ウァドアトゥイ川(西サハラ) 125
ウァド・エル・アセル川(モーリタニア) 131

地名索引

ウァド・エルニ川(西サハラ) 125
ウァド・エル・マリ川(モーリタニア) 131
ウァド・エル・レベン川(チュニジア) 121
ウァド・オレイティス川(西サハラ) 125
ウァド・シェリフ川(アルジェリア) 110, 118
ウァド・テヌアイウル川(西サハラ) 125
ヴァトマンドゥリ(マダガスカル)
　19°20′S48°58′E 216
ヴァラドリド・デ・ロス・ビンビレス(赤道ギニア) 1°80′N10°80′E
ヴァルヴェルデ(カナリー諸島)
　27°48′N17°15′W 124
ヴァール川(南アフリカ) 11, 202, 207
ヴァールダム(南アフリカ) 26°42′S28°18′E 207
ヴァレヘルモソ(カナリー諸島)
　28°12′N17°15′W 124
ヴァンガインドゥラ(マダガスカル)
　23°21′S47°35′E 216
ヴァンタレドール(アルジェリア)
　27°38′N9°28′E 118
ヴァンデルビジパーク(南アフリカ)
　26°41′S27°50′E 207
ヴィクトリア(カメルーン) 4°01′N9°12′E 148
ヴィクトリア(セイシェル諸島) 4°37′S55°27′E 215, 219
ヴィクトリアウエスト(南アフリカ)
　31°25′S23°08′E 207
ヴィクトリア湖(ウガンダ/タンザニア/ケニア)
　1°00′S33°00′E 11, 181, 186, 191
ヴィクトリア滝(ザンビア) 17°55′S25°52′E 193, 195
ヴィクトリア・ナイル川(ウガンダ) 181, 186
ヴィクトリア・フォールズ国立公園(ジンバブェ) 17°55′S25°40′E 196
ウイス(ナミビア) 21°08′S14°49′E 208
ウィダー(ベニン) 6°23′N2°08′E 144
ウィットバンク(南アフリカ) 25°53′N29°13′E 207
ヴィラ・ノヴァ・デ・セレス(アンゴラ)
　11°24′S14°19′E 168
ウィルゲ川(南アフリカ) 207
ヴィルンガ国立公園(ザイール) 1°50′S29°45′E 167
ウィローモア(南アフリカ) 33°18′S23°30′E 207
ウィントフック(ナミビア) 22°34′S17°06′E 202
ウヴィンザ(タンザニア) 5°08′S30°23′E 190
ウェイブ川(エチオピア) 171, 175
ウェザーヌ(モロッコ) 34°52′N5°35′W 122
ウェスト・ニコルソン(ジンバブェ)
　21°06′S29°25′E 197
ウェソ(コンゴ) 1°16′N16°03′E 164
ウェテ(タンザニア) 5°04′S39°43′E 191
ウェペナー(南アフリカ) 29°44′S27°03′E 207
ウェメ川(ベニン) 126, 144
ヴェリッシモ・サルメント(アンゴラ)
　8°08′S20°38′E 168
ウェリントン(南アフリカ) 33°39′S19°00′E 206
ウェルコム(南アフリカ) 27°59′S26°44′E 203, 207
ヴェレリ(ザイール) 167
ウェンザ(アルジェリア) 35°57′N8°04′E 118
ウェンジ(エチオピア) 8°30′N39°30′E 175
ウェンベレ川(タンザニア) 181, 190
ヴォイ(ケニア) 3°23′S38°35′E 185
ヴォインジャマ(リベリア) 8°25′N9°42′W 136
ヴォヴォド川(中央アフリカ共和国) 159
ヴォゲル山(ナイジェリア) 8°25′N11°45′E 127
ヴォヘマリナ(マダガスカル) 13°22′S50°00′E 216
ヴォルタ川(ガーナ) 140
ヴォルタ湖(ガーナ) 7°30′N0°15′E 11, 127, 140
ヴォルタ・ノワール川(ブルキナ・ファソ) 142
ヴォルタ・ブランシュ川(ブルキナ・ファソ) 127, 142
ヴォルタ・ルージュ川(ブルキナ・ファソ) 127, 142
ウォレントン(南アフリカ) 28°06′S24°51′E 207
ウカリ(ナイジェリア) 7°49′N9°49′E 146
ウースター(南アフリカ) 33°39′S19°26′E 203, 207
ウガブ川(ナミビア) 202, 208
ウガラ川(タンザニア) 181, 191
ウゲッリ(ナイジェリア) 5°33′N6°00′E 146
ウジジ(タンザニア) 4°55′S29°39′E 190
ウジダ(モロッコ) 34°41′N1°45′W 110, 123
ウディ(ナイジェリア) 6°15′N7°24′E 146
ウテテ(タンザニア) 8°00′S38°49′E 191
ウニアンガ・ケビール(チャド)
　19°05′N20°29′E 156

ウニャマ川(ウガンダ) 186
ウハム川(チャド/中央アフリカ共和国) 154, 156, 158
ウバンギ川(中央アフリカ共和国/コンゴ)
　11, 154, 158, 164
ウピングトン(南アフリカ) 28°28′S21°14′E 202, 207
ウペンバ湖(ザイール) 8°41′S26°37′E 166
ウペンバ国立公園(ザイール) 9°10′S26°35′E 166
ウムヴゥマ(ジンバブェ) 19°19′S30°35′E 197
ウムジルクル(南アフリカ) 30°16′S29°56′E 207
ウムジングブ川(南アフリカ) 203
ウムジングワニ川(ジンバブェ) 197
ウムタタ(南アフリカ) 31°35′S28°47′E 207
ウムタリ(ジンバブェ) 19°00′N S82°40′E 193, 197
ウム・ルワーバ(スーダン) 12°54′N13°13′E 174
ウリンディ川(ザイール) 166
ウーリ川(カメルーン) 148
ウレカ(赤道ギニア) 3°14′N8°43′E 162
ウワイル(スーダン) 8°46′N27°24′E 174
ウモ(ナイジェリア) 13°18′N5°39′E 146
エウロパ島(マダガスカル) 22°20′S40°21′E 215
エジェレー(アルジェリア) 27°56′N9°42′E 119
エストコート(南アフリカ) 29°01′S29°52′E 207
エセカ(カメルーン) 3°39′N10°46′E 148
エッサウィラ(モロッコ) 31°30′N9°48′W 110, 122
エデア(カメルーン) 3°48′N10°08′E 148
エデアダム(カメルーン) 3°48′N10°08′E 148
エトゥンビ(コンゴ) 0°01′S14°57′E 164
エトーシャパン(ナミビア) 19°05′S16°00′E 202, 208
エドワード湖(ウガンダ/ザイール)
　0°25′S29°30′E 11, 154, 167, 181, 186
エヌグ(ナイジェリア) 6°27′N7°27′E 146
エネリ・ダマル川(チャド) 156
エベビイン(赤道ギニア) 2°08′N11°18′E 162
エミ・クシ山(チャド) 19°25′N18°31′E 11, 154
エヤシ湖(タンザニア) 3°44′N35°00′W 11, 181, 191
エリガヴォ(ソマリア) 10°40′N47°20′E 179
エル・アイウン(モロッコ) 34°39′N2°29′W 123
エル・アイウン(西サハラ) 27°09′N13°12′W 110, 125
エル・アグレブ(アルジェリア) 30°42′N5°30′E 118
エル・アスナム(アルジェリア) 36°11′N1°21′E 118
エル・アデブ・ララシュ(アルジェリア) 27°30′N8°45′E 119
エル・オベイド(スーダン) 170, 174
エル・カイルアン(チュニジア)
　35°42′N10°01′E 121
エル・カースル(エジプト) 25°37′N28°42′E 116
エル・ケフ(チュニジア) 36°10′N8°40′E 121
エル・ゴレア(アルジェリア) 30°35′N2°51′E 118
エル・ジャディダ(モロッコ) 33°19′N8°39′E 122
エル・ジョルフ・ラスファー(モロッコ)
　33°15′N8°40′W 122
エル・ダイレブ(チュニジア) 35°18′N8°48′E 121
エルダマ峡谷(ケニア) 0°04′N29°49′E 116
エル・ディヘイラ(エジプト) 31°08′N29°49′E 116
エル・デレ(ソマリア) 3°59′N47°00′E 179
エルドレット(ケニア) 0°31′N35°17′E 181, 185
エル・ハジャール(アルジェリア)
　36°44′N7°44′E 118
エル・バヤズ(アルジェリア) 33°40′N1°00′E 118
エル・ハラシュ(アルジェリア) 36°45′N3°07′E 118
エル・ハルガ(エジプト) 25°27′N30°32′E 116
エル・ビル(マダガスカル) 13°24′S48°17′E 216
エル・ファルシア(西サハラ) 27°06′N9°50′W 125
エルフードゥ(モロッコ) 31°28′N4°10′W 122
エル・ブール(ソマリア) 4°40′N46°40′E 179
エル・ヘイズ(エジプト) 28°02′N28°36′E 116

エル・ボルマ(チュニジア) 31°35′N9°19′E 121
エルミナ(ガーナ) 5°05′N1°21′W 58, 140
エルメロ(南アフリカ) 26°34′S29°58′E 207
エル・モクニーヌ(チュニジア)
　35°39′N10°53′E 121
エル・ラシーダ(モロッコ) 31°58′N4°25′W 122
エル・ロセイレス(スーダン) 11°51′N34°23′E 175
エロゴ(コンゴ) 1°48′N14°14′E 164
エワソ・ンギロ川(ケニア) 185
エンケルドールン(ジンバブェ)
　19°01′S30°53′E 197
エンチ(ガーナ) 5°49′N2°49′W 140
エンテベ(ウガンダ) 0°04′N32°27′E 186
エンブ(ケニア) 0°32′S37°28′E 185
オイエム(ガボン) 1°34′N11°31′E 160
オウェンド(ガボン) 0°21′S9°29′E 160
オウチョ(ガボン) 20°08′S16°08′E 208
オーウンフォールダム(ウガンダ)
　0°29′N33°11′E 186
オカヴァンゴ川(ナミビア/ボツワナ) 202, 208, 211
オカヴァンゴスワンプ(ボツワナ) 202
オカノ川(ガボン) 160
オカハンジャ(ナミビア) 21°59′S16°58′E 208
オカンジャ(ガボン) 0°41′S13°47′E 160
オカンダ国立公園(ガボン) 0°50′S11°50′E 160
オーキペ(ナイジェリア) 29°38′S17°54′E 207
オグ川(トーゴ) 144
オクワ川(ボツワナ) 211
オグン川(ナイジェリア) 146
オケレ川(ウガンダ) 186
オゴウェ川(ガボン) 11, 154, 160
オコク川(ウガンダ) 186
オシェーケヒア湖(ナミビア) 18°08′S15°45′E 208
オショボ(ナイジェリア) 7°50′N4°35′E 126, 146
オゼルト(西サハラ) 22°38′N14°18′W 125
オチョンソンジョウ川(ナミビア) 208
オチョソンドゥ(ナミビア) 21°19′S17°51′E 208
オチワロンゴ(ナミビア) 20°29′S16°36′E 208
オッセ川(ナイジェリア) 146
オーツホールン(南アフリカ) 33°35′S22°12′E 207
オディエンヌ(コートジヴォワール)
　9°36′N7°32′W 138
オティ川(ガーナ/ブルキナ・ファソ) 142
オニ川(ナイジェリア) 146
オニチャ(ナイジェリア) 6°10′N6°47′E 126, 146
オニラハ川(マダガスカル) 215, 216
オノング湖(ガボン) 1°00′S10°10′E 160
オハネト(アルジェリア) 28°40′N8°50′E 118
オパラ川(ベニン) 144
オビア(ソマリア) 5°20′N48°30′E 179
オブラシ(ガーナ) 6°15′N1°36′W 140
オフィキ川(ナイジェリア) 146
オフィン川(ガーナ) 140
オブブラ川(ナイジェリア) 6°05′N8°20′E 146
オボ(中央アフリカ共和国) 5°18′N26°28′E 154, 158
オボク(ジブチ) 11°59′N43°20′E 177
オボボ(ナイジェリア) 4°35′N7°34′E 146
オホボホ(ナミビア) 18°03′S13°54′E 208
オボモショ(ナイジェリア) 74, 127
オマルコ(ナミビア) 21°28′S15°56′E 208
オムドゥルマン(スーダン) 15°37′N32°29′E 22, 171, 175
オムランバ・オマタコ川(ナミビア) 208
オモ川(エチオピア) 171, 175
オヨ(ナイジェリア) 7°50′N3°55′E 48, 126, 146
オラ(リビア) 28°36′N19°32′E 118
オラーパ(ボツワナ) 21°18′S25°30′E 211
オラン(アルジェリア) 35°45′N0°38′W 22, 74, 110, 118
オランジェムント(ナミビア) 28°33′S16°25′E 208
オリヴァ(カナリー諸島) 124
オリファンツ川(南アフリカ) 207
オルドヴァイ(タンザニア) 2°44′S35°19′E 43
オレンジ川(南アフリカ/レソト/ナミビア)
　11, 202, 207, 280, 212
オンダングァ(ナミビア) 17°52′S15°59′E 208
オンド(ナイジェリア) 7°05′N4°55′E 146

カ 行

カイェ(マリ) 14°26′N11°28′W 152
カイラフン(シエラレオネ) 8°21′N10°21′W 136
カイロ(エジプト) 30°03′N31°15′E 11, 22, 48, 74, 111, 116

カインジダム(ナイジェリア) 9°55′N4°35′E 127, 146
カインジ貯水池(ナイジェリア)
　100°00′N4°35′E 127, 146
カヴァラ川(リベリア) 126, 137
カヴァリ川(コートジヴォワール) 138
ガウアル(ギニア) 11°44′N13°14′W 134
カエディ(モーリタニア) 16°12′N13°32′W 131
カエレ(カメルーン) 10°07′N14°27′E 148
ガオ(マリ) 16°19′N0°09′W 127, 152
カオラック(セネガル) 14°09′N16°08′W 132
カカメガ(ケニア) 0°17′N34°47′E 185
カ川(ナイジェリア) 146
カークウッド(南アフリカ) 33°22′S25°15′E 207
カゲラ川(ルワンダ) 181, 188, 191
カゲラ国立公園(ルワンダ) 1°30′S30°35′E 188
カコンダ(アンゴラ) 13°43′S15°03′E 168
カサイ川(アンゴラ/ザイール) 11, 154, 166, 168
ガザウェト(アルジェリア) 35°08′N1°50′W 118
カサネ(ボツワナ) 17°50′S25°05′E 211
カサブランカ(モロッコ) 33°89′N7°35′W 22, 74, 110, 122
カサマ(ザンビア) 10°10′S31°11′E 195
カサマンス川(セネガル) 132
カサンシ(ザンビア) 12°05′S26°22′E 195
カスバダドゥラ(モロッコ) 32°42′S6°29′W
カスング(ザンビア) 13°01′S33°30′E 200
カジアド(ケニア) 1°50′S36°48′E 185
カシトゥ川(マラウィ) 200
ガシュ川(エチオピア/スーダン) 175
カスル・ファラフラ(エジプト)
　27°03′N28°00′E 116
カセセ(ウガンダ) 0°10′N30°06′E 186
カセンバ(ザンビア) 13°28′S25°48′E 168
カソンボ(アンゴラ) 11°54′S22°56′E 168
カタバ(ザンビア) 16°02′S25°03′E 195
カチウ(ギニア・ビサウ) 12°12′N16°10′W 132
カチウ川(ギニア・ビサウ) 132
カチャスネック(レソト) 30°08′S28°41′E 212
カツィナ(ナイジェリア) 13°00′N7°32′E 48, 146
カツィナ川(ナイジェリア) 146
カッサラ(スーダン) 15°24′N36°25′E 171, 175
ガッシ(アルジェリア) 31°05′N5°40′E 118
ガッシ(アルジェリア) 31°05′N5°40′E 118
カッシンガ(アンゴラ) 15°08′S16°04′E 168
カッセリヌ(チュニジア) 35°13′N8°43′E 121
ガット(リビア) 24°59′N10°11′E 110
カデ(ガーナ) 6°08′N0°51′W 140
カティオ(ギニア・ビサウ) 11°13′N15°10′W 132
カティオラ(コートジヴォワール)
　8°08′N5°06′W 138
カデー川(カメルーン/中央アフリカ共和国) 148, 158
カドゥナ(ナイジェリア) 10°33′N7°27′E 22, 127, 146
カトゥンベラ川(アンゴラ) 154, 168
ガトーマ(ジンバブェ) 18°16′S29°55′E 197
カトンガ川(ウガンダ) 186
カーナヴォン(南アフリカ) 30°56′S22°08′E 207
カナンガ(ザイール) 5°53′S22°26′E 22, 74, 166
カーニェ(ボツワナ) 24°59′S25°19′E 202, 211
ガニャラ(ニジェール) 14°36′N8°29′E 150
カニャル川(ルワンダ/ブルンジ)
ガニヨア(コートジヴォワール)
　6°08′N5°56′W 138
カネマ(シエラレオネ) 7°55′N11°12′W 136
カノ(ナイジェリア) 12°00′N8°31′E 22, 48, 58, 74, 127, 146
カバラ(シエラレオネ) 9°40′N11°36′W 136
カバレ(ウガンダ) 1°15′S30°00′E 181, 186
カバレガ滝(ウガンダ) 2°17′N31°41′E 181, 186
カバロ川(ザイール) 167
カビンダ(アンゴラ) 5°34′S12°12′E 154, 168
カピン・ムポシ(ザンビア) 13°59′S28°40′E 195
カブェ川(ザンビア) 14°29′S28°25′E 193, 195
カフェ(ザンビア) 15°44′S28°10′E 195
カフエ川(ザンビア) 193, 195
カフエダム(ザンビア) 15°44′S28°10′E 193, 195
カフエ平原(ザンビア) 15°40′S27°25′E 195
カフリ(ウガンダ) 181, 186
ガフサ(チュニジア) 34°28′N8°43′E 111, 121
カプチョルワ(ウガンダ) 1°25′N34°28′E 186
カベス(チュニジア) 33°52′N10°06′E 121
カペングリア(ケニア) 1°14′N35°08′E 185

地名索引

カボラ・バッサダム(ザンビア) 15°34′S32°42′E 193, 199
カボロロ川(アンゴラ) 168
カボンボ川(ザンビア) 192, 194
カマティヴィ(ジンバブウェ) 18°19′S27°07′E 196
カマバテラ(アンゴラ) 8°11′S15°22′E 168
カミナ川(ザイール) 166
ガムカ川(南アフリカ) 202
カムサル(ギニア) 10°33′S14°34′W 134
ガムトース(南アフリカ) 203
カムボロムボ湖(ザンビア) 11°48′S28°49′E 195
カムリ(ウガンダ) 0°57′N33°08′E 186
カメイア国立公園(アンゴラ) 11°58′S21°18′E 168
カメルーン山(カメルーン) 4°13′N9°10′E 11, 127
ガモベルク(南アフリカ) 29°18′S18°10′E 207
カヤ(ブルキナ・ファソ) 13°05′N1°05′W 142
カヤール(セネガル) 14°53′N17°09′W 132
カヤンザ(ブルンディ) 2°54′S29°34′E 188
カラ(トーゴ) 144
カラコロ川(モーリタニア) 131
ガラジェビレト(アルジェリア) 27°00′N7°34′W 118
カラージェルダ(チュニジア) 35°40′N8°34′E 121
カラスブルク(ナミビア) 28°00′S18°43′E 208
カラナ(マリ) 10°47′N8°12′W 152
ガラナ川(ケニア) 181, 185
カラハリゲムスボク国立公園(南アフリカ) 25°30′S20°30′E 206
カラバール(ナイジェリア) 4°57′N8°29′E 146
ガリッサ(ケニア) 0°27′S39°39′E 185
カリバ(ジンバブウェ) 16°32′S28°50′E 197
カリバ湖(ジンバブウェ/ザンビア) 17°00′S28°00′E 11, 193, 195, 197
カリバダム(ジンバブウェ/ザンビア) 16°31′S28°50′E 193, 195, 197
カリビブ(ナミビア) 21°59′S15°51′E 208
カルヴィニア(南アフリカ) 31°25′S19°45′E 206
カルエクダム(アンゴラ) 17°24′S14°05′E 168
ガルカヨ(ソマリア) 6°49′N47°23′E 179
ガルダイア(アルジェリア) 32°20′N3°40′E 110, 118
カルタゴ(チュニジア) 36°54′N10°16′E 43
ガルト(ソマリア) 9°30′N49°06′E 179
カルドン(南アフリカ) 34°12′S19°23′E 207
カルノ(中央アフリカ共和国) 4°56′N15°52′E 158
カルプウン川(ガーナ) 140
ガルバ・トゥラ(ケニア) 0°31′N38°30′E 185
ガルビ島(チュニジア) 34°39′N11°03′E 121
カルマ(ニジェル) 13°38′N1°52′E 150
カルヤン(リビア) 32°12′N13°02′E 119
カルルシュ(ザンビア) 12°50′S28°03′E 195
ガルワ(カメルーン) 9°17′N13°22′E 148
カレドン川(南アフリカ) 203, 207
カレミ(ザイール) 5°57′S29°10′E 154
カロイ(ジンバブウェ) 16°46′S29°45′E 197
カロソ島(プリンシペ島) 1°32′N7°26′E 162
カロンガ(マラウィ) 9°54′S33°55′E 200
カンカン(ギニア) 10°22′N9°11′W 126, 134
カンガンドラ国立公園(アンゴラ) 9°47′S16°27′E 168
カンガンバ(アンゴラ) 13°40′S19°54′E 168
カンゴ(ガボン) 0°15′N10°11′E 160
ガンスバーイ(南アフリカ) 34°35′S19°20′E 207
ガンタ(リベリア) 7°15′N8°59′W 136
カンディ(ベニン) 11°05′N2°59′E 144
カンパラ(ウガンダ) 0°19′N32°35′E 11, 22, 74, 181, 186
カンバンベダム(アンゴラ) 8°07′S14°45′E 168
カンピビ(シエラレオネ) 9°09′N12°53′W 136
ガンビア川(ガンビア/セネガル) 11, 126, 132, 133
ガンブラ(中央アフリカ共和国) 4°08′N15°09′E 158
ガンボマ(コンゴ) 1°53′S15°51′E 164

ギアロ(リビア) 28°45′N21°12′E 119
キヴ湖(ザイール/ルワンダ) 2°00′S29°10′E 11, 154, 167, 181, 188
キヴィ(ナイジェリア) 9°75′N12°10′E 146
キガマ国立公園(アンゴラ) 9°50′S13°95′E 168
キガリ(ルワンダ) 1°56′S30°04′E 11, 181, 188
キキィト(ザイール) 5°02′S18°51′E 154, 166
キクユ(ケニア) 1°14′S36°40′E 185
キゴマ(タンザニア) 4°52′S29°36′E 181, 190
ギザ(エジプト) 29°59′N31°07′E 22, 74, 116
キサンガニ(ザイール) 0°33′N25°14′E 22, 154, 166
キシドゥグ(ギニア) 9°11′N10°06′W 134

キスマユ(ソマリア) 0°23′S42°30′E 171, 179
キスム(ケニア) 0°08′S34°47′E 181, 185
ギセニィ(ルワンダ) 1°41′S29°15′E 188
キソシ(ルワンダ) 3°33′S29°39′E 188
キダトゥ(タンザニア) 7°41′S37°01′E 191
キタ(マリ) 13°03′N9°29′W 152
キタレ(ケニア) 1°01′N35°06′E 185
ギタラマ(ルワンダ) 2°04′S29°45′E 188
ギテガ(ブルンディ) 3°24′S29°56′E 188
キトゥイ(ケニア) 1°22′S38°06′E 185
キトゥウェーンカナ(ザンビア) 12°50′S28°11′E 195
キトゥグム(ウガンダ) 3°17′N32°54′E 186
キトゥンガ(ザンビア) 6°48′S33°17′E 190
ギドーレ(エチオピア) 5°38′N37°28′E 175
キナ(エジプト) 26°10′N32°43′E 116
キニェティ山(スーダン) 3°56′N32°52′E 171
キバング(コンゴ) 3°27′S12°21′E 164
キピリ(タンザニア) 7°30′S30°39′E 190
キファ(モーリタニア) 16°38′N11°28′W 131
キビェ(ルワンダ) 2°03′S29°19′E 188
キブシ(ザイール) 11°46′S27°15′E 167
キブレメンギスト(エチオピア) 5°54′N38°59′E 175
キブンゴ(ルワンダ) 2°09′S30°33′E 188
キボガ(ウガンダ) 0°56′N31°48′E 186
キボンド(タンザニア) 3°34′S30°41′E 190
キボンボ川(ザイール) 166
キマンバ(タンザニア) 6°44′S37°10′E 191
キュレピブ(モーリシャス) 20°19′S57°31′E 217
キョガ湖(ウガンダ) 1°30′N33°00′E 11, 181, 186
キリフィ(ケニア) 3°37′S39°50′E 185
キリマンジャロ(タンザニア) 3°04′S37°22′E 11, 58, 181
キルギル(ケニア) 0°29′S36°19′E 185
キルドナン(ジンバブウェ) 17°15′S30°44′E 197
キルワ・キヴィンジェ(タンザニア) 8°45′S39°21′E 191
キルワ・マソコ(タンザニア) 8°55′S39°31′E 191
キレ湖(ジンバブウェ) 20°14′S31°00′E 197
キレ国立公園(ジンバブウェ) 20°14′S31°00′E 197
キレダム(ジンバブウェ) 20°15′S30°58′E 193, 197
ギレンベ(ウガンダ) 0°14′N30°01′E 186
ギロ(エチオピア) 171, 175
キロサ(タンザニア) 6°49′S37°00′E 191
キロンベロ川(タンザニア) 181, 191
キンカラ(ザイール) 5°54′S15°59′E 166
キンカラ(コンゴ) 4°22′S14°46′E 164
キングウィリアムズタウン(南アフリカ) 32°51′S27°22′E 207
キングレダム(ガボン)
キンゴンベ川(ザイール) 166
キンシャサ(ザイール) 4°18′S15°18′E 11, 22, 74, 154, 166
キンダルマダム(ケニア) 0°48′S37°49′E 185
キンタンポ(ガーナ) 8°03′N1°43′W 140
キンディア(ギニア) 10°04′N12°51′E 134
キンドゥ川(ザイール) 166
キンバリー(南アフリカ) 28°43′S24°46′E 203, 207
キンベレ(アンゴラ) 6°30′S16°25′E 168
キンプセ(ザイール) 5°29′S14°24′E 166

クアンガル(アンゴラ) 17°34′S18°39′E 168
クアンザ川(アンゴラ) 154, 168
クアンド川(アンゴラ) 11, 154, 168
クアンバ(モザンビーク) 14°48′S36°32′E 199
クイセブ川(ナミビア) 202
クイト川(アンゴラ) 154, 168
クイト・クアナヴァレ(アンゴラ) 15°11′S19°11′E 168
クイル川(コンゴ) 154, 164
クイル川(ザイール) 154, 166
クイルダム(コンゴ) 4°28′S12°20′E 164
クイロ川(アンゴラ) 168
クイーンズタウン(南アフリカ) 31°54′S26°53′E 202, 207
クウェ・クウェ(ジンバブウェ) 18°55′S29°49′E 197
グウェロ(ジンバブウェ) 19°25′S29°50′E 193, 197
クヴォ川(アンゴラ) 168
グエラ(西サハラ) 20°49′N17°06′W 125
グエラ山塊(チャド) 11°59′N18°14′E 154
クェリマネ(モザンビーク) 17°53′S36°51′E 193, 199
グェルタゼムール(西サハラ) 24°10′N12°20′W 125
グサウ(ナイジェリア) 12°12′N6°40′E 146
クサル・エル・ケビール(モロッコ) 35°04′N5°56′W 122

クサル・エル・ブハリ(アルジェリア) 35°55′N2°47′E 118
グダミス(アルジェリア) 30°10′N9°30′E 118
グッドランド(モーリシャス) 20°02′S57°39′E 217
クッファ川(ベニン) 144
クティアラ(マリ) 12°23′N5°28′W 152
クティン(レソト) 30°25′S27°43′E 212
クドゥグ(ブルキナ・ファソ) 12°15′N2°22′W 142
グナイド(スーダン) 14°50′N33°15′E 175
グナ山(エチオピア) 11°40′N38°20′E 171
クニスナ(南アフリカ) 34°03′S23°03′E 207
クニンガ川(アンゴラ) 168
クネネ川(アンゴラ) 11, 154, 168
クバンゴ川(アンゴラ) 11, 154, 168
クフ(リビア) 26°18′N18°54′E 119
クポングダム(ガーナ) 6°09′N0°04′E 140
クマ(アンゴラ) 12°51′S15°06′E 168
クマシ(ガーナ) 6°41′N1°35′W 22, 74, 127, 140
クムラ(チャド) 8°56′N17°32′E 156
クライマー(スーダン) 18°33′N31°51′E 175
クラインアウブ(ナミビア) 24°07′S17°43′E 208
クラインシー(南アフリカ) 29°43′S17°08′E 206
クラークスドルプ(南アフリカ) 26°52′S27°10′E 202, 207
グランタラジャル(カナリー諸島) 28°12′N14°02′W 124
クラドック(南アフリカ) 32°08′S25°36′E 207
グラナディーラ(カナリー諸島) 28°08′N16°34′W 124
グラハムスタウン(南アフリカ) 33°18′S26°32′E 202, 207
グラーフ-ライネット(南アフリカ) 32°14′S24°32′E 207
グラボ(コートジヴォワール) 4°57′N7°30′W 138
クラムトゥ(ガボン) 1°12′S12°29′E 160
グララ川(ナイジェリア) 146
クラレヴェルホ(カーボヴェルデ) 15°59′N22°48′W 130
グランカナリア(カナリー諸島) 28°00′N15°35′W 110, 124
グランダンス(セイシェル諸島) 4°42′S55°28′E 219
グランドコモール(ンジャジジャ)(コモロ諸島) 11°40′S43°25′E 215, 219
グランバッサム(コートジヴォワール) 5°14′N3°45′E 138
クランベル(中央アフリカ共和国) 7°00′N19°10′E 158
グランベレビ(コートジヴォワール) 4°37′N7°00′W 138
クリコロ(マリ) 12°53′N7°33′W 152
クリスチアナ(南アフリカ) 27°52′S25°08′E 207
クリビ(カメルーン) 2°57′N9°55′E 148
グリーンヴィル(リベリア) 5°01′N9°03′W 136
グル(ウガンダ) 2°46′N32°21′E 181, 186
クルーガー国立公園(南アフリカ) 24°00′S31°40′E 207
クルーガースドルプ(南アフリカ) 26°05′S27°35′E 202, 207
グルートスワルトベルグ川(南アフリカ) 202
クルマン(南アフリカ) 27°28′S23°28′E 207
クルマン川(南アフリカ) 202
グレ(ニジェル) 13°58′N10°18′E 150
グレートフィッシュ川(南アフリカ) 207
グレート・ウスツ川(スワジランド) 213
グレート・オアシス(エジプト) 25°21′N30°30′E 116
グレート・スキャルシーズ川(シェラレオネ) 136
グレート・ビター湖(エジプト) 30°18′N32°20′E 116
グレート・ルアハ川(タンザニア) 181, 191
クロス川(ナイジェリア) 146
グロスハインリック(ナミビア) 23°18′S15°07′E 208
グロート川(南アフリカ) 202, 207
グロンバリア(チュニジア) 36°38′N10°29′E 121
クワ川(ザイール) 154, 166
クワレ(ケニア) 4°10′S39°27′E 185
クワンゴ川(アンゴラ/ザイール) 11, 154, 166, 168
クワンジョ湖(ウガンダ) 1°70′N32°70′E 181
クワンド川(ザンビア) 194
クンタウル(ガンビア) 13°40′N14°48′W 132
グンダム(マリ) 16°25′N3°40′W 152
クンドラ(ギニア) 12°28′N13°18′W 134
クンビア(ブルキナ・ファソ) 11°14′N3°42′W 142

ゲイタ(タンザニア) 2°52′S32°12′E 191
ゲケドゥ(ギニア) 8°33′N10°09′W 134
ケシル(エジプト) 26°18′N34°31′E 116
ケタ(ガーナ) 5°55′N1°01′E 140
ケタポ(ベニン) 10°17′N1°19′E 144
ゲダレフ(スーダン) 14°04′N35°22′E 171, 175
ケッピ川(ナイジェリア) 146
ケートマンズホープ(ナミビア) 26°36′S18°08′E 208
ケナドゥサ(アルジェリア) 31°30′N2°30′E 118
ケナナ(スーダン) 13°26′N33°32′E 174
ゲナーレ川(エチオピア) 175
ケニア山(ケニア) 0°10′S37°19′E 11, 58, 181
ケニア山国立公園(ケニア) 0°10′S37°19′E 185
ケニエバ(マリ) 12°54′N11°17′W 152
ケニトゥラ(モロッコ) 34°20′N6°34′W 122
ゲバ川 132
ケビリ(チュニジア) 33°42′N8°58′E 121
ゲブェマ(シエラレオネ) 7°39′N11°03′W 136
ケープタウン(南アフリカ) 33°55′S18°22′E 11, 22, 58, 74, 202, 207
ケベラ(アンゴラ) 10°56′S14°24′E 168
ゲムスボック国立公園(ボツワナ) 24°49′S20°21′E 211
ケモ川(中央アフリカ共和国) 158
ケリオ川(ケニア) 185
ケリチョ(ケニア) 0°22′S35°19′E 185
ケルアネ(ギニア) 9°16′N9°00′W 135
ケルケンネ島(チュニジア) 34°44′N11°12′E 121
ケレワン(ガンビア) 13°29′N16°10′W 132
ケレン(エチオピア) 15°46′N38°30′E 175
ケロ(チャド) 9°21′N15°50′E 156
ケング(ザイール) 4°56′S17°04′E 166
ケンボ川(アンゴラ) 168

ゴヴェダム(アンゴラ) 13°25′S16°35′E 168
コエティヴィ島(セイシェル諸島) 7°08′S56°15′E 215, 219
コカダム(エチオピア) 8°56′N39°36′E 175
ゴゲブ川(エチオピア) 171, 175
ココ(赤道ギニア) 1°06′N9°41′E 162
コス・ダム(コートジヴォワール) 6°59′N5°32′W 127, 138
コスティ(スーダン) 13°17′N32°55′E 171, 175
コット川(中央アフリカ共和国) 154, 158
ゴッドゥア(リビア) 26°28′N14°17′E 119
コトヌ(ベニン) 6°21′N2°26′E 127, 144
コノノ(ギニア) 6°37′N1°11′W 140
コナクリ(ギニア) 9°30′N13°43′W 126, 134
ゴバビス(ナミビア) 22°30′S18°58′E 208
コフィーフォンテーン(南アフリカ) 29°25′S25°01′E 207
コフォリデュア(ガーナ) 6°01′N0°12′W 140
ゴマ川(ザイール) 167
コマソ(中央アフリカ共和国) 3°43′N15°58′E 158
コマティ川(モザンビーク/スワジランド) 193, 213
コムバト(ナミビア) 19°73′S17°85′E 208
コメ島(ウガンダ) 0°05′S32°48′E 186
ゴメラ島(カナリー諸島) 28°06′N17°08′W 124
コメンダ(ガーナ) 5°03′N1°29′W 140
コモエ川(ブルキナ・ファソ/コートジヴォワール) 11, 127, 138, 142
コモエ国立公園(コートジヴォワール) 9°00′N4°50′E 138
コモ川(ガボン) 160
コモドゥグ・ガナ川(ナイジェリア) 127, 146
コモドゥグ・ヨベ川(ナイジェリア) 127, 147
コモノ(コンゴ) 3°15′S13°14′E 164
コユミ(コンゴ) 164
コルウェジ(ザイール) 10°45′S25°25′E 166
コルオゴ(コートジヴォワール) 9°27′N5°38′W 138
ゴルゴル川(モーリタニア) 131
ゴルゴル・ブラン川(モーリタニア) 131
コルネットスプライト川(レソト) 212
コルバル川(ギニア・ビサウ) 126, 132
コルフォード国立公園(南アフリカ) 29°53′S29°28′E 207
コリブンドゥ(シエラレオネ) 7°76′N11°53′W 136
ゴレ(エチオピア) 8°10′N35°29′E 171, 175
コレスバーグ(南アフリカ) 30°45′S25°05′E 207
コレンテ川(ギニア) 134
コログウェ(タンザニア) 5°10′S30°30′E 191
ゴロンゴサ国立公園(モザンビーク) 18°45′S34°15′E 199
ゴングエ(ガボン) 0°31′S9°13′E 160
コングシ(ブルキナ・ファソ) 13°19′N1°32′W 142

地名索引

コンクレ川(ギニア) 126, 134
コンゴ川(コンゴ) 154, 164
コンゴラ川(ザイール) 167
ゴンゴラ川(ナイジェリア) 127, 146
コンスタンティヌ(アルジェリア) 36°22′N 6°40′E 22, 74, 110, 118
ゴンデル(エチオピア) 12°39′N 37°29′E 171, 175
コンドア(タンザニア) 4°54′S 35°46′E 191
コンビ(ナイジェリア) 10°10′N 12°45′E 147
コンブルチャ(エチオピア) 9°26′N 42°06′E 175
ゴンベ川(タンザニア) 190
ゴンベ(ナイジェリア) 10°17′N 11°14′E 146

サ 行

サイ(ニジェル) 13°08′N 2°20′E 156
ザイール川(ザイール) 11
サヴァル(ベニン) 7°59′N 2°03′E 144
ザヴィラー(リビア) 26°11′N 15°08′E 119
サヴェ(ベニン) 8°04′N 2°37′E 144
ザウィヤト・アル・バイダ(リビア) 32°46′N 21°43′E 111
サヴェ川(モザンビーク) 193, 199
ザウジ(コモロ諸島) 12°48′S 45°18′E 218
サウハジ(エジプト) 26°33′N 31°42′E 116
サギア・エル・ハムラ川(西サハラ) 125
ザクマ国立公園(チャド) 10°45′N 19°30′E 156
ササンドラ(コートジヴォワール) 4°58′N 6°08′W 138
ササンドラ川(コートジヴォワール) 11, 126, 138
ザストロン(南アフリカ) 30°18′S 27°05′E 207
サソルバーグ(南アフリカ) 26°50′S 27°51′E 207
サナガ川(カメルーン) 11, 126, 148
ザナガ(コンゴ) 2°50′S 13°53′E 164
サニッケラ(リビア) 7°24′N 14°55′E (?) 136
サニヤティ川(ジンバブエ) 193
サバジンビ(南アフリカ) 24°41′S 27°21′E 207
サビ川(ジンバブウェ) 193, 197
サフィ(モロッコ) 32°20′N 9°17′E 122
サブハー(リビア) 27°31′N 14°41′E 110, 118
サーヘル運河(マリ) 152
サペレ(ナイジェリア) 5°55′N 5°46′E 146
サマーセットウェスト(南アフリカ) 34°05′S 18°50′E 207
ザムハラ川(ナイジェリア) 127
サムレボイ(ガーナ) 5°31′N 2°34′W 140
サラガ(ガーナ) 8°34′N 0°28′W 140
ザリア(ナイジェリア) 11°01′N 7°44′E 22, 127, 146
サリマ(マラウィ) 13°45′S 34°29′E 200
サリル(リビア) 27°36′N 22°32′E 118
サール(チャド) 9°08′N 18°22′E 154, 156
サルダニア(南アフリカ) 33°00′S 17°56′E 207
ザルサティヌ(アルジェリア) 28°15′N 9°34′E 119
サル島(カーボヴェルデ) 16°45′N 22°55′W 126, 130
サルム川(セネガル) 132
サル・レイ(カーボヴェルデ) 16°11′N 22°55′W 130
サレ(モロッコ) 34°04′N 6°50′W 122
サロンガ国立公園(ザイール) 20°00′S 21°00′E 166
サワキン(スーダン) 19°07′N 37°20′E 174
サンヴィセンテ島(カーボヴェルデ) 16°50′N 25°00′W 126, 130
サンガ川(中央アフリカ共和国/コンゴ) 158, 164
サンカラニ川(ギニア) 134, 135
サンクル川(ザイール) 154, 166
サンクロワ島(南アフリカ) 33°48′S 25°46′E 207
サンサネマンゴ(トーゴ) 10°21′N 0°28′E 144
サンサポンボ(アンゴラ) 7°20′S 16°00′E 168
サンサンディンダム(マリ) 13°44′N 6°00′W 152
ザンジバル(タンザニア) 6°10′S 39°11′E 191
ザンジバル島(タンザニア) 6°10′S 39°20′E 48, 58, 181, 191
サンジョセフ(レユニオン) 21°22′S 55°37′E 217
サンジョセフ島(セイシェル諸島) 5°46′S 53°43′E 219
サンセバスティアン(カナリー諸島) 28°06′N 17°06′E 124
サンダグス川(南アフリカ) 207
サンタクララ(ガボン) 0°33′N 9°17′E 160
サンタクルス・デ・テネリフェ(カナリー諸島) 28°28′N 16°15′W 110, 124
サンタクルス・デ・ラ・パルマ(カナリー諸島) 28°41′N 17°46′W 124
サンタマリア(カーボヴェルデ) 16°38′N 22°57′W 130

サンタルシア島(カーボヴェルデ) 16°46′N 24°45′W 130
サンティアゴ島(カーボヴェルデ) 15°25′N 23°50′W 126, 130
サンデニス(レユニオン) 20°52′S 55°27′E 215, 217
サンドア(ザイール) 9°41′S 22°56′E 166
サントアンタン島(カーボヴェルデ) 17°25′N 25°40′W 126, 130
サントアントニオ(カーボヴェルデ) 15°32′N 23°20′W 130
サントアントニオ(サン・トメ・エ・プリンシペ) 1°43′N 7°32′E 162
サントアンドレ(レユニオン) 20°57′S 55°39′E 217
サンドゥグ川(セネガル) 132
サントベノア(レユニオン) 21°02′S 55°43′E 217
サントマリー(レユニオン) 20°53′S 55°33′E 217
サン・トメ島(サン・トメ・エ・プリンシペ) 0°25′N 6°35′E 11, 154, 162
サントロゼ(レユニオン) 21°07′S 55°47′E 217
サンニコラウ島(カーボヴェルデ) 16°32′N 25°36′W 126, 130
サンピエール(モーリシャス) 20°13′S 57°32′E 217
サンピエール(レユニオン) 21°19′S 55°29′E 217
サンピエール島(セイシェル諸島) 9°35′S 50°27′E 215
サンフィリップ(レユニオン) 21°21′S 55°46′E 217
サンフィリペ(カーボヴェルデ) 14°52′N 24°29′W 130
サンフランソワ島(セイシェル諸島) 7°10′S 52°40′E 219
ザンベジ川(アンゴラ/ザンビア/ジンバブウェ/モザンビーク/ナミビア) 11, 193, 195, 199
サンペドロ(コートジヴォワール) 4°45′N 6°37′W 138
サンポール(レユニオン) 21°00′S 55°16′E 217
サンリュ(レユニオン) 21°09′S 55°17′E 217
サンルイ(セネガル) 16°02′N 16°30′W 126, 132
サンルイ(レユニオン) 21°17′S 55°25′E 217
ジウェダム(コンゴ) 4°19′S 15°14′E 164
シウマ(アンゴラ) 13°16′S 15°39′E 168
ジェジダ(チュニジア) 121
ジェバ(ナイジェリア) 9°08′N 4°50′E 146
ジェブグ(ブルキナ・ファソ) 11°00′N 3°12′W 142
ジェベル・アル・ワシト山(エジプト)
ジェベル・オンク山(アルジェリア) 34°52′N 7°57′E 118
シェベレ川(エチオピア) 11, 171, 175
シェベレ川(ソマリア) 170, 179
ジェマナ(ザイール) 3°13′N 19°48′E 166
ジェラダ(モロッコ) 34°17′N 2°13′W 123
ジェリッサ(チュニジア) 35°52′N 8°39′E 121
ジェルシェル(アルジェリア) 36°35′N 2°11′E 118
ジェルジッス(チュニジア) 33°30′N 11°07′E 121
ジェルバ(チュニジア) 33°48′N 10°54′E 121
ジェルバ島(チュニジア) 33°48′N 10°54′E 110, 121
ジェルファ(アルジェリア) 34°43′N 3°14′E 118
シェルブロ島(シエラレオネ) 7°45′N 12°55′W 136
シオ川(トーゴ) 144
シカッソ(マリ) 11°18′N 5°38′W 152
ジ川(中央アフリカ共和国) 158
シギリ(ギニア) 11°28′N 9°07′W 134
ジギンショル(セネガル) 12°35′N 16°20′W 126, 132
シケル(モロッコ) 34°17′N 4°06′W 122
シシェン(南アフリカ) 27°55′S 22°59′E 207
ジジガ(エチオピア) 7°39′N 42°50′E 174
シディアン(マリ) 13°31′N 10°63′E (?) 152
シディカセム(モロッコ) 34°15′N 5°49′W 122
シディサアド(チュニジア) 35°22′N 9°50′E 121
シディハジャジ(モロッコ) 32°35′N 7°50′W 122
シディバラニ(エジプト) 31°38′N 25°58′E 111
シディ・ベル・アベス(アルジェリア) 35°15′N 0°39′W 118
シトゥーラ(エジプト) 28°42′N 26°54′E 116
シニャンガ(タンザニア) 3°46′S 33°26′E 190
シノイ島(コモロ諸島) 12°48′S 45°07′E 218
シノイア(ジンバブウェ) 17°21′S 30°13′E

シビティ(コンゴ) 3°40′S 13°24′E 164
シビティ川(タンザニア) 191
ジブチ(ジブチ) 11°36′N 43°09′E 11, 171, 177
シブト(中央アフリカ共和国) 5°46′N 19°06′E 158
シポファネニ(スワジランド) 26°41′S 31°41′E 212
シマ(コモロ諸島) 12°11′S 44°18′E 218
ジマ(エチオピア) 7°39′N 36°47′E 171, 175
シモンズタウン(南アフリカ) 34°14′S 18°26′E 207
シャガム(ナイジェリア) 6°50′N 3°43′E 146
シャ川(カメルーン) 127, 148
シャシ川(モザンビーク/ジンバブウェ) 13
シャシェメネ(エチオピア) 7°13′N 38°33′E 174
ジャド(ニジェル) 21°00′N 12°20′E 151
ジャドゥ(リビア) 31°58′N 12°01′E 118
シャバニ(ジンバブウェ) 20°20′S 30°05′E 197
ジャバル・アルシェナ山(リビア) 22°13′N 24°41′E 116
ジャバル・マッラ山(スーダン) 14°04′N 24°21′E 111, 170
ジャバル・オダ山(スーダン) 20°21′N 36°39′E 171
シャブンダ(ザイール) 2°42′S 27°20′E 166
シャムヴァ(ジンバブウェ) 17°20′S 31°38′E 197
シャヤンガ川(ギニア・ビサウ) 133
シャラ湖(エチオピア) 7°25′N 38°30′E 171, 175
シャリ川(カメルーン/チャド) 11, 148, 154, 156
シャンガニ(ジンバブウェ) 19°41′S 29°20′E 197
シャンガニ川(ジンバブウェ) 193, 197
シャンディ(スーダン) 16°42′N 33°26′E 174
ジャンバラ(コンゴ) 2°32′S 14°43′E 164
ジュアルゾン(リベリア) 9°22′N 8°45′W (?) 136
ジュアンドゥ・ノヴァ(セイシェル諸島) 17°02′S 43°42′E 215
ジュグ(エチオピア) 9°42′N 42′E (?) 144
ジュバ(スーダン) 4°50′N 31°35′E 171, 175
ジュバ川(ソマリア) 11, 171, 179
シュブラ・アル・ハイマ(エジプト) 30°06′N 31°15′E 74
ジュベルトゥルカル山(モロッコ) 31°05′N 7°55′W 11, 110
ジュル川(スーダン) 170, 174
ジュルベル(セネガル) 14°39′N 16°12′W 132
ジュワネン(ボツワナ) 24°42′S 24°48′E 211
ジョアン・デ・アルメイダ(アンゴラ) 15°12′S 13°42′E 168
ジョージ(南アフリカ) 33°57′S 22°28′E 207
ジョージ湖(ウガンダ) 0°00′30′N 181, 186
ジョージタウン(ガンビア) 13°31′N 14°50′W 132
ジョス(ナイジェリア) 9°55′N 8°53′E 146
ショット・エ・シェルギ(アルジェリア) 34°09′N 0°07′E 118
ショット・エル・フェジャジ(チュニジア) 33°55′N 8°48′E 121
ショット・エル・ホドナ(アルジェリア) 35°25′N 4°44′E 118
ショット・エル・ラムサ(アルジェリア) 34°10′N 7°50′E 121
ショット・メルルヒル(アルジェリア) 34°18′N 6°12′E 110, 118
ショット・ジェリド(チュニジア) 33°52′N 8°12′E 121
ジョハル(ソマリア) 2°48′N 45°33′E 179
ジョング(シエラレオネ) 136
ジョングレイ運河(スーダン) 171, 174
ジラー(リビア) 28°30′N 17°33′E 119
シルウェット島(セイシェル諸島) 4°29′S 55°12′E 215, 219
ジルタン(リビア) 32°59′N 11°51′E 119
シルテ(リビア) 31°32′N 16°56′E 118
シレ川(マラウィ) 11, 193, 200
白ナイル川(アル・バハル・アル・アブヤド)(スーダン) 11, 171, 175
白ナイル川(アル・バハル・アル・ジャバル)(スーダン) 170, 174
白ナイルダム(スーダン) 14°18′N 32°30′E 171, 175
シワ(エジプト) 29°11′N 25°31′E 116
ジワイ湖(エチオピア) 8°00′N 38°50′E 171, 175
シワオアシス(エジプト) 29°12′N 25°31′E 111, 116
ジワブ川(ガボン) 160
シンガダ(タンザニア) 4°45′S 34°45′E 190
シンク川(レソト) 212
シンクニヤネ川(レソト) 212
シンゲッティ(モーリタニア) 20°25′N 12°24′W 131
シンコ川(中央アフリカ共和国) 158

ジンジャ(ウガンダ) 0°23′N 32°33′E 181, 186
シンダラ(ガボン) 1°07′S 10°41′E 160
シンデル(ニジェル) 13°46′N 8°58′E 126, 150
シンバビレ国立公園(ケニア) 4°56′S 39°34′E 185
ジンバブウェ国立公園(ジンバブウェ) 20°35′S 30°42′E 197
ジンミ(シエラレオネ) 7°20′N 11°21′W 136
スアリモ(アンゴラ) 9°38′S 20°24′E 154, 168
スーイラク(モーリシャス) 20°31′S 57°31′E 217
スウェレンダム(南アフリカ) 34°01′S 20°26′E 207
スエ川(スーダン) 174
スエズ(エジプト) 29°59′N 32°33′E 111, 116
スエズ運河(エジプト) 111, 116
ズエラテ(モーリタニア) 22°44′N 12°21′W 131
スキクダ(アルジェリア) 36°53′N 6°54′E 118
スグタ川(ケニア) 185
スグルグル川(セネガル) 132
スース(チュニジア) 35°50′N 10°38′E 110, 121
スティールポールト(南アフリカ) 24°48′S 30°11′E 207
ステレンボッシュ(南アフリカ) 33°56′S 18°51′E 202, 207
ステルフォンテーン(南アフリカ) 26°50′S 26°50′E 207
スニヤニ(ガーナ) 7°22′N 2°18′W 140
スファクス(チュニジア) 34°45′N 10°43′E 111, 121
スプリングフォンテーン(南アフリカ) 30°16′S 25°42′E 207
スプリングボック(南アフリカ) 29°44′S 17°56′E 207
スプリングス(南アフリカ) 26°15′S 28°26′E 207
スブレ(コートジヴォワール) 5°50′N 6°35′W 138
スマラ(西サハラ) 26°44′N 11°41′W 125
ズルク(ナイジェリア) 9°15′N 11°20′E 146
ズリタン(リビア) 32°32′N 14°37′E 119
スリマ(シエラレオネ) 6°59′N 11°34′W 136
スワコプ川(ナミビア) 202, 208
スワコプムント(ナミビア) 22°40′S 14°34′E 202, 208
ズワラー(リビア) 32°57′N 12°05′E 119
スワンケ(コンゴ) 2°03′N 14°02′E 164
ゼイラ(ソマリア) 11°21′N 43°30′E 179
セウタ(スペイン領)(モロッコ) 35°53′N 5°19′W 58, 110, 122
セグー(マリ) 13°28′N 6°18′W 48, 126, 152
セゲディヌ(ニジェル) 20°12′N 12°59′E 150
セケバンザ(ザイール) 5°20′S 13°16′E 166
セゲラ(コートジヴォワール) 7°58′N 6°44′W 138
セコンディ(ガーナ) 4°59′N 1°43′W 140
セストス川(リベリア) 136
セセ諸島(ウガンダ) 0°20′S 32°20′E 186
セタト(モロッコ) 33°04′N 7°37′W 122
セットカマ(ガボン) 2°32′S 9°46′E 160
セティフ(アルジェリア) 36°11′N 5°24′E 110, 118
セナンガ(ザンビア) 16°08′S 23°16′E 194
セナカル(南アフリカ) 28°19′S 27°38′E 207
セネガル川(モーリタニア/マリ/セネガル) 11, 131, 152
セバクウェ国立公園(ジンバブウェ) 19°00′S 30°14′E 216
セヒラ(チュニジア) 34°17′N 10°06′E 121
セファドゥ(シエラレオネ) 8°39′N 10°59′W 136
セブクラ・デ・シディ・エル・ハニ(チュニジア) 35°50′N 10°47′E 121
セブジェ・アグスマル(西サハラ) 24°21′N 12°52′W 125
セブジェ・アリダール(西サハラ) 26°12′N 14°05′W 125
セブハ・アッゼル・マッティ(アルジェリア) 26°00′N 1°50′W (?) 118
セブハ・タウォルガ(リビア) 31°50′N 14°41′E 118
セブハ・ドゥンドゥ・ラムチャ(モーリタニア) 18°40′N 15°50′W 131
セフル(モロッコ) 33°50′N 4°50′W 122
セベ川(ガボン) 160
ゼミオ(中央アフリカ共和国) 5°00′N 25°09′E 159
セムリキ川(ウガンダ) 186
セリババ(モーリタニア) 15°14′N 12°11′W 131
セリンゲダム(マリ) 12°31′N 8°36′W 152
セルクウェ(ジンバブウェ) 19°40′S 30°00′E 197
ゼールスト(南アフリカ) 25°33′S 26°06′E 207

地名索引

セルフ(セイシェル諸島) 9°38′N51°30′E 215
セレイト(スーダン) 16°13′N32°15′E 175
セレビ・ピークェ(ボツワナ) 22°00′S27°51′E 211
セレレ(ウガンダ) 1°31′N33°27′E 186
セレンゲッティ国立公園(タンザニア) 2°20′S34°50′E 191
セレンジェ(ザンビア) 13°12′S30°15′E 195
セローウェ(ボツワナ) 22°55′S26°44′E 203, 211
セワ川(シエラレオネ) 136
セントジョン川(リベリア) 136
セントヘレナ・ドイ(南アフリカ) 32°44′S18°21′E 207
セントポール川 126
センナール 13°33′N33°38′E 174
ソアヴィナンドゥリアナ(マダガスカル) 19°09′S46°43′E 216
ソアパン(ボツワナ) 21°00′S26°00′E 202
ソヴォ(アンゴラ) 7°11′N12°24′E 168
ソ川(ベニン) 144
ソコデ(トーゴ) 8°59′N1°11′E 144
ソコト(ナイジェリア) 13°02′N5°15′E 58, 74, 146
ソコト川(ナイジェリア) 126, 146
ゾグラ(モロッコ) 30°22′N5°50′W 122
ソーソー(リベリア) 7°46′N9°28′W 136
ソタヴェント諸島(カーボヴェルデ) 130
ソタ川(ベニン) 144
ソバト川(スーダン) 171, 175
ソファラ(モザンビーク) 19°49′S34°52′E 48, 58, 193, 199
ソフィア川(マダガスカル) 215, 216
ソルウェジ(ザンビア) 12°11′S26°23′E 195
ソルトポンド(ガーナ) 5°13′N1°00′W 140
ソールズベリ →ハラレ
ソロティ(ウガンダ) 1°46′N33°40′E 186
ソングア(タンザニア) 10°42′S35°39′E 191
ソンゴソンゴ島(タンザニア) 8°31′S39°30′E 191
ソンゴロロ(ザイール) 5°40′S14°05′E 166
ゾンバ(マラウィ) 15°22′S32°22′E 200

タ 行

ダイルト(エジプト) 27°35′N30°49′E 116
タイン川(ガーナ) 140
ダウア川(エチオピア) 171, 175
タウカル(スーダン) 18°26′N37°44′E 174
タウズ(モロッコ) 30°53′N4°01′W 122
タウデニ(マリ) 22°40′N4°00′E 152
タウリルト(モロッコ) 34°25′N2°53′W 122
タオナロ(マダガスカル) 25°10′S47°00′E 215, 216
ダカ川(ガーナ) 140
ダカール(セネガル) 14°38′N17°27′W 11, 22, 74, 126, 132
タグドゥファト川(ニジェール) 150
ダグラス(南アフリカ) 29°04′S23°46′E 207
タゲルシメット(西サハラ) 24°09′N15°10′W 125
タコラディ(ガーナ) 4°55′N1°45′W 140
タザ(モロッコ) 34°16′N4°01′W 122
タジュラ(ジブチ) 11°49′N42°56′E 177
タゼルボオアシス(リビア) 25°45′N21°00′E 118
タナカー山(エジプト) 29°43′N33°13′E 116
タナ川(ケニア) 181, 186
タナ湖(エチオピア) 12°00′N37°20′E 11, 171, 175
タヌ(ニジェール) 15°05′N8°50′E 150
タノ川(ガーナ) 140
タバカラ(コートジヴォワール) 8°19′N4°24′W 138
タバナンツェニャナ山(レソト) 29°28′S29°16′E 203, 212
ダハラク群島(エチオピア) 171
タバルカ(チュニジア) 36°55′N8°45′E 121
ダーバン(南アフリカ) 29°55′S30°56′E 22, 58, 74, 202, 207
タビボ(トーゴ) 6°35′N1°30′E 144
ダブ(コートジヴォワール) 5°20′N4°23′W 138
タファ(ニジェール) 14°57′N5°19′E 150
タフォ(ガーナ) 6°15′N0°20′W 140
ダフラ(西サハラ) 23°43′N15°57′W 110, 125
ダフラオアシス(エジプト) 25°30′N28°58′E 116
ダフラク群島(エチオピア) 171
タペタ(リベリア) 6°29′N8°51′W 136
タボア(ギニア) 10°48′N11°02′W 134
タボラ(タンザニア) 5°02′S32°50′E 181, 191
タマダネト(アルジェリア) 28°46′N9°14′E 110, 118
タマーレ(ガーナ) 9°26′N0°49′W 126, 140
タマンラセット(アルジェリア) 22°50′N5°28′E 110, 118

ダラバ(ギニア) 10°47′N12°12′W 134
タラバ川(ナイジェリア) 146
タランギール国立公園(タンザニア) 4°00′S36°00′E 191
ダーリィ国立公園 11°35′N1°15′E 142
タルクゥ(ガーナ) 5°16′N1°59′W 140
タルタル(西サハラ) 25°25′N14°45′W 125
タルダント(モロッコ) 30°31′N8°55′W 122
ダルナー(リビア) 32°46′N22°39′E 111, 119
タルファル(モロッコ) 27°58′N12°55′W 122
タルファル(カーボヴェルデ) 16°58′N25°19′W 130
ダレサラーム(タンザニア) 6°51′S39°18′E 11, 22, 74, 181, 191
ダロア(コートジヴォワール) 6°53′N6°27′W 138
ダロル・ボッソ川(ニジェール) 150
タンガ(タンザニア) 5°07′S39°05′E 181, 191
タンガニーカ湖(ザイール/タンザニア/ブルンディ/ザンビア) 6°00′S29°30′E 11, 43, 154, 181, 183, 188, 190, 193
ダンクワ(ガーナ) 5°22′N1°12′W 140
タンタ(エジプト) 30°48′N31°00′E 116
ダンテ(ソマリア) 10°27′N51°15′E 179
ダンデー(南アフリカ) 28°12′S30°16′E 207
ダンデ川(アンゴラ) 168
タンバオ(ブルキナ・ファソ) 14°48′N0°05′E 142
タンバクンダ(セネガル) 13°45′N13°40′W 132
タンジェ(モロッコ) 35°48′N5°45′W 22, 58, 110, 122
チウタ湖(マラウィ/モザンビーク) 14°55′S35°50′E 193, 200
チェスターフィールド島(マダガスカル) 16°33′S43°54′E 215
チエン(リベリア) 6°04′N8°08′W 137
チカパ(ザイール) 6°28′S20°48′E 166
チカパ川(アンゴラ) 168
チクワ高原(コンゴ) 164
チクワワ(マラウィ) 16°03′S34°48′E 200
チティンバ(マラウィ) 9°30′S33°15′E 200
チテンボ(アンゴラ) 13°33′S16°47′E 168
チバンガ(ガボン) 2°49′S11°00′E 160
チパタ(ザンビア) 13°40′S32°42′E 195
チピンガ(ジンバブウェ) 20°12′S32°28′E 197
チボタ(コンゴ) 4°21′S11°24′E 164
チャド湖(チャド/ニジェール/カメルーン/ナイジェリア) 13°20′N14°00′E 11, 127, 147, 148, 151, 154, 156
チャナ川(ケニア) 185
チャムベシ川(ザンビア) 193, 195
チャン(カメルーン) 5°27′N10°04′E 148
チャンガネ川(モザンビーク) 193, 199
チャンググ(ルワンダ) 2°30′S28°54′E 188
チュアパ川(ザイール) 166
チュニス(チュニジア) 36°50′N10°13′E 11, 22, 74, 111, 121
チョーマ(ザンビア) 16°51′S27°09′E 195
チョーベ国立公園(ボツワナ) 18°08′S24°26′E 211
チョマ(ザンビア) 16°51′S27°09′E 195
チョロ(マラウィ) 16°10′S35°10′E 200
チランガ(ザンビア) 15°39′S28°19′E 195
チリラボンブウェ(ザンビア) 12°18′S27°43′E 193, 195
チルファ(ニジェール) 20°55′N12°22′E 151
チルワ湖(マラウィ) 15°12′S35°50′E 193, 200
チルンドゥ(ジンバブウェ) 16°03′S28°50′E 195
チレ川(モザンビーク) 193, 199
チレジ(ジンバブウェ) 21°00′S31°38′E 197
チロモ(マラウィ) 16°33′S35°08′E 200
チンゴラ(ザンビア) 12°31′S27°53′E 193, 195
チンテチェ(マラウィ) 11°52′S34°09′E 200

ツァーネ(ボツワナ) 24°05′S21°54′E 211
ツァボ国立公園(ケニア) 3°00′S38°40′E 185
ツァボン(ボツワナ) 26°03′S22°27′E 211
ツァマ(コンゴ) 0°33′S14°38′E 164
ズアルング(ガーナ) 10°48′N0°46′W 140
ツィビヒナ川(マダガスカル) 215
ツィマナンペツォツェ湖(マダガスカル) 24°08′S43°45′E 215
ツィロアノマンディナ(マダガスカル) 18°44′S46°02′E 216
ツェヴィエ(トーゴ) 6°26′N1°18′E 144
ツメブ(ナミビア) 19°13′S17°42′E 208
ツネ(ボツワナ) 22°29′S22°03′E 211

デ・アール(南アフリカ) 30°39′S24°00′E 207
ティアサレ(コートジヴォワール) 5°53′N4°57′W 138
ディアマ(セネガル) 16°15′N16°10′W 132
ディアム(マリ) 14°03′N11°16′W 152
ティアレ(アルジェリア) 35°20′N1°20′E 118
ティヴァヌ(セネガル) 14°57′N16°45′W 132

ディヴォ(コートジヴォワール) 5°48′N5°15′W 138
ディウラ(マリ) 14°59′N5°12′W 152
ティエ(セネガル) 14°49′N16°52′W 132
ティエベレ(ブルキナ・ファソ) 11°04′N0°57′W 142
ティカ(ケニア) 1°03′N37°05′E 181, 185
ティゲントゥリヌ(アルジェリア) 27°52′N9°08′E 119
ティコ(カメルーン) 4°02′N9°19′E 148
ディザムグ(カメルーン) 3°46′N10°03′E 148
ティジウズ(アルジェリア) 36°44′N4°05′E 22, 118
ティジクジャ(モーリタニア) 18°29′N11°31′W 131
ティシット(モーリタニア) 18°21′N9°29′W 131
ティズニト(モロッコ) 29°43′N9°44′W 122
ディ・ダボット川(ソマリア) 179
ディッファ(ニジェール) 13°28′N12°35′E 151
ティバティ(カメルーン) 6°25′N12°33′E 148
ティファリニ(西サハラ) 26°04′N10°22′W 125
ティフラ(西サハラ) 21°35′N14°58′W 125
ティムンン(アルジェリア) 29°15′N0°14′E 118
ティムグ・ジャウィヌ(アルジェリア) 21°37′N4°23′E 118
ティムハディト(モロッコ) 33°15′N5°09′W 122
テイラベリイ(ニジェール) 14°28′N1°27′E 150
ディルク(ニジェール) 19°04′N12°53′E 151
ティレ(マリ) 14°13′N3°22′E 152
ディレ・ダワ(エチオピア) 9°35′N41°50′E 171, 175
ティンキソ川(ギニア) 126, 134
テイン・フィエ 28°28′N7°42′E 118
ティンベドラ(モーリタニア) 16°17′N8°16′W 131
ディンボクロ(コートジヴォワール) 6°43′N4°46′W 138
デオ川(カメルーン) 148
テクセイラ・ダ・シルヴァ 12°11′S15°52′E 168
テケゼ川(エチオピア) 171, 174
デコア(中央アフリカ共和国) 6°19′N19°04′E 158
テストゥール(チュニジア) 36°33′N9°28′E 121
デスノエフ島(セイシェル諸島) 6°13′S53°03′E 219
デスロシス島(セイシェル諸島) 5°44′S53°40′E 215
デス・ローラス島(サン・トメ・エ・プリンシペ) 0°00′, 6°31′E 162
デセ(エチオピア) 11°05′N39°40′E 171, 175
テセイラ・ピント(ギニア・ビサウ) 12°03′N16°00′W 132
テトゥアン(モロッコ) 35°34′N5°22′W 110, 122
デウーグー(ブルキナ・ファソ) 12°28′N3°28′W 142
テニエグラード(西サハラ) 26°10′N12°06′W 125
デニス(セイシェル諸島) 3°48′S55°41′E 219
デニュイライエ(ギニア) 11°19′N10°49′W 134
テネリフェ島 28°19′N16°34′W 110, 124
デフナ(リビア) 28°02′N19°59′E 119
テーブル山(南アフリカ) 33°58′S18°25′E 202
デブレタボル(エチオピア) 11°50′N38°06′E 175
デブレビルハン(エチオピア) 9°41′N39°31′E 175
デブレマルコス(エチオピア) 10°19′N37°41′E 175
テベッサ(アルジェリア) 35°21′N8°06′E 110, 118
デボ湖(マリ) 15°12′N4°10′W 127
テマ(ガーナ) 5°41′N0°00′E 140
デムナトゥ(モロッコ) 31°44′N6°59′W 122
テヤテヤネング(レソト) 29°09′S27°45′E 212
デリス(アルジェリア) 36°57′N3°55′E 118
テリメレ(ギニア) 10°54′N13°02′W 134
デルコミューヌダム(ザイール) 10°45′S25°50′E 166
テルデ(カナリー諸島) 28°01′N15°25′W 124
テルマ湖(ルワンダ) 1°40′S30°36′E 188
デ・ロス(ギニア) 9°30′N13°48′W 134
デンデ(ガボン) 3°46′S11°09′E 160
デンビドロ(エチオピア) 8°34′N34°50′E 175
デンベニ(コモロ諸島) 11°54′S43°24′E 218
トアマシナ(マダガスカル) 18°10′S49°23′E 215, 216
ドゥアベリ川(リベリア) 137
ドゥアラ(カメルーン) 4°03′N9°42′E 22, 74, 127, 148
トゥィシット(モロッコ) 34°41′N1°52′W 123
トゥガン(ブルキナ・ファソ) 13°06′N3°03′W 142
ドゥ・ギエル湖(セネガル) 16°12′N15°50′W 132
トゥグデル川(ソマリア) 179
トゥクユ(タンザニア) 9°14′S33°39′E 190
トゥグルト(アルジェリア) 33°08′N6°04′E 118
トゥグ(ギニア) 11°29′N11°48′E 134
トゥグラ川(南アフリカ) 202, 207
ドゥズ(チュニジア) 33°28′N9°00′E 121
ドゥド川(ソマリア) 179
ドゥバブグ(マリ) 14°13′N7°59′E 152
トゥブルク(リビア) 32°06′N23°56′E 111, 119
ドゥブレカ(ギニア) 9°48′N13°13′E 134
トゥマッサー(リビア) 26°22′N15°47′E 119
トゥラガン(リビア) 25°59′N14°26′E 119
トゥリ(ジンバブウェ) 21°59′S29°15′E 197
トゥリオレ(モーリシャス) 20°03′S57°32′E 217
トゥルカナ湖(ケニア/エチオピア) 4°00′N36°00′E 11, 171, 181, 185
トゥルクウェル川(ケニア) 185
ドゥルドゥル川(ソマリア) 179
トゥレナ(エチオピア) 10°45′N40°38′E 175
トゥロア・バスアン(レユニオン) 21°06′S55°17′E 217
ドゥワングゥワ川(マラウィ) 193, 200
ドゥンクラー(スーダン) 19°10′N30°29′E 174
ドゥンクル・オアシス(エジプト) 23°26′N31°37′E 110, 116
トーゴ湖(トーゴ) 6°18′N1°32′E 144
ドゴンドゥチ(ニジェール) 13°36′N4°03′E 150
ドザラ国立公園(コンゴ) 1°50′N15°00′E 164
トチ川(ウガンダ) 186
ドッソ(ニジェール) 13°03′N3°10′E 150
トーティヤ(コートジヴォワール) 8°45′N5°30′W 138
トトタ(リベリア) 6°50′N10°00′W 136
ドドマ(タンザニア) 6°10′S35°40′E 22, 181, 191
ドバ(チャド) 8°40′N16°50′E 156
トミヌ(ギニア) 134
ドモニ(コモロ諸島) 12°13′S44°32′E 218
ドリ(ブルキナ・ファソ) 14°02′N0°02′W 142
トリアラ(マダガスカル) 23°20′S43°41′E 215, 216
ドリジィ(コンゴ) 4°09′S12°47′E 164
トリポリ(リビア) 32°58′N13°12′E 11, 22, 48, 58, 74, 110, 119
ドーリング川(南アフリカ) 207
トレムセン(アルジェリア) 34°53′N1°21′W 110, 118
ドロ(エチオピア) 4°11′N42°03′E 175
トロメリン島(セイシェル諸島) 15°51′S54°25′E 215
トロロ(ウガンダ) 0°30′N30°30′E 186
ドンガ川(ナイジェリア) 146
ドンド(アンゴラ) 9°41′S14°25′E 168
トンブクトゥ(マリ) 16°49′N2°59′W 74, 127, 152

ナ 行

ナイヴァシャ(ケニア) 0°44′S36°26′E 185
ナイヴァシャ湖(ケニア) 0°46′S36°21′E 185
ナイパン国立公園(ボツワナ) 19°53′S25°20′E 211
ナイル川(エジプト/スーダン) 11, 110, 116, 171, 175
　第1急湍(エジプト) 110
　第3急湍(スーダン) 171, 175
　第4急湍(スーダン) 171, 175
　第5急湍(スーダン) 171, 175
　第6急湍(スーダン) 171, 175
ナイロビ(ケニア) 1°17′S36°50′E 11, 22, 74, 181, 185
ナヴロンゴ(ガーナ) 10°51′N1°03′W 140
ナカラ(モザンビーク) 14°30′S40°37′E 199
ナクル(ケニア) 0°16′S36°04′E 181, 185
ナグレ(エチオピア) 5°20′N39°35′E 175
ナザレト(エチオピア) 8°39′N39°19′E 174
ナジ・ハマディ(エジプト) 26°08′N32°40′E 116
ナセル湖(エジプト) 22°40′N32°00′E 11, 116, 170, 174
ナタ川(ボツワナ/ジンバブウェ) 193, 211
ナドル(モロッコ) 35°10′N3°00′W 122
ナトロン湖(タンザニア) 2°20′S36°05′E 11, 181, 191
ナナ川(中央アフリカ共和国) 158
ナニュキ(ケニア) 0°01′N37°05′E 185
ナネツィ川(ジンバブウェ) 193
ナハル・アル・ラハド川(スーダン) 170

地名索引

ナフォーラ(リビア) 29°20′N21°20′E 118
ナブール(チュニジア) 36°30′N10°44′E 121
ナマサガリ(ウガンダ) 1°02′N32°58′E 186
ナマンガ(ケニア) 2°33′S36°48′E 185
ナムリ山(モザンビーク) 15°25′S37°00′E 193
ナロック(ケニア) 1°04′S35°54′E 185
ナンバ川(ザイール) 154
ナンブラ(モザンビーク) 15°09′S39°14′E 199

ニアメー(ニジェル) 13°32′N2°05′E 11, 126, 150
ニアリ川(コンゴ) 154, 164
ニアンガラ(ザイール) 3°45′N27°54′E 166
ニアンタン川(ギニア) 134
ニエファン(赤道ギニア) 1°50′N10°14′E 162
ニエリ(ケニア) 0°25′S36°56′E 185
ニオコロ・コバ国立公園(セネガル) 13°00′N13°00′W 132
ニオノ(マリ) 14°15′N6°00′W 152
ニオロ・デュ・サーヘル(マリ) 15°12′N9°35′W 152
ニジェル川(ナイジェリア/ベニン) 11, 126, 144, 150
西ニジェル国立公園(ブルキナ・ファソ/ベニン/ニジェル) 12°00′N2°50′E 144, 150
ニャビシンドゥ(ルワンダ) 2°20′S29°43′E 188
ニャフルル(ケニア) 0°04′N36°22′E 185
ニャラ(スーダン) 12°01′N24°50′E 174
ニャワルング川(ルワンダ) 188
ニャンガ川(ガボン) 154, 160
ニューキャッスル(南アフリカ) 27°45′S29°55′E 207
ニルストローム(南アフリカ) 24°42′S28°20′E 207
ニヨング川(カメルーン) 127, 148
ニンバ山(ギニア/リベリア) 7°39′N8°30′W 126, 135

ヌアクショット(モーリタニア) 18°09′N15°58′W 11, 126, 131
ヌアジブ(モーリタニア) 20°54′N17°01′W 110, 131
ヌアティア(トーゴ) 6°59′N1°17′E 144
ヌアネツィ川(ジンバブエ) 21°22′S30°45′E 197
ヌシ・バレン島(マダガスカル) 18°24′S43°50′E 215, 216
ヌシ・ベ島(マダガスカル) 13°20′S48°15′E 216
ヌシ・ボラー島(マダガスカル) 17°00′S49°43′E 216
ヌッス(アルジェリア) 29°43′N7°45′E 118
ヌナ(ブルキナ・ファソ) 12°44′N3°54′W 142
ヌーポート(南アフリカ) 31°11′S24°57′E 207
ヌメ(赤道ギニア) 1°31′N9°35′E 162
ヌン川(カメルーン) 148

ネズラ(アルジェリア) 31°10′N6°32′E 118
ネフタ(チュニジア) 33°53′N7°50′E 121
ネマ(モーリタニア) 16°32′N7°12′W 131
ネルスプルート(南アフリカ) 25°30′S30°58′E 207

ノヴァ・チャベス(アンゴラ) 10°34′S21°17′E 168
ノヴォ・レドンド(アンゴラ) 11°11′S13°52′E 168
ノガル川(ソマリア) 179
ノギ(アンゴラ) 5°54′S13°30′E 168
ノース島(セイシェル諸島) 4°23′S55°15′E 219
ノソブ川(ボツワナ/ナミビア) 202, 208, 211

ハ 行

ハイデルベルグ(南アフリカ) 26°32′S28°18′E 207
バイドア(ソマリア) 3°08′N43°34′E 171, 179
バイボクム(チャド) 7°46′N15°43′E 156
バウィティ(エジプト) 28°21′N28°51′E 116
ハヴェロック(スワジランド) 25°58′S31°08′E 213
バウオマ滝(ザイール) 0°18′N25°30′E 166
バウチ(ナイジェリア) 10°19′N9°50′E 146
バウレ川(マリ) 152
バーガーズドルプ(南アフリカ) 31°00′S26°20′E 207
バカッサ川(中央アフリカ共和国) 158
バカド(カメルーン) 6°26′N13°43′E 148
バガモヨ(タンザニア) 6°26′S38°55′E 191
ハグニア(西サハラ) 27°00′N12°27′W 125
バゲザム山(ニジェル) 17°45′N8°30′E 127
バクル(セネガル) 14°54′N12°27′W 133
バゴエ川(マリ) 152
バコロリダム(ナイジェリア) 12°43′N5°51′E 146
バサンクス(ザイール) 1°12′N19°50′E 166

ハスム・アル・キルバー(スーダン) 14°58′N35°55′E 175
バソコ(ザイール) 1°14′N23°36′E 166
バタ(赤道ギニア) 1°51′N9°49′E 162
バタ川(中央アフリカ共和国) 158
バタンガ(ガボン) 0°28′S9°11′E 160
バタンガフォ(中央アフリカ共和国) 7°18′N18°18′E 146
バチエ(ブルキナ・ファソ) 9°53′N2°55′W 142
バッサ・ダ・インディア島 21°30′S39°50′E 215
バッセ・サンタ・ス(ガンビア) 13°19′N14°13′W 132
ハット・アトゥイ川(モーリタニア) 131
パッリサ(ウガンダ) 1°11′N33°43′E 186
バッレ(マリ) 15°20′N8°35′W 152
ハデジア川(ナイジェリア) 146
バード(セイシェル諸島) 3°41′N55°13′E 219
バトゥ山(エチオピア) 6°55′N39°49′E 170
バトゥナ(アルジェリア) 35°34′N6°10′E 118
ハートビース川(南アフリカ) 207
ハートレー(ジンバブエ) 18°10′S30°14′E 197
バナコロ(ギニア) 9°09′N9°38′W 134
バナナ(ザイール) 5°58′S12°27′E 166
バニ川(マリ) 11, 127, 152
バニスワイフ(エジプト) 29°05′N31°05′E 116
バニャラヌ(マダガスカル) 216
バニョ(カメルーン) 6°45′N11°49′E 148
ハニントン湖(ケニア) 1°06′N36°05′E 185
ハーパー(リベリア) 4°25′N7°43′E 137
ババケ(ギニア・ビサウ) 11°16′N15°51′W 132
バーバートン(南アフリカ) 25°48′S31°03′E 207
バハリーヤオアシス(エジプト) 111, 116
バハル・アウク川(チャド/中央アフリカ共和国) 156, 158
バハル・アル・アラブ川(スーダン) 170
バハル・アル・ガザル川(スーダン) 170, 174
バハル・ウル川(中央アフリカ共和国) 158
バハル・サラマト川(チャド) 156
バヒルダル(エチオピア) 11°33′N37°25′E 174
バファタ(ギニア・ビサウ) 12°10′N14°40′W 132
バフィア(カメルーン) 4°44′N11°16′E 148
バフィン川(マリ) 126, 134, 152
バフィンマカナ(マリ) 12°33′N10°15′W 152
バフサム(カメルーン) 5°29′N10°24′E 148
バフラベ(マリ) 13°48′N10°50′W 152
バベ川(シエラレオネ) 136
ハーベル(リベリア) 6°19′N10°20′W 136
ハボ川(トーゴ) 144
ハボロネ(ボツワナ) 24°45′S25°55′E 11, 203, 211
バマコ(マリ) 12°40′N7°59′W 11, 22, 74, 126, 152
ハーマナス(南アフリカ) 34°25′S19°16′E 206
ハマメト(チュニジア) 36°25′N10°40′E 121
バミンギ川(中央アフリカ共和国) 158
バラ(チャド) 9°23′N15°01′E 156
パラク(ベニン) 9°23′N2°40′E 126, 144
ハラシュ(リビア) 28°30′N20°55′E 119
バラド(ソマリア) 2°20′N45°22′E 179
パラピェ(ボツワナ) 22°37′S27°06′E 211
ハラム(リビア) 28°47′N18°37′E 119
ハラール(エチオピア) 9°20′N42°10′E 171, 175
ハラレ(ジンバブエ) 17°43′S31°05′E 11, 22, 74, 193, 197
ハリア(カナリア諸島) 29°09′N13°30′W 124
バリス(エジプト) 24°40′N30°36′E 116
ハリース(南アフリカ) 26°55′S27°28′E 207
バリメ(トーゴ) 6°55′N0°44′E 144
バリンゴ湖(ケニア) 1°32′N36°05′E 185
パール(南アフリカ) 33°45′S18°58′E 202, 207
ハル・アンガル(ジブチ) 12°24′N43°19′E 177
ハルギイサ(ソマリア) 9°31′N44°02′E 171, 179
バルダイ(チャド) 21°21′N16°56′E 156
バルデラ(ソマリア) 2°21′N42°20′E 179
ハルバル(スーダン) 18°01′N33°59′E 175
ハルツーム(スーダン) 15°33′N32°32′E 11, 22, 58, 171, 175
ハルツーム・ノース(スーダン) 15°39′N32°34′E 22, 175
パルマ(モザンビーク) 10°48′S40°29′E 179
バルマ(モザンビーク) 181, 185
バルラヴェント諸島(カーボベルデ) 130
バロ川(エチオピア) 171, 175
バンガ川(リベリア) 7°19′N9°13′W 136
バンガジ(リビア) 32°07′N20°04′E 111, 119
バンガス(中央アフリカ共和国) 4°50′N23°07′E 154, 159

バンガラダム(ジンバブエ) 20°55′S31°35′E 197
バンギ(中央アフリカ共和国) 4°23′N18°37′E 11, 22, 154, 158
バングウェウル湖(ザンビア) 11°15′S29°45′E 11, 193, 195
バングウェウル湿地帯(ザンビア) 11°15′S29°50′E 193, 195
バンク・デュ・ゲイセル島(インド洋) 11°35′N47°38′E 215
パングマ(シエラレオネ) 8°18′N11°13′W 136
バンケット(ジンバブエ) 17°22′S30°29′E 197
バンゴラン川(中央アフリカ共和国) 158
バンゴロ(コートジボワール) 7°01′N7°29′W 138
バンジュル(ガンビア) 13°28′N16°39′W 11, 126, 132
バンダマ川(コートジボワール) 127, 138
バンダマテンガ(ボツワナ) 18°35′S25°42′E 211
バンダマ・ブラン川(コートジボワール) 138
バンダマルージュ川(コートジボワール) 138
ハンツィ(ガンツィ)(ボツワナ) 21°42′S21°39′E 211
バンディアガラ(マリ) 14°21′N3°37′W 152
バンデレ(コモロ諸島) 12°52′S45°25′E 218
バンドゥンドゥ(ザイール) 3°20′S17°24′E 154, 166
バンバオ(コモロ諸島) 12°14′S44°30′E 218
バンバリ(中央アフリカ共和国) 5°45′N20°40′E 154, 158
バンフォラ(ブルキナ・ファソ) 10°38′N4°46′E 142
バンベー(セネガル) 14°40′N16°28′W 132

ビアンクマ(コートジボワール) 7°44′N7°37′W 138
ビウ(ナイジェリア) 10°35′N12°13′E 146
ビエ(アンゴラ) 12°25′S16°58′E 154, 168
ヒエッロ(カナリア諸島) 27°45′N18°00′W 124
ビオコ島(赤道ギニア) 3°30′N8°40′E 11, 154, 162
ビキタ(ジンバブエ) 20°06′S31°41′E 197
ビサウ(ギニア・ビサウ) 11°52′N15°39′W 11, 126, 132
ビシナ湖(ウガンダ) 1°46′N34°00′E 186
ビジュティエ(セイシェル諸島) 7°05′S52°45′E 219
ビゼルテ(チュニジア) 37°18′N9°52′E 111, 121
ピソラ(ギニア・ビサウ) 12°14′N15°31′W 132
ビダ(ナイジェリア) 9°06′N5°59′E 146
ピータースバーグ(南アフリカ) 23°54′S29°23′E 202, 207
ピーターマリッツバーグ(南アフリカ) 29°36′S30°24′E 202, 207
ビッグスピーク(スワジランド) 25°54′S31°13′E 213
ビックベンド(スワジランド) 26°48′S31°56′E 212
ピッコベッテ山(リビア) 22°00′N19°12′E 111
ピトロ(コートジボワール) 7°51′N5°19′W 138
ピトン・デ・ネージュ山(レユニオン) 21°05′S55°30′E 219
ビニョナ(セネガル) 12°49′N16°14′W 132
ビハラムロ(タンザニア) 2°37′S31°20′E 191
ピピ川(中央アフリカ共和国) 158
ビューフォートウエスト(南アフリカ) 33°18′S22°36′E 207
ビュンバ(ルワンダ) 1°38′S30°02′E 188
ビラオ(中央アフリカ共和国) 10°17′N22°47′E 159
ビリム川(ガーナ) 140
ビル・アウィヌ(チュニジア) 32°22′N9°02′E 121
ビル・エンズラン(西サハラ) 23°56′N14°33′W 125
ビルカト・カールン(エジプト) 29°25′N30°45′E 116
ビルティネ(チャド) 14°30′N20°53′E 156
ビルニ・ンコニ(ニジェル) 13°49′N5°19′E 127, 150
ビルマ(ニジェル) 18°46′N12°59′E 151
ビル・モグレイン(モーリタニア) 25°10′N11°35′E 131
ビル・レール(西サハラ) 26°23′N9°40′W 125
ビンガ山(モザンビーク) 19°47′S33°03′E 193
ビンドゥラ(ジンバブエ) 17°20′S31°21′E 197
ブア川(マラウィ) 193, 200
ブアケ(コートジボワール) 7°41′N5°02′W 127, 138

ブー・アゼル(モロッコ) 30°35′N6°45′W 122
ファダ(チャド) 17°14′N21°32′E 156
ファタラ川(ギニア) 134
ファダ・ングルマ(ブルキナ・ファソ) 12°04′N0°21′E 142
ファファ川(中央アフリカ共和国) 158
ブアフェ(コートジボワール) 6°59′N5°45′W 138
ファフェン川(エチオピア) 171, 175
ファヤ・ラルジョ(チャド) 17°58′N19°06′E 154, 156
ファラナー(ギニア) 10°02′N10°44′W 134
ファラフラ・オアシス(エジプト) 27°03′N28°00′E 116
ファラファンガナ(マダガスカル) 22°50′S47°50′E 215, 216
ファラボルウォ(南アフリカ) 23°55′S31°13′E 207
ファリム(ギニア・ビサウ) 12°27′N15°17′W 132
ブアル(中央アフリカ共和国) 5°58′N15°35′E 154
ファルクハル諸島(セイシェル諸島) 215
ブー・アルファ(モロッコ) 32°30′N1°59′E 123
ファレメ川(セネガル) 126
ファロ川(カメルーン) 148
ファロ国立公園(カメルーン) 8°20′N12°59′E 148
フアンボ(アンゴラ) 12°47′S15°44′E 154, 168
フィアナランツォア(マダガスカル) 21°27′S47°05′E 215, 216
フィギグ(モロッコ) 32°10′N1°15′W 123
フィクスバーグ(南アフリカ) 28°57′S27°50′E 207
フイシュ川(ナミビア) 202
フィトリ湖(チャド) 12°52′N17°30′E 156
フィニアカニニア国立公園(チャド) 10°30′N18°00′E 156
フィミ川(ザイール) 154, 166
フィラブシ(ジンバブエ) 20°34′S29°20′E 197
フィリア(ギニア) 10°30′N13°30′W 134
ブエア(カメルーン) 4°09′N9°14′E 148
フェス(モロッコ) 34°05′N5°00′W 110, 122
フェルケセドウケ(コートジボワール) 9°36′N5°12′W 138
フェルトテヴェンチュラ島(カナリア諸島) 28°25′N14°00′W 110, 124
プエルト・デ・ラ・クルス島(カナリア諸島) 28°24′N16°33′W 124
プエルト・デル・ロザリオ(カナリア諸島) 28°24′N13°52′W 124
フェルヌクパン(南アフリカ) 30°04′S21°01′E 202
フェレオル川(ブルキナ・ファソ) 142
フェレーニギング(南アフリカ) 26°41′S27°56′E 202, 207
フエンカリエンテ(カナリア諸島) 28°29′S17°50′W 124
フォゴ島(カーボベルデ) 14°55′N24°25′W 126, 130
フォス・ブクラー(西サハラ) 27°00′N13°20′W 125
フォート・ヴィクトリア(ジンバブエ) 20°10′S30°50′E 197
フォートヴェルクト(南アフリカ) 23°49′S27°15′E 207
フォートビューフォート(南アフリカ) 32°46′S26°40′E 207
フォート・ポータル(ウガンダ) 0°40′N30°17′E 186
フォート・ホール(ケニア) 0°43′S37°10′E 185
フォルカドス(ナイジェリア) 5°22′N5°24′E 146
フォルクルスト(南アフリカ) 27°22′S29°54′E 207
フォール・ルセ(コンゴ) 0°29′S15°55′E 154, 164
フォレカリア(ギニア) 9°26′N13°06′W 134
フォンボニ(コモロ諸島) 12°16′S43°45′E 218
ブカ(中央アフリカ共和国) 6°30′N18°17′E 158
ブカヴ(ザイール) 2°30′S28°50′E 22, 154, 167
ブカ川(ギニア) 134
ブカナン(リベリア) 5°57′N10°02′W 136
ブカマ(ザイール) 9°13′S25°52′E 166
フガム(ガボン) 1°16′S10°30′E 160
ブグニ(マリ) 11°25′N7°29′W 152
ブ・クラー(西サハラ) 125
ブグリバ(ブルキナ・ファソ) 142
ブコバ(タンザニア) 1°19′S31°49′E 191
ブー・サーダ(アルジェリア) 35°10′N4°09′E 118
ブサンガ湿地帯(ザンビア) 14°10′S25°55′E 193, 195

地名索引

ブジェフン(シエラレオネ) 7°23′N11°44′W 136
ブジ川(モザンビーク) 193, 199
ブジュンブラ(ブルンジ) 3°22′S29°19′E 11, 181, 188
ブシラ川(ザイール) 154, 166
ブセンバティア(ウガンダ) 0°46′N33°37′E 186
ブソ(チャド) 10°32′N16°45′E 156
ブタ(ザイール) 2°49′N24°50′E 166
フタ・ジャロン山地(西アフリカ) 126
ブータブータ(レソト) 28°46′S28°15′E 212
ブタレ(ルワンダ) 2°35′S29°44′E 188
ブティアツァーナ川(レソト) 212
ブーティリミット(モーリタニア) 17°40′N14°46′W 131
フデリク(モーリタニア) 22°40′N12°41′W 131
ブナ(コートジヴォワール) 9°16′N3°00′W 138
ブニア(ザイール) 1°33′N30°13′E 166
ブニア(ザイール) 1°28′S26°27′E 166
ブーニャ(スワジランド) 26°32′S31°01′E 213
フニャニ川(ジンバブウェ) 197
フニャニ・ダム(ジンバブウェ) 17°51′S30°51′E 197
ブヌム川(セネガル) 132
ブー・ハドゥラ(アルジェリア) 35°50′N7°51′E 119
ブバンザ(ブルンジ) 3°05′S29°22′E 188
ブーバンジッダ国立公園(カメルーン) 8°45′N14°45′E 148
ブー・ブケル(モロッコ) 34°30′N1°48′W 123
ブヨ川(コートジヴォワール) 138
ブヨダム(コートジヴォワール) 6°21′N7°05′W 138
ブラ(ケニア) 3°30′N38°19′E 185
ブライア(カーボヴェルデ) 14°35′N23°30′W 11, 126, 130
フライバーグ(南アフリカ) 26°57′S24°44′E 207
フライヘイト(南アフリカ) 27°45′S30°48′E 207
ブラヴァ(ソマリア) 1°02′N44°02′E 179
ブラヴァ島(カーボヴェルデ) 14°55′S24°50′E 130
プラ川(ガーナ) 140
ブラザヴィル(コンゴ) 4°14′S15°14′E 11, 22, 74, 154, 164
ブラスリン島(セイシェル諸島) 4°18′S55°45′E 215, 219
ブラック川(南アフリカ) 203
ブラックヴォルタ川(ガーナ) 127, 140
ブラット島(セイシェル諸島) 5°52′S55°23′E 215, 219
フラティクル(スワジランド) 26°58′S31°28′E 213
ブラヌアール(モーリタニア) 21°17′N16°29′E 131
ブラワヨ(ジンバブウェ) 20°10′S28°43′E 22, 193, 197
ブランコ島(カーボヴェルデ) 16°40′N24°42′E 130
フランシスタウン(ボツワナ) 21°11′S27°32′E 211
フランスヴィーユ(ガボン) 1°40′S13°31′E 154, 160
ブランタイア(マラウィ) 15°47′S35°00′E 193, 200
ブランドバーグ・ウエスト(ナミビア) 21°10′S14°33′E 208
ブリア(中央アフリカ共和国) 6°32′N21°59′E 154, 158
フリガト島(セイシェル諸島) 4°35′S55°56′E 219
ブリースカ(南アフリカ) 29°40′S22°45′E 207
ブリダ(アルジェリア) 36°30′N2°50′E 22, 74, 118
フリータウン(シエラレオネ) 8°30′N13°17′W 11, 22, 126, 136
ブリッカヴィル(マダガスカル) 18°54′S49°07′E 216
ブリッタ(トーゴ) 8°19′N0°59′E 144
ブリッツ(南アフリカ) 25°42′S27°45′E 207
フリバ(モロッコ) 32°54′N6°57′W 122
プリンシペ島 1°37′N7°27′E 11, 154, 162
ブル・サファジャ(エジプト) 26°44′N33°55′E 116
ブル・スーダン(スーダン) 19°37′N37°14′E 171, 175
ブルダム(ガーナ) 8°11′N2°10′W 126
ブルトゥ(ナイジェリア) 5°21′N5°31′E 146
ブルフ(ガンビア) 13°43′N16°76′W 132
ブルームフォンテーン(南アフリカ) 29°12′S26°07′E 22, 203, 207
ブルームホッフダム(南アフリカ) 27°18′S25°32′E 203, 207
ブルリ(ブルンジ) 3°57′S29°35′E 188

フルワーン(エジプト) 29°51′N31°21′E 116
ブレイダ(モロッコ) 30°25′N6°45′W 122
ブレステア(ガーナ) 5°26′N2°07′W 140
ブレーダ川(南アフリカ) 207
プレトリア(南アフリカ) 25°45′S28°12′E 11, 22, 74, 202, 207
ブレラ湖(ルワンダ) 1°28′S29°45′E 188
フレンゼム(ガボン) 0°18′S9°05′E 160
プロヴィデンス島(セイシェル諸島) 9°14′S51°02′E 215
フン(リビア) 29°07′N15°56′E 118
ブンガ川(ナイジェリア) 146
ブングエ川(モザンビーク) 199
ブンゴマ(ケニア) 0°34′N34°34′E 185
ブンジ川(コンゴ) 1°05′S15°18′E 164
ブンスル川(ナイジェリア) 146
フンデ川(ブルキナ・ファソ) 11°34′N3°31′W 142
ブンディアリ(コートジヴォワール) 9°36′N6°31′W 138
フンバン(カメルーン) 5°43′N10°55′E 148
ブンバ川(カメルーン) 148
フンブニ(コモロ諸島) 11°50′S43°30′E 218
ベアラナナ(マダガスカル) 14°33′S48°44′E 216
ペイガー川(ウガンダ) 186
ベイダ(リビア) 32°49′N21°45′E 119
ベイトブリッジ(ジンバブウェ) 22°13′S30°00′E 197
ベイラ(ギニア) 8°41′N8°37′W 135
ベイラ(モザンビーク) 19°49′S34°52′E 193
ベイラ(モーリタニア) 18°07′N15°56′W 131
ベジャイア(アルジェリア) 36°49′N5°03′E 110, 118
ベジャ(チュニジア) 36°43′N9°13′E 121
ペタウケ(ザンビア) 14°16′S31°21′E 195
ベタニ(ナミビア) 26°32′S17°11′E 208
ベタール(南アフリカ) 26°27′S29°28′E 207
ベタレ・オヤ(カメルーン) 5°36′N14°05′E 148
ベタンクリア(カナリー諸島) 28°24′N14°05′W 124
ベチオキ 23°42′S44°22′E 216
ベチュルヘ(ギニア・ビサウ) 11°35′N16°20′W 132
ペツィボカ川(マダガスカル) 216
ヘッドランズ(ジンバブウェ) 18°14′S32°03′E 197
ベトゥリエ(南アフリカ) 30°32′S25°59′E 207
ベトレヘム(南アフリカ) 28°15′S28°15′E 207
ベトロカ(マダガスカル) 23°15′S46°07′E 216
ベート川(モロッコ) 122
ペドラス・ティニョサス島(プリンシペ) 1°35′N7°37′E 162
ベニ・アベ(アルジェリア) 30°11′N2°14′W 118
ベニ・サフ(アルジェリア) 35°28′N1°22′W 118
ヘニフラ(モロッコ) 33°00′N5°40′W 122
ベニ・メラル(モロッコ) 32°22′N6°29′W 122
ベニン・シティ(ナイジェリア) 6°19′N5°41′E 127, 146
ベヌエ川(ナイジェリア/カメルーン) 127, 146, 148
ベノニ(南アフリカ) 26°12′S28°18′E 202
ペペル(シエラレオネ) 8°39′N13°04′W 136
ベマリヴォ川(ジンバブウェ) 215
ベリンガ(ガボン) 1°09′N13°12′E 160
ベルディア(セネガル) 132
ベルデ岬(セネガル) 132
ベルトゥア(カメルーン) 4°35′N13°41′E 148
ベルベ(ソマリア) 10°28′N45°02′E 171, 179
ベルベラティ(中央アフリカ共和国) 4°18′N15°51′E 154, 158
ベンガミサ(ザイール) 0°58′N25°11′E 166
ベンゲラ(アンゴラ) 12°34′S13°24′E 168
ベンケリル(モロッコ) 32°19′N7°59′E 122
ベンゴ川(アンゴラ) 168
ペンジャリ川(ブルキナ・ファソ/ベニン) 142, 144
ペンジャリ国立公園(ベニン) 11°30′N1°50′E 144
ヘンダジャ(リベリア) 7°16′N11°13′E 136
ヘンチェスバーイ(ナミビア) 22°08′S14°18′E 208
ベロンブル(モーリシャス) 20°30′S57°23′E 217
ペンデンブ(シエラレオネ) 8°09′N10°42′W 136
ヘンドリク・フェルウォートダム(南アフリカ) 30°38′S25°30′E 207
ペンバ島(タンザニア) 7°31′S39°25′E 181,

191
ベンベ(アンゴラ) 7°03′S14°25′E 168
ベンベジ川(ジンバブウェ) 193
ホ(ガーナ) 6°35′N0°30′E 140
ボ(シエラレオネ) 7°58′N11°45′E 136
ボーア・ヴィスタ島(カーボヴェルデ) 16°00′N22°50′W 126, 130
ボアリ(中央アフリカ共和国) 4°48′N18°07′E 158
ボアリダム(中央アフリカ共和国) 4°48′N18°07′E 158
ボイコン(ベニン) 7°12′N2°04′E 144
ホイマ(ウガンダ) 1°25′N31°22′E 186
ボウエ(ガボン) 0°03′N11°58′E 160
ボエンデ川(ザイール) 166
ボカランガ(中央アフリカ共和国) 6°59′N15°39′E 158
ボカンダ(コートジヴォワール) 7°05′N4°31′W 138
ボクマ(中央アフリカ共和国) 5°42′N22°47′E 159
ボケ(ギニア) 10°56′N14°18′W 134
ポコロ(アンゴラ) 15°43′S13°49′E 168
ボサンゴア(中央アフリカ共和国) 6°29′N17°27′E 158
ボジャドル(西サハラ) 26°08′N14°30′W 125
ポストマスバーグ(南アフリカ) 28°20′S23°05′E 207
ボズム(中央アフリカ共和国) 6°16′N16°22′E 158
ホタゼル(南アフリカ) 27°17′S23°01′E 207
ポチェフストローム(南アフリカ) 26°42′S27°06′E 207
ボッサンゴ(中央アフリカ共和国) 6°29′N17°27′E 158
ボッツェツェ川(ボツワナ) 211
ボッファ(ギニア) 10°10′N14°02′W 134
ポートアルフレッド(南アフリカ) 33°36′S26°54′E 207
ポトギーテルスルス(南アフリカ) 24°15′S28°55′E 207
ホドゥモ川(ソマリア) 179
ポートエドワード(南アフリカ) 31°03′S30°14′E 207
ポートエリザベス(南アフリカ) 33°58′S25°36′E 22, 74, 202, 207
ポートサイド(エジプト) 31°17′N32°18′E 111, 116
ポートシェプストン(南アフリカ) 30°44′S30°28′E 207
ポートノラス(南アフリカ) 29°17′S16°51′E 207
ポートハーコート(ナイジェリア) 4°43′N7°10′E 146
ポドール(モーリタニア) 16°40′N15°00′W 131
ポートルイス(モーリシャス) 20°10′S57°30′E 11, 215, 217
ポート・ロコ(シエラレオネ) 8°50′N12°50′W 136
ボニイ(ナイジェリア) 4°27′N7°10′E 146
ホニス(リビア) 32°39′N14°15′E 118
ホフラ(リビア) 29°17′N18°09′E 118
ボボノン(ボツワナ) 21°58′S28°26′E 211
ポペ(ベニン) 7°00′N2°56′E 144
ホーホー(スワジランド) 25°46′S31°28′E 213
ボボジュラッソ(ブルキナ・ファソ) 11°12′N4°17′W 127, 142
ボポル(リベリア) 7°03′N10°32′E 136
ボミヒルス(リベリア) 7°00′N10°55′W 136
ボム川(ザイール) 154, 166
ボマ(ザイール) 5°50′S13°03′E 154, 166
ボラマ(ギニア・ビサウ) 11°35′N15°28′W 132
ボラマ(ソマリア) 9°56′N43°13′E 179
ボリ(カメルーン) 8°31′N13°10′E 148
ボル(チャド) 13°27′N14°40′E 156
ボルガタンガ(ガーナ) 10°46′N0°52′W 140
ボール・サンリイ(マダガスカル) 13°00′S48°56′E 216
ポールジャンティ(ガボン) 0°40′S8°50′E 154, 160
ボルジュ・メスーダ(アルジェリア) 30°10′N9°19′E 119
ポルトアメリア(モザンビーク) 13°00′S40°30′E 199
ポルトアレクサンドレ(アンゴラ) 15°50′S11°58′E 168
ポルトアレグレ(サン・トメ・エ・プリンシペ) 0°02′N6°32′E 162
ポルトアンボイム(アンゴラ) 10°47′S13°43′E 168

ポルトセグロ(トーゴ) 6°15′N1°35′E 144
ポルト・ノヴォ(ベニン) 6°30′N2°47′E 11, 127, 144
ポルト・ノヴォ(カーボヴェルデ) 130
ポルトベルジェ(マダガスカル) 15°31′N47°40′E 216
ホルホル(ジブチ) 11°19′N42°57′E 177
ホレ(コンゴ) 4°32′S12°14′E 164
ボロ川(スーダン) 170, 174
ボロボ(ザイール) 2°10′S16°17′E 166
ボロモ(ブルキナ・ファソ) 11°45′N2°56′W 142
ホワイト・ヴォルタ川(ガーナ) 140
ポワントインディエンヌ(コンゴ) 4°30′S11°55′E 154, 164
ポワントクレレット(ガボン) 0°07′S8°35′E 160
ポワントノワール(コンゴ) 4°46′S11°53′E 154, 164
ポングウェ(タンザニア) 5°10′S39°00′E 191
ポング川(中央アフリカ共和国) 158
ポンゴ川(スーダン) 174
ポンテ(シエラレオネ) 7°32′N12°30′W 136
ポンド(ザイール) 3°47′N23°50′E 166
ホンボリ(マリ) 15°16′N1°40′E 152
ホンボレ(セネガル) 14°46′N16°42′W 132

マ 行

マイオ島(カーボヴェルデ) 15°15′N23°10′W 126, 130
マイコ国立公園(ザイール) 0°40′S27°34′E 166
マイドゥグリ(ナイジェリア) 11°53′N13°16′E 22, 126, 146
マインチラノ(マダガスカル) 18°01′S44°03′E 216
マイ・ンドンベ湖(ザイール) 2°00′S18°20′E 154, 166
マヴィンガ(アンゴラ) 15°44′S20°21′E 168
マウン(ボツワナ) 20°00′S23°25′E 211
マウント・ダーウィン(ジンバブウェ) 16°45′S31°39′E 197
マエヴァタナナ(マダガスカル) 16°57′S46°50′E 216
マエヴァラノ川(マダガスカル) 215
マオ(チャド) 14°06′N15°11′E 156
マガディ(ケニア) 1°53′S36°18′E 185
マガティク・ガティ・パン(ボツワナ) 21°00′S25°00′E 202, 211
マカバナ(コンゴ) 3°25′S12°41′E 164
マカラマベディ(ボツワナ) 20°19′S23°51′E 211
マカルダー(ケニア) 1°02′S34°35′E 185
マクア(コンゴ) 0°01′S15°40′E 164
マクルウェイン国立公園(ジンバブウェ) 17°57′S31°10′E 197
マクルディ(ナイジェリア) 7°44′N8°35′E 146
マケニ(シエラレオネ) 8°53′N12°03′W 136
マコク(ガボン) 0°12′N12°47′E 160
マサイ・アンボセリ国立公園(ケニア) 2°34′S35°30′E 185
マサカ(ウガンダ) 0°20′S31°46′E 186
マザブカ(ザンビア) 15°50′S27°47′E 195
マザンガンピシ(スワジランド) 26°13′S31°20′E 212
マジ(エチオピア) 6°12′N35°32′E 174
マシャバ(ジンバブウェ) 20°02′S30°29′E 197
マシンギルダム(モザンビーク) 23°51′S32°38′E 199
マシンディ(ウガンダ) 1°41′N31°45′E 186
マスカラ(アルジェリア) 35°20′N0°09′E 118
マセル(レソト) 29°19′S27°29′E 11, 202, 212
マセンタ(ギニア) 8°31′N9°32′W 134
マダディ(チャド) 18°28′N20°45′E 156
マタメイェ(ニジェル) 13°21′N8°27′E 150
マタダ(アンゴラ) 14°45′S15°02′E 168
マダワ(ニジェル) 14°06′N6°26′E 150
マタンドゥ川(タンザニア) 181, 191
マチェケ(ジンバブウェ) 18°05′S31°51′E 197
マチャコス(ケニア) 1°32′S37°16′E 185
マツァホヘ(ナミビア) 24°50′S17°00′E 208
マツィエン(レソト) 29°36′S27°32′E 212
マッサワ(エチオピア) 15°38′N39°28′E 170, 174
マッラウィー(エジプト) 27°44′N30°50′E 116
マディナ・ド・ボエ(ギニア・ビサウ) 11°45′N14°12′W 133
マディング(コンゴ) 4°05′N13°24′E 164
マトゥール(チュニジア) 37°03′N9°40′E 121
マトボス国立公園(ジンバブウェ) 21°20′S28°42′E 197
マトゥンブ(コンゴ) 4°30′S14°56′E 164
マナカラ(マダガスカル) 22°09′S48°00′E 216
マナナラ川(マダガスカル) 215, 216
マナンジャリ(マダガスカル) 21°13′S48°20′E 215, 216
マナンタリダム(マリ) 14°20′N11°36′W 152

237

地名索引

マナンテニナ(マダガスカル) 24°17′S47°20′E 216
マナンボロ川(マダガスカル) 215
マニア川(マダガスカル) 215
マニャラ湖(タンザニア) 3°50′S35°31′E 191
マニャラ国立公園(タンザニア) 3°04′S35°50′E 191
マニョニ(タンザニア) 5°46′S34°50′E 190
マノ川(リベリア) 136
マノノ(ザイール) 7°18′S27°24′E 166
マノンガ川(タンザニア) 190
マバイダム(モザンビーク) 22°51′S32°00′E 199
マハヴァヴィ川(マダガスカル) 215, 216
マハジャンガ(マダガスカル) 15°40′S40°20′E 215, 216
マハジャンバ川(マダガスカル) 216
マハラピエ(ボツワナ) 23°05′S26°51′E 211
マフィア島(タンザニア) 7°50′S39°50′E 181
マフェキング(南アフリカ) 25°53′S25°39′E 207
マフェテン(レソト) 29°49′S27°14′E 212
マブブダム(アンゴラ) 8°45′S13°65′E 168
マプト(モザンビーク) 25°58′S32°35′E 11, 22, 74, 193, 198
マブラカ(シエラレオネ) 8°44′N11°57′W 136
マブルク(リビア) 29°50′N17°20′E 118
マヘ(セイシェル諸島) 4°41′S55°30′E 215, 219
マヘブール(モーリシャス) 20°24′S57°42′E 217
マボシ(シエラレオネ) 8°33′N 136
マム(ギニア) 10°24′N12°05′W 134
マムズ(コモロ諸島) 12°47′S45°14′E 218
マムフェ(カメルーン) 5°46′N9°18′E 148
マユンバ(ガボン) 3°23′S10°38′E 160
マヨ・ダルレ(カメルーン) 6°37′N11°43′E 148
マヨット島(マホレ)(コモロ諸島) 12°50′S45°10′E 215, 218
マラウ(スーダン) 18°29′N31°49′E 175
マラウィ湖(マラウィ/モザンビーク/ザンビア) 12°00′S34°30′E 11, 193, 195, 199, 200
マラウィ国立公園(マラウィ) 10°40′S34°35′E 200
マラガラシ川(タンザニア/ブルンディ) 181, 188
マラカル(スーダン) 9°31′N31°40′E 170, 174
マラ川(タンザニア) 181, 190
マラケシュ(モロッコ) 31°49′N8°00′W 22, 110, 122
マラディ(ニジェール) 13°29′N7°10′E 150
マラボ(赤道ギニア) 3°45′N8°48′E 11, 154, 162
マララル(ケニア) 1°05′N36°42′E 185
マランジェ(アンゴラ) 9°36′S16°21′E 154, 168
マランデラス(ジンバブウェ) 18°10′S31°36′E 197
マランパ(シエラレオネ) 8°44′N12°28′W 136
マリ(ギニア) 12°08′N12°19′W 134
マリエンタル(ナミビア) 24°36′S17°59′E 208
マリガ川(ナイジェリア) 146
マリバマツォ川(レソト) 212
マリールイーズ島(セイシェル諸島) 6°20′S53°20′E 219
マリリ川(ザイール) 166
マリンディ(ケニア) 3°14′S40°08′E 48, 181, 185
マリンディ(ジンバブウェ) 18°45′S27°00′E 197
マルアンツェタ(マダガスカル) 15°23′S49°44′E 216
マルカ(ソマリア) 1°42′N44°47′E 171, 179
マルク(ザイール) 4°02′S15°34′E 166
マルグリタ山(ウガンダ) 0°22′N29°51′E 11, 181
マルサビット(ケニア) 2°20′N37°59′E 185
マルサビット国立公園(ケニア) 2°00′N37°00′E 185
マルサ・ブレガ(リビア) 30°23′N19°37′E 118
マルサ・マトルー(エジプト) 31°21′N27°15′E 116
マルズ(リビア) 25°56′N13°57′E 119
マルタップ(カメルーン) 6°56′N13°00′E 148
マルメスベリー(南アフリカ) 33°28′S18°43′E 206
マレマ(モザンビーク) 14°57′S37°25′E 199
マロヴォアイ(マダガスカル) 16°05′S46°43′E 215
マロモコトゥロ山(マダガスカル) 14°01′S48°59′E 11, 215
マロンゲ川(ザイール) 23°23′S10°23′E 166
マロンベ湖(マラウィ) 14°40′S35°15′E 193, 200
マン(コートジヴォワール) 7°31′N7°37′W 138

マンガ(ブルキナ・ファソ) 11°40′N1°04′W 142
マングラ(ジンバブウェ) 16°51′S30°13′E 197
マンゲ(シエラレオネ) 8°57′N12°51′W 136
マンゴキ川(マダガスカル) 215, 216
マンゴチェ(マラウィ) 14°20′S35°15′E 200
マンコノ(コートジヴォワール) 8°01′N6°09′W 138
マンゴロ川(マダガスカル) 215, 216
マンサ(ザンビア) 11°21′S28°53′E 195
マンジニ(スワジランド) 26°30′S31°22′E 212
マンソン(ギニア・ビサウ) 12°10′N14°36′W 132
マーンガ(ザンビア) 17°42′S27°21′E 195
マンベレ川(中央アフリカ共和国) 154, 158
ミアリナリヴォ(マダガスカル) 19°25′S46°44′E 216
ミアンドゥリヴァゾ(マダガスカル) 19°31′S45°29′E 216
ミキンダニ(タンザニア) 10°16′S40°05′E 191
ミクミ国立公園(タンザニア) 7°45′S37°56′E 191
ミスガラス(モロッコ) 31°33′N9°40′W 122
ミスラター(リビア) 32°30′N15°10′E 110, 118
ミチンズ(マダガスカル) 16°00′S45°51′E 216
ミツアミウリ(コモロ諸島) 11°22′S43°21′E 218
ミツィック(ガボン) 0°48′N11°30′E 160
ミティヤンガ(ウガンダ) 0°25′N32°04′E 186
ミドル島(セイシェル諸島) 9°45′S46°51′E 219
ミドルバーグ(南アフリカ) 31°30′S25°00′E 207
南チョホハ湖(ボツワナ/ブルンディ) 2°50′S30°20′E 188
南ルクル川(マラウィ) 193, 200
ミラ(アルジェリア) 36°18′N6°16′E 118
ミラング(モザンビーク) 16°09′S35°44′E 199
ミルギス川(ケニア) 185
ミロ川(ギニア) 134
ミワニ(ケニア) 0°04′S35°00′E 185
ミンデロ(カーボヴェルデ) 16°54′N25°00′W 130
ミンドゥリ(コンゴ) 4°17′S14°21′E 164
ミンナ(ナイジェリア) 9°39′N6°32′E 146
ムイラ(ガボン) 1°50′S11°02′E 160
ムインガ(ブルンディ) 2°50′S30°19′E 188
ムウィニルンガ(ザンビア) 11°44′S24°24′E 194
ムウェル湖(ザイール/ザンビア) 9°00′S28°40′E 11, 154, 193, 195
ムウェル・ワンティパ湖(ザンビア) 8°50′S29°40′E 195
ムヴン川(ガボン) 160
ムエンガ(ザイール) 3°02′S28°26′E 166
ムククルダム(コンゴ) 3°36′S13°56′E 164
ムゲラ川(ルワンダ) 2°05′S30°20′E 188
ムコノ(ウガンダ) 0°22′S32°50′E 186
ムシ(ザイール) 2°59′S16°55′E 166
ムジェリア(モーリタニア) 17°51′N12°28′W 131
ムジジ川(ウガンダ) 186
ムシャ島(ジブチ) 11°43′N43°12′E 177
ムシャンディケ国立公園(ジンバブウェ) 197
ムシャンディケダム(ジンバブウェ) 20°10′S30°40′E 197
ムシラ(マラウィ) 35°40′N4°31′E 118
ムズズ(マラウィ) 11°31′S33°50′E 193, 200
ムセンデ(アンゴラ) 10°33′S16°02′E 168
マゾエ川(ジンバブウェ) 197
ムソマ(タンザニア) 1°30′S33°48′E 190
ムタクジャ(タンザニア) 7°21′S30°37′E 190
マタディ(ザイール) 5°50′S13°32′E 154, 166
ムチンジ(マラウィ) 9°44′S32°45′E 191
ムツァムドゥ(コモロ諸島) 12°10′S44°25′E 218
ムートゥ(エジプト) 25°28′N28°58′E 116
ムトゥワラ(タンザニア) 10°17′S40°11′E 191
ムトコ(ジンバブウェ) 17°24′S32°13′E 197
ムナナ(ガボン) 1°18′S13°09′E 160
ムニニ(赤道ギニア) 162
ムバイキ(中央アフリカ共和国) 3°53′N18°01′E 158
ムバカウ貯水池(カメルーン) 6°40′N12°32′E 148
ムバネ(スワジランド) 26°26′S31°47′E 212
ムバニオ潟(ガボン) 3°35′S11°00′E 160
ムババネ(スワジランド) 26°20′S31°08′E 11, 202, 212
ムバム川(カメルーン) 148
ムバラ(ザンビア) 8°05′S31°24′E 195
ムバララ(ウガンダ) 0°36′S30°40′E 186
ムバランガンドゥ川(タンザニア) 191

ムバリ川(中央アフリカ共和国) 158
ムバリ川(中央アフリカ共和国) 158
ムバレ(ウガンダ) 1°04′N34°12′E 181, 186
ムバンザ・コンゴ(アンゴラ) 6°18′S14°16′E 168
ムバンザ・ングング(ザイール) 5°17′S14°51′E 66
ムバンジョック(カメルーン) 4°28′N11°58E 148
ムパンダ(タンザニア) 6°21′S31°01′E 191
ムパンカ(ザイール) 0°03′S18°28′E 154, 166
ムピカ(ザンビア) 11°50′S31°30′E 195
ムビニ(赤道ギニア) 1°34′N9°38′E 162
ムビニ川(赤道ギニア) 162
ムフアティ(コンゴ) 4°26′S13°48′E 164
ムフウェジ川(タンザニア) 181, 191
ムブウェンブル川(タンザニア) 181, 191
ムブジ・マイ(ザイール) 6°10′S23°39′E 22, 74, 166
ムブト(モーリタニア) 16°02′N12°38′W 131
ムフリラ(ザンビア) 12°30′S28°12′E 193, 195
ムブール(セネガル) 14°22′N16°54′W 132
ムブルング(ザンビア) 8°50′S31°06′E 195
ムベ川(ガボン) 160
ムベニ(コモロ諸島) 11°40′S43°13′E 218
ムベヤ(タンザニア) 8°54′S33°29′E 191
ムベンデ(ウガンダ) 0°35′N31°24′E 186
ムポコ川(中央アフリカ共和国) 158
ムボム川(中央アフリカ共和国) 154, 158
ムミアス(ケニア) 0°20′N34°29′E 185
ムランヴァ(ブルンディ) 3°14′S29°38′E 188
ムランジェ(マラウィ) 16°05′S35°29′E 200
ムリラ(スワジランド) 26°14′S31°36′E 212
ムルフレ(ジブチ) 12°36′N43°00′E 177
ムールメ(スワジランド) 26°02′S31°50′E 212
ムルル(ウガンダ) 1°21′S13°20′E 160
ムルングシダム(ザンビア) 14°43′S28°50′E 195
ムルンダ(ルワンダ) 1°52′S29°22′E 188
ムロベジ(ザンビア) 16°48′S25°11′E 195
ムワヤ(タンザニア) 8°56′S34°50′E 191
ムワンザ(タンザニア) 2°30′S32°54′E 181, 190
ムンドゥ(チャド) 8°36′N16°02′E 156
ムンブワ(ザンビア) 15°00′S27°01′E 195
メカンボ(ガボン) 1°03′N13°50′E 160
メクネス(モロッコ) 33°53′N5°37′W 122
メクル川(ブルキナ・ファソ/ベニン) 143, 144
メジェズ・エル・バブ(チュニジア) 36°39′N9°40′E 121
メス(エジプト) 31°08′N29°51′E 116
メッサロ川(モザンビーク) 193
メッシナ(南アフリカ) 22°23′S30°00′E 207
メデア(アルジェリア) 36°15′N2°48′E 110, 118
メデヌ(チュニジア) 33°24′N10°25′E 121
メデルドラ(モーリタニア) 16°55′N15°39′W 131
メトゥラウィ(チュニジア) 34°20′N8°22′E 121
メナ川(エチオピア) 170
メノング(アンゴラ) 14°40′S17°41′E 168
メリリ川(シエラレオネ) 136
メリラ(モロッコ/スペイン領) 35°17′N2°57′W 110, 122
メル(ケニア) 0°03′N37°38′E 185
メル国立公園(ケニア) 0°14′N38°00′E 185
メルサ・エル・ハンガ(リビア) 32°04′N23°54′E 118
メル山(タンザニア) 3°15′S36°44′E 11, 181
メルセター(ジンバブウェ) 19°48′S32°50′E 197
メルセター国立公園(ジンバブウェ) 19°48′S32°30′E 197
メレグ(ソマリア) 3°47′N47°18′E 179
メロエ(スーダン) 18°30′N31°49′E 43
メンゼルブルギバ(チュニジア) 37°10′N9°49′E 121
メンバ(モザンビーク) 14°10′S40°30′E 199
モア川(シエラレオネ) 126, 136
モアンダ(ガボン) 1°32′S13°17′E 160
モアンダ(ザイール) 5°55′S12°24′E 166
モガディシュ(ソマリア) 2°02′N45°21′E 11, 22, 48, 74, 170, 179
モガクエナ川(南アフリカ) 202
モ川(トーゴ) 144
モーガン(エジプト) 28°13′N33°28′E 116
モケラ・ド・ゾンボ(アンゴラ) 6°06′S15°12′E 168
モサメデス(アンゴラ) 15°10′S12°09′E 154, 168
モザンビーク(モザンビーク) 15°00′S40°44′E 193, 199

モシ(タンザニア) 3°20′S37°21′E 191
モジョ(エチオピア) 8°42′N39°05′E 174
モシンボア・ダ・プライア(モザンビーク) 11°19′S40°19′E 199
モスタガネム(アルジェリア) 35°54′N0°05′E 110, 118
モセンジョ(コンゴ) 2°52′S12°46′E 164
モダー川(南アフリカ) 202
モタバ川(コンゴ) 164
モダブ川(コンゴ) 11°04′N41°55′E 177
モチュディ(ボツワナ) 24°28′S26°05′E 211
モチュバ(モザンビーク) 16°52′S36°57′E 168
モッセルベイ(南アフリカ) 34°12′S22°08′E 202, 207
モナスティル(チュニジア) 35°46′N10°59′E 121
モノ川(トーゴ/ベニン) 126, 144
モバイ(ザイール) 4°18′N21°12′E 166
モバエ・モバイダム(中央アフリカ共和国) 4°21′N21°10′E 158
モハンメディア(モロッコ) 35°35′N0°05′E 118
モハメディア(モロッコ) 33°43′N7°20′W 122
モハレスホーク(レソト) 30°09′S27°29′E 212
モヒコ(アンゴラ) 11°50′S20°03′E 168
モブツ湖(アルバート湖)(ウガンダ/ザイール) 1°40′N31°00′E 11, 154, 167, 181, 186
モプティ(マリ) 14°29′N4°10′W 126, 152
モヘリ(ムワリ)島(コモロ諸島) 12°15′N43°45′E 215
モホツォン(レソト) 29°18′S29°05′E 212
モホロ(タンザニア) 8°09′S39°10′E 191
モヤンバ(シエラレオネ) 8°04′N12°03′W 136
モヨ(スワジランド) 3°38′N31°43′E 186
モラフェノベ(マダガスカル) 17°49′S44°54′E 216
モラマンガ(マダガスカル) 18°57′S48°13′E 216
モリージャ(レソト) 29°36′S27°31′E 212
モーリシャス島(マスカレヌ諸島) 20°15′S57°35′E 216
モロ(ケニア) 0°15′S34°55′E 185
モロクエ川(モザンビーク) 193, 199
モロゴロ(タンザニア) 6°49′S37°40′E 191
モロト(ウガンダ) 2°32′N34°41′E 186
モロニ(コモロ諸島) 11°40′S43°16′E 11, 218
モレ川(ガーナ) 140
モレポローレ(ボツワナ) 24°25′S25°30′E 202, 211
モロプレ(ボツワナ) 22°40′S26°41′E 211
モロポ川(ボツワナ/南アフリカ) 202, 207, 211
モロンダヴァ(マダガスカル) 20°19′S44°17′E 216
モング(ザンビア) 15°13′S23°09′E 19
モンゴ(チャド) 12°14′N18°45′E 156
モンテプエズ川(モザンビーク) 193
モンバ川(タンザニア) 190
モンバサ(ケニア) 4°04′S39°40′E 22, 48, 58, 181, 185
モンボヨ川(ザイール) 154
モンロヴィア(リベリア) 6°20′N10°46′W 11, 22, 126, 136

ヤ 行

ヤイザ(カナリー諸島) 28°56′N13°47′W 124
ヤウンデ(カメルーン) 3°51′N11°31′E 11, 22, 127, 148
ヤグア(カメルーン) 10°23′N15°13′E 148
ヤーゲルスフォンテーン(南アフリカ) 29°44′S25°29′E 207
ヤニガンビ(ザイール) 0°47′N24°28′E 166
ヤムスクロ(コートジヴォワール) 6°49′N5°17′W 138
ヤリンガ(中央アフリカ共和国) 6°33′N23°14′E 159
ユイテンハーグ(南アフリカ) 33°46′S25°25′E 207
ユスフィア(モロッコ) 32°16′N8°33′W 122
ユブト(エチオピア) 8°58′N35°24′E 175
ヨハネスバーグ(南アフリカ) 26°10′S28°02′E 22, 74, 203, 207
ヨボキ(ジブチ) 11°29′N42°03′E 177
ヨム(ギニア) 7°54′N9°15′W 135
ヨラ(ナイジェリア) 9°14′N12°32′E 146

ラ 行

ライ(チャド) 9°22′N16°14′E 156
ライデンバーク(南アフリカ) 25°10′S30°29′E 207
ラウニ(アルジェリア) 20°28′N5°43′E 118
ラグアト(アルジェリア) 33°49′N2°55′E 118
ラク・アワラ川(ケニア) 1°25′N40°50′E 185
ラグバ(リビア) 29°04′N19°08′E 118

地名索引

ラ・グレット(チュニジア) 36°52′N10°18′E 121
ラゴス(ナイジェリア) 6°27′N3°28′E 11, 22, 74, 126, 146
ラコブス(ボツワナ) 21°00′S24°32′E 211
ラザク(エジプト) 30°37′N28°54′E 116
ラスアノド(ソマリア) 8°26′N47°19′E 179
ラス・アル・ウヌフ(リビア) 31°53′N18°30′E 118
ラスガリブ(エジプト) 28°22′N33°04′E 116
ラスケブデナ(モロッコ) 35°08′N2°25′W 123
ラスコレー(ソマリア) 11°10′N48°16′E 179
ラス・ダシェン山(エチオピア) 13°15′N38°27′E 11, 171
ラステンブーグ(南アフリカ) 25°40′S27°15′E 207
ラストゥルスヴィーユ(ガボン) 0°50′S12°43′E 160
ラス・パルマス・デ・グランカナリア(カナリー諸島) 28°08′N15°27′W 110, 124
ラスムハマド(エジプト) 27°44′N34°15′E 116
ラソ島(カーボヴェルデ) 16°39′N24°38′W 130
ラ・ディグー(セイシェル諸島) 4°20′S55°51′E 215, 219
ラバト(モロッコ) 34°02′N6°51′W 11, 22, 74, 110, 122
ラ・パルマ島(カナリー諸島) 28°40′N17°50′W 110, 124
ラフィア(ナイジェリア) 8°30′N8°30′E 146
ラ・ブークル・デュ・バウレ国立公園(マリ) 13°50′N9°00′W 152
ラ・プラヤ・デ・モガン(カナリー諸島) 27°51′N15°44′W 124
ラベ(ギニア) 11°19′N12°17′W 134
ラ・ポセッシオン(レユニオン) 20°55′S55°20′E 217
ラマ・カラ(トーゴ) 9°33′N1°12′E 144
ラマティアボーマ(ボツワナ) 25°41′S25°28′E 211
ラミシ(ケニア) 5°34′S39°27′E 185
ラ・ミゼール(セイシェル諸島) 4°40′S55°28′E 219
ラム(ケニア) 2°17′S40°54′E 185
ラモグェバナ(ボツワナ) 20°38′S27°40′E 211
ラモーツァ(ゴツワナ) 24°56′S25°16′E 211
ララグナ(カナリー諸島) 28°29′N16°19′W 124
ラシュ(モロッコ) 35°12′N6°10′W 122
ランザロテ(カナリー諸島) 29°00′N13°38′W 110, 124
ランダ(ジブチ) 11°52′N42°39′E 177
ランドフォンテーン(南アフリカ) 26°10′S27°43′E 207
ランバレネ(ガボン) 0°41′S10°13′E 154, 160
リアバ(赤道ギニア) 3°30′N8°50′E 162
リヴァースデール(南アフリカ) 34°05′S21°15′E 207
リヴァーセス(リベリア) 5°28′N9°32′W 136
リヴィエル・デュ・ランパール(モーリシャス) 20°06′S57°41′E 217
リヴィングストン(ザンビア) 17°50′S25°53′E 193, 195
リウェソ(コンゴ) 1°09′N15°40′E 164
リカシ(ザイール) 10°58′S26°47′E 154, 166
リクァラ川(コンゴ) 154, 164
リクンゴ川(モザンビーク) 199
リゴンハ川(モザンビーク) 193, 199
リサカ川(カメルーン) 148
リサラ(ザイール) 2°08′N21°37′E 166
リサロ国立公園(マダガスカル) 22°45′S45°15′E 216
リシャール・トール(セネガル) 16°25′N15°42′W 132
リチャーズベイ(南アフリカ) 28°47′S32°06′E 207
リチンガ(モザンビーク) 13°19′S35°13′E 199
リート川(ソマリア) 202
リートスプロート(南アフリカ) 28°26′S27°18′E 207
リトル・スキャルシーズ川(シエラレオネ) 136
リヒテンブーグ(南アフリカ) 26°08′S26°08′E 207
リーブルヴィル(ガボン) 0°30′N9°25′E 11, 22, 154, 160
リベイラ・グランデ(カーボヴェルデ) 17°12′N25°03′W 130
リベイラ・ブラヴァ(カーボヴェルデ) 16°45′N24°35′W 130
リベンゲ(ザイール) 3°39′N18°38′E 166
リムル(ケニア) 1°07′S36°38′E 185
リューデリッツ(ナミビア) 26°38′S15°10′E 202, 208
リロングゥエ(マラウィ) 13°58′S33°49′E 11, 193, 200

リンゲール(セネガル) 15°24′N15°07′W 132
リンディ(タンザニア) 10°00′S39°41′E 191
リンベ(マラウィ) 15°49′S35°03′E 200
リンポポ川(ジンバブウェ/南アフリカ/モザンビーク/ボツワナ) 11, 193, 197, 199, 202, 207, 211

ルアカナダム(アンゴラ) 7°23′S20°48′E 168
ルアチモ(アンゴラ) 7°23′S20°48′E 168
ルアッシンガ川(アンゴラ) 168
ルアハ国立公園(タンザニア) 7°00′S35°00′E 191
ルアブラ川(ザイール/ザンビア) 166, 193, 195
ルアボ(モザンビーク) 18°30′S36°10′E 199
ルアラバ川(ザイール) 11, 154, 166
ルアン(アンゴラ) 10°44′S22°11′E 168
ルアンギンガ川(ザンビア) 193
ルアングゥア川(ザンビア) 193, 195
ルアンゲ川(アンゴラ) 168
ルアンシャ(ザンビア) 13°09′S28°24′E 193, 195
ルアンダ(アンゴラ) 8°50′S13°15′E 11, 22, 74, 154, 168
ルアンパ川(ザンビア) 194
ルイ川(アンゴラ) 186
ルイギ(ブルンジ) 3°26′S30°14′E 188
ルイストリチャールド(南アフリカ) 23°01′S29°43′E 207
ルヴァ川(ザイール) 166
ルヴィロンザ川(ブルンジ) 188
ルウェグ川(タンザニア) 181, 191
ルヴ川(タンザニア) 191
ルヴブ川(ブルンジ) 188
ルヴマ川(タンザニア) 181, 191
ルエナ川(カメルーン) 9°28′S25°45′E 154, 168
ルエナ(ザイール) 166
ルエナ(アンゴラ) 154
ルエンベ川(ナミビア) 168
ルオボモ(コンゴ) 4°09′S12°47′E 154
ルガ(セネガル) 15°37′N16°13′W 132
ルガジ(ウガンダ) 0°23′N32°57′E 186
ルカンガ湿地帯(ザンビア) 14°25′S27°45′E 193, 195
ルキ川(ザイール) 154, 166
ルキズ湖(モーリタニア) 16°46′N15°55′W 131
ルグ・ガナナ(ソマリア) 3°56′N42°32′E 179
ルクサシ川(ザンビア) 193
ルクソール(エジプト) 25°41′N32°24′E 116
ルグフ川(タンザニア) 190
ルクワ湖(タンザニア) 8°00′S32°25′E 11, 181, 190
ルケニエ川(ザイール) 166
ルゲンダ川(モザンビーク) 193, 199
ルゴゴ川(ウガンダ) 186
ルサカ(ザンビア) 11, 22, 74, 193, 195
ルサベ(ジンバブウェ) 18°31′S32°15′E 197
ルシキシ川(南アフリカ) 31°25′S29°30′E 207
ルジジ川(ルワンダ/ブルンジ) 181, 188
ルシュウィシ川(ザンビア) 195
ルタナ(ブルンジ) 3°56′S30°00′E 188
ルット川(ソマリア) 179
ルディマ(コンゴ) 4°07′S13°04′E 164
ルテンガ(ジンバブウェ) 21°08′S30°45′E 197
ルバ(赤道ギニア) 3°32′N8°34′E 162
ルバンゴ(アンゴラ) 14°55′S13°30′E 154, 168
ルビラッシュ川(ザイール) 154, 166
ルフィジ川(タンザニア) 181, 191
ルフィスク(セネガル) 14°43′N17°25′E 132
ルブディ(ザイール) 9°57′S25°59′E 166
ルフフ川(タンザニア) 190
ルブブ川(ザンビア) 193
ルブンバシ(ザイール) 11°41′S27°29′E 22, 74, 154, 167
ルベフ川(ザイール) 166
ルヘンゲリ(ルワンダ) 1°30′S29°39′E 188
ル・ポル(レユニオン) 20°55′S55°18′E 217
ルムルリーフ島(セイシェル諸島) 5°05′S53°25′E 219
ルムルティ(ケニア) 0°16′N36°32′E 185
ルモンゲ(ブルンジ) 3°59′S29°26′E 188
ルリオ川(モザンビーク) 193, 199
ルルア川(ザイール) 154, 166
ルールド(アルジェリア) 29°23′N7°10′E 118
ルルド・エル・バゲル(アルジェリア) 31°14′N6°42′E 118
ル・ロシェール(セイシェル諸島) 4°37′S55°27′E 219
ルロンガ川(ザイール) 154, 166
ルンガ川(ザンビア) 195
ルングウェ山(タンザニア) 9°10′S33°40′E 181
ルングゥ川(タンザニア) 181
ルング・ブンゴ川(アンゴラ/ザンビア) 154, 168, 192
ルンセムファフィ川(シエラレオネ) 8°41′N12°32′W 136
ルンセムファダム(ザンビア) 193, 195

ルンセムファダム(ザンビア) 14°30′S29°06′E 195
ルンダジ(ザンビア) 12°19′S33°11′E 195
ルンディ川(ジンバブウェ) 193, 197
ルンピ(マラウィ) 10°59′S33°50′E 200
レヴェ川(モザンビーク) 199
レコニ川(ガボン) 154, 160
レザヴィロン(レユニオン) 21°14′S55°20′E 217
レタバ川(南アフリカ) 207
レッカネ(ボツワナ) 21°26′S25°36′E 211
レッドクリフ(ジンバブウェ) 19°00′S29°49′E 197
レティアハウ川(ボツワナ) 211
レディスミス(南アフリカ) 28°34′S29°45′E 207
レディブランド(南アフリカ) 29°19′S27°25′E 207
レバンバ(ガボン) 2°18′S11°20′E 160
レフェペ(ボツワナ) 23°20′S25°50′E 211
レホボト(ナミビア) 23°18′S17°03′E 208
レユニオン島(レユニオン) 21°06′S55°36′E 215
レラバ川(ブルキナ・ファソ) 142
レリーベ(レソト) 28°52′S28°03′E 212
レングエ川(コンゴ) 164

ロイヤルナタール国立公園(南アフリカ) 28°45′S28°57′E 207
ロヴマ川(モザンビーク) 193, 199
ロキタウング(ケニア) 4°15′N35°45′E 185
ロキチョキオ(ケニア) 4°16′N34°22′E 185
ログ川(アンゴラ) 154, 168
ロケル川(シエラレオネ) 136
ロコジャ(ナイジェリア) 7°47′N6°45′E 146
ロゴヌ川(カメルーン/チャド) 11, 126, 148, 154, 156
ロサダス(アンゴラ) 16°44′S15°00′E 168
ロシング(ナミビア) 22°31′S14°52′E 208
ローズヒル(モーリシャス) 20°14′S57°27′E 217
ローズベル(モーリシャス) 20°24′S57°36′E 217
ロッソ(モーリタニア) 16°29′N15°53′W 131
ロッソベティオ(セネガル) 16°16′N16°08′W 132
ロドゥウォール(ケニア) 3°06′N35°38′E 185
ローデポールト(南アフリカ) 26°10′S27°53′E 207
ロバイエ川(中央アフリカ共和国) 158
ロバーツィ(ボツワナ) 25°11′S25°40′E 211
ロバートウィリアムズ(アンゴラ) 12°51′S15°34′E 168
ロバートスポート 6°45′N11°22′W 136
ロビト(アンゴラ) 12°20′S13°34′E 154, 168
ロファ川(リビア) 199
ロボ川(コートジヴォワール) 138
ロマニ川(ザイール) 11, 154, 166
ロム川(ザイール) 166
ロメ(トーゴ) 6°10′N1°21′E 11, 22, 126, 144
ロメラ川(ザイール) 166
ロヤダ(ジブチ) 11°27′N43°18′E 177
ロリアン湿地(ケニア) 0°40′N39°35′E 185
ロルイ島(ウガンダ) 0°08′S33°43′E 186
ロルミ(スーダン) 170
ロールマラッシン山(タンザニア) 3°03′S35°49′E 181
ロロ(ガボン) 170
ロンディアニ(ケニア) 0°10′S35°35′E 185
ロンボ島(カーボヴェルデ) 14°38′N24°40′W 130

ワ 行

ワ(ガーナ) 10°07′N2°28′W 140
ワウ(スーダン) 7°42′N28°00′E 174
ワカ川(中央アフリカ共和国) 158
ワガドゥグ(ブルキナ・ファソ) 12°20′N1°40′W 11, 22, 126, 142
ワザ国立公園(カメルーン) 11°20′N13°40′E 148
ワジル(ケニア) 1°46′N40°05′E 185
ワス(ギニア) 10°02′N13°39′W 134
ワセ川(ナイジェリア) 146
ワダーヌ(モーリタニア) 20°55′N11°34′W 131
ワツァ(ザイール) 3°02′N29°33′E 166
ワッダ(中央アフリカ共和国) 8°09′N22°20′E 158
ワッダン(リビア) 29°10′N16°10′E 158
ワッラ(中央アフリカ共和国) 158
ワッリ(ナイジェリア) 5°36′N5°46′E 146
ワディ・アムルル川(スーダン) 175
ワディ・アラバー川(エジプト) 116
ワディ・アル・アシュート川(エジプト) 116
ワディ・アル・アラキ川(エジプト) 116

ワディ・アル・タルファ川(エジプト) 116
ワディ・アル・マリク川(スーダン) 170, 174
ワディ・アル・ミヤー川(エジプト) 116
ワディ・イラワン川(リビア) 119
ワディ・キナ川(エジプト) 116
ワディ・ザムザム川(リビア) 119
ワディ・タナルト川(リビア) 119
ワディ・タミト川(リビア) 119
ワディ・ナタシュ川(エジプト) 116
ワディ・バルジュジ川(リビア) 119
ワディ・ハルファ(スーダン) 21°55′N31°20′E 174
ワディ・ハワッシュ川(チャド) 156
ワディ・ホワル川(スーダン) 170
ワディ・リメ川(チャド) 156
ワドウ・エル・ジャット(西サハラ) 125
ワド・ウム・エル・リビア川(モロッコ) 122
ワドゥ・マダニ(スーダン) 14°24′N33°30′E 171, 175
ワド・エル・アビド川(モロッコ) 122
ワド・グイル川(モロッコ) 123
ワド・ザ川(モロッコ) 123
ワド・ジェディ(アルジェリア) 118
ワド・ジャレット(アルジェリア) 118
ワド・シャレフ川(モロッコ) 123
ワド・スス川(モロッコ) 122
ワド・セブー川(モロッコ) 122
ワド・ゼム川(モロッコ) 32°55′N6°33′W 122
ワド・タファサセット川(アルジェリア) 119
ワド・タマンラセット川(アルジェリア) 118
ワド・テンシフト川(モロッコ) 122
ワド・ドラ川(モロッコ) 11, 122
ワド・ムルヤ川(モロッコ) 122
ワド・メジェルダ川(チュニジア) 121
ワド・メラー川(モロッコ) 122
ワハ(リビア) 28°08′N19°51′E 119
ワミ川(タンザニア) 181, 191
ワ・ラタ(モーリタニア) 17°18′N 7°02′W 131
ワルヴィスベイ(ナミビア) 22°50′S14°31′E 202, 208
ワルグラ(アルジェリア) 32°00′N5°16′E 118
ワルザザト(モロッコ) 30°57′N6°50′W 122
ワンキー(ジンバブウェ) 18°20′S26°25′E 196
ワンバ川(ザイール) 166

ンカイ(コンゴ) 4°07′S13°17′E 164
ンガウンデレ(カメルーン) 7°20′N13°35′E 126, 148
ンガッダ川(ナイジェリア) 147
ンガミ湖(ボツワナ) 20°37′S22°40′E 202, 211
ンギグミ(ニジェール) 14°19′N13°06′E 151
ングウェニヤ(スワジランド) 26°10′S31°20′E 213
ングニエ川(ガボン) 160
ングリ(チャド) 13°42′N15°19′E 156
ングワヴマ川(スワジランド) 213
ンゲジ国立公園(ジンバブウェ) 18°45′S30°56′E 216
ンゴゴ川(カメルーン) 126, 148
ンゴジ(ブルンジ) 2°52′S29°50′E 188
ンゴベ・ラグーン(ガボン) 1°55′S9°25′E 160
ンゴミ・ラグーン(ガボン) 1°35′S9°17′E 160
ンゴラ(ウガンダ) 1°28′N33°47′E 186
ンゴング(ケニア) 1°22′S36°39′E 185
ンカラバムム(ナミビア) 17°52′S19°49′E 208
ンザラ(スーダン) 9°20′N34°47′E 191
ンサウム(ガーナ) 5°47′N0°19′W 140
ンサンジェ(マラウィ) 16°55′S35°12′E 200
ンジ川(コートジヴォワール) 138
ンジャメナ(チャド) 12°10′N14°59′E 11, 22, 154
ンジョレ(ガボン) 0°07′S10°45′E 160
ンジョンベ(タンザニア) 9°20′S34°47′E 191
ンジョンベ川(タンザニア) 190
ンスタ(ガーナ) 5°16′N1°59′W 140
ンゼレコレ(ギニア) 7°49′N8°48′W 135
ンゾイア川(ケニア) 185
ンゾミ川(コートジヴォワール) 138
ンソク(赤道ギニア) 1°08′N11°16′E 162
ンダラタンダ(アンゴラ) 9°15′S14°53′E 168
ンタルカ(ルワンダ) 1°45′S29°37′E 188
ンチャンガ(ザンビア) 12°30′S27°53′E 195
ンテム川(カメルーン) 148
ンデレ(中央アフリカ共和国) 8°25′N20°38′E 158
ンデンデ(ガボン) 2°22′S11°23′E 160
ンド・ラグーン(ガボン) 2°35′S10°00′E 160
ンドラ(ザンビア) 13°00′S28°39′E 22, 193, 195
ンハタ・ベイ(マラウィ) 11°37′S34°20′E 200
ンホタコタ(マラウィ) 12°55′S34°19′E 200

索　引

イタリック数字の頁は，図版または地図の説明文に対応する．

ア　行

亜鉛　15,167,210
アウストラロピテクス　43,44,*45*
青ナイルの源流　*62*
青ナイル(川)　*173*,174,176
アガウ諸語　28
アカシア　14
アカ結社　97
アカン族　139
アカン語　141
アキダ　189
アクゥワー，ハビブ　123
アク結社　97
アクスム　40,*40*,49,176
アクスム王国(帝国)　48,176
アグニ族　139
握斧　44
アクフォ，F.W.K.　143
アクラ　75,76,100,223
アクラヴェ・ダンス　*96*
アクワム王国　141
アコソンボダム　15
アサンタヘネ　54,*55*
アサンテ　33,51,54,58,60,61,70,81,85,141
アザンデ　90,176
アサンテ王国(帝国)　24,*58*,139,141,143
アジア　51,75,206,209
　(植民)　35,189
アジア人排除　187
足跡化石　42
アジキウェ，ナムディ　147
アジス・アベバ　10,73,101,176,177,222,223
アシピム　*54*
アシュレアン石器　44
アシュレアン文化　*43*
アジョアクタ　149
アスマラ　*172*,*173*,176,177
アムハラ語　24,26,28,175
アスワンハイダム　15,117
アセブ　*176*
アタパメ　*95*
アダマワ　84,86,149
アダマワ・イースタン語派　24,149
アチェンポン，I.K.　141
アチュア　*95*
アチョリ　90,187
アッシュビー報告書　101
アッバース，フェルハト　120
アドゥリス　48
アドゥリアナブイニメリナ　217
アトゥバラー川　174
アトラス山脈　10,15,120,123
アドワの戦い　63
アニミズム　31,135
アノボン(のちのピガル)　161
アハマディーヤ派　35,99
アハムドゥ　153
アパルトヘイト　75,77,184,209,210,212
アビジャン　139
アヒジョ，M.アハマドゥ　149
アファファ　*94*
アファル　177
アブジャ　147
アブダラ，アハメド　218
アブドゥラヒ　52
アブラヤシ　43,46,145,147,149
アフリカのイメージ　8
アフリカの気候　19
アフリカの人種タイプ　*28*
アフリカの真正さ　145
アフリカの大学　100
アフリカの角
　(言語)　24,26,*26*,28
　(宗教)　31
　(人口)　15
　(地理)　170,178
　(奴隷交易)　68
アフリカ・カリブ海・太平洋諸国会議(ACP)　130
アフリカ・カリブ・太平洋諸国(ACP諸国)　223
アフリカ騎士団　69
アフリカ教育相会議　101
アフリカ経済委員会(ECA)　223
アフリカ協会　57,*58*
アフリカ社会主義運動(コンゴ)　163
アフリカ人会議　201
アフリカ人国民会議(ANC)(南アフリカ)　209
アフリカ人利益擁護民主同盟(UDDIA)(コンゴ)　165
アフリカ正義運動(リベリア)　139
アフリカ全面独立同盟(UNYTA)(アンゴラ)　169
アフリカ探検　*58*
アフリカ探検者会議　60
アフリカ統一機構(OAU)　120,217,218,219,222,*223*
アフリカ独立教会　103
アフリカーナー(ボーア人)　51,52,60,63,206,210
アフリカ・プレート　10,*10*
アフリカ分割　8,34,53,59,63
アフリカ民主連合(RDA)(コートジヴォワール)　139
アフリカーンス語　24,202
アフリカン・メソデスト監督教会　72
アフロアジア語族(ハム＝セム語族)　24,26,*26*,30,110,149
アフロアジア語族の起源　*28*
アフロ・アメリカ音楽　90
アフロ・アラブ　51
アフロ・アラブサミット　223
アフロ・シラージ党(ザンジバル)　190
アフロ・ポルトガル人　85
アベオクタ　74
アボメー王国　145
アノマ，ジョセフ　139
アミン，イディ　187
アムハラ族　24
アメリカ
　(アフリカ人コミュニティ)　68,70,72,*72*
　(援助)　122,137
　(外交)　120,169,189
　(経済援助)　122,177
　(貿易)　210
アメリコ・リベリア人　137
アラー　34,35
アラウィ朝　123,125
アラドゥラ教会　34
アラビアゴム　130,132,176
アラブ　120,190
　(音楽)　90,*95*
　(経済援助)　176,178
　(交易)　56
　(植民)　178
　(人類学)　28
　(征服)　*48*
アラブの旅行家　64,91
アラブ人　28,34,35,51,56,*58*,130,180,184,216
アラブ人(征服)　48,*48*
アラブ首脳会議　117
アラブ諸国連盟　222
アラブ連盟　120,122
アラビア　48
アラビア語　24,*24*,26,*26*,28,34,110,130,157,176
アラビア人　34,*65*,214
アラビア半島　48
アラム語　36
アリー，ムハンマド　52,*53*,117
アルアイン　124,125
アル・アズハルモスク　48
アル・オベイド　176
アルグング　14
アルジェ　73,*73*,75,120
アルジェリア
　(外交)　*113*,120,122,125,130,222
　(気候)　120
　(経済)　120
　(考古学)　46

(鉱物資源)　*112*
(宗教)　120
(植民地化)　57
(政治)　120
(地理)　*112*,120
(都市化)　73
(農業)　120
(民族)　120
(歴史)　48,*111*,120,123
アルジェリア人民宣言　120
アルジェリア戦争　120,122
アルーシャ宣言　102,190
アルハ　101
アルバ　*172*
アルバート湖(モブツ湖)　*62*,*63*,187
アルバニア型人民共和国　147
アルモハッド　48
アルモハッド朝　123
アルモラヴィド　48
アルモラヴィド朝　123
アル・ラハド計画　176
アルール　90
アルワ(言語)　28
アルワ王国　28
アレクサンドリア　33,40,68,73,117
アレクサンダー大王　73,117
アレクサンドル・プーシキン　69
アングルヴァン，ガブリエル　139
アングロ・エジプト　176
アングロフォーン　149
アンゴラ　154
　(音楽とダンス)　90,*91*,94,95,*96*,*97*
　(気候)　12,167
　(漁業)　15
　(経済)　167
　(宗教)　33
　(交易)　69
　(植民地化)　56
　(地理)　12,*12*,15,167
　(奴隷)　70
　(奴隷制)　70
　(農業)　167
　(美術)　*88*
　(歴史)　91,167
アンゴラ解放国民戦線(FNLA)　169
アンゴラ解放人民運動(MPLA)(アンゴラ)　169
アンゴラーレ　163
アンコーレ　*183*,187
アンジュアン　218
アンタナナリヴォ　216
アンテロープ　*87*
アンバー，マリク　68,*68*
アンブローズ・ズワネ　212

イエス(キリスト)　34
イエメン(外交)　117
イエモジャ　*39*
硫黄　15,210
生きている死者　31,*33*
イギリス
　(アフリカ人コミュニティ)　68,70
　(移民)　198
　(援助)　187
　(外交)　57,59,117,120,121,167,189,198,209,217,219,223
　(教育)　100
　(軍事的支配)　63
　(経済援助)　135
　(植民)　60,*61*,63,75,194,198
　(植民地化)　32,56,60,*61*,63,75,75,117,126,134,135,137,141,147,176,178,180,184,187,194,196,204,210,219
　(政治的支配)　60,*63*
　(探検)　*58*
　(貿易)　70,210
イギリス国教会　32,59,100,187
イギリス＝ザンジバル条約　68
イギリス帝国東インド会社　187
イギリス南アフリカ会社(BSAC)　196,210
イギリス領ソマリランド　178
イギリス領トーゴランド　141,143

イギリス領西アフリカ会議(ガーナ)　141
イギリス領東アフリカ　189
イギリス連邦　198,206,210
イギリス連邦首脳会議　198
イジェブ　86
移住　194
イジョ　147
石綿　15,209,213
イスティクラール党(モロッコ)　123
イーストロンドン　*202*
イスパニョーラ島　70
イスマイル，ヘディヴ　117
イスラエル　68,117
　(外交)　117,122
　(拡大)　120
　(割礼)　30
　(教育)　35
イスラム化　30,31,34,35,49,51
イスラム化(音楽)　90
イスラム学校(コーラン学校)　101
イスラム学者　69
イスラム教　51,*32*,33,34,35,*35*,38,40,51,63,*111*,147,170,*172*,177,180,187,189
イスラム教
　(アフリカ人コミュニティ)　71
　(王国・帝国)　48,52,117
　(音楽)　90,*95*
　(改革運動)　48
　(改宗)　135
　(教育)　101
　(教義)　34
　(交易)　69
　(社会)　110
　(侵入)　176
　(都市化)　73
　(奴隷制)　68
　(文化)　69,*180*
イスラム教徒　*58*,73,206,218
イスラム国家　51
イスラム国家　35,68
イスラム世界
　(アフリカ人ディアスポラ)　68,69
イスラム同胞団(スーダン)　176
イスラムハンニバル　69
イスラム復興運動　119
イスラム法(シャリア)　51
イタリア
　(植民)　120
　(植民地化)　63,117,120,121,*172*,178
イタリア語　24
イタリア領エリトリア　177
イタリア領ソマリランド　178
一党制国家　161
イディース一世　123
イディース二世　123
イドリース，ムハンマド　120
イバダン　74,*75*,100,147
イビビオ　147
イファ　38,*39*
イフェ　51,85,*86*,*87*,147
イベリア半島　68
イボ・ウクウ　51,85,86
イボ　24,30,48,147
イボ語　24
鋳物　85
イヤ・イル　*94*
イラク語　189
イラン(アフリカ人コミュニティ)　69
イロー，マコロ　163
イロンジ，アグイ(少将)　149
インカザ　209
インガダム　167
インゼルベルク　12,139
インターロック　92
インディゴ　*128*
インド　10,68
　(アフリカ人コミュニティ)　68,*72*
　(貿易)　198
インド　24,187,198,206
　(移民)　184,218
　(入植者)　*214*
　(労働者)　67,218
インドネシア　214

インドネシア移住民　90
インド洋　10,26,46,47,48,52,57,60,189,198,266,217
　(地理)　12,214,219
　(奴隷交易)　68
　(交易)　51,56,198,217
インブルヴィア　81
インボコトヴォ国民運動(スワジランド)　212

ヴァイ語　98
ヴァナジウム　210
ヴァポストリの預言者　103
ヴァミキュライト　15
ヴァール川　206
ヴィクトリア　219
ヴィクトリア湖(ヴィクトリア・ニアンザ湖)　46,*58*,*62*,184,187
ヴィクトリア滝　12,*15*,*192*,*193*,194
ウィゲ　169
ヴィシー政府　120,122
ウィトウォータースランド　60,205,209
ウィトランダース　63
ウィルソン，オリー　92
ヴィルンガ火山帯　187
ヴィントフーク　209
ウヴィンザ　*47*
ウェディエ，グクニ　157
ヴェルヴィツィア・バイネシー　*204*
ヴェルサイユ条約　209
ヴェルデイエ，アルチュール　139
ヴェンダ　209
ヴォルタ川　49
ヴォルタ川計画　141
ヴォルビリス　123
ウォロフ　90,*132*
ウォロフ語　24,133
ウォロフ帝国　132,134
ウガンダ　180
　(音楽)　90,*90*
　(外交)　176,184,190
　(気候)　187
　(教育)　100
　(経済)　187
　(言語)　28,170
　(宗教)　31
　(住民)　*183*
　(植民地化)　62
　(人類学)　44,*45*
　(政治)　187
　(地理)　12,*62*,187
　(農業)　187
　(歴史)　52,*187*
ウガンダ人民会議　187
ウガンダ鉄道　184
ウガンダ民族解放戦線(UNLF)　187
雨季　13,14,*14*,19,20,147
ウクリマ村　*61*
ウザヴェラ　*95*
ウシ　26,46,51,80,*92*,130,153,167,*172*,176,178,*183*,187,189,196,209,210,212,216
ウジャマー　8
ウジャマー政策　190
ウジャマー村　190
ウスターラブ　189
ウタンボニ川　161
ヴードゥ　70
ウバンギ川　157
ウバンギ・シャリ　157
ウバンギ諸語　157
ウフェ・ボワニイ　139
ウマ　*53*
ウマル，エル・ハジ　52,60,132,153
ウムジンヴブ川　206
占い　38,*89*
占い師　*39*
ウラニウム　151,210
ウラン　155,161
ヴリディ運河　139
ヴーレとシャノワヌの遠征　151
ウムゲニ川　206
ウンベルジ川　212

索　引

英語　24,24,100,180
栄光の三日間　165
イギリス国教会　32,59,100
衛星写真　12
エヴィアンの協定　120
エウェ族　71,143
エクアトリア州　176
エグングン　38,39
エコイ族　88
エザナ　48
エジプト　35,63,68,110
　(外交)　63,117,120,176,187,222
　(気候)　117
　(経済)　111,117
　(交易)　49
　(宗教)　31,33,34
　(植民地化)　53,176
　(生活)　113
　(政治)　60,63
　(地理)　117
　(都市)　73
　(都市化)　73
　(都市文明)　73
　(農業)　46,117
　(文化)　73
　(民族)　117
　(歴史)　8,48,51,52,53,117
エジプト軍　173
エジプト古王国　48,176
エジプト象形文字　48
エジプト侵略　57
エジプト人　40
エジプト文明　117
エシュ　38
エスニックグループ
　(音楽)　90
　(建築)　78
　(言語)　24,26
　(宗教)　28,30,31,33,34
　(人類学)　28,30
　(都市化)　75～77
　(文化)　28,30,34
　(分布)　22,24
　(分類)　24,26,28,30,46,47
エチオピア　58,170
　(王国)　49
　(音楽)　90
　(外交)　176,178,222
　(気候)　12,13,176
　(経済)　177
　(言語)　26,28,98,170,176
　(工業)　177
　(国旗)　220
　(宗教)　28,34,40,49,176
　(植生)　176
　(植民地化)　57
　(人口)　176
　(人類学)　42,44
　(政治)　177
　(地理)　10,170,174,176,178
　(鉄道)　177
　(都市)　176
　(都市化)　73
　(農業)　172,173,176,177
　(民族)　176
　(歴史)　48,52,63,170,176,177
エチオピア王国　24,49,52,56,170,177
エチオピア教会　34,40,40,41,49
エチオピア高地　178
エチオピアサブ語族　26
エチオピア修道院　40,41
エチオピア諸語　26
エチオピア帝国→エチオピア王国
エディ　94
エド(ビニ)　147
エドワード湖　187
エブエ,フェリックス　157
エフェンデイ,デューズ・モハメッド　72
エヌグ　147
エネルギー　15,16
エホバの証人達　32,201
エヤデマ(中佐)　145
エリート　75,77,102,145
エリトリア　177
エリトリア解放戦線　177
エルゴン山　187
エルハルト　62
円環的年齢階梯制　184
エンクルマ,クワメ→ンクルマ,クワメ
えんじ虫　124
猿類　42

オアシス　110,130,178
オヴァンボ　209
オヴィムブンドゥ族　91
オヴェンド　159

オウォ　86
王国と帝国　28,48,49,82
黄熱病　103
王の権力　51
王母の権力　51
王立地理学会　59
オオノボロギク　14
オオムギ　43,46,177
オカヴァンゴ　209
オカヴァンゴ沼沢地　10,15
オガデン　177,178
オガン　94,95
オーク材　124
オクメ材　161,165
アクラ　43
オグン　39
オグン祭　96
オゴウェ川　159
オジュク,オドゥメグ　149
オショボ　39,85,85
オショボ川　39
オシュン　39
オーストラリア　10
オスマン=トルコ(オスマン帝国)　117,119,121,176
オーセンティシティ　8
オーディエンシア　124
オディエンヌ・ブンディアリ　139
オディング　94
オートヴォルタ→ブルキナ・ファソ
オドゥス(十六の詩篇)　39
オートゼッション　120
オニ　87
オニス　86
オニチャ　147
オバ　82,87
オバサンジョ,オルセグン　149
オバタラ　38
オパンゴ,ジャック　163
オブンティアサボテン　124
オペック(OPEC)　106,149,161
オボテ,ミルトン　187
オボジ,エダン　86
オボモジョ　147
オマーン　51,52
オマーンアラブ　68
オマーン王朝　180
オマーン人　56
オモト　30
オモト語派　28
オヤ　39
オヨ　39,147
オヨ王国　51
オーラタ　128
オラン　75
オランダ　34,60
　(植民)　60,75
　(植民地化)　56
　(入植者)　202,217
　(貿易)　70
オランダ教会派　32
オランダ東アフリカ会社　206
オランダ東インド会社　51
オランダ領ギアナ(アフリカ人コミュニティ)　70
オリシャ　38
オリファンツ川　12
オリンピオ,シルヴァヌス　145
オルドヴァイ峡谷　42,42,43,45
オルフェルトダッペル　86
オルンミラ神　39
オレンジ川　16,206
オレンジ自由国　60,206,210
オレンジ自由州　206
オロ　38
オロクン　39
オロドゥマレ　38,38,39
オロン(天国の持主)　38
オロモ(ガラ)　28,176,178
オロモ語(ガラ語)　28,176
音楽　28,34,40,55,90,90,91
音楽とダンス　28,92
音調言語(トーンランゲージ)　94

カ 行

蚊　103,198
ガイアナ(アフリカ人コミュニティ)　72
改革派長老教会　32
会議人民党(CPP)(ガーナ)　141
改宗　31,33,35,48,51,63
会衆派教会　32,169
下位神　38,38,39
外人部隊　111
カイパンダ,グレゴワール　188
解放奴隷　137

カイルーアン　77
カイロ　48,68,73,98,223
カインジダム　15
ガヴィアス　124
ガーヴェイ,マーカス　72,72
カウンダ,ケネス　194,223
カエタノ　163
カオコフェルダー　209
カオラク　132
カカオ→ココア
カーカーキ　95
カキスト運動　163
楽譜　91
革命党(タンザニア)　190
革命評議会(アルジェリア)　120
革命評議会(リビア)　120
カゲラ川　187
カゲラ川流域計画　188
かご　46
かごつくり　84
カサイ　90,167
カサイ州　167
ガザ　210
ガザ王国　196
カサヴブ,ジョセフ　167
ガザ地区　117
カサブランカ　75,123
カザマンス川　132
カサル・アッサイド条約(バルドー条約)　121
火山　16,177,218
火山活動　12
カサンドラ　139
カシューナッツ　198
鍛冶屋　47
カステラ王　124
カズーナッツ　198
化石　10,42,42,45
河川　12,14,15,45,216
カーター大統領　117
カダフィ,ムアンマル　120
カタラン・アトラス　64,65
カタンガリ州　167
カチャンバ・ダニエル　92
カツイナ　51
楽器　90,92,94,94,95
カッサバ　46
カッサラ　176
ガッラ→オロモ
ガッラ語→オロモ語
割札　30,40,90,97,98,180
カティラ・アラ　82
カーティン　69
カトリック　143
カトリック教会　188,198
ガーナ
　(音楽)　90
　(外交)　145
　(気候)　141
　(経済)　141,143
　(言語)　24,141
　(ゴールドコースト)　60,141
　(住居)　81
　(宗教)　32,33
　(地理)　141
　(都市化)　141
　(農業)　46
　(美術)　85
　(民族)　141
　(歴史)　141
ガーナ古王国　49,126,153
カナリー諸島
　(外交)　124
　(観光)　124
　(気候)　124
　(経済)　124
　(言語)　24,110,124
　(工業)　124
　(宗教)　124
　(地理)　112,124
　(農業)　124
　(貿易)　124
　(民族)　124
　(歴史)　124
カニャル川　189
灌漑　124,176,212
カヌリ　147
カヌリ語　28
カネム古王国　28,35,49
カネム・ボルヌ王国　157
カノ　51,73,75,101,128,147,157
カバ　45
カバカ　187
カバカ・イエッカ党(ウガンダ)　187
カバドゥグ王国　139
カファ　28
カファ語　28
カファ古王国　28
カファンチャン族　84
カウフェ平原　12

カブーオ,クレメンス　210
ガフサ　120,123
カプリビストリップ　209
カフル,アブルーミスク　68
ガベ平原　121
カーボヴェルデ　130
　(外交)　130
　(気候)　130
　(経済)　130
　(言語)　24,130
　(宗教)　130
　(植民地化)　130
　(政治)　130
　(地理)　130
　(人口)　130
　(農業)　130
　(民族)　130
　(歴史)　130
カボラ・バッサダム　15,192,198
ガボン
　(エネルギー)　16
　(気候)　159
　(経済)　161
　(言語)　24,159
　(鉱業資源)　155,161
　(人口)　159
　(政治)　161
　(地理)　159
　(鉄道)　66
　(都市化)　73,159
　(民族)　159
ガボン民主党(ガボン)　161
カーマ,セレーツェ　210
カムバーグ洞窟　46
カメリコ　128
カメルーン　12
　(音楽とダンス)　93,94,95
　(気候)　149
　(経済)　149
　(言語)　26,28,98,149
　(国旗)　220
　(住居)　79
　(宗教)　34,35,149
　(住居)　78,155
　(植民地化)　126
　(地理)　12,149
　(人口)　149
　(農業)　149
　(美術)　82,85,88
　(保健と医療)　103
　(歴史)　149
カメルーン開発組合　149
カメルーン国民同盟　149
カメルーン山　15,149
カメルーン人民同盟(UPC)　149
仮面　39,82,85,87,88,92,96,96,97,169
仮面劇　92,96
仮面ダンス　38,92,96,96
カラクルヒツジ　210
カラード　75,206,209
カラハリ砂漠(ナミブ砂漠)　8,12,12,45,210
カラハリ/ナミブ(人口)　15
カラモジャ　187
カリウム　15
カリバ湖　15,15
カリバ湖計画　105
カリバダム　15
カリブ海　70
　(アフリカ人コミュニティ)　72
カルー　16
カルー系(先第三紀)　15,16
カルヴィニズム信仰　34
カルヴィン主義　60
カルタゴ　33,48,121
カルデラ　12
カルネイロ,ルイス　130
カールマウシュ　91
カルメ,アベイド　190
カルル　61
ガレー船　68
岩塩　15,167,210
灌漑計画　176
灌漑農業　117
乾季　14,14,19,20
観光　14,40,218
観光産業　105
慣習法　212
間接統治　100
間接統治制度　100
ガンダ　53,100,187
ガンダ語　26
カンバ　30
早ばつ　13,143,151,153
カンパラ　75
ガンビア

(観光)　135
(気候)　12,133
(経済)　135
(言語)　133
(住居)　128
(宗教)　133
(植民地化)　126
(人口)　135
(政治)　135
(地理)　133
(農業)　135
(民族)　133
(歴史)　134
ガンビア川　132,133,135
岩壁画　46,46,91,196

キヴ湖　187,188,189
キヴ州　165
気温　13,19
キガリ　188
キクユ(ギクユ)　26,184
ギクユ語　26
キクユ中央連合　184
キケジ　187
気候　12,13
気候変動　13
ギサカ王国　189
キサンガニ　155
キシ　85,135
技術教育計画　102
キスム　184
犠牲(供養)　33
季節風　180
北アフリカ
(気候)　110
(言語)　110
(交易)　69
(宗教)　35
(地理)　110
(人類学)　46
(都市)　110
北アフリカ高原　119
北アメリカ(アフリカ人コミュニティ)　39,70,71
北朝鮮(移民)　198
キタンバ　81
キッシンジャー　117
キツネザル　24
ギテガ　189
キナナ　176
ギニア
(外交)　137
(気候)　135
(教育)　137
(経済)　136
(言語)　135
(鉱物資源)　137
(産業)　137
(政治)　136
(地理)　135
(農業)　135
(保健)　137
(民族)　135
ギニアコーン(モロコシ)　46
ギニア・ビサウ
(外交)　130
(気候)　135
(鉱物資源)　135
(宗教)　135
(植民地化)　126
(地理)　135
(農業)　135
(民族)　135
ギニア・ビサウ=カーボヴェルデ独立アフリカ人党(PAIGC)　130,135
ギニア湾(地理)　12,59,69,141
ギニア湾沿岸
(音楽)　90
(奴隷交易)　70
ギニア湾岸　126
(気候)　13
キビ　43
木彫り　85
喜望峰　34,51,69,73,206
キャラバン　60
キャンプ・デーヴィット　117
旧石器時代　43,45
宮廷楽士　95
キューバ
(外交)　169,177,178
(経済援助)　169
(経済・軍事援助)　177
(奴隷貿易)　70
キューバ貿易　70
キュリナン　205
キュービズム　88
ギュンダー,ヘルムート　92
教育　98

索 引

教育言語 28
教育制度 98
教育投資 102
教会 169
供犠 33,39
共産主義 117
共同農場 14
共産党(スーダン) 176
キョガ湖 187
漁業 14,15,104
漁撈 46
ギリシャ
　(宗教) 173
　(征服) 48,120
　(文化) 73
キリスト 33,34,40
　(ナザレのイエス) 33
キリスト教 31,32,33,34,35,35,
　38,63,70,147,187,189,201
　(王国) 48,56,176
　(改宗) 124
　(教育) 34,40,60,99,149,184
　(西方教会) 34
　(伝道) 61,137
　(東方教会) 34
　(布教) 57,60,169
キリスト教王国 28
キリスト教会 34,35,40
キリスト教学 33
キリスト教社会主義 194
キリスト教伝道 59
キリスト教伝道師(宣教師) 98
キリスト教伝道団 34
キリスト教徒 51
キリスト単性説 49
キリマンジャロ山 12,15,24,189
キルワ 51,56
キレナイカ 48,119
キワヌカ,ベネディクト 187
金 15,49,50,51,57,60,85,139,167,
　198,205,206,209,210
銀 167
キンシャサ 75,167
キンバリー 60,205
キンバング,シモン 165
禁猟区(自然保護区) 104

グアンチェ 124
グアンチェ語 28
クウェート(外交) 176
グウェレ 90
クエナ 210
グジャラティ語 24
クシュ 30,147,178,184,189,187
クシュ王国 47,48
クシュ語派 28
クスティ 176
クネセット 117
クバ 82
クバ王国 165
クフラ・オアシス 120
クマシ 141
グルマ 143
供養(犠牲) 33
クラッパートン 157
グラー方言 71
グランカナリア 112,124
グランデ 130
グラント,J.A. 61,62,63
クーリー 62
クリオ語 24,137
クリオロ 130
クリバリィ,ママドゥ 139
クリバリィ,ウェジン 139
グリーンバーグ 24,26
グル語派 24
クル 90
グルニッキー,ニコラス 145
クルミワリ人間 45
クレオール 24,63,71,128,130,137,
　214,218,219
グレートウツ川 212
グレート・トレック 60,206
グレートフイッシュ川 206
クローヴ 52,68,184
クロスリヴァー 88
クロス・リズム 92
クローゼル,ジャン=マリー 139
グロッソプテリス 10
グローテ・シュール 204
クローマー卿(イヴリン・ベアリング)
　117
クロム 15,16,159,209
クワ 93
クワ語派 24
クワズール・バントゥスタン 209
グワッシュ画法 85
クワラ州 149

クワンザ 169
クン 90
軍最高評議会(ナイジェリア) 149
軍事評議会(デルグ) 177
クンチェ,セイニ 151
クンドゥチ遺跡 182

ケイ川 206
ケイタ,モディボ 153
契約労働者 163
ケイラ王朝 49
ゲーズ語 40,49,98
ケッペンの気候分類 13,19
ケニア 180
　(気候) 184
　(教育) 102
　(経済) 184
　(言語) 26,28,170,184
　(観光) 184
　(宗教) 32,35,184
　(住民) 182
　(人口) 15
　(人類学) 42,44
　(政治) 184
　(地理) 12,184
　(鉄道) 66,67
　(農業) 182,183,184
　(白人入植者) 66
　(民族) 30,184
　(歴史) 184
ケニア・アフリカ人民民族同盟 184
ケニア山 14
ケニヤッタ 26,72,184
ケープ 10,19,26,60,206
ケープヴェルデ諸島→カーボヴェルデ
ケープ・コイコイ語(南アフリカコイサ
　ン語) 26
ケープ・コースト・キャッスル 126
ケープ州 60,205,206
ケープ植民地 210
ケープタウン 60,73,75,204,209
ケープダッチ様式 204
ケープロペス 159
ケペレ 137
ゲームパーク(国立公園) 104
ゲルマニウム 167
ケレケ(大佐) 145
言語 24,44,46,47,210
言語の分布 24,24
言語の分類 24
健康と医療 103
建築 78,196
ケンテ布 54,55,85

コイコイ 60
　(ホッテントット語) 51
　(ホッテントット語) 26
コイサン 30,189,202,206,209
コイサン語 46
コイサン語族 24,26,26
降雨 12,13
交易 49,73
　(歴史) 47
交易言語 26
交易商人 49
ゴウォン,ヤクブ 149
紅海 47
口琴 94
工業用ダイヤモンド 167
航空交通 16
航空路 210
考古学 42,45,45,46,47,50,91
鉱山都市 106
香辛料 17
降水量 12,19,20
紅茶 165,183,192
交通 14,66
口頭伝承 91,95
鉱物資源 66,66
　(地下資源) 15
公用語 28
港湾 16
コーカソイド人種 46,117
コリスコ 161
ゴリラ 42,187
コリンバ,アンドレ 159
ゴールドコースト 58,61,66,100,
　141,143
コルドファン 80,93,172
コルドファン・サブグループ 24
コルドファン山地 26
コロンブス 70
コロンブス石 15,147
コロン 120
コング王国 139
コング帝国 139
混血 28
コンゴ(族) 32,70

コンゴ(共和国) 68
　(音楽とダンス) 90,95
　(気候) 163
　(経済) 165
　(言語) 26
　(人口) 163
　(政治) 165
　(地理) 163
　(美術) 88
　(歴史) 165
コンゴ川→ザイール川
コンゴ語 26,167
コンゴ古王国 26,34,51,56,95,165,
　167
コンゴ自由国 61,63
コンゴ進歩党(PRC)(コンゴ) 163
コンゴ盆地 149,157
コンジャ王国 141
コンスタンティノープル 48
コンソリディティド鉱山 210
コンデル 176
コンドワナ(超)大陸 10,214

サ 行

サアード朝 123,125
最高革命評議会(ソマリア) 178
サイザル麻 182
祭司(聖職者) 33,35
サイド,サイッド 52,189
サイファワ王朝 49,52
材木 16,66
ザイール 8,58,95,154
　(音楽) 90,169
　(音楽とダンス) 92,96
　(外交) 168,188,189
　(気候) 165
　(教育) 100,167
　(経済) 167
　(経済援助) 167
　(芸術) 82,169
　(言語) 24,26,28,165,167
　(鉱業) 106,106
　(鉱物資源) 165
　(産業) 155
　(宗教) 32,34,34,169
　(住民) 194
　(人口) 167
　(人類学) 28
　(政治) 167
　(ダンス) 92
　(地理) 12,165,189
　(都市) 77
　(農業) 165
　(美術) 85,88,89
　(民族) 165
　(歴史) 165
ザイール川 51,53,61,63,90,149,
　155,157,165,167,187
ザイール盆地 46
サヴァンナ 13,14,26,44,45,46,73,
　90,147,157,165
ザウィヤ 120
サウジアラビア
　(援助) 117
　(外交) 117,176
サオ 157
サガヤ 94
サギア・エル・ハムラ 125
砂丘 12
サザンドラ 149
サダト,アンワル 117,120
サツマイモ 187
砂糖 70,124,187,218
サトウキビ 133,135,176,178,206,
　209,213,214
サナガ川 149
ザナキ 190
サヌーシー 120
砂漠 12,12,13,19,111,157,176
砂漠化 110
サハラ 12,20,28,44,45,46,58,
　120,124,130
　(気候) 12,13
　(言語) 47
　(鉱物) 47
　(人口) 15
　(人類学) 45,46,47
　(ダンス) 92
　(農業) 46
　(民族) 46
サハラ横断道 16
サハラ交易(トランスサハラ交易)
　47,49,73,85,90,157
サハラ砂漠 35,53,68,112,147,151
　(気候) 14
　(奴隷交易) 68
サハラザンデ語 154
サファリパーク(国立公園) 8

サーヘル 13,24,46,73,143,154
サーヘルの王国 49
サーヘル気候 130
ザミニ 212
ザミニ氏族 212
ザミニ,マコンニ 212
ザミニ,マベヴ 212
サモリ 63
サラ 157
サラコレ 153
サラザール 169
サラジン 68
ザーリア 95,157
サルウ(ブッシュマン) 210
サルグンバ湾 209
サン 26,210
サン・アントニオ 130,163
サン・ヴィセンテ 130
産業革命 57
サングー 92
サンゴ 51
サンゴ礁 12,217,219
サンゴール,レオポルド・セダール
　72,132
ザンジバル 52,60,63,68,156,180,
　180,184,189
　(地理) 214
サンタイサベル(マラバ) 161
サンドウェ 189
サンドウェ語 26
サンタルイサ 130
サンタルチア 130
サンティアゴ 130
ザンデ王朝 157
ザンデ語 24
サン・ドマング 70
サン・トメ 163
サン・トメ・エ・プリンシペ
　(気候) 163
　(経済) 163
　(地理) 163
　(農業) 163
　(歴史) 163
サン・トメ・エ・プリンシペ解放運動
　(MLSTP) 163
サン・ニコラウ 130
ザンビア
　(音楽とダンス) 97
　(エネルギー) 16
　(外交) 196,201
　(気候) 194
　(経済) 194
　(言語) 26
　(鉱業) 106,106
　(交通) 15
　(鉱物資源) 194
　(住民) 194
　(人口) 194
　(政治) 194
　(地理) 192,194
　(都市) 77
　(都市化) 194
　(農業) 194
　(民族) 194
　(歴史) 52,194
ザンベジ川 12,15,50,51,58,61,63,
　106,192,198
ザンベジ河谷 56,58,198
ザンベジ峡谷 15,105,198
サンペドロ 139
サンルイ 132

シーア派 35
ジェカミーヌ(GECAMINE) 106
シェバ女王 40
シェベレ川 178
ジェームズ四世 69
シエラレオネ 72,223
　(音楽とダンス) 96
　(気候) 137
　(経済) 137
　(言語) 24,137
　(鉱物資源) 137
　(宗教) 34,63,137
　(政治) 63,137
　(地理) 137
　(鉄道) 67
　(農業) 137
　(民族) 128,137
　(歴史) 59,137
ジェルマ族 90
塩 47,49,130,209
識字率 98,101,218
時系列パターン 93,94
司祭→聖職者
死者霊 39
市場 14,49,111
至上神 33,33,35,38,38

シシリー 120
自助計画 102
自然人類学 42
自然保護区(動物保護区) 15,20
シコクビエ 46
失蠟法 86
シディ 68
シディ・リサラ 69
自動車交通 16
シトレ,ンダバニンギ 198
シナイ半島 117
地主制 177
ジハッド(聖戦) 35,51,52,60,132, 135,153
ジブチ 177
　(気候) 177
　(経済) 178
　(言語) 177
　(宗教) 177
　(植生) 177
　(政治) 178
　(地理) 170,177
　(鉄道) 177
　(民族) 177
絞り染め 85
資本主義 51,201
シマ 130
シャカ王 8,52,60,206
社会的成層化 98
社会民主党(チュニジア) 123
社会民主党(PSD)(マダガスカル) 217
シャガリ,アル・ハジ・シェフ 149
シャドリ,ベンジェディット 120
シャトル外交 117
シャバ州 167,194
ジャマイカ 72
　(アフリカ人コミュニティ) 72
シャリア(イスラム法) 51
シャリ川 78,157
ジャワラ,ディヴィッド(ダウダ卿) 135
ジャンガ 39
シャンカディスタイル 88
シャンガーン・ションガ 206
シャンゴ 33,38,39
ジャンジラ島 68
呪医 33
シュヴァインフルト,ゲオルク 157
臭化カリウム 165
就学率 99
住居 78
宗教 28,31,32,33,96
自由将校団 117
自由フランス運動 157
自由フランス政府 120
自由立憲党(エジプト) 117
十六の詩篇(オドゥス) 39
ジュクン 86
ジュジ 31,33
呪術 33
呪術者 33
ジュナイト 176
ジュバ川 178
呪物信仰(フェティシュ信仰) 31
ジュペント党(トーゴ) 145
呪薬 32,39
狩猟採集 46
狩猟採集民 51
狩猟民(音楽) 90
樹林サヴァンナ 14,42
樹林性サヴァンナ 82
巡礼 34,35,49,77
ショー 43
小エロベイ 161
生涯教育 98
ショウジョウ科 45
少数白人政権(ローデシア) 196
上ナイル 61
植生 13,14
植民地化 8
植民地化体制 8
植民地時代 65
植民地支配 63
植民地政府 34,35,201
植民地統治 101
植民地都市 75
ジョージ三世 62
ジョス高原 147
除虫菊 188
初等学校教育 99,100,101,102
ショナ 50,51,52,196,198
ショナ王国 51
ショナ語 26
ジョナサン,レアブア 212
ジョモロ 90
ジョン・グレイ運河 176
ジョーンズ,アーサー・M 90

ジョンスピード 73
シリア 34,48,117
　(外交) 117,120
シルク 176
シルック 176
シルック語 28
シルクロード 182
シレ川 61,198
シレ高原 201
白ナイル 173
　――の源流 62
新共和党(南アフリカ) 206
人口 15,22,46
　――の分布 221
人口移動 22,68
人口増加 22,99
人口密度 15
ジンジャントロプス・ロブスタス 42,45
人種 30
人種分類 30
新人 45
ジーンズ訓練大学 101
真正ウィッグ党(リベリア) 139
神聖王制 28
新石器時代 43,45,45,46
ジンダー 151
身体彩色 96
新大陸起源の作物 46
神託 38
信託統治 63
真鍮 82
ジンバブウェ(ローデシア) 51,65, 198,223
　(移民) 201
　(エネルギー) 16
　(音楽) 93
　(外交) 194,223
　(気候) 196
　(言語) 26,196
　(鉱業) 106
　(交通) 15
　(宗教) 32,103
　(住民) 194
　(地下資源) 193
　(地理) 12,196,210
　(農業) 196
　(民族) 196
　(歴史) 50,192,196
進歩党(ガーナ) 141
進歩連邦党(南アフリカ) 206
進歩連盟(レソト) 210
人民革命運動(ザイール) 167
人民国民党(ガーナ) 143
人民諸勢力社会主義同盟(モロッコ) 123
人民進歩党(リベリア) 139
人類 45
人類の進化 42,44
人類学 30
神話 97

ズネ博士 212
水銀 15
水系 10,10,12,15
睡眠病 14,103
水力発電 15,106,117,159,165,188, 198,212
スエズ 117
スエズ運河 60,117,120
スエズ運河会社 117
スエズ侵攻 117
スエズ戦争 117
スエズ湾 10,117
スカンジナビア諸国(移民) 198
スコットランド 61
スス 135
スズ 15,147,149,159,167,188,210
スース渓谷 123
スタークフォンテン 45
スタベックス(輸出収入安定制度)基金 187
スーダン 51
　(音楽) 90
　(外交) 222
　(気候) 174
　(教育) 99
　(経済) 178
　(言語) 24,28,170,173,176
　(交通) 170
　(住民) 80
　(宗教) 32,35,63,170,172,173, 176

　(地理) 170,174
　(鉄道) 67
　(都市化) 176
　(農業) 176
　(民族) 26,172,176
　(歴史) 53,173,176
スーダン系諸語 1665
スーダンサヴァンナ 143
スーダン中央部(交易) 49
スーダンベルト 26,28
スタンレー,ヘンリー・モートン 58, 60,61,62,63
スッド 170,174,176
ストゥール 89
スティーヴンス,シアカ 137
ステップ 14,149,176
ステップ気候 15
スピーク,ジョン・ハニング 58,62, 63
スペイン
　(外交) 113,124
　(植民地化) 123,125,154,161
　(奴隷貿易) 70
　(歴史) 48
スペイン語 24
スペイン領 113,120,125,130
スラム地区 75
ズワンゲニダバ 52
スワジ 206
スワジ王国 52
スワジ国民会議 212
スワジ進歩党 212
スワジランド
　(観光) 213
　(気候) 212
　(経済) 212
　(鉱物資源) 213
　(政治) 212
　(地理) 212
　(農業) 213
　(歴史) 212
スワヒリ 84
スワヒリ語 24,26,51,69,167,180, 189,190,214,218
スワヒリ商人 26
スワヒリ都市 51,198
スワヒリ都市国家 51
ズワンゲニダバ 52
スワンプ 133,135,147
スンニー派 35
西欧的教育 99
セイシェル
　(観光) 214,219
　(気候) 219
　(交易) 214
　(地理) 214,219
　(ヨーロッパ人入植者) 214
セイシェル人民連合党 219
政治区分 10
聖書 34
聖ジョージ教会 41
聖職者(祭司・司祭) 33,33,34,35, 38,39,40
成人式 97,98
成人識字率 99
製鉄技術 45
聖典の民 34
聖と俗 51
青銅器 45
青年会議(ガーナ) 141
青年チュニジア運動 121
西部アフリカ
　(音楽とダンス) 92
　(言語) 24,154
　(交易) 49
　(植民地化) 63
　(農業) 46
　(牧畜) 46
　(ヨーロッパ人植民) 60
　(歴史) 51
西部中央アフリカ
　(気候) 154
　(鉱物資源) 49,155
　(宗教) 35,154
　(地理) 154
　(農業) 170
　(住居) 80
　(宗教) 154
聖マクリオ教会 41
聖マスカル教会 41
聖メアリ教会 41
生命力 31
精霊 31,33,35,39,82,82,86,89, 96,103
精霊派 169
セヴンス・デイ・アドヴェンティスト教

会 32
世界銀行 189
世界健康機構(WHO) 223
世界市場 57
世界食糧機構(FAO) 223
石炭 15,106,147,149,209,213
赤道アフリカ 46
赤道ギニア 154
　(経済) 161
　(鉱物資源) 161
　(地理) 161
　(農業) 161
　(民族) 161
　(歴史) 161
赤道降雨林(熱帯降雨林) 26,30,165
石油 15,112,117,120,121,126,139, 147,149,151,157,161,165,169
セグ帝国 51,153
セシル・ローズ 63,196,210
セゼール,エイメ 72
石灰 209
石器 42,44,45
石器時代 196
石膏 15
セティフの暴動 120
セドル,ロア 139
セテンガ 143
セヌシ王国 157
セネガル 34
　(音楽) 90
　(外交) 134,135,153
　(観光) 133
　(気候) 132
　(経済) 133
　(言語) 24,132
　(鉱物資源) 133
　(国旗) 220
　(産業) 133
　(市場) 128
　(植民地) 60
　(政治) 133
　(地理) 132
　(農業) 133
　(貿易) 133
　(保健と医療) 103
　(民族) 132
　(歴史) 72,132
セネガル河谷 59
セネガル川 49,130,132,135,153
セネックス,ジョン 64,65
セマラ 125
セメオゴ,モーリス 143
セメント 149,165
セメント材 15
セメントブロック 79
ゼルマ/ソンガイ 151
セレール 132,133
セレンゲッティ 42
先カンブリア紀 15,16
宣教師(キリスト教伝道師) 32,34, 34,58,60,61,98
先史人 42,44
尖石 45
先第三紀(カルー系) 16
セントヘレナ島 163

ソイリー,アリー 218
ソウェト 75
象牙 15,52,60,60,82,85,159
造山運動 10
創世神話 38
ソコト 35,73
　――のカリフ国 151
ソコト帝国 63
祖霊 35
ソシャンガネ 196
祖先崇拝 28,31,38
ソタヴェント群島 130
ソト 52,89,210
ソト語 24
ソナタラッチ(アルジェリア) 120
ソニンケ 130,133
ソニンケ王 49
ソバト川 174,176
ソフラ 51,56
ソーフ・オアシス 112
ソブクェ・ロバート 209
ソブザ 154
ソマリ 170,176,177,182,184
ソマリ語 28,178
ソマリ社会主義者革命党(ソマリア) 178
ソマリア
　(外交) 177,178,222
　(気候) 12,178
　(漁業) 178

　(経済) 178
　(言語) 26,28,170,178
　(鉱物資源) 178
　(宗教) 32,178
　(住民) 182
　(植生) 178
　(人口) 178
　(政治) 178
　(地理) 170,178
　(農業) 178
　(歴史) 172
ソモロ 81
ソルコ 153
ソールスベリ→ハラレ
祖霊 31
ソ連
　(外交) 117,120,165,169,176,177, 178,198,217
　(経済・軍事援助) 177
ソロモン王 40
ソロモン王朝 40,48
ソンガイ 90,153
ソンガイ語 28
ソンガイ古王国(帝国) 28,51,143, 151,153
村海 78

タ 行

ダイヤモンド 15,60,137,139,157, 165,205,206,209,210,212
第一次世界大戦 63,117,120,143, 157,189
大エロベイ 161
大航海 58
大湖諸国経済共同体(CEPGL) 189
大湖地方(鉱物) 47
大湖地方の王国 51
大コモロ 218
第三紀 16
第三系 15
第三世界モーリシャス闘争運動 (MMM) 218
第三理論 120
大ジンバブウェ 50,51,91,196
大スーダン帝国 137
大西洋
　(交易) 132
　(奴隷交易) 70
大地溝帯 10,12,16,45,177,187,189
第二次世界大戦 100,117,120,132, 137,157,189,209
タイミングの原則 92
第四系 15
大陸横断道 16
台湾(援助) 188
ダウ 180
ダウアー 92
ダーウィン,チャールズ 42
ダウング 45
ダオメー(ベニン) 145
ダカール 75,100,128,132,223
多弓チフンバ(チフンバ) 95
託宣 39
ダクラ 125
多国籍企業 201
ダ・コスタ,マヌエル・ピント 163
ダゴンバ 90
多中心的 92
ダッコ,ダヴィット 157
タッシリ・ン・アジェル 46
ダッダー,モクタール・ウルド 130
タナ川 178
タナ湖 41
タナナリブ→アンタナナリヴォ
ターナー,ヘンリー 72
タノエ川 139
ダバカラ 139
タバコ 187,188,196,201
タバナ・ンツェニャナ山 210
ダーバン 75,206,209
タファワ・バレワ,アブバカル 147
タブマン,ウィリアム 139
ダフラ 139
ダホメ王国 51,94
ダマガラム 151
タマタヴ 216
ダマラ 209
ダムヨウ 210
タリハ信仰 35
タール,ウマル・イブン・サイド 35
ダルフル王国 49
ダルフル 28,176
タンガニーカ 101,180,189
タンガニーカ=アフリカ人協会 (TAA) 189
タンガニーカ=アフリカ民族同盟

索 引

(TANU) 190
タンガニーカ湖 58,60,62,189
タンガニーカ地域アフリカ人公務員協会 189
タングステン 188,210
探検 57,58,57,60,61,63,170
(西アフリカ) 61
探検家 34,60
探鉱 57
タンザニア 8,30,47,180
　(音楽) 92
　(外交) 184,187,198
　(教育) 101,102
　(芸術) 84
　(言語) 24,28,189
　(鉱物) 47
　(宗教) 31
　(住民) 92,194
　(人類学) 42,44,46
　(政治) 189,190
　(地理) 12,189
　(都市化) 73
　(農業) 182,189
　(美術) 85,89
　(民族) 189
　(歴史) 52,61,189
断食 34
ダンス 28,34,38,39,82,90,91,96,97,100,101
ダン 89
炭素測定法 88
タンタルム 15
タンバー 69
タンブーン会議 210

チェワ 92
チェワ語族 201
地下資源(鉱物資源) 15
チカヤ,ジャン=フェリックス 163
チグリ 40
地溝 16
地溝帯→大地溝帯
地質 10,16
地図 64,64
地中海 10,12,15,28,48,48,117,119
地中海沿岸(都市化) 73
地中海人 119
地中海人種 117
地中海性気候 110,120,124
チビンダ 88
チーフ・ジョナサン 212
チフンバ 95
チフンバ(多弓チフンバ) 95
チフンバ(弓リュート) 95
チペンベレ,ヘンリー 201
茶 187,188,189,201
チャガ 24
チャゴ諸島 218
チャダントロプス 157
チャド
　(外交) 120,176
　(気候) 157
　(経済) 157
　(言語) 28,155,157
　(鉱物資源) 157
　(宗教) 157
　(住民) 155
　(政治) 70
　(地理) 119,157
　(農業) 155
　(民族) 157
　(歴史) 157
チャド湖 10,46,49,149,155,157
　——への進軍 151
チャド国民解放戦線(FROLINAT) 120
チャド語派 28
チャド進歩党(PPT) 157
チャド平野 149
チャド盆地 157
チャンガミレ帝国(ロズィ帝国) 196
チャンバ 93
中央アフリカ
　(気候) 157
　(共和国) 96
　(経済) 159
　(言語) 26,157
　(鉱物資源) 159
　(人類学) 28
　(地理) 157
　(歴史) 157
中央アフリカ連邦 192
中央部アフリカ
　(音楽とダンス) 92
　(探検) 60
　(奴隷貿易) 70

中央クシュ 28
中央コンゴ 163
中央スーダン 28,30
中央スーダン王国 151
中央スーダン系言語 157
中央スーダン語派 28
中央バントゥ(ダンス) 92
中国
　(移民) 217
　(援助) 188,189
　(外交) 165,217
　(歴史) 182
　——の磁器 51
中生代 15
中石器時代 43,45,46
中東(農業) 43
中東戦争 117
中東和平 117
チュニジア
　(外交) 120,123,222
　(気候) 121
　(鉱物資源) 121
　(国旗) 220
　(政治) 122,123
　(地理) 113,121
　(都市) 77
　(農業) 122
　(ヨーロッパ人入植者) 122
　(歴史) 121,123
チュニジア社会主義 122
チュニジア労働総同盟 123
チュニス 73
長距離交易 47,189
彫刻 82,85,88,88
長子相続 51
超民族的統合 35
長老制 180
長老派教会 145
チョクウェ 82,88,90,92
チラナナ 217
チリ(アフリカ人コミュニティ) 70
地理 10
地理区分 10
治療師 103
チルバ語 167
チルワ湖 198
チレンブウェ,ジョン 72,201
チンパンジー 42
ツェツェバエ 14,20,198
月の山 65
つぼつくり 82
ツメのフェティシュ 32
ツメブ 210
ツワナ 206,210
ツワナ(王国) 52

帝国主義 100,178
ディアスポラ 68,68,69,72,91
ディアスポラコミュニティ 68,70
　(音楽とダンス) 71,90
　(言語) 71
　(宗教) 70,70,71
　(政治) 72
　(文化) 69,70,71,72
　(歴史) 70,71
ディアヌ,ブライス 72
ディア,ママドゥ 133
ディアマンティナ 70
ディヴ 48,82,86,86,147
ディエゴ・ガルシア 218
ディエゴ・スアレス 216
ティエス 132
ティオラ 132,133,153
ティグレ 137
ティシサット滝 170
ティジャニーヤ 35
ティブ,ティップ 52
ティベスティ山地 157
ディレ・ダワ 176
ディンカ族 28,28,30
ティンギターナ 123
ティンクーンザ 212
ディンビラ 90
テウォドロス 52
テガ 85
出稼ぎ労働者 143,198,206,209,210
テケ 163
テケゼ川 176
テケ 85
デセ 176
テソ 187
鉄 16,39,46,47,47,48,51,57,82,85,123,137,139,151,159,165,167,209,210
デッカンの抵抗 68
鉄器 43,46,47,198

鉄鉱石 121
鉄道 15,16,34,60,63,66,66,75,75,139,176,178,194,210
デナール,ボブ 218
テネリフア 124
テフ 177
テーブル山 12,204
テーブル湾 206
テムネ 137
テムネ語 24
デュボワ,W.G.B.(デュボイス) 72
デラゴア湾 212
テラコッタ彫刻 51,82,85,86,87
デラフォス,モーリス 139
テレム 79
デワラ,アンジュ 165
伝道団キリスト教(ミッション) 60
伝統的教育制度 98
伝統的宗教 31,32,33,35,38,39
天然ガス 15,121,147
デンハム 157

ドイツ 188
　(外交) 63,184
　(植民地化) 32,63,126,143,149,180,189,209
　(伝道) 59
ドイツ伝道団 209
ドイツ領カメルーン 149
ドイツ領トーゴランド 143
銅 15,49,51,106,165,192,194,209,
トゥアレグ 46,151,153
トゥアレグ語 28
統一党(南アフリカ) 206
統一ゴールドコースト会議(UGCC) 141
統一民族独立党(UNIP)(ザンビア) 194
陶器 47
等距離七音階トーンシステム 90
道具 45
　——の使用 44
トゥクルール 35,49,132
トゥクルール王国 132
トゥグラ川 206
トゥレック 60
トロ 187
トゥジンビエ 46
トゥワ 187,189
ドゥストゥール党(チュニジア) 122
ツツィ 187,189
東南アジア(農業) 43
東部アフリカ
　(音楽) 91
　(気候) 13
　(言語) 24,26
　(宗教) 35
　(植民地化) 63
　(人類学) 42
　(地理) 12
　(奴隷貿易) 68
　(牧畜) 46
　(ヨーロッパ人植民) 60
　(歴史) 48,51,56
東部クシュ系 28
東部クシュサブグループ 28
東部スーダン 48
東部スーダン語 26
動物公園(国立公園) 14
動物保護区(自然保護区) 14
銅ベルト地帯 106
東方教会 40
トウモロコシ 46,135,149,153,176,177,187,209,218
トゥルカナ湖(ルドルフ湖) 43,44
トゥーレ,サモリ 52,139
トゥワ 187,189
ドエ,サミュエル・K 137
土器 46,85
トーキング・ドラム 94
独立教会(分離教会) 34
トーゴ 223
　(音楽とダンス) 94,95
　(外交) 145
　(気候) 143
　(植民地化) 126
　(地理) 143
　(鉄道) 143
　(保健と医療) 103
　(民族) 143
　(歴史) 143
トーゴ人民党(トーゴ) 145
トーゴ統一委員会(CUT) 143
ド・ゴール 120,133,217
ドゴン 79,82,88,97,128,153
都市化 14,15,16,51,73,75,76
都市人口 73,76
都市とまち 73
都市への人口集中 22

都市への人口流入 75
都市の超部族的コミュニティ 35
都市の分布 22
土壌 13,21
トタン 75
トタン屋根 75,79
トチュング 94
トバ 94
ド・ベールス 210
ドラケンスバーグ山脈 12,15,46,60,206,210
ドラム 34
トランスヴァール 12,60,63,205,206,210,212
トランスヴァール州 205
トランスガボン鉄道 66,161
トランスケイ 26,202,209
トランスサハラ交易 151
トリックスター 38
トリニダード(アフリカ人コミュニティ) 72
トリパノソーマ 14
トリパノソーマ感染症 14
トリポリ 49,68,119,120
トリポリタニア 48,119
トルコ 73
　(外交) 57
　(征服) 48,117
トルコ帝国 48,52,53
トルバート,ウィリアム 137
奴隷 28,52,57,58,59,61,68,69,89,91,95,128,159,176,180,206,217,219
　(競売) 68
奴隷解放 59
奴隷交易 59,60,132
奴隷交易監視パトロール 70
奴隷制度廃止 59
奴隷商人 59
奴隷貿易 34,38,51,56,57,60,61,68,70,71,130,135,137,145,163,167,189,198
奴隷貿易反対運動 59,69,120,219
奴隷廃止論 58
トレッカー 60
トレック 60
トロ 187
トンバルバイエ,フランソワ 157
ドンブクトゥ 73,98,123,153

ナ 行

ナイジェリア 30
　(音楽とダンス) 90,95,96
　(外交) 147
　(気候) 147
　(教育) 98,99,100,101
　(経済) 149
　(芸術) 82,84,85
　(言語) 24,26,28,147
　(工業) 149
　(交通) 147
　(鉱物資源) 47,147,149
　(住居) 81
　(宗教) 28,31,32,33,35,38,96,101,147
　(植民地化) 126,189
　(人口) 15,147
　(地理) 12,14,14,147
　(都市) 73,74,75,147
　(都市化) 73,149
　(農業) 46,128,149
　(美術) 82,85,86,88,128
　(貿易) 147,149
　(民族) 71
　(歴史) 48,53,147
ナイジェリア植民地 147
ナイジェリア青年運動 149
ナイル 51
　(音楽) 90
ナイル河谷 51,57,63,176
ナイル川 34,35,45,46,47,48,51,52,53,60,62,63,65,68,73,110,117,157,170,170,174,176,187
　——の源流 60,61,62,62,63,65
ナイル川デルタ 48
ナイル系諸語 165
ナイル系諸族(音楽) 90
ナイル・サハラ 30
ナイル・サハラ語 28
ナイル・サハラ語族 24,26,26,28
ナイル・ヌビア語 28
ナイロティック→ナイロート
ナイロート 30,184,187,189
ナイロート諸語 28
ナイロート牧畜民 51
ナイロビ 35,76,223
ナガナ病 14

流れものの共和国 161
ナザレのイエス(キリスト) 33
ナショナリズム(民族主義) 68,71,100,201
ナセル,ガマル・アブドゥル 177
ナタール 206
なつめやし 112
ナポレオン 57
ナポレオン遠征 117
ナポレオン戦争 217,219
ナハティガル 149
ナマ 209
ナマ語 26
鉛 15,121,123,210
波状トタン 76,128
ナミビア(南西アフリカ) 63,202,209
　(外交) 223
　(気候) 209
　(漁業) 15
　(経済) 210
　(言語) 26,209
　(鉱業) 106
　(鉱物資源) 210
　(人口) 209
　(地理) 12,209,210
　(鉄道) 210
　(都市化) 73
　(農業) 210
　(貿易) 210
　(民族) 209
　(歴史) 209
ナミブ(カラハリ)砂漠 12,12,204,206,209
ナツメヤシ 68,112
南西アフリカ(ナミビア) 63,209
南西アフリカ人民組織(SWAPO) 209
南部アフリカ
　(音楽文化) 92
　(気候) 13,192
　(経済) 206
　(言語) 24,26,30,192
　(交通) 15
　(鉱物資源) 15
　(住民) 202
　(人口移動) 206
　(人類学) 46
　(政治) 202
　(地理) 10,12,16,192,202
　(都市化) 73,75
　(美術) 89
　(歴史) 51,192,202
南部クシュ 28
南部クシュ語系 28
南部バントゥ(ダンス) 92

ニェリ 183
ニエレレ,ジュリアス 187,190
ニオブ 147
ニグロイド 130
二言語使用者 24
ニザーム 69
西アトランティック語派 24
西アフリカ
　(交易) 56
　(社会) 126
　(植民地化) 59
　(人類学) 28
　(伝道) 59
　(都市) 75
　(奴隷貿易) 70
　(農業) 46
西アフリカ沿岸(ダンス) 92
西アフリカ経済共同体(ECOWAS) 149
西アフリカ通貨連合 147
西アフリカ連邦 126
西インド 70
　(奴隷制) 70
西インド諸島 38,39
ニジェル
　(音楽) 90
　(気候) 151
　(言語) 28,153
　(鉱物資源) 151
　(住居) 128
　(宗教) 126
　(政治) 151
　(地理) 119,151
　(民族) 151,153
　(歴史) 151
ニジェル川 12,24,28,39,46,49,51,52,58,59,63,65,73,81,86,86,87,135,143,147,149,153,165
ニジェル・コンゴ語族 24,26,28,93,154
ニジェル・コルドファン語族 24
ニジェル平野 135

索　引

西カメルーン 149
西サハラ
　（気候）124
　（経済）125
　（芸術）126
　（鉱物資源）125,126
　（宗教）126
　（政治）125
　（地理）124,126
　（農業）124,126
　（民族）125,126
　（歴史）126,142
西サハラ紛争 131
二十年協定 117
西スーダン 28,51
　（音楽）90
　（宗教改革）51
　（ダンス）92
　（歴史）123
西スーダンイスラム帝国 58,60
西スーダン王国 53
日較差 19
西ドイツ
　（援助）122
　（貿易）210
ニッケル 209,210
日本（貿易）210
ニャキュサ族 84
ニャサ湖（マラウィ湖）198
ニャサランド 72,201
ニャムウェジ 52
ニャムウェジ族 84
ニャラ 176
ニューイングランド（アフリカ人コミュニティ）70
乳幼児死亡率 103
ニンド唱法 92
ヌエル語 28
ヌエル族 28,30,176
ヌジ川 139
ヌメイリ、ジャーファル 176
ヌバ 26,80,93,172,176
ヌバ語 28
ヌビア 51,68,176
ヌビア王国 40,48
　（宗教）34
ヌペ 81,147
ヌミビア 48
ヌムキバンバ、ジャン 95

ネグリチュード 8,72
ネグロイド 28,30,46,119
熱帯降雨林（赤道降雨林）13,14,26,30,82,159
熱帯性サイクロン 216
熱帯病 103
年齢階梯 28
年齢階梯制 180
ノア作噪 105
農業 14
農耕 43,45,47
農村工芸学校 102
ノーヴァ・スコシア 72
ノク 51,85
　——の頭像 82
ノク文化 82
ノーベル平和賞 117
野焼き 14

ハ　行

ハイ・ヴェルト 206,209,212
ハイソン 39
ハイチ 70,72
　（アフリカ人コミュニティ）71
ハイチ革命 70
ハイデラバード 68
パイナップル 139
ハイビスカス 97
バイブル（聖書）39
ハイレ・セラシェ 177
パインタウン 209
ハウサ王国 51,151
ハウサ語 24,28
ハウサ 51,90,98,147
　（織物）85
ハウサランド 151
バウレ 84,90,139
バウレサヴァンナ 139
バウレ山脈 139
パエズ、ペドロ 62
バガザ 189
バカリ、シボ 151
パキスタン 35
バギルミ 28,157
白亜紀 10
白人入植者 194,198
バサースト 134

ハシム・アル・キルバ 176
バストランド 210
バストランド会議党（BCP）（レソト）212
バストランド国民党（BNC）（レソト）212
バゼール・ブレーメン教会 59
パソンコ 153
パタ 161
パタス、アンジュ 159
ハチャジ族 97
バッカ 137
白金 15
バッサリーヤ 130
ハッサン二世 123
ハッジ、メサリー 120
バッタ 189
ハッツァ語 26
バッツワ 189
ハットタックス戦争 137
ハディリーヤ 35
バテパの大虐殺 163
バトゥータ、イブン 172
バドゥマ 155
バドゥル、シディ 68
パトカ峡谷 15
パドモア、ジョージ 72
バートン、リチャード 58,62,63
バナジウム 16,209
バナナ 43,46,124,130,139,178,187
ババラウォ 39
バハル・アル・ガザル州 176
ハビャリマナ、ジュベナル 188
パピルス 155
ハブシ 68
ハフス朝 121
バプティスト教会 32,169
バフトゥ憲章 188
パプナ 82
ハマメット草原 121
ハマラディオリ 151
ハマリーヤ派 153
バミレケ 79
ハム・セム族（アフロアジア語族）24,26,110
ハミティック 30
バムン 82,98
バメンダ高原 85,149
バヤ 90
ハラレ（ソールスベリ）75,196
ハーラン 43
ハランベー学校 102
パリ地理学会 59
ハルゲイシャ 178
ハルトゥーム 26,173
ハルトゥーム-オムドゥルマン-ノースハルトゥーム都市連合 176
バルドー条約（カサル・アッサイド条約）121
バルト、ハインリッヒ 61,157
バルバ 89
バルバニア海賊 73
ハルマッタン 147
バールワ 98
バレ、シアド 178
パレスチナ解放機構（PLO）120
パレスチナ問題 117
バレ、モハバカル・シアド 178
バレワ（アブバカル・タファワ）147
バロッエ平原 12
パン・アフリカニスト会議（PAC）（南アフリカ）209
パン・アフリカニズム 30,68,72,72,92,141,220
パンアフリカン会議 72
バーンゲアー 10
バンジュル 134
反奴隷交易反対運動→奴隷貿易反対運動
バンダ王国 52
パンダ 91
バンダ、ヘイスティングス 72,201
バンダマ川 139
バンディアガ高地 153
バンディアガラ 79,88
バンデゲーレ 89
バンデレ 85
バントゥ 28,30,47,60,60,63,70,149,159,161,176,178,184,187,189,192,194,202,209
　（音楽）90
　——の移住 51
　——の拡大 51
　——の起源 26
　——の故郷 149

バントゥ語 90
バントゥ語族 46
バントゥ語系 26,26,165
バントゥ祖語 26
バントゥスタン 209
バントゥスタン政策 209
ハンニバル、イブラヒム 69
パンパイプ 93
バンバラ 130,153
ビアフラ 149
ビアフラ共和国 149
ビアフラ戦争 149
ビア、ポール 149
ヒエッコ 124
ビオコ（フェルナンド・ポー）161
東アフリカ
　（観光）193
　（気候）180
　（言語）180
　（社会）180
　（宗教）180
　（人類学）42,46
　（探検）60
　（地理）16,174,180
　（農業）43,46
　（歴史）180,180,182
東アフリカ共同体 184
東アフリカ内陸交易 53,60
東カプリヴィ 209
東カメルーン 149
東スーダン（音楽）90
東ポルトガル 192
ピカソ 88
ピカル（アノボン）161
ピグミー 8,28,30,85,149,155,159
ピグミーサブタイプ 46
ビゲネ村 96
ビコ、スティーヴ 209
ピコ・デ・テイデ山 124
ピコ・ド・カノ山 130
ビサイナ、ゴドフリー 187
ビジギティ 79
ビジャゴス諸島 135
美術 41,82,88
ヒース 39
ビスマルク 209
硅素 15
ヒツジ 26,46,124,130,176,178,210,212
ピッチライン 94
ヒト科 45
ヒトの進化 42
ビドンヴィユ 75
ひょう 39
ひょうたん 85,85,94,95
ひょうたんホルン 90
ピョートル大帝 69
ピラミッド 26
ビンガー、L.G. 139
ヒンディ語 24
ヒンドゥルワ、キゲリ・ング王 188
ヒンドゥ教徒 206
ファイアストーン社 137
ファシズム 117
ファーティマ朝 48
ファブカル・タファワ 147
ファブビガ、マリアン 165
ファルーク王 117
ファン 159,161
ファンテ王国 141
ふいご 47
フィズィック・ナッツ 130
フィッシング 14
フィバ 52
フィールズ空軍基地 120
フェイデルブ将軍 132
フェザン 119
フェージ 59
フェズ 98,123
フェティシュ 33
フェティシュ信仰（呪物信仰）31
フェニキア人 48,73
フェルテベントゥラ 124
フェルナンディスノ 161
フォーゴ 130
フォコロン 217
フォディオ、ウスマン・ダン 35,51,147
フォト・サファリ 105
フォト・スーダン 153
フォルスター 209

フォールラミイ（ンジャメナ）157
フォン 71,94,95
　（音楽）90
ブガンダ→ガンダ
ブガンダ王国 26,51,52,187
福音伝道 34,59,99
ブー・クラー 124,125
ブーシア、K.A. 141
ブゼレジ、ガッシャ 209
ブソガ 187
部族→エスニック・グループ
部族選挙 209
部族民 75
双子のセヴン・セヴン 85
フタ・ジャロン山地 135
ブッシュサヴァンナ 212
ブッシュ・ネグロ 70,70
ブッシュマノイド 30
ブッシュマン（コイサン）28,45,46,46,210
　（サルウ）210
　（サン）26
ブッシュモイド 46
富鉄アルミナ土（ラテライト）13
フトゥ 187,189
ブドウ 57
フトゥ解放運動（PARMEHUTU）（ルワンダ）188
舞踊劇 96
プトレマイオス 62,65
プトレマイオス、クラウディウス 65
プトレマイオス朝 117
ブニョロ王国 51,62,187
ブビ 161
ブーメディエン 120
フーメ、モハメドウ・ウルド・ハイダラ 131
ブライデン、エドワード・ウィルモット 72
ブライド川 12
ブラザ、ピエール・サヴォルニャン・ド 63,163
ブラザヴィル 75,100,163,223
ブラザヴィル会議 164
ブラジル 38
　（アフリカ音楽）91
　（アフリカ人コミュニティ）68,70,71
　（音楽とダンス）95
　（奴隷貿易）70
ブラックアフリカ（音楽）90
ブラックパワー 85
フラニ（フルベ）130,132,133,135,147,149,153,155
フラニ語 24
ブラバ 130
ブラマ 157
ブラメ、トレイシ 139
ブラワオ 196,210
ブランコ 130
フランコフォーン 149
フランス 60
　（アフリカ人コミュニティ）68,123
　（援助）122,124,178
　（外交）57,59,63,66,117,120,143,167,189,217,219,223
　（教育）100
　（経済援助）123,131,218
　（植民）57,60
　（植民地化）56,60,63,111,120,121,123,126,130,135,139,143,145,151,153,157,163,178,216,217,218,219
　（侵略）57
　（政治的支配）63
　（探検）58
　（同化政策）132
　（奴隷貿易）70
　（貿易）70
フランスヴィユ 155,161
フランス海外県 218
フランス海外領 218
フランス共同体 217
フランス語 24,24,123,167
フランス語圏アフリカ首脳会議 147
フランス東アフリカ会社 217
フランス西アフリカ連邦 145
フランス領ギアナ（アフリカ人コミュニティ）70
フランス領コンゴ 100
フランス領スーダン 153
フランス領赤道アフリカ 154,157,163

フランス領ソマリランド 178
フランス領西アフリカ 100,143
フランス領西スーダン 143
フランス連合 143
プランテーション 182,192
ブリス＝マルス、ジャン 72
ブリ 89
フリータウン 137,223
プリミティヴネス 88
フル 176
ブルキナ・ファソ（オートヴォルタ）
　（気候）143
　（教育）102
　（経済）143
　（言語）24
　（鉱物資源）143
　（住居）81
　（宗教）143
　（人口）143
　（地理）143
　（農業）128
　（貿易）143
ブルギバ 122
フル語 28
ブルース、ジェームス 57,62
ブル・スーダン（ポートスーダン）176
フルベ→フラニ
ブルームフォンテーン 66,75
ブルリ州 189
ブルンギ 189
ブルンディ
　（外交）188
　（気候）189
　（経済）189
　（宗教）32
　（政治）189
　（地理）189
　（農業）189
　（民族）189
　（歴史）189
ブルンディ王国 51
フレスコ 139
プレスター・ジョン 8
プレトリア 75,205
プレムペ二世、サー・アゲマン 54
フレタウン 72
プロテスタンティズム 70
プロテスタント 34,149,217
プロテスタント教会 59
ブロンズ 85,86,87
ブロンズ像 86
ブワール 157
ブングワネ 139
フンジ 51,153
フンジ王国 176
プントの土地 8
フンビ 91
フンベ 94
分離教会（独立教会）34
ペアリング、イヴリン（クローマー卿）117
平均寿命 76,145
ベイラ 75,198
ヘイリー、アレックス 72
ペイン 128
ベーカー、サムエル 62,63
壁画 41
ベギン 117
ペケニーノ 94
ベジャ 176
ベジャ語 28
ベチュアナランド保護領 210
ベツレヘム 66
ペディ 206
ヘディーヴ体制 63
ベドウィン・アラブ 28
ペドラス・ティニオサス 163
ベナ・ルルア 88
ベニ・アベ 111
ベニト川（ムビニ川）161
ベニン 8,51,85,86,87
　（気候）145
　（教育）147
　（経済）147
　（産業）147
　（宗教）38
　（人口）145
　（政治）147
　（ダオメー）145
　（地理）145
　（農業）145
　（貿易）145
　（歴史）145
ベニン古王国（帝国）86,87,126,147
ベニン人民革命党（BPRP）（ベニン）147
ベニン湾 56

245

索　引

ベヌエ川　51,149
ベヌエ・コンゴ語派　93
ベヌエ地溝　10
ヘブライ語　26
へへ　52
ベルギー
　(アフリカ人コミュニティ)　123
　(外交)　167
　(教育)　100
　(植民)　188
　(植民地化)　32,60,63,165,180,189
　(政治的支配)　63
ベルギー人　56
ベルギー領コンゴ　100,154,163,165
ベルグラ　113
ベルシャ湾　180
ベルベル　48,49,120,123,124,130
ベルベル語　28,123,130
ベルベル語派　28
ベルリン会議　63,157,165
ベルリン条約　165
ペレ　135
ヘレロ　205,209,210
ベロッグ・スケール　90
ヘロドトス　62
ベロ,ムハンマド　60
ベング　206
ベンガラ　70,95
ベンガラ海流　163
ベンゲラ鉄道　162,169
ベンサラー,アフマドゥ　122,123
ペンデ　96
ペンテコスタリズム(聖霊降臨主義)　34
ペンテコスタル教会　34
ペンデル州　147
ペンバ島　68
ベンバ王国　51,194
ベンバ語　26
ベンベラ　120
ヘンリー(エンリケ)航海王子　56
ポー,フェルナンド(ビオコ)　161
ボア・ヴィスタ　72
ボーア人→アフリカーナー
ボーア戦争　63,206
放射性炭素　45
宝石　15,85
ボカサ,ジャン・ベデル(ボカサ一世)　157
ボガンダ,バルトルミィ　157
ボーキサイト　15,135,137,141
北西アフリカ(鉱物)　47
牧畜　46,47
牧畜民　51
牧ケレ　100
北東アフリカ
　(地理)　16,170
　(農業)　46,173
北部アフリカ
　(音楽)　90
　(音楽文化)　90
　(言語)　24,28,170
　(交易)　49
　(交通)　16
　(宗教)　33,34,170
　(植民地化)　57,63
　(人類学)　45
　(政治支配)　63
　(都市化)　73
　(牧畜)　46
　(歴史)　57
母系制　28
母語　98,99
ポゴロ　84
ボゴ　153
舗装　16
ボゾラナ　130
蛍石　209
ホッテントット(コイコイ)　51
ホッテントット語　26
ボツワナ
　(観光)　210
　(気候)　210
　(経済)　202,210
　(鉱業)　106
　(交通)　210
　(鉱物資源)　210
　(宗教)　205
　(地理)　15,196,210
　(民族)　210
ボツワナ語族　206
ポートエリザベス　202,209
ポート・スーダン(ブル・スーダン)　176
ポートハーコート　149
ポドール　132
ホートン,アフリカヌス　72

ホバ　217
ボプタツワナ　209
ボボ・ディウラッソ　143
ホモ・エレクタス　43,44
ホモ・サピエンス　43
ホモ・ハビリス　42,43,44
ポーランド(移民)　198
ポリサリオ　130
　(西サハラ)　125
ポリサリオ解放戦争　113
ポリサリオ解放戦線　113
ポリリズム　28,93
ポールジャンティ　159
ポルトガル　34,53,56,58,198
　(アフリカ人コミュニティ)　70
　(移民)　198
　(外交)　56,63,132,165,196,209
　(軍事的支配)　56
　(交易)　56,57
　(航海者)　8
　(宗教)　34
　(植民)　28,64,69,198
　(植民地化)　51,63,126,130,135,163,192,198
　(奴隷)　91
　(奴隷貿易)　70,163
　(貿易)　70
ポルトガル語　24,72,100,130,135
ポルトガル人　62,65,135
ボルヌ　52,84
ボルヌー王国　28,53,139,147
ポルトガル領アンゴラ　154
ポルトガル領ギニア　135
ボロの結社　89
ホワイト・ハイランド　184
ホワイトファザーズ　187
ボンゴ,オマール　161
ポンゴラ川　206
ポンド結社　96
ホンボリ　153

マ　行

マイオ　130
マウウ　184
マエ島　219
マキシ・アヴァンブウェヴォ　97
マキシアヴァマラ　97
マグネシウム　15
マクマ・ンドンデ族　92
マグレブ　48,123
マグレブ・アクサ　123
マケレレ　100
マゴイエ　65
マコネン,ラス　72
マコンデ　85,90,92
マコンデの彫刻　85
マーサイ　8,28,92,182,184,189
マサンバニデバ　165
マシーナ　153
マジマジの反乱　189
魔術　33
マダガスカル　214,217
　(音楽)　90
　(外交)　217,218,219
　(気候)　216
　(言語)　24,216
　(住居)　218
　(植民)　218
　(人口)　216
　(政治)　217
　(地理)　10,10,214,216,218
　(農業)　214,216
　(民族)　216
　(歴史)　214,216
マダガスカル語　217
マタディ　167
マタンバ　56
マチス　88
マツァパ　213
マック,アンドレ　163
マデイラ諸島　124
マトゥール平原　121
マドラサ　98
マニオク　187
マバ　39
マフェキング　210
マフィア　173
マフディスト　63
マフディ,ムハンマドゥ・アフマド　52,173,176
マフディの帝国　176
マプト(ロレンソ・マルケス)　198
マヨット　218

マヨット植民地　218
マラウィ
　(音楽)　92
　(外交)　196
　(気候)　192,198
　(経済)　201
　(言語)　201
　(宗教)　32,201
　(人口)　198
　(地理)　198
　(都市)　201
　(農業)　192,201
　(美術)　82
　(民族)　201
　(歴史)　52,201
マラウィ会議党　201
マラウィ湖(ニャサ湖)　58,85,198
マラガシ語　24
マラカル　176
マラケシュ　123
マラバ　161
マラバ(サンタ・イサベル)　161
マラリア　103,218
マランガイ学校　101
マリ
　(外交)　133
　(気候)　153
　(教育)　102
　(国旗)　220
　(住居)　79
　(宗教)　35,153
　(地理)　153
　(鉄道)　153
　(農業)　153
　(美術)　88
　(歴史)　153
マリ古王国(帝国)　24,35,49,126,139,143,153
マリ同盟　133
マリーン朝　123
マリンケ　132,133,135,139
　(マンディンゴ)　132
マルガイ,アルバート　137
マルガイ,サー・ミルトン　137
マルサ,マンサ　35,49
マルクス主義　169
マルクス・レーニン主義　145,165
マルーティ山脈　210
マルティニーク　72
マルーム,フェリックス　157
マルーンコミュニティ　70
マレマ・ゾー党(レソト)　212
マ・ロバート号　61
マン　139
マンガン　16,123,143,155,161,165,209
マングベツ語　28
マングローヴ　12,133,135,137,147,149
マンダラ山地　149
マンチャム　219
マンディンケ語→マンディンゴ語
マンディンゴ(マリンケ)　132
マンディンゴ語(マンディンケ語)　24
マンデ語派　24,139
マンデラ,ネルソン　209
マンベツ美術　82

ミオンボ樹林　14
ミコンベロ,ミシェル　189
ミサゴ　96
ミッション　198,201
　(教育)　149
　(伝道団キリスト教)　60
ミッション教育　100
ミッション系病院　103
ミッションスクール　35,100,189
密猟　15,105,180
緑の行進　113,125
ミドル・ヴェルト　212
南アフリカ
　(エネルギー)　16
　(外交)　161,196,209,210,212,218,222,223
　(気候)　202,206
　(共和国)　30,63,75
　(漁業)　15
　(経済)　202,205,206,209
　(言語)　26,202,206
　(鉱業)　15
　(考古学)　46
　(鉱物資源)　206,209
　(宗教)　31,32
　(住居)　194
　(植民)　60
　(植民地化)　210
　(人口)　202
　(侵略)　169

　(自然人類学)　42
　(人類学)　42,44
　(政治)　202,209
　(政治的支配)　63
　(地理)　202,204,206,210,212
　(鉄道)　66
　(都市)　75
　(都市化)　73
　(農業)　209
　(貿易)　210
　(民族)　28,206
　(歴史)　202,204,206
南アフリカコイサン語(ケープコイコイ語)　26
南アフリカ港湾会社　210
南アフリカ党　206
南アフリカ連合国　206
南アメリカ　10,39
南ソト　206
ミビラ音調　91
身ぶり動作　92
ミュンスター　65
ミランボ　63
民族　24,28,30,46
　(エスニックグループ(建築))　78
　(音楽)　90
民族解放運動(NLM)(ガーナ)　141
民族解放戦線(FLN)(アルジェリア)　120
民族解放評議会(NLC)(ガーナ)　143
民族革命運動(MRND)(ルワンダ)　188
民族誌学　59
民族主義(ナショナリズム)　100
民話　85

ムーア人　130
六日戦争　122
ムガベ,ロバート　198,223
ムカマ(ブニョロ王)　52
ムガール王朝　68
ムガンダ　97
ムサ,マンサ　35,49
ムサンギ,フランシス　85
ムシリ　52
ムジリカジ　52,196
ムスグム　78
ムスニュンポ唱法　92
ムスリム→イスラム教徒
ムスリム同胞団(エジプト)　117
ムスワティ二世　212
ムゾレワ,アベル　198
ムッソリーニ　120
ムニ川　161
ムヌムタパ(モノモタパ)　196
ムバソゴ,テオドロ・オビアン・ングェマ　161
ムバディ,シモン・ピエール　163
ムバラク,ムハマドゥ・ホシ　117
ムパ,レオン　161
ムバンツェ二　212
ムハンマド(マホメット)　34,35
ムハンマド五世　123
ムビニ川(ベニト川)　161
ムビラ・ゼ・ムジム・ラメラフォン　91
ムビンダ　183
ムフェカネ　52,60,202,206,210
ムブティピグミー　98
ムフリラ　106
ムブンダ　92
ムブンドゥ王国　51
ムベヤ　92
ムベツ　97
ムランガ　183
ムワミ　189
ムワンブツワ王　189

メインズ　137
メカンボ　161
メシア運動　163
メジェルダ渓谷　121
メスティゾ　135
メスティリ,マハムドゥ　123
メセウ　176
メソジスト教会　32,59,169
メタンガス　188
メトロポリス　73,75
メネリク　40,52
メネリク二世　177
メバティア(言語)　28
メバティア王国　28
メロエ　48

メロエ古王国　176
メロエ文字　48
メロエ様式　48
綿花　135,147,153,157,165,187,188,189,201
メンギスツ,ハイレ・マリアム　177
綿実油　139
メンデ　137
メンフィスの廃墟　73

モアンダ　155
モイ,ダニエル・アラップ　184
モエリ　218
モガディショ　51,75,172,178
木彫　85
木材　139,147,159,165
モケーレ,ンツ　212
モザンビーク
　(音楽)　90,91
　(外交)　198,219
　(観光)　193
　(気候)　12,198
　(教育)　100
　(経済)　198
　(住居)　198
　(植民地化)　51,56
　(政治)　198
　(地理)　196,198,212
　(奴隷貿易)　70
　(農業)　192,198
　(歴史)　50,198
モザンビーク解放戦線(FRELIMO)　198
モシ　143,153
文字　98
モシェシェ　52
モシェシェ一世　210
モシェシェ二世　212
モシ王国　143
モスク　35,51,98,111
モーゼ　34
木琴　95
モノガガ　139
モノモタパ(ムヌモタパ)　196
モノモタパ王国(帝国)　56,64,192
モハマドゥ,ムルタラ　149
モブツ湖→アルバート湖
モブティ　35
モブトゥ・セセ・セコ(ジョセフ・モブトゥ)　167
モヘアヒッジ　210
モーリシャスとレユニオン
　(気候)　217
　(経済)　218
　(言語)　218
　(政治)　218
　(地理)　217
　(農業)　217,218
　(民族)　218
モーリシャス　218,219
　(地理)　214,219
　(農業)　214
　(ヨーロッパ人入植者)　214
モーリタニア　123,130
　(外交)　113,125,130,222
　(気候)　130
　(言語)　130
　(鉱物資源)　130
　(住居)　128
　(宗教)　125,130
　(人口)　130
　(政治)　130
　(地理)　130
　(農業)　130
　(民族)　130
　(歴史)　48,130
モーリタニア問題　120
モロコシ　43,46,149,153,155,177,187
モロッコ
　(音楽)　90
　(外交)　113,120,125,131,222
　(気候)　12,123
　(経済)　123
　(経済援助)　131
　(言語)　123
　(鉱物資源)　123
　(宗教)　123
　(住居)　113
　(政治)　123
　(征服)　49
　(地理)　123
　(都市化)　73,123
　(農業)　123
　(民族)　123
　(歴史)　48,63,123
モンバサ　34,51,56,56,67,72
モンロヴィア　137

ヤ 行

ヤウンデ協定　223
ヤギ　46,130,176,178,210,212
焼畑農業　14
屋敷　78
ヤシ油　59,165
野獣派　88
野性動物　104,105,180,184,210
ヤムイモ　43,46

ユイテンハーゲ　209
ユグノー教徒　60,60
ユダヤ　40
　（文化）　73
ユダヤ教　33
ユダヤ教徒　120
ユダヤ人　34,68
ユダヤ人コミュニティ　68
油田　15
ユネスコ　99,223
指ピアノ　90
　（ラメロフォーン）　90,95
弓リュート（チフンバ）　95
ユール　165
ユールー，アベ・フェルベール　163

幼児死亡率　76
妖術　103
妖術師　103
預言者　34
ヨハネスブルグ　73,75,77,77,205
ヨルダン川西岸問題　117
ヨルバ　28,33,38,39,51,70,71,75,81,82,85,88,94,96,98,147
　（織物）　85
　（音楽）　90
　（住居）　81
　（文化）　73
ヨルバ王国　51,82,147
ヨルバ語　24
ヨルバの都市　74,147
ヨーロッパ
　（外交）　217
　（教育）　101
　（経済援助）　178
　（交易）　49,51,63
　（支配）　206
　（商人）　126
　（植民）　57,61,135,169,178,180,184,194,196,201,202,206,212
　（植民地化）　56,59,59,63,121,132,133
　（政治的支配）　56,57,63
　（征服）　48
　（探検）　157
　（奴隷貿易）　57
ヨーロッパ共同体(EEC)　130,223
ヨーロッパ航海者　33
ヨーロッパ人　58,187
　（宗教）　34,35
　（植民者）　51,214
ヨーロッパ人顧問会議　212
ヨーロッパ人商人　51

ラ 行

雷雨　20
ラカシ　106
ラクダ　49,124,130,153,176,178,182
ラグーン　139
ラゴス　72,73,75,75,76,100,126,147
ラバト　123
ラーソ　130
ラダマ一世　217
ラチラカ　217
ラッペ・サンガ　79
ラテライト（富鉄アルミナ土）　13,165,216,219
ラパルマ　124
ラバン・ベネシュ　92
ラビー　52,157
ラプラタ川　70
ラマザーン　34
ラマジナ，サングレ　143
ラミー（大佐）　157
ラメロフォーン（指ピアノ）　90,94,95
ラシュ　123
ラリベラ　40,40,41
ランギ族　90,187
ラングーラム，シーヴサグル　218
ランザロテ島　124

リヴィングストン，ディヴィド　58,60,61,62,192
リオ・デ・オロ（ワディ・アドゥ・ダハブ）　124,125
リオ・ムニ　161
リガ族　90
リーキー，メリー　42
リーキー，ルイス　45
リクサス　123
リケンベ　90,93,95
リスバ，パスカル　165
リスボン　70
リゼット，ガブリエル　157
リチウム　15
リチャーズ湾　73
リチャードランダー　59
リノ・プリント　85
リビア
　（援助）　187
　（外交）　117,120,123,176,222
　（気候）　119
　（経済）　120
　（鉱物資源）　112,120
　（宗教）　119,120
　（住民）　119
　（地理）　119
　（農業）　120
　（民族）　119
　（ヨーロッパ人入植者）　120
　（歴史）　63,119,120
リフ山脈　123
リーブルヴィル　34,159
リベリア　72,126,161
　（エスニック・グループ）　72
　（音楽）　90
　（気候）　137
　（言語）　24,98,137
　（工業）　139
　（鉱物資源）　139
　（国旗）　220
　（宗教）　34,137
　（人口）　137
　（政治）　137
　（地理）　137
　（奴隷貿易）　72
　（農業）　139
　（美術）　89
　（民族）　137
　（歴史）　72,137
リポン滝　62
リュフィスク　132,210
リロングウェ首都建設　201
リン　15,16,121,124,125,133,135,143
リンガラ語　26,90,167
リンバ材　165
リンポポ川　52,196,206,210

ルアンダ　70,75
類人猿　45
ルヴァレ　90,92
ルウィン　92
ルウェンゾリ山　14,15,187
ルウム，ジャナニ　187
ルオ　51,184
ルクソール　111
ルグバラ　187
ルサカ　76
ルジジ川　189
ルズリ，アルバート　209
ルチャジ　92
ルーツ　72,71
ルーテル教会　32
ルネ，アルベール　219
ルバ　88
ルバ王国　51,165
ルーマニア型人民共和国　147
ルムンバ，パトリス　167
ルレ　135
ルワガソール，ルイ　187
ルワンガ峡谷　10
ルワンダ　58
　（外交）　187,189
　（気候）　187
　（経済）　188
　（鉱物資源）　188
　（宗教）　32
　（政治）　188
　（地理）　187
　（都市化）　188
　（農業）　187,188
　（歴史）　187
ルワンダ王国　187,189
ルワンダ民族同盟(UNAR)（ルワンダ）　188
ルンダ王国　53,165
ルンディ　189

霊媒　39
レオポルド二世　60,61,165
礫器　43
礫石　44
レコザラバフォ常民会議（レソト）　210
レソト
　（観光）　212
　（気候）　210
　（経済）　202,210
　（鉱物資源）　212
　（宗教）　31
　（政治）　210
　（農耕）　212
　（歴史）　210
レソト王国　52
レニッシュライン伝道教会　205
レバノン人　135
レバント　69
レボンボ山脈　212
レユニオン（ヨーロッパ人入植者）　214
レレ　155
連邦党（ナミビア）　209

ロイタニットロック　90
ロー・ヴェルト　205,212
ロー，マダム　90
ロゴヌ川　78,157
ロズィ王国（帝国，チャンガミレ帝国）　192,194,196
ローデシア　194,196
　（外交）　194
　（ジンバブウェ）　65
　――の一方的独立宣言(UDI)　194,198
ローデシア＝ニヤサランド連邦　194,196,201
露天掘り　106
ロマ　135
ローマ（征服）　117,120,121,123
ローマカトリック　32,33,34,34,35,56,100,130,149,219
ローマ人（征服）　48,48
ローマ文明　117
ローマックス，アラン　90
ローマックスの歌謡様式　92
ロメ　143,223
ロメ協定　149,187,223
ロラス　163
ロレンソマルケス（マプト）　198

ワ 行

ワガドゥグ　139,143
ワゲニア　155
ワタ　133,176
ワタイ　157
ワッリ　149
ワディ・アドゥ・ダハブ（リオ・デ・オロ）　124
ワドゥ・マダニ　176
ワニ　45
ワフド党（エジプト）　117
ワルヴィス湾　210
ワルトハイム　209
ワンキー炭鉱　193

ン 行

ンガウンデレ　94
ンガンゲラ　90,92
ンキリダンス　91
ンクァネ三世　212
ンクェニャマ・ソブフザ二世　212
ンゲマ，フランシスコ・マシアス　161
ングニ　52,196,212
ングニ王国　58
ングニ族　206
ンクルマ，クワメ　72,141,143,145
ングワウマ川　212
ングワケツェ　210
ングワト　210
ングワネ国民自由会議(NNLC)（スワジランド）　212
ンケ，マダム　94
ンゴニ　52,53
ンコモ，ジョシュア　198
ンゴロンゴロ　12
ンコレ王国　51
ンジャコ，ソソ　94
ンジャメナ　157
ンジャメナ（フォール・ラミー）　157
ンジョマ，サム　210
ンジンガ女王　56
ンジンギ　97
ンデベル王国　196
ンデベレ　196,206,210
ンデベレ　210
ンドゥンダ，アリス　30
ンドンデ　92
ンバンディ　90

監訳者

日野舜也
ひ の しゅん や

1933年　北海道に生まれる
1963年　北海道大学文学研究科博士課程修了
現　在　東京外国語大学アジア・アフリカ
　　　　言語文化研究所教授

図説 世界文化地理大百科
アフリカ（普及版）

1985年 9 月 5 日　初　版第 1 刷
1999年 3 月 15 日　　　　第 7 刷
2008年 11 月 20 日　普及版第 1 刷

監訳者　日　野　舜　也

発行者　朝　倉　邦　造

発行所　株式会社　朝倉書店

東京都新宿区新小川町6-29
郵便番号　162-8707
電　話　03(3260)0141
Ｆ Ａ Ｘ　03(3260)0180
http://www.asakura.co.jp

〈検印省略〉

© 1985〈無断複写・転載を禁ず〉　　凸版印刷・渡辺製本

Japanese translation rights arranged with EQUINOX (OXFORD) Ltd.,
Oxford, England through Tuttle-Mori Agency Inc., Tokyo

ISBN 978-4-254-16877-8　C 3325　　　　Printed in Japan

MARE ATLAN
TICUM
TROPICUS CANCRI
Canariæ Insulæ olim Fortunatæ
Insulæ de Cabo verde olim
Hesperides sive Gorgades
HISPANIÆ PARS
ITALIÆ
BARBARIA
BILE
DULGERI
NUMIDIA
Zuenziga reg.
Targa reg.
GUALATA REGN
LIBYA INTERIOR
quæ hodie
SARRA appella
idem quod desertum
GUINEA
BENIN
Mandinga
Caragoles
Bangana
Melli
ÆQUATOR
sive LINEA ÆQUINOCTIALIS
OCEANUS
AETHIOPICUS
I. d. Ascencion
I. de S. Helena
TROPICUS CAPRICORNI
I. de Tristan de cunha